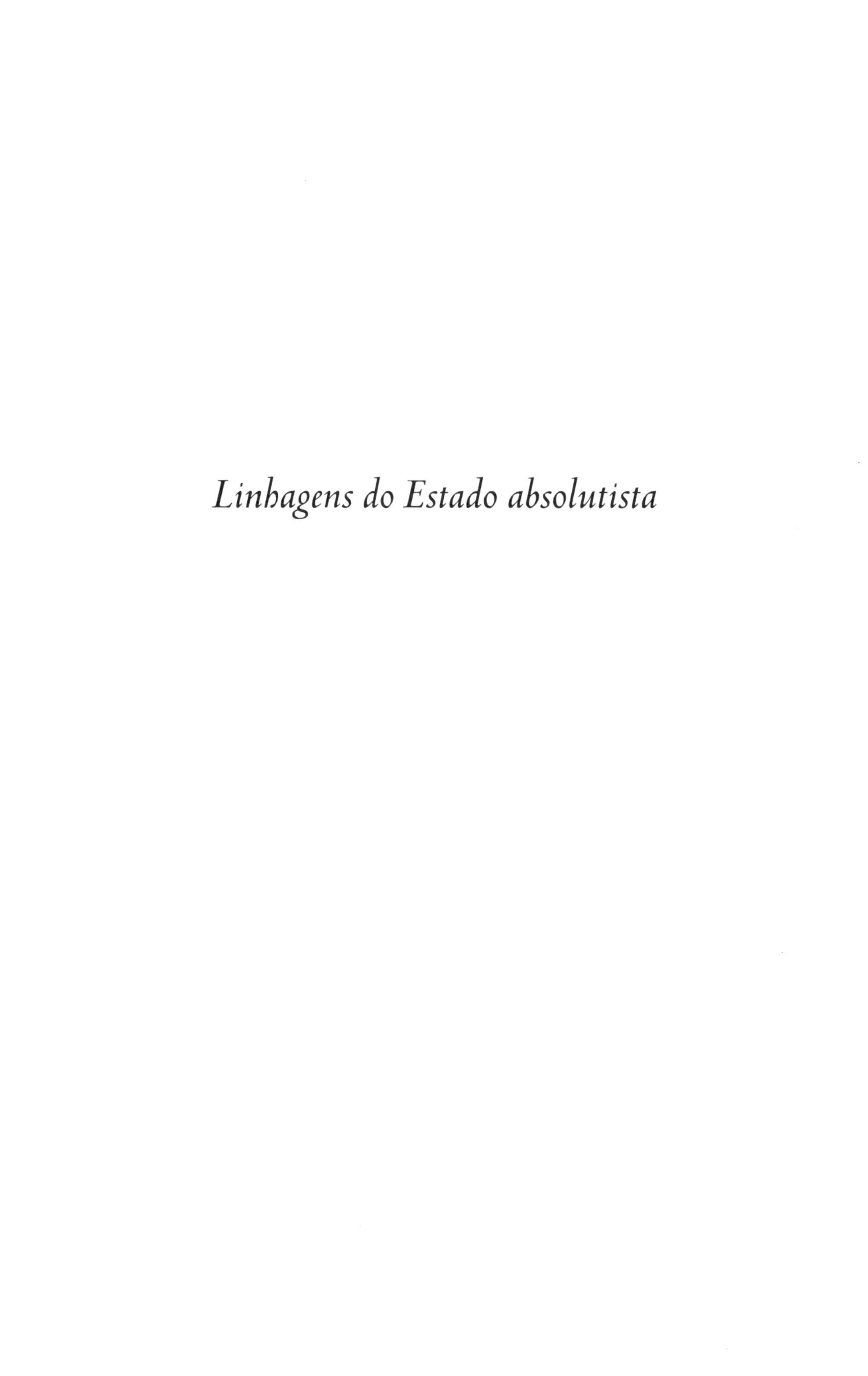

Linhagens do Estado absolutista

PERRY ANDERSON

Linhagens do Estado absolutista

Tradução
Renato Prelorentzou

Publicado por acordo com a editora Verso Books

Título original: *Lineages of the Absolutist State*

Direitos de publicação reservados à:
Fundação Editora da Unesp (FEU)
Praça da Sé, 108
01001-900 – São Paulo – SP
Tel.: (0xx11) 3242-7171
Fax: (0xx11) 3242-7172
www.editoraunesp.com.br
www.livrariaunesp.com.br
atendimento.editora@unesp.br

CIP – Brasil. Catalogação na publicação
Sindicato Nacional dos Editores de Livros, RJ

A561L

Anderson, Perry
Linhagens do Estado absolutista / Perry Anderson; tradução Renato Prelorentzou. – 1.ed. – São Paulo: Editora Unesp, 2016.

Tradução de: *Lineages of the Absolutist State*
ISBN 978-85-393-0655-8

1. Despotismo – Europa – História. 2. Monarquia – Europa – História. I. Título.

16-37387 CDD: 321.6094
CDU: 321.18

Editora afiliada:

Sumário

Prefácio

O objetivo deste trabalho é tentar um estudo comparativo da natureza e do desenvolvimento do Estado absolutista na Europa. Suas características gerais e suas limitações, enquanto reflexão sobre o passado, foram explicadas no prefácio ao estudo que o precede.[1] Mas podemos acrescentar agora alguns comentários específicos sobre a relação da pesquisa empreendida neste volume com o materialismo histórico. Concebido como um estudo marxista do absolutismo, este trabalho se situa deliberadamente entre dois diferentes planos do discurso marxista, que se situam, em geral, consideravelmente distantes um do outro. Nas últimas décadas, ocorreu um fenômeno bastante comum: historiadores marxistas, autores com um corpo de pesquisas já impressionante, nem sempre se preocuparam muito com as questões teóricas das implicações suscitadas por seus trabalhos. Ao mesmo tempo, filósofos marxistas, que tentaram esclarecer ou resolver os problemas teóricos básicos do materialismo histórico, muitas vezes o fizeram bastante afastados dos temas empíricos específicos propostos pelos historiadores. Aqui se fez uma tentativa de explorar um terreno intermediário entre os dois lados. É possível que venha a servir apenas como um exemplo negativo. Em todo caso, o objetivo deste estudo é examinar o absolutismo europeu "no geral" e "no particular", simultaneamente. Ou seja, tanto as estruturas "puras" do Estado absolutista, que

1 Anderson, *Passagens da Antiguidade ao Feudalismo*.

o constituem como categoria histórica fundamental, quanto as variantes "impuras" apresentadas pelas diversas monarquias específicas da Europa pós-medieval. Na maior parte dos textos marxistas dos dias de hoje, essas duas ordens de realidade se veem habitualmente separadas por uma grande lacuna. Por um lado, modelos gerais abstratos são construídos ou pressupostos – e não apenas para o Estado absolutista, mas também para a revolução burguesa ou para o Estado capitalista – sem se preocuparem com suas variações efetivas. Por outro lado, casos "concretos" e locais são explorados sem referência a suas implicações recíprocas e interconexões. A convencional dicotomia entre esses procedimentos deriva, sem dúvidas, da crença disseminada de que uma necessidade inteligível habita somente as tendências mais vastas e gerais da História, que operam, por assim dizer, "acima" das múltiplas circunstâncias das instituições e eventos específicos, cujas formas e trajetórias reais se tornam, por comparação e em grande medida, resultado do acaso. As leis científicas – se é que se pode aceitar essa noção – são atribuídas apenas às categorias universais: objetos singulares ficam relegados ao domínio do fortuito. Muitas vezes, as consequências práticas dessa divisão acabam deixando conceitos gerais – tais como Estado absolutista, revolução burguesa ou Estado capitalista – tão distantes da realidade histórica que eles deixam de ter qualquer poder explicativo, enquanto os estudos particulares – confinados a áreas e períodos delimitados – fracassam em desenvolver ou refinar qualquer teoria global. A premissa deste trabalho é a de que, na explicação histórica, não há uma linha rígida entre necessidade e contingência separando diferentes tipos de investigação – "longo prazo" *versus* "curto prazo" ou "abstrato" *versus* "concreto". Existe apenas aquilo que se sabe – estabelecido pela pesquisa histórica – e aquilo que não se sabe: esse último pode ser os mecanismos de eventos singulares ou as leis do movimento de estruturas inteiras. Ambos são, em princípio, igualmente maleáveis ao conhecimento adequado de sua causalidade. (Na prática, a evidência histórica que sobrevive é, muitas vezes, tão insuficiente ou contraditória que acaba inviabilizando sentenças definitivas, mas essa é uma outra questão, relativa à documentação, e não à inteligibilidade.) Um dos propósitos mais importantes deste estudo é, portanto, tentar manter unidas e em tensão essas duas ordens de reflexão, as quais têm sido injustificadamente apartadas na escrita marxista, o que enfraquece sua capacidade de formular uma teoria racional e manejável no domínio da história.

O verdadeiro escopo do estudo que se segue é marcado por três anomalias ou discrepâncias em relação às abordagens ortodoxas do assunto. A primeira é a ancestralidade muito mais remota que se confere ao absolutismo, implícita na natureza do estudo que lhe serve como prólogo. Em segundo lugar, dentro das fronteiras do continente que estas páginas exploram, a Europa, fez-se um esforço relativamente sistemático para se dar um tratamento equivalente e complementar às zonas ocidentais e orientais, como já se fizera na discussão precedente acerca do feudalismo. Não é algo que se possa desconsiderar. Embora a divisão entre Leste e Oeste europeus seja um lugar-comum intelectual, ela raras vezes foi objeto de uma reflexão histórica direta e constante. A mais recente safra de trabalhos sérios sobre a história europeia compensou, em certa medida, o tradicional desequilíbrio geopolítico da historiografia ocidental, com sua típica negligência em relação à metade leste do continente. Mas ainda falta muito para que se atinja um razoável equilíbrio de interesse. Além disso, o que ainda se faz necessário não é apenas a mera paridade de cobertura entre as duas regiões, mas uma explicação comparativa de sua divisão, uma análise de suas diferenças e uma narrativa da dinâmica de suas interconexões. A história do Leste europeu não é somente uma cópia mais pobre da história da Europa ocidental, a primeira não pode ser simplesmente justaposta, sem afetar o estudo da segunda; o desenvolvimento das regiões mais "atrasadas" do continente lança uma luz inesperada sobre as regiões mais "avançadas" e, muitas vezes, traz consigo novos problemas que antes se escondiam dentro dos limites de uma introspecção puramente ocidental. Assim, ao contrário da prática mais comum, a divisão vertical do continente entre Leste e Oeste é, aqui, tomada como um princípio organizador central dos assuntos em discussão. Dentro de cada zona, sempre existiram grandes variações políticas e sociais, é claro, e tais variações também serão contrastadas e exploradas. O objetivo desse procedimento é sugerir uma *tipologia* regional que ajude a esclarecer as trajetórias divergentes dos principais Estados absolutistas, tanto no Leste quanto no Oeste da Europa.

Tal tipologia pode servir para indicar, ainda que apenas como um esboço, justamente o tipo de plano conceitual intermediário que tantas vezes falta entre os construtos teóricos genéricos e os casos históricos particulares, nos estudos sobre o absolutismo e em muitos outros.

Em terceiro e último lugar, a escolha do *objeto* deste estudo – o Estado absolutista – determinou uma articulação temporal distinta daquela dos gêneros ortodoxos da historiografia. Os enquadramentos tradicionais da escrita histórica se referem ou a países isolados ou a períodos fechados. A grande maioria das pesquisas de qualidade se dá estritamente dentro das fronteiras nacionais; e, quando um trabalho excede tais limites em uma perspectiva internacional, normalmente toma como fronteira uma época delimitada. Em todo caso, o tempo histórico não parece apresentar nenhum problema: seja nos estudos narrativos "à moda antiga", seja nos estudos sociológicos "modernos", acontecimentos e instituições parecem se banhar em uma temporalidade mais ou menos contínua e homogênea. Embora todos os historiadores naturalmente saibam que os graus de transformação variam entre as diferentes camadas e setores da sociedade, o hábito e a conveniência costumam ditar que a forma de um trabalho implique ou transmita um monismo cronológico. Isso significa dizer que seus materiais são tratados como se compartilhassem um mesmo ponto de partida e um mesmo ponto de chegada, afastados por uma mesma extensão de tempo. Neste estudo, não há tal meio temporal uniforme: pois os *tempos* dos mais importantes absolutismos da Europa – ocidental e oriental – foram, justamente, muito diversos, e essa diversidade foi, por si mesma, constitutiva de suas respectivas naturezas enquanto sistemas estatais. O absolutismo espanhol sofreu sua primeira grande derrota no final do século XVI, nos Países Baixos; o absolutismo inglês foi ceifado em meados do século XVII; o absolutismo francês durou até o fim do XVIII; o absolutismo prussiano sobreviveu até o fim do XIX; e o absolutismo russo só foi destronado no século XX. As amplas disjunções na datação dessas grandes estruturas correspondem, inevitavelmente, a profundas distinções em sua composição e evolução. Como o objeto específico deste estudo é todo o espectro do absolutismo europeu, não há nenhuma temporalidade singular que possa abarcá-lo. A narrativa do absolutismo tem vários começos sobrepostos e finais diferentes, vacilantes. Sua unidade subjacente é real e profunda, mas não é um *continuum* linear. Essa complexa duração do absolutismo europeu, com suas múltiplas rupturas e deslocamentos de região a região, determina a apresentação do material histórico neste estudo. Dessa forma, omite-se aqui todo o ciclo de processos e acontecimentos que garantiram o triunfo do modo de produção capitalista na Europa depois do início da época moderna. Cronologicamente, as primeiras revoluções burguesas ocorreram muito antes das últimas metamorfoses do absolutismo. No entanto, para os propósitos deste trabalho, elas continuam sendo categoricamente posteriores e serão analisadas em um estudo subsequente. Assim, fenômenos tão fundamentais como a acumulação primitiva de capital, o início da reforma religiosa, a formação das nações, a expansão do imperialismo ultramarino, o advento da industrialização – que se encaixam muito bem dentro das balizas formais dos "períodos" aqui tratados, contemporâneos de várias fases do absolutismo na Europa – não serão discutidos nem explorados. Suas datas são as mesmas: seus tempos são distintos. A estranha e desconcertante história das sucessivas revoluções burguesas aqui não nos ocupa: o presente ensaio se limita à natureza e ao desenvolvimento dos Estados absolutistas, a seus antecedentes e adversários políticos. Dois estudos subsequentes irão lidar especificamente com a cadeia de grandes revoluções burguesas, da revolta dos Países Baixos à unificação da Alemanha, passando pela estrutura dos Estados capitalistas contemporâneos que, por fim, depois de um longo processo de evolução, resultaram de tais revoluções. Algumas das implicações políticas e teóricas dos argumentos do presente volume só ficarão completamente evidentes nessas sequências.

Talvez seja necessária uma última palavra sobre a escolha do *Estado* como tema central de reflexão. Hoje em dia, tempo em que a "história vista de baixo" se tornou palavra de ordem, tanto em ciclos marxistas quanto em não marxistas, e produziu grandes avanços no nosso conhecimento do passado, ainda é preciso, apesar de tudo, relembrar um dos axiomas básicos do materialismo histórico: a secular luta de classes se resolve, em última instância, no nível *político* – e não econômico ou cultural – da sociedade. Em outras palavras, é a construção e a desconstrução do Estado que sela as mudanças básicas nas relações de produção, enquanto subsistirem as classes. Uma "história vista de cima" – do intricado mecanismo de dominação de classe – é, portanto, não menos essencial que uma "história vista de baixo": na verdade, sem aquela, essa última se torna, no fim das contas, a história de um lado só (ainda que seja o melhor lado). Em sua maturidade, Marx escreveu: "Liberdade consiste na conversão do Estado como órgão sobreposto à sociedade a órgão completamente subordinado a ela, e também hoje as formas do Estado são mais ou menos livres na medida em que restrinjam a 'liberdade' do Estado". Um século depois, a abolição do Estado continua sendo uma das metas do socialismo revolucionário. Mas o significado supremo que se atribui a seu desaparecimento final testemunha todo o peso de sua presença na história. O absolutismo, primeiro sistema de Estados internacional do mundo moderno, ainda está longe de esgotar seus segredos e lições. A intenção deste trabalho é contribuir para a discussão de alguns deles. Seus erros, equívocos, omissões, imprecisões e ilusões se oferecem, seguramente, à crítica do debate coletivo.

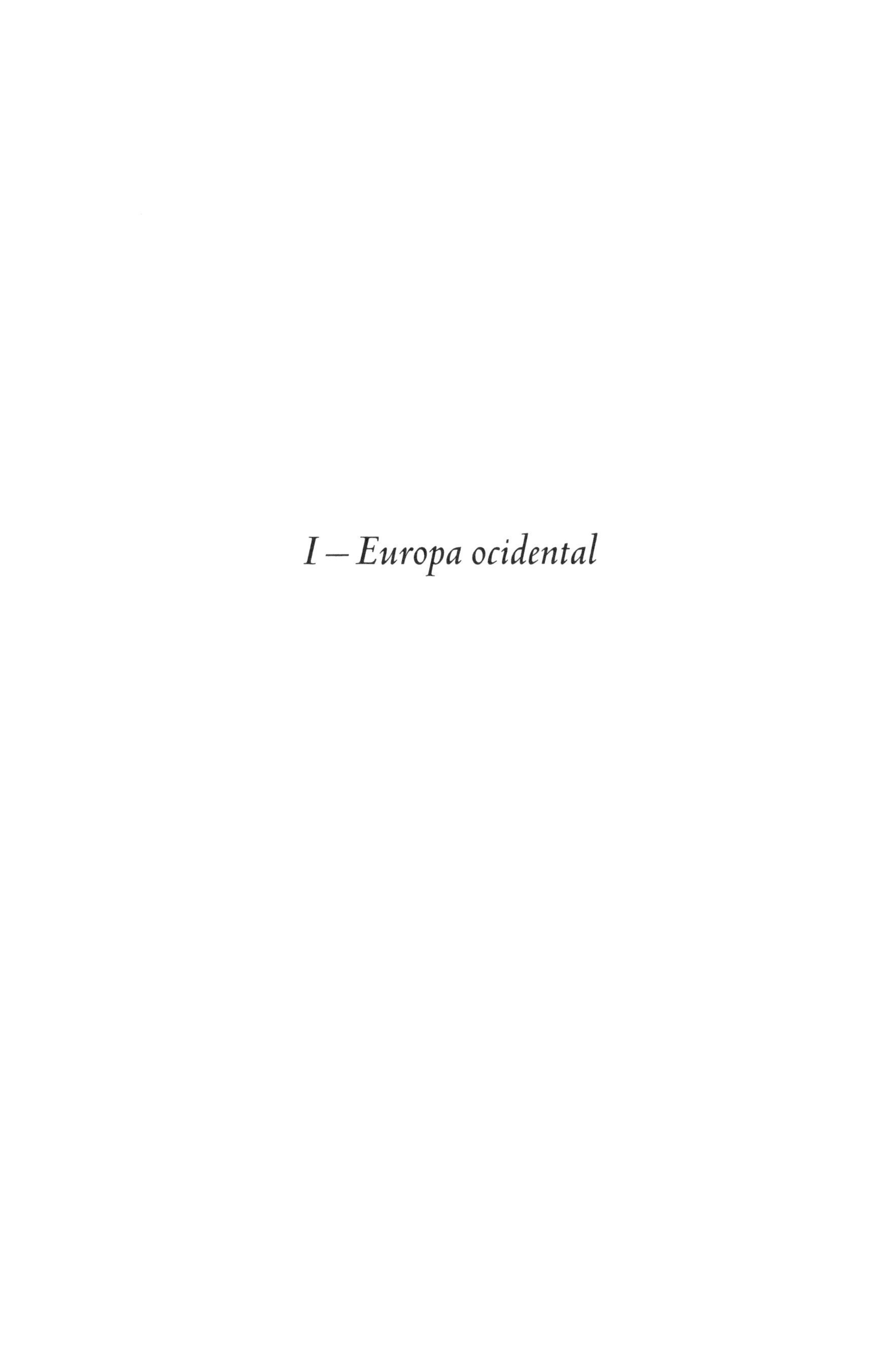

I – Europa ocidental

1.
O Estado absolutista no Ocidente

A longa crise da economia e da sociedade europeias durante os séculos XIV e XV marcou as dificuldades e os limites do modo de produção feudal no fim do período medieval.[1] Qual foi o resultado *político* final das convulsões continentais dessa época? O Estado absolutista emergiu no Ocidente ao longo do século XVI. As monarquias centralizadas de França, Inglaterra e Espanha representaram uma ruptura decisiva com a soberania piramidal e parcelada das formações sociais medievais, com seus sistemas de suseranias e propriedades. A controvérsia sobre a natureza histórica dessas monarquias persiste desde que Engels, em um dito famoso, afirmou que elas foram produto de um equilíbrio de classe entre a velha nobreza feudal e a nova burguesia urbana: "A título de exceção, no entanto, ocorrem períodos em que as classes conflitantes se equilibram (*Gleichgewicht halten*) de tal modo que o poder do Estado, enquanto pretenso mediador, adquire, por um momento, um certo grau de independência diante delas. Assim se deu com a monarquia absoluta dos séculos XVII e XVIII, que manteve o equilíbrio (*gegeneinander balanciert*) entre a nobreza e a classe dos burgueses".[2] As múltiplas qualificações dessa passagem indicam um certo desconforto conceitual da parte de Engels. Mas um exame cuidadoso das sucessivas formulações,

1 Ver essa discussão em *Passagens da Antiguidade ao Feudalismo*, que precede este estudo.

2 Marx; Engels, The Origin of the Family, Private Property and the State. In: ______, *Selected Works*, p.588; Id., *Werke*, v.21, p.167.

tanto de Marx quanto de Engels, revela que uma concepção similar de absolutismo foi, de fato, tema relativamente consistente em seus trabalhos. Em outro momento, Engels repetiu a mesma tese principal de forma mais categórica, observando que a "condição básica da velha monarquia absoluta" era "um equilíbrio (*Gleichgewicht*) entre a aristocracia proprietária de terras e a burguesia".[3] Na verdade, a classificação do absolutismo como um mecanismo de equilíbrio entre nobreza e burguesia desliza, com frequência, para sua designação, implícita ou explícita, fundamentalmente como um tipo de Estado burguês enquanto tal. Essa tendência fica mais evidente no próprio *Manifesto Comunista*, em que o papel político da burguesia "no período das manufaturas" é caracterizado, de uma só vez, como "algo que serve de contrapeso (*Gegengewicht*) à nobreza, seja na monarquia feudal ou na absoluta, e, na verdade, pedra angular (*Hauptgrundlage*) das grandes monarquias em geral".[4] A sugestiva transição de "contrapeso" para "pedra angular" ecoa em outros textos. Engels chegou a se referir à época do absolutismo como a era em que "a nobreza feudal foi obrigada a compreender que o período de seu domínio social e político chegara ao fim".[5] Marx, por sua vez, afirmou seguidas vezes que as estruturas administrativas dos novos Estados absolutistas foram um instrumento tipicamente burguês. "Sob a monarquia absoluta", ele escreveu, "a burocracia era apenas o meio de preparar o domínio da classe burguesa." Em outra ocasião, Marx declarou: "O poder do Estado centralizado, com seus órgãos onipresentes (exército permanente, polícia, burocracia, clero e magistratura), forjados segundo o plano de uma divisão sistemática e hierárquica do trabalho, tem origem nos tempos da monarquia absoluta, quando serviu à nascente sociedade de classe média como uma poderosa arma nas lutas contra o feudalismo".[6]

---

3 Id., Zur Wohnungsfrage. In: ______, *Werke*, v.18, p.258.

4 Marx; Engels, *Selected Works*, p.37; *Werke*, v.4, p.464.

5 Id., Uber den Verfall des Feudalismus und das Aufkommen der Bourgeoisie. In: ______, *Werke*, v.21, p.398. Na frase citada acima, domínio "político" é, expressamente, *staatliche*.

6 A primeira formulação é de Marx e Engels, The Eighteenth Brumaire of Louis Bonaparte. In: ______, *Selected Works*, p.171. A segunda encontra-se em Id., The Civil War in France. In: *Selected Works*, p.289.

Todas essas reflexões sobre o absolutismo eram mais ou menos casuais e alusivas: os fundadores do materialismo histórico não fizeram nenhuma teorização direta sobre as novas monarquias centralizadas que emergiram na Europa renascentista. Seu peso exato foi deixado ao juízo das gerações posteriores. De fato, os historiadores marxistas até hoje debatem o problema da natureza social do absolutismo. De fato, sua solução correta é vital para todo e qualquer entendimento da passagem do feudalismo para o capitalismo na Europa, bem como dos sistemas políticos que a distinguiram. As monarquias absolutas introduziram exércitos regulares, burocracias permanentes, impostos nacionais, leis codificadas e os primórdios de um mercado unificado. Todas essas características parecem ser eminentemente capitalistas. Uma vez que coincidem com o desaparecimento da servidão, instituição essencial do modo de produção feudal originário na Europa, as descrições do absolutismo feitas por Marx e Engels sempre pareceram plausíveis, já que o descreveram como um sistema de Estado que representava um equilíbrio entre nobreza e burguesia, ou mesmo um domínio direto do próprio capital. No entanto, um estudo mais cuidadoso das estruturas do Estado absolutista no Ocidente enfraquece tais juízos, inevitavelmente. Pois o fim da servidão não significou o desaparecimento das relações feudais no campo. Identificar um com o outro é um erro comum. Mais que isso, é evidente que a coerção extraeconômica privada, a dependência pessoal e a associação entre produtor imediato e instrumentos de produção não necessariamente sumiram quando o excedente rural deixou de ser extraído na forma de trabalho ou entregas de produtos para se tornar renda em dinheiro: enquanto a propriedade agrária aristocrática impediu o livre mercado no campo e uma verdadeira mobilidade da mão de obra – em outras palavras, enquanto o trabalho não se separou das condições sociais de sua existência para se transformar em "força de trabalho" –, as relações de produção rurais permaneceram feudais. Marx deixou isso claro em uma análise propriamente teórica sobre a renda da terra, em *O Capital*:

> A transformação da renda em trabalho na renda em produtos não muda nada de fundamental na natureza da renda fundiária [...]. Por renda monetária

aqui entendemos a renda fundiária que emerge de uma simples mudança na forma da renda em produtos, tal como essa última é, por sua vez, apenas uma modificação na renda em trabalho [...]. A base desse tipo de renda, embora mais perto de sua dissolução, continua sendo a mesma da renda em produtos, a qual constitui seu ponto de partida. Assim como antes, o produtor direto ainda é possuidor da terra, por herança ou por algum outro direito tradicional, e deve prestar a seu senhor, dono de sua condição de produção mais essencial, o excedente de trabalho-corveia, ou seja, trabalho não pago, pelo qual não recebe em troca um equivalente, na forma de um produto-excedente transformado em dinheiro. [7]

Em qualquer sociedade pré-industrial, os senhores que continuaram sendo os proprietários dos meios de produção fundamentais eram, por certo, os nobres donos de terras. Por todo o início da época moderna, a classe dominante – política e economicamente – foi, portanto, a *mesma* da época medieval: a aristocracia feudal. Essa nobreza passou por profundas metamorfoses nos séculos que se seguiram ao encerramento da Idade Média; mas, do começo ao fim da história do absolutismo, jamais se viu desalojada do comando do poder político.

As mudanças nas *formas* da exploração feudal que sobrevieram ao fim da época medieval estiveram, é claro, muito longe de serem insignificantes. De fato, foram precisamente essas mudanças que alteraram as formas do Estado. Em essência, o absolutismo era apenas isto: *um aparato de dominação feudal reimplantado e reforçado*, concebido para reprimir as massas camponesas de volta a sua posição social tradicional – a despeito e contra os benefícios que elas haviam conquistado com a comutação generalizada de

7 Marx, *Capital*, v.3, p.774, 777. É lúcida e vigorosa a exposição de Dobb sobre essa questão fundamental em sua "Reply" [Réplica] a Sweezy, no famoso debate dos anos 1950 acerca da transição do feudalismo para o capitalismo. Dobb, *Science and Society*, XIV, n.2, 1950, p.157-67, esp.163-4. A importância teórica do problema é evidente. No caso de um país como a Suécia, por exemplo, os relatos históricos usuais ainda alegam que "não houve feudalismo" porque a servidão propriamente dita esteve ausente. Mas é claro que, na verdade, as relações feudais predominaram nos campos suecos por todo o último período da era medieval.

suas obrigações. Em outras palavras, o Estado absolutista nunca foi um árbitro entre a aristocracia e a burguesia, muito menos um instrumento da burguesia nascente contra a aristocracia: foi a nova carapaça política de uma nobreza ameaçada. Vinte anos atrás, Hill sintetizou o consenso de uma geração de historiadores marxistas da Inglaterra e da Rússia: "A monarquia absoluta foi uma forma de monarquia feudal diferente da monarquia dos Estados medievais que a precedera; mas a classe governante permaneceu a mesma, do mesmo modo como uma república, uma monarquia constitucional e uma ditadura fascista podem ser formas do governo da burguesia".[8] Assim, nas formações sociais de transição do início da época moderna, a nova forma de poder nobre foi, por sua vez, determinada pela disseminação da produção e troca de mercadorias. Nesse sentido, Althusser especificou corretamente seu caráter: "O regime político da monarquia absoluta é apenas a nova forma política necessária para a manutenção do domínio e da exploração feudal no período de desenvolvimento da economia mercantil".[9] Mas não se pode minimizar, de maneira nenhuma, a dimensão das transformações históricas envolvidas no advento do absolutismo. Ao contrário, é essencial apreender toda a lógica e a importância dessa mudança decisiva na estrutura do Estado aristocrático e da

---

8 Hill, Comment, *Science and Society*, XVII, n.4, 1953, p.351. Os termos dessa apreciação devem ser tratados com cuidado. O caráter geral e histórico do absolutismo torna inapropriada qualquer comparação formal dele com os regimes fascistas localizados e excepcionais.

9 Althusser, *Montesquieu, la politique et l'histoire*, p.117. Essa formulação foi escolhida por ser recente e representativa. No entanto, ainda se podem encontrar, ocasionalmente, crenças no caráter capitalista ou quase capitalista do absolutismo. Poulantzas comete tal imprudência ao assim classificar os Estados absolutistas em sua obra que, de resto, é bastante importante, embora seu enunciado seja vago e ambíguo. Poulantzas, *Pouvoir politique et classes sociales*, p.169-80. O recente debate acerca do absolutismo russo nos periódicos soviéticos sobre história revelou exemplos similares, embora mais nuançados em termos cronológicos. Ver, por exemplo, Avrekh, Russkii Absoliutizm i evo Rol' v Utverzhdenie Kapitalizma v Rossii, *Istoriya SSSR*, fev. 1968, p.83-104, que considera o absolutismo o "protótipo do Estado burguês" (p.92). As opiniões de Avrekh foram duramente criticadas no debate que se seguiu e não são típicas do tom geral da discussão.

propriedade feudal, mudança esta que produziu o novo fenômeno do absolutismo.

Como modo de produção, o feudalismo se define por uma *unidade* orgânica entre economia e política, paradoxalmente distribuída em uma cadeia de soberanias parcelares por toda a formação social. A instituição da servidão como mecanismo de extração de excedente unia a exploração econômica com a coerção político-jurídica no nível molecular da aldeia. O senhor, por sua vez, normalmente devia vassalagem e serviço de cavalaria ao suserano senhorial, que reclamava a terra como seu domínio supremo. Com a comutação generalizada das obrigações e sua conversão em rendas monetárias, a unidade celular de opressão política e econômica sobre o campesinato ficou gravemente enfraquecida e ameaçada de desagregação (esse caminho levou ao "trabalho livre" e ao "contrato salarial"). Assim, com o desaparecimento gradual da servidão, o poder de classe dos senhores feudais se viu sob risco direto. O resultado foi um *deslocamento* da coerção político-jurídica para cima, em direção a um vértice centralizado e militarizado – o Estado absolutista. Antes diluída no nível da aldeia, tal coerção passou a se concentrar no nível "nacional". O resultado foi um aparato de poder régio reforçado, cuja função política permanente era a repressão das massas camponesas e plebeias na base da hierarquia social. No entanto, essa nova máquina estatal, por sua própria natureza, também se investia de uma força coercitiva capaz de dobrar ou disciplinar indivíduos e grupos *dentro* da nobreza. Assim, como veremos, a chegada do absolutismo não foi para a classe dominante um suave processo evolutivo: foi marcada por rupturas e conflitos extremamente severos dentro da aristocracia feudal, a cujos interesses coletivos, em última instância, atendeu. Ao mesmo tempo, em uma monarquia centralizada, o complemento objetivo da concentração de poder político no topo da ordem social era a consolidação econômica das unidades de propriedade feudal. Com o crescimento das relações mercantis, a dissolução do nexo primário da exploração econômica e da coerção político-jurídica acarretou não apenas o aumento da projeção dessa última sobre o ápice régio do sistema social, mas também um fortalecimento compensatório dos títulos de propriedade que garantiam a primeira. Em outras palavras, com a reorganização de todo o sistema político feudal e com a diluição do sistema de feudos original, a propriedade da terra tendeu a ficar cada vez menos "condicional", ao passo que a soberania se tornou cada vez mais "absoluta". O enfraquecimento das concepções medievais de vassalagem trabalhou em ambas as direções: conferia novos poderes extraordinários à monarquia e, ao mesmo tempo, emancipava as propriedades da nobreza de suas restrições tradicionais. Nessa nova época, a propriedade agrária foi silenciosamente alodializada (para usar um termo que ficou anacrônico nesse ambiente jurídico modificado). Membros da classe aristocrática – que, nessa nova época, foram perdendo seus direitos políticos de representação – registraram ganhos econômicos na propriedade, o outro lado do mesmo processo histórico. O efeito derradeiro desse rearranjo generalizado do poder social da nobreza foi a máquina estatal e a ordem jurídica do absolutismo, cuja coordenação viria a incrementar a eficácia do jugo aristocrático, ao sujeitar o campesinato não servil a novas formas de dependência e exploração. Os Estados régios do Renascimento foram, primeiro e acima de tudo, instrumentos modernizados para a manutenção do domínio nobre sobre as massas rurais.

Mas, ao mesmo tempo, a aristocracia teve de se ajustar a um segundo antagonista: a burguesia mercantil que se desenvolvera nas cidades medievais. Já vimos que foi justamente a intercalação dessa terceira presença que impediu a nobreza ocidental de acertar suas contas com o campesinato à maneira oriental, esmagando a resistência dos camponeses para acorrentá-los à propriedade senhorial. A cidade medieval fora capaz de se desenvolver porque, pela primeira vez, a dispersão hierárquica das soberanias no modo de produção feudal libertou as economias urbanas do domínio direto de uma classe mandante rural.[10] Nesse sentido, as cidades nunca foram exógenas ao

10 O célebre debate entre Sweezy e Dobb, com contribuições de Takahashi, Hilton e Hill, no periódico *Science and Society*, entre 1950 e 1953, continua sendo, até hoje, o único tratamento marxista sistemático dos problemas centrais da transição do feudalismo para o capitalismo. Em um aspecto importante, porém, tal debate girou em torno de uma falsa questão. Sweezy argumentou (seguindo Pirenne) que o "propulsor" da transição fora um agente de dissolução "externo" – os enclaves urbanos

feudalismo do Ocidente, como já vimos: na verdade, sua própria condição de existência foi a singular "destotalização" da soberania no seio da ordem político-econômica do feudalismo. Daí a resiliência dos centros urbanos ocidentais ao longo da pior crise do século XIV, a qual levou à bancarrota temporária tantas famílias patrícias das cidades mediterrâneas. Os Bardi e os Peruzzi ruíram em Florença; Siena e Barcelona entraram em declínio; mas Augsburgo, Genebra e Valência estavam bem no início da ascensão. Importantes indústrias urbanas, tais como o aço, o papel e os têxteis, cresceram durante a depressão feudal. À distância, essa vitalidade social e econômica atuava como uma interferência constante e objetiva sobre a luta de classes no campo, bloqueando qualquer solução regressiva da parte dos nobres. De fato, é significativo que os anos decorridos entre 1450 e 1500, que testemunharam a emergência dos primeiros pródromos das monarquias absolutas no Ocidente, também tenham sido aqueles em que a longa crise da economia feudal foi superada, a partir de uma recombinação de fatores produtivos na qual, pela primeira vez, avanços tecnológicos especificamente *urbanos* desempenharam o papel principal. O conjunto de invenções que coincide com a junção entre as épocas "medieval" e "moderna" é bastante conhecido e não será necessário discuti-lo aqui. A descoberta do processo *seiger* para separar a prata do minério de cobre reativou as minas da Europa central e o fluxo

que, com a expansão da troca de mercadorias nas cidades, destruíram a economia agrária feudal. Dobb respondeu que o ímpeto da transição devia se localizar nas contradições da própria economia agrária, as quais geraram a diferenciação social do campesinato e a ascensão dos pequenos produtores. Em um ensaio posterior sobre o tema, Vilar formulou explicitamente que o problema da transição era o de definir a correta combinação entre mudanças agrárias "endógenas" e mudanças urbano-comerciais "exógenas", e também enfatizou a importância da nova economia mercantil atlântica no século XVI: Problems in the Formation of Capitalism, *Past and Present*, n.10, nov. 1956, p.33-4. Em um importante estudo recente, The Relation between Town and Country in the Transition from Feudalism to Capitalism (não publicado), John Merrington efetivamente resolveu essa antinomia ao demonstrar a verdade básica do feudalismo europeu: longe de se constituir uma economia exclusivamente agrária, o feudalismo foi o *primeiro* modo de produção da história a conceder um lugar estrutural e autônomo às produções e trocas urbanas. No feudalismo da Europa ocidental, o crescimento das cidades foi, nesse sentido, um desenvolvimento tão "interno" quanto a dissolução da propriedade senhorial.

de metais para a economia internacional; a produção de moedas da Europa central quintuplicou entre 1460 e 1530. O desenvolvimento do canhão de bronze fundido fez da pólvora, pela primeira vez, uma arma de guerra decisiva, deixando obsoletas as defesas dos castelos baroniais. A invenção dos tipos móveis abriu caminho para o advento da imprensa. A construção dos galeões de três mastros, com leme à popa, tornou os oceanos navegáveis para as conquistas ultramarinas.[11] Todos esses avanços técnicos, que lançaram as bases do Renascimento europeu, concentraram-se na segunda metade do século XV – e foi então que a secular depressão agrária por fim se afastou, a partir de 1470, na Inglaterra e na França.

Foi precisamente nessa época que ocorreu uma súbita e simultânea renovação da autoridade e da unidade políticas, país a país. Das profundezas do extremo caos feudal, em meio à Guerra das Rosas, à Guerra dos Cem Anos e à segunda Guerra Civil Castelhana, as primeiras "novas" monarquias se ergueram quase ao mesmo tempo, durante os reinados de Luís XI na França, Fernando e Isabel na Espanha, Henrique VII na Inglaterra e Maximiliano na Áustria. Assim, quando os Estados absolutistas se constituíram no Ocidente, sua estrutura foi fundamentalmente determinada pelo reagrupamento feudal contra o campesinato, após a dissolução da servidão; mas foi secundariamente *sobredeterminada* pela ascensão de uma burguesia urbana que, depois de uma série de avanços técnicos e comerciais, agora se desenvolvia rumo às manufaturas pré-industriais, em escala considerável. Foi esse impacto secundário da burguesia urbana sobre as formas do Estado absolutista que Marx e Engels tentaram capturar com as enganosas noções de "contrapeso" e "pedra angular". De fato,

11 Sobre os canhões e os galeões, ver: Cipolla, *Guns and Sails in the Early Phase of European Expansion 1400-1700*. A respeito da imprensa, as reflexões mais recentes e audaciosas, embora prejudicadas por uma monomania comum aos historiadores da tecnologia, são de Eisenstein, Some Conjectures about the Impact of Printing on Western Society and Thought: a Preliminary Report, *Journal of Modern History*, mar.-dez. 1968, p.1-56, e Id., The Advent of Printing and the Problem of the Renaissance, *Past and Present*, n.45, nov. 1969, p.19-89. Em certo aspecto, as invenções técnicas cruciais dessa época podem ser vistas como variações em um campo comum, o das comunicações. Elas se referem, respectivamente, ao dinheiro, à linguagem, à viagem e à guerra; mais tarde, tudo isso estará entre os grandes temas filosóficos do Iluminismo.

Engels chegou a expressar a verdadeira relação de forças de maneira bastante acurada em mais de uma ocasião: ao discutir as novas descobertas marítimas e as indústrias manufatureiras da Renascença, ele escreveu que "a essa poderosa revolução nas condições da vida econômica da sociedade não se seguiu, porém, nenhuma mudança imediata correspondente em sua estrutura política. A ordem política permaneceu feudal, enquanto a sociedade foi se tornando cada vez mais burguesa".[12] Assim, a ameaça da inquietação camponesa, componente tácito do Estado absolutista, sempre se conjugou à pressão do capital mercantil ou manufatureiro no conjunto das economias ocidentais, moldando os contornos do poder da classe

---

12 Engels, *Anti-Dühring*, p.126. Ver também p.196-7, nas quais se mesclam formulações corretas e incorretas. Hill cita essas páginas em seu "Comment" para absolver Engels dos erros da noção de "equilíbrio". De maneira geral, é possível encontrar, tanto em Marx quanto em Engels, passagens nas quais o absolutismo é entendido de modo mais adequado que nos textos discutidos acima. (No próprio *Manifesto Comunista*, por exemplo, há uma referência direta ao "absolutismo feudal": Marx; Engels, *Selected Works*, p.56; ver também o artigo: Marx, Die moralisierende Kritik und die kritisierende Moral. In: Marx; Engels, *Werke*, v.4, p.347, 352-3). O contrário é que seria surpreendente, uma vez que a consequência lógica de batizar os Estados absolutistas de burgueses ou semiburgueses seria negar a natureza e a realidade das próprias revoluções burguesas da Europa ocidental. Mas não restam dúvidas de que, em meio à confusão recorrente, a tendência *principal* de seus comentários seguia na direção da ideia de "contrapeso", com o concomitante deslizamento em direção à de "pedra angular". Não há necessidade de esconder esse fato. O imenso respeito político e intelectual que devemos a Marx e Engels é incompatível com qualquer complacência para com eles. Seus equívocos – tantas vezes mais reveladores que os acertos dos outros – não devem ser eludidos, mas, sim, localizados e superados. É necessário fazer aqui mais uma advertência. Não é de hoje a moda de depreciar a relativa contribuição de Engels para a criação do materialismo histórico. Àqueles que ainda estão inclinados a aceitar essa noção difundida é preciso dizer, calma e escandalosamente: os juízos *históricos* de Engels quase sempre são superiores aos de Marx. Ele possuía um conhecimento mais profundo da história europeia e tinha um entendimento mais seguro de suas estruturas marcantes e sucessivas. Em toda a obra de Engels, não há nada que se compare às ilusões e preconceitos de que Marx às vezes foi capaz, como a fantasmagórica *Secret Diplomatic History of the Eighteenth Century* [História diplomática secreta do século XVIII]. (Não será necessário reiterar a supremacia global da contribuição de Marx para a *teoria geral* do materialismo histórico.) É justamente pela estatura dos escritos históricos de Engels que vale a pena chamar a atenção para seus erros específicos.

aristocrática na nova era. A forma peculiar do Estado absolutista no Ocidente deriva dessa dupla determinação.

As forças duais que produziram as novas monarquias da Europa renascentista encontraram uma mesma condensação jurídica. O reflorescimento do Direito romano, um dos grandes movimentos culturais da época, correspondeu, de maneira ambígua, às necessidades de ambas as classes cuja disparidade de poder e posição moldou as estruturas do Estado absolutista no Ocidente. O conhecimento renovado da jurisprudência romana datava da Alta Idade Média. O firme crescimento da lei consuetudinária jamais suprimira por completo a memória e a prática do Direito civil romano na península onde sua tradição era mais longeva, a Itália. Foi em Bolonha que Irnerius, "a luz da lei", reiniciara o estudo sistemático dos códigos de Justiniano, no começo do século XII. Nos cem anos seguintes, a escola dos Glosadores, por ele fundada, reconstituiu e classificou o legado dos juristas romanos. Nos séculos XIV e XV, foram seguidos pelos "Comentadores", mais preocupados com a aplicação contemporânea das normas jurídicas romanas que com a análise erudita de seus princípios teóricos. No processo de adaptação do Direito romano às condições drasticamente distintas da época, eles, a um só tempo, corromperam sua forma antiga e a depuraram de conteúdos particularistas.[13] Paradoxalmente, a própria infidelidade de suas transposições da jurisprudência latina a "universalizou", pois removeu vastas porções do Direito civil romano que se referiam estritamente às condições históricas da Antiguidade (como, por exemplo, o amplo tratamento da escravidão, é claro).[14] Depois da redescoberta original no século XII, os conceitos jurídicos romanos começaram a se difundir gradualmente para além da Itália.

13 Ver Hazeltine, Roman and Canon Law in the Middle Ages, *The Cambridge Mediaeval History*, v.5, Cambridge, 1968, p.737-41. Por consequência, o classicismo renascentista viria a ser muito crítico ao trabalho dos Comentadores.

14 "Agora que esse Direito foi transposto para situações inteiramente estranhas, desconhecidas da Antiguidade, a tarefa de 'construir' a situação de um modo logicamente impecável quase que se tornou a única tarefa. Desse modo, essa concepção de Direito que prevalece ainda hoje e que vê no Direito um complexo logicamente consistente e completo de 'normas', à espera da 'aplicação', tornou-se a concepção decisiva para o pensamento jurídico." Weber, *Economy and Society*, v.2, p.855.

Ao fim da Idade Média, todos os principais países da Europa ocidental haviam passado por esse processo. Mas a "recepção" decisiva do Direito romano – seu triunfo jurídico generalizado – ocorreu na era do Renascimento, concomitante à vitória do absolutismo. As razões históricas de seu impacto profundo foram dúplices e refletiram a natureza contraditória do próprio legado romano original.

Em termos econômicos, a recuperação e a introdução do Direito civil clássico foram fundamentalmente propícias para o crescimento do capital livre na cidade e no campo. Pois a grande marca distintiva do Direito civil romano fora sua concepção de propriedade privada absoluta e incondicional. A concepção clássica da propriedade quiritária praticamente desaparecera da vista nas profundezas obscuras dos primórdios do feudalismo. Como vimos, o modo de produção feudal se definia precisamente pelos princípios jurídicos da propriedade "escalonada" ou condicional, complemento de sua soberania parcelada. Esse estatuto de propriedade se adaptou bem à economia predominantemente natural que emergiu na Idade das Trevas, embora nunca tenha se adequado completamente ao setor urbano que se desenvolveu na economia medieval. Assim, o ressurgimento do Direito romano durante a Idade Média já acarretara esforços jurídicos para "endurecer" e delimitar as noções de propriedade, inspiradas nos preceitos clássicos então disponíveis. Uma dessas tentativas foi a invenção, no final do século XII, da distinção entre *dominium directum* e *dominium utile*, para dar conta da existência de uma hierarquia vassala e, portanto, da multiplicidade de direitos sobre a mesma terra.[15] Outra tentativa foi a típica noção medieval de *seisin*, uma concepção intermediária entre a "propriedade" e a "posse" latinas, que garantia a proteção de uma terra contra eventuais apropriações e reivindicações conflituosas, ao mesmo tempo que mantinha o princípio feudal de múltiplos títulos sobre

---

15 Ver a discussão em Lévy, *Histoire de la propriété*, p.44-6. Outro efeito irônico dos esforços no sentido de uma nova clareza jurídica, inspirados nas pesquisas medievais a respeito dos códigos romanos, foi, é claro, o surgimento da definição de servos como *glebae adscripti*.

a mesma propriedade; o direito de *seisin* não era nem exclusivo nem perpétuo.[16] O completo reaparecimento da ideia de propriedade privada absoluta sobre a terra foi produto dos primórdios da época moderna. Pois foi apenas quando a produção e a troca de mercadorias atingiram níveis globais – tanto na agricultura quanto na manufatura – iguais ou superiores aos da Antiguidade que os conceitos jurídicos criados para justificá-las puderam ganhar força mais uma vez. A máxima *superficies solo cedit* – propriedade única e incondicional sobre a terra – agora se tornava, pela segunda vez, um princípio operativo na propriedade agrária (mesmo que ainda não dominante), precisamente por causa da disseminação das relações mercantis no campo, as quais iriam definir a longa transição do feudalismo para o capitalismo no Ocidente. É claro que, nas cidades em si, desenvolvera-se espontaneamente uma lei comercial relativamente adiantada durante a Idade Média. Como vimos, a troca de mercadorias dentro da economia urbana já alcançara um dinamismo considerável na época medieval e, em certos aspectos importantes, suas formas de expressão legal eram mais avançadas que as precedentes romanas: no direito marítimo e no direito dos primórdios das firmas, por exemplo. Mas não havia nenhum quadro uniforme de teoria nem de procedimentos jurídicos. A superioridade do Direito romano para a prática mercantil nas cidades residia, portanto, não apenas em suas claríssimas noções de propriedade absoluta, mas também em suas tradições de equidade, em seus critérios racionais de provas e em sua ênfase no judiciário profissional – vantagens que as cortes consuetudinárias normalmente não conseguiam oferecer.[17] Assim, a recepção do

---

16 Sobre a importância do conceito de *seisin*, ver: Vinogradoff, *Roman Law in Mediaeval Europe*, p.74-7, 86, 95-6; Lévy, *Histoire de la propriété*, p.50-2.

17 A relação entre o Direito romano e os primórdios do Direito medieval nas cidades ainda precisa de muitas investigações. Não é de surpreender o avanço relativo das normas jurídicas que regiam as operações de comenda e comércio marítimo na Idade Média: como vimos, o mundo romano não conhecia as sociedades empresariais e compreendia um Mediterrâneo unitário. Por isso, não havia razão para tal desenvolvimento. Por outro lado, o estudo precoce do direito romano nas cidades italianas sugere que aquilo que no Renascimento aparecia como prática contratual "medieval" pode muito bem ter sido, no mais das vezes, originalmente formado por preceitos legais derivados da Antiguidade. Vinogradoff não tinha dúvidas de

Direito romano na Europa renascentista foi sinal da difusão das relações capitalistas nas cidades e nos campos: em termos *econômicos*, ela correspondia aos interesses vitais da burguesia comercial e manufatureira. Na Alemanha, país onde o impacto do Direito romano foi mais dramático, suplantando abruptamente as cortes locais na terra natal do direito consuetudinário teutônico nos séculos XV e XVI, o ímpeto inicial da adoção ocorreu nas cidades do sul e do oeste e veio de baixo, pela pressão dos litigantes urbanos por um direito judiciário claro e profissional.[18] Mas não demorou a ser tomado pelos príncipes germânicos e aplicado dentro de seus territórios, em escala ainda mais imponente, para servir a finalidades bastante diversas.

Pois, *politicamente*, o ressurgimento do Direito romano respondia às exigências dos Estados feudais reorganizados da época. De fato, não há dúvidas de que, na escala europeia, a determinante *primária* para a adoção da jurisprudência romana residiu no impulso dos governos régios à crescente centralização dos poderes. Vale lembrar que o sistema jurídico romano compreendia dois setores distintos e aparentemente contrários: o direito civil, que regulamentava as transações econômicas entre os cidadãos, e o direito público, que governava as relações políticas entre o Estado e seus súditos. O primeiro era *jus*, e o segundo, *lex*. O caráter juridicamente incondicional da propriedade privada, consagrado por um, encontrava sua contrapartida contraditória na natureza formalmente absoluta da soberania imperial, exercida pelo outro, ao menos a partir do Dominato. Foram os princípios teóricos desse *imperium* político que exerceram uma profunda influência e atração sobre as novas monarquias da Renascença. Se o ressurgimento das noções de propriedade quiritária traduzia e promovia

---

que o direito contratual romano exercia influência direta sobre os códigos comerciais dos burgueses urbanos na Idade Média: Vinogradoff, *Roman Law in Mediaeval Europe*, p.79-80, 131. É claro que as propriedades imobiliárias urbanas, com suas "*'burgage tenures*" [posses burguesas], sempre estiveram mais próximas das normas romanas que da propriedade rural da Idade Média.

18 Kunkell, The Reception of Roman Law in Germany: An Interpretation e Dahm, On the Reception of Roman and Italian Law in Germany. In: Strauss (Org.), *Pre-Reformation Germany*, p.271, 274-6, 278, 284-92.

a expansão generalizada da troca de mercadorias nas economias transicionais da época, o reflorescimento das prerrogativas autoritárias do Dominato expressava e consolidava a concentração do poder da classe aristocrática em um aparato estatal centralizado que representava a reação da nobreza àquele processo. Assim, o duplo movimento social gravado nas estruturas do absolutismo ocidental encontrou sua conformidade jurídica na reintrodução do Direito romano. A famosa máxima de Ulpiano – *quod principi placuit legis habet vicem*, "a vontade do soberano tem força de lei" – tornou-se um ideal constitucional das monarquias renascentistas de todo o Ocidente.[19] A ideia complementar de que reis e príncipes eram, eles próprios, *legibus solutus*, ou seja, livres de restrições legais anteriores, forneceu os protocolos jurídicos para derrogar os privilégios medievais, ignorando direitos tradicionais e subordinando direitos privados.

Em outras palavras, o fortalecimento da propriedade privada na parte de baixo se emparelhou com o aumento da autoridade pública na parte de cima, corporificada no poder discricionário do governante régio. Os Estados absolutistas do Ocidente basearam seus novos objetivos em precedentes clássicos: o Direito romano era a mais poderosa arma intelectual disponível para seu típico programa de integração territorial e centralismo administrativo. De fato, não foi por acaso que a única monarquia medieval a alcançar completa emancipação perante quaisquer restrições representativas ou corporativas tenha sido o papado, primeiro sistema político feudal da Europa a utilizar a jurisprudência romana de maneira abrangente, com a codificação do direito canônico nos séculos XII e XIII. A reivindicação papal de *plenitudo potestatis* dentro da Igreja abriu precedente para futuras pretensões de príncipes seculares, muitas vezes realizadas precisamente contra a exorbitância religiosa. Além disso, assim como foram essencialmente os juristas canônicos do papado que haviam construído e operado seus amplos controles administrativos sobre a Igreja, também foram burocratas semiprofissionais versados no Direito romano que vieram a se constituir como os principais servidores executivos dos novos

19 *Um* ideal, mas, de forma alguma, o único: veremos que a complexa prática do absolutismo sempre esteve muito longe de corresponder à máxima de Ulpiano.

Estados régios. De modo geral, as monarquias absolutistas do Ocidente contaram com um estrato especializado de juristas para gerir suas máquinas administrativas: os *letrados* na Espanha, os *maîtres de requêtes* na França, os *doctores* na Alemanha. Imbuídos das doutrinas romanas de autoridade principesca e das concepções romanas de normas jurídicas unitárias, esses juristas burocratas foram zelosos executores do centralismo régio no primeiro e crucial século da construção do Estado absolutista. Mais do que qualquer outra força, foi a marca desse corpo internacional de juristas que romanizou os sistemas jurídicos da Europa ocidental na Renascença. Pois a transformação do Direito inevitavelmente se refletiu na distribuição do poder entre as classes proprietárias da época: enquanto aparato estatal reorganizado para o domínio da nobreza, o absolutismo foi o principal arquiteto da recepção do Direito romano na Europa. Mesmo nos lugares onde as cidades autônomas haviam iniciado o movimento, como na Alemanha, foram os príncipes que o capturaram e o fortaleceram. E, nos lugares onde o poder régio não conseguiu impor o direito civil, como na Inglaterra, o movimento não fez raízes no meio urbano.[20] No processo sobredeterminado do reflorescimento romano, a primazia coube à pressão política do Estado dinástico: as demandas por "clareza" monárquica predominaram sobre aquelas por "certeza" mercantil.[21] Ainda que extremamente imperfeito e incompleto, o acréscimo de racionalidade formal dos sistemas

---

20 O direito romano nunca se naturalizou na Inglaterra, em grande medida por causa da centralização precoce do Estado anglo-normando, cuja unidade administrativa deixou a monarquia inglesa relativamente indiferente às vantagens do direito civil durante sua difusão medieval: ver os pertinentes comentários de Cantor, *Mediaeval History*, p.345-9. No início da época moderna, as dinastias Tudor e Stuart chegaram a introduzir novas instituições jurídicas de tipo civil (Câmara Estrelada, Almirantado e Chancelaria), mas tais instituições se provaram incapazes de prevalecer sobre as do direito comum: depois dos acirrados conflitos do início do século XVII, a Revolução Inglesa de 1640 selou a vitória das últimas. Para algumas reflexões a respeito desse processo, ver: Holdsworth, *A History of English Law*, v.IV, p.284-5.

21 Esses foram os dois termos que Weber empregou para designar os interesses respectivos das duas forças que trabalharam pela romanização: "Assim, enquanto as classes burguesas buscam 'certeza' na administração da justiça, a burocracia geralmente se interessa pela 'clareza' e pela 'ordem' das leis". Ver sua excelente discussão em: Weber, *Economy and Society*, II, p.847-8.

jurídicos dos primórdios da Europa moderna foi, preponderantemente, obra do absolutismo aristocrático.

Assim, o maior efeito da modernização jurídica foi o reforço no domínio da classe feudal tradicional. O aparente paradoxo desse fenômeno se refletiu em toda a estrutura das próprias monarquias absolutistas – composições híbridas e exóticas, cuja "modernidade" superficial sempre traía um arcaísmo subterrâneo. Isso fica bem nítido no exame das inovações institucionais que anunciaram e simbolizaram sua chegada: exército, burocracia, tributação, comércio e diplomacia. Vale considerá-las brevemente, nessa mesma ordem. Muitas vezes se disse que o Estado absolutista foi pioneiro do exército profissional, o qual aumentou muito de tamanho com a revolução militar introduzida nos séculos XVI e XVII por Maurício de Orange, Gustavo Adolfo e Wallenstein (a infantaria treinada e em linha dos holandeses; a salva de cavalaria e o sistema de pelotões dos suecos; e o comando vertical unitário dos tchecos).[22] Os exércitos de Filipe II somavam cerca de 60 mil homens e, cem anos depois, os de Luís XIV chegaram a 300 mil. Mas tanto a forma quanto a função dessas tropas diferiam imensamente das que depois se tornaram características do Estado burguês moderno. Normalmente, não se tratava de uma força nacional recrutada, mas sim de uma grande mescla, na qual mercenários estrangeiros tinham papel constante e central. Esses mercenários quase sempre eram recrutados em áreas externas ao perímetro das novas monarquias centralizadas, muitas vezes em regiões montanhosas que se especializaram em fornecê-los: os suíços foram os *gurkhas* dos primórdios da Europa moderna. Os exércitos franceses, holandeses, espanhóis, austríacos e ingleses incluíam suábios, albaneses, suíços, irlandeses, valáquios, turcos, húngaros e italianos.[23] Do ponto de vista social, o motivo mais óbvio para o fenômeno dos mercenários foi, por certo, a natural recusa da

---

22 Roberts, The Military Revolution 1560-1660. In: ______. *Essays in Swedish History*, p.195-225 – um texto básico; Id., *Gustavus Adolphus. A History of Sweden 1611-1632*, v.2, p.169-89. Roberts talvez esteja exagerando um pouco o crescimento quantitativo dos exércitos nessa época.

23 Kiernan, Foreign Mercenaries and Absolute Monarchy, *Past and Present*, n.2, abr. 1957, p.66-86, republicado em Aston (Org.), *Crisis in Europe 1560-1660*,

classe nobre em armar seus próprios camponeses. "É praticamente impossível treinar todos os súditos de uma comunidade nas artes da guerra e, ao mesmo tempo, mantê-los obedientes às leis e aos magistrados", confidenciou Jean Bodin. "Talvez tenha sido esse o principal motivo por que, em 1534, Francisco I dispensou os sete regimentos que criara em seu reinado, cada um com 6 mil homens de infantaria."[24] Do mesmo modo, as tropas mercenárias, ignorantes da língua da população local, podiam ser convocadas para acabar com rebeliões sociais. Na Inglaterra, os *Landsknechten* germânicos deram cabo dos levantes camponeses de 1549 no East Anglian, enquanto arcabuzeiros italianos garantiram a liquidação da revolta rural no oeste do país. Já na França, as Guardas Suíças ajudaram a reprimir guerrilhas de *boulonnais* e camisardos em 1662 e 1702. A importância fundamental dos mercenários, cada vez mais visível desde o fim da Idade Média, do País de Gales à Polônia, não se restringiu apenas à de um expediente provisório do absolutismo na aurora de sua existência: ela o marcou até sua morte no Ocidente. No final do século XVIII, mesmo depois da introdução dos recrutamentos nos principais países europeus, até dois terços de um exército "nacional" podiam se compor de soldadesca estrangeira contratada.[25] O exemplo do absolutismo prussiano, que, a um só tempo, arregimentava e sequestrava efetivos fora de suas fronteiras, fazendo uso tanto do convencimento quanto da força, é um lembrete de que não havia necessariamente uma distinção clara entre um jeito e outro.

Mas, ao mesmo tempo, a função dessas novas e vastas aglomerações de soldados também foi visivelmente distinta daquela dos futuros exércitos capitalistas. Até hoje não existe nenhuma teoria marxista sobre a variação das funções sociais da guerra nos diferentes modos de produção. E aqui não é lugar para explorar esse tema. Mesmo assim, pode-se argumentar que, sob o feudalismo, a guerra provavelmente foi o modo mais *rápido* e *racional* de ampliar a extração do excedente disponível a toda e qualquer classe dominante. Como vimos, a produtividade agrícola não ficou, de forma

---

p.117-40. Trata-se de uma análise ímpar sobre o fenômeno mercenário, à qual pouco se acrescentou desde então.

24 Bodin, *Les Six Livres de la République*, p.669.

25 Dorn, *Competition for Empire*, p.83.

alguma, estagnada durante a Idade Média, e o volume de comércio também não. Mas, para os senhores, ambos cresciam devagar demais em comparação aos súbitos e massivos "rendimentos" proporcionados pela conquista territorial, da qual as invasões normandas da Inglaterra e da Sicília, o cerco angevino a Nápoles e a tomada castelhana da Andaluzia foram apenas os exemplos mais espetaculares. Assim, era lógico que a definição social da classe dominante feudal fosse militar. Nessa formação social, a racionalidade econômica da guerra era bastante específica: uma maximização da riqueza cujo papel não pode ser comparado ao que desempenha nas formas desenvolvidas do modo de produção subsequente, dominado pelo ritmo básico da acumulação de capital e pela "transformação incansável e universal" (Marx) dos fundamentos econômicos de toda formação social. A nobreza era uma classe de proprietários de terras cuja profissão era a guerra: sua vocação social não era um acréscimo externo, mas, sim, uma função intrínseca à sua posição econômica. O meio normal da competição intercapitalista é econômico, e sua estrutura é tipicamente aditiva: ambas as partes rivais podem se expandir e prosperar – embora de maneira desigual – ao longo de um mesmo confronto, porque a produção de mercadorias manufaturadas é inerentemente ilimitada. O meio típico da rivalidade interfeudal, ao contrário, era militar, e sua estrutura sempre foi a do conflito de soma-zero do campo de batalha, no qual se perdiam ou se conquistavam quantidades fixas de terra. Porque a terra é um monopólio natural: não pode ser indefinidamente estendida, mas apenas redividida. O alvo categórico do jugo nobre era o território, fosse qual fosse a comunidade que o habitava. Era a terra em si, e não a língua, que definia os perímetros naturais de seu poder. Assim, a classe dominante feudal era essencialmente móvel, de um jeito que a classe dominante capitalista jamais poderia ser. Pois o próprio capital é, *par excellence*, internacionalmente móvel, permitindo que seus detentores se fixem dentro de um limite nacional: já a terra é nacionalmente imóvel, e os nobres tinham de viajar para tomar sua posse. Assim, um determinado baronato ou dinastia costumava transferir sua residência de uma ponta a outra do continente, sem maiores transtornos. Era indiferente que as linhagens angevinas governassem na Hungria, na Inglaterra ou em Nápoles; que as normandas estivessem na Antioquia, na Sicília ou na Inglaterra; as borgonhesas em Portugal ou na Zelândia; as luxemburguesas na Renânia ou na Boêmia; as flamengas no Artois ou em Bizâncio; as dos Habsburgo na Áustria, nos Países Baixos ou na Espanha. Senhores e camponeses não tinham de compartilhar uma mesma língua nesses vários lugares. Pois os territórios públicos formavam um *continuum* com as herdades privadas, e a forma clássica de sua aquisição era a força, invariavelmente adornada com reivindicações de legitimidade religiosa ou genealógica. A guerra não era um "esporte" para os príncipes, era seu destino; para além da finita diversidade de inclinações e personalidades individuais, ela os invocava, inexoravelmente, como uma necessidade social de sua posição. Pela maneira como Maquiavel enxergava a Europa do início do século XVI, a regra suprema de suas existências era uma verdade tão óbvia e incontestável quanto o céu que os cobria: "Um príncipe não deve, portanto, ter nenhum outro pensamento ou meta senão a guerra, nem adquirir maestria em nada que não seja a guerra, sua organização e sua disciplina, pois a guerra é a única arte que se espera de um governante".[26]

Os Estados absolutistas refletem essa racionalidade arcaica em sua estrutura mais íntima. Eram máquinas construídas, sobretudo, para o campo de batalha. É significativo que a *taille royale*, primeiro imposto nacional regular instituído na França, tenha sido criada para financiar as primeiras unidades militares regulares da Europa – as *compagnies d'ordonnance* de meados do século XV, cuja primeira unidade foi composta por mercenários escoceses. Por volta da metade do século XVI, 80% das rendas do Estado espanhol serviam para cobrir despesas militares: Vicens Vives pôde escrever que "na Europa ocidental, o impulso em direção ao tipo moderno de monarquia administrativa começou com as grandes operações navais de Carlos V contra os turcos no Mediterrâneo ocidental, a partir de 1535".[27] Em meados do século XVII, os gastos anuais dos principados continentais, da Suécia ao Piemonte, eram, por toda parte, predominante e monotonamente destinados à preparação ou à condução da guerra, agora muito

26 Maquiavel, *Il Principe e Discorsi*, p.62.

27 Vives, Estructura administrativa estatal en los siglos XVI y XVII, *XIe Congrès International des Sciences Historiques*, Rapports IV, Gotemburgo, 1960; agora republicado em Vives, *Cojuntura económica y reformismo burgués*, p.116.

mais cara que na Renascença. Um século mais tarde, na pacífica véspera de 1789, dois terços das despesas do Estado francês ainda se dirigiam, segundo Necker, ao aparato militar. É evidente que essa morfologia do Estado não corresponde a uma racionalidade capitalista: ela representa uma memória grandiloquente das funções da guerra medieval. Os grandiosos aparatos militares do Estado feudal tardio também não foram deixados de lado. A virtual permanência de conflitos armados internacionais é uma das marcas de todo o clima do absolutismo. A paz foi uma exceção meteorológica nos séculos de seu predomínio sobre o Ocidente. Calcula-se que, ao longo de todo o século XVI, houve apenas vinte e cinco anos de operações militares de larga escala na Europa;[28] já no século XVII, somente sete anos se passaram sem grandes guerras entre Estados.[29] Tais calendários são alheios ao capital, mas, como veremos, este acabou contribuindo para aqueles.

O sistema fiscal e burocrático civil característico do Estado absolutista não era menos paradoxal. Parecia representar uma transição para a administração jurídica racional de que falou Weber, em contraste com a selva de dependências particularistas da Alta Idade Média. Mas, ao mesmo tempo, a burocracia renascentista era tratada como uma propriedade vendável a indivíduos privados: uma confusão fundamental de duas ordens que o Estado burguês sempre soube distinguir. Assim, no Ocidente, o modo predominante de integração da nobreza feudal ao Estado absolutista tomou a forma da aquisição de "cargos".[30] Aquele que comprava uma posição no aparato público do Estado depois podia reaver a quantia por meio de privilégios e corrupção (sistema de comissões), em um tipo de caricatura monetizada da investidura no feudo. De fato, o marquês del Vasto, governador espanhol de Milão em 1544, pôde solicitar aos italianos ocupantes de cargos na cidade que oferecessem suas fortunas a Carlos V, que vivia

28 Ehrenberg, *Das Zeitalter der Fugger*, v.1, p.13.

29 Clark, *The Seventeenth Century*, p.98. Com uma definição ligeiramente distinta, Ehrenberg faz uma estimativa um pouco mais baixa: 21 anos.

30 O melhor panorama sobre esse fenômeno internacional está em: *Sale of Offices in the Seventeenth Century*; o estudo nacional mais abrangente é o de Mousnier, *La Vénalité des offices sous Henri IV et Louis XIII*.

um momento de dificuldade depois da derrota em Ceresole, uma reprodução exata das tradições feudais.[31] Esses detentores de cargos – que se proliferavam pela França, Itália, Espanha, Grã-Bretanha e Holanda – podiam esperar por lucros de 300% a 400%, e talvez ainda mais, sobre o valor de compra. O sistema nasceu no século XVI e se tornou um apoio financeiro central dos Estados absolutistas durante o século XVII. Seu caráter brutalmente parasitário é evidente: em situações extremas (a França dos anos 1630, por exemplo), os desembolsos (via isenções e arrendamentos de coleta) chegaram a custar o mesmo que garantiam em remunerações ao orçamento régio. O crescimento da venda de cargos foi, é claro, um dos subprodutos mais surpreendentes do aumento da monetarização nos primórdios das economias modernas e da relativa ascensão da burguesia mercantil e manufatureira nesse contexto. Ainda assim, por esse mesmo motivo, a própria integração dessa burguesia ao aparato estatal, por meio da aquisição privada e da herança de posições e honras públicas, marcou sua assimilação subordinada a uma organização política feudal em que a nobreza sempre constituiu, necessariamente, o topo da hierarquia social. Os *officiers* dos parlamentos franceses, que brincavam com o republicanismo municipal e patrocinaram as mazarinadas dos anos 1650, tornaram-se o mais firme baluarte da reação nobre na década de 1780. A burocracia absolutista registrou e também impediu a ascensão do capital mercantil.

Se a venda de cargos era um meio indireto de aumentar os rendimentos provenientes da nobreza e da burguesia mercantil em termos vantajosos para elas, o Estado absolutista também tributava, acima de tudo, os pobres, é claro. No Ocidente, a transição econômica das obrigações em trabalho para rendas em dinheiro se fez acompanhar pelo surgimento dos impostos régios, cobrados para a guerra, os quais, durante a longa crise feudal do fim da Idade Média, já haviam sido um dos principais causadores dos desesperados levantes camponeses da época.

31 Chabod, *Scritti sul Rinascimento*, p.617. Os funcionários milaneses recusaram a solicitação do governador; mas seus homólogos em outros lugares podem não ter sido tão resolutos.

> Explodiu em toda a Europa uma cadeia de revoltas camponesas claramente direcionadas contra as cobranças de impostos [...]. Entre os forrageadores e os exércitos amigos ou inimigos, não havia muito a escolher: uns tomavam tanto quanto os outros. Depois apareciam os coletores de impostos e varriam tudo o que encontravam pelo caminho. Por último, os senhores reaviam junto a seus homens a quantia da "ajuda" que eles tinham obrigação de pagar ao suserano. Não restam dúvidas de que, entre todos os males que os afligiam, os camponeses suportavam, com mais dor e menos paciência, os fardos da guerra e os impostos.[32]

Em quase todos os lugares, o peso esmagador dos impostos – *taille* e *gabelle* na França, *servicios* na Espanha – recaía sobre os pobres. Não existia a concepção jurídica de "cidadão" sujeito ao fisco pelo simples fato de pertencer à nação. Na prática, a classe senhorial estava efetivamente isenta de taxação direta, em toda parte. Por isso, Porshnev acertou ao denominar as novas tributações impostas pelo Estado absolutista de "renda feudal centralizada", em oposição às obrigações senhoriais, que formavam uma "renda feudal local":[33] esse sistema duplo de exações acarretou uma tumultuosa epidemia de rebeliões dos pobres da França no século XVII, na qual os nobres provinciais muitas vezes incitavam seus próprios camponeses contra os coletores de impostos, só para, então, terem mais capacidade de lhes extorquir suas obrigações locais. Para cumprirem suas tarefas no campo, os funcionários fiscais tinham de ser escoltados por unidades de fuzileiros: reencarnações em roupagem moderna da unidade político-jurídica de coerção imediata, via exploração econômica, constitutiva do modo de produção feudal.

Mas as funções econômicas do absolutismo não se esgotavam em seu sistema de cargos e impostos. O mercantilismo foi a doutrina norteadora da época e apresentou a mesma ambiguidade da burocracia que estava destinada a aplicá-lo, com a mesma regressão subjacente a um protótipo anterior. Pois, sem dúvidas, o mercantilismo exigia a supressão das barreiras

32 Duby, *Rural Economy and Country Life in the Mediaeval West*, p.333.

33 Porshnev, *Les Soulèvements populaires en France de 1623 à 1648*, p.395-6.

particularistas ao comércio dentro do reino nacional e se empenhava em criar um mercado doméstico unificado para a produção de mercadorias. Com o objetivo de aumentar o poder do Estado frente a todos os outros Estados, o mercantilismo encorajava a exportação de bens e proibia a de metais preciosos e moedas, na crença de que existia uma quantidade fixa de comércio e riqueza no mundo. Na famosa frase de Hecksher: "O Estado era tanto o sujeito quanto o objeto da política econômica mercantilista".[34] Na França, suas criações características foram as manufaturas régias e as corporações de ofício regulamentadas pelo Estado; na Inglaterra, as companhias privilegiadas. Não é preciso comentar a linhagem corporativa e medieval das primeiras; a eloquente fusão das ordens política e econômica nas últimas escandalizava Adam Smith. Pois o mercantilismo representava exatamente as concepções de uma classe dominante rural que se adaptara a um mercado integrado, mas que ainda preservara sua perspectiva essencial sobre a unidade do que Francis Bacon chamava de "considerações de fartura" e "considerações de poder". As clássicas doutrinas burguesas do *laissez-faire*, com sua rigorosa separação formal entre os sistemas econômico e político, viriam a ser seu antípoda. O mercantilismo era, justamente, uma teoria da intervenção coerente do Estado político no funcionamento da economia, no interesse conjunto da prosperidade de uma e do poder do

34 Hecksher argumentou que o objetivo do mercantilismo era aumentar o "poder do Estado", e não a "riqueza das nações", e que isso significava, nas palavras de Bacon, uma subordinação das "considerações de fartura" às "considerações de poder" (por esse motivo, Bacon elogiou a iniciativa de Henrique VII de restringir as importações de vinho nos navios ingleses). Em uma resposta eficaz, Viner não teve dificuldade de demonstrar que, ao contrário do que se supusera, a maioria dos escritores mercantilistas conferia igual ênfase a ambos os aspectos e acreditava que os dois eram compatíveis. Hecksher, Power versus Plenty as Objectives of Foreign Policy in the 17th and 18th Centuries, *World Politics*, I, n.1, 1948, agora republicado em Coleman (Org.), *Revisions in Mercantilism*, p.61-91. Ao mesmo tempo, Viner claramente subestimou a diferença entre a teoria e a prática mercantilistas e as do *laissez-faire* que se seguiram. Na verdade, tanto Hecksher quanto Viner, de maneiras diferentes, esquecem o ponto essencial: a *indistinção* entre economia e política na época de transição que produziu as teorias mercantilistas. Discutir qual das duas teve "primazia" sobre a outra é um anacronismo, porque na prática não havia uma separação tão rígida – até o advento do *laissez-faire*.

outro. Logicamente, ao passo que o *laissez-faire* era de um consistente "pacifismo", insistindo nos benefícios da paz entre as nações para o incremento de trocas internacionais lucrativas para todas elas, a teoria mercantilista (Montchrétien, Bodin) era de um forte "belicismo", enfatizando a necessidade e a lucratividade da guerra.[35] Além disso, a meta de uma economia forte era a execução exitosa de uma política externa dedicada à conquista. Colbert dizia a Luís XIV que as manufaturas régias eram seus regimentos econômicos e as corporações de ofício, seus exércitos de reserva. Esse grande adepto do mercantilismo, que restaurou as finanças da França em dez miraculosos anos de intendência, lançou posteriormente seu soberano à fatídica invasão da Holanda, em 1672, com esse conselho bastante expressivo: "Se o rei subjugasse todas as Províncias Unidas à sua autoridade, o comércio delas se tornaria o comércio dos súditos de sua majestade, e não haveria nada mais a reclamar".[36] Quatro décadas de conflitos europeus iriam se seguir a essa amostra de raciocínio econômico que capta perfeitamente a lógica social das investidas absolutistas e do mercantilismo predatório: o comércio holandês tratado como o território dos anglo-saxões ou os domínios dos mouros, um objeto físico a ser – pelo uso da força militar, modo natural de apropriação – tomado, usufruído e, daí em diante, permanentemente possuído. A ilusão de ótica desse juízo particular não lhe retira o que tem de representativo: era com esses olhos que os Estados absolutistas se encaravam. As teorias mercantilistas da riqueza e da guerra estavam, de fato, conceitualmente interligadas: o modelo de comércio mundial de soma zero que inspirava o protecionismo econômico derivava do modelo de política internacional de soma zero que era inerente a seu belicismo.

É claro que o comércio e a guerra não eram as únicas atividades externas do Estado absolutista no Ocidente. Ele também investia um grande esforço na *diplomacia*. Essa foi uma das maiores invenções institucionais da época – inaugurada na diminuta área da Itália do século XV, ali institucionalizada com a Paz de Lodi e depois adotada na Espanha, França, Inglaterra, Alemanha e em toda a Europa ao longo do século XVI. A diplomacia

35 Silberner, *La Guerre dans la pensée economique du XVIe au XVIIIe siècle*, p.7-122.

36 Goubert, *Louis XIV et vingt millions de français*, p.95.

foi, de fato, a indelével marca de nascença do Estado renascentista: com seu surgimento, nasceu na Europa um sistema de Estados internacional, no qual havia uma perpétua "sondagem dos pontos fracos do interior de um Estado ou dos perigos que vinham dos outros Estados".[37] A Europa medieval nunca fora composta por um conjunto bem demarcado de unidades políticas homogêneas – por um sistema de Estados internacional. Seu mapa político era cheio de superposições e emaranhados inextricáveis, onde diferentes instâncias jurídicas eram geograficamente entrelaçadas e estratificadas e onde abundavam vassalagens plurais, suseranias assimétricas e enclaves anômalos.[38] Dentro desse intricado labirinto, não havia como surgir um sistema diplomático formal, pois não havia uniformidade nem equidade entre as partes. O conceito de cristandade latina, da qual todos os homens eram membros, fornecia uma matriz ideológica universalista para os conflitos e decisões, reverso necessário da extrema heterogeneidade particularista das unidades políticas. Assim, as "embaixadas" eram apenas viagens de cortesia, esporádicas e não remuneradas, que costumavam ser trocadas entre vassalos e subvassalos dentro de um mesmo território, entre príncipes de dois territórios distintos ou ainda entre um príncipe e seu suserano. A contração da pirâmide feudal nas novas monarquias centralizadas da Europa renascentista produziu, pela primeira vez, um sistema formalizado de pressão e intercâmbio entre Estados, com o

---

37 Porshnev, Les Rapports politiques de l'Europe Occidentale et de l'Europe Orientale a l'époque de la Guerre de Trente Ans", *XIe Congrès International des Sciences Historiques*, Uppsala, 1960, p.161: uma incursão extremamente especulativa pela Guerra dos Trinta Anos, bom exemplo dos pontos fortes e fracos de Porshnev. Ao contrário das insinuações de seus colegas ocidentais, sua maior falha não é o "dogmatismo" rígido, mas uma "ingenuidade" excessiva e nem sempre refreada pela disciplina da evidência; por outro lado, é esse mesmo traço que faz dele um historiador original e imaginativo. São bem acuradas as sugestões do fim de seu ensaio, sobre o conceito de um "sistema de Estados internacional".

38 Engels gostava de citar o exemplo da Borgonha: "Carlos, o Temerário, era vassalo do imperador por uma parte de suas terras e vassalo do rei francês por outra parte; por outro lado, o rei da França, seu suserano, era, ao mesmo tempo, vassalo de Carlos, o Temerário, seu próprio vassalo, por certas regiões". Ver seu importante manuscrito, postumamente intitulado *Über den Verfall des Feudalismus und das Aufkommen der Bourgeoisie*. In: *Werke*, v.21, p.396.

estabelecimento de novas instituições, como recíprocas embaixadas fixas no exterior, chancelarias permanentes para relações exteriores e comunicações diplomáticas secretas, todas amparadas pelo novo conceito de "extraterritorialidade".[39] O espírito resolutamente secular de egoísmo político que, a partir de então, inspirou a prática da diplomacia foi expresso com toda limpidez por Ermolao Barbaro, embaixador veneziano que foi seu primeiro teórico: "O primeiro dever de um embaixador é exatamente o mesmo de qualquer outro servidor do governo, ou seja, fazer, dizer, aconselhar e pensar aquilo que possa ser melhor à preservação e ao engrandecimento de seu Estado".

Porém, esses instrumentos da diplomacia, embaixadores ou secretários de Estado, ainda não eram as armas do Estado nacional moderno. As concepções ideológicas de "nacionalismo" foram estranhas à natureza íntima do absolutismo. Os Estados régios da nova era não desprezavam a mobilização dos sentimentos patrióticos de seus súditos durante os conflitos políticos e militares que, com bastante frequência, opunham as várias monarquias da Europa ocidental. Mas a existência difusa de um protonacionalismo popular na Inglaterra Tudor, na França Bourbon ou na Espanha Habsburgo foi, basicamente, um sinal da presença burguesa dentro da organização política,[40] sendo sempre muito mais manipulada pelos próceres e soberanos do que os governando. No Ocidente, a auréola nacional do absolutismo, tantas vezes aparentemente pronunciada (Elizabeth I, Luís XIV), era, na verdade, contingente e emprestada. As normas dominantes da época residiam em outro lugar. Pois a última instância da legitimidade era a *dinastia*, e não o território. O Estado era concebido como patrimônio do monarca e, portanto, seus títulos de propriedade podiam ser obtidos

39 A respeito de todo esse desenvolvimento da nova diplomacia no início da Europa moderna, ver o grande trabalho de Mattingly, *Renaissance Diplomacy*, *passim*. A citação de Barbaro está na página 109.

40 É claro que as massas rurais e urbanas expressavam formas espontâneas de xenofobia; mas essa tradicional reação negativa a comunidades estrangeiras era bem distinta da identificação nacional positiva que começou a surgir nos meios burgueses cultos no início da época moderna. A fusão das duas podia, em situações de crise, produzir explosões patrióticas vindas de baixo, com um caráter sedicioso e incontrolável: os *Comuneros* na Espanha ou a Liga na França.

por uma união de pessoas: *felix Austria*. Assim, o recurso supremo da diplomacia era o casamento – espelho pacífico da guerra, que tantas vezes a provocou. Rota de expansão territorial menos dispendiosa que a investida armada, a manobra matrimonial proporcionava resultados menos imediatos (muitas vezes, só na geração seguinte) e, portanto, ficava sujeita aos riscos imprevisíveis da mortalidade durante o intervalo que se abria entre a consumação de um pacto nupcial e sua fruição política. Por isso, o longo caminho do casamento tantas vezes levou diretamente ao atalho da guerra. A história do absolutismo está repleta de conflitos assim, cujos nomes nos servem como testemunhos: Guerras de Sucessão da Espanha, da Áustria ou da Baviera. Seu resultado, de fato, podia acentuar a "flutuação" das dinastias sobre os territórios que as ocasionara. Paris foi derrotada na desastrosa batalha militar pela sucessão espanhola; a Casa dos Bourbon herdou Madri. Também na diplomacia fica evidente o índice de domínio feudal sobre o Estado absolutista.

Bastante ampliado e reorganizado, o Estado feudal do absolutismo foi, contudo, constante e profundamente sobredeterminado pelo crescimento do capitalismo no meio das compósitas formações sociais do início do período moderno. Essas formações foram, é claro, uma combinação de diferentes modos de produção sob o domínio – minguante – de um deles: o feudalismo. Todas as estruturas do Estado absolutista revelam, portanto, a ação à distância de uma economia nova que trabalhava no quadro de um sistema mais antigo: proliferaram "capitalizações" híbridas de formas feudais, cuja perversão das futuras instituições (exército, burocracia, diplomacia, comércio) era uma adaptação de objetos sociais do passado com o intuito de reproduzi-los.

Mesmo assim, as premonições de que havia aí uma nova ordem política não foram uma falsa promessa. Sob o absolutismo, a burguesia do Ocidente já era forte o bastante para deixar sua marca no Estado. Pois o aparente paradoxo do absolutismo na Europa ocidental era que ele representava, fundamentalmente, um aparato de proteção às propriedades e privilégios aristocráticos; mas, ao mesmo tempo, os meios pelos quais essa proteção era promovida podiam, *simultaneamente*, assegurar os interesses básicos das classes mercantis e manufatureiras nascentes. O Estado absolutista centralizou cada vez mais poder político e se empenhou em instituir sistemas jurídicos mais uniformes: as campanhas de Richelieu contra os redutos huguenotes na França foram um exemplo típico. O Estado absolutista eliminou um grande número de barreiras internas ao comércio e patrocinou tarifas externas contra competidores estrangeiros: as medidas de Pombal no Portugal iluminista foram um exemplo drástico. Tal Estado também proporcionou ao capital usurário investimentos lucrativos, ainda que arriscados, em finanças públicas: os banqueiros de Augsburgo no século XVI e os oligarcas genoveses do século XVII fizeram fortuna com empréstimos ao Estado espanhol. Ele também mobilizou a propriedade rural por meio do confisco das terras eclesiais: dissolução dos monastérios na Inglaterra. Ofereceu sinecuras rentáveis na burocracia: na França, a *paulette* constituiu a estabilidade de seus mandatos. E patrocinou empreendimentos coloniais e companhias de comércio: ao mar Branco, às Antilhas, à baía do Hudson, à Luisiana. Em outras palavras, o Estado absolutista cumpriu certas funções parciais na *acumulação primitiva* necessária ao triunfo ulterior do modo de produção capitalista. As razões pelas quais pôde desempenhar esse papel "dual" residem na natureza específica do capital mercantil ou manufatureiro: como nenhum deles se baseava na produção em massa característica da indústria mecanizada, nenhum dos dois exigia, por si mesmo, uma ruptura radical com a ordem agrária feudal que ainda englobava a vasta maioria da população (futuro trabalho assalariado e mercado consumidor do capitalismo industrial). Em outras palavras, o capital mercantil e o manufatureiro puderam se desenvolver dentro dos limites estabelecidos pelos quadros do feudalismo reorganizado. Isso não quer dizer que tenha sido assim em toda parte: depois de um certo período de maturação e em conjunturas específicas, conflitos políticos, religiosos ou econômicos acabaram virando explosões revolucionárias contra o absolutismo. Nesse estágio, porém, sempre houve um *campo de compatibilidade* em potencial entre a natureza e o programa do Estado absolutista, de um lado, e as operações do capital mercantil e manufatureiro, do outro. Pois, na competição internacional entre as classes nobres que produziam o endêmico estado de guerra da época, o tamanho do setor de mercadorias de cada patrimônio "nacional" sempre teve importância crucial para sua força militar e política. Na luta contra os rivais, cada monarquia desempenhou, portanto, um papel na concentração de tesouro e na promoção do comércio sob sua própria bandeira. Daí o caráter "progressista" que os historiadores tantas vezes iriam conferir às políticas oficiais do absolutismo. A centralização econômica, o protecionismo e a expansão marítima engrandeceram o Estado feudal tardio e também beneficiaram a burguesia nascente. Aumentaram os rendimentos tributáveis do primeiro ao propiciar oportunidades de negócio para a segunda. As máximas do mercantilismo, proclamadas pelo Estado absolutista, deram uma expressão eloquente a essa coincidência provisória de interesses. De maneira muito apropriada, foi o duque de Choiseul quem declarou, nas últimas décadas do *Ancien Régime* no Ocidente: "Da armada dependem as colônias; das colônias, o comércio; do comércio, a capacidade de um Estado para manter numerosos exércitos, para aumentar a população e possibilitar as mais úteis e gloriosas empresas".[41]

No entanto, como sugere a cadência final de "úteis e gloriosas", o caráter irredutivelmente feudal do absolutismo persistia. Era um Estado fundado na supremacia social da aristocracia e confinado aos imperativos da propriedade da terra. A nobreza pôde entregar o poder à monarquia e permitir o enriquecimento da burguesia: as massas continuavam à sua mercê. Jamais ocorreu uma derrogação "política" da classe nobre sob o Estado absolutista. Seguidas vezes, seu caráter feudal acabou frustrando e falsificando suas promessas ao capital. As bancarrotas dos Habsburgo acabaram por arruinar os Fugger; nobres ingleses se apropriaram da maior parte das terras dos mosteiros; Luís XIV destruiu os benefícios do trabalho de Richelieu ao revogar o Édito de Nantes; o projeto Cockayne espoliou os mercadores de Londres; Portugal reverteu o sistema Methuen após a morte de Pombal; os especuladores parisienses foram defraudados pela lei. Exército, burocracia, diplomacia e dinastia continuaram formando um rígido complexo feudal a governar toda a máquina estatal e guiar seus destinos. Na época da transição para o capitalismo, o domínio do Estado absolutista pertencia à nobreza feudal. Seu fim viria assinalar a crise do poder de sua classe: o advento das revoluções burguesas e a emergência do Estado capitalista.

41 Apud Graham, *The Politics of Naval Supremacy*, p.17.

2.
Classe e Estado: problemas de periodização

Agora está delineado o complexo institucional típico do Estado absolutista no Ocidente. Resta esboçar, de maneira muito breve, alguns aspectos da trajetória dessa forma histórica que, naturalmente, passou por modificações significativas ao longo de seus três ou quatro séculos de existência. Ao mesmo tempo, é preciso falar um pouco sobre a relação entre a classe nobre e o absolutismo, porque nada seria mais descabido que presumir que tal relação não tenha apresentado nenhum problema, que tenha sido harmônica desde o princípio. Ao contrário, pode-se dizer que, no fundo, a verdadeira *periodização* do absolutismo no Ocidente se encontra, precisamente, na relação mutante entre a nobreza e a monarquia – e nas múltiplas transformações concomitantes e correlatas. De qualquer maneira, este capítulo propõe uma periodização provisória do Estado e uma tentativa de traçar as relações deste com a classe dominante.

Como vimos, as monarquias medievais foram um amálgama instável de suseranos feudais e reis ungidos. Os extraordinários direitos régios dessa última função eram, por certo, um contrapeso necessário à fraqueza e às limitações estruturais daqueles primeiros: a contradição entre esses dois princípios alternativos de realeza determinaram a principal tensão do Estado feudal na Idade Média. O papel do suserano feudal no topo de uma hierarquia vassala era, em última análise, o componente dominante desse modelo monárquico, como a luz retrospectiva da estrutura contrastante do absolutismo viria a demonstrar. No início do período medieval, esse papel ditou limites bastante estreitos à base econômica da monarquia. Na verdade, o governante feudal dessa época tinha de levantar rendimentos principalmente em suas próprias herdades, com sua capacidade enquanto dono de terras. Inicialmente, as obrigações que vinham de seus domínios eram pagas em produtos e, depois, cada vez mais em dinheiro.[1] Afora essa renda, ele normalmente usufruía de certos privilégios financeiros advindos de seus territórios senhoriais: sobretudo, "incidências" feudais e "auxílios" de seus vassalos, atrelados à investidura dos feudos, além dos pedágios senhoriais cobrados nos mercados e rotas comerciais, das arrecadações emergenciais da Igreja e dos lucros da justiça régia, sob a forma de taxas e confiscos. Naturalmente, essas formas restritas e fragmentárias de rendimento logo ficaram inadequadas, até mesmo para as exíguas obrigações governamentais da organização política medieval. É claro que havia a possibilidade de se recorrer ao crédito de mercadores e banqueiros das cidades, os quais controlavam reservas relativamente grandes de capital líquido: esse foi o primeiro e mais difundido expediente dos monarcas feudais confrontados com a escassez de rendas para a condução dos assuntos de Estado. Mas o empréstimo só adiava o problema, uma vez que, em geral, os banqueiros exigiam garantias seguras sobre as futuras rendas dos reis a quem emprestavam dinheiro.

Assim, a necessidade urgente e permanente de adquirir quantias substanciais para além do âmbito de suas rendas tradicionais levou quase todos os monarcas medievais a convocarem, de tempos em tempos, os "estados" de seu reino, com o objetivo de elevarem os impostos. Na Europa ocidental, esses estados foram ficando cada vez mais frequentes e importantes a partir do século XIII, quando as tarefas do governo feudal se tornaram mais complexas e a escala de finanças aí envolvidas também cresceu, de maneira correspondente.[2] Em nenhum lugar a convocação dos estados

1 Mesmo depois de bem avançada a época moderna, a monarquia sueca continuava recebendo boa parte de suas rendas em produtos e serviços.

2 É extrema a necessidade de um estudo abrangente sobre os Estados medievais na Europa. Até o momento, o único trabalho com alguns esclarecimentos internacionais parece ser Marongiu, *Il Parlamento in Italia, nel Medio Evo e nell' Età Moderna: contributo alla storia delle istituzioni parlamentari dell' Europa Occidentale*, recente e, até certo

chegou a ter base regular ou independente da vontade do governante e, portanto, sua periodicidade variou muito de país a país, e mesmo dentro dos países. Essas instituições, contudo, não devem ser vistas como desenvolvimentos contingentes ou extrínsecos ao corpo político medieval. Ao contrário, elas constituíam um mecanismo intermitente que era consequência inevitável da estrutura do início do Estado feudal como tal. Precisamente porque as ordens política e econômica estavam *fundidas* em uma cadeia de deveres e obrigações *pessoais*, jamais existiu, fora da hierarquia de soberanias intermediárias, qualquer base legal para a tributação econômica *geral* exercida pelo monarca. Na verdade, surpreende que a própria ideia de tributação universal – tão crucial para todo o edifício do Império Romano – tenha sumido completamente durante a Idade das Trevas.[3] Dessa maneira, nenhum rei feudal podia decretar impostos à vontade. Para aumentar a tributação, todo governante tinha de obter o "consentimento" de assembleias especialmente reunidas, os estados, sob a rubrica do princípio jurídico *quod omnes tangit*.[4] É significativo que a maior parte dos impostos gerais e diretos que aos poucos se introduziram na Europa ocidental, sujeitos à aprovação dos parlamentos medievais, tenham sido pioneiros na Itália, onde a síntese feudal inicial pendia para o legado romano e urbano. Não foi só a Igreja que exigiu dos fiéis uma taxação geral para as Cruzadas; os governos municipais – compactos conselhos de patrícios, sem estratificação de nível social ou investiduras – também não tiveram grandes dificuldades em impor taxas à sua própria população urbana, e menos ainda ao seu *contado* subjugado. A Comuna de Pisa tinha, de fato, impostos sobre a propriedade. A península também deu início a muitos impostos indiretos: o monopólio sobre o sal, ou *gabelle*, se originou na Sicília. Logo se desenvolveu um variado padrão

---

ponto, equivocadamente traduzido para o inglês como *Mediaeval Parliaments: A Comparative Study*. Na verdade, o livro de Marongiu – como indica seu título original – trata essencialmente da Itália, única região da Europa onde os Estados estiveram ausentes ou tiveram pouca importância relativa. Suas breves passagens sobre os outros países (França, Inglaterra e Espanha) não chegam a constituir uma introdução satisfatória e ignoram completamente o Norte e o Leste da Europa. Além disso, o livro é uma análise jurídica, distante de qualquer pesquisa sociológica.

3 Stephenson, *Mediaeval Institutions*, p.99-100.

4 *Ab omnibus debet comprobari*: o que concerne a todos deve ser aprovado por todos.

fiscal nos principais países da Europa ocidental. Os príncipes ingleses contavam, sobretudo, com as tarifas aduaneiras (devido à sua situação insular), os franceses, com taxas sobre as mercadorias e com a *taille*, os alemães com a intensificação dos pedágios. Tais tributos, no entanto, não eram regulares. De modo geral, continuaram sendo cobranças ocasionais até o fim da Idade das Trevas, durante a qual poucos estados concederam aos governantes régios o direito de impor taxações permanentes ou gerais sem o consentimento dos súditos.

Naturalmente, a definição social de "súdito" era previsível. Os "estados do reino" costumavam representar a nobreza, o clero e a burguesia urbana, organizados em um esquema de três cúrias ou em um sistema um pouco diferente, com duas câmaras (magnatas e não magnatas).[5] Tais assembleias foram praticamente universais por toda a Europa ocidental, à exceção do norte da Itália, onde a densidade urbana e a ausência de suserania feudal naturalmente inibiram sua emergência: *Parliament* na Inglaterra, *États-Généraux* na França, *Landtage* na Alemanhã, *Cortes* em Castela e Portugal, *Riksdag* na Suécia, e assim por diante. Além de seu papel essencial como fontes fiscais do Estado medievo, esses estados cumpriram uma outra função crucial na organização política feudal: foram representações coletivas de um dos princípios mais arraigados na hierarquia feudal dentro da nobreza, o dever de o vassalo prestar não apenas o *auxilium*, mas também o *consilium* ao suserano. Em outras palavras, o direito de lhe dar um conselho solene em assuntos graves que concernissem a ambas as partes. Tal consulta não necessariamente enfraquecia o governante medieval: nas crises externas ou domésticas, podia até fortalecê-lo, ao lhe prover um bem-vindo apoio político. Fora dos vínculos particulares de homenagens individuais, a aplicação pública dessa concepção se restringira, de início, ao pequeno número de magnatas baroniais que eram tenentes do monarca, formavam seu séquito e aguardavam ser consultados em assuntos importantes do

5 Esses modelos alternativos são discutidos por Hintze, Typologie der Ständischen Verfassungen des Abendlandes, *Gesammelte Abhandlungen*, v.1, p.110-29, que continua sendo o melhor texto sobre o fenômeno dos estados feudais na Europa, embora curiosamente inconclusivo se comparado à maioria dos demais ensaios de Hintze: como se ele ainda tivesse de elucidar todas as implicações de suas descobertas.

Estado. Com o crescimento dos Estados no século XIII, por causa de exigências fiscais, a prerrogativa baronial de consulta em *ardua negotia regni* aos poucos foi se estendendo a essas novas assembleias e acabou por constituir parte importante da tradição política da classe nobre como um todo, a qual, naturalmente, dominava os Estados. Assim, a "ramificação" da organização política feudal na Alta Idade Média, em virtude do crescimento das instituições dos Estados a partir de seu tronco principal, não chegou a alterar a relação entre monarquia e nobreza em uma direção unilateral. Em essência, essas instituições foram trazidas à existência para expandir a base fiscal da monarquia, mas, ao cumprir essa meta, também aumentaram o potencial controle coletivo da nobreza sobre o monarca. Portanto, elas não devem ser vistas como empecilhos ou como instrumentos do poder régio: em vez disso, elas reduplicaram um antigo equilíbrio entre o suserano feudal e seus vassalos, agora em um quadro mais complexo e efetivo.

Na prática, os Estados continuaram esporádicos, e os impostos cobrados pelo monarca seguiram relativamente modestos. Uma importante razão para esse fato foi que o problema de uma extensa burocracia paga ainda não havia se interposto entre a monarquia e a nobreza. Ao longo de toda a Idade Média, o governo régio dependeu, em grande medida, dos serviços de uma vastíssima burocracia clerical, cujos altos funcionários podiam se dedicar à administração civil em tempo integral e sem custos financeiros para o Estado, uma vez que já recebiam bons salários de um aparato clerical à parte. O alto clero, que por séculos forneceu tantos dos supremos administradores para a organização política feudal – da Inglaterra à Espanha, passando pela França – era composto, ele próprio, majoritariamente por homens recrutados em meio à nobreza, para a qual o acesso a posições nos episcopados e abadias era um importante privilégio social e econômico. A escalonada hierarquia feudal, feita de homenagens e fidelidades pessoais; as assembleias de estados corporativos exercendo direitos de votar a respeito de impostos e deliberar sobre assuntos do reino; o caráter informal de uma administração parcialmente mantida pela Igreja; uma Igreja cuja cúpula muitas vezes se compunha por magnatas – tudo isso formava um sistema político claro e amistoso, que unia a classe nobre ao Estado, apesar e através dos constantes conflitos com monarcas específicos.

O contraste entre esse padrão da monarquia de estados medievais e aquele do nascente absolutismo moderno é bastante nítido para os historiadores de hoje em dia. Mas é claro que não era bem assim – nem um pouco assim – para os nobres que o vivenciaram de verdade. Pois a imensa e silenciosa força estrutural que impelia a uma completa reorganização do poder de classe feudal estava, inevitavelmente, oculta para eles. Dentro de seu universo categorial, não lhes era visível o tipo de causalidade histórica que trabalhava para dissolver a unidade original da exploração extraeconômica na base de todo o sistema social (por meio da difusão da produção e da troca de mercadorias) e recentralizá-la no topo desse sistema. Para muitos nobres, isso significava novas oportunidades de fama e fortuna, as quais agarraram com avidez; para muitos outros, significava indignidade e ruína, contra as quais se rebelaram; para a maioria, implicou um processo difícil e demorado de adaptação e conversão, ao longo de sucessivas gerações, até que se restaurasse, ainda precariamente, a harmonia entre a classe e o Estado. No curso desse processo, a aristocracia do último período feudal se viu obrigada a abandonar as velhas tradições e adquirir muitas habilidades novas.[6] Ela teve de abrir mão do exercício da violência privada, dos padrões sociais de lealdade vassala, dos hábitos econômicos de despreocupação hereditária, dos direitos políticos de autonomia representativa e dos atributos culturais de ignorância iletrada. Ela teve de aprender as novas ocupações do oficial disciplinado, do funcionário letrado, do cortesão polido e do dono de propriedades mais ou menos prudente. A história

---

6 Stone, *The Crisis of the Aristocracy 1558-1641* é o mais profundo estudo de caso sobre as metamorfoses de uma nobreza europeia dessa época. A crítica se concentrou na tese de que a posição econômica do pariato inglês se deteriorou consideravelmente no século em exame. No entanto, esse ponto é secundário, pois a "crise" foi muito maior que a simples questão da quantidade de herdades dos senhores: foi um trabalho de adaptação bem abrangente. É particularmente valiosa a análise de Stone sobre o problema do poder militar aristocrático nesse contexto (p.199-270). A limitação do livro reside em seu confinamento ao pariato inglês, uma elite muito pequena dentro da classe dominante fundiária; além disso, como veremos mais adiante, a aristocracia inglesa foi extremamente atípica no todo da Europa ocidental. É grande a necessidade de estudos sobre nobrezas continentais com riquezas materiais comparáveis.

do absolutismo ocidental é, em grande medida, a história da lenta reconversão da classe dominante fundiária à forma necessária de seu próprio poder político, contra e a despeito da maior parte de suas experiências e instintos anteriores.

Assim, a época do Renascimento testemunhou a primeira fase da consolidação do absolutismo, quando este ainda estava mais ou menos próximo do padrão monárquico que o antecedeu. Até a metade do século, os Estados persistiram na França, em Castela e nos Países Baixos e floresceram na Inglaterra. Os exércitos eram relativamente pequenos, em geral compostos por forças mercenárias com capacidade apenas para campanhas sazonais; eram comandados pessoalmente por aristocratas de estirpe em seus respectivos reinos (Essex, Alba, Condé ou Nassau). O grande surto secular do século XVI, provocado pelo rápido crescimento demográfico e pelo advento dos metais preciosos e das trocas comerciais da América, facilitou o crédito para os príncipes europeus e possibilitou grandes aumentos nas despesas, sem uma expansão saudável e correspondente no sistema fiscal, embora tenha ocorrido uma intensificação geral na tributação: essa foi a era de ouro dos financistas do sul da Alemanha. Houve um firme crescimento da administração burocrática, mas esta foi, tipicamente, vítima da colonização das grandes famílias que competiam pelos privilégios políticos e pelos lucros econômicos dos cargos e que comandavam clientelas parasitárias de nobres menores, os quais se infiltravam no aparelho de Estado e dentro dele formavam redes adversárias de apadrinhamento: uma versão modernizada do sistema de séquitos do fim do período medieval e de seus conflitos. Disputas de facções entre grandes famílias – cada uma com o comando de uma porção da máquina do Estado e, muitas vezes, com uma sólida base regional dentro de um país mais ou menos unificado – ocupavam o centro do palco político.[7] Na Inglaterra, as virulentas rivalidades Dudley/Seymour e Leicester/Cecil; na França, a sangrenta guerra tripartite entre as linhagens Guise, Montmorency e Bourbon; na Espanha, a brutal luta pelo poder entre os grupos Alva e Eboli – todos esses conflitos deram o tom da época. As aristocracias ocidentais haviam começado

7 Para uma discussão recente, ver Elliott, *Europe Divided 1559-1598*, p.73-7.

a adquirir a educação universitária e a fluência cultural até então reservadas aos clérigos,[8] mas ainda não tinham, de modo algum, desmilitarizado sua vida privada, nem mesmo na Inglaterra, muito menos na França, na Itália ou na Espanha. De modo geral, os monarcas reinantes tiveram de contar com seus magnatas como uma força independente, os quais possuíam posições de acordo com seu nível: nas abordagens do soberano ainda se viam os vestígios de uma pirâmide medieval simétrica. Foi apenas na segunda metade do século que os primeiros teóricos do absolutismo começaram a propagar as concepções sobre o direito divino que elevaram o poder régio muito acima da fidelidade limitada e recíproca da suserania dos reis medievais. Bodin foi o primeiro e mais rigoroso deles. Mas o século XVI se encerrou antes da forma acabada do absolutismo existir em qualquer um dos países principais: até mesmo na Espanha, Filipe II não pôde mandar as tropas atravessarem a fronteira para Aragão sem a permissão dos senhores.

Na verdade, o próprio termo "absolutismo" foi uma denominação inadequada. Nenhuma monarquia ocidental jamais usufruiu de poder absoluto sobre seus súditos, no sentido de um despotismo sem restrições.[9] Mesmo no auge de suas prerrogativas, todas foram limitadas pelo complexo de concepções designado direito "divino" ou "natural". A teoria de Bodin sobre a soberania, que dominou o pensamento político europeu por um século, corporifica essas contradições do absolutismo de maneira

---

8 Hexter, The Education of the Aristocracy in the Renaissance. In: *Reappraisals in History*, p.45-70.

9 Mousnier e Hartung, Quelques problèmes concernant la monarchie absolute, *X Congresso Internarzionale di Scienze Storici, Relazioni IV*, Florença, 1955, esp. p.4-15, é a primeira e mais fundamental contribuição ao debate sobre o tema nos últimos anos. Autores mais antigos haviam percebido a mesma verdade, ainda que de maneira menos sistemática; entre eles, Engels: "A decadência do feudalismo e o desenvolvimento das cidades foram, ambos, forças descentralizadoras, que determinaram precisamente a necessidade da monarquia absoluta como poder capaz de soldar as nacionalidades. A monarquia *tinha* de ser absoluta, justamente por causa da pressão centrífuga de todos esses elementos. No entanto, não se deve entender seu *absolutismo* em sentido vulgar. Ele estava em conflito permanente com os estados e com feudatários e cidades rebeldes: em parte alguma aboliu completamente os estados". Marx; Engels, *Werke*, v.21, p.402. A última oração é, sem dúvida, um exagero.

eloquente. Pois Bodin foi o primeiro pensador a romper, sistemática e resolutamente, com a concepção medieval de autoridade como o exercício da justiça tradicional e a formular a moderna ideia de poder político como a capacidade do soberano para criar novas leis e impor obediência inquestionável a elas.

> A principal marca da majestade soberana e do poder absoluto é, em essência, o direito de impor leis aos súditos, sem o consentimento destes [...]. Há, na verdade, uma distinção entre a justiça e a lei, pois uma implica a equidade, enquanto a outra implica o mando. A lei nada mais é senão o mando do soberano no exercício de seu poder.[10]

Ainda assim, ao mesmo tempo que enunciava esses axiomas revolucionários, Bodin sustentava as mais conservadoras máximas feudais, condicionando os direitos fiscais e econômicos dos governantes a seus súditos. "Não é da competência de nenhum príncipe do mundo cobrar impostos de seu povo a seu bel prazer, nem confiscar arbitrariamente os bens de terceiros"; pois "uma vez que o príncipe soberano não tem poder para transgredir as leis da natureza ordenadas por Deus – de quem ele é a imagem na terra –, ele não pode tomar a propriedade de outrem sem uma causa justa e razoável".[11] Assim, em Bodin, a apaixonada exegese da nova ideia de soberania se combinava com um apelo ao revigoramento do sistema feudal para o serviço militar e à reafirmação do valor dos Estados:

> A soberania do monarca não se altera nem diminui com a existência dos Estados, de forma alguma; ao contrário, sua majestade fica maior e mais ilustre quando seu povo o reconhece como soberano, mesmo que em tais assembleias os príncipes, não querendo antagonizar com seus súditos, concedam e permitam muitas coisas que não teriam consentido sem as solicitações, as súplicas e as justas reclamações do seu povo.[12]

---

10 Bodin, *Les Six Livres de la République*, p.103, 114. Nessa passagem, traduzi *droit* por "justiça", para salientar a distinção acima referida.

11 Ibid., p.102, 114.

12 Ibib., p.103.

Nada é mais revelador da verdadeira natureza da monarquia absoluta na última fase da Renascença que essa respeitável teorização. Pois a prática do absolutismo correspondia à teoria de Bodin. Nenhum Estado absolutista jamais pôde dispor como bem quisesse da liberdade ou da propriedade fundiária da própria nobreza, ou da burguesia, à maneira das tiranias asiáticas que lhes eram contemporâneas. Tampouco chegou a atingir uma completa centralização administrativa ou uma unificação jurídica; os particularismos corporativos e as heterogeneidades regionais herdadas da época medieval marcaram os *ancien régimes* até sua queda definitiva. Assim, a monarquia absoluta no Ocidente sempre esteve, de fato, duplamente limitada: pela persistência de corpos políticos tradicionais abaixo dela e pela presença de uma abrangente lei moral acima. Em outras palavras, o domínio do absolutismo operou, em última instância, dentro dos limites necessários da classe cujos interesses ele assegurava. No século seguinte, à medida que a monarquia desmantelava muitos marcos familiares aos nobres, graves conflitos eclodiram entre ambas as partes. Mas, ao se examinar todo esse processo, vale lembrar que, assim como nenhum Estado absolutista do Ocidente jamais chegou a exercer um poder absoluto, nenhuma batalha entre esses Estados e suas aristocracias chegou a ser absoluta. A unidade social de ambos determinou o terreno e a temporalidade de suas contradições políticas. Estas, porém, viriam a ter sua própria importância histórica.

Os cem anos seguintes testemunharam a instalação completa do Estado absolutista, em um século de depressão agrária e demográfica e de preços em queda. Foi então que os efeitos da "revolução militar" se fizeram sentir de maneira decisiva. Os exércitos aumentaram rápido e se tornaram astronomicamente custosos, em uma série constante de guerras de expansão. As operações de Tilly não foram muito maiores que as de Alba; ambas se apequenaram diante das de Turenne. O custo dessas imensas máquinas militares acarretou agudas crises de receita para os Estados absolutistas. A pressão fiscal sobre as massas se intensificou. Ao mesmo tempo, a venda de honrarias e cargos públicos agora era um expediente financeiro central em todas as monarquias, sistematizada de um modo que jamais fora. O resultado foi a integração de um número crescente de burgueses arrivistas às colunas dos funcionários do Estado, que foi se tornando cada vez mais profissionalizado, e a reorganização dos elos entre a nobreza e o aparato estatal em si.

Pois a venda de cargos não era apenas um artifício econômico para angariar rendas junto às classes proprietárias. Ela também servia a uma função política: ao transformar a aquisição de postos burocráticos em uma transação de mercado e ao investir sua propriedade com direitos hereditários, a venda de cargos impediu que a grande nobreza formasse sistemas de clientela dentro do Estado, os quais poderiam depender do prestígio e das conexões pessoais de um grande senhor e de sua casa, e não de quantias impessoais em dinheiro. Em seu testamento, Richelieu enfatizou o crucial papel "esterilizador" da *paulette*, que levou todo o sistema administrativo para fora do alcance das tentaculares linhagens aristocráticas, como a Casa de Guise. É claro que um parasitismo só foi substituído por outro: em vez do apadrinhamento, a venalidade. Mas, para a monarquia, a mediação do mercado era mais segura que a dos magnatas: os consórcios financeiros parisienses que fizeram empréstimos ao Estado, que arremataram impostos e que compraram cargos no século XVII eram muito menos perigosos para o absolutismo francês que as dinastias provinciais do XVI, as quais não apenas tinham influência sobre setores da administração régia como também podiam arregimentar suas próprias tropas armadas. O aumento da burocratização dos cargos, por sua vez, produziu novos tipos de administradores, normalmente recrutados junto à nobreza e esperançosos dos benefícios convencionais do cargo, mas imbuídos de um respeito rigoroso pelo Estado enquanto tal e de uma firme determinação em defender seus interesses de longo prazo contra as míopes conspirações da alta nobreza ambiciosa e insatisfeita. Foram estes os austeros ministros reformadores das monarquias do século XVII, funcionários essencialmente civis, sem nenhuma base regional ou militar autônoma, que dirigiam os assuntos do Estado a partir de seus gabinetes: Oxenstierna, Laud, Richelieu, Colbert ou Olivares. (Nessa nova época, o tipo complementar foi o soberano tímido e incapaz, o *valido* em que a Espanha se fez tão pródiga, de Lerma a Godoy; Mazarino foi uma estranha mistura de ambos os tipos.) Foram essas gerações que estenderam e codificaram as práticas da diplomacia bilateral do século XVI, com vistas a um sistema internacional multilateral, para o qual o Tratado de Vestfália serviu como carta de fundação, e as amplas guerras do século XVII, como cadinho de experiências.

A escalada da guerra, a burocratização dos cargos, a intensificação dos impostos, a erosão do clientelismo, tudo isso apontava para uma mesma direção: para a eliminação decisiva daquilo que, no século seguinte, Montesquieu iria teorizar, nostalgicamente, como "poderes intermediários" entre a monarquia e o povo. Em outras palavras, os sistemas de estados foram se arruinando cada vez mais, à medida que o poder de classe da nobreza assumia a forma de uma ditadura centrípeta sob a insígnia régia. É claro que o verdadeiro poder da monarquia, enquanto instituição, não necessariamente correspondia ao do monarca: o soberano que de fato dirigia a administração e conduzia a política era tanto a exceção como a regra, embora, por razões óbvias, a unidade e a eficácia criativas do absolutismo sempre tenham alcançado o auge quando havia essa coincidência (Luís XIV e Frederico II). O máximo florescimento e vigor do Estado absolutista do *grand siècle* também foi, necessariamente, uma compressão sufocante dos direitos e autonomias tradicionais da classe nobre, os quais datavam da descentralização medieval originária da organização política feudal e eram sancionados por privilégios e costumes veneráveis. Na França, a última convocação dos Estados Gerais antes da Revolução se deu em 1614; as últimas Cortes castelhanas antes de Napoleão ocorreram em 1665; na Baviera, o último Landtag aconteceu em 1669; enquanto isso, a Inglaterra assistia ao mais longo recesso do Parlamento em um século, de 1629 à Guerra Civil. Essa época, portanto, marcou não apenas o apogeu político e cultural do absolutismo, mas também um generalizado descontentamento e alienação da aristocracia. Os privilégios particularistas e os direitos consuetudinários não foram abandonados sem lutas, especialmente em um tempo de persistente recessão econômica e de crédito restrito.

Assim, o século XVII no Ocidente foi, seguidas vezes, cenário para revoltas de nobrezas locais contra o Estado absolutista, as quais com frequência se mesclaram a incipientes sedições de juristas e mercadores e, às vezes, chegaram até a utilizar a fúria sofrida das massas rurais e urbanas como arma temporária contra a monarquia.[13] A Fronda na França, a República Catalã na Espanha, a Revolução Napolitana na Itália, a Revolta dos Estados na Boêmia e a Grande Rebelião na Inglaterra – todas elas tiveram, em proporções bem diferentes, algo desse aspecto de revolta nobiliárquica contra a consolidação do absolutismo.[14] Naturalmente, essa reação nunca chegou a ser uma grande ofensiva unificada da aristocracia contra a monarquia, pois ambas se atavam por um cordão umbilical de classe; também não houve nenhum caso de rebelião *puramente* nobre nesse século. O padrão característico foi o de uma explosão sobredeterminada na qual uma parte *regionalmente* delimitada da nobreza erguia a bandeira do separatismo aristocrático e, em um levante geral, recebia o apoio da burguesia urbana descontente e das massas plebeias. A rebelião teve sucesso apenas na Inglaterra, onde o componente capitalista da revolta foi preponderante, tanto na classe proprietária rural quanto na urbana. Em todos os outros lugares,

---

13 De merecida fama, o ensaio: Trevor-Roper, The General Crisis of the Seventeenth Century, *Past and Present*, n.16, nov. 1959, p.31-64, agora modificado e republicado em Id., *Religion, The Reformation and Social Change*, p.46-89, apesar de todos os seus méritos, restringe muito o escopo dessas revoltas ao apresentá-las, essencialmente, como protestos contra as despesas e os desperdícios das cortes pós-renascentistas. Na verdade, como muitos historiadores já apontaram, a guerra era um item muito maior que a corte nos orçamentos dos Estados no século XVII. A instituição palaciana de Luís XIV era muito mais pródiga que a de Ana da Áustria, mas nem por isso foi mais impopular. Além disso, a cisão fundamental entre a aristocracia e a monarquia dessa época não era bem econômica, embora os impostos de guerra pudessem desencadear – e de fato desencadearam – revoltas mais amplas. A cisão era *política* e tinha a ver com a posição total da nobreza em uma organização política incipiente, cujos contornos ainda estavam opacos para todos os atores envolvidos no drama.

14 O levante Napolitano, o mais radical desses movimentos em termos sociais, foi, naturalmente o que teve menor aspecto nobiliárquico. Mas, mesmo aí, o primeiro sinal de tempestade da explosão antiespanhola foram as conspirações aristocráticas de Sanza, Conversano e outros nobres – que eram hostis à fiscalização do vice-rei e às camarilhas de especuladores ao seu redor e que, desde 1634, conspiravam com a França contra a Espanha. As conjurações baroniais se multiplicaram em Nápoles no início de 1647, quando um tumulto popular liderado por Masaniello de repente estourou e empurrou boa parte da aristocracia napolitana de volta à lealdade. Sobre esse processo, ver a excelente análise de Villari, *La rivolta anti-spagnuola a Napoli. Le origini (1585-1647)*, p.201-16.

como na França, na Espanha, na Itália e na Áustria, as insurreições dominadas ou contaminadas pelo separatismo nobre foram vencidas, e o poder absolutista necessariamente se fortaleceu. Nenhuma classe dominante feudal podia se dar ao luxo de dispensar os avanços do absolutismo – os quais eram a expressão de profundas necessidades históricas em todo o continente – sem pôr em risco a própria existência; na verdade, nenhuma dessas classes jamais foi total ou majoritariamente cooptada pelas causas das revoltas. Mas o caráter regional ou parcial dessas lutas não diminui sua importância: os fatores da autonomia local apenas *condensavam* a insatisfação difusa que tantas vezes existiu em toda a nobreza, dando-lhe uma violenta forma político-militar. Os protestos de Bordeaux, Praga, Nápoles, Edimburgo, Barcelona e Palermo tiveram maior ressonância. Sua derrota definitiva foi um episódio central no difícil trabalho de toda a classe nesse século, à medida que esta aos poucos se transformava para se adaptar às novas e indesejadas exigências de seu próprio poder de Estado. Em épocas de transição, nenhuma classe compreende de imediato a lógica de sua situação histórica: é necessário um longo período de desorientação e confusão até que ela aprenda as regras necessárias de sua própria soberania. Nessa época tensa do século XVII, a nobreza ocidental não foi exceção: ela teve de ser dobrada pela disciplina severa e inesperada de suas próprias condições de governo.

Em essência, essa é a explicação para o aparente paradoxo da trajetória ulterior do absolutismo no Ocidente. Pois, se o século XVII marca o ápice da turbulência e da desordem na relação entre classe e Estado dentro de todo o sistema de domínio político da aristocracia, o século XVIII é, em contraste, a véspera dourada de sua tranquilidade e reconciliação. À medida que a conjuntura econômica internacional se transformava e que cem anos de relativa prosperidade se desenrolavam na maior parte da Europa, sobreveio uma nova harmonia e estabilidade, com a nobreza recobrando confiança em sua capacidade de dirigir os destinos do Estado. De país a país, ocorreu uma refinada rearistocratização da alta burocracia, fazendo com que a época anterior parecesse, por ilusório contraste, tomada por *parvenus*. A Regência francesa e a oligarquia sueca dos Chapéus são os exemplos mais notáveis desse fenômeno. Mas este também pode ser visto na Espanha carolina e até mesmo na Inglaterra georgiana ou na Holanda das Perucas, onde as revoluções burguesas converteram ao capitalismo o Estado e o modo de produção dominante. Aos ministros de Estado que simbolizam o período faltam a energia criativa e a força austera de seus predecessores: mas eles estavam serenos e em paz com sua classe. Fleury e Choiseul, Enseñada e Aranda, Walpole e Newcastle são as figuras representativas dessa época.

O desempenho civil do Estado absolutista ocidental na época do iluminismo reflete este padrão: houve um ajuste dos excessos, um refinamento das técnicas e um aprofundamento da marca das influências burguesas, tudo combinado a uma perda geral do dinamismo e da criatividade. As extremas distorções geradas pela venda de cargos se reduziram e a burocracia ficou, de maneira correspondente, menos venal; mas, muitas vezes, ao custo de um sistema de empréstimos públicos para levantar receitas equivalentes que, a exemplo dos países capitalistas mais avançados, logo tendeu a inundar o Estado com um acúmulo de dívidas. Ainda se pregava e se praticava o mercantilismo, embora as novas doutrinas econômicas "liberais" dos fisiocratas, que advogavam pelo livre-comércio e pelo investimento agrário, tenham feito alguns avanços limitados na França, na Toscana e em outros lugares. Mas o desdobramento mais importante e interessante dentro da classe dominante fundiária nos últimos cem anos antes da Revolução Francesa talvez tenha sido um fenômeno exterior ao âmbito do Estado: a disseminação europeia do *vincolismo* – o surgimento de dispositivos aristocráticos voltados para a proteção e a consolidação de grandes propriedades agrárias, contra as pressões e os caprichos desintegradores do mercado capitalista.[15] Depois de 1689, a nobreza da Inglaterra foi a pioneira dessa tendência, com a invenção do *strict settlement*, que impedia aos donos alienar as propriedades da família e atribuía direitos apenas ao filho primogênito: duas medidas planejadas para congelar todo o mercado de terras, no interesse da supremacia aristocrática. Logo

15 Não há nenhum estudo abrangente sobre esse fenômeno. Ele é analisado, de passagem, *inter alia*, por Woolf, *Studi sulla nobiltà piemontese nell'epoca dell'assolutismo*, que acompanha sua difusão desde o século anterior. Também tocam no assunto muitas das contribuições de Goodwin (Org.), *The European Nobility in the 18th Century*.

depois, um após o outro, os principais países da Europa desenvolveram ou aperfeiçoaram suas próprias variantes desse "vincolismo", ou vinculação da terra a seus donos tradicionais. O *mayorazgo* na Espanha, o *morgado* em Portugal, o *fideicommissum* na Itália e na Áustria, o *maiorat* na Alemanha, todos cumpriam a mesma função: preservar intactos os vastos latifúndios e os grandes blocos de propriedades magnatas, contra os perigos da fragmentação ou da venda em um mercado comercial aberto.[16] Muito da recuperação da estabilidade da nobreza europeia no século XVIII se deveu, por certo, ao reforço econômico proporcionado por esses artifícios jurídicos. De fato, provavelmente houve nessa época menos reviravoltas sociais dentro da classe dominante do que em épocas anteriores, quando as famílias e as fortunas flutuaram muito mais rápido em meio às grandes convulsões políticas e sociais.[17]

Foi contra esse pano de fundo que uma cultura de elite cosmopolita de corte e salão se espalhou pela Europa, caracterizada pelo novo predomínio do francês como idioma internacional do discurso diplomático e

---

16 O *mayorazgo* espanhol foi o mais antigo desses dispositivos, remontando a mais de duzentos anos, e cresceu a firme compasso, tanto em números quanto em alcance, chegando a incluir até mesmo bens móveis. O *strict settlement* inglês foi, na verdade, menos rígido que o padrão continental do *fideicommissum*, uma vez que, formalmente, operava apenas para uma única geração; mas, na prática, esperava-se que os herdeiros sucessivos também o acolhessem.

17 Toda a questão da mobilidade dentro da classe nobre, desde a aurora do feudalismo até o fim do absolutismo, precisa de muito mais exploração. Até aqui, só foram possíveis suposições aproximadas sobre as sucessivas fases dessa longa história. Duby registra sua surpresa ao descobrir o equívoco da convicção de Bloch na descontinuidade radical entre as aristocracias carolíngia e medieval na França: na verdade, uma grande proporção das linhagens que formaram os *vassi dominici* do século IX sobreviveu e se tornou os barões do século XII. Ver: Duby, Une enquête a poursuivre: la noblesse dans la France médiévale, *Revue Historique*, CCXXVI, 1961, p.1-22. Por outro lado, Perroy descobriu um alto nível de mobilidade entre a pequena nobreza do condado de Forez a partir do século XIII: naquela localidade, a duração média de uma linha nobre era de três a quatro ou, em cálculos mais conservadores, de três a seis gerações, em grande medida devido aos azares da mortalidade. Perroy, Social Mobility among the French Noblesse in the Later Middle Ages, *Past and Present*, n.21, abr. 1962, p.25-38. Em geral, o final da Idade Média e o início do Renascimento parecem ter sido épocas de rápidas transformações em muitos

intelectual. É claro que, na verdade, debaixo de seu verniz, essa cultura estava ainda mais profundamente tomada pelas ideias da burguesia ascendente, que agora encontravam uma expressão triunfante no iluminismo. O peso específico do capital mercantil e manufatureiro foi aumentando ao longo desse século na maioria das formações sociais ocidentais, que viram uma segunda grande onda de expansão comercial e colonial no ultramar. Mas isso só determinou a organização política do Estado naqueles lugares onde a revolução burguesa já havia ocorrido e o absolutismo fora derrubado, a exemplo da Inglaterra e da Holanda. Nas outras regiões, não houve sinal mais evidente da continuidade estrutural do Estado feudal tardio que a persistência de suas antigas tradições militares. Depois do Tratado de Utrecht, o poderio efetivo das tropas em geral se estabilizou ou mesmo caiu na Europa ocidental: o aparato físico da guerra deixara de se expandir, pelo menos em terra (no mar, era uma outra questão). Mas a frequência da guerra e sua centralidade no sistema de Estados internacional não chegaram a se alterar muito. Na verdade, durante esse século talvez tenham mudado de mãos mais territórios geográficos – objetivo clássico de toda batalha militar aristocrática – do que nos dois séculos anteriores: Silésia, Nápoles, Lombardia, Bélgica, Sardenha e Polônia foram alguns dos exemplos. A guerra "funcionou" nesse sentido até o fim do *Ancien Régime*. É claro que, em termos tipológicos, as campanhas do absolutismo europeu apresentam uma certa evolução em e através da repetição básica. A determinante comum a todas elas era o impulso feudal-territorial já discutido, cuja forma característica foi o conflito dinástico puro e simples do início do século XVI (a batalha Habsburgo *vs.* Valois pela Itália). Acima disso se sobrepôs, por cem anos, de 1550 a 1650, o conflito religioso entre as potências da Reforma e da Contrarreforma, que jamais chegaram a iniciar, mas que muitas vezes intensificaram e exacerbaram rivalidades

países, dos quais desapareceram muitas das grandes casas medievais. Esse foi, por certo, o caso da França e da Inglaterra, embora talvez não o da Espanha. A reestabilização das fileiras da aristocracia também parece bastante clara no fim do século XVII, depois de terminada uma das últimas e mais violentas convulsões de todas, na Boêmia dos Habsburgo, durante a Guerra dos Trinta Anos. Mas esse assunto ainda pode nos reservar mais surpresas.

geopolíticas e constituíram o idioma ideológico da época. A Guerra dos Trinta Anos foi a maior – e a última – dessas batalhas "mistas".[18] Logo se viu seguida pelo primeiro exemplo de um tipo de conflito militar completamente novo na Europa, travado por diferentes objetivos, em um elemento diferente: as guerras comerciais anglo-holandesas dos anos 1650 e 1660, das quais quase todas as batalhas foram marítimas. Esses confrontos, porém, se restringiam aos Estados europeus que já haviam passado pelas revoluções burguesas e eram disputas estritamente intercapitalistas. Na França, a tentativa de Colbert de "adotar" esses novos objetivos se revelou um fiasco nos anos 1670. Mas, a partir da Guerra da Liga de Augsburgo, o comércio quase sempre foi uma presença auxiliar nas principais batalhas militares europeias por terra – mesmo que apenas por causa da participação da Inglaterra, cuja expansão geográfica ultramarina tinha agora um caráter completamente comercial e cuja meta efetiva era um monopólio colonial mundial. Daí o caráter híbrido das guerras do final do século XVIII, que acabaram por justapor dois tempos e dois tipos de conflito diferentes em uma mesma briga, singular e estranha, da qual a Guerra dos Sete Anos fornece o exemplo mais claro:[19] a primeira da história a se espalhar pelo globo, ainda que como espetáculo secundário para a maioria dos participantes, para quem Manila ou Montreal eram escaramuças remotas se comparadas a Leuthen ou Kunersdorf. Nada é mais revelador do fracasso da visão feudal do *Ancien Régime* na França do que sua incapacidade em perceber o que estava de fato em jogo nessas guerras duais: junto com seus rivais, ela ficou presa à tradicional disputa pela terra, até o fim.

---

18 Ver: Koenigsberger, The European Civil War. In: ______. *The Habsburgs in Europe*, p.219-85, é um relato sucinto e exemplar.

19 A melhor análise geral da Guerra dos Sete Anos ainda é a de Dorn, *Competition for Empire*, p.318-84.

3.
Espanha

Esse era o caráter geral do absolutismo no Ocidente. No entanto, os Estados territoriais específicos que vieram a existir nos diferentes países da Europa renascentista não podem ser assimilados em um tipo único e puro. Na verdade, eles apresentaram largas variações, as quais viriam trazer consequências cruciais para as histórias subsequentes dos países em questão – consequências que se fazem sentir ainda hoje. Um exame dessas variantes é, portanto, complemento necessário a qualquer consideração acerca da estrutura geral do absolutismo ocidental. A Espanha, primeira grande potência da Europa moderna, se apresenta como um ponto de partida lógico.

A ascensão dos Habsburgo na Espanha não foi apenas mais um episódio dentro do conjunto de experiências concomitantes e equivalentes da construção de Estados na Europa ocidental: foi também uma determinante auxiliar de todo esse conjunto enquanto tal. Ela ocupa, portanto, uma posição qualitativamente distinta no processo geral de absolutização. Porque, entre as outras monarquias ocidentais da época, o alcance e o impacto do absolutismo espanhol foram, em sentido estrito, "excessivos". Sua pressão internacional atuou como uma sobredeterminação especial nos padrões nacionais das outras partes do continente, por causa da riqueza e do poder desproporcionais de que dispunha: a *concentração* histórica desses recursos no Estado espanhol não podia deixar de afetar toda a forma e a direção do sistema de Estados que emergia no Ocidente.

A monarquia espanhola devia sua preeminência a uma combinação de dois complexos de fontes – que, por sua vez, também foram projeções repentinas de elementos comuns do absolutismo ascendente, elevados a uma dimensão excepcional. Por um lado, sua casa reinante se beneficiou, mais do que qualquer outra linhagem na Europa, dos pactos da política de casamentos dinásticos. As conexões da família Habsburgo renderam ao Estado espanhol uma escala de territórios e influências na Europa que não tinha equivalente em nenhuma monarquia rival: um artefato supremo dos mecanismos feudais de expansão política. Por outro lado, a conquista colonial do Novo Mundo lhe proporcionou uma superabundância de metais preciosos, o que lhe garantiu um tesouro muito maior que o de qualquer adversário. Mas, conduzida e organizada dentro de estruturas ainda evidentemente senhoriais, a pilhagem das Américas também foi, ao mesmo tempo, o ato mais espetacular da acumulação primitiva de capital na Europa durante a Renascença. Assim, o absolutismo espanhol ganhou força tanto por meio das heranças do engrandecimento feudal em terra natal, quanto pelo saque de capital extrativo no ultramar. Nunca houve, é claro, nenhuma dúvida quanto aos interesses sociais e econômicos atendidos pelo aparato político da monarquia espanhola, prioritária e permanentemente. Nenhum outro grande Estado absolutista da Europa ocidental seria tão aristocrático no caráter, nem tão hostil ao desenvolvimento da burguesia. A mesma sorte que lhe deu o precoce controle sobre as minas da América – com sua economia de extração tosca, mas lucrativa – fez com que a Espanha relutasse em promover o crescimento das manufaturas ou em fomentar a disseminação da empresa mercantil dentro de seu império europeu. Em vez disso, o Estado espanhol jogou todo o seu peso sobre as comunidades comerciais mais ativas do continente, ao mesmo tempo em que ameaçava todas as outras aristocracias fundiárias, em um ciclo de guerras no seio dessas aristocracias que durou 150 anos. O poder espanhol sufocou a vitalidade urbana do norte da Itália e esmagou as florescentes cidades de metade dos Países Baixos – as duas áreas mais avançadas da economia europeia na virada do século XVI. Depois de uma longa batalha por independência burguesa, a Holanda acabou por escapar de seu controle. No mesmo período, a Espanha absorveu os Estados régios do sul da Itália e de Portugal. Ataques hispânicos fustigaram as monarquias da França e da Inglaterra. Os *tercios* de Castela invadiram os principados da Alemanha seguidas vezes. Enquanto a armada espanhola cruzava o Atlântico e patrulhava o Mediterrâneo, os exércitos espanhóis varriam boa parte da Europa ocidental: da Antuérpia a Palermo, de Regensburg a Kinsale. Mas, no fim, a ameaça do domínio dos Habsburgo acabou por acelerar as reações e fortalecer as defesas das dinastias adversárias. A primazia espanhola deu à monarquia dos Habsburgo um papel definidor em todo o sistema do absolutismo ocidental. Apesar disso, como veremos, também limitou de maneira crucial a natureza do próprio absolutismo espanhol dentro do sistema que ele ajudou a originar.

***

O absolutismo espanhol nasceu da União de Castela e Aragão, efetivada pelo casamento de Isabel I e Fernando II, em 1469. Começou com uma base econômica aparentemente firme. Durante o período de escassez de mão de obra, reflexo da crise geral do feudalismo ocidental, crescentes áreas de Castela foram se convertendo a uma lucrativa economia lanífera, a qual a transformou na "Austrália da Idade Média"[1] e em importante parceira do comércio flamengo; enquanto isso, Aragão continuava sendo, desde muito tempo, uma potência territorial e comercial do Mediterrâneo, controlando a Sicília e a Sardenha. O dinamismo político e militar do novo Estado dual logo se revelou, de maneira dramática, em uma série de vastas conquistas externas. O último reduto mouro em Granada foi destruído, completando a Reconquista; Nápoles foi anexada e Navarra, absorvida; acima de tudo, as Américas foram descobertas e subjugadas. A conexão Habsburgo logo acrescentou Milão, o Franco-Condado e os Países Baixos. Essa súbita avalanche de sucessos fez da Espanha a primeira potência da Europa por todo o século XVI, ocupando uma posição internacional a que nenhum outro absolutismo continental jamais seria capaz

1 A frase é de Vicens. Ver: Vicens Vives, *Manual de História Económica de España*, p.11-12, 231.

de se igualar. Ainda assim, o Estado que presidia esse vasto império era, ele próprio, um arranjo em ruínas, unido, em última instância, apenas pela pessoa do monarca. Na verdade, o absolutismo espanhol, tão impressionante para o protestantismo dos países do norte, foi bastante modesto e limitado em seu desenvolvimento doméstico. Suas articulações internas talvez tenham sido frágeis e heteróclitas como nenhuma outra. Sem dúvidas, as razões para esse paradoxo devem ser procuradas essencialmente na curiosa relação triangular entre o império americano, o império europeu e as pátrias ibéricas.

Unidos por Fernando e Isabel, os reinos compostos de Castela e Aragão apresentaram uma base extremamente diversa para a construção de uma nova monarquia espanhola no final do século XV. Castela era uma terra de enormes herdades aristocráticas e poderosas ordens militares; também contava com um considerável número de cidades, embora ainda não tivesse uma capital fixa, o que era significativo. Durante as guerras civis do último período da Idade Média, a nobreza castelhana tomara da monarquia vastas porções de propriedade agrária; 2% ou 3% da população agora controlava algo como 97% do solo. Mais da metade desse território era, por sua vez, propriedade de umas poucas famílias magnatas que se destacavam sobre a numerosa pequena nobreza dos *hidalgos*.[2] Nessas grandes herdades, a cultura de cereais foi cedendo espaço para a criação pastoril. O *boom* da lã, que fornecera as bases para a fortuna de tantas casas aristocráticas, também estimulara, ao mesmo tempo, o crescimento urbano e o comércio exterior. As cidades castelhanas e os navios cantábricos se beneficiaram da prosperidade da economia pastoril do último período da Espanha medieva, que por um complexo sistema comercial se ligava à indústria têxtil de Flandres. Assim, o perfil econômico e demográfico de Castela dentro da União foi, desde o início, bastante vantajoso: com uma população calculada entre 5 milhões e 7 milhões de pessoas e um fervilhante comércio ultramarino com o norte da Europa, acabou por se tornar, com facilidade, o Estado dominante da península. Em termos políticos, sua constituição era curiosamente instável. Castela e Leão haviam sido uns

2 Elliott, *Imperial Spain 1469-1716*, p.111-13.

dos primeiros reinos medievais da Europa a desenvolver um sistema de estados, ainda no século XIII; em meados do século XV, a ascendência efetiva da nobreza sobre a monarquia se tornara, por um tempo, bastante ampla. Mas o ávido poder da aristocracia do último período medieval ainda não estabelecera nenhum molde jurídico. Na verdade, as Cortes continuaram sendo assembleias ocasionais e indefinidas; talvez por causa do caráter migrante do reino castelhano – que se deslocava para o sul e, ao fazê-lo, embaralhava seu padrão social –, nunca se desenvolvera aí uma institucionalização firme e fixa do sistema de estados. Dessa maneira, tanto a convocação quanto a composição das Cortes se sujeitavam à decisão arbitrária do monarca, resultando que as sessões eram espasmódicas e não deram origem a nenhum sistema de três cúrias efetivo. Por um lado, as Cortes não tinham nenhum poder de iniciativa legislatória; por outro, a nobreza e o clero gozavam de imunidade fiscal. O resultado era um sistema de estados no qual apenas as cidades tinham de pagar os impostos votados pelas Cortes, os quais, aliás, recaíam quase exclusivamente sobre as massas. Portanto, a aristocracia não tinha nenhum interesse econômico direto em sua representação nas assembleias dos estados castelhanos, que formavam uma instituição relativamente fraca e isolada. O corporativismo aristocrático encontrou sua expressão nas ricas e temíveis ordens militares criadas pelos cruzados – Calatrava, Alcântara e Santiago. Mas estas, por sua própria natureza, não tinham a autoridade coletiva de um estado aristocrático.

O caráter político e econômico do Reino de Aragão[3] estava em agudo contraste com o de Castela. O interior montanhoso de Aragão abrigava o sistema senhorial mais repressivo da península ibérica; a aristocracia local detinha plenos poderes feudais nas terras áridas, onde a servidão ainda persistia e um campesinato mourisco cativo labutava para seus senhores cristãos. A Catalunha, por outro lado, tradicionalmente fora o centro de um império mercantil no Mediterrâneo: Barcelona era a maior cidade da Espanha medieval, e seu patriciado urbano, a classe comercial mais rica da região.

---

3 O reino aragonês era, ele próprio, uma união de três principados: Aragão, Catalunha e Valência.

A prosperidade catalã, no entanto, sofrera dolorosamente durante a longa depressão feudal. As epidemias do século XIV haviam atingido o principado com particular violência, voltando seguidas vezes, depois da própria Peste Negra, para assolar a população, que diminuiu quase um terço entre 1365 e 1497.[4] As falências comerciais se agravaram com a agressiva competição genovesa no Mediterrâneo, e os pequenos comerciantes e as guildas de artesãos se revoltaram contra o patriciado na cidade. No campo, o campesinato se levantara para acabar com os "maus costumes" e tomaram terras desertas nas rebeliões *remença* do século XV. Por fim, uma guerra civil entre a monarquia e a nobreza, cujo tumulto atingiu outros grupos sociais, enfraquecera ainda mais a economia catalã. No entanto, suas bases ultramarinas na Itália permaneceram intactas. Valência, a terceira província do reino, ocupava, em termos sociais, um plano intermediário entre Aragão e Catalunha. A nobreza explorava o trabalho mourisco; uma comunidade de mercadores se expandiu durante o século XV, ao mesmo passo que o domínio das finanças descia pela costa, vindo de Barcelona. O crescimento de Valência, porém, não compensou adequadamente o declínio da Catalunha. A disparidade econômica entre os dois Reinos da União criada pelo casamento de Fernando e Isabel se mostra no fato de que, juntas, as populações das três províncias de Aragão totalizavam apenas cerca de 1 milhão de habitantes – em comparação com os 5 milhões a 7 milhões de Castela. E o contraste político entre os dois reinos não era menos evidente. Pois, no Reino de Aragão, encontrava-se aquela que talvez fosse a mais sofisticada e entranhada estrutura de estados da Europa. Todas três províncias de Catalunha, Valência e Aragão tinham suas próprias Cortes. E cada uma tinha, além disso, instituições de vigilância especiais, com controle judicial e administração econômica permanentes, tudo derivado das Cortes. A *Diputació* catalã – um comitê permanente das Cortes – foi seu exemplo mais efetivo. Além disso, por força do estatuto, cada uma das Cortes tinha de se reunir a intervalos regulares e estava tecnicamente sujeita à norma da unanimidade – um expediente único na Europa ocidental. As Cortes aragonesas ainda dispunham de mais um refinamento: um sistema de quatro

4 Elliott, *Imperial Spain*, p.37.

cúrias, com magnatas, pequena nobreza, clero e burguesia.[5] *In toto*, esse complexo de "liberdades" medievais apresentava uma perspectiva singularmente avessa à construção de um absolutismo centralizado. A assimetria das ordens institucionais em Castela e Aragão iria, de fato, modelar toda a carreira da monarquia espanhola daí em diante.

Compreensivelmente, Fernando e Isabel seguiram o rumo óbvio de se concentrarem no estabelecimento de um poder régio inabalável em Castela, onde as condições eram, de imediato, mais propícias. Aragão apresentava obstáculos políticos muito mais temíveis à construção de um Estado centralizado e muito menos perspectivas lucrativas para a fiscalização econômica. Castela tinha cinco ou seis vezes mais população, e sua riqueza não era protegida por barreiras constitucionais comparáveis. Assim, os monarcas puseram em marcha um metódico programa de reorganização administrativa. As ordens militares foram decapitadas, e suas vastas terras e rendas, anexadas. Os castelos baroniais foram demolidos, os senhores alvoroçados foram expulsos e as guerras privadas, proibidas. A nomeação de *corregidores* para administrar as cidades quebrou a autonomia municipal. A justiça régia se reforçou e se estendeu. O Estado tomou para si o controle dos benefícios eclesiásticos, afastando o aparato local da Igreja do alcance do Papado. Aos poucos, depois de 1480, as Cortes foram sendo domesticadas pela efetiva omissão da nobreza e do clero nas assembleias; como o principal objetivo das reuniões era aumentar impostos para financiar gastos militares (nas guerras de Granada e da Itália, sobretudo), dos quais se isentavam o primeiro e o segundo estados, estes tinham poucos motivos para resistir à restrição. Os rendimentos fiscais subiram de maneira impressionante: as receitas de Castela foram de 900 mil *reales* em 1474 para 26 milhões em 1504.[6] O Conselho Real foi reformado e dele se

5 O espírito do constitucionalismo aragonês se expressava no notável juramento de fidelidade atribuído à sua nobreza: "Nós, que somos tão bons quanto vós, juramos a vós, que não sois melhores que nós, que vos aceitamos como nosso rei e senhor soberano, desde que observeis todas as nossas liberdades e leis; se não for assim, não". A formulação em si talvez fosse lendária, mas seu sentido estava gravado nas instituições de Aragão.

6 Sobre o trabalho de Fernando e Isabel em Castela, ver Elliott, *Imperial Spain*, p.86-99.

excluiu a influência dos "grandes do reino"; o novo corpo era constituído de burocratas juristas, ou *letrados*, advindos da pequena nobreza. Secretários profissionais trabalhavam diretamente sob o comando dos soberanos, despachando os assuntos em andamento. Em outras palavras, a máquina estatal castelhana foi racionalizada e modernizada. Mas a monarquia nunca a contrapôs à classe aristocrática como um todo. As mais altas posições militares e diplomáticas sempre se reservavam aos magnatas, que mantiveram seus grandes vice-reinados e governadorias, enquanto nobres menores preenchiam as fileiras dos *corregidores*. A monarquia recuperou os domínios régios usurpados desde 1454, mas deixou nas mãos da nobreza aqueles apropriados em datas anteriores – a maioria. Em Granada, novos domínios se acrescentaram a essas possessões, e a imobilização da propriedade rural se confirmou com o expediente do *mayorazgo*. Garantiram-se, ainda, amplos privilégios aos interesses pastoris do cartel lanífero *Mesta*, dominado por latifundiários do sul; enquanto isso, medidas discriminatórias contra a cultura de cereais acabaram por fixar preços de varejo para as safras de grãos. Nas cidades, um estrito sistema de guildas se impôs à nascente indústria urbana, e a perseguição religiosa dos *conversos* acarretou um êxodo do capital judeu. Castela implementou todas essas políticas com muita energia e determinação.

Em Aragão, por outro lado, nunca se tentou aplicar nenhum programa político com escopo parecido. Ali, ao contrário, o máximo que Fernando pôde alcançar foi uma pacificação social e a restauração da constituição do último período medieval. Em 1486, com a Sentença de Guadalupe, os camponeses *remença* finalmente receberam o perdão de suas obrigações, e a agitação rural se acalmou. A introdução de um sistema de sorteio alargou o acesso à *Diputació* catalã. Além disso, o governo de Fernando confirmou de maneira clara a identidade separada do reino a leste: a *Observança* de 1481 reconheceu expressa e inteiramente as liberdades catalãs, e novas salvaguardas contra infrações régias a tais liberdades se acrescentaram ao arsenal já existente de armas locais para combater qualquer forma de centralização monárquica. Raras vezes residente de sua terra natal, Fernando instalou vice-reis em todas as três províncias, para que exercessem a autoridade em seu nome, e criou o Conselho de Aragão, quase sempre baseado em Castela, para manter contato com eles. Assim, Aragão foi, de fato, praticamente deixado a seus próprios meios; até mesmo os grandes interesses da lã – todo-poderosos para além de Ebro – foram incapazes de assegurar permissões para suas pastagens nos campos agrícolas da região. Uma vez que Fernando se vira obrigado a reconfirmar solenemente todos os espinhosos privilégios contratuais aragoneses, nem se chegou a colocar a ideia de uma fusão administrativa, em nenhum nível, entre Aragão e Castela. Longe de criar um reino unificado, as majestades católicas não conseguiram sequer estabelecer uma moeda única,[7] muito menos sistemas fiscais ou jurídicos em comum dentro dos reinos. A Inquisição – invenção singular da Europa na época – deve ser vista nesse contexto: foi a única instituição "espanhola" unitária na península, um ostensivo aparato ideológico a compensar a divisão e a dispersão administrativas do Estado.

A ascensão de Carlos V viria a complicar, mas não a alterar substancialmente, esse padrão; quando muito, ela, em última instância, o acentuou. O resultado mais imediato do advento de um soberano Habsburgo foi uma nova corte, em grande medida composta por expatriados e dominada por flamengos, borgonheses e italianos. As extorsões financeiras do novo regime logo provocaram uma onda de intensa xenofobia popular em Castela. A partida do próprio monarca para o norte da Europa foi, portanto, sinal para uma vasta rebelião urbana contra o que se considerava uma espoliação estrangeira dos recursos e das posições castelhanas. A revolta dos *comuneros* de 1520-1521 conquistou um apoio inicial de muitos nobres citadinos e apelou a um conjunto tradicional de exigências constitucionais. Mas sua força motriz eram as massas populares de artesãos das cidades e sua liderança dominante era a burguesia urbana do norte e do centro de Castela, cujos polos comerciais e manufatureiros haviam experimentado um *boom* econômico no período anterior.[8] O movimento encontrou pouco ou nenhum eco no campo, fosse entre o campesinato, fosse entre a aristocracia rural; e nunca chegou a afetar seriamente aquelas regiões onde as

7 O único passo rumo à unificação monetária foi a cunhagem de três moedas de ouro de alta grandeza e valor equivalente em Castela, Aragão e Catalunha.

8 Ver Maravall, *Las comunidades de Castilla. Una primera revolución*, p.216-22.

cidades eram raras ou fracas – Galícia, Andaluzia, Estremadura e Guadalajara. O programa "federativo" e "protonacional" da junta revolucionária que as comunas castelhanas criaram durante a insurreição as marcou com bastante clareza como, basicamente, uma revolta do Terceiro Estado.[9] Sua derrota perante os exércitos régios – atrás dos quais a maior parte da aristocracia se reunira assim que o potencial radicalismo do levante ficara evidente – foi, portanto, um passo crucial na consolidação do absolutismo espanhol. O esmagamento da rebelião dos *comuneros* efetivamente eliminou os últimos vestígios de uma constituição contratual em Castela e condenou à nulidade as Cortes – para as quais os *comuneros* haviam reivindicado sessões regulares a cada três anos. Ainda mais significativo, porém, foi o fato de a vitória mais importante da monarquia espanhola sobre a resistência organizada ao absolutismo régio em Castela – na verdade, seu único conflito armado contra qualquer oposição àquele reino – ter sido a derrota militar das cidades, e não dos nobres. Isso não se deu com o absolutismo nascente em nenhum outro lugar da Europa: o padrão principal era a supressão das revoltas aristocráticas, e não das burguesas, mesmo nos locais onde ambas estivessem estreitamente ligadas. Seu triunfo sobre as comunas castelhanas, logo no início da carreira, iria, a partir de então, separar o curso da monarquia espanhola de seus congêneres ocidentais.

O desdobramento mais espetacular do reinado de Carlos V foi, é claro, a vasta ampliação da órbita internacional dos Habsburgo. Na Europa, os Países Baixos, o Franco-Condado e Milão agora faziam parte do patrimônio pessoal dos governantes da Espanha, que ao mesmo tempo conquistavam Peru e México nas Américas. Durante a vida do imperador, toda a Alemanha foi um grande palco para operações justaposto a essas possessões hereditárias. Como era inevitável, essa súbita expansão territorial reforçou no Estado absolutista nascente da Espanha sua tendência anterior à delegação de poderes, via conselhos e vice-reinados separados para os diferentes territórios da dinastia. Inspirado pelos ideais universalistas de Erasmo, Mercúrio Gattinara, chanceler piemontês de Carlos V, tentou conferir à desajeitada massa do Império Habsburgo um executivo mais compacto e

9 Ibid., p.44-5, 50-7, 156-7.

eficaz, criando certas instituições unitárias de tipo departamental – notadamente, um Conselho de Finanças, um Conselho de Guerra e um Conselho de Estado (sendo que este último se tornaria, teoricamente, o topo de todo o edifício imperial), com responsabilidades globais de caráter transregional. Essas instituições receberiam a assistência de um secretariado permanente e cada vez maior de servidores civis à disposição do monarca. Mas, ao mesmo tempo, foi se formando uma nova série de Conselhos territoriais; o próprio Gattinara estabeleceu o primeiro deles nas Índias. Ao final do século, haveria não menos que seis desses Conselhos regionais, para Aragão, Castela, Índias, Itália, Portugal e Flandres. Para além de Castela, nenhum deles tinha um corpo adequado de funcionários locais da região, onde a administração de fato era confiada aos vice-reis, que muitas vezes se sujeitavam a um controle hesitante e eram dirigidos apenas à distância pelos Conselhos.[10] Por sua vez, os poderes dos vice-reis eram, em geral, bastante limitados. Somente nas Américas eles comandavam os serviços de sua própria burocracia, mas mesmo aí eram ladeados por *audiencias* que os privavam da autoridade judicial de que dispunham em outros lugares; ao mesmo passo, na Europa, eles tinham de lidar com as aristocracias locais – siciliana, valenciana ou napolitana – que normalmente reivindicavam o direito ao monopólio sobre os cargos públicos. O resultado foi o bloqueio de toda e qualquer unificação efetiva, fosse no império internacional como um todo, fosse nas próprias pátrias ibéricas. As Américas estavam juridicamente vinculadas ao reino de Castela, e o sul da Itália, ao reino de Aragão. As economias do Atlântico e do Mediterrâneo que cada um representava nunca se encontraram em um mesmo sistema comercial. Na prática, a divisão entre os dois reinos originais da União dentro da Espanha se reforçou com as possessões ultramarinas agora anexadas. Para propósitos jurídicos, a Catalunha podia simplesmente ser assimilada em estatuto à Sicília ou aos Países Baixos. Na verdade, em meados do século XVII, o poder de Madri sobre Nápoles ou Milão era efetivamente maior que sobre Barcelona ou Saragoça. Assim, a expansão do império dos

10 Lynch, *Spain under the Habsburgs*, v.2, p.19-20.

Habsburgo superou sua capacidade de integração e ajudou a deter o processo de centralização administrativa dentro da própria Espanha.[11]

Ao mesmo tempo, o reinado de Carlos V também inaugurou a fatídica sequência de guerras europeias que viria a ser o preço do poderio espanhol no continente. Na parte sul do palco de suas inúmeras campanhas, Carlos alcançou um sucesso esmagador: foi durante esse período que a Itália foi definitivamente subjugada pela supremacia hispânica, a França foi expulsa da península, o Papado se viu intimidado e a ameaça turca ficou à distância. A sociedade urbana mais avançada da Europa se tornou, daí em diante, uma extensa plataforma militar para o absolutismo espanhol. Já no palco norte de suas guerras, o imperador se encontrou em um dispendioso impasse: a Reforma continuava invencível na Alemanha – a despeito das seguidas tentativas dele de esmagá-la ou conciliá-la – e a hereditária inimizade Valois sobrevivia a todas as derrotas na França. Além disso, ao final do reinado, o fardo financeiro da guerra constante no norte já havia afetado gravemente a tradicional lealdade dos Países Baixos, o que preparou os desastres que cairiam sobre Filipe II nessa região. O tamanho e os custos dos exércitos dos Habsburgo passaram por uma escalada rápida e regular ao longo do governo de Carlos V. Antes de 1529, as tropas espanholas na Itália nunca tinham somado mais que 30 mil homens; em 1536-1537, havia 60 mil soldados mobilizados para a guerra com a França; por volta de 1552, o imperador talvez já comandasse cerca de 150 mil homens na Europa.[12] Os empréstimos financeiros e as pressões fiscais aumentaram na mesma proporção: quando de sua abdicação, em 1556, as receitas de Carlos V haviam

---

11 Marx estava ciente do paradoxo do absolutismo dos Habsburgo na Espanha. Depois de declarar que "a liberdade espanhola desapareceu sob o fragor das armas, as chuvas de ouro e as terríveis iluminações dos autos de fé", ele indagou: "Mas como devemos dar conta do singular fenômeno de que – depois de quase três séculos de dinastia Habsburgo, seguida pela dinastia Bourbon, ambas bastante capazes de esmagar um povo – ainda sobrevivem as liberdades municipais na Espanha? De que, no mesmo país onde, entre todos os Estados feudais, pela primeira vez surgiu a monarquia absoluta em sua forma mais completa, nunca se tenha conseguido enraizar a centralização?". Marx; Engels, *Revolutionary Spain*, p.24-5. Uma resposta adequada à questão, no entanto, lhe escapou.

12 Parker, *The Army of Flanders and the Spanish Road 1567-1659*, p.6.

triplicado.[13] Ainda assim, as dívidas eram tamanhas que, um ano depois, seu herdeiro teria de declarar formalmente a falência do Estado. Sempre dividido em termos administrativos, o Império Espanhol que Filipe II herdou no Velho Mundo foi ficando economicamente insustentável na metade do século: o Novo Mundo é que iria reabastecer seu tesouro e prolongar sua desunião.

A partir dos anos 1560, os múltiplos efeitos do império americano sobre o absolutismo espanhol foram se tornando cada vez mais determinantes para seu futuro, embora seja necessário não confundir os diferentes níveis nos quais esses efeitos operavam. A descoberta das minas de Potosí aumentava imensamente o fluxo de metais coloniais para Sevilha. Daí em diante, o suprimento de enormes quantidades de prata oriunda das Américas se transformou em uma *facility* decisiva para o Estado espanhol, em ambos os sentidos da palavra ["facilidade", "recurso"], pois provia ao absolutismo hispânico uma renda extraordinária, abundante e estável, completamente fora dos padrões convencionais das receitas dos Estados na Europa. Isso significava que, por muito tempo, o absolutismo da Espanha ainda poderia continuar dispensando a lenta unificação fiscal e administrativa que era precondição do absolutismo dos outros países: a teimosa recalcitrância de Aragão foi compensada pela infinda complacência do Peru. Em outras palavras, as colônias puderam atuar como um substituto estrutural das províncias, em uma organização política global em que as províncias ortodoxas deram lugar a patrimônios autárquicos. Nesse aspecto, nada é mais surpreendente que a completa ausência de qualquer contribuição proporcional de Aragão ou mesmo da Itália ao esforço de guerra espanhol na Europa, durante a passagem do século XVI para o XVII. Castela teria de aguentar praticamente sozinha o fardo fiscal das intermináveis campanhas militares no exterior: por trás disso se encontravam, precisamente, as minas das Índias. A incidência total do tributo americano nos orçamentos imperiais espanhóis foi, por certo, muito menor do que geralmente se supunha à época: no

13 Lynch, *Spain under the Habsburgs*, v.1, p.128: os preços, é claro, também subiram muito nesse período.

auge das frotas de tesouro, os metais coloniais correspondiam somente a algo entre 20% e 25% de suas receitas.[14] A maior parte do resto das rendas de Filipe II provinha dos encargos domésticos de Castela: a tradicional taxa sobre as vendas, ou *alcabala*; os *servicios* especiais exigidos dos pobres; a *cruzada*, recolhida junto a clérigos e leigos, com a permissão da Igreja; e as obrigações públicas, ou *juros*, vendidas aos proprietários. Os metais americanos, porém, cumpriam seu papel na sustentação da base fiscal metropolitana do Estado Habsburgo: os níveis fiscais extremamente altos de sucessivos reinados foram, indiretamente, sustentados pelas transferências privadas de metais para Castela, cujo volume médio chegava ao dobro dos influxos públicos;[15] o notável êxito dos *juros* como recurso para levantar fundos – primeira vez em que uma monarquia absoluta fazia amplo uso dessas obrigações na Europa – sem dúvida se explica, em parte, por sua capacidade em drenar essa nova riqueza monetária. Mais que isso, o aporte colonial aos rendimentos régios foi, por si só, bastante decisivo para a conduta da política externa espanhola e para a natureza do Estado espanhol. Pois tal aporte chegava na forma de espécie líquida, que podia ser diretamente utilizada para financiar movimentos de tropas ou manobras diplomáticas por toda a Europa; e também proporcionava oportunidades de créditos excepcionais para os monarcas Habsburgo, que podiam levantar no mercado monetário internacional somas a que nenhum outro príncipe poderia almejar.[16] As gigantescas operações navais e militares de Filipe II, do Canal da Mancha ao mar Egeu, de Túnis à Antuérpia, só foram possíveis por causa da extraordinária flexibilidade financeira propiciada pelo excedente americano.

Ao mesmo tempo, porém, o impacto dos metais americanos na *economia* espanhola, enquanto instância distinta do Estado castelhano, não foi menos crucial, ainda que de outra maneira. Pois, na primeira metade do século XVI, o nível moderado de carregamentos (com grande proporção de ouro) forneceu um estímulo às exportações de Castela, o que logo

14 Elliott, The Decline of Spain, *Past and Present*, n.20, nov. 1961, agora em: Aston (Org.), *Crisis in Europe 1560-1660*, p.189; Id., *Imperial Spain*, p.285-6.

15 Lynch argumenta muito bem sobre esse ponto: *Spain under the Habsburgs*, v.1, p.129.

16 Vilar, *Oro y moneda en la historia, 1450-1920*, p.78, 165-8.

correspondeu à inflação dos preços que se seguiu ao advento do tesouro colonial. Uma vez que 60% a 70% dos metais que não iam direto para os cofres régios tinham de ser comprados como qualquer outra mercadoria dos empreendedores locais das Américas, acabou por se desenvolver um próspero comércio com as colônias, principalmente de têxteis, azeite e vinho. De início, o monopólio sobre esse mercado cativo beneficiou os produtores castelhanos, que podiam vender a preços inflacionários, apesar das amargas queixas dos consumidores domésticos, que não demoraram a reclamar do custo de vida.[17] Entretanto, ocorreram nesse processo duas distorções fatais para a economia castelhana como um todo. Em primeiro lugar, a crescente demanda colonial acarretou maiores conversões de terras, trocando a cultura de cereais pela de vinhas e oliveiras. Isso reforçou a já desastrosa tendência – que o monarca encorajava – para uma contração da produção de trigo à custa da de lã: pois a indústria lanífera espanhola, ao contrário da inglesa, não era sedentária, mas sim transumante e, portanto, extremamente destrutiva para os campos arados. Nos anos 1570, o resultado conjunto dessas pressões veio a fazer da Espanha um grande importador de grãos, pela primeira vez. A estrutura da sociedade rural castelhana agora já era diferente de qualquer outra na Europa ocidental. Os rendeiros dependentes e os pequenos proprietários camponeses compunham uma minoria no campo. No século XVI, mais da metade da população rural de Nova Castela – talvez algo em torno de 60% ou 70% – eram trabalhadores agrícolas, ou *jornaleros*;[18] e essa proporção era ainda maior em Andaluzia. Havia desemprego generalizado nas aldeias e pesadas cobranças feudais nas terras senhoriais. Mais surpreendente ainda: os censos espanhóis de 1571 e 1586 revelaram uma sociedade na qual apenas um terço da população masculina se dedicava à agricultura; enquanto não menos que dois quintos estavam fora de qualquer produção econômica direta – um "setor terciário" prematuro e inchado na Espanha absolutista, prefigurando

17 Vilar, *Oro y moneda*, p.180-1.

18 Salomon, *La Campagne de Nouvelle Castille à la fin du XVIe siècle*, p.257-8, 266. Sobre dízimos, obrigações e cobranças, ver p.227, 243-4, 250.

a estagnação secular que estava por vir.[19] Mas o dano máximo causado pelo vínculo colonial não se limitou à agricultura, ramo dominante da produção doméstica naquela época. Pois o influxo dos metais do Novo Mundo também acarretou um parasitismo que foi minando e paralisando as manufaturas em terra natal. A inflação galopante elevou os custos de produção da indústria têxtil, que operava dentro de limites técnicos bem estreitos, a tal ponto que os tecidos castelhanos acabaram chegando a preços que os tiraram tanto do mercado colonial quanto do metropolitano. Atravessadores holandeses e ingleses começaram a pegar a melhor fatia da demanda americana, enquanto produtos estrangeiros mais baratos invadiram a própria Castela. Assim, ao fim do século, os têxteis castelhanos se tornaram vítima da prata boliviana. Um brado então se elevou: *España son las Indias del extranjero*. A Espanha era a América da Europa, um escoadouro colonial para produtos estrangeiros. Dessa maneira, o esplendor do tesouro americano, em última instância, arrasou a economia agrária e também a urbana, como lamentaram inúmeros contemporâneos.[20] O potencial produtivo de Castela foi sendo minado pelo mesmo império que injetava recursos no aparato militar, com vistas a aventuras sem precedentes no exterior.

Ainda assim, houve uma íntima ligação entre os dois resultados. Pois, se o império americano trouxe ruína para a economia espanhola, foi o Império *Europeu* que arruinou o Estado Habsburgo, e um tornou financeiramente possível a extensa luta pelo outro. Sem os carregamentos de metais para Sevilha, o colossal esforço de guerra de Filipe II teria sido impensável. No entanto, esse mesmo esforço viria a derrubar a estrutura original do absolutismo espanhol. O longo reinado do rei Prudente, que

19 Foi um historiador português que sublinhou as implicações desse extraordinário padrão ocupacional, que ele acredita valer também para Portugal: Godinho, *A estrutura da antiga sociedade portuguesa*, p.85-9. Como Magalhães Godinho observa, sendo a agricultura o principal ramo da produção econômica de qualquer sociedade pré-industrial, um deslocamento de força de trabalho nessa escala resultaria, inevitavelmente, em uma estagnação a longo prazo.

20 Sobre as reações dos contemporâneos na virada do século XVII, ver o magnífico ensaio de Vilar, Le Temps du Quichotte, *Europe*, XXXIV, 1956, p.3-16.

cobriu quase toda a segunda metade do século XVI, não chegou a ser um registro uniforme de fracassos externos, apesar das imensas despesas e dos reveses punitivos que colecionou na arena internacional. Na verdade, seu padrão básico não foi diferente do de Carlos V: êxito no sul, derrota no norte. No Mediterrâneo, a expansão naval turca foi definitivamente contida em Lepanto, no ano de 1571, uma vitória que, daí em diante, confinou as frotas otomanas a suas águas nacionais. Sem maiores transtornos, a diplomacia dinástica e uma invasão oportuna incorporaram Portugal ao bloco Habsburgo: sua absorção acrescentou as numerosas possessões lusitanas na Ásia, na África e na América às colônias hispânicas nas Índias. O próprio império ultramarino espanhol aumentou com a conquista das Filipinas, no Pacífico – a mais ousada colonização do século, em termos logísticos e culturais. O aparato militar do Estado espanhol se aprimorou até um alto grau de perícia e eficácia, sua organização e seu sistema de abastecimento se tornaram os mais avançados da Europa. A tradicional disposição dos *hidalgos* castelhanos em servir nos *tercios* enrijeceu seus regimentos de infantaria,[21] ao mesmo passo que as províncias da Itália e da Valônia provaram ser uma reserva confiável de soldados, quando não de impostos, para as políticas internacionais dos Habsburgo; sintomaticamente, todos os contingentes multinacionais de seus exércitos combatiam melhor no exterior do que em solo nativo, sua própria diversidade permitia um grau relativamente menor de dependência em relação a mercenários estrangeiros. Pela primeira vez na Europa moderna, conseguiu-se manter um vasto exército regular a uma grande distância da pátria imperial, por décadas a fio. A partir da chegada de Alba, o Exército de Flandres teve em média 65 mil homens, por todo o resto da Guerra dos Oitenta Anos com os holandeses – um feito sem precedentes.[22] Por outro lado, a presença permanente dessas tropas nos Países Baixos contou sua própria história. A região, onde já ressoava o descontentamento com as exações fiscais e as

21 De maneira característica, Alba comentou: "Em nossa nação, nada é mais importante que introduzir cavalheiros e homens de posses na infantaria, para que nem tudo se deixe nas mãos de trabalhadores e lacaios". Parker, *The Army of Flanders and the Spanish Road*, p.41.

22 Parker, *The Army of Flanders and the Spanish Road*, p.27-31.

perseguições religiosas de Carlos V, explodiu naquilo que viria a ser a primeira revolução burguesa da história, sob a pressão do centralismo tridentino de Filipe II. A revolta dos Países Baixos impôs uma ameaça direta a interesses vitais dos espanhóis, pois as duas economias – intimamente ligadas desde a Idade Média – eram bastante complementares: a Espanha exportava lã e metais preciosos para os Países Baixos e importava têxteis, ferragens, grãos e provisões navais. Além disso, Flandres assegurava o cerco estratégico à França e, portanto, era peça-chave da supremacia internacional dos Habsburgo. Mesmo assim, a despeito dos imensos esforços, o poder militar espanhol foi incapaz de quebrar a resistência das Províncias Unidas. Mais ainda, a intervenção armada de Filipe II nas Guerras Religiosas da França e seu ataque naval à Inglaterra – duas extensões fatais do palco de guerra original em Flandres – foram repelidos: a dispersão da Armada e a ascensão de Henrique IV marcaram a dupla derrota de sua política expansionista no norte. Apesar de tudo, o balanço internacional ao fim do reinado ainda parecia formidável – o que seria um perigo para seus sucessores, aos quais legou, intacto, um sentimento de estatura continental. O sul dos Países Baixos foi reconquistado e fortificado. As frotas luso-hispânicas se reconstituíram rapidamente depois de 1588 e, com sucesso, detiveram os ataques ingleses às rotas de metais no Atlântico. Em última instância, a monarquia francesa ficou de fora do protestantismo.

Em terra natal, por outro lado, o legado de Filipe II foi mais visivelmente sombrio na virada do século XVII. Agora Castela tinha, pela primeira vez, uma capital estável em Madri, o que facilitava o governo central. O Conselho de Estado – dominado pelos "grandes do reino" e envolvido com as questões maiores da organização política – era mais que contrabalançado pela grande importância do secretariado régio, cujos diligentes funcionários-juristas forneciam ao monarca, preso no escritório, as ferramentas burocráticas que lhe eram mais convenientes. A unificação administrativa dos patrimônios dinásticos, porém, não se deu com consistência. Reformas absolutistas se impuseram nos Países Baixos, onde acabaram em desastre, e na Itália, onde tiveram um nível modesto de êxito. Mas, na península ibérica em si, nem se tentou seriamente nenhum progresso na mesma direção. A autonomia jurídica e constitucional de Portugal foi escrupulosamente respeitada; nenhuma interferência castelhana perturbou a ordem tradicional dessa aquisição ocidental. Nas províncias orientais, o particularismo aragonês fez uma provocação truculenta ao rei, escondendo atrás de levantes armados Antonio Perez, o secretário que fugira da justiça régia; em 1591, uma força invasora subjugou essa flagrante sedição, mas Filipe se absteve de qualquer ocupação permanente de Aragão e de maiores modificações em sua constituição.[23] Perdeu-se, deliberadamente, a oportunidade de uma solução centralista. Enquanto isso, ao fim do século, a situação econômica, tanto da monarquia quanto do país, se deteriorava de maneira ameaçadora. Os carregamentos de prata bateram seguidos recordes entre 1590 e 1600: mas agora os custos de guerra tinham aumentado tanto que se decretou em Castela o *millones* – um novo imposto sobre o consumo, que recaía essencialmente sobre os alimentos e que, a partir de então, foi mais um fardo pesado nas costas dos trabalhadores pobres das cidades e dos campos. Ao fim de seu reinado, as receitas totais de Filipe II haviam mais que quadruplicado:[24] ainda assim, a falência oficial o alcançou em 1596. Três anos depois, a pior peste da época se abateu sobre a Espanha, dizimando a população da península.

À ascensão de Filipe III se seguiram a paz com a Inglaterra (1604), uma nova bancarrota (1607) e, mais tarde, a relutante assinatura de uma trégua com a Holanda (1609). O novo regime era dominado pelo aristocrata valenciano Lerma, um *privado* frívolo e venal que estabelecera ascendência pessoal sobre o rei. A paz trouxe consigo uma corte pródiga e a multiplicação das honrarias; a influência abandonou o antigo secretariado, e a nobreza castelhana se congregou mais uma vez no centro do Estado, agora mais suave. As duas únicas decisões governamentais de Lerma dignas de nota foram o uso sistemático das desvalorizações para aliviar as finanças régias, inundando o país com o depreciado *vellón* de cobre, e a expulsão em massa dos *moriscos* da Espanha, o que só serviu para enfraquecer as economias rurais de Aragão e Valência: a inflação dos preços e a falta de mão de

23 Filipe II se limitou a reduzir os poderes da *Diputació* local (onde a norma da unanimidade foi abolida) e do departamento de *Justicia*, além de introduzir vice-reis não nativos em Aragão.

24 Lynch, *Spain under the Habsburgs*, v.2, p.12-3.

obra foram os resultados inevitáveis. Muito mais grave no longo prazo, porém, foi o deslocamento silencioso que agora acontecia em toda a relação comercial entre a Espanha e a América. Desde 1600, as colônias americanas vinham ficando cada vez mais autossuficientes quanto aos bens primários que tradicionalmente importavam da Espanha (grãos, azeite e vinho), e agora os tecidos rústicos também começavam a ser produzidos no local; a construção naval se desenvolvia com rapidez e o comércio intercolonial prosperava. Essas mudanças coincidiram com o crescimento de uma aristocracia crioula nas colônias, cuja riqueza derivava mais da agricultura que da mineração.[25] As minas estavam em profunda crise desde a segunda década do século XVII. Em parte por causa de um colapso demográfico na força de trabalho indígena, devido às epidemias devastadoras e à superexploração dos trabalhadores debaixo da terra, em parte por causa da exaustão dos veios, a produção de prata começou a cair. O declínio que se seguiu ao auge do século anterior foi, de início, gradual. Mas a composição e a direção do comércio entre o Velho e o Novo Mundo foi se alterando de maneira irreversível, em detrimento de Castela. O padrão das importações coloniais foi se deslocando para bens manufaturados mais sofisticados, os quais a Espanha não conseguia oferecer e que mercadores ingleses e holandeses traziam de contrabando; o capital local passou a se reinvestir no local, em vez de se transferir para Sevilha; e a navegação nativa americana ia aumentando sua participação nos fretes atlânticos. O resultado líquido foi um decréscimo calamitoso no comércio espanhol com suas possessões americanas, cuja tonelagem total caiu 60% entre 1606-1610 e 1646-1650.

Nos dias de Lerma, as consequências últimas desse processo ainda se escondiam no futuro. Mas já eram visíveis o relativo declínio da Espanha nos mares e a ascensão das potências protestantes da Inglaterra e da Holanda, às suas custas. A reconquista da República da Holanda e a invasão da Inglaterra haviam fracassado no século XVI. Mas, desde aquela data, os dois inimigos marítimos da Espanha tinham ficado mais prósperos e poderosos, enquanto a religião da Reforma continuava a avançar na Europa central. A cessação das hostilidades durante uma década sob Lerma

25 Lynch, *Spain under the Habsburgs*, v.2, p.11.

só serviu, portanto, para convencer a nova geração de diplomatas e generais imperialistas – Zuniga, Gondomar, Osuna, Bedmar, Fuentes – de que, se a guerra era cara, a Espanha também não podia bancar a paz. A ascensão de Filipe IV, trazendo o poderoso conde-duque de Olivares para o centro decisório em Madri, coincidiu com a sublevação do ramo austríaco da família Habsburgo nas terras da Boêmia: surgiu-lhes, então, a chance de esmagar o protestantismo na Alemanha e acertar as contas com a Holanda – um objetivo inter-relacionado, por causa da necessidade estratégica de comandar o corredor da Renânia para os movimentos de tropa entre a Itália e Flandres. Assim, a guerra europeia se desencadeou mais uma vez nos anos 1620, por representação de Viena, mas por iniciativa de Madri. O curso da Guerra dos Trinta Anos reverteu curiosamente o padrão dos dois grandes conflitos travados pelas armas dos Habsburgo no século anterior. Enquanto Carlos V e Filipe II tinham conquistado vitórias iniciais no sul da Europa e sofrido derrotas finais no norte, as forças de Filipe IV alcançaram êxitos precoces no norte e experimentaram desastres definitivos no sul. O tamanho da mobilização espanhola para esse terceiro e último embate geral foi temível: em 1625, Filipe IV convocou 300 mil homens sob suas ordens.[26] Os Estados boêmios foram esmagados na Batalha da Montanha Branca, com o auxílio de veteranos e subsídios hispânicos, e a causa protestante deixou as terras tchecas de uma vez por todas. Com a captura de Breda, Spinola forçou o recuo dos holandeses. Em Nordlingen, sob o comando do cardeal-infante, os *tercios* espanhóis neutralizaram o contra-ataque sueco pela Alemanha, que havia já derrotado os exércitos da Liga e da Áustria. Mas foram justamente essas vitórias que, por fim, trouxeram a França para as hostilidades, inclinando o equilíbrio militar contra a Espanha de maneira decisiva: a reação de Paris a Nordlingen foi a declaração de guerra de Richelieu, em 1635. Os resultados logo ficaram evidentes. Os holandeses retomaram Breda em 1637. Um ano depois, caiu Breisach, chave das estradas para Flandres. No ano seguinte, a maior parte da frota espanhola naufragou em Downs – um golpe muito pior para a marinha Habsburgo do que o destino da Armada. Por fim, no ano de 1643, em

26 Parker, *The Army of Flanders and Spanish Road*, p.6.

Rocroi, o exército francês acabou com a supremacia dos *tercios*. A intervenção militar da França Bourbon se provou muito diferente dos combates Valois do século anterior: agora, a nova natureza e o peso do absolutismo francês é que iriam englobar a queda do poder imperial espanhol na Europa. Se, no século XVI, Carlos V e Filipe II haviam se beneficiado da fragilidade interna do Estado francês e se valido de desentendimentos provinciais para invadir a França, os fatores agora se invertiam: maduro, o absolutismo francês se mostrava capaz de explorar a sedição aristocrática e o separatismo regional na península ibérica para invadir a Espanha. Nos anos 1520, tropas espanholas haviam marchado sobre a Provença. Nos 1590, sobre Languedoc, Bretanha e Île de France, com a aliança ou as boas-vindas de dissidentes locais. Na década de 1640, navios e soldados franceses lutavam juntos com rebeldes anti-Habsburgo na Catalunha, Portugal e Nápoles: o absolutismo espanhol estava acuado em seu próprio terreno.

Pois a longa cadeia de conflitos internacionais no norte acabou por se manifestar na própria península ibérica. Foi preciso declarar a falência do Estado, mais uma vez, em 1627; o *vellón* se desvalorizou em 50% no ano de 1628; seguiu-se uma queda brusca no comércio transatlântico em 1629-1631; as frotas de prata deixaram de chegar em 1640.[27] Os enormes custos de guerra acarretaram novos impostos sobre o consumo, contribuições do clero, confiscos dos juros de títulos públicos e captura de carregamentos privados de metais, além de inchaço nas vendas de honrarias e, em especial, de jurisdições senhoriais à nobreza. Mas todos esses recursos continuaram insuficientes para levantar as somas necessárias ao prosseguimento das batalhas, pois suas despesas ainda recaíam quase exclusivamente sobre Castela. Portugal não rendia nenhuma receita a Madri, uma vez que os subsídios locais se restringiam aos objetivos de defesa das colônias portuguesas. Flandres era cronicamente deficitária. No século anterior, Nápoles e Sicília haviam contribuído com excedentes modestos mas respeitáveis para o tesouro central. Agora, porém, o custo para fazer a cobertura de Milão e manter os *presidios* na Toscana absorvia todas as receitas, apesar do aumento de impostos, de vendas de cargos e de alienações de

27 Elliott, *Imperial Spain*, p.343.

terras: a Itália continuava fornecendo uma força de trabalho inestimável para a guerra, mas já não lhe rendia dinheiro.[28] Navarra, Aragão e Valência consentiam, no máximo, em fazer pequenos empréstimos à dinastia, em caso de emergência. Catalunha – região mais rica da parte oriental do reino e província mais parcimoniosa de todas – não pagava nada e não permitia que nenhum imposto fosse gasto e nenhuma tropa fosse empregada para além de suas fronteiras. O preço histórico do fracasso do Estado Habsburgo em harmonizar seus reinos já estava patente no início da Guerra dos Trinta Anos. Ciente dos graves riscos da falta de uma integração central no sistema de Estado e da proeminência isolada e perigosa de Castela em seu interior, Olivares propusera a Filipe IV, em um memorando secreto de 1624, uma reforma abrangente de toda a estrutura – uma equalização simultânea dos encargos fiscais e das responsabilidades políticas entre os diferentes patrimônios dinásticos, o que daria aos nobres aragoneses, catalães ou italianos um acesso regular aos mais altos postos do serviço régio, em troca de uma distribuição mais equânime do fardo tributário e da aceitação de leis uniformes, que seguiriam o modelo das de Castela.[29] Essa proposta de absolutismo unitário era ousada demais para se expressar publicamente, por medo das reações castelhanas e não castelhanas. Mas Olivares também preparou um segundo projeto, mais limitado, a "União das Armas", para a criação de um exército de reserva em comum, com 140 mil homens, a ser mantido e recrutado em todas as possessões espanholas, para defesa conjunta. Esse esquema, proclamado oficialmente em 1626, foi recebido com negativas pelo particularismo tradicional. Mais do que

---

28 Sobre os registros financeiros das possessões italianas, ver: Dominguez Ortiz, *Política y hacienda de Felipe IV*, p.161-4. Em geral, o papel da parte italiana do Império Espanhol na Europa tem sido pouco estudado, embora seja evidente que nenhuma análise satisfatória do sistema imperial como um todo possa ser possível sem que se complete essa lacuna.

29 A melhor discussão sobre esse esquema é de Elliott, *The Revolt of the Catalans*, p.199-204. Dominguez argumentou que Olivares não tinha uma política interna e se preocupava exclusivamente com os negócios exteriores: Dominguez, *La sociedad española en el siglo XVI*, v.1, p.15. Esse ponto de vista é desmentido, tanto por suas reformas domésticas anteriores quanto por suas recomendações no memorando de 1624.

qualquer outro, a Catalunha recusou qualquer relação com ele e, na prática, o esquema permaneceu letra morta.

Mas, à medida que o conflito militar prosseguia e que a situação espanhola piorava, as pressões para se arrancar alguma ajuda catalã iam ficando cada vez mais desesperadas em Madri. Olivares decidiu então forçar a entrada da Catalunha na guerra, atacando as fronteiras do sudeste da França em 1639, o que colocava, de fato, a província não cooperativa na linha de frente das operações espanholas. Essa jogada temerária saiu pela culatra, desastrosamente.[30] Morosa, paroquial, faminta por cargos remunerados e às voltas com o banditismo das montanhas, a nobreza catalã se enfureceu com os comandantes de Castela e com as baixas sofridas contra os franceses. O baixo clero incitou o fervor regionalista. Assolado pelos confiscos e aquartelamentos, o campesinato se levantou contra as tropas, em uma insurreição difusa. Trabalhadores rurais e desempregados afluíram para as cidades e iniciaram motins violentos em Barcelona e outros centros.[31] À exceção de um punhado de magnatas, a Revolução Catalã de 1640 juntou os descontentamentos de todas as classes sociais em uma explosão incontrolável. O poder Habsburgo sobre a província se desintegrou. Para decapitar os perigos do radicalismo popular e impedir uma reconquista castelhana, a nobreza e o patriciado se abriram para a ocupação francesa. Por uma década, a Catalunha foi um protetorado da França. Enquanto isso, do outro lado da península, Portugal armava sua própria revolta, poucos meses depois da rebelião catalã. A aristocracia local, ressentida com a perda do Brasil para os holandeses e segura dos sentimentos anticastelhanos das massas, não teve dificuldades em reafirmar sua independência, pois Olivares cometera a tolice de concentrar os exércitos

---

30 Olivares sabia da magnitude dos riscos que estava assumindo: "Minha cabeça mal pode suportar a luz de uma vela ou de uma janela [...]. Ao meu ver, isso porá tudo a perder, irremediavelmente, ou será a salvação da lavoura. Aí vão religião, reino, nação, tudo, e, se nossa força não for suficiente, que morramos tentando. Melhor, e mais justo, morrer que cair sob o domínio dos outros, sobretudo de hereges, como considero serem os franceses. Ou tudo está perdido, ou Castela será a cabeça do mundo, como já o é da Monarquia de Vossa Majestade". Olivares apud Elliott, *The Revolt of the Catalans*, p.310.

31 Elliott, *The Revolt of the Catalans*, p.460-8, 473-6, 486-7.

régios no bem guardado leste, onde as forças franco-catalãs saíram vitoriosas, em vez de postá-los no relativamente desmilitarizado oeste.[32] Olivares caiu em 1643; quatro anos depois, foi a vez de Nápoles e Sicília se livrarem do jugo espanhol. O conflito europeu exaurira o erário público e a economia do Império Habsburgo no sul e desintegrara sua compósita organização política. No cataclismo da década de 1640, enquanto a Espanha caía derrotada na Guerra dos Trinta Anos e se seguiam a falência, a peste, o despovoamento e a invasão, era inevitável que a colcha de retalhos dos patrimônios dinásticos se esfarrapasse: as revoltas secessionistas de Portugal, Catalunha e Nápoles foram o atestado de enfermidade do absolutismo espanhol. Ele se expandira rápido demais, cedo demais, graças à sua fortuna ultramarina, sem jamais ter completado suas fundações metropolitanas.

Por fim, a eclosão da Fronda salvou a Catalunha e a Itália para a Espanha. Mazarino, ocupado com suas próprias turbulências domésticas, abandonou a primeira, depois de o baronato napolitano ter redescoberto a lealdade a seu soberano na segunda, onde os pobres rurais e urbanos haviam irrompido em uma ameaçadora revolta social, o que abreviou a intervenção francesa. A guerra, no entanto, se arrastou por mais quinze anos, mesmo depois da retomada da última província mediterrânea – contra holandeses, franceses, ingleses e portugueses. Na década de 1650, ocorreram mais perdas em Flandres. A lenta tentativa de reconquistar Portugal durou mais que todas as outras. A essa altura, a classe de *hidalgos* castelhana já tinha perdido o gosto pelo campo de batalha; a desilusão militar era universal entre os hispânicos. As derradeiras campanhas fronteiriças seriam travadas, sobretudo, por recrutas italianos, com o reforço de mercenários irlandeses e alemães.[33] Seu único resultado foi a ruína de boa parte de Estremadura e a redução das finanças governamentais a um fundo do poço de déficit e inútil manipulação. A paz e a independência de Portugal só foram aceitas em 1668. Seis anos depois, a França ganhou o

32 Dominguez Ortiz, *The Golden Century of Spain 1556-1659*, p.103.

33 Lynch, *Spain under the Habsburgs*, v.2, p.122-3; Dominguez Ortiz, *The Golden Century of Spain*, p.39-40.

Franco-Condado. O reinado paralítico de Carlos II testemunhou a recaptura do poder político central pela classe dos "grandes do reino", que asseguraram o domínio direto do Estado com o *putsch* aristocrático de 1677, quando Dom João José da Áustria – seu candidato à regência – liderou com êxito um exército aragonês até Madri. E também experimentou a mais sombria depressão econômica do século, com o fechamento de indústrias, o colapso da moeda, o retorno à permuta de bens, a escassez de alimentos e os motins pelo pão. Entre 1600 e 1700, a população total da Espanha caiu de 8,5 milhões para 7 milhões – o pior recuo demográfico do Ocidente. Ao fim do século, o Estado Habsburgo estava moribundo: toda chancelaria estrangeira apenas aguardava seu desaparecimento na figura do fantasmagórico governante Carlos II, *El Hechizado*, o Encantado, como sinal de que a Espanha se tornaria espólio da Europa.

Na verdade, o desfecho da Guerra de Sucessão Espanhola renovou o absolutismo em Madri, ao destruir seus ingovernáveis prolongamentos. Os Países Baixos e a Itália estavam perdidos. Aragão e Catalunha, que haviam apoiado o candidato austríaco, foram derrotados e subjugados na guerra civil dentro da guerra internacional. Uma nova dinastia francesa se instalou. A monarquia Bourbon alcançou aquilo que os Habsburgo não tinham conseguido. Os "grandes do reino", muitos dos quais haviam desertado para o campo anglo-austríaco durante a Guerra de Sucessão, foram subordinados e excluídos do poder central. Importando as experiências e técnicas muito mais avançadas do absolutismo francês, funcionários civis expatriados criaram um Estado unitário e centralizado no século XVIII.[34] Os sistemas de estados de Aragão, Valência e Catalunha foram eliminados e seus particularismos, suprimidos. Para o governo uniforme das províncias, introduziu-se o dispositivo dos *intendants* régios. O exército se remodelou e se profissionalizou drasticamente, com uma base parcialmente recrutada e um comando rigidamente aristocrático. A administração colonial se recrudesceu e se reformou: livre de suas possessões europeias, os Bourbon demonstraram que a Espanha podia conduzir seu império

34 Ver: Kamen, *The War of Succession in Spain 1700-1715*, p.84-117. O principal arquiteto da nova administração foi Bergeyck, um flamengo de Bruxelas; p.237-40.

americano de modo competente e lucrativo. De fato, foi nesse século que por fim e aos poucos emergiu uma *España* coesa – oposta à semiuniversal *monarquía española* dos Habsburgo.[35]

Mas o trabalho da burocracia carolina que racionalizou o Estado espanhol não podia revitalizar a sociedade espanhola. Era tarde demais para um desenvolvimento comparável ao da França ou da Inglaterra. A outrora dinâmica economia castelhana sofrera seu golpe fatal sob Filipe IV. Embora na Espanha houvesse uma efetiva recuperação demográfica (de 7 milhões para 11 milhões de habitantes) e uma considerável extensão do cultivo de cereais, apenas 60% da população ainda trabalhava na agricultura, e as manufaturas urbanas tinham sido praticamente extirpadas da formação social metropolitana. Depois do colapso das minas americanas no século XVII, ocorreu um novo *boom* da prata mexicana no século XVIII, mas, na ausência de uma indústria doméstica de tamanho considerável, isso provavelmente beneficiou mais a expansão francesa que a espanhola.[36] Assim como antes, o capital local se desviava para as rendas públicas ou para a terra. Em termos numéricos, a administração do Estado não era muito grande, mas continuava repleta de *empleomania*, a caça aos cargos na qual se empenhava a pequena nobreza empobrecida. No sul, os vastos latifúndios cultivados por turmas de trabalhadores proporcionavam fortunas para uma grande nobreza estagnada, fixa nas capitais das províncias.[37] A partir da metade do século, ocorreu um refluxo da alta nobreza para os cargos ministeriais, enquanto as facções "civil" e "militar" se digladiavam pelo poder em Madri: o mandato do aristocrata aragonês Aranda correspondeu

35 Foi nessa época que se adotaram uma bandeira e um hino nacionais. O dito de Dominguez é bastante claro: "Menor que o império, maior que Castela, a Espanha, excelsa criação de nosso século XVIII, surgiu da névoa e adquiriu uma forma sólida e tangível [...]. À época da Guerra de Independência, a imagem simbólica e plástica da nação que conhecemos hoje já estava essencialmente completa". Dominguez Ortiz, *La sociedad española en el siglo XVIII*, p.41, 43: o melhor trabalho sobre o período.

36 Vilar, *Oro y moneda*, p.315-7, 348-61.

37 Há um memorável retrato dessa classe em: Carr, Spain. In: Goodwin (Org.), *The European Nobility in the Eighteenth Century*, p.43-59.

ao ponto mais alto da influência direta dos magnatas na capital.[38] Mas o ímpeto político da nova ordem já estava se esgotando. Ao fim do século, a própria corte Bourbon se encontrava em uma decadência plena, que lembrava a de sua predecessora, sob o controle corrupto e negligente de Godoy, o último *privado*. Os limites do reflorescimento do século XVIII, cujo epílogo foi o ignominioso colapso da dinastia em 1808, sempre estiveram evidentes na estrutura administrativa da Espanha Bourbon. Pois, mesmo depois das reformas carolinas, a autoridade do Estado absolutista se deteve no nível municipal, em vastas áreas do país. Até a invasão napoleônica, mais da metade das cidades da Espanha não estavam sob jurisdição monárquica, mas sim senhorial ou clerical. O regime dos *señoríos*, uma relíquia medieval datada dos séculos XII e XIII, tinha mais importância econômica que política para os nobres que controlavam essas jurisdições: ainda assim, tal regime lhes rendia não apenas lucros, mas também poder administrativo e judiciário no local.[39] Essas "combinações de soberania e propriedade" eram reflexo de uma eloquente sobrevivência dos senhorios territoriais na época do absolutismo. Na Espanha, o *Ancien Régime* preservou suas raízes feudais até o dia de sua morte.

---

38 Dominguez Ortiz, *La sociedad española en el siglo XVIII*, p.93, 178

39 Dominguez oferece uma ampla pesquisa sobre todo o padrão dos *señoríos* em seu capítulo: El ocaso del régimen señorial. In:______. *La sociedad española en el siglo XVIII*, p.300-42, no qual ele os descreve com a frase citada acima.

4.
França

A França apresenta uma evolução muito distinta do padrão hispânico. No seu caso, o absolutismo não gozou de vantagens iniciais como as que teve a Espanha, na forma de um lucrativo império ultramarino. Por outro lado, também não se confrontou com os permanentes problemas estruturais da fusão de diversos reinos em terra natal, com legados políticos e culturais radicalmente contrastantes. A monarquia Capeto, como vimos, aos poucos fora estendendo seus direitos de suserania para além de sua base original na Île de France, em um movimento gradual de unificação concêntrica ao longo da Idade Média, até que pôde abranger de Flandres ao Mediterrâneo. Ela nunca teve de enfrentar dentro da França outro reino territorial de mesma estatura feudal: à parte o pequeno Estado semi-ibérico de Navarra, nos remotos Pirineus, havia apenas uma realeza nas terras galesas. Os ducados e condados mais distantes sempre juraram vassalagem nominal à dinastia central, mesmo que, de início, fossem vassalos mais poderosos que seu suserano régio – o que permitiu uma hierarquia jurídica que iria facilitar a posterior integração política. Embora persistentes e acentuadas, as diferenças sociais e linguísticas que separavam o sul do norte jamais foram tão grandes quanto as que afastavam o leste do oeste da Espanha. Para a sorte da monarquia, o idioma e o sistema legal apartados do Midi não coincidiam com a principal fissura militar e diplomática que dividiu a França no último período da Idade Média: a Casa de Borgonha, maior poder rival da dinastia Capeto, era um ducado do norte.

O particularismo sulista, no entanto, continuou sendo uma força constante e latente no início da época moderna, assumindo formas mascaradas e novos disfarces nas sucessivas crises. O controle político efetivo da monarquia francesa nunca foi uniforme em termos territoriais: ele sempre declinava nas extremidades do país, diminuindo progressivamente nas províncias de aquisição mais recente, mais distantes de Paris. Ao mesmo tempo, o próprio tamanho demográfico da França impunha obstáculos temíveis à unificação administrativa: cerca de 20 milhões de habitantes a faziam pelo menos duas vezes mais populosa que a Espanha, no século XVI. A rigidez e a clareza das barreiras domésticas a um absolutismo unitário na Espanha foram, por conseguinte, contrabalançadas pela espessa profusão e variedade da vida regional dentro da organização política francesa. Assim, depois da consolidação dos Capeto na França medieval, não ocorreu um avanço constitucional linear. Ao contrário, a história da construção do absolutismo francês seria a de uma progressão "convulsiva" rumo ao Estado monárquico centralizado – processo repetidas vezes interrompido por recaídas na anarquia e desintegração provinciais, seguidas por uma reação intensa no sentido da concentração do poder régio, até que foi possível, por fim, chegar a uma estrutura estável e extremamente sólida. As três grandes rupturas da ordem política foram, claramente, a Guerra dos Cem Anos no século XV, as Guerras Religiosas no século XVI e a Fronda no século XVII. A transição da monarquia medieval para a absoluta foi, a cada vez, primeiro detida e depois acelerada por essas crises, cujo resultado final seria a criação de um culto à autoridade régia na época de Luís XIV, algo sem paralelo em toda a Europa ocidental.

A lenta centralização concêntrica dos reis Capeto, já discutida, chegou a um final abrupto com a extinção da linhagem em meados do século XIV, o que provou ser o sinal para o começo da Guerra dos Cem Anos. A explosão de violentos conflitos entre magnatas dentro da França, sob os frágeis governantes Valois, acabou por acarretar o ataque anglo-borgonhês à monarquia francesa no início do século XV, que despedaçou a unidade do reino. No ápice das vitórias inglesas e borgonhesas na década de 1420, quase todo o tradicional território da casa real no norte da França caiu sob controle estrangeiro, enquanto Carlos VII era forçado à fuga e ao exílio no sul. A história geral da posterior recuperação da monarquia francesa e da expulsão dos exércitos ingleses é bem conhecida. Para nossos propósitos, o principal legado do longo martírio da Guerra dos Cem Anos foi sua contribuição definitiva à emancipação fiscal e militar da monarquia em relação aos limites de sua antiga organização política medieval. Pois a guerra só foi vencida depois que se abandonou o sistema do *ban* senhorial no serviço da cavalaria – o qual se provara desastrosamente ineficaz contra os arqueiros ingleses – e que se criou um exército regular e remunerado, cuja artilharia se revelou a arma decisiva para a vitória. Para formar esse exército, a aristocracia francesa aceitou que a monarquia recolhesse o primeiro imposto nacional de importância – a *taille royale* de 1439, que nos anos 1440 se tornaria a *taille des gens d'armes* regular.[1] A nobreza, o clero e certas cidades ficaram isentas e, no decorrer do século seguinte, a definição legal de nobreza na França passaria a ser a isenção hereditária da *taille*. Assim, a monarquia emergiu fortalecida no final do século XV, a ponto de possuir então um embrionário exército regular, na figura das *compagnies d'ordonnance* capitaneadas pela aristocracia, além de um imposto direto que não estava sujeito a nenhum controle representativo.

Por outro lado, Carlos VII nem tentou enrijecer a autoridade dinástica central nas províncias do norte da França, quando elas foram sendo sucessivamente reconquistadas: na verdade, ele promoveu assembleias de estados regionais e transferiu poderes financeiros e judiciários para as instituições locais. Assim como os mandantes Capeto haviam conjugado sua extensão do controle monárquico com a cessão de apanágios aos príncipes, os primeiros reis Valois combinaram a reafirmação da unidade régia com a devolução de províncias para uma aristocracia entrincheirada. Em ambos os casos, o motivo foi o mesmo: a pura dificuldade administrativa de gerenciar um país do tamanho da França com os instrumentos de governo disponíveis à dinastia. O aparato fiscal e coercitivo do Estado central ainda era muito pequeno: as *compagnies d'ordonnance* de Carlos VII nunca somaram mais que 12 mil homens – força totalmente insuficiente

1 Lewis, *Later Mediaeval France: the Polity*, p.102-4.

para controlar e reprimir uma população de 15 milhões de habitantes.[2] Assim, a nobreza conservou o poder local autônomo, graças a suas próprias espadas, das quais, em última instância, dependia a estabilidade de toda a estrutura social. O advento de um modesto exército real até aumentara seus privilégios econômicos, pois a institucionalização da *taille* assegurou aos nobres uma completa imunidade fiscal, algo de que, até então, não gozavam. A convocação dos Estados Gerais por Carlos VII – instituição que passara séculos esquecida na França – se inspirou, precisamente, na necessidade de criar um fórum nacional mínimo, no qual o rei pudesse persuadir as várias cidades e estados provinciais a aceitar tributos, ratificar tratados e dar conselhos sobre assuntos externos: as sessões, no entanto, raramente satisfaziam a essas expectativas. De tal modo que a Guerra dos Cem Anos legou à monarquia francesa impostos e tropas permanentes, mas quase nenhuma administração civil nova em escala nacional. A intervenção inglesa fora expulsa do solo francês: as ambições borgonhesas permaneceram. Luís XI, que ascendeu em 1461, enfrentou com austera perseverança tanto a oposição interna quanto a externa. A firme retomada de apanágios provinciais, como Anjou, a sistemática apropriação de governos municipais nas cidades maiores, a arbitrária exação de taxas mais pesadas e a supressão de intrigas aristocráticas aumentaram muito a autoridade e o tesouro régios na França. Acima de tudo, Luís XI assegurou todo o flanco oriental da monarquia francesa ao cuidar da queda de seu inimigo mais poderoso, a dinastia de Borgonha. Incitando os cantões suíços contra o ducado vizinho, ele financiou a primeira grande derrota europeia de uma cavalaria feudal diante de uma infantaria armada: com o revés de Carlos, o Temerário, frente aos lanceiros suíços, em Nancy, no ano de 1477, o Estado borgonhês ruiu e Luís XI anexou a maior parte do ducado. Nas duas décadas seguintes, Carlos VIII e Luís XII absorveram a Bretanha, último dos grandes principados ainda independente, por meio de casamentos sucessivos com suas herdeiras. Pela primeira vez, o reino francês abarcava sob um mesmo soberano todas as províncias vassalas da

---

2 Sobre esse tópico, ver: Major, *Representative Institutions in Renaissance France, 1421-1559*, p.9.

época medieval. A extinção da maioria das grandes casas da Idade Média e a reintegração de seus domínios às terras da monarquia deu bastante destaque à aparente supremacia dos Valois.

Mas, na verdade, a "nova monarquia" inaugurada por Luís XI não era, de forma alguma, um Estado centralizado ou integrado. A França foi redividida em doze governadorias, cuja administração coube a príncipes régios ou nobres proeminentes, que exerceram legalmente uma ampla gama de direitos soberanos até o fim do século e puderam, de fato, atuar como potentados autônomos durante boa parte do século seguinte.[3] Além disso, também se desenvolvia um conjunto de *parlements* locais, cortes provinciais criadas pela monarquia, com suprema autoridade judiciária em suas áreas e cuja importância e quantidade cresceram em firme compasso nessa época: entre a ascensão de Carlos VII e a morte de Luís XII, fundaram-se novos *parlements* em Toulouse, Grenoble, Bordeaux, Dijon, Rouen e Aix. As liberdades urbanas também não foram gravemente cerceadas, embora a posição da oligarquia patrícia se reforçasse às expensas das guildas e dos pequenos mestres. O motivo essencial para essas muitas limitações do Estado central continuava a ser os insuperáveis problemas organizacionais para se impor um efetivo aparato de mando régio a todo o país, em meio a uma economia que não tinha um mercado unificado e tampouco um sistema de transportes moderno, em cujas aldeias ainda não se completara a dissociação das primitivas relações feudais. Apesar dos ganhos notáveis que a monarquia registrava, a base social para a centralização política vertical ainda não estava pronta. Foi nesse contexto que os Estados Gerais encontraram um novo sopro de vida depois da Guerra dos Cem Anos, não contra, mas com o reflorescimento da monarquia. Pois, na França, assim como em outros lugares, o impulso inicial da convocação dos Estados foi a necessidade dinástica de obter junto aos súditos do reino algum apoio para as políticas tributárias ou externas.[4] Na França, porém, a consolidação dos

3 Major, *Representative Institutions in Renaissance France*, p.6.

4 No excelente estudo de Major, há uma afirmação particularmente incisiva da tese de que os Estado Gerais da França e de outros países quase sempre apoiaram, e não impediram, a promoção do poder régio na Renascença: Major, *Representative Institutions in Renaissance France*, p.16-20. Na verdade, Major talvez force o argumento

Estados Gerais como instituição nacional permanente se viu bloqueada pela mesma diversidade que obrigara a monarquia a aceitar a ampla delegação de poderes políticos, inclusive no momento de sua vitória unitária. Não que nas reuniões os três estados estivessem especialmente divididos em termos sociais: a *moyenne noblesse* dominava os trabalhos sem muito esforço. Mas as assembleias regionais que elegiam representantes para os Estados Gerais sempre se recusavam a lhes conferir mandato para votar impostos nacionais; e, uma vez que a nobreza estava isenta do fisco, tinha pouco incentivo para pressionar a convocação dos Estados Gerais.[5] Como resultado, os reis franceses – que não conseguiam dos Estados nacionais as contribuições financeiras que queriam – aos poucos foram parando de convocá-los. Foi, portanto, o entrincheiramento regional do poder senhorial local, e não o impulso centralista da monarquia, que frustrou a emergência de um parlamento nacional na França renascentista. A curto prazo, isso iria contribuir para a completa quebra da autoridade régia; a longo prazo, iria, é claro, facilitar a tarefa do absolutismo.

Na primeira metade do século XVI, Francisco I e Henrique II presidiram um reino próspero e em crescimento. Ocorreu uma firme diminuição da atividade representativa: os Estados Gerais desapareceram mais uma vez; depois de 1517, as cidades já não foram mais consultadas, e a política externa tendeu a se transformar em uma prerrogativa exclusivamente régia. Os funcionários juristas – *maîtres de requêtes* – gradualmente estenderam os direitos jurídicos da monarquia, e os *parlements* passaram a ser intimados por sessões especiais, os *lits de justice*, na presença do rei. A Concordata de Bolonha, firmada com o papado, garantiu o controle sobre as nomeações para a hierarquia eclesiástica. Mas Francisco I e Henrique II ainda não se pareciam com governantes autocráticos: ambos consultavam

de modo um tanto unilateral; sem dúvida, a hipótese de que os monarcas "não tinham medo das assembleias dos estados" (p.16) foi ficando cada vez menos verdadeira no decorrer do século XVI, se é que o fora antes. Mas, ainda assim, essa é uma das discussões mais iluminadas sobre o tema, em qualquer idioma.

5 Ver as opiniões convergentes que expressaram Lewis e Major: Lewis, The Failure of the French Mediaeval Estates, *Past and Present*, n.23, nov. 1962, p.3-24, e Major, *The Estates-General of 1560*, p.75, 119-20.

as assembleias regionais com alguma frequência e respeitavam cuidadosamente os privilégios tradicionais da nobreza. A mudança do padroado não infringiu as imunidades econômicas da Igreja (ao contrário da situação espanhola, onde a monarquia taxava o clero com mão pesada). Em princípio, os éditos reais ainda precisavam do registro formal dos *parlements* para se tornarem leis. As receitas fiscais dobraram entre 1517 e os anos 1540, mas o nível dos impostos no fim do reinado de Francisco I não era muito maior que o de Luís XI, sessenta anos antes, embora os preços e os rendimentos houvessem passado por uma alta considerável nesse intervalo de tempo:[6] portanto, o produto fiscal direto na verdade caiu em proporção à riqueza nacional. Por outro lado, a emissão de obrigações públicas a *rentiers*, a partir de 1522, ajudou a manter o tesouro régio em situação confortável. Enquanto isso, o prestígio dinástico em terra natal se beneficiava das constantes guerras externas na Itália, para as quais os governantes Valois guiavam sua nobreza, pois elas se tornaram uma válvula de escape segura para a perene belicosidade da pequena nobreza. O longo esforço francês para conquistar o domínio sobre a Itália, lançado por Carlos VIII em 1494 e concluído pelo Tratado de Cateau-Cambrésis em 1559, não teve sucesso. Sem maiores dificuldades, a monarquia espanhola – mais avançada política e militarmente, com o comando estratégico das bases Habsburgo no norte da Europa e, graças à aliança com Gênova, superior em termos navais – expulsou os rivais franceses da península transalpina. A vitória nessa batalha foi do Estado cujo processo de absolutização era mais antigo e desenvolvido. Mas, em última instância, a derrota em sua primeira aventura estrangeira provavelmente ajudou a garantir uma fundação mais firme e compacta para o absolutismo francês, forçado a recuar para dentro de seu próprio território. De imediato, porém, o término das guerras italianas, combinado com a incerteza de uma crise de sucessão, iria revelar o quanto a monarquia Valois ainda estava insegura no país. A morte de Henrique II precipitou a França em quarenta anos de lutas intestinas.

As Guerras Civis que se alastraram depois de Cateau-Cambrésis foram, é claro, desencadeadas pelos conflitos religiosos resultantes da Reforma.

---

6 Major, *Representative Institutions in Renaissance France*, p.126-7.

Mas elas forneceram uma espécie de radiografia do corpo político do final do século XVI, na medida em que expuseram as múltiplas tensões e contradições da formação social francesa na época da Renascença. Pois o duelo entre os huguenotes e a Liga Santa pelo controle da monarquia – a qual, na prática, ficou politicamente vacante depois da morte de Henrique II e da regência de Catarina de Médici – serviu como arena para o amálgama de quase todos os tipos de conflitos políticos internos característicos da transição para o absolutismo. Do início ao fim, as Guerras Religiosas foram conduzidas pelas três linhagens magnatas e rivais de Guise, Montmorency e Bourbon, cada uma com controle de territórios senhoriais, vasta clientela, influência no aparelho de Estado, tropas leais e conexões internacionais. A família Guise era senhora do nordeste, de Lorena à Borgonha; a linhagem Montmorency-Chatillon se firmava em terras hereditárias que se estendiam por todo o centro do país; os bastiões Bourbon se localizavam, essencialmente, no sudoeste. As lutas interfeudais entre essas casas nobres se intensificaram com o flagelo dos fidalgos rurais necessitados em toda a França, antes acostumados às pilhagens na Itália e agora pegos pela inflação dos preços; esse estrato forneceu quadros militares prontos para as prolongadas guerras civis e bastante desvinculados das aflições religiosas que as dividiam. Além disso, à medida que a luta se desenrolava, as próprias cidades se apartaram em dois campos: muitas cidades do sul se alinharam aos huguenotes, enquanto as cidades interioranas do norte se tornaram, quase sem exceção, baluartes da Liga. Já se argumentou que foram as diferentes orientações comerciais (para os mercados ultramarinos ou domésticos) que influenciaram essa divisão.[7] No entanto, parece mais provável que o padrão geográfico geral do

---

7 Essa tese é proposta pelo estimulante ensaio de Pearce, The Huguenots and the Holy League: Class, Politics and Religion in France in the Second Half of the Sixteenth Century (não publicado), que sugere que as cidades do norte estavam, consequentemente, mais preocupadas com a consolidação da unidade nacional francesa. No entanto, muitos dos principais portos do sul e do oeste também permaneceram católicos: Bordeaux, Nantes e Marselha se alinharam à Liga. Marselha sofreu as consequências, pois medidas pró-Espanha a privaram de seu tradicional comércio levantino: Livet, *Les Guerres de religion*, p.105-6.

huguenotismo refletisse um tradicional separatismo do sul, que sempre estivera mais distante da terra natal dos Capeto na Île de France e onde os potentados territoriais locais haviam mantido sua independência por mais tempo. De início, o protestantismo se difundira da Suíça para a França através dos grandes sistemas fluviais do Ródano, Loire e Reno,[8] proporcionando uma distribuição regional bastante uniforme da fé reformada. Mas, uma vez encerrada a tolerância oficial, ele rapidamente se concentrou em Delphiné, Languedoc, Guyenne, Poitou, Saintonge, Béarn e Gasconha – regiões costeiras ou montanhosas para além do Loire, muitas delas áridas e pobres, cuja característica comum não era exatamente a vitalidade comercial, mas o particularismo senhorial. O huguenotismo sempre atraiu os artesãos e burgueses das cidades, mas a apropriação do dízimo pelos notáveis calvinistas garantiu que o apelo do novo credo sobre o campesinato fosse muito limitado. Na verdade, o protagonismo social huguenote recaiu, em grande medida, sobre a classe dos donos de terras, na qual talvez pudesse reivindicar metade da nobreza da França nos anos 1560 – ao passo que jamais passaria de 10% ou 20% da população como um todo.[9] No sul, a religião se abrigou nos braços da dissidência aristocrática. Pode-se dizer, portanto, que a tensão do conflito confessional simplesmente rasgou o delicado tecido da unidade francesa, em cima de uma costura que já era inerentemente frágil.

Mas, uma vez iniciada, a luta desencadeou conflitos sociais mais profundos que os do secessionismo feudal. Quando perderam o sul para Condé e os exércitos protestantes, as cidades do norte redobraram o peso dos impostos régios para a guerra. Nos anos 1580, a miséria urbana que resultou desse desdobramento provocou uma radicalização da Liga Santa nas cidades, à qual se sobrepôs o assassinato de Guise por Henrique III. Enquanto os duques do clã Guise – Mayenne, Aumale, Elbeuf, Mercoeur – separavam a Lorena, a Bretanha, a Normandia e a Borgonha, em nome do catolicismo, e os exércitos espanhóis vinham de Flandres e da Catalunha

8 Livet, *Les Guerres de religion*, p.7-8.

9 Elliott, *Europe Divided 1559-1598*, p.96, que inclui, *inter alia*, uma engenhosa narrativa desse período da história francesa, sobre o pano de fundo das lutas políticas internacionais da época.

para auxiliar a Liga, revoluções municipais explodiram nas cidades do norte. Em Paris, um comitê ditatorial de juristas e clérigos descontentes tomou o poder, com o apoio das famintas massas plebeias e de uma falange fanática de frades e pregadores.[10] Orleans, Bourges, Dijon e Lyon foram as seguintes. Quando o protestante Henrique de Navarra se tornou o sucessor legítimo ao trono, a ideologia dessas revoltas urbanas começou a guinar para o republicanismo. Ao mesmo tempo, a tremenda devastação do campo, causada pelas constantes campanhas militares dessas décadas, empurrou o campesinato do centro-sul – Limousin, Périgord, Quercy, Poitou e Saintonge – para os ameaçadores levantes não religiosos dos anos 1590. Foi essa dupla radicalização na cidade e no campo que, por fim, reunificou a classe dominante: a nobreza cerrou as fileiras assim que surgiu o verdadeiro perigo de uma sublevação vinda de baixo. Henrique IV aceitou tacitamente o catolicismo, alinhou-se aos chefes aristocráticos da Liga, isolou os Comitês e suprimiu as revoltas camponesas. As Guerras Religiosas se encerraram com a reafirmação do Estado régio.

Agora o absolutismo francês amadurecia com relativa rapidez, embora ainda estivesse para ocorrer, antes de seu definitivo estabelecimento, um contratempo radical. Os grandes arquitetos de sua administração no século XVII foram, é claro, Sully, Richelieu e Colbert. Quando eles começaram a trabalhar, o tamanho e a diversidade do país ainda não tinham sido dominados. Persistiam os príncipes régios, rivais e ciumentos do monarca, muitas vezes com a posse hereditária de governos. Compostos por uma

---

10 Para uma sociologia política da liderança municipal da Liga em Paris, no auge das Guerras Religiosas, ver: Salmon, The Paris Sixteen, 1584-1594: The Social Analysis of a Revolutionary Movement, *Journal of Modern History*, 44, n.4, dez. 1972, p.540-76. Salmon demonstra a importância dos cargos médios e baixos da profissão jurídica no Conselho dos Dezesseis. Ele também sublinha a manipulação das massas plebeias e as medidas de alívio econômico que ocorreram sob sua ditadura. Há um breve esboço de análise comparativa em Koenigsberger, The Organization of Revolutionary Parties in France and the Netherlands during the Sixteenth Century, *Journal of Modern History*, n.27, dez. 1955, p.335-51. Mas ainda resta muito trabalho a fazer sobre a Liga, um dos fenômenos mais complexos e enigmáticos do século; o movimento que inventou as barricadas urbanas ainda não encontrou seu historiador marxista.

combinação de bacharéis e pequenos nobres rurais, os *parlements* provinciais representavam bastiões do particularismo tradicional. Uma burguesia comercial crescia em Paris e outras cidades, controlando o poder municipal. Depois de terem sido incitadas pelas guerras civis do século anterior, quando ambos os lados, em diferentes momentos, as procuraram em busca de apoio, as massas francesas agora guardavam memórias da insurgência popular.[11] O caráter específico do Estado absolutista francês que emergiu no *grand siècle* estava destinado a se adaptar – e a dominar – esse complexo de forças. Henrique IV fixou, pela primeira vez, a presença e o poder régios em Paris, ao reconstruir a cidade e transformá-la na capital permanente do reino. A pacificação cívica se fez acompanhar pelo cuidado oficial com a recuperação agrícola e com o incentivo às exportações. O magnetismo pessoal do fundador da nova dinastia Bourbon restaurou o prestígio da monarquia. O Édito de Nantes e seus artigos complementares contiveram o problema do protestantismo, ao lhe conceder uma autonomia regional limitada. Apesar das promessas feitas durante a guerra civil, não houve nenhuma convocação dos Estados Gerais. Manteve-se a paz externa e, com ela, a economia administrativa. Sully, o chanceler huguenote, dobrou as receitas líquidas do Estado, principalmente por adotar taxações indiretas, racionalizar os impostos sobre o campo e cortar despesas. A inovação institucional mais importante do reino foi a introdução da *paulette*, em 1604: a venda de cargos no aparato do Estado. A prática, que existira por mais de um século, foi estabilizada pelo expediente de Paulet, que os tornou hereditários mediante o pagamento de uma pequena porcentagem anual sobre seu valor de compra – uma medida elaborada não apenas para aumentar as rendas da monarquia, mas também para isolar a burocracia da influência dos magnatas. Sob o regime frugal de Sully, a venda de cargos ainda representava apenas algo em torno de 8% das receitas do orçamento.[12] Mas, a partir da menoridade de Luís XIII, essa proporção se alterou rapidamente. Marcado pela última e inócua sessão dos

11 Esse ponto recebe a ênfase de Salmon, Venality of Office and Popular Sedition in 17th Century France, *Past and Present*, jul. 1967, p.41-3.

12 Prestwich, From Henri III to Louis XIV. In: Trevor-Roper (Org.), *The Age of Expansion*, p.199.

Estados Gerais (1614-15) antes da Revolução Francesa e pela primeira intervenção agressiva do *Parlement* de Paris contra um governo régio, o recrudescimento do facciosismo nobre e da inquietação religiosa levou ao breve domínio do Duque de Luynes. As pensões para subornar os ardilosos "grandes do reino" e a retomada da guerra contra os huguenotes no sul aumentaram consideravelmente as despesas do Estado. A partir de então, a burocracia e o judiciário iriam pulular com o maior volume de transações venais da Europa. A França se tornou a terra da venda de cargos, à medida que a monarquia criava um número sempre crescente de sinecuras e prebendas, com o propósito de aumentar as receitas. Por volta de 1620-1624, essas negociações geravam algo em torno de 38% dos rendimentos régios.[13] Além disso, os direitos de cobrança de impostos agora eram regularmente leiloados a grandes financistas, cujos sistemas de coleta costumavam desviar até dois terços das receitas fiscais em seu percurso até o Estado. Mais ainda: na nova conjuntura internacional da Guerra dos Trinta Anos, a escalada dos custos com políticas internas e externas era tão íngreme que a monarquia tinha de recorrer, com alguma constância, a empréstimos forçados, pagando juros altos a associações de seus próprios coletores de impostos, os quais, ao mesmo tempo, também eram *officiers* que haviam adquirido postos no erário do Estado.[14] Inevitavelmente, esse círculo vicioso de improviso financeiro maximizou a confusão e a corrupção. A multiplicação dos cargos venais, onde agora se alojava uma nova *noblesse de robe*, impediu todo e qualquer controle dinástico firme sobre os principais atos da justiça e das finanças públicas, dispersando o poder burocrático, central e localmente.

Ainda assim, foi nessa mesma época que, curiosamente entrelaçados nesse sistema, Richelieu e seus sucessores começaram a construir uma máquina administrativa racionalizada, capaz de estabelecer, pela primeira vez, a intervenção e o controle diretos do rei em toda a França. Governando

13 Ibid., p.199.

14 Há uma boa discussão sobre esse fenômeno em: Lublinskaya, *French Absolutism: The Crucial Phase 1620-1629*, p.234-43; sobre a fatia da coleta da *taille* de que os coletores de impostos se apropriavam, ver: p.308 (13 milhões do total de 19 milhões de *livres*, em meados dos anos 1620).

de fato o país a partir de 1624, o Cardeal logo deu continuidade à destruição das últimas fortalezas huguenotes no sudoeste, com o cerco e a captura de La Rochelle; esmagou sucessivas conspirações aristocráticas, com execuções sumárias; aboliu as mais altas dignidades militares medievais; derrubou os castelos da nobreza e baniu os duelos; e, onde a resistência local assim permitiu (Normandia), suprimiu os estados. Acima de tudo, Richelieu efetivamente criou o sistema de *intendant*. Os *Intendants de Justice, de Police et de Finances* eram funcionários despachados para as províncias com plenos poderes – que, de início, tinham missões temporárias e *ad hoc*, mas depois se tornaram comissários permanentes do governo central em toda a França. Designados diretamente pelo monarca, seus cargos eram revogáveis e não vendáveis. Normalmente recrutados entre os antigos *maîtres de requêtes* e pertencentes à pequena ou média nobreza do século XVII, esses funcionários representavam o novo poder do Estado absolutista nos rincões mais distantes do reino. Extremamente impopulares junto ao estrato dos *officiers*, cujas prerrogativas locais infringiam, eles foram, nos primeiros tempos, usados com cautela e coexistiram com as governadorias tradicionais das províncias. Mas Richelieu rompeu o caráter quase hereditário desses senhorios regionais, presas particulares dos mais altos magnatas da aristocracia havia já muito tempo, de modo que, ao final de seu governo, apenas um quarto continuava nas mãos de homens que precediam sua chegada ao poder. Assim, durante esse período houve uma evolução simultânea e contraditória dos grupos de *officiers* e de *commissaires* dentro da estrutura geral do Estado. Enquanto o papel dos *intendants* ia ficando cada vez mais proeminente e autoritário, a magistratura dos vários *parlements* do país, campeões do legalismo e do particularismo, foi se tornando porta-voz da resistência dos *officiers*, cerceando, de maneira intermitente, as iniciativas do governo régio.

Assim, a forma composicional da monarquia francesa veio a adquirir, tanto na teoria quanto na prática, uma complexidade extrema e pomposa. Em uma passagem notável, Kossmann descreveu seus contornos a partir da consciência das classes proprietárias da época:

> Os contemporâneos sentiam que o absolutismo não excluía, de maneira alguma, aquela tensão que lhes parecia inerente ao Estado e não modificava em nada suas ideias de governo. Para eles, o Estado era como uma igreja barroca, na qual muitas concepções diferentes se misturam, se chocam e, por fim, se absorvem em um sistema único e magnífico. Os arquitetos haviam acabado de descobrir o oval, e então o espaço ganhou vida em seus engenhosos arranjos: por toda parte, o esplendor das formas ovais, resplandescente por todos os seus cantos [do Estado], projetou sobre toda a construção uma energia sutil e ondulante, ritmos incertos acarinhados pelo novo estilo.[15]

Esses princípios "estéticos" do absolutismo francês correspondiam, porém, a propósitos funcionais. Como vimos, a relação entre impostos e obrigações na época tradicional foi considerada uma tensão entre a renda feudal "centralizada" e a "local". Em certo sentido, essa duplicação "econômica" se reproduziu nas estruturas "políticas" do absolutismo francês. Pois foi a própria complexidade da arquitetura do Estado que possibilitou uma lenta, ainda que inexorável, unificação da classe nobre – a qual foi se adaptando a um novo molde centralizado e sujeito ao controle público dos *intendants*, mesmo que ainda ocupasse posições privadamente compradas no sistema de *officiers* e possuísse autoridade local nos *parlements* provinciais. Além disso, tal complexidade alcançou, simultaneamente, a proeza de integrar a nascente burguesia francesa ao circuito do Estado feudal. Pois a compra de cargos representava um investimento tão lucrativo que o capital sempre se desviava dos empreendimentos mercantis e manufatureiros para cair em um conluio usurário com o Estado absolutista. Taxas e sinecuras, direitos de cobrança e empréstimos, honrarias e obrigações – tudo afastava a fortuna burguesa da produção. A aquisição de títulos de nobreza e imunidades fiscais se tornou um objetivo empresarial comum entre os *roturiers*. A consequência social foi a criação de uma burguesia que

---

15 "Ou, para mudar de metáfora: se a autoridade régia era um sol a brilhar, havia um outro poder que refletia, concentrava e temperava sua luz, uma sombra que ocultava essa fonte de energia, na qual nenhum olho humano podia pousar sem ficar cego. Referimo-nos aos *Parlements* e, acima de todos, ao *Parlement* de Paris." Kossmann, *La Fronde*, p.23.

tendeu a ficar cada vez mais integrada à aristocracia, por meio das isenções e privilégios dos cargos. O Estado, por sua vez, patrocinou manufaturas régias e companhias oficiais de comércio que, de Sully a Colbert, proporcionaram alternativas de negócios para essa classe.[16] O resultado foi um "desvio" de 150 anos na evolução política da burguesia francesa.

O peso de todo esse aparato recaía sobre os pobres. Reorganizado, o Estado feudal passou a fustigar as massas rurais e urbanas, sem piedade. No caso francês, pode-se ver com clareza gritante a que ponto a comutação local das obrigações e o crescimento de uma agricultura monetarizada foram compensados por um centralizado bombeamento do excedente dos camponeses. Em 1610, os agentes fiscais do Estado coletaram 17 milhões de libras com a *taille*. Em 1644, as exações desse imposto haviam triplicado para 44 milhões de libras. Na verdade, a taxação total quadruplicou na década que se seguiu a 1630.[17] A razão para esse incremento enorme e súbito nos encargos fiscais foi, sem dúvidas, a intervenção militar e diplomática de Richelieu na Guerra dos Trinta Anos. Inicialmente mediada por subvenções oferecidas à Suécia e, depois, pela contratação de mercenários alemães, a guerra acabou com vastos exércitos franceses no campo de batalha. O efeito internacional foi decisivo. A França traçou o destino da Alemanha e destruiu a supremacia da Espanha. Quatro anos depois do histórico triunfo francês em Rocroi, o Tratado de Vestfália estendeu as fronteiras da monarquia francesa do Mosa ao Reno. As novas estruturas do absolutismo francês foram, assim, batizadas no fogo da guerra europeia. De fato, o êxito francês na luta contra a Espanha coincidiu com a consolidação doméstica do complexo burocrático dual que formou os primórdios do Estado Bourbon. As emergências militares do conflito facilitaram a imposição de intendências nas zonas invadidas ou ameaçadas: seu imenso custo financeiro exigiu um volume sem precedentes de vendas de cargos e, ao mesmo tempo, rendeu fortunas espetaculares a associações de banqueiros. Os verdadeiros custos da guerra caíram sobre os pobres, entre os quais fizeram uma devastação social. As pressões fiscais do absolutismo de

16 Porshnev, *Les Soulèvements populaires en France de 1623 à 1648*, p.547-60.

17 Prestwich, From Henri III to Louis XIV, p.203; Mousnier, *Peasant Uprisings*, p.307.

tempos de guerra provocaram sucessivas ondas de desesperadas revoltas das massas urbanas e rurais durante todas essas décadas. No ano de 1630, ocorreram motins em Dijon, Aix e Poitiers; entre 1636-1637, houve *jacqueries* nos campos de Angoumois, Saintonge, Poitou, Périgord e Guyenne; em 1639, aconteceu uma grande rebelião plebeia e camponesa na Normandia. Em vastas áreas da França, os levantes regionais mais importantes se intercalavam com constantes irrupções de tumultos menores contra os coletores de impostos, rebeldia muitas vezes patrocinada pela pequena nobreza local. Enquanto o conflito internacional prosseguia no exterior, tropas régias se deslocavam para reprimir movimentos internos.

Sob certos aspectos, pode-se ver a Fronda como a "crista" mais alta dessa longa vaga de revoltas populares,[18] em que, por um breve período de tempo, setores da grande nobreza, da magistratura detentora de cargos e da burguesia municipal usaram o descontentamento das massas para seus próprios fins, contra o Estado absolutista. Mazarino, que sucedeu Richelieu em 1642, conduzira com destreza a política externa da França até o fim da Guerra dos Trinta Anos e, por conseguinte, durante a aquisição da Alsácia. Mas, depois da Paz de Vestfália, Mazarino provocou a crise da Fronda ao estender a guerra contra os espanhóis até o cenário mediterrânico, onde, por ser italiano, almejava a tomada de Nápoles. A extorsão fiscal e a manipulação financeira – que tinham por objetivo apoiar o esforço militar no exterior – coincidiram com uma sucessão de colheitas ruins em 1647, 1649 e 1651. A fome e a fúria popular se combinaram com a revolta dos *officiers* cansados da guerra e liderados pelo *Parlement* de Paris contra o sistema de *intendants*; com o descontentamento dos *rentiers* diante da desvalorização emergencial dos títulos do governo; e com o ciúme dos poderosos do reino em relação a um aventureiro italiano que manipulava uma minoria próxima ao rei. O desenlace foi uma refrega confusa e amarga na qual, mais uma vez, o país parecia se desintegrar à medida que as províncias se separavam de Paris, que exércitos privados perambulavam e saqueavam pelos campos, que cidades erguiam rebeldes ditaduras municipais, que complexas manobras e intrigas dividiam e reuniam príncipes rivais em contendas

18 Esse é o ponto de vista de Porshnev em *Les Soulèvements populaires en France.*

pelo controle da corte. Os governadores provinciais procuravam acertar as contas com os *parlements* locais, enquanto as autoridades municipais aproveitavam a oportunidade para atacar as magistraturas regionais.[19] Assim, a Fronda reproduziu muitos elementos do padrão que caracterizara as Guerras Religiosas. Dessa vez, a insurreição urbana mais radical coincidiu com a de uma das zonas rurais de maior tradição nos descontentamentos: a *Ormée* de Bordeaux e o extremo sudoeste foram os últimos centros de resistência aos exércitos de Mazarino. Mas a tomada do poder pelo povo em Bordeaux e Paris ocorreu tarde demais para afetar as consequências dos conflitos entrecruzados da Fronda; em geral, o huguenotismo local permaneceu diligentemente neutro no sul; e da *Ormée* não surgiu nenhum programa político coerente, para além de sua instintiva hostilidade à burguesia bordalesa local.[20] Em 1653, Mazarino e Turenne já haviam erradicado os últimos refúgios da revolta. O progresso da centralização administrativa e da reorganização de classes – que se alcançara dentro das estruturas mistas da monarquia francesa no século XVII – revelara sua eficácia. Na verdade, embora a pressão social vinda de baixo provavelmente fosse mais urgente, a Fronda se provou menos perigosa para o Estado monárquico que as Guerras Religiosas, porque as classes proprietárias agora estavam mais unidas. Apesar de todas as contradições entre os sistemas dos *officiers* e dos *intendants*, ambos os grupos eram predominantemente recrutados entre a *noblesse de robe*, ao passo que os banqueiros e coletores de impostos contra os quais protestavam os *Parlements* tinham, de fato, estreitas conexões pessoais com eles. Assim, o processo de recozimento possibilitado pela coexistência dos dois sistemas dentro de um mesmo Estado acabou por assegurar uma solidariedade mais imediata contra as massas. Revelada pela Fronda, foi a própria profundidade da inquietação plebeia que abreviou a última fissura emocional entre a aristocracia dissidente e a monarquia: embora viessem a ocorrer novos levantes camponeses no século XVII, nunca mais aconteceu uma confluência entre rebeliões vindas de baixo e de cima. A Fronda custou a

19 Sobre esse aspecto, ver Kossmann, *La Fronde*, p.117-38.

20 Ibid., p.204, 247, 250-2.

Mazarino as conquistas que ele projetara no Mediterrâneo. Mas, quando a Guerra Espanhola se encerrou com o Tratado dos Pirineus, a França anexara Roussillon e Artois, e uma seleta elite burocrática estava treinada e pronta para impor a ordem administrativa no reinado seguinte. A partir de então, a aristocracia iria se aquietar sob o absolutismo solar e consumado de Luís XIV.

O novo soberano assumiu pessoalmente o comando de todo o aparato do Estado em 1661. Uma vez reunidas em um único governante a autoridade régia e a competência executiva, o pleno potencial político do absolutismo francês se realizou rapidamente. Os *Parlements* foram silenciados, e sua exigência de apresentar objeções aos éditos reais, anulada (1673). As outras cortes soberanas se reduziram à obediência. Os estados provinciais já não podiam discutir nem barganhar impostos: a monarquia decretava demandas fiscais precisas, que eles não tinham como recusar. Restringiu-se a autonomia municipal das *bonnes villes*, e as prefeituras se viram domesticadas e ocupadas por guarnições militares. As governadorias passaram a ser concedidas por apenas três anos, e seus detentores muitas vezes eram obrigados a residir na corte, o que fazia com que tais cargos fossem meramente honoríficos. O comando das cidades fortificadas nas regiões fronteiriças recebeu um rodízio cuidadoso. Quando o novo complexo palaciano ficou pronto (1682), a alta nobreza teve de se mudar para Versalhes e se separou do senhorio efetivo sobre seus domínios territoriais. É claro que essas medidas contra o particularismo insubmisso dos grupos e instituições tradicionais provocaram ressentimentos entre a nobreza provincial e os príncipes e pares do reino. Mas elas não alteraram o laço objetivo entre a aristocracia e o Estado, a partir de então mais eficiente que nunca na proteção dos interesses básicos da classe nobre. Pode-se avaliar o grau de exploração econômica que o absolutismo francês garantia a partir de um cálculo recente, segundo o qual a nobreza (2% da população) se apropriou de 20% a 30% dos rendimentos totais da nação durante todo o século XVII.[21] A máquina central do poder régio agora estava,

---

21 Goubert, Les Problèmes de la noblesse au XVIIe siècle, p.5.

portanto, concentrada, racionalizada e ampliada, sem maiores resistências da aristocracia.

Luís XIV herdou seus principais ministros de Mazarino: Le Tellier ficou a cargo dos assuntos militares; Colbert chegou a acumular a gestão das finanças régias, dos assuntos internos e da marinha; Lionne dirigiu a política externa; e Séguier, como chanceler, cuidou da segurança interna. Esses administradores disciplinados e competentes formavam a cúpula da ordem burocrática agora à disposição da monarquia. O rei presidia pessoalmente as deliberações do pequeno *Conseil d'en Haut*, o qual compreendia seus funcionários políticos mais confiáveis e excluía todos os príncipes e "grandes do reino". Esse Conselho se tornou o corpo executivo supremo do Estado, enquanto o *Conseil des Dépêches* lidava com as questões domésticas e provinciais, e o recém-criado *Conseil des Finances* supervisionava a organização econômica da monarquia. A eficiência departamental desse sistema relativamente rígido e unido pela incansável atividade do próprio Luís XIV era muito maior que a da desajeitada parafernália conciliar do absolutismo Habsburgo na Espanha, com sua configuração parcialmente territorial e suas intermináveis ruminações coletivas. Logo abaixo, a rede de *intendants* agora cobria toda a França – a Bretanha foi a última província a receber um comissário, em 1689.[22] O país foi dividido em 32 *généralités*, nas quais o *intendant* régio agora governava soberano, com o auxílio de *sub-délégués* e investido de novos poderes sobre a cobrança e a supervisão da *taille* – obrigações vitais que já não ficariam sob o controle dos antigos "tesoureiros" *officiers*. No reinado de Luís XIV, o total de funcionários do setor civil do aparato estatal do absolutismo francês ainda era bastante modesto: talvez uns mil servidores responsáveis ao todo, tanto na corte quanto nas províncias.[23] Mas esses tinham o apoio de uma máquina coercitiva maciçamente ampliada. Para manter a ordem e reprimir os levantes em Paris (1667), criou-se uma força policial permanente, que depois se estendeu para toda a França (1698-1699). O tamanho do exército aumentou muito durante o reinado, passando de 30 mil ou 50 mil para

---

22 Id., *Louis XIV et vingt millions de français*, p.164, 166.

23 Ibid., p.72.

300 mil ao seu final.[24] Le Tellier e Louvois introduziram o soldo regular, o treinamento e os uniformes; Vauban modernizou os armamentos e as fortificações militares. O crescimento desse aparato militar significou o desarme final da nobreza e a capacidade de subjugar rebeliões populares com rapidez e eficácia.[25] Os mercenários suíços – que formavam as tropas internas do absolutismo Bourbon – ajudaram a acabar com o campesinato *boulonnais* e *camisard*; os novos dragões executaram a expulsão em massa dos huguenotes da França. A adulação ideológica que envolvia a monarquia, prodigamente espargida por escritores e clérigos que recebiam pagamentos do regime, encobria a repressão armada sobre a qual este se baseava, mas não conseguia escondê-la.

O absolutismo francês alcançou sua apoteose institucional nas últimas décadas do século XVII. A estrutura do Estado e a cultura dominante aperfeiçoadas no reinado de Luís XIV viriam a se tornar modelos para boa parte da nobreza europeia: Espanha, Portugal, Piemonte e Prússia foram apenas os exemplos mais diretos de sua influência. Mas o *rayonnement* político de Versalhes não tinha um fim em si: na concepção de Luís XIV, as realizações organizacionais do absolutismo Bourbon estavam programadas para servir a um propósito específico: a meta suprema da expansão militar. A primeira década do reino, de 1661 a 1672, foi essencialmente um período de preparação interna para as aventuras externas que estavam por vir. Em termos administrativos, econômicos e culturais, esses foram os anos mais radiantes do governo de Luís XIV: quase todas as suas obras mais duradouras datam dessa época. Sob a hábil superintendência do jovem Colbert, a pressão fiscal se estabilizou e o comércio prosperou. As despesas do Estado caíram com a supressão dos novos cargos criados desde 1630; as espoliações dos coletores de impostos se reduziram drasticamente, embora a coleta não tivesse retornado ao Estado; as terras régias foram sistematicamente recuperadas. A *taille personnelle* baixou de 42

24 Stoye, *Europe Unfolding 1648-1688*, p.223; Goubert, *Louis XIV et vingt millions de français*, p.186.

25 Mousnier, *Peasant Uprisings*, p.115, sublinha justamente esse ponto e comenta que as rebeliões de 1675 na Bretanha e em Bordeaux foram as últimas sublevações sociais importantes do século.

para 32 milhões de libras; enquanto isso, a *taille réelle* subiu cerca de 50% nos *pays d' états* onde a tributação era mais leve; com o controle vigilante do sistema de arrecadação, as receitas dos impostos indiretos cresceram algo em torno de 60%. Entre 1661 e 1671, os rendimentos líquidos da monarquia dobraram e os superávits orçamentários se tornaram comuns.[26] Enquanto isso, lançou-se um ambicioso programa mercantilista para acelerar o crescimento do comércio, das manufaturas e da expansão colonial ultramarina: subvenções régias fundaram novas indústrias (tecidos, vidro, tapeçaria, ferragens); criaram-se companhias privilegiadas para explorar o comércio com as Índias ocidentais e orientais; estaleiros receberam grandes subsídios; e, por fim, estabeleceu-se um sistema tarifário extremamente protecionista. No entanto, foi esse mesmo mercantilismo que levou diretamente à decisão de invadir a Holanda em 1672, com a intenção de suprimir a competição de seu comércio – o qual se provara facilmente superior ao francês –, por meio da incorporação das Províncias Unidas aos domínios da França. De início, a guerra contra os holandeses teve sucesso: as tropas francesas cruzaram o Reno, chegaram muito perto de Amsterdã e tomaram Utrecht. Mas uma coalisão internacional logo se alinhou em defesa do *status quo* – sobretudo, Espanha e Áustria. Enquanto isso, a dinastia Orange recuperou o poder na Holanda, forjando uma aliança matrimonial com a Inglaterra. Sete anos de luta deixaram a França com a posse do Franco-Condado e fronteiras ampliadas em Artois e Flandres, mas as Províncias Unidas permaneceram intactas e a tarifa anti-holandesa de 1667 foi revogada: um balanço modesto para o cenário exterior. No plano interno, a retração fiscal de Colbert naufragou de maneira definitiva: a venda de cargos voltou a se multiplicar, velhos impostos aumentaram e novos foram inventados, os empréstimos sofreram flutuações e os subsídios comerciais desapareceram. A partir de então, a guerra iria dominar praticamente todos os aspectos do reino.[27] A miséria e a fome

26 Goubert, *Louis XIV et vingt millions de français*, p.90-2.

27 Em certo sentido, a guerra dominou até mesmo seus ideais culturais: "Recém-adquiridas, a simetria e a ordem da praça de armas forneceram a Luís XIV e seus contemporâneos o modelo ao qual a vida e a arte deviam se conformar; e o *pas cadencé* de Martinet – cujo nome é, por si só, um programa – ecoou mais uma vez

decorrentes das exações do Estado e uma série de colheitas ruins acarretaram novos levantes do campesinato na Guyenne e na Bretanha nos anos de 1674-1675 e, em seguida, seu esmagamento sumário pelas forças armadas: dessa vez, nenhum senhor ou cavaleiro tentou usá-los para seus próprios fins. Aliviada dos encargos financeiros que Richelieu e Mazarino haviam tentado lhe impor, a nobreza continuou fiel até o fim.[28]

Mas a restauração da paz durante uma década nos anos 1680 só serviu para acentuar a arrogância do absolutismo Bourbon. Agora o rei estava fechado em Versalhes; o calibre ministerial decaía à medida que a geração escolhida por Mazarino dava lugar a sucessores mais ou menos medíocres, em um processo de cooptação hereditária dentre o mesmo grupo de famílias inter-relacionadas da *noblesse de robe*; desastrados gestos antipapais se misturavam à imprudente expulsão dos protestantes para fora do reino; artimanhas jurídicas eram usadas para uma série de pequenas anexações no nordeste. Se o comércio marítimo se recuperava e crescia, para a apreensão dos mercadores ingleses e holandeses, a depressão agrária interna permanecia. A derrota do candidato francês ao Eleitorado de Colônia e a ascensão de Guilherme III à monarquia inglesa foram os sinais para a retomada do conflito internacional. A Guerra da Liga de Augsburgo (1689-1697) alinhou contra a França praticamente toda a Europa central e ocidental – Holanda, Inglaterra, Áustria, Espanha, Saboia e boa parte da Alemanha. Os exércitos franceses mais que dobraram sua força nessa década, para quase 220 mil homens. Mas o máximo que se provaram capazes de fazer foi levar a coligação a um empate custoso: os esforços da guerra de Luís XIV fracassaram por toda parte. O único ganho que a França registrou com o Tratado de Ryswick foi a aceitação europeia da absorção de Estrasburgo, assegurada antes do início da batalha: todos os

na majestática monotonia de intermináveis alexandrinos". Roberts, The Military Revolution 1560-1660. In: *Essays in Swedish History*, p.206.

28 Os Cardeais tentaram submeter a aristocracia a impostos disfarçados, na forma de "comutações" do *ban* militar devido nos feudos. Isso provocou muito descontentamento na pequena nobreza, e Luís XIV abandonou a tentativa. Ver: Deyon, A propos des rapports entre la noblesse française et la monarchie absolue pendant la première moitié du XVIIe siècle, *Revue Historique*, CCXXXI, 1964, p.355-6.

outros territórios ocupados tiveram de ser evacuados, e a marinha francesa saiu dos mares. Para financiar a guerra, inventou-se uma cascata de novos cargos, leiloaram-se títulos, multiplicaram-se os empréstimos forçados e as rendas públicas, manipularam-se os valores monetários e, pela primeira vez, impôs-se um tributo de "capitação", do qual nem a nobreza escapou.[29] A inflação, a fome e o despovoamento assolaram os campos. Mas, em cinco anos, a França mergulhou de volta no conflito europeu pela Sucessão Espanhola. Mais uma vez, a inépcia diplomática e as bruscas provocações de Luís XIV maximizaram a coligação contra a França nessa disputa militar decisiva: o vantajoso testamento de Carlos II foi menosprezado pelo herdeiro francês; Flandres, ocupada por tropas francesas; a Espanha, dirigida por emissários franceses; os contratos de comércio de escravos com as colônias americanas, incorporados por mercadores franceses; o pretendente Stuart, ardorosamente aclamado como monarca legítimo da Inglaterra. A determinação Bourbon em monopolizar a totalidade do império hispânico, recusando toda e qualquer partição ou diminuição das vastas posses espanholas, inevitavelmente uniu Áustria, Inglaterra, Holanda e boa parte da Alemanha. Ao tudo querer, o absolutismo francês acabou conseguindo quase nada com seu imenso esforço de expansão política. Os exércitos Bourbon – agora somando 300 mil homens equipados com rifles e baionetas – foram dizimados em Blenheim, Ramillies, Turim, Oudernade e Malplaquet. A própria França sofreu uma invasão, enquanto a coleta de impostos entrava em colapso, a moeda se desvalorizava, as revoltas do pão eclodiam na capital e o frio e a fome entorpeciam os campos. Ainda assim, afora o levante huguenote em Cévennes, o campesinato continuou calmo. Acima dele, a classe dominante cerrou fileiras compactas em torno da monarquia, apesar da disciplina autocrática e dos desastres no exterior, que abalavam toda a sociedade.

A tranquilidade só chegou com a derrota final na guerra. As divisões dentro da coligação vitoriosa contra Luís XIV mitigaram os termos da paz, o que permitiu ao ramo mais novo da dinastia Bourbon conservar a monarquia na Espanha, ao preço da separação política com a França. De

---

29 Goubert, *Louis XIV et vingt millions de français*, p.158- 62.

resto, o ruinoso tormento não rendera nenhum benefício ao absolutismo gaulês. Só estabelecera a Áustria nos Países Baixos e na Itália e fizera da Inglaterra a senhora do comércio colonial com a América espanhola. Na verdade, o paradoxo do absolutismo francês foi que seu auge de florescimento doméstico não coincidiu com seu auge de supremacia internacional: ao contrário, foi a estrutura de Estado ainda defeituosa e incompleta de Richelieu e Mazarino, marcada por anomalias institucionais e tumultos internos, que alcançou um sucesso espetacular no exterior, ao passo que a monarquia consolidada e estabilizada de Luís XIV – com muito mais exército e autoridade – fracassou completamente em se impor na Europa e realizar ganhos territoriais notáveis. No caso francês, a construção institucional e a expansão internacional estiveram defasadas e invertidas. O motivo reside, é claro, na aceleração de um tempo distinto daquele do absolutismo nos países marítimos – Holanda e Inglaterra. O absolutismo espanhol garantira cem anos de domínio europeu; posta em xeque desde a Revolução Holandesa, sua supremacia fora enfim quebrada pelo absolutismo francês em meados do século XVII, com ajuda da Holanda. O absolutismo francês, porém, não usufruiu de um período de hegemonia comparável na Europa ocidental. Sua expansão se deteve menos de vinte anos depois do Tratado dos Pirineus. A derrota final de Luís XIV não se deveu a seus inúmeros erros estratégicos, mas, sim, à alteração na posição relativa da França dentro do sistema político europeu no contexto do advento das Revoluções Inglesas de 1640 e 1688.[30] Foram o crescimento econômico do capitalismo inglês e a consolidação política de seu Estado no final do século XVII que "surpreenderam" o absolutismo francês, mesmo na época da ascensão desse último. Os verdadeiros vencedores da Guerra da Sucessão Espanhola foram os mercadores e banqueiros

30 É claro que Luís XIV se provou incapaz de perceber essa mudança – daí seus constantes enganos diplomáticos. A fragilidade temporária da Inglaterra dos anos 1660, quando Carlos II dependia da França, levou-o a subestimar a ilha mesmo depois, quando já era óbvia sua importância política na Europa ocidental. A falha que Luís XIV cometeu ao não oferecer nenhum auxílio preventivo a Jaime II em 1688, antes do desembarque de Guilherme III, seria, portanto, um dos erros mais fatais em uma carreira pródiga em equívocos.

de Londres, pois o que se precipitou então foi um imperialismo britânico em escala mundial. O tardio Estado feudal da Espanha fora derrubado por seu rival e semelhante francês, com a ajuda do Estado burguês nascente na Holanda. O tardio Estado feudal da França teve seu caminho barrado por dois Estados capitalistas de poder desigual – Inglaterra e Holanda – com o auxílio da Áustria. O absolutismo Bourbon era, intrinsicamente, muito mais forte e unificado do que fora o absolutismo espanhol; mas as forças que se levantaram contra aquele também se mostraram mais poderosas. Os vigorosos preparativos internos do reinado de Luís XIV para a dominação externa se provaram infrutíferos. A hora da supremacia de Versalhes, que parecia tão próxima na Europa dos anos 1660, nunca chegou.

O advento da Regência em 1715 anunciou a reação social a esse fracasso. A alta nobreza e suas queixas acumuladas contra a autocracia régia de repente se liberaram e armaram uma represália imediata. O Regente firmou o acordo do *Parlement* de Paris para deixar de lado o testamento de Luís XIV, em troca da restauração de seu direito tradicional de reclamação: o governo passou às mãos dos pares, que logo acabaram com o sistema ministerial do finado rei e assumiram, eles próprios, o poder no chamado *polysynodie*. Assim, a Regência reinstalou institucionalmente tanto a *noblesse d'épée* quanto a *noblesse de robe*. A nova época iria, de fato, acentuar o caráter aberto das classes no absolutismo: o século XVIII testemunhou o regresso da influência não nobre sobre o aparato de Estado e o domínio coletivo de uma alta aristocracia cada vez mais unificada. O controle magnata sobre a Regência não durou muito: sob Fleury e, depois, sob dois reis fracos que o sucederam, o sistema decisório na cúpula do Estado retornou ao antigo padrão ministerial, agora não mais controlado por um monarca dominante. Mas, a partir de então, a nobreza se manteve fincada nos mais altos cargos do governo: de 1714 a 1789, houve apenas três ministros que não tinham títulos aristocráticos.[31] De maneira semelhante, a magistratura judicial dos *Parlements* agora também formava um estrato fechado de

31 Goodwin, The Social Structure and Economic and Political Attitudes of the French Nobility in the 18th Century, *XIIth International Congress of Historical Sciences*, Rapports, I, p.361.

nobres, tanto em Paris quanto nas províncias, do qual os homens comuns estavam efetivamente banidos. Outrora flagelo dos donos de terras provinciais, os *intendants* régios se tornaram, por sua vez, uma casta quase hereditária: no reino de Luís XVI, catorze deles eram filhos de antigos *intendants*.[32] Na Igreja da segunda metade do século, todos os bispos e arcebispos tinham origem nobre, e a mesma classe controlava a maior parte das abadias, priorados e canonicatos. No exército, os "grandes do reino" ocupavam solidamente os mais altos comandos militares; proibiu-se a compra de companhias por *roturiers* nos anos 1760, quando se tornou necessário provar uma inquestionável ascendência nobre para ter acesso ao grau de oficial. A classe aristocrática como um todo conservou um rigoroso estatuto do último período feudal: era uma ordem legalmente definida, com cerca de 250 mil pessoas, isenta da maior parte dos impostos e dona do monopólio dos mais altos escalões da burocracia, do judiciário, do clero e do exército. Suas subdivisões agora tinham definições bem claras, pelo menos em teoria, e entre os altos pares e os baixos *hobereaux* rurais existia um grande abismo. Mas, na pratica, lubrificantes como dinheiro e casamento podiam, de muitas maneiras, deixar esses estratos superiores mais flexíveis do que nunca. A nobreza da França na época do Iluminismo possuía completa segurança de suas posses dentro das estruturas do Estado absolutista. Ainda assim, subsistia entre os dois um irredutível sentimento de atrito e desconforto, até mesmo nesse último período de união ideal entre monarquia e aristocracia. Pois o absolutismo, a despeito da cortesia de seus servidores e dos atrativos de seus serviços, continuava sendo um poder inacessível e irresponsável sobre a cabeça da nobreza como um todo. A condição de sua eficácia enquanto Estado residia na sua distância estrutural em relação à classe na qual recrutava e cujos interesses defendia. Na França, o absolutismo nunca obteve confiança ou aceitação inquestionáveis por parte da aristocracia que lhe servia de base: suas decisões não cabiam à ordem detentora de títulos que lhe dera vida – necessariamente, por causa da natureza da classe em si (como veremos mais adiante),

32 McManners, France. In: Goodwin (Org.), *The European Nobility in the 18th Century*, p.33-5.

e também perigosamente, por causa do risco de o executivo tomar ações insensatas ou arbitrárias que viessem a ter repercussões sobre tal classe. Montesquieu, presidente do *Parlement* de Bordeaux sob o condescendente regime de Fleury, deu uma expressão incontestável ao novo tipo de oposicionismo aristocrático que caracterizou o século.

Na verdade, a monarquia Bourbon do século XVIII fez pouquíssimos movimentos no sentido de "nivelar" os "poderes intermediários" que Montesquieu e seus consortes tanto acalentavam. Na França, o *Ancien Régime* preservou, até a Revolução, sua desconcertante selva de jurisdições, divisões e instituições heteróclitas: *pays d'états, pays d'éléctions, parlements, sénéschaussées, généralités*. Depois de Luís XIV, não ocorreu quase nenhuma outra racionalização da organização política: não mais se criaram tarifas alfandegárias, sistemas fiscais, códigos jurídicos nem administrações locais que fossem uniformes. A única tentativa monárquica de impor uma nova configuração a um corpo associado foi seu persistente esforço em assegurar a obediência teológica do clero, por meio da perseguição ao jansenismo – vigorosa e invariavelmente combatido pelo *Parlement* de Paris, em nome do tradicional galicanismo. A anacrônica querela sobre essa questão ideológica se tornou a principal fagulha nas relações entre o absolutismo e a *noblesse de robe*, desde a Regência até a época de Choiseul, quando os *parlements* expulsaram formalmente os jesuítas da França, em uma vitória simbólica do galicanismo. Muito mais sério, porém, seria o impasse financeiro que por fim se estabeleceu entre a monarquia e a magistratura. Luís XIV deixara o Estado completamente afundado em dívidas; recorrendo ao sistema jurídico, a Regência as reduzira pela metade. Mas, a partir da Guerra da Sucessão austríaca, os custos da política externa e a extravagância da corte mantiveram o erário em um déficit constante e cada vez mais profundo. As várias tentativas de criar novos impostos, perfurando a imunidade fiscal da aristocracia, foram recebidas com resistência e sabotagem nos *Parlements* e nos estados provinciais, que se recusaram a registrar os éditos e apresentaram protestos indignados. As contradições objetivas do absolutismo revelaram aí sua forma mais pura. A monarquia procurava taxar os ricos da nobreza, a nobreza reivindicava controles sobre as políticas da monarquia: a aristocracia se recusava a alienar seus privilégios econômicos sem ganhar direitos políticos sobre a condução do Estado régio. Em sua luta contra os governos absolutistas, a oligarquia judicial dos *Parlements* se valeu cada vez mais da linguagem radical dos *philosophes*: as errantes noções burguesas de liberdade e representação começaram a assombrar a retórica de um dos ramos mais inveteradamente conservadores e classistas da aristocracia francesa.[33] Nos anos 1770 e 1780, já estava bem evidente na França uma curiosa contaminação cultural de setores da nobreza pelo estado mais baixo.

Pois, nesse meio-tempo, o século assistira a um rápido crescimento nas fileiras e nas fortunas da burguesia local. A época que começou com a Regência foi, em geral, de expansão econômica, com aumento secular de preços, relativa prosperidade agrícola (pelo menos no período de 1730 a 1774) e recuperação demográfica: a população da França passou de 18 milhões ou 19 milhões para 25 milhões ou 26 milhões entre 1700 e 1789. A agricultura continuava a ser o ramo esmagadoramente dominante da produção, mas as manufaturas e o comércio registraram avanços notáveis. A indústria francesa aumentou a produção em cerca de 60% ao longo do século;[34] no setor têxtil, começaram a aparecer fábricas de verdade e as indústrias de ferro e carvão estabeleceram suas fundações. Muito mais rápido, porém, foi o progresso do comércio, sobretudo nas arenas coloniais e internacionais. O comércio exterior propriamente dito quadriplicou de 1716-1720 a 1784-1788, com um excedente regular de exportações. As trocas coloniais alcançaram um crescimento ainda mais rápido com a ascensão das culturas de açúcar, café e algodão nas Antilhas: nos últimos anos antes da Revolução, o comércio colonial chegou a compor dois terços do comércio exterior francês.[35] Naturalmente, o *boom* comercial estimulou a urbanização: houve uma onda de novas construções nas cidades e, ao fim do século, as cidades provinciais da França ainda superavam as da Inglaterra em tamanho e quantidade, apesar de o nível de industrialização ser bem mais alto do outro lado do Canal da Mancha. Enquanto isso, a venda de

33 Sobre as atitudes dos *Parlements* nos últimos anos do *Ancien Régime*, ver: Egret, *La Pré-Revolution Française 1787-1788*, p.149-60.

34 Soboul, *La Revolution Française*, v.1, p.45.

35 Lough, *An Introduction to 18th Century France*, p.71-3.

cargos diminuíra com o cerco aristocrático ao aparelho de Estado. No século XVIII, o absolutismo foi dependendo cada fez mais dos empréstimos públicos, o que não criava um mesmo grau de intimidade com o Estado: os *rentiers* não recebiam o enobrecimento nem a imunidade fiscal, como ocorrera com os *officiers*. O grupo mais rico da classe capitalista francesa continuou sendo o dos *financiers*, cujos investimentos especulativos colhiam imensos lucros dos contratos com o exército, das coletas de impostos e dos empréstimos régios. Mas, de modo geral, a diminuição do acesso dos comuns ao Estado feudal e o desenvolvimento simultâneo de uma economia comercial fora dele emanciparam a burguesia de sua dependência subalterna ao absolutismo. Os comerciantes, manufatureiros e armadores do Iluminismo, junto com os advogados e jornalistas que cresciam com eles, agora prosperavam cada vez mais fora do âmbito do Estado, com consequências inevitáveis para a autonomia política da classe burguesa como um todo.

A monarquia, por sua parte, agora se provava incapaz de proteger os interesses burgueses, mesmo quando estes coincidiam nominalmente com os do próprio absolutismo. Em nenhum outro lugar isso ficou mais claro que nas políticas externas da última fase do Estado Bourbon. As guerras do século seguiram um infalível padrão tradicional. Na prática, as pequenas anexações de terra na Europa sempre tiveram prioridade sobre a defesa ou a aquisição de colônias ultramarinas: o poderio marítimo e comercial se sacrificou em prol do militarismo territorial.[36] Propenso à paz, Fleury conseguiu assegurar a absorção da Lorena nas rápidas campanhas relacionadas à Sucessão Polonesa nos anos 1730, das quais a Inglaterra se manteve longe. Mas a Guerra da Sucessão Austríaca dos anos 1740 viu a frota britânica castigar os navios franceses desde o Caribe até o Oceano Índico, infligindo à França imensas perdas comerciais, enquanto Saxe conquistava o sul dos Países baixos em uma campanha terrestre benfeita, mas inútil: a paz restaurou o *status quo ante* em ambos os lados, mas as lições

36 O orçamento naval nunca somou mais que a metade do da Inglaterra: Dom, *Competition for Empire*, p.116. Dom apresenta um relato eloquente sobre as deficiências gerais das frotas francesas da época.

estratégicas já estavam bem claras para Pitt, na Inglaterra. A Guerra dos Sete Anos (1756-1763) – na qual a França se comprometeu em apoiar um ataque austríaco à Prússia, contra qualquer interesse dinástico racional – causou um desastre no império colonial Bourbon. Dessa vez, os exércitos franceses lutaram indiferentes a guerra continental na Vestfália, enquanto a guerra naval lançada pelos britânicos varria o Canadá, a Índia, o oeste da África e as Índias ocidentais. Com a Paz de Paris, a diplomacia de Choiseul recuperou possessões Bourbon nas Antilhas, mas a chance da França presidir um imperialismo mercantil de escala mundial estava acabada. A Guerra da Independência Americana permitiu a Paris, como que por procuração, uma vingança política contra Londres: mas o papel francês na América do Norte, embora vital para o êxito da Revolução Americana, foi essencialmente o de uma operação de pilhagem, que não trouxe nenhum ganho positivo para a França. Na verdade, foram os custos da intervenção Bourbon na Guerra da Independência Americana que forçaram a derradeira crise fiscal na terra natal do absolutismo francês. Em 1788, a dívida do Estado era tão grande – o pagamento dos juros chegava a quase 50% das despesas correntes – e o déficit orçamentário era tão agudo que Calonne e Loménie de Brienne, os últimos ministros de Luís XVI, decidiram impor um imposto sobre as terras da nobreza e do clero. Os *Parlements* resistiram furiosamente a esses esquemas; em desespero, a monarquia decretou sua dissolução; em seguida, recuando diante do alvoroço das classes proprietárias, acabou por restabelecê-los e, finalmente, cedendo às exigências dos *Parlements* pela reunião dos Estados Gerais antes de qualquer reforma tributária, convocou os três estados, em meio à desastrosa escassez de grãos, ao desemprego generalizado e a miséria popular de 1789. Com isso, a reação aristocrática ao absolutismo passava à revolução burguesa que o destronaria. De maneira bastante apropriada, o colapso histórico do Estado absolutista francês esteve diretamente ligado à inflexibilidade de sua formação feudal. A crise fiscal que detonou a revolução de 1789 foi provocada por sua inabilidade jurídica em taxar a classe que representava. Em última instância, a própria rigidez do laço entre Estado e nobreza precipitou sua queda comum.

5. *Inglaterra*

Ao longo da Idade Média, a monarquia feudal da Inglaterra foi, em geral, muito mais poderosa que a da França. A dinastia normanda e a angevina criaram um Estado régio que, em termos de autoridade e eficácia, não encontrou rivais à altura em toda a Europa ocidental. Foi precisamente a força da monarquia medieval inglesa que possibilitou suas ambiciosas aventuras territoriais no continente, às expensas da França. A Guerra dos Cem Anos – durante a qual sucessivos reis ingleses e sua aristocracia tentaram conquistar e dominar vastas áreas francesas, apesar da perigosa barreira marítima – representou um feito militar único na Idade Média: sinal agressivo da superioridade da organização do Estado insular. Ainda assim, a mais forte monarquia medieval do Ocidente acabou por produzir o absolutismo mais breve e fraco. Enquanto a França se tornava a terra natal do Estado absolutista mais temível da Europa ocidental, a Inglaterra experimentava uma variante particularmente contraída do jogo absolutista, em todos os sentidos. Assim, na história inglesa, a transição da época medieval para a moderna correspondeu – apesar de todas as lendas locais sobre a "continuidade" inquebrantável – a uma inversão profunda e radical de muitos dos traços mais característicos do desenvolvimento feudal anterior. Naturalmente, alguns padrões medievais muito importantes também se preservaram e ficaram como herança: foi precisamente a fusão contraditória de forças novas e tradicionais que definiu a peculiar ruptura política que ocorreu na ilha durante a Renascença.

A precoce centralização administrativa do feudalismo normando – ditada tanto pela conquista militar original quanto pelo tamanho modesto do país – gerara, como vimos, uma classe nobre regionalmente unificada e singularmente pequena, sem potentados territoriais semidependentes comparáveis aos do continente. Seguindo as tradições anglo-saxãs, as cidades fizeram, desde o início, parte dos domínios régios e, por isso, usufruíam de privilégios comerciais, sem a autonomia política das comunas continentais; durante a época medieval, elas nunca foram numerosas nem fortes o bastante para desafiar esse *status* subordinado.[1] Os senhores eclesiais também não chegariam a conquistar enclaves senhoriais vastos ou consolidados. Assim, a monarquia medieval da Inglaterra se poupou dos riscos de um governo unitário que os governantes feudais confrontaram na França, na Itália ou na Alemanha. O resultado foi uma centralização *concorrente*, tanto do poder régio quanto da representação nobre, dentro da organização política medieval como um todo. Na verdade, esses dois processos não foram opostos, mas, sim, complementares. Dentro do sistema parcelar da soberania feudal, o poder monárquico situado além da suserania só se sustentava, em geral, no consentimento das assembleias excepcionais de vassalos, capazes de votar auxílios políticos ou econômicos, fora da hierarquia mediada das dependências pessoais. Por isso, como já se disse, os estados medievais quase nunca puderam se contrapor diretamente à autoridade monárquica: muitas vezes, eles foram sua precondição. A autoridade e a administração régias da Inglaterra angevina não encontraram equivalente exato em nenhuma parte da Europa do século XII. Mas, justamente por isso, o poder pessoal do monarca logo foi seguido por precoces instituições coletivas da classe dominante feudal, de caráter singularmente unitário: os Parlamentos. A existência desses parlamentos

1 Em sua análise sobre as cidades medievais da Inglaterra, Weber destaca, entre outras coisas, como é significativo que elas nunca tenham passado por revoluções municipais ou de guildas comparáveis às do continente: Weber, *Economy and Society*, v.3, p.1276-81. Em Londres houve uma breve *conjuratio* insurrecional, entre os anos de 1263-5. Sobre isso, ver: Williams, *Mediaeval London. From Commune to Capital*, p.219-35. Mas foi um episódio excepcional, que ocorreu no contexto maior da Revolta dos Barões.

medievais na Inglaterra do século XIII em diante não foi, de forma alguma, uma peculiaridade nacional. O que os distinguia era o fato de serem instituições a um só tempo "únicas" e "conglomeradas".[2] Em outras palavras, havia apenas uma assembleia desse tipo, cujos limites coincidiam com os do próprio país, e não uma para cada província; e, dentro da assembleia, não existia uma divisão tripartite entre nobres, clérigos e burgueses, como em geral prevalecia no continente. A partir da época de Eduardo III, os cavaleiros e as cidades tiveram representação regular no Parlamento inglês, ao lado de bispos e barões. O sistema bicameral de câmaras dos Lordes e dos Comuns foi um desenvolvimento posterior, que não dividiu o Parlamento segundo as fileiras dos estados, mas apenas marcou uma distinção interna na nobreza. Uma monarquia centralizada produzira uma assembleia unificada.

Duas consequências se seguiram à centralização precoce da organização política feudal na Inglaterra. Os Parlamentos unitários que se reuniam em Londres não alcançaram o mesmo grau de meticuloso controle tributário nem os mesmos direitos de convocação regular que, mais tarde, iriam caracterizar alguns dos sistemas de estados no continente. Mas conseguiram, sim, assegurar uma tradicional limitação ao poder *legislativo* do rei, o que teria grande importância na época do absolutismo: depois de Eduardo I, aceitou-se que nenhum monarca poderia decretar novos estatutos sem a anuência do Parlamento.[3] Sob o ponto de vista estrutural, esse veto correspondia de perto às exigências objetivas do poder de classe da nobreza. De fato, como a administração régia centralizada foi, desde o início, técnica e

2 As primeiras funções judiciais do Parlamento inglês também eram incomuns: ele atuava como uma corte suprema para petições, o que representava boa parte de seu trabalho no século XIII, quando servidores régios dominavam a casa. Sobre as origens e a evolução dos Parlamentos medievais, ver: Sayles, *The Mediaeval Foundations of England*, p.448-57; Holmes, *The Later Middle Ages*, p.83-8.

3 O significado último dessa limitação foi sublinhado por: Cooper, Differences between English and Continental Governments in the Early Seventeenth Century. In: Bromley; Kossmann (Org.) *Britain and the Netherlands*, p.62-90, esp. 65-71. Como ele aponta, isso significou que, quando a "nova monarquia" viesse a surgir no início da época moderna, ela seria limitada pelo direito "positivo" da Inglaterra, e não apenas pelo direito divino ou natural da teoria da soberania de Bodin.

geograficamente mais fácil na Inglaterra que nos outros lugares, houve uma necessidade proporcionalmente menor de equipá-la com uma autoridade decisória inovadora, expediente que não podia se justificar pelos riscos inerentes ao separatismo regional ou à anarquia ducal. Dessa maneira, embora os verdadeiros poderes executivos dos reis da Inglaterra medieval fossem bem maiores que os dos monarcas franceses, os primeiros, por essa mesma razão, nunca conquistaram a relativa autonomia legislativa que os últimos acabariam por desfrutar. Uma outra característica comparável do feudalismo inglês foi a fusão incomum entre monarquia e nobreza no plano local da justiça e da administração. Enquanto, no continente, o sistema de tribunais se dividia, tipicamente, entre jurisdições monárquicas e senhoriais separadas, na Inglaterra, a sobrevivência das cortes comunais pré-feudais propiciara um tipo de terreno comum, no qual foi possível alcançar uma mistura de ambas. Pois os *sheriffs* que presidiam os tribunais dos condados eram escolhidos não hereditários do rei; mas eram também selecionados entre a pequena nobreza local, e não entre uma burocracia central. Os tribunais, por sua vez, conservavam vestígios de seu caráter original de assembleias jurídicas populares, nas quais os homens livres da comunidade rural compareciam diante de seus iguais. O resultado seria o bloqueio do desenvolvimento ulterior de um abrangente sistema *bailli* de justiça régia profissionalizada ou de uma extensa *haute justice* baronial; em vez disso, emergiria nos condados uma autoadministração aristocrática não remunerada, que mais tarde evoluiria para os juízes de paz do início da época moderna. É claro que, no período medieval em si, o contrapeso dos tribunais de condado ainda coexistia com algumas cortes e concessões senhoriais de tipo feudal ortodoxo, como as que se encontravam por todo o continente.

Ao mesmo tempo, a nobreza da Inglaterra da Idade Média era uma classe tão militarizada e predatória quanto qualquer outra da Europa: na verdade, ela se distinguia de suas semelhantes apenas pela abrangência e constância de suas agressões externas. Enquanto ordem completa, nenhuma outra aristocracia feudal do último período da época medieva se alastrou tão livre e para tão longe de sua base territorial. As sucessivas pilhagens na França durante a Guerra dos Cem Anos foram o feito mais espetacular desse militarismo: mas Escócia e Flandres, Renânia e Navarra, Portugal e Castela também foram atravessados por expedições armadas da Inglaterra no século XIV. Nessa época, os cavaleiros ingleses guerrearam em terra estrangeira desde o Forth até o Ebro. A organização militar dessas expedições refletia o desenvolvimento local de um feudalismo "bastardo" e monetarizado. A última guarnição propriamente feudal, convocada com base na posse da terra, se reuniu em 1385 para o ataque de Ricardo II à Escócia. Quem lutou na Guerra dos Cem Anos foram essencialmente companhias contratadas por grandes senhores a serviço da monarquia, com base em pagamentos em dinheiro e devendo obediência apenas a seus próprios capitães; recrutamentos nos condados e mercenários estrangeiros forneceram as forças suplementares. Nenhum exército permanente ou profissional se envolveu nos conflitos, e a escala das expedições era modesta em termos numéricos: as tropas despachadas para a França nunca somaram muito mais que 10 mil homens. Os nobres que lideraram as sucessivas incursões ao território Valois conservaram uma perspectiva basicamente saqueadora. Os objetivos de sua ambição eram a pilhagem, os reféns e a terra; os capitães mais bem-sucedidos enriqueceram muito com as guerras, nas quais as forças inglesas derrotaram repetidas vezes exércitos franceses muito maiores, reunidos para expulsá-las. A superioridade estratégica dos agressores ingleses durante a maior parte do longo conflito não residia – como pode sugerir uma ilusão retrospectiva – no controle do poder marítimo. Pois as frotas dos mares do norte não eram muito mais que transportes improvisados de tropas; compostas sobretudo por navios mercantes apresados, elas não conseguiam patrulhar os oceanos com alguma regularidade. Os navios de guerra propriamente ditos ainda se restringiam, em grande medida, ao Mediterrâneo, onde as galeras a remo eram as armas da verdadeira guerra marítima. Por consequência, as águas atlânticas daquela época desconheceram as batalhas no mar: os embates navais ocorriam, tipicamente, nas baías e estuários menos profundos (Sluys ou La Rochelle), onde os navios podiam se engatar para lutas corpo a corpo entre soldados a bordo. Era impossível então qualquer "comando estratégico sobre os mares". Assim, as costas de ambos os lados do Canal da Mancha ficavam igualmente desprotegidas contra os desembarques. Em 1386, a França reuniu o maior exército e a mais vasta frota de toda a guerra para uma invasão total da Inglaterra: os planos de defesa da ilha nem contemplavam a possibilidade de deter essa força no mar, mas confiavam na ideia de manter a frota inglesa fora da rota de colisão, no Tâmisa, atraindo o inimigo para desfechos em terra.[4] Essa invasão foi cancelada de última hora; mas a vulnerabilidade da Inglaterra ao ataque marítimo se revelou claramente durante a guerra, na qual as destrutivas ofensivas navais desempenharam um papel equivalente ao das *chevauchées* em terra. Usando galeras de tipo sulista, com muito mais mobilidade, as frotas da França e de Castela saquearam ou queimaram uma impressionante lista de portos ingleses, desde Devon até Essex: entre outras cidades, Plymouth, Southampton, Portsmouth, Lewes, Hastings, Winchelsea, Rye, Gravesend e Harwich foram tomadas ou pilhadas no decorrer do conflito.

Assim, o domínio inglês durante a maior parte da Guerra dos Cem Anos – o qual determinou que a França seria o campo de batalha permanente, com todo seu cortejo de estragos e desolação – não resultou do poder marítimo.[5] Tal supremacia foi produto do maior grau de integração e solidez política da monarquia feudal inglesa, cuja capacidade administrativa para explorar seu patrimônio e convocar sua nobreza foi, até o fim da guerra, muito maior que a da monarquia francesa, atormentada por vassalos desleais na Bretanha e na Borgonha, enfraquecida por sua velha inabilidade em desalojar o feudo inglês em Guyenne. A lealdade da aristocracia inglesa, por sua vez, se cimentou nas vitoriosas campanhas externas, lideradas por uma série de príncipes marciais. A maré só virou quando a organização política da França feudal se reestruturou sob Carlos VII, com uma nova base militar e fiscal. Depois da derrota de seus aliados borgonheses, as forças inglesas logo se viram expulsas por exércitos franceses maiores e

---

4 Sobre esse episódio revelador, ver: Palmer, *England, France and Christendom, 1377-1399*, p.74-6.

5 Ver os comentários pertinentes de Richmond, The War at Sea. In: Fowler (Org.), *The Hundred Years' War*, p.117, e Id., English Naval Power in the Fifteenth Century, *History*, LII, n.174, fev. 1967, p.4-5. Os estudos sobre o tema ainda estão só começando.

melhor equipados. O amargo desdobramento do colapso do poder inglês na França foi a eclosão das Guerras das Rosas em terra natal. Uma vez que já não havia uma autoridade régia vitoriosa que segurasse a alta nobreza unida, a velha máquina de guerra medieval se voltou contra si mesma: rixas entre magnatas soltaram séquitos embrutecidos e bandos de soldados contratados por todo país, enquanto usurpadores rivais se digladiaram pela sucessão. Uma geração de guerra civil se encerrou, por fim, com a fundação da nova dinastia Tudor, em 1485, nos campos de Bosworth.

Agora o reinado de Henrique VII aos poucos preparava a emergência de uma "nova monarquia" na Inglaterra. Durante o regime Lancaster, facções aristocráticas haviam, flagrantemente, desenvolvido e manipulado os Parlamentos para seus próprios fins, enquanto a Casa de York, em meio à anarquia dominante, tentara concentrar e fortalecer mais uma vez as instituições centrais do poder régio. Sendo ele próprio Lancaster por afinidade, Henrique VII essencialmente elaborou a prática administrativa da Casa de York. Antes da Guerra das Rosas, os Parlamentos eram mais ou menos anuais e, durante a primeira década de reconstrução após Bosworth, voltaram a ser. Mas, uma vez aprimorada a segurança interna e consolidado o poder Tudor, Henrique VII descartou a instituição: de 1497 a 1509 – os últimos doze anos de seu reinado –, ocorreu somente uma única assembleia. O governo régio centralizado era exercido por meio de um pequeno círculo de conselheiros pessoais e homens de confiança do monarca. Seu primeiro objetivo foi a sujeição do poder magnata, em ascensão desde o período anterior, com seus séquitos armados e uniformizados, suas sistemáticas obstruções da justiça e suas constantes guerras privadas. Mas esse programa se aplicou com muito mais persistência e êxito que na fase da Casa de York. A *Star Chamber*, um tribunal conciliar que agora se transformava na principal arma política da monarquia contra os levantes e a sedição, impôs à nobreza a suprema prerrogativa da justiça. No norte e no oeste (onde senhores fronteiriços reivindicavam direitos de conquista, e não a enfeudação pelo monarca), a turbulência regional sucumbiu diante dos conselhos especiais encarregados de controlar essas áreas *in situ*. Os amplos direitos de santuário e os privilégios privados semirrégios foram cerceados, e os séquitos uniformizados, banidos. A administração local endureceu sob o controle régio, com a seleção e supervisão vigilante dos juízes de paz; esmagaram-se as rebeliões de usurpadores reincidentes. Criou-se um pequeno corpo de guarda no lugar da polícia armada.[6] Os domínios régios se expandiram enormemente com a retomada de terras, cujos rendimentos para a monarquia quadruplicaram durante o reinado; as incidências feudais e as tarifas alfandegárias também foram exploradas ao máximo. Ao fim do governo de Henrique VII, o total de receitas régias quase triplicara, e havia no tesouro uma reserva de algo entre 1 milhão e 2 milhões de libras.[7] Assim, a dinastia Tudor tivera um começo promissor rumo à construção de um absolutismo inglês na virada do século XVI. Henrique VIII herdou um executivo poderoso e um erário próspero.

Os primeiros vinte anos do governo de Henrique VIII trouxeram poucas mudanças à segura posição doméstica da monarquia Tudor. A administração estatal de Wolsey não se destacou por nenhuma grande inovação institucional; no máximo, o cardeal concentrou em sua pessoa, como embaixador papal na Inglaterra, poderes sem precedentes sobre a Igreja. Tanto o rei quanto o ministro estavam mais preocupados com os negócios estrangeiros. As limitadas campanhas contra a França, em 1512-1514 e 1522-1525, figuraram como os principais eventos do período; para lidar com os custos dessas operações militares no continente, foram necessários dois breves surtos de convocação parlamentar.[8] Depois, Wolsey tentou impor uma taxação arbitrária e acabou levantando no meio das classes proprietárias uma oposição suficiente para dissuadi-lo. Ainda não havia nenhum sinal de qualquer desenvolvimento mais dramático na condução das políticas régias na Inglaterra. Foi a crise matrimonial de 1527-1528 – disparada quando o rei tomou a decisão de se divorciar de sua esposa espanhola,

---

6 Bindoff, *Tudor England*, p.56-66, oferece um bom resumo sobre todo esse processo.

7 Elton, *England under the Tudors*, p.49, 53.

8 Russell, *The Crisis of Parliaments*, p.41-2, afirma categoricamente que o Parlamento inglês desse período, com a brevidade de suas assembleias e a baixa frequência de suas sessões, era uma força em declínio; por outro lado, ele enfatiza corretamente que o pacto constitucional entre a monarquia e o Parlamento se baseava na unidade de classe dos dirigentes do país. Sobre a base social do parlamentarismo inglês, ver os comentários perspicazes de Williams, The Tudor State, *Past and Present*, n.24, jul. 1963, p.39-58.

criando um impasse com o papado quanto à sucessão interna – que de repente alterou toda a situação política. Pois, para contornar o obstáculo papal (inspirada na hostilidade dinástica do imperador ante ao novo casamento planejado), foi preciso criar novas leis mais radicais e reunir apoio político nacional contra Clemente VII e Carlos V.

Assim, em 1529, Henrique convocou aquele que seria o mais longo Parlamento já visto, para mobilizar as classes fundiárias na disputa contra o papado e o império e também para assegurar o consentimento delas ao confisco político que o Estado inglês imporia à Igreja. Mas esse renascer de uma instituição até então negligenciada estava longe de ser uma capitulação constitucional de Henrique VIII e Thomas Cromwell, que se tornou seu planejador político em 1531: não significava um enfraquecimento do poder régio, mas, sim, um novo impulso para sua intensificação. Pois os Parlamentos da Reforma não só aumentaram bastante o padroado e a autoridade da monarquia, ao transferir para as mãos desta o controle de todo o aparado eclesiástico da Igreja; sob a direção de Cromwell, eles também suprimiram a autonomia dos privilégios senhoriais (ao privá-los do poder de designar juízes de paz), integraram os senhorios fronteiriços aos condados e incorporaram o País de Gales ao Reino da Inglaterra, em termos jurídicos e administrativos. De maneira ainda mais significativa, dissolveram os monastérios, e sua vasta riqueza fundiária foi expropriada pelo Estado. Em 1536, a combinação governamental de centralização política com reforma religiosa provocou um levante potencialmente perigoso no norte, a Peregrinação da Graça, uma reação regional particularista contra um Estado régio reforçado – tipo comum na Europa ocidental dessa época.[9] O levante logo foi desmanchado, e um novo e permanente Conselho do Norte se estabeleceu para tomar conta das terras que se estendiam para além do Trent. Enquanto isso, a burocracia central crescia e se reorganizava sob Cromwell, que converteu o cargo de secretário régio no mais alto posto ministerial e criou os princípios de um conselho

9 Há uma cuidadosa análise sobre as implicações (geralmente subestimadas) da Peregrinação da Graça em: Scarisbricke, *Henry VIII*, p.444-5, 452.

privado regular.[10] Logo depois de sua queda, o Conselho Privado se institucionalizou como a agência executiva mais íntima da monarquia e, a partir de então, se tornou o eixo da máquina do Estado Tudor. Um Estatuto de Proclamações, aparentemente concebido para conferir poderes legislativos extraordinários ao monarca, emancipando-o da dependência do Parlamento, acabou sendo neutralizado pelos Comuns.[11] Mas é claro que tal recusa não impediu Henrique VIII de reger sanguinários expurgos de ministros e magnatas, nem de criar um sistema de polícia secreta para delações e prisões sumárias. O aparelho repressivo do Estado cresceu a firme compasso ao longo de todo o reinado: ao seu final, nove diferentes leis sobre traição haviam sido aprovadas.[12] O uso que Henrique VIII

---

10 As afirmações exageradas sobre a "revolução" administrativa de Cromwell, feitas por Elton, *The Tudor Revolution in Government*, p.160-427, e Id., *England under the Tudors*, p.127-37, 160-75, 180-4, foram reduzidas a proporções mais modestas por, entre outros, Harriss, Mediaeval Government and State-Craft, *Past and Present*, n.24, jul. 1963, p.24-35; para um comentário recente e representativo, ver: Russell, *The Crisis of Parliaments*, p.111.

11 Nessa época, também se debateram planos para um exército permanente e um pariato juridicamente privilegiado – duas medidas que, caso implementadas, teriam alterado todo o curso da história inglesa nos séculos XVI e XVII. Na verdade, nenhuma delas podia ser aceita por um Parlamento que acolhia bem a paz do reino nos campos e o controle do Estado sobre a Igreja, mas que conhecia a lógica das tropas profissionais e se opunha à formação de uma hierarquia jurídica dentro da nobreza, a qual militaria socialmente contra muitos de seus membros. O projeto de um exército permanente, preparado em 1536-1537 e encontrado nos arquivos do gabinete de Cromwell, é discutido por Stone, The Political Programme of Thomas Cromwell, *Bulletin of the Institute of Historical Research*, XXIV, 1951, p.1-18. Sobre a proposta de um estatuto legal privilegiado da propriedade agrária para a nobreza, ver: Holdsworth, *A History of English Law*, v.4, p.450-543.

12 Hurstfield, Was there a Tudor Despotism after all?, *Transactions of the Royal Historical Society*, 1967, p.83-108, critica com eficácia os anacronismos apologéticos nos quais ainda hoje se aninham muitos dos textos sobre o período. Hurstfield sublinha a verdadeira iniciativa por trás do Estatuto de Proclamações, dos Atos sobre Traição e da censura e propaganda oficiais do reino. A noção – antes aceita – de que a monarquia Tudor não era uma forma de absolutismo é rapidamente dispensada por Mousnier, Quelques Problèmes concernant la monarchie absolue", p.21-6. As atitudes de Henrique para com o Parlamento são bem expostas por Scarisbricke, *Henry VIII*, p.653-4.

fez do Parlamento, do qual esperou e recebeu poucos inconvenientes, teve uma abordagem bem confiante e legalista: era um meio necessário aos fins do rei. Dentro da estrutura herdada da organização política feudal inglesa, que conferira poderes singulares ao Parlamento, vinha se construindo um absolutismo nacional que, na prática, não parecia muito distante de seus homólogos continentais. Por toda a sua vida, o poder pessoal de Henrique VIII em seu reino foi exatamente igual ao de Francisco I, seu contemporâneo na França.

Ainda assim, a nova monarquia Tudor operava dentro de uma limitação fundamental, que a distinguia de suas equivalentes estrangeiras: faltava-lhe um aparato militar substancial. Para compreender por que o absolutismo inglês tomou a forma peculiar que assumiu no século XVI e no início do século XVII, é necessário olhar para além da herança original de um Parlamento legislador, na direção de todo o contexto internacional da Europa renascentista. Pois, enquanto o Estado Tudor se construía com êxito internamente, a posição geopolítica da Inglaterra no exterior sofria uma mudança drástica, rápida e silenciosa. Na época Lancaster, o poderio externo inglês conseguia enfrentar e superar qualquer outro país do continente, por causa da natureza avançada da monarquia feudal na Inglaterra. Mas, por volta do começo do século XVI, o equilíbrio de forças entre os mais importantes Estados ocidentais se alterara completamente. A Espanha e a França – vítimas de invasões inglesas no período anterior – agora eram monarquias dinâmicas e agressivas que disputavam entre si a conquista da Itália. De repente, ambas haviam ultrapassado a Inglaterra. Todas as três monarquias tinham alcançado uma consolidação interna mais ou menos comparável: mas foi justamente essa equiparação que possibilitou que as vantagens naturais das duas grandes potências do continente na época se tornassem, pela primeira vez, decisivas. A população da França era quatro ou cinco vezes maior que a da Inglaterra. A Espanha tinha o dobro da população inglesa, isso para não falar em seu império americano e suas possessões europeias. Essa superioridade demográfica e econômica se acentuava com a necessidade geográfica que ambos os países tinham de desenvolver exércitos modernizados e permanentes para as guerras perpétuas daqueles tempos. A criação de *compagnies d'ordonnance* e de *tercios*, a utilização de infantaria mercenária e artilharia pesada – tudo isso levou a um novo tipo de aparato militar régio, muito maior e mais caro que qualquer outra coisa conhecida no período medieval. Para as monarquias renascentistas do continente, a constituição de forças militares foi condição indispensável para a sobrevivência. Por conta de sua situação insular, o Estado Tudor se esquivou desse imperativo. Por um lado, o firme crescimento no custo e no tamanho dos exércitos no início da época moderna – bem como os problemas de transporte, de embarque e de abastecimento de um grande número de soldados por via marítima – deixaram cada vez mais anacrônico o tipo de expedição ultramarina no qual a Inglaterra tanto se destacara no passado. Baseado em recursos financeiros e humanos muito maiores, o predomínio militar das novas potências territoriais impediu toda e qualquer repetição exitosa das campanhas de Eduardo III ou Henrique V. Por outro lado, essa preponderância continental não se traduziu em nenhuma capacidade de ataque equivalente no mar: ainda não ocorrera uma grande transformação na arte da guerra naval, então a Inglaterra continuava relativamente imune aos riscos de uma invasão marítima. Como resultado, na conjuntura crucial da transição para uma "nova monarquia" na Inglaterra, não foi possível nem necessário ao Estado Tudor construir uma máquina militar comparável às do absolutismo francês ou espanhol.

Mas, em termos subjetivos, Henrique VIII e sua geração de nobres ingleses ainda se mostravam incapazes de entender a nova situação internacional. O orgulho marcial e as ambições continentais dos predecessores medievais continuavam vivos na memória da classe dominante da Inglaterra da época. O ultracauteloso Henrique VII reavivara, ele próprio, as pretensões dos Lancaster em relação à monarquia francesa, lutara para impedir a anexação da Bretanha pelos Valois e planejara ativamente a vitória na sucessão de Castela. Wolsey, que conduziu a política externa da Inglaterra pelos vinte anos seguintes, posou de árbitro da concórdia europeia com o Tratado de Londres e aspirou a nada menos que o papado italiano. Henrique VIII, por sua vez, acalentou esperanças de se tornar imperador da Alemanha. Os historiadores que vieram depois foram dispensando essas aspirações grandiosas como disparates ilusórios: de fato, elas refletiam a dificuldade perceptual dos governantes ingleses em se adaptarem à nova configuração diplomática, na qual a estatura da Inglaterra tanto diminuíra em termos reais, bem quando seu poder interno aumentava a olhos vistos. Na verdade, foi precisamente essa perda de posição internacional – não percebida pelos protagonistas do reino – que esteve por trás de todo o erro de cálculo do divórcio régio. Nem o cardeal nem o rei perceberam que o papado estava praticamente compelido a se submeter à pressão superior de Carlos V, por conta da supremacia do poder Habsburgo na Europa. O conflito franco-espanhol pela Itália marginalizara a Inglaterra: espectadora impotente, seus interesses tiveram pouco peso na Cúria. A surpresa da descoberta iria lançar o Defensor da Fé para o lado da Reforma. Mas as desventuras da política externa de Henrique VIII não se confinaram a esse calamitoso revés diplomático. Em três ocasiões, a monarquia Tudor tentou de fato intervir nas guerras entre as casas Valois e Habsburgo no norte da França, por meio de expedições que cruzaram o Canal da Mancha. Os exércitos dessas campanhas de 1512-1514, 1522-1525 e 1543-1546 tinham um tamanho considerável e eram compostos por recrutas ingleses reforçados por mercenários estrangeiros: 30 mil em 1512, 40 mil em 1544. Mas seu emprego não tinha nenhum objetivo estratégico sério e não rendeu nenhum ganho significativo: a retirada inglesa das linhas secundárias da luta entre Espanha e França se provou tão cara quanto fútil. Mesmo assim, essas guerras "desorientadas" de Henrique VIII – cuja falta de qualquer propósito coerente tantas vezes já se destacou – não foram apenas o produto de um mero capricho pessoal: elas corresponderam precisamente a um curioso intervalo histórico, quando a monarquia inglesa já tinha perdido sua antiga importância militar na Europa, mas ainda não encontrado o futuro papel marítimo que a aguardava.

Tais guerras também não deixaram de ter desdobramentos fundamentais para a própria Inglaterra. O último grande ato de Henrique VIII, sua aliança com o império e o ataque à França em 1543, iria trazer consequências para todo o destino da monarquia inglesa. A intervenção militar no continente foi malconduzida; seus custos cresceram muito e chegaram a totalizar algo como dez vezes mais que os da primeira guerra francesa do reinado; para cobrir essas despesas, o Estado não só recorreu a empréstimos compulsórios e à desvalorização da moeda como também começou a despejar no mercado o imenso fundo de propriedades agrárias que acabara de adquirir dos mosteiros – e que compunha talvez um quarto das terras do reino. À medida que a guerra se arrastava, a monarquia foi multiplicando a venda das herdades da Igreja, até a morte de Henrique. Quando a paz finalmente se restaurou, boa parte dessa fortuna inesperada já tinha se perdido[13] – e, com ela, a única grande chance do absolutismo inglês construir uma base econômica sólida e independente da taxação parlamentar. Essa transferência de espólio não só enfraqueceu o Estado a longo prazo: também fortaleceu bastante a pequena nobreza, que constituiu os principais compradores dessas terras e cujos número e riqueza cresceram a firme compasso daí em diante. Assim, uma das guerras estrangeiras mais tediosas e inconsequentes da história da Inglaterra teve efeitos graves, ainda que ocultos, sobre o equilíbrio de forças na sociedade inglesa.

Na verdade, as facetas duais desse episódio final do governo de Henrique pressagiaram muito da evolução da classe fundiária inglesa como um todo. Pois, na prática, o conflito militar dos anos 1540 foi a última guerra de agressão que a Inglaterra lutaria no continente até o fim do século. As ilusões de Crécy e Agincourt se desvaneceram. Mas o desaparecimento gradual de sua vocação alterou profundamente o semblante da nobreza da Inglaterra. A ausência da pressão constante de uma invasão em potencial permitiu que a aristocracia inglesa dispensasse um aparato de guerra modernizado na época da Renascença: ela não se sentia diretamente ameaçada por classes feudais estrangeiras e adversárias e, como qualquer nobreza em um estágio de evolução comparável, relutava em se submeter à construção maciça de um poder régio no plano interno, que seria a consequência lógica de um grande exército permanente. No contexto isolacionista do reino insular houve, portanto, uma desmilitarização excepcionalmente precoce da própria classe nobre. Em 1500, todos os pares do reino inglês portavam armas; já na época de Elizabeth, calculou-se que apenas metade da aristocracia tivesse alguma experiência

13 Ao final do reinado, dois terços dos domínios monásticos haviam sido alienados; a receita com as vendas das propriedades da Igreja chegava, em média, a 30% acima das rendas das terras que ficaram com a monarquia. Ver: Dietz, *English Government Finance 1485-1558*, p.147, 149, 158, 214.

de combate.[14] Às vésperas da guerra civil do século XVII, pouquíssimos nobres possuíam qualquer tipo de formação militar. Muito mais cedo que em qualquer outra parte do continente, houve uma *dissociação* progressiva entre a nobreza e a função militar básica que a definira na ordem social medieva – e isso trouxe, inevitavelmente, importantes repercussões para a própria classe fundiária. Em seu contexto marítimo peculiar, nunca chegou a ocorrer a derrogação propriamente dita – sempre unida a um intenso sentimento das virtudes da espada e codificada contra as tentações da bolsa. Isso, por sua vez, permitiu uma conversão gradual da aristocracia às atividades comerciais, muito antes que qualquer outra classe rural comparável da Europa. A predominância da criação de rebanhos laníferos – setor em crescimento na agricultura do século XV – acelerou esse movimento, e a indústria rural de tecidos, contígua àquela, proporcionou alternativas naturais para o investimento da pequena nobreza. Estava, portanto, aberto o caminho econômico que levaria das metamorfoses da renda feudal nos séculos XIV e XV à emergência de um setor capitalista rural em expansão no século XVII. Uma vez trilhado esse caminho, ficou quase impossível manter o caráter juridicamente separado da nobreza na Inglaterra.

Durante o período final da Idade Média, a Inglaterra experimentara – assim como a maioria dos outros países – uma forte tendência rumo à estratificação formalizada das fileiras da aristocracia, com a introdução de novos títulos, pois a antiga hierarquia feudal de vassalos e suseranos se desgastara no surgimento das relações sociais monetarizadas e na dissolução do sistema de feudos clássico. Por toda parte, a nobreza sentiu a necessidade de novos e mais abundantes graus nobiliárquicos, uma vez que as dependências pessoais haviam declinado, de maneira geral. Na Inglaterra, os séculos XIV e XV tinham assistido à adoção de uma série de novas categorias dentro da nobreza – duques, marqueses, barões e viscondes –, as quais, com expedientes para garantir a primogenitura da herança, separaram, pela primeira vez, um "pariato" distinto do resto da classe.[15] A partir

14 Stone, *The Crisis of the Aristocracy*, p.265-6.

15 A transição do baronato do início da época medieval para o pariato do fim do período, bem como a evolução concomitante da era dos cavaleiros para a da pequena nobreza, é traçada por Denholm-Young, En Remontant Le Passé de l'aristocracie

de então, esse estrato sempre compreendeu o grupo mais poderoso e opulento da aristocracia. Ao mesmo tempo, criou-se um Colégio Heráldico, que deu definição jurídica à pequena nobreza, ao confiná-la às famílias com brasões e estabelecer os procedimentos para a investigação das reivindicações a esse *status*. Assim, poderia ter se desenvolvido na Inglaterra, como ocorrera nos outros países, uma ordem aristocrática mais rigorosa, dividida em dois níveis e juridicamente distinta dos *roturiers* logo abaixo. Mas a tendência cada vez mais não militar e protocomercial de toda a nobreza – estimulada pela venda de terras e pelo *boom* agrícola da época Tudor – impossibilitou um tribunal de derrogação concomitante.[16] Como resultado, o rigoroso critério dos brasões se tornou, em grande medida, inoperante. Daí surgiu a peculiaridade inglesa: a aristocracia social não coincidia com o pariato patenteado (que era sua única seção com privilégios legais) e a pequena nobreza sem títulos e os filhos mais novos dos pares podiam dominar a assim chamada Câmara dos Comuns. Assim, as idiossincrasias da classe fundiária inglesa na época do absolutismo ficariam historicamente interligadas: tal classe era inusitadamente civil na formação, comercial na ocupação e comum na categoria. O correlato dessa classe era um Estado que tinha uma burocracia pequena, um fisco limitado e nenhum exército permanente. Como vimos, a tendência inerente à monarquia Tudor era surpreendentemente homóloga à de suas opositoras continentais (até mesmo na semelhança de personalidade, tantas vezes notada, entre Henrique VII, Luís XI, Fernando II e Henrique VIII, Francisco I, Maximiliano I): mas os limites do desenvolvimento da monarquia estavam determinados pelo caráter da nobreza que a circundava.

---

anglaise: le Moyen Age, *Annales*, maio 1937, p.257-69. (O próprio título de "barão" ganhou um novo significado enquanto categoria patenteada no final do século XIV, distinto de seu uso anterior.) A consolidação do sistema de pariato é analisada por Macfarlane, The English Nobility in the Later Middle Ages, *XIIth International Congress of Historical Sciences*, Viena, 1965, Rapports I, p.337-45, que sublinha sua novidade e descontinuidade.

16 Não se pode esquecer que a própria *loi de dérogeance* foi uma criação tardia da Renascença francesa, que data apenas de 1560. Enquanto a função da nobreza era indubitavelmente militar, tal medida jurídica foi desnecessária; assim como os próprios títulos, foi uma reação à nova mobilidade social.

Enquanto isso, o legado imediato da última incursão de Henrique VIII à França gerou um grave descontentamento popular no campo, pois a desvalorização monetária e as pressões fiscais acarretaram insegurança rural e uma depressão comercial temporária. Assim, a menoridade de Eduardo VI testemunhou uma rápida regressão na estabilidade política e na autoridade do Estado Tudor, com as previsíveis trapaças entre os grandes senhores territoriais pelo controle da corte, em uma década marcada pela inquietação camponesa e por crises religiosas. Mercenários italianos e alemães esmagaram levantes rurais em East Anglia e no sudoeste.[17] Mas, logo depois, em 1551, essas tropas profissionais foram dissolvidas para aliviar o erário: a última explosão agrária mais séria em quase trezentos anos fora suprimida pela última força relevante de soldados estrangeiros a serviço do monarca para conflitos internos. Enquanto isso, a rivalidade entre os duques de Somerset e Northumberland, com suas respectivas clientelas de nobres menores, funcionários e homens armados, trouxe golpes e contragolpes encobertos para o Conselho Privado, em meio à tensão religiosa e à incerteza dinástica. Toda a unidade do aparato estatal Tudor parecia ameaçada. No entanto, o perigo de uma verdadeira desintegração não foi abreviado apenas pela morte do jovem soberano: por causa da ausência de tropas clientelistas à disposição dos magnatas em luta, era improvável que se desenvolvesse na Inglaterra um fac-símile completo dos conflitos aristocráticos da França. O desfecho do interregno de Somerset e Northumberland não faria muito mais que radicalizar a Reforma local e fortificar a dignidade monárquica ante os grandes nobres. A breve passagem de Maria Tudor, com sua subordinação dinástica à Espanha e a efêmera restauração católica, deixou poucos vestígios políticos. O último baluarte inglês no continente caiu com a reconquista francesa de Calais.

Na segunda metade do século, o longo reinado de Elizabeth restaurou e desenvolveu grande parte do *status quo ante* no plano interno, sem recorrer a nenhuma inovação radical. O pêndulo religioso oscilou de volta para o protestantismo moderado, marcando o estabelecimento de uma Igreja

17 Durante essa crise, o governo não pôde confiar na lealdade dos recrutamentos feitos nos condados: Jordan, *Edward VI: The Young King*, p.467.

anglicana obediente. Em termos ideológicos, a autoridade régia se elevou muito, com a popularidade pessoal da rainha atingindo novos patamares. Em termos institucionais, porém, houve menos progresso. O Conselho Privado se concentrou e se estabilizou na primeira parte do reinado sob o longo e firme secretariado de Burghley. Walsingham ampliou as redes de polícia e de espionagem – ocupadas, sobretudo, com a supressão dos movimentos católicos. As atividades legislativas se reduziram bastante, se comparadas ao reinado de Henrique VIII.[18] As rivalidades de facções da alta nobreza agora ganhavam a forma de intrigas de corredor por causa de cargos e honrarias na corte. A última e mais indigna tentativa de *putsch* armado dos magnatas – a rebelião de Essex, o Guise inglês, já no fim do reinado – foi debelada sem dificuldades. Por outro lado, a influência e a prosperidade política da pequena nobreza – a quem, de início, os Tudor haviam patrocinado, como contrapeso ao pariato – agora eram um obstáculo cada vez mais evidente à prerrogativa régia. Convocado por treze vezes em quarenta e cinco anos, quase sempre por causa de emergências externas, o Parlamento agora começava a demonstrar uma crítica autônoma às políticas do governo. Ao longo do século, a Câmara dos Comuns cresceu muito em tamanho, de 300 para 460 membros, entre os quais a proporção de fidalgos do interior aumentou a firme compasso, com assentos dos burgos apropriados por cavaleiros rurais ou por seus patronos.[19] Depois da supremacia secular e das alternâncias doutrinárias dos cinquenta anos anteriores, a dilapidação moral da Igreja possibilitou a disseminação gradual de um puritanismo de oposição entre setores consideráveis dessa classe. Assim, os últimos anos de jugo Tudor se caracterizaram por uma nova recalcitrância e rebeldia no Parlamento, cuja impertinência religiosa e obstrução fiscal levaram Elizabeth a vender mais domínios régios, para minimizar sua dependência em relação aos parlamentares. A máquina repressiva e burocrática da monarquia continuou bastante enxuta, se comparada a seu prestígio político e autoridade executiva. O que lhe faltava,

---

18 Ver os estudos comparativos dos estatutos em: Elton, The Political Creed of Thomas Cromwell, *Transactions of the Royal Historical Society*, 1956, p.81.

19 Neale, *The Elizabethan House of Commons*, p.140, 147-8, 302.

acima de tudo, era o motor da guerra por territórios, que acelerara o desenvolvimento do absolutismo no continente.

É claro que o impacto da guerra renascentista não passou despercebido pela Inglaterra elisabetana. Os exércitos de Henrique VIII seguiram com seu caráter híbrido e improvisado, pois os arcaicos recrutamentos aristocráticos em terra natal ainda se misturavam à contratação de mercenários flamengos, borgonheses, italianos e *allmayne*.[20] Mas, enfrentando então as ameaças externas reais constantes da época de Alba e Farnese, o Estado elisabetano recorreu a um prolongamento ilegal do antigo sistema de milícias inglês, com o intuito de reunir as forças necessárias para suas expedições ultramarinas. Tecnicamente recrutados para servir apenas como uma guarda nacional, cerca de 12 mil homens receberam treinamentos especiais e, em grande medida, foram mantidos para propósitos de defesa interna. Os restantes – muitas vezes oriundos da população vadia – foram reservados para uso no exterior. O desenvolvimento desse sistema não produziu um exército permanente ou profissional, mas proporcionou um fluxo regular de tropas, em escala modesta, para os muitos compromissos do governo elisabetano no estrangeiro. Os senhores-tenentes dos condados assumiram grande importância enquanto autoridades de recrutamento; aos poucos, introduziu-se uma organização em regimentos e as armas de fogo venceram o apego nativo ao arco e flecha.[21] Em geral, mesmo os contingentes das milícias se combinavam com soldados mercenários, escoceses ou alemães. Nenhum dos exércitos enviados para o continente chegou a somar mais que 20 mil homens – metade do tamanho da última expedição de Henrique; e a maioria deles era bem menor que isso. Via de regra, o desempenho dessas forças, nos Países Baixos ou na Normandia, foi desastroso. Seu custo era desproporcionalmente alto em relação a sua utilidade, o que desencorajou maiores progressos na mesma direção.[22] A inferioridade militar do absolutismo inglês continuou a frustrar qualquer objetivo expansionista no continente. Assim, a política

20 Oman, *A History of the Art of War in the Sixteenth Century*, p.288-90.

21 Cruickshank, *Elizabeth's Army*, p.12-3, 19-20, 24-30, 51-3, 285.

22 Cruickshank sugeriu que a ausência – por quase sessenta anos depois de Henrique VIII – de um soberano adulto do sexo masculino que pudesse comandar

externa elisabetana quase que se confinou a metas negativas: prevenir a reconquista espanhola das Províncias Unidas, prevenir a instalação francesa nos Países Baixos, prevenir a vitória da Liga na França. No caso, esses objetivos limitados acabaram por se realizar, mesmo que o papel dos exércitos ingleses no desfecho dos intricados conflitos europeus do período tenha sido bastante secundário. A vitória decisiva da Inglaterra na guerra contra a Espanha se deu em outro espaço, na derrota da Armada – mas não pôde ser capitalizada em terra firme. A ausência de qualquer estratégia continental positiva resultou, inevitavelmente, nas perambulações militares perdulárias e inúteis da última década do século. A longa guerra espanhola – que começou em 1588 e custou à monarquia inglesa muito de suas riquezas domésticas – terminou sem aquisições de território, nem de tesouros.

Apesar disso, o absolutismo inglês alcançou uma importante conquista nesse período. Incapaz de enfrentar as monarquias que dominavam o continente, o expansionismo elisabetano lançou seus maiores exércitos contra a pobre e primitiva sociedade de clãs da Irlanda. Essa ilha céltica continuou sendo a formação social mais arcaica do Ocidente até o final do século XVI. "O último dos filhos da Europa",[23] na expressão de Bacon, não fizera parte do mundo romano; não fora tocado pelas conquistas germânicas; recebera a visita, mas não o jugo das invasões vikings. Cristianizado no século VI, seu rudimentar sistema de clãs conseguira sobreviver, de modo bastante

---

pessoalmente as tropas no campo de batalha talvez tenha contribuído para o fracasso em organizar um exército permanente nessa época: Cruickshank, *Army Royal*, p.189.

23 "A Irlanda é o último *ex filiis Europae* a ser resgatada da desolação e do deserto (em muitas partes) para o povoamento e o cultivo; e dos costumes bárbaros e selvagens, para a humanidade e a civilidade." *The Works of Francis Bacon*, v.4, p.280. Para mais exemplos desses mesmos sentimentos coloniais, ver p.442-8. Como todos seus contemporâneos, Bacon sabia muito bem das vantagens materiais da missão civilizatória dos ingleses na Irlanda: "Isto direi com confiança: se Deus abençoar este reino com paz e justiça, nenhum usurário terá mais certeza de dobrar seu capital em dezessete anos, a juros sobre juros, que este reino de dobrar, no mesmo período, suas reservas de riqueza e população [...]. Não é fácil, nem mesmo no continente, encontrar tal confluência de bens, como se a mão do homem estivesse dada à mão da natureza", p.280, 444. Note-se a clareza na concepção da Irlanda como uma saída alternativa à expansão para o continente.

peculiar, à conversão religiosa, sem centralização política: nesse distante posto avançado da fé, a Igreja tivera de se adaptar à ordem social do lugar, abandonando a autoridade episcopal em nome de uma organização monástica comunal. Chefes e nobres hereditários governavam camponeses livres, agrupados em unidades de parentesco estendido e ligados por laços comendatórios. O pastoreio dominava o campo. Não havia monarquia central nem cidades, embora uma cultura letrada tenha florescido nas comunidades monásticas entre os séculos VII e IX – ponto baixo da Idade das Trevas nos outros lugares. Sucessivos ataques escandinavos ao longo dos séculos IX e X despedaçaram tanto a vida cultural quanto o regionalismo de clãs na ilha. Os enclaves nórdicos criaram as primeiras cidades na Irlanda; sob pressão externa, uma autoridade régia central acabou por emergir no interior, para repelir o perigo viking no início do século XI. Essa precária alta realeza irlandesa não demorou a se fragmentar em federações beligerantes, incapazes de resistir a invasões de forças mais avançadas. No final do século XII, a monarquia angevina da Inglaterra adquiriu junto ao papado o "senhorio" da Irlanda, e forças de barões anglo-normandos cruzaram o mar para subjugar e colonizar a ilha. Nos cem anos seguintes, com cavalaria pesada e castelos fortificados, o feudalismo inglês aos poucos estabeleceu o controle formal sobre a maior parte do país, à exceção do extremo norte. Mas a densidade do povoamento anglo-normando nunca foi suficiente para estabilizar seu êxito militar. Na última fase do período medieval, enquanto as energias da monarquia e da nobreza da Inglaterra estavam completamente voltadas para a França, a sociedade de clãs irlandesa foi recuperando terreno. O perímetro da autoridade inglesa se contraiu ao pequeno *Pale* ao redor de Dublin, para além do qual se estendiam as dispersas "liberdades" de magnatas territoriais de origem anglo-normanda, agora cada vez mais gaelicizados e cercados por chefias tribais célticas, cujas zonas de controle voltavam a cobrir a maior parte da ilha.[24]

No início da época moderna, o advento do Estado Tudor renovado trouxe consigo os primeiros esforços mais sérios para reafirmar e

24 Sobre a situação no início do século XVI, ver MacCurtain, *Tudor and Stuart Ireland*, p.1-5, 18, 39-41.

fortalecer a suserania inglesa sobre a Irlanda. Em 1494-96, Henrique VII despachou seu auxiliar Poynings para anular a autonomia do Parlamento dos barões locais. Mesmo assim, o potentado da dinastia Kildare, ligada às principais famílias gaélicas por estreitos laços matrimoniais, continuou a exercer o poder feudal, investido da dignidade de Lorde Representante. Sob Henrique VIII, a administração de Cromwell começou a introduzir instrumentos burocráticos mais regulares no *Pale*: em 1534, Kildare foi deposto, e a rebelião de seu filho, esmagada. Em 1540, Henrique VIII – depois de repudiar o papado, que, na origem, investira o senhorio sobre a Irlanda, feudo de Roma, à monarquia inglesa – assumiu o novo título de Rei da Irlanda. Mas, na prática, a maior parte da ilha permaneceu fora do controle Tudor – dominada por chefes, "Velhos Irlandeses", ou por senhores, "Velhos Ingleses", próximos aos primeiros, tanto uns quanto outros fiéis ao catolicismo, enquanto a Inglaterra passava pela Reforma. Até os tempos de Elizabeth, havia apenas dois condados fora do *Pale*. Depois, explodiram violentas rebeliões – em 1559-1566 (Ulster), 1569-1572 (Munster) e 1579-1583 (Leinster e Munster) – e a monarquia tentou impor sua autoridade e instalar plantações de colonos protestantes, os "Novos Ingleses", para apaziguar o país. Por fim, em 1595, durante a longa guerra entre Inglaterra e Espanha, O'Neill, o chefe do clã Ulster, lançou uma insurreição de toda a ilha contra a opressão Tudor, pedindo ajuda ao papado e à Espanha. Decidido a conseguir uma solução definitiva para o problema irlandês, o regime elisabetano mobilizou vastos exércitos do reino para reocupar a ilha e anglicizar o país de uma vez por todas. As táticas de guerrilha dos irlandeses se defrontaram com impiedosas ordens de extermínio.[25] A guerra durou nove anos, até que o comandante inglês

---

25 Para algumas impressões rápidas sobre as táticas empregadas para submeter os irlandeses, ver: Falls, *Elizabeth's Irish Wars*, p.326-29, 341, 343, 345. Provavelmente, a fúria inglesa na Irlanda foi mais letal que a fúria espanhola nos Países Baixos: na verdade, não há indícios de que a Inglaterra tenha se contido por considerações como as que, por exemplo, evitaram que a Espanha destruísse os diques holandeses – medida que o governo de Filipe II rejeitou por considerá-la genocida. Ver a comparação em Parker, *The Army of Flanders and the Spanish Road*, p.134-35.

Mountjoy pulverizou toda e qualquer resistência. Quando da morte de Elizabeth, a Irlanda estava militarmente anexada.

Mas essa notável operação continuou sendo o triunfo solitário das armas Tudor em terra firme: vitória de grandes esforços contra um inimigo pré-feudal, ela não poderia se repetir em nenhuma outra arena. O avanço estratégico decisivo para todo o caráter da classe fundiária inglesa e seu Estado se encontraria em outro lugar: na lenta passagem para o armamento e nas expansões navais no século XVI. Perto do ano 1500, a tradicional divisão mediterrânica entre a galera "longa" (movida a remo e feita para a guerra) e o barco a vela ("redondo" e usado no comércio) começou a ser superada nos mares do norte, com a construção de grandes navios de guerra, equipados com armas de fogo.[26] Nesse novo tipo de embarcação bélica, as velas substituíram os remos e os soldados deram lugar aos canhões. Ao construir a primeira doca seca da Inglaterra, em Portsmouth, no ano de 1496, Henrique VII fez dois desses navios. Mas foi Henrique VIII o responsável pela expansão "contínua e sem precedentes" do poderio naval inglês:[27] nos primeiros cinco anos depois de sua ascensão, ele acrescentou 24 navios de guerra à marinha, quadruplicando seu tamanho por meio da compra ou da construção. Ao final de seu reinado, a monarquia inglesa possuía 53 navios e um Conselho Naval permanente, criado em 1546. Com castelos de gávea desequilibrados e artilharia recém-instalada, as imensas naus dessa fase ainda eram instrumentos toscos. As batalhas marítimas continuaram a ser, em essência, brigas corpo a corpo de tropas sobre as águas. Na derradeira guerra de Henrique VIII, a iniciativa ainda coube às galeras francesas, que atacaram o Solent. Durante o reinado de Eduardo VI, construiu-se uma nova doca em Chatham, mas houve um grave declínio da força marítima nas décadas seguintes, quando o *design* naval espanhol e português ultrapassou o inglês com a invenção do galeão, muito mais veloz. Mas, de 1579 em diante, o mandato de Hawkins no Conselho Naval assistiu a uma rápida expansão e modernização da frota

26 Sobre essa evolução, ver Cipolla, *Guns and Sails in the Early Phase of European Expansion*, p.78-81; Lewis, *The Spanish Armada*, p.61-80, que reivindica para a Inglaterra uma primazia que talvez seja duvidosa.

27 Marcus, *A Naval History of England: The Formative Centuries*, p.30.

régia: os galeões de baixo calado ganharam canhões de longo alcance, o que os transformou em plataformas de tiro altamente manobráveis, projetadas para afundar o inimigo à máxima distância, em batalhas dinâmicas. O começo de uma guerra marítima contra a Espanha, longamente ensaiada pelos piratas ingleses no mar do Caribe, demonstrou a superioridade técnica desses novos navios. "Em 1588, Elizabeth I era senhora da marinha mais poderosa que a Europa já vira."[28] A Armada sucumbiu ante as semicolubrinas inglesas e se perdeu em meio à névoa e à tempestade. A segurança insular estava garantida, e as fundações do futuro imperial, firmadas.

O novo domínio marítimo da Inglaterra traria desdobramentos decisivos em dois campos. A substituição da guerra terrestre pela naval tendeu a especializar e segregar a prática da violência militar, o que a deslocou, com segurança, para os mares. (Seus navios eram, evidentemente, prisões flutuantes onde se explorava o trabalho forçado com notória crueldade.) Ao mesmo tempo, o foco naval da classe dominante foi, por excelência, bastante propício para a orientação comercial. Pois, enquanto o exército continuava sendo aquela instituição de sempre, com uma única finalidade, a marinha, por sua própria natureza, era um instrumento dual, dedicada não apenas à guerra, mas também ao comércio.[29] Na verdade, a maioria das frotas inglesas durante todo o século XVI ainda se compunha de navios mercantes temporariamente convertidos para as batalhas, por meio da adição de canhões, e capazes de se reverterem de volta para as atividades comerciais. Naturalmente, o Estado incentivava essa capacidade de adaptação ao ter preferência pelos navios mercantes cujo modelo a favorecesse. A marinha viria a se tornar, portanto, não apenas o instrumento "superior" do aparato coercitivo do Estado inglês, mas também sua ferramenta "ambidestra", com consequências profundas para a natureza da classe

---

28 Mattingly, *The Defeat of the Spanish Armada*, p.175.

29 Na verdade, no século XVIII, quando o Almirantado era o departamento mais dispendioso do governo, a marinha não apenas dependia da *City* para fazer *lobby* por seu orçamento; também tinha de negociar com ela sobre quais interesses mercantis ou estratégicos deveriam ter prioridade na definição das rotas de navegação de suas esquadras. Ver: Baugh, *British Naval Administration in the Age of Walpole*, p.19.

dominante.[30] Pois os custos da construção e manutenção navais, embora fossem mais caros por unidade,[31] eram bem menores do que as despesas de um exército permanente: nas últimas décadas do reino de Elizabeth, a proporção dos orçamentos era de 1 para 3. Além disso, os rendimentos durante os séculos seguintes seriam bem maiores: o império colonial britânico seria a soma de ambos. A grande colheita desse forte aspecto naval ainda estava por vir. Mas, em boa medida, foi por sua causa que, já no século XVI, a classe fundiária pôde se desenvolver não em antagonismo, mas em harmonia com o capital mercantil dos portos e condados.

Em 1603, a extinção da linhagem Tudor e o advento da dinastia Stuart criaram uma situação política fundamentalmente nova para a monarquia. Pois, com a ascensão de Jaime I, a Escócia ficou, pela primeira vez, ligada à Inglaterra por um laço pessoal. Duas organizações políticas radicalmente distintas agora se combinavam sob uma mesma casa reinante. O impacto escocês no padrão de desenvolvimento inglês pareceu, de início, bem leve, justamente por causa da distância histórica entre as duas formações sociais; mas, no longo prazo, tal impacto se provou crucial para os destinos do absolutismo inglês. Assim como a Irlanda, a Escócia continuara sendo uma fortaleza céltica para além dos limites do controle romano. Depois de receber uma mistura de imigrações irlandesas, germânicas e escandinavas ao longo da Idade das Trevas, seu variado mapa de clãs se sujeitou a uma autoridade régia central que, no

30 Hintze comentou, de maneira lacônica e talvez até bastante simplista: "Protegida em sua segurança insular, a Inglaterra não precisava de um exército permanente, pelo menos não de dimensões continentais, mas apenas de uma marinha que servisse aos interesses do comércio e aos objetivos da guerra; por esse motivo, a Inglaterra não desenvolveu o absolutismo". Ele acrescentou, de maneira característica: "O poder em terra produz uma organização que domina o corpo do Estado e lhe confere uma forma militar. O poder no mar é apenas um braço armado que se lança contra o mundo; não se adequa ao uso contra um 'exército interno'". Hintze, *Gesammelte Abhandlungen*, I, p.59, 72. O próprio autor, ferrenho defensor do imperialismo naval guilhermino antes da Primeira Guerra Mundial, tinha boas razões para dar atenção à história marítima inglesa.

31 No século seguinte, os custos por homem foram duas vezes mais altos em mar que em terra; além disso, a marinha precisava, é claro, de uma indústria de suprimentos e manutenção muito mais avançada. Ver Clark, *The Seventeenth Century*, p.119.

século XI, tinha jurisdição por todo o país, à exceção do noroeste. Na Alta Idade Média, a incidência do feudalismo anglo-normando remodelou, também nessa região, a forma do sistema político e social: mas, enquanto na Irlanda se configurou uma precária conquista militar que logo seria varrida pelo refluxo celta, na Escócia foi a própria dinastia Canmore que importou instituições e colonos ingleses, promovendo casamentos com a nobreza do sul e imitando as estruturas do reino mais avançado do outro lado da fronteira, com castelos *sheriffs*, camaristas e juristas. O resultado foi uma feudalização muito mais profunda e completa da sociedade escocesa. A "normandização" autoimposta eliminou as antigas divisões étnicas no país e criou uma nova linha de demarcação social e linguística entre as Lowlands – onde a língua inglesa veio para ficar, junto com as mansões e os feudos – e as Highlands –, onde o gaélico continuou sendo o idioma do atrasado pastoreio de clãs. Diferente da situação irlandesa, o setor puramente céltico se reduziu a uma minoria confinada ao noroeste. Durante o último período medieval, a monarquia escocesa não conseguiu consolidar disciplina régia sobre seus domínios. A contaminação mútua entre os padrões políticos da Lowland e da Highland acarretou uma senhorialização parcial da chefia dos clãs celtas nas montanhas e infectou a organização feudal das planícies.[32] Acima de tudo, as constantes guerras de fronteira com a Inglaterra foram desgastando o Estado régio. Sob as anárquicas condições dos séculos XIV e XV, em meio à infinda agitação fronteiriça, os barões tomaram o controle hereditário dos *sheriffs* e estabeleceram jurisdições privadas, os magnatas arrancaram "regalias" provinciais da monarquia e tanto uns quanto os outros promoveram redes de parentes vassalos.

Sucessora, a dinastia Stuart, atormentada por menoridades instáveis e governos regenciais, foi incapaz de fazer qualquer avanço contra a desordem endêmica do país nos 150 anos que se seguiram, ao passo que a Escócia ficava cada vez mais atada a uma aliança diplomática com a França, escudo contra as pressões inglesas. Na metade do século XVI, a dominação

32 Sobre esse processo, ver: Smout, *A History of the Scottish People 1560-1830*, p.44-7, que inclui uma análise social perspicaz da Escócia anterior à Reforma.

francesa direta, por meio da regência de Guise, provocou uma xenofobia aristocrática e popular que deu o impulso para a Reforma local: as cidades, os pequenos proprietários e os nobres se revoltaram contra a administração francesa, cujas linhas de comunicação com o continente foram cortadas pela marinha inglesa em 1560, o que garantiu o êxito do protestantismo escocês. Mas a transformação religiosa – que, a partir de então, iria separar a Escócia da Irlanda – não fez muito para alterar a feição política do país. Únicas que permaneceram fiéis ao catolicismo, as Highlands gaélicas se tornaram ainda mais selvagens e turbulentas no decorrer do século. Enquanto as mansões envidraçadas davam nova aparência à paisagem Tudor no sul, imensos castelos fortificados continuaram a se erigir na região do Border e nas Lowlands. Lutas armadas e privadas seguiram frequentes por todo o reino. A monarquia escocesa só melhorou de maneira considerável a partir de 1587, quando da ascensão de Jaime VI ao poder. Empregando uma mistura de conciliação e coerção, Jaime VI desenvolveu um forte Conselho Privado, patronizou os grandes magnatas e os jogou uns contra os outros, criou novos pariatos, introduziu bispos na Igreja, aumentou a representação dos pequenos barões e burgos no Parlamento local, subordinou este último por meio da criação de comitês fechados (os "*Lords of Articles*") e pacificou as fronteiras.[33] Na virada do século XVII, a Escócia parecia um país recomposto. Ainda assim, sua estrutura sociopolítica seguia em nítido contraste com a da Inglaterra. A população era escassa, algo como 750 mil habitantes; as cidades eram raras, pequenas e dominadas por pastores. As maiores casas da nobreza compreendiam potentados territoriais de um tipo desconhecido na Inglaterra – os Hamilton, Huntly, Argyll e Angus controlavam vastas áreas do país, com plenos poderes régios, escoltas militares e arrendatários dependentes. Os domínios senhoriais eram comuns entre os barões menores; os juízes de paz cuidadosamente enviados pelo rei haviam sido anulados. A numerosa classe dos pequenos proprietários de terra estava habituada a querelas armadas. Livre da servidão desde o século XIV, o campesinato oprimido jamais encenara uma grande rebelião. Economicamente pobre e

33 Donaldson, *Scotland: James V to James VII*, p.215-28, 284-90.

culturalmente isolada, a sociedade escocesa ainda tinha um forte caráter medieval. O Estado escocês era pouco mais sólido que a monarquia inglesa após Bosworth.

Transplantada para a Inglaterra, a dinastia Stuart perseguiu os ideais da realeza absolutista que agora eram regra geral nas cortes de toda a Europa ocidental. Acostumado a um país onde os magnatas territoriais faziam as próprias leis e os parlamentos não tinham muita importância, Jaime I agora encontrava um reino onde o militarismo da alta nobreza se esfacelara – mas não conseguiu ver que, por outro lado, o Parlamento representava o foco central do poder nobre. Assim, por um tempo, o caráter muito mais desenvolvido da sociedade inglesa fez com que esta lhe parecesse, ilusoriamente, mais fácil de governar. O regime de Jaime I, que desprezava e não compreendia o Parlamento, sequer tentou suavizar a conduta cada vez mais oposicionista da pequena nobreza da Inglaterra. Sua corte extravagante se combinava a uma política externa imobilista, baseada na reaproximação com a Espanha: dois traços igualmente impopulares entre a classe fundiária. As doutrinas do direito divino da monarquia concorriam com o ritualismo religioso da *High Church*. Usava-se a prerrogativa de justiça contra o direito comum, a venda de cargos e monopólios contra a recusa parlamentar em relação à taxação. Mal recebida na Inglaterra, essa tendência do governo régio não encontrou, porém, resistência similar na Escócia ou na Irlanda, onde as aristocracias locais foram persuadidas por um calculado patrocínio do rei e onde a colonização em massa do Ulster a partir das Lowlands garantiu a supremacia protestante. Mas, ao final do reinado, a posição política da monarquia Stuart se encontrava perigosamente isolada em seu reino central. Pois, enquanto ela perseguia objetivos institucionais com êxito em quase todos os lugares do continente, a estrutura social da Inglaterra ia escapando às suas mãos.

No século seguinte à dissolução dos monastérios, enquanto a população da Inglaterra dobrava, a nobreza e a pequena nobreza triplicavam, e sua parcela na riqueza nacional crescia acima da proporção, com uma escalada particularmente notável no início do século XVII, quando o aumento das rendas ultrapassou o dos preços, beneficiando toda a classe fundiária: os rendimentos líquidos da pequena nobreza talvez tenham quadruplicado nos cem anos seguintes a 1530.[34] O sistema tripartite de senhores de terras, rendeiros e trabalhadores agrícolas – futuro arquétipo dos campos ingleses – já estava emergindo nas partes mais ricas da Inglaterra rural. Ao mesmo tempo, ocorria em Londres uma concentração sem precedentes de comércio e manufaturas, o que deixou a cidade no reinado de Carlos I sete ou oito vezes maior que no de Henrique VIII, transformando-a na capital mais influente de um país europeu nos anos 1630. Ao fim do século, na Inglaterra já florescia algo como um mercado interno unificado.[35] O capitalismo agrícola e mercantil registrara, portanto, avanços mais rápidos que em qualquer outra nação (exceto os Países Baixos), aos quais importantes fileiras da própria aristocracia inglesa – pariato e pequena nobreza – conseguiram se adaptar com êxito. Assim, a nova fortificação política de um Estado feudal já não correspondia ao caráter social de boa parte da classe na qual teria de se basear, inevitavelmente. Também não existia um perigo social vindo de baixo que fosse convincente o bastante para estreitar os laços entre a monarquia e a pequena nobreza. Como não havia necessidade de um grande exército permanente, o nível dos impostos na Inglaterra permanecera visivelmente baixo: talvez um terço ou um quarto dos níveis da França no início do século XVII.[36] Pouco desses encargos recaía sobre as massas rurais, e os pobres das paróquias recebiam uma prudente caridade dos fundos públicos. O resultado foi uma relativa paz social no campo, depois da inquietação agrária de meados do século XVI. Além de se sujeitar a um fardo fiscal muito mais leve, o campesinato também tinha mais diferenciações internas. Com o reforço do ímpeto comercial no campo, essa estratificação tornou possível e vantajoso que a aristocracia e a pequena nobreza praticamente abandonassem o cultivo das terras senhoriais, em favor do arrendamento. O resultado foi a consolidação de um

---

34 Stone, *The Causes of The English Revolution: 1529-1642*, p.72-5, 131. Admirável por seu poder de concisão e síntese, esse trabalho é de longe a melhor sinopse da época.

35 Hobsbawm, The Crisis of the Seventeenth Century. In: Aston (Org.) *Crisis in Europe 1560-1660*, p.47-9.

36 Hill, *The Century of Revolution*, p.51. Em 1628, Luís XIII auferiu na Normandia rendas equivalentes ao total das receitas fiscais de Carlos I em toda a Inglaterra: Stone, Discussion of Trevor-Roper's General Crisis, *Past and Present*, n.18, nov. 1960, p.32.

estrato *kulak* relativamente próspero (*yeomanry*) e um grande número de assalariados rurais, lado a lado com a massa camponesa. Assim, a situação nas aldeias era razoavelmente segura para a nobreza, que já não precisava temer insurreições rurais e, portanto, não tinha interesse em uma poderosa máquina coercitiva à disposição do Estado. Mas, ao mesmo tempo em que contribuía para essa calma agrária, o nível baixo de impostos barrou a emergência de uma grande burocracia erigida para tripular o sistema fiscal. Como a aristocracia assumira as funções administrativas locais desde a Idade Média, a monarquia ficou sempre privada de um aparato regional de profissionais. Assim, o impulso Stuart rumo a um absolutismo desenvolvido se viu bastante deficiente desde o início.

Em 1625, Carlos I, de forma consciente, embora inepta, tomou para si o trabalho de construir um absolutismo mais avançado, com os materiais pouco promissores à disposição. As diferentes auras das sucessivas administrações da corte não ajudavam a monarquia: a peculiar combinação da corrupção da linhagem dos Jaime com a austeridade carolina – de Buckingham a Laud – provou ser bastante incômoda para boa parte da pequena nobreza.[37] Os caprichos da política externa também a enfraqueceram no início do reinado: o fracasso inglês em intervir na Guerra dos Trinta Anos se combinou a uma guerra desnecessária e malsucedida contra a França, confusa inspiração de Buckingham. Depois de encerrado esse episódio, porém, o direcionamento geral da política dinástica adquiriu alguma coerência. O Parlamento, que veementemente denunciara a conduta na guerra e o ministro responsável, foi dissolvido por tempo indeterminado. Na década de "mando pessoal" que se seguiu, a monarquia tendeu a se aproximar da alta nobreza mais uma vez, revigorando a hierarquia formal de

37 Esses aspectos do governo Stuart fornecem o colorido, mas não os contornos do crescente conflito político do início do século XVII. Trevor-Roper os evoca com grande brilhantismo em sua poderosa discussão sobre esses anos: Trevor-Roper, *Historical Essays*, p.130-45. Mas é um equívoco pensar que os problemas da monarquia Stuart pudessem ser resolvidos apenas com um pouco mais de competência e destreza política, como ele sugere. Na prática, talvez nenhum erro dos Stuart tenha sido tão fatal quanto a imprudente venda de terras promovida por seus predecessores Tudor. Não foi a ausência de habilidades pessoais, mas de fundamentos institucionais, o que preveniu a consolidação do absolutismo inglês.

posição e nascimento dentro da aristocracia ao conferir privilégios ao pariato, agora que o risco do militarismo magnata era coisa do passado. Nas cidades, os monopólios e benefícios se reservaram ao mais alto estrato de mercadores urbanos, os quais formavam o tradicional patriciado municipal. A maior parte da pequena nobreza e os novos interesses mercantis se viram excluídos do concerto régio. As mesmas preocupações se evidenciaram na reorganização episcopal da Igreja efetuada sob Carlos I, a qual restaurou a disciplina e a moral do clero, ao custo de aumentar a distância religiosa entre ministros e cavaleiros locais. No entanto, os sucessos do absolutismo Stuart se confinaram ao aparato ideológico/clerical do Estado, que tanto sob Jaime I quanto sob Carlos I começou a inculcar o direito divino e o ritual hierático. Mas o aparato econômico/burocrático continuou sujeito a agudas restrições fiscais. O Parlamento controlava o direito à taxação propriamente dito e, desde os primeiros anos de Jaime I, resistiu a todo e qualquer esforço de desconsiderá-lo. Na Escócia, a dinastia podia aumentar impostos como bem entendesse, especialmente nas cidades, pois não havia uma forte tradição de barganha sobre as concessões nos estados. Na Irlanda, a administração draconiana de Strafford recuperou as terras e rendas da pequena nobreza aventureira que chegara logo depois da conquista elisabetana e, pela primeira vez, transformou a ilha em uma lucrativa fonte de receitas para o Estado.[38] Mas, na Inglaterra em si, onde residia o problema central, não era possível aplicar tais remédios. Lesado pela prodigalidade dos Tudor com as terras régias, Carlos I recorreu a todos os expedientes feudais e neofeudais possíveis, em busca de uma receita fiscal que fosse capaz de sustentar uma máquina de Estado ampliada, fora do controle do Parlamento: ressurgimento da tutela, taxas sobre os cavaleiros, direito de fornecimento, multiplicação dos monopólios, inflação das honrarias. Foi especialmente nesses anos que a venda de cargos se tornou, pela primeira vez, uma importante fonte de receitas régias – algo entre 30% e 40% – e que, ao mesmo tempo, a remuneração dos

38 A importância do regime de Strafford em Dublin e a reação que ele provocou na classe senhorial dos Novos Ingleses são discutidas em: Ranger, Strafford in Ireland: a Revaluation. In: Aston (Org.) *Crisis in Europe 1560-1660*, p.271-93.

detentores de cargos representou uma boa parte das despesas do Estado.[39] Todos esses expedientes se provaram inadequados: sua profusão serviu apenas para antagonizar a classe fundiária, cuja maioria se agarrara a uma aversão puritana contra a nova corte e a igreja. Sintomaticamente, a cartada final de Carlos I para criar uma base fiscal respeitável foi a tentativa de estender o único imposto de defesa tradicional que existia na Inglaterra: o pagamento do imposto naval pelos portos, para a manutenção da marinha. Em poucos anos, os juízes de paz locais e não remunerados o sabotariam, recusando-se a cobrá-lo.

A escolha desse esquema – e de seu destino – revelou *en creux* os elementos que faltaram para que se criasse uma versão inglesa de Versalhes. O absolutismo continental se construiu sobre seus exércitos. Por uma estranha ironia, o absolutismo insular, com seus parcos rendimentos, só pôde existir enquanto não teve de erguer um exército. Pois somente o Parlamento podia prover os recursos para tal e, uma vez reunido, logo começaria a desmantelar a autoridade Stuart. No entanto, pelas mesmas razões históricas, a crescente revolta política contra a monarquia na Inglaterra não possuía nenhum instrumento imediato para uma insurreição armada; a oposição da pequena nobreza não tinha nem mesmo um foco para um ataque constitucional ao jugo personalista do rei, pois não ocorreram convocações para o Parlamento. O impasse entre os antagonistas se rompeu na Escócia. Em 1638, o clericalismo carolino – que já ameaçara a nobreza escocesa com a retomada de terras e dízimos eclesiais secularizados – por fim provocou um levante religioso com a imposição da liturgia anglicanizada. Os estados escoceses se uniram para rejeitá-la – e a Convenção que firmaram assumiu imediata força material. Pois, na Escócia, a aristocracia e a pequena nobreza não eram desmilitarizadas: as estruturas sociais arcaicas do reino Stuart original preservavam os laços belicosos da última organização política medieval. Em poucos meses, a Convenção conseguiu unir um belo exército para confrontar Carlos I. Magnatas e pequenos proprietários convocaram seus rendeiros, os burgos forneceram fundos para a causa, mercenários veteranos da Guerra dos Trinta Anos ocuparam as

39 Aylmer, *The King's Servants. The Civil Service of Charles I*, p.248.

patentes de oficiais. O comando desse exército apoiado pelo pariato coube a um general que servira na Suécia.[40] A monarquia inglesa não conseguiria erguer uma força comparável. Houve, portanto, uma lógica subjacente ao fato de a invasão escocesa de 1640 ter enfim acabado com o jugo pessoal de Carlos I. O absolutismo inglês pagou o preço por sua falta de armas. Seu afastamento ante as normas do Estado feudal tardio só serviram para confirmar sua necessidade. Convocado *in extremis* pelo rei para lidar com a derrota militar diante dos escoceses, o Parlamento procedeu à anulação de todos os ganhos registrados pela monarquia Stuart e proclamou o retorno a um quadro constitucional mais primitivo. Um ano depois, a rebelião católica eclodia na Irlanda.[41] E assim se rompeu o segundo elo fraco da paz Stuart. A luta pelo controle sobre o exército inglês – que tivera de se formar para suprimir a insurreição irlandesa – lançou o rei e o Parlamento à Guerra Civil. O absolutismo inglês entrou em crise por causa do particularismo aristocrático e do desespero dos clãs em sua periferia: forças que, historicamente, estiveram por trás dele. Mas só foi derrubado no centro, por uma pequena nobreza mercantilizada, por uma cidade capitalista e por artesãos e pequenos donos de terras plebeus: forças que o impulsionavam. Antes que pudesse alcançar a maturidade, o absolutismo inglês foi interrompido por uma revolução burguesa.

40 Os coronéis do exército eram nobres; os capitães, pequenos proprietários; e os soldados, "jovens e robustos lavradores" que lhes serviam como arrendatários: Donaldson, *Scotland: James V to James VII*, p.100-2. Alexander Leslie, comandante do exército da Convenção, era ex-governante Vasa de Stralsund e de Frankfurt-on-Oder: com ele e seus colegas, a experiência europeia da Guerra dos Trinta Anos chegou à Inglaterra.

41 É possível, ainda que não haja certeza, que Carlos I tenha deflagrado, inadvertidamente, o levante *Old Irish* no Ulster, a partir de suas negociações clandestinas com os Velhos Ingleses da Irlanda em 1641. Ver: Clarke, *The Old English in Ireland*, p.227-9.

6.
Itália

O Estado absolutista ascendeu na era do Renascimento. Muitas de suas técnicas essenciais – tanto administrativas quanto diplomáticas – foram pioneiras na Itália. Faz-se, portanto, necessário perguntar: por que a própria Itália nunca alcançou um absolutismo nacional? É claro que, universalistas, as instituições medievais do papado e do império atuaram para barrar o desenvolvimento de uma monarquia territorial ortodoxa na Itália e na Alemanha. Na Itália, o papado resistiu a toda tentativa de unificação territorial da península. Mas isso, por si só, não bastaria necessariamente para bloquear tal resultado; pois o papado foi notoriamente frágil por longos períodos. Um rei francês forte como Filipe, o Belo, não teve dificuldades para lidar com o papado *manu militari*, por meios bem simples e óbvios – sequestro em Anagni, cativeiro em Avignon. Foi a ausência de qualquer poder com tal supremacia na Itália que possibilitou as manobras políticas do papado. Deve-se procurar em outra parte a determinante crucial do fracasso em se produzir um absolutismo nacional. Ela reside no desenvolvimento prematuro do *capital mercantile* nas cidades do norte italiano, o que impediu a emergência de um poderoso Estado *feudal* reorganizado em nível nacional. A riqueza e a vitalidade das comunas da Toscana e da Lombardia derrotaram o esforço mais sério para o estabelecimento de uma monarquia feudal unificada, que poderia ter proporcionado as bases para um absolutismo posterior: a tentativa de Frederico II no sentido de estender, ainda no século XIII, seu já avançado Estado baronial a partir de sua base no sul.

O imperador dispunha de muitos recursos para seus projetos. O sul da Itália era o único lugar do Ocidente europeu onde uma hierarquia piramidal feudal, implantada pelos normandos, se combinara com um forte legado bizantino de autocracia imperial. O reino da Sicília caíra em abandono e confusão nos últimos anos do jugo normando, quando barões locais tomaram para si os poderes provinciais e as herdades régias. Frederico II marcou sua chegada ao sul da Itália com a promulgação das leis de Cápua, em 1220, que reafirmaram um formidável controle centralizado do *Regno*. Os bailios do rei substituíram os prefeitos das cidades, os castelos mais estratégicos foram retomados dos nobres, a herança dos feudos ficou sujeita à supervisão monárquica, as doações de terras foram canceladas e se restauraram as obrigações feudais para a manutenção das frotas.[1] As leis de Cápua se impuseram na ponta da espada e se completaram, uma década depois, com as Constituições de Melfi (1231), que codificaram o sistema jurídico e administrativo do reino, suprimindo os últimos vestígios de autonomia urbana e restringindo muito os senhorios clericais. Nobres, prelados e cidades se viram subordinados à monarquia, por meio de um sofisticado sistema burocrático que compreendia um corpo de magistrados régios, os quais atuavam como comissários e também como juízes nas províncias – trabalhando com documentos escritos e em constante rodízio, para prevenir que se enredassem nos interesses senhoriais do lugar.[2] Para intimidar cidades e senhores rebeldes, os castelos se multiplicaram. A população muçulmana do oeste da Sicília – que resistira nas montanhas e se tornara um tormento constante para o Estado normando – foi conquistada e reinstalada na Apúlia: a partir de então, a colônia árabe de Lucera passou a fornecer a Frederico uma extraordinária força de tropas islâmicas profissionais para suas campanhas na Itália. Em termos econômicos, a organização do *Regno* também era bastante racional. Aboliram-se as tarifas internas e se instalou então um serviço alfandegário externo bastante severo. O controle estatal sobre o comércio de grãos com o exterior proporcionou grandes lucros aos domínios régios, maiores produtores de

1 Masson, *Frederick II of Hohenstaufen*, p.77-82.

2 Sobre os magistrados, ver Kantorowicz, *Frederick the Second*, p.272-9.

trigo da Sicília. Importantes monopólios sobre mercadorias e impostos cada vez mais regulares sobre a terra renderam consideráveis receitas fiscais; chegou-se até a cunhar uma moeda de ouro com valor nominal.[3] A solidez e a prosperidade dessa fortaleza Hohenstaufen no sul permitiram que Frederico II fizesse a temerária aposta pela criação de um Estado imperial unitário em toda a península.

Reivindicando a herança de toda a Itália e convocando a maior parte dos senhores feudais espalhados pelo norte para sua causa, o imperador tomou a Marca e invadiu a Lombardia. Por um breve período, suas ambições pareciam estar a um passo da realização: em 1239-40, Frederico esboçou um esquema para a futura administração da Itália como um Estado monárquico unitário, dividido em províncias sob o governo de vigários-gerais e capitães-gerais inspirados nos magistrados sicilianos, nomeados pelo imperador e selecionados entre seu séquito da Apúlia.[4] A mudança nas marés da guerra impediu que essa estrutura se estabilizasse: mas sua lógica e coerência eram inequívocas. Nem mesmo as derrotas finais e a morte do imperador destruíram a causa gibelina. Sem nascimento legítimo ou mesmo título imperial, seu filho Manfredo logo se mostrou capaz de restaurar a supremacia estratégica do poder Hohenstaufen na península, encurralando os guelfos florentinos em Montaperti. Alguns anos depois, seus exércitos ameaçaram capturar o supremo pontífice em Orvieto, em um lance que prenunciava o *coup de main* francês em Anagni. Mas os sucessos temporários da dinastia iriam acabar se provando ilusórios: nas prolongadas guerras entre guelfos e gibelinos, a linhagem Hohenstaufen foi, por fim, derrotada e destruída.

O papado foi o vencedor formal dessa disputa, pois orquestrara clamorosamente a luta contra o "Anticristo" imperial e sua descendência. Mas o papel ideológico e diplomático dos sucessivos papas – Alexandre III, Inocêncio IV e Urbano IV – no ataque ao poderio Hohenstaufen na Itália jamais correspondeu à verdadeira força política e militar do papado. Por muito tempo, a Santa Sé não possuíra nem mesmo os modestos recursos

---

3 Masson, *Frederick II of Hohenstaufen*, p.165-70.

4 Kantorowicz, *Frederick the Second*, p.487-91.

administrativos de um principado medieval: foi só no século XII, depois da Questão das Investiduras[5] com o imperador germânico, que o papado adquiriu uma maquinaria de corte comparável às dos Estados seculares da época, com a constituição da *Curia Romana*.[6] A partir de então, o poder papal seguiu rumos curiosamente divergentes ao longo de sua trajetória dual – eclesiástica e secular. Dentro da própria Igreja universal, o papado foi construindo uma autoridade centralista e autocrática, cujas prerrogativas ultrapassavam em muito as de qualquer monarquia temporal do período. A "plenitude do poder" concedida ao papa estava totalmente livre das amarras feudais mais comuns – como os estados e conselhos. Os benefícios clericais de toda a cristandade passaram ao seu controle; as transações legais se concentraram em suas cortes; com êxito, estabeleceu-se um imposto sobre os rendimentos do clero.[7] Ao mesmo tempo, porém, a posição do papado enquanto Estado italiano continuava extremamente frágil e ineficaz. Sucessivos papas investiram imensos esforços na tentativa de consolidar e expandir o "Patrimônio de Pedro" na Itália central. Mas o papado medievo não conseguiu estabelecer nenhum controle seguro ou confiável, nem mesmo na modesta região sob sua suserania nominal. As pequenas cidades montanhosas da Úmbria e da Marca resistiram com vigor à intervenção papal em seu governo, e a própria cidade de Roma foi muitas vezes desleal e problemática.[8] Não se criou nenhuma burocracia viável para administrar o Estado papal, cuja condição interna foi, em consequência, voraz e anárquica por longos períodos. As receitas fiscais do Patrimônio somavam apenas 10% dos rendimentos totais do papado; os custos de manutenção e proteção provavelmente foram, em grande parte do tempo, muito maiores que as rendas. O serviço militar que cabia aos súditos papais – as cidades e os feudatários dos territórios

5 Conflito entre Igreja e Estado na Europa medieval, caracterizado pela luta do papado contra a intromissão dos monarcas na nomeação de cargos religiosos. [N. E.]

6 Barraclough, *The Mediaeval Papacy*, p.93-100. [Ed. port.: *Papas na Idade Média*. Lisboa: Ed. Verbo, 1972.]

7 Ibid., p.120-6.

8 Waley, *The Papal State in the Thirteenth Century*, p.68-90, descreve a natureza e os sucessos dessa resistência urbana.

pontifícios – também era insuficiente para cobrir as necessidades de defesa.[9] Em termos financeiros e militares, o Estado papal, enquanto principado italiano, constituía uma unidade deficitária. Sozinho contra o *Regno* do sul, não tinha a menor chance.

O principal motivo do fracasso da investida Hohenstaufen para unificar a península se deu em outra parte – na decisiva superioridade econômica e social do norte da Itália, que tinha o dobro da população do sul e a esmagadora maioria dos centros urbanos de produção comercial e manufatureira. O reino da Sicília possuía apenas três cidades com mais de 20 mil habitantes; o norte, mais de vinte.[10] As exportações de cereais – que proviam a maior parte da riqueza do sul – eram, na verdade, um sintoma indireto do predomínio comercial do norte. Pois eram as prósperas comunas da Lombardia, Ligúria e Toscana que importavam os grãos, devido à sua avançada divisão do trabalho e concentração demográfica, ao passo que os excedentes do Mezzogiorno eram, ao contrário, sinal de um povoamento rarefeito nos campos. Os recursos das comunas sempre foram, portanto, muito superiores aos que o imperador conseguia mobilizar na Itália, embora tantas vezes estivessem divididos entre cidades cuja própria existência enquanto repúblicas autônomas era ameaçada pela perspectiva de uma monarquia peninsular unitária. A primeira tentativa Hohenstaufen de impor a soberania imperial à Itália – a travessia de Frederico II pelos Alpes, descendo desde a Alemanha, no século XII – fora flagrantemente rechaçada pela Liga Lombarda, com a grande vitória de suas milícias urbanas sobre o exército de Barbarossa em Legnano, no ano de 1160. Com a transferência da base dinástica do poder Hohenstaufen da Alemanha para a Sicília e a implantação da monarquia centralizada de Frederico II no solo do sul da Itália, o perigo de uma absorção régia e senhorial cresceu muito para as comunas. Mais uma vez, foram essencialmente as cidades da Lombardia que, lideradas por Milão, frustraram o avanço, para o norte, do imperador, ladeado por seus aliados feudais da Saboia e do Vêneto. Depois de sua morte, a recuperação da posição gibelina por Manfredo enfrentou seu

9 Ibid., p.273, 275, 295-6.

10 Procacci, *Storia degli italiani*, v.1, p.34.

desafio mais decisivo na Toscana. Exilados depois de Montaperti, os banqueiros guelfos de Florença foram os arquitetos financeiros da ruína final da causa Hohenstaufen. Foram os seus empréstimos maciços – ao todo, algo em torno de 200 mil *livres tournois* foram disponibilizados – que possibilitaram a conquista angevina do *Regno*;[11] enquanto isso, nas batalhas de Benevento e Tagliacozzo, era a cavalaria florentina que ajudava os exércitos franceses a ganhar sua margem de vitória. Na longa luta contra o espectro de uma monarquia italiana unificada, o papado costumava fornecer os anátemas; já as colunas proviam os fundos e – até o fim – a maior parte das tropas. As cidades lombardas e toscanas se provaram fortes o bastante para sufocar todo e qualquer reagrupamento territorial de base feudal e rural. Por outro lado, elas foram inerentemente incapazes de alcançar uma unificação peninsular por si mesmas: naquela época, o capital mercantil não tinha nenhuma chance de dominar uma formação social de dimensões nacionais. Assim, embora a Liga Lombarda pudesse defender o norte contra as invasões imperiais, não tinha capacidade de conquistar o sul feudal: os cavaleiros franceses é que tiveram de lançar o ataque ao reino da Sicília. Logicamente, não foram as cidades lombardas e toscanas que herdaram o sul, mas sim os nobres angevinos – instrumentos necessários da vitória urbana que se apropriaram de seus frutos. Logo depois, a revolta das Vésperas sicilianas contra o jugo francês acabou com a integridade do *Regno* em si. Os territórios baroniais sulistas se dividiram entre os combatentes angevinos e os pretendentes aragoneses, em uma refrega confusa cujo resultado foi o fim de qualquer perspectiva de conquista da Itália a partir do sul. O papado, agora mero refém da França, foi deportado para Avignon, deixando a península por meio século.

Assim, as cidades do norte e do centro se viram livres, buscando seu desenvolvimento político e cultural por conta própria. O eclipse simultâneo do império e do papado fez da Itália o elo mais frágil do feudalismo ocidental: de meados do século XIV à metade do século XVI, as cidades entre

11 Jordan, *Les Origines de la domination angévine en Italie*, v.2, p.547, 556. Para angariar as somas necessárias ao seu aliado francês junto aos banqueiros toscanos e romanos, a Igreja teve de penhorar boa parte de suas propriedades em Roma.

os Alpes e o Tibre viveram a revolucionária experiência histórica a que seus próprios homens chamaram de "Renascença" – o renascimento da civilização da Antiguidade clássica, depois da escuridão intermediária da "Idade Média". Contradizendo toda a cronologia evolutiva ou religiosa, a radical reversão do tempo implícita nessas definições forneceu desde então os fundamentos para as estruturas categóricas da historiografia europeia: a época que a posteridade viria considerar como marco fundamental do passado traçou, ela própria, os limites que a separava de seus predecessores e distinguiu seus ancestrais remotos dos imediatos – um feito cultural extraordinário. A Idade Média não chegara a ter nenhum verdadeiro sentido de distanciamento que a separasse da Antiguidade: sempre vira a era clássica como sua própria extensão natural para o passado, rumo a um mundo pré-cristão ainda não redimido. A Renascença descobriu a si mesma com uma nova e intensa consciência de perda e ruptura.[12] A Antiguidade estava no passado distante, apartada por toda a obscuridade do *medium aevum* que se interpusera e, ainda assim, era muito mais avançada que o barbarismo rude que prevalecera nos séculos seguintes. No limiar da nova era, o apelo

12 "A Idade Média deixara a Antiguidade insepulta e, a cada vez, reanimava e exorcizava seu cadáver. A Renascença chorou junto a seu túmulo e tentou ressuscitar sua alma. E, em um instante fatalmente auspicioso, conseguiu", Panofsky, *Renaissance and Renascences in Western Art*, p.113 – a única grande obra histórica sobre o renascimento da Antiguidade digna de seu tema. Em geral, a literatura moderna sobre a Renascença italiana é curiosamente limitada e enfadonha: como se a própria magnitude de suas criações tendesse a desassossegar os historiadores que delas se aproximaram. É claro que essa desproporção entre o objeto e os estudos a seu respeito ficou ainda mais evidente no legado de Marx e Engels: sempre mais ou menos indiferentes às artes visuais (ou à música), nenhum dos dois dedicou muita imaginação aos problemas que a Renascença, enquanto fenômeno total, impunha ao materialismo histórico. O livro de Panofsky tem um foco puramente estético: toda a história econômica, política e social do período fica de fora. No entanto, seu método e qualidade estabelecem os protocolos apropriados para o trabalho que ainda precisa ser feito nesse campo. Acima de tudo, Panofsky encarou com mais seriedade que qualquer outro estudioso a relação retrospectiva da Renascença com a Antiguidade, por meio da qual a época concebia a si mesma: em sua escrita, o mundo clássico é um polo ativo de comparação real, e não apenas uma nomenclatura de aroma vago. Na ausência dessa dimensão, a história política e econômica do Renascimento italiano ainda está para ser escrita com tal profundidade.

apaixonado de Petrarca proclamou a vocação do futuro: "Esse sono de esquecimento não durará para sempre: depois de dissipada a escuridão, nossos netos poderão retornar ao puro brilho do passado". A pungente consciência de uma longa ruptura e declínio após a queda de Roma se combinou à firme determinação de alcançar, uma vez mais, o padrão paradigmático dos antigos. A recriação do mundo clássico seria a soberba inovação e o ideal do mundo moderno. A Renascença italiana testemunhou, assim, uma civilização revitalizar e imitar outra de maneira deliberada, em toda a amplitude de sua vida cívica e cultural, fato inédito e único na história. O direito e as magistraturas romanas já haviam ressurgido nas comunas da última fase medieval: a propriedade quiritária deixara sua marca por toda parte nas relações econômicas das cidades italianas, e os cônsules latinos substituíram as autoridades episcopais em seu governo. Os tribunos da plebe logo se tornaram modelo para os Capitães do Povo nas cidades italianas. O advento da Renascença propriamente dita – trazendo consigo novas ciências, como a arqueologia, a epigrafia e a crítica textual, para iluminar o passado clássico – de repente estendeu a lembrança e a emulação da Antiguidade até uma escala enorme e explosiva. Arquitetura, pintura, escultura, poesia, história, filosofia, teoria política e militar, todas se esforçaram em recuperar a liberdade e a beleza das obras antes destinadas ao esquecimento. As igrejas de Alberti derivavam de seus estudos sobre Vitrúvio; Mantegna tentou emular Apeles; Piero di Cosimo pintou painéis inspirados em Ovídio; as odes de Petrarca se baseavam em Horácio; Guicciardini aprendeu sua ironia com Tácito; o espiritualismo de Ficino descendia de Plotino; os discursos de Maquiavel eram comentários sobre Tito Lívio, e seus diálogos sobre a guerra, uma invocação a Vegécio.

A civilização renascentista que surgiu na Itália tinha uma vitalidade tão resplandecente que ainda hoje parece uma verdadeira réplica da Antiguidade – a única. Naturalmente, o fato de ter se estabelecido historicamente em sistemas de cidades-Estado forneceu uma base objetiva para a sugestiva ilusão de encarnações correspondentes. Os paralelos entre o florescimento urbano da Antiguidade clássica e a Renascença italiana são bastante notáveis. Ambas foram o produto original de cidades-repúblicas autônomas, compostas por cidadãos dotados de consciência municipal.

Ambas foram, de início, dominadas por nobres, e em ambas a maior parte de seus primeiros cidadãos possuía propriedades fundiárias no território rural que cercava a cidade.[13] Ambas eram, por certo, centros de intensa troca de mercadorias. O mesmo mar fornecia a ambas as principais rotas de comércio.[14] Ambas exigiam serviço militar de seus cidadãos, cavalaria ou infantaria, de acordo com as qualificações de propriedade. Até mesmo algumas singularidades políticas da *polis* grega tinham equivalentes próximos nas comunas italianas: a alta proporção de cidadãos que ocupavam temporariamente cargos no Estado, o uso do sorteio para selecionar magistrados.[15] Todas essas características em comum pareciam formar um tipo de sobreposição parcial de uma forma histórica sobre outra. É claro que, na verdade, toda a natureza socioeconômica das cidades-Estado da Antiguidade e da Renascença era profundamente distinta. Como vimos, as cidades medievais eram enclaves urbanos dentro do modo de produção feudal, estruturalmente possibilitadas pelo parcelamento da soberania; em essência, elas existiam em uma *tensão* dinâmica com o campo, do qual as cidades antigas eram, em grande medida, uma emblemática *continuação*. As cidades italianas começaram como centros mercantis, dominadas pela pequena nobreza e povoadas por semicamponeses, não raro combinando

---

13 Waley, *The Italian City-Republics*, p.24, avalia que, na maior parte das cidades no fim do século XIII, cerca de dois terços das famílias possuíam terras. Deve-se notar que esse padrão era especificamente italiano: nem as cidades germânicas nem as flamengas apresentavam nessa mesma época números comparáveis de proprietários rurais. Da mesma forma, nem em Flandres nem na Renânia havia algo equivalente ao *contado* que as cidades da Lombardia e da Toscana controlavam. As cidades do norte europeu sempre tiveram um caráter mais exclusivamente urbano. Para uma boa discussão sobre o fracasso das cidades flamengas em anexar seu entorno rural, ver: Nicholas, Towns and Countryside: Social and Economic Tensions in Fourteenth-Century Flanders, *Comparative Studies in Society and History*, X, n.4, 1968, p.458-85.

14 Os custos comparativos do transporte marítimo ainda eram muito mais favoráveis. No século XV, era possível despachar carregamentos de Gênova para Southampton por pouco mais que um quinto do preço do frete por terra da curta distância entre Gênova e Asti: Bernard, *Trade and Finance in the Middle Ages 900-1500*, p.46.

15 Waley, *The Italian City-Republics*, p.83-6, 63-4, 107-9, calcula que, no decorrer de um ano, talvez um terço dos cidadãos de uma típica comuna italiana ocupassem cargos.

ocupações rurais e urbanas, lavouras e ofícios. Mas essas cidades logo assumiram um padrão completamente distinto de suas antecessoras clássicas. Mercadores, banqueiros, manufatureiros e juristas vieram a formar a elite patrícia das cidades-República, e a grande maioria dos cidadãos passou a ser de artesãos – em um nítido contraste com as cidades antigas, onde a classe dominante sempre fora a aristocracia dona de terras e o grosso dos cidadãos era de pequenos lavradores ou plebeus sem posses, onde os escravos constituíam a imensa classe subalterna de produtores imediatos totalmente excluídos da cidadania.[16] Mais que naturalmente dispensar o uso do trabalho escravo na indústria doméstica e na agricultura,[17] as cidades medievais em geral baniram a servidão de seus arredores. Assim, toda a orientação econômica das duas civilizações urbanas era antípoda em seus aspectos principais. Ainda que ambas representassem núcleos avançados de troca de mercadorias, as cidades italianas eram fundamentalmente centros de produção urbana, cuja organização interna se baseava nas corporações de ofícios, ao passo que as cidades antigas sempre foram, em primeiro lugar, centros de consumo articulados em associações de clãs ou de territórios.[18] Nas cidades renascentistas, a divisão do trabalho e o nível técnico das indústrias manufatureiras – têxteis ou metalúrgicas – eram, consequentemente, muito mais desenvolvidos que nas cidades antigas, assim como os transportes marítimos. O capital mercantil e bancário – sempre

---

16 A primeira vez em que essas antíteses sociais foram discutidas de maneira sistemática foi em Weber, *Economy and Society*, v.3, p.1340-3. Apesar das oscilações de Weber na sua compreensão do relacionamento entre cidade e campo nas repúblicas italianas, toda a seção intitulada "A democracia antiga e a medieval", que conclui a obra, continua sendo até hoje a melhor e mais original análise sobre a questão. Os avanços subsequentes nessa pesquisa não trouxeram ganhos comparáveis na síntese.

17 As colônias ultramarinas de Gênova e Veneza no Mediterrâneo oriental de fato empregavam o trabalho escravo, nas lavouras de açúcar de Creta e nas minas de alumínio de Fócea; e, nessas cidades, os servidores domésticos muitas vezes eram escravos – mas principalmente mulheres, em contraste com a Antiguidade. Nesse sentido, ocorreu mesmo um certo recrudescimento da escravidão; mas ela nunca chegou a ter grande importância econômica na Itália em si. Sobre a natureza e os limites desse fenômeno, ver Verlinden, *The Beginnings of Modern Colonization*, p.26-32.

18 Weber, *Economy and Society*, v.3, p.1343-7.

falho no mundo clássico devido à ausência das instituições financeiras necessárias para garantir sua acumulação segura – agora se expandia livre e vigoroso com o advento das sociedades anônimas, das letras de câmbio e da contabilidade em duas colunas; o expediente da dívida pública, desconhecido nas cidades antigas, aumentou tanto as receitas do Estado quanto as opções de investimento dos rentistas urbanos.

Acima de tudo, as bases de todo distintas dos modos de produção escravista e feudal se evidenciavam nas relações diametralmente opostas entre a cidade e o campo. As cidades do mundo clássico formavam uma unidade cívica e econômica com seu meio rural. Os *municipia* abarcavam, indistintamente, tanto o centro urbano quanto sua periferia agrária, e a cidadania jurídica era comum a ambos. O trabalho escravo ligava os dois sistemas produtivos, e não havia uma organização política e econômica especificamente urbana: em essência, a cidade funcionava apenas como uma aglomeração consumidora da produção agrícola e da renda fundiária. As cidades italianas, em contraste, ficavam nitidamente separadas de seu campo: o *contado* rural era um território subjugado, cujos habitantes não tinham direitos de cidadania na organização política urbana. Tanto que, de fato, seu nome daria origem a um termo familiar e desdenhoso para os "camponeses": *contadini*. Em geral, as comunas combatiam certas instituições do feudalismo agrário: muitas vezes, a vassalagem era expressamente banida das cidades, e a servidão foi abolida nos campos que elas controlavam. Ao mesmo tempo, as cidades italianas exploravam seu *contado* de maneira sistemática, em prol do lucro e da produção urbana: ali colhiam grãos e recrutas, fixavam preços e impunham meticulosas regulamentações e diretivas sobre as lavouras da população agrícola subjugada.[19] Essas políticas antirrurais eram parte integrante das cidades-República da Renascença, cujo *dirigisme* econômico seria bem estranho às suas predecessoras da Antiguidade. Para a cidade clássica, o meio fundamental de expansão era a guerra. A pilhagem de tesouros, terra e trabalho era a meta econômica do modo de produção escravista e, em grande medida, daí derivava a estrutura interna das cidades gregas e romanas: a vocação militar dos hoplitas ou *assidui* era

19 Waley, *The Italian City-Republics*, p.93-5.

crucial para toda a constituição do município. A agressão armada também era constante entre as comunas italianas, mas jamais chegou a adquirir uma primazia equivalente. O Estado se esquivava de uma definição militar desse tipo, pois a competição no comércio e nas manufaturas – amparada e reforçada pela coerção extraeconômica da época, os "custos de proteção"[20] – se tornara, por conta própria, um objetivo econômico da comunidade: os mercados e empréstimos eram mais importantes que os prisioneiros, a pilhagem tinha menos valor que o monopólio. Como demonstraria seu destino final, as cidades da Renascença italiana eram complexos organismos comerciais e industriais, cuja capacidade beligerante na terra ou mesmo no mar se provaria relativamente limitada.

Como era inevitável, esses grandes contrastes socioeconômicos se refletiram no florescimento político e cultural para o qual as cidades-Estado da Antiguidade e da Renascença pareciam convergir mais estreitamente. A infraestrutura artesanal livre das cidades renascentistas – onde o trabalho manual nas guildas nunca foi contaminado pela degradação social servil – produziu uma civilização em que as artes plásticas e visuais como a pintura, a escultura e a arquitetura ocupavam uma posição absolutamente predominante. Os escultores e pintores se organizavam, por sua vez, em corporações de artesãos e, de início, usufruíam da posição social mediana de profissionais análogos: tempos depois, vieram a alcançar honra e prestígio imensuravelmente maiores que seus predecessores gregos ou romanos. As nove musas do mundo clássico haviam omitido as artes visuais.[21] A imaginação sensível foi o domínio supremo do Renascimento, produziu uma riqueza e profusão artísticas que superaram mesmo as da Antiguidade – fato de que os próprios contemporâneos tomaram orgulhosa

20 A noção de "renda de proteção" foi desenvolvida por Lane, *Venice and History*, p.373-428, para pôr em relevo as consequências econômicas da típica fusão entre guerra e negócios nos primórdios dos empreendimentos comerciais e coloniais das cidades-Estado italianas: as incursões agressivas, a pirataria, as guardas e a escolta defensiva eram inseparáveis das práticas comerciais da época.

21 Somente a música e a poesia podiam lhe fazer companhia, as quais, por outro lado, agraciavam muito do que hoje são as "ciências" ou as "humanidades". Ver a notável análise sobre as mudanças na ordem e na definição das artes em Kristeller, *Renaissance Thought*, v.2, p.168-89.

consciência. Por outro lado, as realizações teóricas e intelectuais da cultura renascentista na Itália foram bem mais restritas. A literatura, a filosofia e a ciência – em ordem decrescente de contribuição – não chegaram a conceber um corpo de obras comparável ao da civilização antiga. A base escrava do mundo clássico – que apartara trabalho manual e cerebral de uma maneira muito mais radical do que a civilização medieva jamais conseguiria – dera origem a uma classe fundiária e ociosa, muito distinta do patriciado *affairé* das cidades-Estado da Itália. As palavras e os números, em sua abstração, pertenciam mais ao universo clássico: as imagens tomaram precedência em seu renascimento. Com suas investigações seculares e acadêmicas, o "humanismo" literário e filosófico da Renascença italiana sempre se confinou a uma elite intelectual estreita e frágil;[22] e foi somente no final que a ciência fez uma aparição breve e isolada. A vitalidade estética das cidades tinha raízes cívicas muito mais profundas e iria sobreviver a ambos: Galileu morreria na solidão e no silêncio, enquanto Bernini enaltecia a capital e a corte que o haviam expulsado.

No entanto, para além de sua configuração cultural, foi a evolução política das cidades renascentistas que as fez divergir ainda mais de seus protótipos antigos. Até certo ponto, houve analogias formais bem marcadas. Depois da expulsão do jugo episcopal – uma pré-história que pode se comparar à derrubada do poder régio na Antiguidade –, as cidades italianas caíram sob o domínio de aristocratas donos de terras. Os regimes consulares que daí resultaram logo deram lugar a um governo oligárquico, com um sistema externo de *podestà* que depois foi assaltado pelas guildas plebeias mais prósperas, as quais criaram suas próprias contrainstituições cívicas. Enquanto isso, o estrato mais alto dos mestres de ofício, notários

22 "Os dois alemães que trouxeram a imprensa para a Itália em 1465 e a levaram a Roma, dois anos depois, faliram em 1471, simplesmente porque não havia mercado para suas edições dos clássicos latinos [...]. Mesmo no auge da Renascença, apenas uma minoria muito pequena compreendia e acolhia seus ideais", Weiss, *The Renaissance Discovery of Antiquity*, p.205-6. É claro que Gramsci se sentiu bastante tocado por essa falha no passado cultural de seu país; mas, assim como Marx e Engels, tinha pouca sensibilidade plástica e tendeu a ver a Renascença basicamente como um iluminismo espiritual e rarefeito.

e mercadores que lideravam a luta do *popolo* se uniu à nobreza urbana, para formar um único bloco municipal de privilégio e poder, reprimindo ou manipulando a massa de artesãos. A forma e a composição exata dessas lutas variavam de uma cidade para a outra, e a evolução política dos diferentes centros urbanos podia abreviar ou estender seu andamento. Em Veneza, o patriciado mercantil desde cedo colheu os frutos de uma revolta de artesãos contra a velha aristocracia e bloqueou qualquer novo desdobramento político ao cerrar rígidas fileiras: a *serrata* de 1297 reprimiu qualquer possibilidade de emergência de um *popolo*. Em Florença, por outro lado, os jornaleiros famintos, um proletariado miserável abaixo da classe dos artesãos, se revoltaram contra um governo de guildas neoconservadoras no ano de 1378, antes de serem esmagados. Mas, na maioria das cidades, surgiram repúblicas urbanas com sufrágios formais extensivos, embora fossem de fato dominadas por grupos restritos de banqueiros, manufatureiros, mercadores e senhores de terras, cujo denominador comum já não era o nascimento, mas sim a riqueza, a posse de capital móvel ou fixo. É óbvio que a sequência italiana – dos bispados para os consulados e da *podesteria* para o *popolo* – e os sistemas constitucionais "mistos" daí resultantes lembravam, em alguns aspectos, a trajetória percorrida no mundo clássico – da monarquia para a aristocracia e da oligarquia para a democracia ou o tribunato, com seus complexos resultados. Mas havia uma diferença nítida e crucial entre as duas ordens de sucessão. Na Antiguidade, as tiranias haviam surgido entre a constituição aristocrática e a popular, como sistemas transicionais que ampliaram as bases sociais da organização política: foram o prelúdio para uma participação mais ampla e uma ágora mais livre. Na Renascença, ao contrário, as tiranias encerraram todo o desfile de formas cívicas: as *signorie* foram o último episódio da evolução das cidades-República e significaram sua queda final em um autoritarismo aristocrático.

O desenlace definitivo das cidades-Estado da Antiguidade e da Renascença talvez revele, mais do que qualquer outra coisa em suas histórias, o abismo profundo que as separava. As repúblicas municipais da época clássica puderam dar origem a impérios universais, sem nenhuma ruptura básica em sua continuidade social, pois o expansionismo territorial era um prolongamento natural de sua inclinação agrária e militar. O campo sempre foi o eixo incontestável de sua existência: por isso, essas cidades eram, em princípio, perfeitamente adaptadas a anexações cada vez maiores, com o crescimento econômico firmado na condução exitosa da guerra, a qual sempre fora um objetivo cívico primordial. A conquista militar se revelou, portanto, uma via relativamente direta das repúblicas para os Estados imperiais, e esses últimos puderam ser vistos como um ponto de chegada predestinado. As cidades renascentistas, por outro lado, sempre foram fundamentalmente centros urbanos bem distintos do campo: as leis que regiam seus movimentos se centravam na própria economia urbana, cuja relação com o entorno rural implicava um antagonismo estrutural. Assim, o advento das *signorie* – ditaduras principescas com um difundido passado agrícola – não levou a nenhum ciclo posterior de crescimento político ou econômico. Em vez disso, elas acabaram por marcar o fim da prosperidade das cidades italianas. Pois as repúblicas renascentistas não tiveram nenhuma chance de seguir uma carreira de unificações e conquistas imperiais: exatamente por causa de sua quintessência urbana, elas jamais puderam unir e comandar o conjunto das formações sociais feudais, ainda bastante dominadas pelo campo. Para elas, não houve uma passagem econômica que as levasse rumo ao engrandecimento político de escala peninsular. Além disso, suas forças militares eram radicalmente inadequadas para tal tarefa. A emergência da *signoria* enquanto forma institucional foi o presságio de um impasse futuro.

O norte e o centro da Itália formavam uma zona de exceção dentro da economia europeia da última fase da Idade Média – era a região mais próspera e avançada do Ocidente, como já vimos. O apogeu das comunas no século XIII foi uma época de vigoroso *boom* urbano e crescimento demográfico. Essa vantagem inicial deu à Itália uma posição peculiar no desenvolvimento econômico do continente. Como todos os outros países da Europa ocidental, ela se viu assolada pelo despovoamento e pela depressão do século XIV: o retrocesso comercial e as falências bancárias reduziram as manufaturas e provavelmente estimularam o investimento na construção civil, desviando o capital para gastos suntuosos e imobiliários. A trajetória da economia italiana no século XV já é mais obscura.[23] A queda drástica na produção de têxteis de lã agora parecia compensada por uma mudança para aqueles de seda, embora ainda seja difícil calcular os efeitos compensatórios. Pode ser que um novo crescimento na população e na produção não tenha sido capaz de tirar a atividade econômica dos níveis inferiores ao ápice do século XIII. Ainda assim, parece provável que as cidades-Estado tenham resistido à crise geral do feudalismo europeu em melhores condições que qualquer outra área do Ocidente. A resiliência do setor urbano e a relativa modernidade do setor agrícola, pelo menos na Lombardia, talvez tenham permitido que o norte italiano recuperasse seu ímpeto econômico quase meio século antes do resto da Europa ocidental, por volta de 1400. Agora, porém, os ganhos demográficos mais rápidos pareciam se localizar no campo, e não nas cidades, e o investimento de capital tendia a se direcionar cada vez mais para a terra.[24] A qualidade das manufaturas foi crescendo em sofisticação, com certo deslocamento para as mercadorias de elite; as indústrias da seda e do vidro estiveram entre os setores mais dinâmicos da produção urbana dessa época. Além disso, durante os cem anos seguintes, a ressurreição da demanda europeia manteve as exportações

---

23 A opinião acadêmica está fortemente dividida quanto ao problema do balanço econômico global da Itália do século XV. Com o apoio de Miskimin, Lopez argumentou que o Renascimento foi, em essência, uma época de recessão: entre outros índices, o capital do banco dos Médici na Florença de meados do século XV chegava somente à metade do capital dos Peruzzi cem anos antes, e as taxas portuárias genovesas no início do século XVI ainda estavam abaixo das praticadas na última década do século XIII. Cipolla questionou a validade das deduções gerais feitas a partir dessas evidências e sugeriu que a produção *per capita* deve ter aumentado na Itália, junto com a divisão internacional do trabalho. Para esse debate, ver Lopez, Hard Times and Investment in Culture. In: Molho (Org.), *Social and Economic Foundations of the Renaissance*, p.95-116; Lopez e Miskimin, The Economic Depression of the Renaissance, *Economic History Review*, XIV, n.3, abr. 1962, p.408-26; Cipolla, Economic Depression of the Renaissance?, *Economic History Review*, XVI, n.3, abr. 1964, p.519-24, com réplicas de Lopez e Miskimin, p.525-29. Uma pesquisa mais recente, que cobre a última parte do século XV e o começo do século XVI, apresenta uma versão em geral mais otimista sobre o comércio, as finanças e as manufaturas italianas: Laven, *Renaissance Italy 1464-1534*, p.35-108.

24 Cipolla, The Trends in Italian Economic History in the Later Middle Ages, *Economic History Review*, II, n.2, 1949, p.181-84.

italianas de bens de luxo em níveis altos. Mas estavam por vir limites fatais para a prosperidade comercial e industrial das cidades.

A organização das guildas, que distinguiu os centros urbanos renascentistas das cidades clássicas, impôs restrições inerentes ao desenvolvimento da indústria capitalista na Itália. As corporações de ofício bloquearam a plena separação entre produtores diretos e meios de produção dentro da economia urbana, o que era precondição para o modo de produção capitalista como tal: elas se definiam por uma unidade persistente entre o artesão e suas ferramentas, unidade que não pôde se romper dentro desse quadro. Em certos centros avançados como Florença, a indústria de tecidos de lã alcançou, em alguma medida, uma organização protofabril, baseada no trabalho assalariado propriamente dito; mas a norma geral das manufaturas têxteis continuou sendo o sistema de oficinas domésticas sob o controle do capital mercantil. Setor após setor, os artesãos rigidamente agrupados em guildas regulamentavam seus métodos e ritmos de trabalho de acordo com as tradições e os costumes da corporação, o que representava um temível obstáculo ao progresso da técnica e da exploração do trabalho. Veneza desenvolveu a última e mais competitiva indústria de lã da Itália no século XVI, quando tomou os mercados de Florença e Milão – talvez o sucesso comercial mais notável da época. Ainda assim, mesmo em Veneza as corporações de ofício acabaram se revelando uma barreira insuperável ao progresso técnico: também aqui "pode-se dizer que todo o conjunto da legislação corporativa visava impedir qualquer tipo de inovação".[25] Assim, o capital manufatureiro propriamente dito operava dentro de um espaço restrito, com poucas chances de reprodução ampliada: a concorrência de indústrias estrangeiras mais livres e localizadas na zona rural, com menores custos de produção, acabaria por levá-lo à ruína. O capital mercantil prosperou por mais tempo, pois o mercado não estava sujeito a tais grilhões; mas também acabaria pagando o preço de sua relativa inércia técnica,

25 Id., The Decline of Italy, *Economic History Review*, V, n.2, 1952, p.183. As guildas das indústrias têxteis de exportação mantiveram um alto nível de qualidade e resistiram às reduções de pagamentos: seus tecidos nunca se modificaram para se adaptar às modas. Como resultado, as roupas italianas, caras e antiquadas, não conseguiram competir com os preços e acabaram fora do mercado.

quando o domínio marítimo se deslocou da navegação mediterrânica para a atlântica com o advento de formas de transporte naval mais rápidas e baratas, desenvolvidas por holandeses e ingleses.[26] O capital financeiro manteve seus níveis de lucratividade por mais tempo ainda, pois estava mais dissociado dos processos materiais de produção. Mesmo assim, sua dependência parasitária das cortes e exércitos internacionais o tornou particularmente vulnerável às vicissitudes. As trajetórias de Florença, Veneza e Gênova – vítimas dos tecidos ingleses e franceses, da navegação portuguesa e holandesa, das falências bancárias espanholas – viriam a ilustrar essas contingências sucessivas. A liderança econômica das cidades renascentistas da Itália se revelou precária. Ao mesmo tempo, a estabilização política das oligarquias republicanas que em geral emergiram das lutas entre patriciados e guildas se mostrou, na maior parte das vezes, bastante difícil: o ressentimento social da massa de artesãos e pobres urbanos continuou sob a superfície da vida municipal, pronto para explodir em novas crises sempre que o círculo fechado dos poderosos se dividia em facções.[27] Por fim, o grande crescimento na escala e na intensidade da guerra, com o advento da artilharia de campo e da infantaria profissional de lanceiros, deixou as modestas defesas das pequenas cidades-Estado cada vez mais ultrapassadas. As repúblicas italianas iam ficando ainda mais vulneráveis à medida que os exércitos europeus do início da época moderna desenvolviam seu tamanho e poder de fogo. O conjunto dessas tensões, visível em diferentes graus e diferentes momentos nas cidades do norte e do centro, prepararam o palco para a ascensão das *signorie*.

O pano de fundo social desses senhorios ascendentes nas cidades se encontrava nos confins do campo feudal. A rede de comunas jamais conseguira cobrir todo o norte e centro da península: sempre persistiram

26 Lane, Discussion, *Journal of Economic History*, XXIV, n.4, dez. 1964, p.466-7.

27 A multiplicação das rivalidades e contatos políticos interurbanos também teve um papel preponderante, na emergência das *signorie* nessa época: "Todas as *signorie* do norte da Itália, sem exceção, nasceram com a ajuda direta ou indireta de forças externas à cidade, que seria o palco do novo senhorio". Sestan, Le origini delle signorie cittadine: un problema storico esaurito?, *Bollettino dell'Istituto Storico Italiano per il Medio Evo*, n.73, 1961, p.57. Sobre o exemplo de Florença, ver abaixo.

entre elas vastos interstícios rurais, dominados por senhores nobres. Estes haviam proporcionado boa parte do apoio aristocrático às campanhas Hohenstaufen contra as cidades dos guelfos, e a origem das *signorie* pode ser rastreada até os aliados ou lugar-tenentes de Frederico II nas regiões menos urbanizadas de Saluzzo ou do Vêneto.[28] Na Romagna, a própria expansão das comunas para o campo, por meio da criação dos *contados* submissos, levou à conquista de cidades por senhores rurais, cujos territórios lhes foram incorporados.[29] A maioria dos primeiros tiranos do norte era de feudatários ou *condottieri*, que tomaram o poder devido à sua posse sobre a *podesteria* ou *capitaneria* das cidades. Em muitos casos, eles desfrutaram de uma simpatia popular temporária, por terem suprimido as odiosas oligarquias municipais ou restaurado a ordem cívica depois de endêmicas explosões de violência faccionária entre as antigas famílias dominantes. E, quase sempre, eles trouxeram ou criaram um grande aparato militar, melhor adaptado às necessidades da guerra moderna. Suas conquistas provinciais tenderam, então, a aumentar por si mesmas o peso do componente rural das cidades-Estado que eles agora governavam.[30]

O vínculo das *signorie* com a terra de onde elas extraiam tropas e rendas continuou sempre estreito, como o testemunharia seu padrão de expansão. Originário das "alas" mais atrasadas do norte da Itália, ao longo dos passos alpinos no oeste e do delta do Pó no leste, o poder principesco se moveu para o sofisticado centro da cena política no final do século XIII,

28 Jordan, *Les Origines de la domination angévine*, v.1, p.68-72, 274.

29 Larner, *The Lords of the Romagna*, p.14-7, 76.

30 Nesse aspecto, o contraste entre as cidades italianas e germânicas do século XV é particularmente notável. Como ainda veremos, as cidades do Reno e da Suábia nunca possuíram a periferia rural que distinguia as suas equivalentes na Lombardia e na Toscana. Por outro lado, seu território econômico contava com um complexo *mineiro* – prata, cobre, estanho, zinco e ferro – de um tipo quase ausente na Itália e, por isso, produziu uma indústria metalúrgica muito mais dinâmica que qualquer outra ao sul dos Alpes. Dessa forma, enquanto as cidades italianas esbanjavam criações artísticas, as cidades alemãs dessa época foram palco do maior conjunto de invenções técnicas da Europa: imprensa, refino de minério, fundição, fabricação bélica e de relógios – praticamente todos os principais avanços tecnológicos daqueles tempos surgiram ou se aperfeiçoaram nas cidades alemãs.

quando os Visconti tomaram Milão – antiga alma comunal da Liga Lombarda. A partir daí, Milão passou a representar sempre o principado mais estável e poderoso entre as mais importantes cidades italianas, por causa da composição interna específica do Estado. Não era um porto marítimo, nem um grande centro manufatureiro, suas indústrias eram prósperas e numerosas, mas também pequenas e fragmentadas; por outro lado, a cidade possuía a zona agrícola mais avançada da Itália, com os campos irrigados das planícies lombardas – que iriam resistir à depressão agrária do século XIV melhor que qualquer outra área da Europa. Cidade de maior riqueza rural entre os principais centros italianos, Milão foi o trampolim natural para a primeira *signoria* de importância internacional no norte. Ao fim do século XIII, boa parte da Itália acima dos Apeninos havia caído nas mãos de pequenos senhores ou militares aventureiros. A Toscana resistiu por mais cem anos, mas, no correr do século XV, também sucumbiu às tiranias. Florença, maior centro bancário e manufatureiro da península, acabou escorregando para o brando punho hereditário dos Médici, embora com episódios de recidivas republicanas: para garantir a vitória final de um regime principesco em Florença, foram necessárias a proteção militar e diplomática dos Sforza de Milão[31] e, depois, a pressão dos papas Médici de Roma. Na própria Roma, o governo de Della Rovere, papa Júlio II, no início do século XVI, pela primeira vez forçou a estrutura política e militar do Estado papal a adotar uma forma parecida com a dos poderes rivais além do Tibre. Como era de se prever, as duas repúblicas marítimas, Veneza e Gênova, aguentaram sozinhas a investida de um novo tipo de corte e de príncipe – salvaguardadas pela relativa ausência de cinturões rurais ao seu redor. No entanto, a *serrata* veneziana deu origem a uma pequena camarilha hereditária de governantes que, a partir de então,

31 A suave discrição da supremacia de Cosimo de Médici sobre Florença – exercida indiretamente, por meio da manipulação eleitoral – correspondia à relativa fragilidade das bases sociais do governo da família. Lorenzo só acedeu ao poder de maneira pacífica por causa da ameaça de intervenção milanesa, caso ele não o fizesse. A respeito do caráter original do domínio Médici sobre Florença e do apoio que recebiam de Milão, ver: Rubinstein, *The Government of Florence under the Medici (1434-1494)*, p.128-35, 161, 175.

congelaram o desenvolvimento político da cidade e se provaram incapazes de integrar as posses territoriais que a República veio a adquirir em um Estado moderno e unitário.[32] O patriciado genovês, mercenário e antissocial, sobreviveu com o amparo do imperialismo hispânico. Em todas as outras partes, a maioria das cidades-República desapareceu.

É claro que, em termos culturais, a Renascença chegou ao auge nesse derradeiro ato da civilização urbana na Itália, antes daquelas que seriam encaradas como as novas invasões "bárbaras", vindas do outro lado dos Alpes e do Mediterrâneo. O patronato principesco e clerical dessas novas e deslumbrantes cortes da península investiu prodigamente nas artes e nas letras: arquitetura, escultura, pintura, filologia e história, todas se beneficiaram do calor de estufa em um clima abertamente aristocrático de erudição e etiqueta. Em termos econômicos, a rastejante estagnação da técnica e dos empreendimentos se escondeu atrás do *boom* no resto da Europa ocidental, que continuou a aumentar a demanda por bens de luxo italianos, mesmo depois das manufaturas domésticas terem parado de inovar, o que assegurou a riqueza faustosa das *signorie*. Mas, em termos políticos, o potencial desses Estados sub-régios se provou muito limitado. O mosaico de comunas no norte e no centro dera lugar a um número menor de tiranias urbanas consolidadas, as quais então se engajaram em constantes guerras e intrigas de umas contra as outras, com vistas ao predomínio sobre a Itália. Mas nenhum dos cinco maiores Estados da península – Milão, Florença, Veneza, Roma e Nápoles – teve força o bastante para superar os demais, ou mesmo para absorver os muitos principados e centros urbanos menores. O recuo forçado de Gian Galeazzo Visconti para a Lombardia, sob a pressão de seus vários adversários na virada do século XV, marcou o fim da mais exitosa tentativa de supremacia. A incessante rivalidade política e militar entre Estados de força mediana acabou por chegar a um equilíbrio precário com o Tratado de Lodi, no ano de 1451. A essa altura, as cidades renascentistas já haviam desenvolvido os instrumentos básicos da arte do governo e da agressividade que viriam legar ao absolutismo europeu uma herança cuja imensa importância já vimos. As imposições fiscais,

32 Ver os comentários perspicazes de Procacci, *Storia degli italiani*, v.1, p.144-7.

as dívidas financiadas, a venda de cargos, as embaixadas estrangeiras, as agências de espionagem: tudo isso apareceu pela primeira vez nas cidades-Estado italianas, um tipo de ensaio em escala reduzida do grande sistema internacional e dos conflitos que estavam por vir.[33]

Ainda assim, o regime das *signorie* não pôde alterar os parâmetros básicos do impasse a que chegara o desenvolvimento político italiano após a derrota do projeto de uma monarquia imperial unitária na época Hohenstaufen. Por causa da própria precocidade de seu desenvolvimento urbano e comercial, as comunas haviam sido estruturalmente incapazes de alcançar a unificação da península. As *signorie* representaram uma reafirmação política do meio rural e senhorial onde as comunas sempre estiveram inseridas. Mas nunca foi possível uma verdadeira vitória social do campo sobre as cidades no norte e no centro da Itália: a força de atração dos centros urbanos era grande demais, e a classe fundiária local jamais conseguiu formar uma nobreza feudal coesa, com alguma tradição ancestral ou *esprit de corps*. Os senhores que usurparam o poder nas repúblicas eram, com frequência, mercenários, arrivistas ou aventureiros, embora também houvesse os grandes mercadores e banqueiros. Em consequência, o domínio da *signoria* sempre esteve sob um profundo sentido de ilegitimidade:[34] ele se baseava na força recente e na fraude pessoal, sem o respaldo de qualquer consentimento social no Direito ou na hierarquia aristocrática. Os principados extinguiram a vitalidade cívica das cidades republicanas; mas não puderam confiar na lealdade nem na disciplina de um campo senhorial. Assim, apesar do modernismo aparentemente *outré* de seus meios e técnicas, da famosa inauguração de sua mais pura "política da força", as *signorie* na verdade foram inerentemente incapazes de gerar a forma Estado característica do início da época moderna, um absolutismo régio unitário.

Foi a turva experiência histórica desses senhorios que gerou a teoria política de Maquiavel. Convencionalmente apresentada como ápice da *Realpolitik* moderna, prenúncio das práticas das monarquias seculares do absolutismo

33 Ver Mattingly, *Renaissance Diplomacy*, p.58-60.

34 É claro que o grau e o tipo dessa ilegitimidade variavam; na Romagna, tiranos locais aos poucos foram adquirindo uma certa normalidade dinástica ao longo do século XV: Larner, *The Lords of the Romagna*, p.78, 154.

europeu, ela foi, na verdade, um programa idealizado para uma *signoria* de toda a Itália, ou talvez apenas da Itália central, às vésperas da supressão histórica dessa forma de domínio.[35] A inteligência alerta de Maquiavel sabia muito bem da distância que existia entre os Estados dinásticos da Espanha ou da França e as tiranias provinciais da Itália. Ele percebeu que a monarquia francesa se cercava por uma aristocracia poderosa e se baseava em uma legitimidade venerada: seu traço distintivo era a proeminência de "nobres" autônomos e de "leis" tradicionais.

> O rei da França está cercado pela companhia de nobres de longa data, reconhecidos e amados por seus súditos; eles têm suas prerrogativas, e o rei não pode privá-los delas, a não ser por sua própria conta e risco [...]. O reino da França é mais regulamentado por leis que qualquer outro de que tenhamos conhecimento hoje.[36]

Mas Maquiavel não conseguiu compreender que a força das novas monarquias territoriais se fundamentava precisamente nessa combinação de nobreza feudal e legalidade constitucional; ele acreditava que os *parlements* franceses eram apenas uma fachada régia para a intimidação da aristocracia e o apaziguamento das massas.[37] A aversão de Maquiavel à aristocracia era tão intensa e geral que ele chegou a declarar que uma pequena nobreza fundiária era incompatível com qualquer tipo de ordem política viável ou estável:

---

35 Chabod, a mais lúcida autoridade no tema, acredita que Maquiavel visava apenas a esta última, um principado forte na Itália central, e não um Estado peninsular: *Scritti su Machiavelli*, p.64-7.

36 Maquiavel, *Il principe e Discorsi sopra la prima ceca de Tito Livio* (Introdução de Giuliano Procacci), p.26, 262: a melhor edição dos últimos anos.

37 Maquiavel, *Il principe e Discorsi,* p.77-8. A compreensão de Maquiavel sobre a natureza e o papel da nobreza da França era, na verdade, bastante confusa e insegura. Em seu *Ritratto di cose di Francia*, ele descreve a aristocracia francesa como "extremamente condescendente" (*ossequentissimi*) com a monarquia, em total contradição com suas afirmações citadas acima. Ver *Arte della guerra e scritti politici minori*, p.164.

> Aqueles Estados cuja vida política permanece incorrupta não permitem que seus cidadãos sejam fidalgos, nem que vivam à moda dos fidalgos [...]. Para esclarecer o termo, direi que por "fidalgo" se entende aqueles que vivem ociosamente, por conta dos abundantes rendimentos de suas herdades, sem desempenhar nenhum papel no cultivo nem cumprir nenhuma outra tarefa necessária à vida. Tais homens são perniciosos para toda República e em toda província; mas ainda mais maléficos são aqueles que, além das rendas de suas herdades, controlam castelos e comandam súditos que os obedecem [...]. Homens com essa marca são inimigos completos de qualquer forma de governo cívico.[38]

Olhando melancolicamente para as cidades germânicas que não tinham nenhuma periferia senhorial,[39] ele carregava um certo republicanismo nostálgico, feito de vagas recordações da República de Soderini, à qual servira, e de uma reverência de antiquário pela época heroica de Roma, registrada por Tito Lívio.

Mas, no fundo, o republicanismo de Maquiavel nos *Discursos* era sentimental e contingente. Pois todos os regimes políticos eram dominados por um pequeno círculo de poder: "Em todos os Estados, seja qual for seu tipo de governo, os verdadeiros governantes nunca são mais que quarenta ou cinquenta cidadãos".[40] A grande massa da população abaixo dessa elite só podia cuidar de sua própria segurança: "A esmagadora maioria daqueles que clamam por liberdade deseja apenas viver em segurança". Um governo de sucesso sempre podia suprimir as liberdades tradicionais, com tanto que deixasse intactas a propriedade e a família de seus súditos; e podia até mesmo promover seus empreendimentos econômicos, desde que isso contribuísse para o proveito do próprio governo. "Um príncipe sempre pode inspirar medo e, ainda assim, evitar o ódio: basta que se abstenha da propriedade de seus súditos e cidadãos e de suas mulheres."[41] Essas máximas eram verdadeiras para qualquer sistema político – principado

38 Maquiaval, *Il principe e Discorsi*, p.256.

39 Ibid., p.255-6.

40 Ibid., p.176.

41 Ibid., p.70.

ou república. Mas as constituições republicanas se adequavam apenas à persistência: conseguiam preservar uma organização política existente, mas não inaugurar uma nova.[42] Para fundar um Estado italiano capaz de resistir aos invasores bárbaros vindos da França, Suíça e Espanha, eram necessárias a vontade concentrada e a energia implacável de um príncipe único. Aí estava a verdadeira paixão de Maquiavel. Suas prescrições se dirigiam, em essência, ao futuro arquiteto de um senhorio peninsular – necessariamente *parvenu*. Logo de início, *O príncipe* declara que irá examinar dois tipos de principado, o "hereditário" e o "novo", e nunca perde de vista a diferença entre eles. Mas a preocupação candente do tratado, que domina seu conteúdo até o fim, é essencialmente a criação de um novo principado, tarefa que Maquiavel acaba por proclamar como a maior realização de qualquer governante:

> O novo príncipe, se observar com cuidado as lições expostas acima, tomará a aparência de um governante tradicional, e seu governo logo se tornará mais firme e seguro que estaria se nele houvesse se enraizado desde há muito tempo. Pois os feitos de um novo príncipe atraem muito mais atenção que os de um governante hereditário; e, quando suas ações são de valor, cativam e unem os homens muito melhor que o sangue régio [...]. O novo príncipe terá uma glória dupla.[43]

Esse desequilíbrio oculto na abordagem é evidente em todo o livro. Maquiavel afirma que os dois fundamentos principais do governo são as "boas leis" e as "boas armas"; mas logo acrescenta que, como a coerção cria a legalidade, e não vice-versa, ele irá considerar apenas a coerção. "Os fundamentos principais de todo Estado – novo, antigo ou compósito – são as boas leis e as boas armas; e como não pode haver boas leis sem boas armas,

42 Ibid., p.265.

43 Maquiavel, *Il principe e Discorsi*, p.97. Compare esse tom com o de Bodin: "Aquele que por sua própria autoridade se fez príncipe soberano, sem eleição, direito hereditário nem sorteio, mas apenas pela guerra ou por um chamado divino especial, é um tirano". Tal governante "pisa sobre as leis da natureza". *Les Six Livres de la République*, p.211, 218.

e onde houver boas armas deve haver boas leis, não considerarei as leis, mas falarei das armas."[44] Naquela que talvez seja a passagem mais famosa do *Príncipe*, ele repete o mesmo deslize conceitual tão revelador. Lei e força são os respectivos modos de conduta natural dos homens e dos animais, afirma ele, e o príncipe deve ser um "centauro", capaz de combinar as duas. Mas, na prática, a "combinação" principesca que ele discute não é a do centauro, metade homem e metade animal, mas sim – por um deslizamento imediato – a de dois animais, o "leão" e a "raposa": força e ardil.

> Há dois meios de lutar: pela lei ou pela força. O primeiro é próprio dos homens, e o segundo, dos animais; mas, como o primeiro modo é, muitas vezes, inadequado, faz-se necessário recorrer ao segundo. Assim, o príncipe precisa saber como fazer bom uso do animal e do homem. Os escritores antigos instruíam os príncipes nessa lição por meio de uma alegoria: contavam como Aquiles e muitos outros governantes da Antiguidade foram, ainda na infância, entregues ao centauro Quíron, para serem criados e treinados por este. O significado dessa história de um mestre metade animal e metade homem é o de que o príncipe deve adquirir a natureza de ambos; se ele possuir as qualidades de um e não as do outro, estará perdido. Por isso, como um príncipe é obrigado a saber agir como um animal, ele deve aprender com a raposa e com o leão.[45]

Pois o temor é sempre preferível à afeição dos súditos; e, para controlá-los, a violência e o engano são superiores à legalidade.

> Pode-se dizer dos homens em geral: eles são ingratos, desleais, insinceros e traiçoeiros, tementes ao perigo e ávidos por lucro [...]. O amor é um vínculo de obrigação que essas miseráveis criaturas rompem sempre que lhes convém; mas o medo os prende com aperto, pelo pavor da punição, que nunca passa.[46]

---

44 Maquiavel, *Il principe e Discorsi*, p.53.
45 Ibid., p.72.
46 Ibid., p.69-70.

Esses preceitos sumários foram normas vigentes nas pequenas tiranias da Itália: estavam bem longe das realidades muito mais complexas das estruturas ideológicas e políticas do poder de classe das novas monarquias da Europa ocidental. Maquiavel quase não compreendia a imensa força histórica da *legitimidade* dinástica, na qual se enraizava o absolutismo emergente. Seu mundo era o dos aventureiros transitórios e dos tiranos arrivistas das *signorie* italianas; seu ponto de referência era César Bórgia. O resultado do "ilegitimismo" calculado da perspectiva de Maquiavel foi seu famoso "tecnicismo", a defesa de meios moralmente questionáveis para a consecução de fins políticos convencionais, livres de restrições e imperativos éticos. Uma vez dissolvidas todas as bases sociais e jurídicas da soberania e anuladas a lealdade e a solidariedade aristocráticas, a conduta do príncipe só podia ser um catálogo de perfídia e crime. Para os tempos futuros, esse despojamento da ideologia feudal ou religiosa no exercício prático do poder pareceu constituir o segredo – e a grandeza – da modernidade de Maquiavel.[47] Mas, na verdade, à sua teoria política, de aparência tão moderna em sua intenção de racionalidade clínica, faltava sintomaticamente uma concepção segura e objetiva de *Estado*. Em seus escritos há uma ondulação constante de vocabulário, na qual os termos *città*, *governo*, *republica* ou *stato* se alternam de maneira incerta, embora todos tendam a se subordinar à noção que deu nome à sua obra central: o *príncipe*, que podia ser senhor tanto de uma "república" quanto de um "principado".[48] Maquiavel nunca fez uma separação completa entre a pessoa do governante, que podia, em princípio, cair por acaso em qualquer lugar (César Bórgia e seus equivalentes), e a estrutura impessoal de uma ordem política

47 Esses tempos futuros não estavam errados, é claro. Em certo sentido, foi precisamente o fato de Maquiavel não ter se ancorado nos principais movimentos de sua época histórica o que deu origem a uma obra política de caráter mais geral e longevo.

48 Para alguns exemplos, ver: Maquiavel, *Il principe e Discorsi*, p.129-31; 309-11; 355-7. Ver os comentários de Chabod em: Alcuni questioni di terminologia: Stato, nazione, patria nel linguaggio del cinquecento, In: Chabod, *L'idea di nazione*, p.145-53.

com território fixo.[49] Na época do absolutismo, a interconexão funcional entre ambas era bastante efetiva: mas, por não compreender o necessário vínculo social entre monarquia e nobreza, Maquiavel tendeu a reduzir sua noção de Estado à simples propriedade passiva da pessoa do príncipe, ornamento acessório à sua vontade. A consequência desse voluntarismo foi o paradoxo curioso e central da obra de Maquiavel: sua constante denúncia contra os mercenários e sua persistente defesa da milícia urbana como a única organização militar capaz de executar os projetos de um Príncipe forte, que pudesse ser o autor de uma nova Itália. Esse é o tema do vibrante chamamento final de sua obra mais célebre, endereçada aos Médici. "Mercenários e auxiliares são inúteis e perigosos [...] levaram a Itália à escravidão e à ignomínia" – "assim, se vossa ilustre Casa quiser seguir aqueles distintos homens que salvaram seus países, deve, antes de mais nada, construir um exército próprio."[50] Mais tarde, apoiando-se em todos os exemplos da Antiguidade, Maquiavel iria dedicar a *Arte da guerra* à defesa de seu argumento militar por um exército mais uma vez todo formado por cidadãos.

Maquiavel achava que os mercenários eram a causa da fragilidade política italiana; e, como secretário da República, ele próprio tentou armar os camponeses locais para defender Florença. É claro que, na verdade, os mercenários foram a precondição dos novos exércitos régios além dos Alpes, ao passo que as novas milícias comunais de Maquiavel não pararam de cair diante das tropas regulares, sem representar grandes dificuldades.[51] Mas a razão desse equívoco militar vinha do cerne das doutrinas políticas de Maquiavel. Pois

49 Em Maquiavel há algumas poucas passagens que indicam uma consciência dos limites de sua concepção dominante de Estado: "Como tudo o que na natureza nasce e cresce rápido demais, os governos que se erguem às pressas não têm raízes e ramificações firmes, podem ser derrubados pela primeira rajada de vento". Maquiavel, *Il principe e Discorsi*, p.34. Em sua competente introdução, Procacci dá considerável relevo aos termos *barbe e correspondenzie* (raízes e ramificações) como provas de que Maquiavel possuía, sim, uma noção objetiva do Estado principesco (*Introduzione*, p.L). Mas, na verdade, o mais impressionante dessa frase tão pertinente é a ausência geral de seus ecos ou consequências em todo *O príncipe*.

50 Ibid., p.53, 58, 104.

51 Sobre esse episódio, ver Oman, *A History of War in the Sixteenth Century*, p.96-7.

ele confundia os *mercenários* europeus com os *condottieri* do sistema italiano: a diferença era, precisamente, que os *condottieri* possuíam suas próprias tropas e podiam leiloá-las ou deslocá-las de um lado para o outro nas guerras locais, ao passo que os governantes régios além dos Alpes formavam ou contratavam corpos de mercenários diretamente sob seu controle, constituindo aquilo que seria o precursor dos exércitos profissionais permanentes. Em Maquiavel, foi a combinação entre seu conceito de Estado como propriedade adventícia do príncipe e a aceitação dos aventureiros como príncipes que o induziu ao erro de pensar que os voláteis *condottieri* eram elementos típicos da guerra mercenária na Europa. O que ele não conseguiu ver foi a força da autoridade dinástica que, enraizada na nobreza feudal, tornava o uso doméstico de tropas mercenárias não apenas seguro, mas também superior a qualquer outro sistema militar disponível à época. A incongruência lógica de uma milícia de cidadãos sob uma tirania usurpadora – fórmula para a libertação da Itália – era só um sinal desesperado da impossibilidade histórica de uma *signoria* peninsular. Para além disso, restaram apenas as receitas banais de engodo e ferocidade que vieram a receber o nome de maquiavelismo.[52] Esses conselhos do secretário florentino foram uma mera teoria da fragilidade política: seu tecnicismo era um empirismo cego, incapaz de identificar as causas sociais mais profundas dos eventos que registrava, confinado à vã manipulação superficial, utópica e mefistofélica.

Assim, a obra de Maquiavel refletiu fundamentalmente, em sua estrutura interna, o impasse final das cidades-Estado às vésperas de sua absorção. E continua sendo o melhor guia para seu fim. Na Prússia e na Rússia, como veremos, um superabsolutismo emergiu no vácuo das cidades. Na

52 Nos dias de hoje, esse aspecto da obra de Maquiavel – que deu origem à sua impressionante "lenda" nos séculos seguintes – em geral é desconsiderado por seus comentadores mais sérios, como se fosse de pouco interesse intelectual. Mas, na verdade, esse aspecto é conceitualmente inseparável da estrutura teórica de seu trabalho e não pode ser ignorado com tal polidez: trata-se de um resíduo lógico e necessário de seu pensamento. A melhor e mais vigorosa discussão do verdadeiro significado do "maquiavelismo" é a de Mounin, *Machiavel*, p.202-12. [Ed. port.: *Maquiavel*, Lisboa: Edições 70, 1984.]

Itália e na Alemanha a oeste do Elba, a densidade dos centros urbanos produziu apenas um tipo de microabsolutismo – uma proliferação de pequenos principados que cristalizaram as divisões do país. Esses Estados em miniatura não estavam em posição de resistir às monarquias feudais vizinhas, e, em pouco tempo, conquistadores estrangeiros forçariam a península a se alinhar aos parâmetros europeus. A França e a Espanha se desentenderam quanto ao controle da região nas primeiras décadas de suas respectivas integrações políticas, nos últimos anos do século XV. Incapaz de produzir um absolutismo nacional a partir de seu interior, a Itália estava condenada a sofrer com um elemento vindo de fora. No meio século que se passou entre a marcha de Carlos VIII sobre Nápoles, em 1494, e a derrota de Henrique II em Saint Quentin, no ano de 1557, os Habsburgo reprimiram os Valois, e o prêmio caiu nas mãos da Espanha. A partir de então, o jugo espanhol, ancorado na Sicília, Nápoles e Milão, coordenou a península e domesticou o papado, sob o estandarte da Contrarreforma. Paradoxalmente, foi o avanço econômico do norte da Itália o que depois a condenou a um longo ciclo de atraso político. Uma vez consolidado o poder Habsburgo, o resultado final foi a regressão também econômica: a ruralização dos patriciados urbanos, que, em decadência, abandonaram as finanças e as manufaturas para investir na terra. Daí as "cem cidades do silêncio" a que Gramsci iria se referir seguidas vezes.[53] Por uma curiosa

53 Gramsci, *Passato e Presente*, p.98; *Note sul Machiavelli*, p.7 [Ed. bras.: *Maquiavel, a Política e o Estado Moderno*. Rio de Janeiro: Civilização Brasileira, 1976]; *Il Risorgimento*, p.95. A frase foi emprestada do ciclo de poemas de D'Annunzio. As análises de Gramsci sobre o problema da unidade italiana na Renascença, com a qual estava profundamente preocupado, padecem do pressuposto implícito de que as novas monarquias europeias que estavam unificando a França, a Inglaterra e a Espanha tinham um caráter burguês (ou, pelo menos, equilibrado entre a burguesia e a aristocracia). Assim, ele tende a reduzir, de maneira ilegítima, dois problemas históricos distintos: a ausência de um absolutismo unitário no Renascimento e a subsequente falta de uma revolução democrática radical no *Risorgimento*. Ambos figuram como evidência do fracasso da burguesia italiana: o primeiro por causa do corporativismo e da involução das comunas na passagem da época medieval para a moderna; o segundo por causa do conluio entre moderados e latifundiários sulistas no século XIX. Mas, na realidade, o oposto é que é verdadeiro, como já vimos. Foi a ausência de uma *nobreza feudal* dominante que evitou um absolutismo peninsular e, por conseguinte, um

compressão de épocas históricas, a monarquia piemontesa é que iria, em última instância, alcançar a unificação nacional, já na era das revoluções burguesas no Ocidente. De fato, o Piemonte dispunha da base lógica para essa unificação: pois apenas ali emergiu um absolutismo nativo e rigoroso, diretamente fundado sobre a nobreza feudal de uma formação social dominada pela servidão. Se comparado a Veneza ou Milão, o Estado que Emanuele Filiberto e Carlo Emanuele construíram em Saboia tinha uma economia rudimentar; exatamente por isso, provou ser o único núcleo territorial capaz de realizar, no futuro, um avanço político.

Sua posição geográfica montada nos Alpes foi decisiva para esse seu destino excepcional. Pois ela significou, por três séculos, a possibilidade de Saboia manter sua autonomia e ampliar suas fronteiras, jogando as maiores potências do continente umas contra as outras – primeiro a França contra a Espanha, depois a Áustria contra a França. Em 1460, às vésperas das invasões estrangeiras que iriam encerrar a Renascença, o Piemonte era o único Estado independente da Itália com um sistema de estados atuante[54] – exatamente por ser a formação social mais feudal da península, é claro. Os estados se organizavam em um sistema convencional de três cúrias, sob o domínio da nobreza. As rendas dos duques governantes eram diminutas, e sua autoridade, limitada, embora o clero, que detinha um terço das terras, fosse seu aliado. Os estados se recusavam a conceder subsídios para um

---

Estado unitário coevo aos da França e Espanha; e foi a presença regional dessa nobreza no Piemonte que permitiu a criação de um Estado que iria servir de trampolim à unificação tardia na era do capitalismo industrial. Em grande medida, o erro da compreensão de Gramsci reflete sua confiança em Maquiavel como prisma através do qual ele via a Renascença, bem como sua crença de que Maquiavel representava um "jacobinismo precoce" (ver, em especial, *Note sul Machiavelli*, p.6-7, 14-6). Pois, em sua época, Maquiavel confundiu dois tempos históricos distintos, imaginando que um príncipe italiano podia formar um Estado autocrático poderoso ao recriar as milícias de cidadãos típicas das comunas do século XII, mortas havia muito tempo.

54 Junto com a Sicília – que, previsivelmente, era a outra região com um poderoso sistema de estados, mas que agora fazia parte do reino de Aragão: Koenigsberger, The Parliament of Piedmont during the Renaissance, 1640-1560, *Studies Presented to the International Commission for the History of Representative and Parliamentary Institutions*, IX, Louvain, 1952, p.70.

exército permanente. E, então, na década de 1530, tropas francesas e espanholas ocuparam o oeste e o leste do Piemonte, respectivamente. Na zona francesa, os estados foram mantidos como *états* provinciais do reino Valois, mas, na zona espanhola, foram suprimidos a partir de 1555. A administração francesa reorganizou e modernizou a arcaica ordem política local; o maior beneficiário dessa obra foi o duque Emanuele Filiberto. Educado na Espanha, combatente em Flandres, esse aliado dos Habsburgo e vencedor em Saint-Quentin recuperou todo o seu patrimônio em 1559, com o Tratado de Cateau-Cambrésis.[55] Duque vigoroso e autoritário, *Testa di Ferro* para seus contemporâneos, ele convocou os estados em 1560, angariou vasta concessão para um exército regular de 24 mil homens e depois dissolveu a assembleia para sempre. A partir daí, as inovações institucionais de trinta anos de jugo Valois foram preservadas e desenvolvidas: um Conselho de Estado executivo, parlamentos judiciais, *lettere di giussione* régias (ou seja, *lits de justice*), código legal unitário, moeda única, erário reorganizado e legislação suntuária. Quintuplicando seus rendimentos, Emanuele Filiberto criou uma nobreza de corte nova e leal, por meio de uma astuta distribuição de cargos e títulos. Sob o jugo de um duque que foi um dos primeiros governantes da Europa a se proclamar livre de todas as restrições legislativas – *Noi, come principi, siamo da ogni legge sciolti e liberi*[56] –, o Piemonte caminhou rapidamente rumo à precoce centralização principesca.

A partir de então, a dinastia piemontesa sempre tendeu a tomar de empréstimo os mecanismos e as formas políticas do absolutismo francês, ao mesmo tempo em que resistia à sua absorção territorial. O século XVII, porém, testemunhou longas recaídas em contendas nobres e guerras civis anárquicas sob governantes fracos – os ecos mais graves e prolongados da Fronda. Em uma região de tampão da Europa, os múltiplos enclaves e as

---

55 O Tratado ou Paz de Cateau-Cambrésis, assinado no século XVI por Felipe II, da Espanha, Henrique II, da França, e Isabel I, da Inglaterra, deu lugar a uma nova conjuntura internacional que favoreceu a Espanha por mais de cem anos. [N. E.]

56 "Nós, enquanto príncipes, somos de toda lei livres e libertos": a vindicação do duque era, por certo, uma reinterpretação direta da máxima romana. Para um relato sobre as reformas de Emanuele Filiberto no Piemonte, ver Caprariis, L'Italia nell'età della Controriforma. In: Nino Valeri (Org.) *Storia d'Italia* v.2, p.526-30.

fronteiras incertas do Estado dificultavam um controle ducal mais firme nos planaltos alpinos. Foi Vittorio Emanuele II quem concluiu de maneira definitiva o avanço rumo a um absolutismo centralizado, no começo do século XVIII. Uma habilidosa mudança de lados na guerra da sucessão espanhola, da França para a Áustria, assegurou ao Piemonte o condado de Montferrat e a ilha da Sardenha, além do reconhecimento europeu quanto a sua elevação de ducado a monarquia. Sinuoso na guerra, Vittorio Emanuele usou a paz que se seguiu para instaurar uma administração rígida, que tinha Colbert como modelo e abarcava até mesmo um conselho e um sistema de *intendants*. Depois, ele desenfeudou vastas porções de terra da nobreza por meio de um novo registro cadastral – a *perequazione* de 1731 –, aumentando então as receitas fiscais, pois as propriedades alodiais estavam sujeitas a impostos;[57] também construiu um amplo aparato militar e diplomático, ao qual integrou a aristocracia; eliminou imunidades clericais e subordinou a Igreja; e perseguiu um vigoroso mercantilismo protecionista, que incluiu a abertura de estradas e canais, a promoção das manufaturas de exportação e a construção de uma grande capital em Turim. Carlo Emanuele III, seu sucessor, forjou uma hábil aliança com a França contra a Áustria na guerra da sucessão polonesa, para ganhar parte da planície lombarda, e depois com a Áustria contra a França na guerra da sucessão austríaca, para manter esse mesmo território. O absolutismo piemontês

57 A *perequazione* é discutida em Woolf, *Studi sulla nobiltà piemontese nell'epoca dell'assolutismo*, p.69-75. O significado desse movimento para a história geral do absolutismo é bastante claro. Em uma organização política medieval, onde não havia um sistema fiscal centralizado, o interesse econômico do governante era multiplicar o número de feudos – os quais deviam serviços militares e taxas feudais – e reduzir o número de alódios, com seu regime de posse incondicional e, portanto, livre de obrigações a qualquer superior feudal. Com o advento de um sistema tributário centralizado, a situação se reverteu: os feudos ficaram de fora da taxação fiscal, porque deviam um serviço militar que agora era meramente simbólico, ao passo que as herdades alodiais puderam ser tributadas como qualquer outra propriedade urbana ou camponesa. Quase na mesma época, Frederico Guilherme I introduziu na Prússia uma reforma semelhante em 1717, para "comutar" o serviço dos cavaleiros em imposto, convertendo a propriedade feudal em alodial e, assim, acabando com a imunidade fiscal da nobreza. A medida provocou uma tempestade de indignação *junker*.

foi, portanto, um dos mais coerentes e bem-sucedidos da época. A exemplo das duas outras experiências sulistas com um absolutismo forte e moderno em pequenos Estados – o regime Tanucci em Nápoles e o de Pombal em Portugal –, apresentou um atraso cronológico: seu auge criativo foi no século XVIII, e não no XVII. Mas, fora isso, seu padrão foi bastante similar ao de seus mentores maiores. Na verdade, nos tempos de seu apogeu, o absolutismo piemontês talvez estivesse gastando com o exército – um corpo profissional e bem treinado – mais que qualquer outro Estado na Europa ocidental.[58] Esse aparato militar aristocrático viria a ser o penhor de seu futuro.

58 Quazza, *Le riforme in Piemonte nella prima metà del Settecento*, p.103-6. Quazza acredita que apenas a Prússia tenha se igualado ao Piemonte ou o superado em gastos militares nesse século.

7. *Suécia*

A súbita ascensão de um absolutismo sueco nos primeiros anos do século XVI – em uma passagem quase sem transição de um tipo de Estado "medieval prematuro" para um tipo "moderno prematuro" – não teve nenhum verdadeiro equivalente na Europa ocidental. A emergência do novo Estado foi precipitada de fora. Em 1520, o rei dinamarquês Cristiano II marchou com seu exército sobre a Suécia, para ali impor sua autoridade, derrotando e executando a facção oligárquica Sture, a qual governara o país de fato, como uma regência local, nos últimos anos da União de Kalmar. A perspectiva de uma forte monarquia estrangeira se impor na Suécia perfilou a aristocracia local e setores do campesinato independente atrás de Gustavo Vasa, o usurpador nobre que se insurgiu contra a dominação dinamarquesa e estabeleceu seu próprio governo no país três anos depois, com a ajuda de Lübeck – inimiga e rival hanseática da Dinamarca. Uma vez instalado no poder, Gustavo procedeu imediata e implacavelmente a fincar as bases de um Estado monárquico estável na Suécia.

Seu primeiro e decisivo movimento foi encetar a expropriação da Igreja, sob a oportuna bandeira da Reforma. Iniciado em 1527, esse processo se completou no ano de 1544, quando a Suécia se tornou oficialmente um país luterano. A Reforma Vasa foi, sem dúvidas, a mais bem-sucedida operação econômica desse tipo realizada por uma dinastia na Europa. Pois, ao contrário dos resultados dispersos que os Tudor conseguiram com a apreensão dos mosteiros e os príncipes germânicos com a secularização das terras eclesiais, a monarquia sueca ajuntou *en bloc* quase toda a herança das propriedades eclesiásticas. Com seus confiscos, Gustavo quintuplicou as fazendas régias, além de ter anexado dois terços dos dízimos antes recolhidos pelos bispos e tomado boa parte dos tesouros de prata das igrejas e monastérios.[1] Ao explorar as minas de prata, promover a exportação de barras de ferro e supervisionar minuciosamente as rendas e receitas de seu reino, Gustavo acumulou até sua morte um vasto excedente, sem nenhum aumento considerável nos impostos. Ao mesmo tempo, ele expandiu o aparato administrativo da monarquia para a gestão de todo o país, triplicando o número de bailios e experimentando a burocracia central que conselheiros germânicos projetaram para ele. As autonomias regionais dos turbulentos distritos mineiros de Dalarna foram suprimidas, e Estocolmo passou a contar com guarnições militares permanentes. A nobreza, cuja rivalidade econômica com o clero servira para engajá-la na expropriação das terras eclesiais, foi recebendo cada vez menos investiduras de feudos diretos de cavaleiros, o antigo *län på tjänst*,[2] e cada vez mais concessões do novo *förläning* [feudo], um tipo de benefício semiministerial de escopo muito mais limitado, correspondente a uma alocação de rendimentos régios específicos em troca de tarefas administrativas específicas. Essa medida de centralização não descontentou a aristocracia, que demonstrou uma solidariedade básica ao regime por todo o governo de Gustavo, o que aumentou ainda mais com sua vitória sobre as rebeliões camponesas em Dalarna (1527) e Smaland (1543-1544) e a humilhação militar de Lübeck. O tradicional *råd* [conselho] magnata foi preservado para aconselhar em questões de importância política, mas excluído da administração diária. Mas a inovação crucial da máquina política Vasa foi, acima de tudo, o uso constante, no início do reinado de Gustavo, da assembleia dos estados, o Riksdag, que se reuniu repetidas vezes para legitimar os atos da nova dinastia, conferindo às políticas régias o selo da aprovação popular. Nesse aspecto, a realização mais importante de Gustavo foi assegurar que os estados reunidos em

1 Roberts, *The Early Vasas*, p.178-9. O leitor de língua inglesa tem a sorte de contar com a ampla e notável obra desse historiador dedicado ao início da Suécia moderna.

2 Condados atribuídos como pagamento por serviços prestados ao rei. [N. E.]

Västerås, no ano de 1544, aceitassem o princípio de que a monarquia já não deveria ser eletiva, mas, a partir de então, hereditária na Casa de Vasa.[3]

Assim, Érico e João, filhos de Gustavo I, herdaram um Estado vigoroso, mesmo que ainda um tanto primitivo, que mantivera relações cordiais com a classe aristocrática ao lhe impor poucos encargos e ferir nenhum privilégio. Érico XIV, que subiu ao trono em 1560, reformou e expandiu o exército, intensificando as obrigações de serviço militar da nobreza. Ele também criou um novo sistema de títulos, conferindo aos magnatas as categorias de conde e barão e os investindo com feudos clássicos, hereditários. No plano externo, seu reinado inaugurou o expansionismo sueco para o norte do Báltico. Com o iminente colapso da Ordem dos Cavaleiros Livonianos frente ao ataque russo e a intervenção da Polônia para assegurar sua sucessão, a Suécia ocupou Reval, do outro lado do Golfo da Finlândia. Seguiu-se uma batalha confusa e intrincada entre as potências bálticas pelo controle da Livônia. Em 1568, Érico XIV – vítima de violentas suspeitas por parte dos magnatas – foi deposto, tido como desequilibrado. João III, o irmão que o sucedeu, prosseguiu as guerras livonianas com mais sucesso, passando para uma aliança com a Polônia, contra a Rússia. No final dos anos 1570, forças polonesas varreram os exércitos de Ivan IV de volta para Pskov, e tropas suecas conquistaram a Estônia: fincava-se, assim, a fundação do império ultramarino da Suécia. Enquanto isso, no plano interno, houve um rápido deslocamento para os benefícios *förläning*, os quais a monarquia confiava cada vez mais aos novos funcionários e bailios, até que, na década de 1590, apenas um terço deles estava nas mãos da nobreza.[4] Assim, ao fim do século, os atritos entre a monarquia e a aristocracia haviam crescido de maneira visível, a despeito das vitórias Vasa nas guerras da Livônia. Em 1592, a ascensão de Segismundo, filho católico de

---

3 A personalidade forte de Gustavo Vasa lembra, inevitavelmente, a de uma série de governantes europeus que construíram Estados e vieram antes dele: Henrique VII, Luís XI e Fernando II – assim como Érico XIV, seu extravagante primogênito, guarda certa semelhança com a flamejante instabilidade de Henrique VIII e Francisco I. Às vezes, o estudo sóbrio dessas mudanças e agrupamentos geracionais pode se revelar mais interessante que as biografias convencionais.

4 Roberts, *The Early Vasas*, p.306.

João III, logo precipitou um período de agudos conflitos religiosos e políticos que ameaçaram toda a estabilidade do Estado régio. Segismundo, devoto fervoroso da Contrarreforma, fora eleito rei da Polônia cinco anos antes, em parte por causa dos laços de casamento da dinastia Vasa com a agora finada dinastia jaguelônica. Obrigado pela nobreza sueca a aceitar a condição de respeitar o luteranismo na Suécia e se abster de qualquer tipo de unificação administrativa de seus dois reinos, ele residiu na Polônia, como monarca ausente, por dez anos. Na Suécia, seu tio Carlos, duque de Södermanland, e o *råd* magnata governaram o país: a aliança entre o duque e a nobreza manteve Segismundo efetivamente afastado de seu reino do norte. Os poderes pessoais cada vez mais arbitrários que Carlos concentrava em suas mãos acabaram por descontentar a alta aristocracia, que se perfilou a Segismundo quando, em 1604, ele voltou para reclamar seu patrimônio ante a usurpação do tio. O confronto armado que se seguiu terminou com a vitória ducal, com muita assistência da propaganda antipapal contra Segismundo, apresentado como ameaça de retorno católico à Suécia.

A tomada do poder pelo duque, que então passou a se chamar Carlos IX, foi selada pelo massacre judicial dos magnatas constitucionalistas do *råd*, que se alinhara com o contendor derrotado no conflito dinástico. A repressão e a neutralização do *råd* se fizeram acompanhar, sintomaticamente, por uma onda de convocações do parlamento *Riksdag*, que se revelou, uma vez mais, instrumento dócil e manipulável do absolutismo sueco. A nobreza foi expulsa da administração central e suas obrigações militares aumentaram. Para aplacar o desprezo e o desgosto aristocrático por sua usurpação, o rei distribuiu terras confiscadas aos magnatas oposicionistas, que haviam fugido com Segismundo, e concedeu à nobreza uma parcela maior dos *förläningar* [feudos].[5] Mas, quando da morte do rei, em 1611, depois de crescer ao longo dos anos, o grau de tensão e suspeita entre a dinastia e a aristocracia se revelou bruscamente. Pois a nobreza logo se aproveitou da chance da menoridade régia para impor, em 1612, uma Carta que: condenava formalmente as ilegalidades do regime anterior; restaurava o poder

5 Roberts, *The Early Vasas*, p.440.

do *råd* sobre a tributação e os assuntos do Estado; garantia o primado dos nobres nas indicações para a burocracia; e dava segurança de cargo e salários fixos aos funcionários estatais. O reinado de Gustavo Adolfo foi, portanto, guiado por um pacto constitucional cuidadosamente concebido para prevenir qualquer repetição das tiranias de seu pai. Na verdade, Gustavo Adolfo não demonstrou nenhuma inclinação para retornar a uma bruta autocracia régia. Seu governo, ao contrário, testemunhou a reconciliação e a integração da monarquia com a nobreza: à medida que a aristocracia se alistava coletivamente na administração e no exército modernos e poderosos que a Suécia agora construía, o aparato do Estado ia deixando de ser um rudimentar patrimônio dinástico. O grande nobre Oxenstierna, chanceler de Gustavo Adolfo, reorganizou todo o sistema executivo em cinco colegiados centrais de burocratas vindos da nobreza. O *råd* se tornou um Conselho Privado regular para deliberação acerca de políticas públicas. A composição e os procedimentos legislativos do Riksdag foram codificados em 1617; uma Ordenação jurídica dividiu a aristocracia em três graus e lhe concedeu, em 1626, uma câmara especial, ou *Riddarhus*, que a partir daí se tornou o foco dominante das assembleias dos estados. Dividiu-se o país em 24 unidades provinciais (formalmente chamadas de *län*), em cada uma das quais se instalou um *landhövding*, ou vice-rei, escolhido entre a nobreza.[6] Promoveu-se também um moderno sistema educacional, e a ideologia oficial exaltou a ascendência étnica da classe dominante sueca, cujos antepassados "góticos" haviam dominado a Europa. Enquanto isso, as despesas com a frota cresceram seis vezes durante o reinado de Gustavo Adolfo, e as tropas nativas se quadruplicaram.[7] Esse vasto revigoramento e racionalização do absolutismo sueco em terra natal forneceu a plataforma para a expansão militar de Gustavo Adolfo no exterior.

Assinando uma paz custosa logo no começo de seu reino, para se livrar da malsucedida guerra contra a Dinamarca que Carlos IX lhe legara, o rei concentrou seus objetivos iniciais na cena do norte do Báltico, onde

6 Roberts, *Gustavus Adolphus. A History of Sweden 1611-1632*, v.1, p.265-78, 293-7, 319-24.

7 Jeannin, *L'Europe du nord-ouest et du nord aux XVIIe et XVIIIe siècles*, p.130.

a Rússia ainda sofria com o Tempo de Dificuldades[8] e onde seu irmão Carlos Filipe quase se instalara como czar, com o apoio de boiardos e cossacos. Logo se realizaram ganhos territoriais, às custas da Rússia. Em 1617, pelo Tratado de Stolbova, a Suécia adquiriu a Íngria e a Carélia, assim ganhando o controle total sobre o Golfo da Finlândia. Quatro anos depois, Gustavo Adolfo tomou Riga à Polônia. Mais tarde, em 1625-1626, exércitos suecos expulsaram forças polonesas de toda a Livônia, conquistando a região. A operação seguinte foi um ataque anfíbio à Polônia em si, onde Segismundo ainda era rei. Também foram tomadas as rotas estratégicas para o leste da Prússia, com a anexação de Memel, Pilau e Elbing, e a partir de então o comércio de cereais do sul do Báltico sentiu o peso dos impostos. Ao encerramento da campanha polonesa em 1629 logo se seguiu o desembarque sueco na Pomerânia, em 1630, inaugurando a decisiva intervenção de Gustavo Adolfo na luta pela Alemanha durante a Guerra dos Trinta Anos. A essa altura, a força total do aparato militar sueco somava algo em torno de 72 mil homens, dos quais pouco mais da metade era de soldados nativos: os planos de guerra para 1630 previam o emprego de 46 mil homens na expedição para a Alemanha, mas, na prática, essa meta não foi atingida.[9] Mesmo assim, em apenas dois anos, Gustavo Adolfo liderou seus exércitos vitoriosamente, em um grande arco que passava por Brandemburgo e Renânia até a Baviera, estilhaçando a posição Habsburgo no império. Em 1632, ano da morte do rei no campo triunfal de Lützen, a Suécia já era o árbitro da Alemanha e a potência dominante em todo o norte da Europa.

O que possibilitou essa ascensão meteórica do absolutismo sueco? Para entender sua natureza e dinâmica, é necessário olhar mais uma vez para os traços distintivos da Escandinávia medieval que já esboçamos. A principal peculiaridade da formação social sueca às vésperas da época Vasa era a feudalização marcadamente incompleta das relações de produção na economia rural. Um pequeno campesinato dono de terras de tipo pré-feudal

8 Período de crise e pobreza na Rússia, entre a morte do último Rurikides, o Czar Teodoro Ivanovich, e o estabelecimento da dinastia dos Romanov, em 1613. [N. E.]

9 Roberts, *Gustavus Adolphus*, v.2, p.414-5, 444. Na verdade, o rei começou suas campanhas germânicas com cerca de 26 mil soldados.

ocupava metade dos campos cultivados no início do século XVI. Mas isso não quer dizer que a Suécia "nunca tenha conhecido o feudalismo", como tantas vezes se afirma.[10] Pois a outra metade da agricultura sueca pertencia ao complexo régio-clerical-nobiliárquico, onde se extraía de um campesinato dependente o excedente convencional de tipo feudal: embora os arrendatários desse setor nunca tenham sido juridicamente reduzidos à servidão, a coerção extraeconômica lhes arrancava serviços e obrigações da mesma maneira que acontecia em toda a Europa ocidental nessa época. Assim, o setor *predominante* da economia sueca durante todo esse período sempre foi, sem dúvida, a agricultura feudal propriamente dita, pois, mesmo que houvesse uma certa equiparação na superfície cultivada pelos dois setores, pode-se dizer com segurança que a produtividade e a produção eram maiores nas herdades nobres e régias – regra geral no Ocidente europeu. No entanto, em uma perspectiva comparativa, o extremo atraso de toda a economia foi, à primeira vista, sua característica mais marcante. Menos da metade do solo se adequava ao cultivo arável. A cevada era, de longe, a principal cultura de grãos. A consolidação dos domínios era muito limitada – até meados do século XVII, apenas 8% das fazendas constituíam unidades senhoriais.[11] Além disso, a extraordinária extensão das pequenas produções nas aldeias significava que o índice de comercialização na agricultura provavelmente era o mais baixo de todo o continente. A economia natural predominava sobre vastas áreas do país, a tal ponto que, mesmo na década de 1570, apenas 6% dos rendimentos régios – impostos e rendas – eram pagos em dinheiro, e a maior parte dos funcionários do Estado recebia em produtos.[12] Nessas condições, em que a temperatura das trocas monetárias ainda era subártica, não havia possibilidade de uma economia urbana florescer. As cidades suecas eram poucas e frágeis, a maioria de fundação e colonização germânica; o comércio exterior era praticamente um monopólio dos mercadores hanseáticos. *Prima facie*, essa configuração

---

10 Ver, por exemplo, Hecksher, *An Economic History of Sweden*, p.36-8; Roberts, Introduction. In: Andersson, *A History of Sweden*, p.5 (contradito pelo próprio livro a que serve de introdução: compare com p.43-4).

11 Roberts, *Gustavus Adolphus*, v.2, p.152.

12 Ibid., p.44.

parece especialmente desfavorável para a súbita e exitosa emergência de um absolutismo moderno. Qual é, então, a explicação para o sucesso histórico do Estado Vasa?

Para respondermos a essa questão, precisamos passar pelo cerne do caráter específico do absolutismo sueco. A centralização do poder régio nos séculos XVI e XVII não foi uma resposta à crise da servidão e à desintegração do sistema senhorial sob a força da troca de mercadorias e da diferenciação social nas aldeias. Também não foi um reflexo oblíquo do crescimento do capital mercantil no local e de uma economia urbana. O impulso inicial dessa centralização veio de fora: foi a ameaça de um rigoroso domínio dinamarquês que alinhou a nobreza sueca atrás de Gustavo I, e foi o capital de Lübeck que financiou seus esforços de guerra contra Cristiano II. Mas a conjuntura da década de 1520 não formou a matriz fundamental do absolutismo sueco que estava por vir: deve-se procurar essa matriz na relação triangular das forças de classe dentro do país. Para nossos propósitos, podemos resumir seu padrão básico e determinante em uma fórmula breve. A configuração típica do Ocidente no início da época moderna era a de um absolutismo aristocrático erigido sobre as fundações sociais de um campesinato não servil e cidades em ascensão; a configuração típica do Oriente era a de um absolutismo aristocrático edificado sobre as fundações sociais de um campesinato servil e cidades subjugadas. O absolutismo sueco, ao contrário, se construiu sobre uma base única, porque – por razões históricas já delineadas – combinava camponeses livres e cidades insignificantes: em outras palavras, um conjunto de duas variáveis "contraditórias" que corriam sobre a principal linha divisória do continente. Nas sociedades esmagadoramente rurais daquela época, o primeiro termo da peculiar configuração sueca – campesinato livre – era "dominante" e garantiu a convergência fundamental da história da Suécia sueca para a Europa ocidental e não oriental, mesmo com pontos de partida tão diferentes. Mas o segundo termo – a insignificância das cidades, por si só o corolário de um amplo setor camponês de subsistência que jamais fora pressionado pelos mecanismos feudais ortodoxos de extração do excedente – foi o bastante para conferir o matiz distintivo à estrutura nascente do Estado da monarquia sueca. Pois a nobreza, embora em certo sentido tivesse menos domínio do campo que suas equivalentes no resto da Europa ocidental, também se sentia muito menos constrangida pela presença de uma burguesia urbana. Havia poucas chances de uma reversão total da posição do campesinato, pois o equilíbrio das forças sociais na economia rural pendia bastante contra a possibilidade de um processo de servidão violento. As raízes profundas e a ampla extensão da propriedade camponesa independente tornavam essa hipótese impraticável, particularmente porque o próprio tamanho desse setor reduzia a níveis bastante baixos a quantidade de nobres fora dele. Não se pode perder de vista que, durante todo o primeiro século do domínio Vasa, a aristocracia sueca foi uma classe muito diminuta, para os padrões europeus. Tanto que, em 1611, somava apenas quatrocentas ou quinhentas famílias em uma população de 1 milhão e 300 mil habitantes. Além disso, algo entre metade e dois terços desses nobres eram interioranos modestos e rústicos, ou *knapar*, cujos rendimentos pouco diferiam dos ganhos dos camponeses mais prósperos. Quando Gustavo Adolfo estabeleceu um *Riddarhusordning* para fixar legalmente os limites da nobreza, apenas 126 famílias passaram nos testes de admissão, em 1626.[13] Dessas famílias, umas 25 ou 30 constituíam o círculo fechado dos magnatas que tradicionalmente ocupavam as posições de conselheiro no *råd*. A "massa crítica" da aristocracia sueca desses tempos sempre foi, portanto, estruturalmente inadequada para um assalto frontal ao campesinato. Ao mesmo tempo, não havia qualquer ameaça dos burgos ao seu monopólio do poder político. Assim, a ordem social da Suécia tinha uma estabilidade incomum, pelo menos até ser acossada por pressões externas.

Já vimos que foram precisamente essas pressões que precipitaram o advento do jugo Vasa. Nesse ponto, uma outra peculiaridade da situação sueca se faz importante. Durante a Idade Média, nunca houvera em sua aristocracia uma hierarquização feudal articulada, com pleno parcelamento da soberania ou cadeias de subenfeudamento. O sistema de feudos em si era atrasado e imperfeito. Assim, nunca se desenvolveram os

13 Roberts, *Gustavus Adolphus*, v.2, p.57. Essa estimativa do total da população inclui a Finlândia: a Suécia em si tinha cerca de 900 mil habitantes nesse período.

potentados territoriais nem os separatismos feudais de tipo continental. E, como o sistema vassalo era recente e relativamente superficial, entre a diminuta nobreza sueca nunca se produziram intrincadas divisões regionais. O primeiro surgimento de um poder provincial fissíparo foi, na verdade, uma criação subsequente da própria monarquia unitária, e não uma grande obstrução a ela: os apanágios ducais da Finlândia, Östergötland e Södermanland que Gustavo Vasa legara em testamento a seus filhos mais novos e que desapareceram no século seguinte.[14] Resultado: como a degradação do campesinato não era viável e o controle das cidades não parecia árduo, não houve na Suécia tanta urgência interna para um absolutismo centralizado, mas também não existiram grandes obstáculos a tal absolutismo por parte da classe fundiária dominante. Pequena e compacta, a nobreza pôde se adaptar com relativa facilidade à monarquia centralizada. A baixa pressão da situação das classes que serviu de base ao absolutismo sueco e determinou sua forma e evolução ficava visível no estranho papel do sistema de estados. Pois, por um lado, o Riksdag era politicamente singular, por conta da inclusão de um estado camponês separado dentro de seu sistema de quatro cúrias: não havia nada semelhante em nenhum outro grande país da Europa. Por outro lado, o Riksdag em geral e os representantes camponeses em particular formaram um corpo curiosamente passível durante toda essa época, destituídos de iniciativa legisladora e com uma complacência quase inabalável ante as demandas régias. Assim, o jugo Vasa de fato recorreu com tal frequência ao Riksdag que é possível descrevê-lo como epítome do "absolutismo parlamentar": quase todos os maiores incrementos no poder régio, desde a tomada das terras da Igreja por Gustavo I, no ano de 1527, até a proclamação do direito divino de Carlos XI, em 1680, receberam a aprovação solene de uma assembleia leal.

14 A divisão do país – que Gustavo Vasa realizou com a criação desses apanágios perigosos, já em seu leito de morte, depois de uma vida inteira de centralização régia – capta um traço tipicamente feudal de muitos dos pioneiros do absolutismo europeu. Pode-se compará-la às instruções testamentárias ainda mais drásticas que o próprio Grande Eleitor, supremo arquiteto do Estado prussiano unitário, deixou para o desmembramento dos domínios Hohenzollern. Para esses governantes, o patrimônio dinástico continuou sempre passível de divisão.

A resistência aristocrática à monarquia quase sempre se concentrou, portanto, no *råd* – descendente direto da *curia regis* medieval – e não no Riksdag, onde a soberania reinante normalmente podia manipular as ordens contra os nobres, em caso de conflito entre a monarquia e a nobreza.[15] Sob a fachada de uma instituição audaciosa para seu tempo, o Riksdag foi, na verdade, bastante inócuo. Nesse período, a monarquia nunca teve nenhuma dificuldade em usá-lo para seus propósitos políticos. Um outro reflexo complementar dessa mesma situação social subjacente à docilidade dos estados se encontrava no exército. Pois, exatamente devido à existência de um campesinato independente, o Estado sueco podia ter um exército de recrutas – o único da Europa renascentista. O decreto de Gustavo Vasa que criou o sistema *utskrivning* de recrutamento rural em 1544 nunca implicou o risco de armar uma *jacquerie*, pois os soldados recrutados dessa maneira jamais tinham sido servos: sua condição jurídica e material significava lealdade no campo de batalha.

Mas a questão permanece: com uma população que não passava dos 900 mil habitantes no início do século XVII, como o absolutismo sueco adquiriu não apenas os equipamentos político-ideológicos, mas também os recursos econômicos e militares necessários para seu desenvolvimento na Europa? Aqui não se pode fugir à regra geral de que um absolutismo viável pressupunha um certo nível de monetarização. E a economia rural natural parecia impedi-lo. Mas na Suécia havia um enclave crucial de produção de mercadorias, cujos lucros desproporcionais compensaram a baixa comercialização da agricultura e proporcionaram fortunas ao Estado Vasa em sua fase de expansão internacional. Era a riqueza mineral dos depósitos de ferro e cobre de Bergslagen. Em toda parte, a mineração ocupou uma posição especial nas economias transicionais do início da Europa moderna: não só porque representou, por muito tempo, a maior concentração de trabalhadores em uma única forma de empreendimento, mas também porque sempre foi o ponto de apoio direto da economia

15 Toda a tradição e o papel do *råd* são examinados no ensaio de Roberts, On Aristocratic Constitutionalism in Swedish History, 1520-1720. In: *Essays in Swedish History*, p.14-55.

monetária, suprindo-a de metais preciosos, sem necessariamente envolver um nível avançado de processos manufatureiros ou demandas de mercado. Além disso, a tradição de direitos régios sobre o subsolo na Europa medieva significava que a mineração era, de um jeito ou de outro, propriedade dos príncipes. Assim, no que diz respeito ao impacto sobre o absolutismo local, o cobre e o minério de ferro da Suécia podem ser comparados ao ouro e à prata da Espanha. Em ambos os casos, os metais possibilitaram a combinação de um Estado poderoso e agressivo com uma formação social que não tinha grande riqueza agrícola nem dinamismo mercantil: a Suécia, é claro, tinha ainda menos que a Espanha. Aliás, o apogeu do *boom* de cobre na Suécia esteve diretamente ligado ao colapso da moeda de prata em Castela. Pois foi a emissão do novo *vellón* de cobre por Lerma durante a desvalorização de 1599 que criou uma crescente demanda internacional pela produção de Kopparberg em Falun. Gustavo Adolfo impôs pesados tributos sobre as minas de cobre, organizou uma companhia régia de exportação para monopolizar a oferta e fixar preços, levantou empréstimos holandeses para financiar suas guerras, dando seu patrimônio mineral como garantia. Embora o *vellón* tenha sido suspenso em 1626, a Suécia continuou monopolizando o cobre de quase toda a Europa. Enquanto isso, a indústria do ferro progredia a firme compasso, aumentando em cinco vezes sua produção ao final do século XVII, quando somou metade de todas as exportações.[16] Mais que isso, cobre e ferro não eram apenas fontes diretas de receita líquida para o Estado absolutista: também constituíam matérias-primas indispensáveis para a indústria bélica. O canhão de bronze fundido foi uma arma de artilharia decisiva nessa época, e todos os outros tipos de armamentos exigiam ferro de boa qualidade. Na década de 1620, com a chegada de Louis De Geer, legendário empreendedor da Valônia, a Suécia logo passou a contar com um dos maiores complexos armamentistas da Europa. Afortunadamente, as minas propiciaram ao absolutismo sueco a estrutura financeira e militar necessária ao seu avanço pelo Báltico. Taxas prussianas, pilhagens germânicas e subsídios franceses completaram seu orçamento bélico ao longo de toda a Guerra dos

---

16 Oakley, *The Story of Sweden*, p.125.

Trinta Anos e possibilitaram a contratação de inúmeros mercenários que, por fim, chegaram mesmo a superar as próprias tropas expedicionárias suecas.[17]

Conquistado, o império se revelou razoavelmente lucrativo, ao contrário das possessões espanholas na Europa. As províncias do Báltico, em particular, sempre proporcionaram consideráveis rendas fiscais a partir de seus carregamentos de grãos, resultando em um bom excedente líquido depois de descontadas as despesas locais. Sua participação no total das receitas régias passou bastante de um terço do orçamento de 1699.[18] Além disso, a nobreza sueca ganhou herdades particularmente extensas na conquista da Livônia, onde a agricultura estava muito mais próxima do padrão senhorial que os campos suecos. Os ramos ultramarinos da aristocracia, por sua vez, desempenharam um papel importante nos cargos da dispendiosa máquina militar da expansão imperial sueca: no início do século XVIII, um a cada três oficiais de Carlos XII em suas campanhas russas e polonesas vinha das províncias bálticas. Na verdade, o absolutismo sueco sempre funcionou melhor durante as fases da agressiva expansão internacional: a harmonia entre monarquia e nobreza costumou ser maior durante os reinados dos generalíssimos Gustavo Adolfo, Carlos X e Carlos XII. Mas os êxitos externos do absolutismo sueco nunca chegaram a anular suas limitações internas. Ele sofria de uma *subdeterminação* fundamental, por causa da configuração de classes mais ou menos dormente na Suécia. Assim, o absolutismo sueco continuou sendo uma forma de governo "facultativa" para a nobreza. Em condições sociais atônicas, o absolutismo sentiu falta da pressão de uma necessidade vital de classe. Daí a curiosa trajetória pendular do absolutismo sueco, diferente de qualquer outra na Europa. Em vez da progressão através de graves contradições iniciais rumo à estabilização

17 Gustavo Adolfo começou suas campanhas germânicas com um exército em que metade dos soldados fora recrutada na Suécia. Quando chegou a Breitenfeld, os nativos já somavam apenas um quarto. Quando chegou a Lützen, eram menos de um décimo (13 mil de um total de 140 mil). Roberts, *Gustavus Adolphus*, v.2, p.206-7. O recrutamento interno, portanto, não foi o suficiente para eximir o absolutismo sueco das regras gerais do militarismo europeu da época.

18 Jeannin, *L'Europe du nord-ouest et du nord*, p.330.

final e à tranquila integração da nobreza – o que, como vimos, foi a evolução normal nos outros países –, a monarquia absoluta da Suécia sofreu reveses seguidos sempre que houve uma menoridade régia – mas, depois, sempre recuperou o terreno perdido: às Cartas aristocráticas de 1611, 1632 e 1720, que limitavam o poder régio, seguiu-se o recrudescimento do poder absolutista nas décadas de 1620, 1680 e entre os anos 1772-1789.[19] O mais surpreendente dessas oscilações é a relativa facilidade com que a aristocracia se ajustava a qualquer forma de Estado – "régio" ou "representativo". Ao longo de seus três séculos de existência, o absolutismo sueco sofreu frequentes recaídas institucionais, mas nunca um verdadeiro levante político da nobreza, nada comparável ao que aconteceu na Espanha, na França e na Inglaterra. Justamente porque era, até certo ponto, um Estado facultativo para a classe dominante, a aristocracia podia acolhê-lo ou dispensá-lo sem maiores comoções ou desconfortos. Da morte de Gustavo Adolfo em 1632 ao *putsch* de Gustavo III em 1789, a história da Suécia foi, em grande medida, a desses ajustes sucessivos.

Naturalmente, os conflitos e divisões dentro da própria nobreza foram um dos principais reguladores dessa série de mudanças. Foi assim que o protocolo de governo imposto por Oxenstierna logo após Lützen codificou o jugo magnata no *råd* (agora repleto de seus parentes) durante a regência de 1632-1644. O chanceler logo se deparou com um revés estratégico na Alemanha: à vitória do império em Nordlingen, no ano de 1634, seguiu-se a deserção da maioria dos príncipes protestantes, em 1635, ao mesmo tempo que as taxas prussianas – cruciais para os esforços de guerra suecos – agora eram proscritas por tratado. As rendas tributárias da Suécia cobriam apenas a defesa interna e a manutenção da marinha no Báltico – que Gustavo Adolfo triplicara para noventa navios. A partir de então, os subsídios franceses se tornaram indispensáveis para que Estocolmo seguisse na luta: em 1641, somaram um terço dos rendimentos

19 Roberts destaca que o constitucionalismo aristocrático nunca conseguiu uma única vitória sobre um rei na maioridade: era a relativa frequência de menoridades que lhe proporcionava chances periódicas de reafirmação. Roberts, *Essays in Swedish History*, p.33.

internos do Estado.[20] As campanhas na Alemanha durante a Guerra dos Trinta Anos, feitas por exércitos muito menores que as imensas hostes reunidas em Breitenfeld ou Lützen, foram financiadas por subvenções ou empréstimos estrangeiros e por impiedosas extorsões de comandantes no exterior. Em 1643, Oxenstierna liberou Torstensson – o melhor general sueco – para atacar a Dinamarca em uma campanha secundária. O resultado dessa investida foi satisfatório: conquistas de províncias ao longo da fronteira norueguesa e de bases insulares no Báltico que puseram fim ao controle dinamarquês sobre ambos os lados do Sund. No conflito principal, tropas suecas já haviam chegado a Praga quando a paz se reestabeleceu em 1648. O Tratado de Vestfália consagrou a estatura internacional da Suécia como aliada vitoriosa, ao lado da França, na longa disputa contra a Alemanha. O Estado Vasa adquiriu o oeste da Pomerânia e Bremen, no próprio território alemão, além do controle da foz do Elba, do Oder e do Veser – os três maiores rios do norte da Alemanha.

Enquanto isso, a subida de Cristina ao trono, em 1644, ocasionara formalmente a reafirmação política do poder régio: mas a estouvada rainha utilizou esse poder para inundar de terras e títulos o estrato superior da aristocracia e o batalhão de aventureiros burocráticos e militares que haviam prestado serviços à Suécia na Guerra dos Trinta Anos. Cristina multiplicou o número de condes e barões na seção mais alta do *Riddarhus* e dobrou o tamanho das fileiras mais baixas. Pela primeira vez, a nobreza sueca assumiu uma força numérica considerável, atraída principalmente do exterior: por volta do ano 1700, mais da metade da aristocracia tinha origem estrangeira.[21] Além disso, encorajada por Oxenstierna – que defendia transformar em fluxos monetários mais confiáveis as tradicionais receitas em produtos do Estado –, a monarquia alienou muitas terras e impostos à sua elite de funcionários e seguidores: a área total das terras da nobreza dobrou entre 1611 e 1652, ao passo que os rendimentos do

20 Roberts, Sweden and the Baltic 1611-1654, *The New Cambridge Modern History*, v.4, p.401.

21 Hatton, *Charles XII of Sweden*, p.38.

Estado despencaram na mesma proporção sob o governo de Cristina.[22] As alienações das receitas fiscais dos camponeses livres aos donos de terras ameaçaram reduzir o campesinato a uma dependência total em relação à nobreza fundiária, o que provocou reações vigorosas no campo. Mas foi a hostilidade da pequena nobreza, a qual não se beneficiara da prodigalidade gratuita da rainha, que iria assegurar a brevidade dessa reviravolta nos padrões de propriedade da Suécia.

Em 1654, depois de ter arranjado a sucessão de seu primo, Cristina abdicou para abraçar o catolicismo. Carlos X, o novo governante, imediatamente relançou o expansionismo sueco com um ataque selvagem à Polônia, logo no ano de 1655. Barrando os avanços russos vindos do leste e dispersando os exércitos poloneses, as forças expedicionárias suecas tomaram Potsdam, Varsóvia e Cracóvia em uma sequência rápida: a Suécia anexou a Lituânia e declarou oficialmente que o leste da Prússia era seu feudo. O assédio holandês por mar e a recuperação polonesa enfraqueceram a intensidade dessa ocupação espetacular: mas foi um ataque direto da Dinamarca à retaguarda do rei sueco que desfez a conquista da Polônia. Puxando rapidamente a maior parte de suas tropas de volta pela Pomerânia, Carlos X marchou sobre Copenhagen e expulsou os dinamarqueses da guerra. A vitória no Sund trouxe a anexação da Scania. A intervenção holandesa frustrou as novas hostilidades que visavam estabelecer o controle sueco sobre as passagens para o Báltico. A morte de Carlos X em 1660 pôs fim à aventura na Polônia e também ao conflito na Dinamarca. Outra regência magnata assumiu durante a menoridade, entre 1660 e 1672, dominada pelo chanceler De La Gardie. Foram abandonados os planos régios para a retomada das receitas alienadas, os quais Carlos X previra por um breve momento antes de suas temerárias campanhas ultramarinas: à deriva, o governo da alta nobreza continuou a vender as propriedades da monarquia e a seguir com sua política externa irresoluta. Sintomaticamente, foi nessa década que se impuseram pela primeira vez os códigos

---

22 As receitas totais caíram 40% entre os anos 1644 e 1653. Sobre todo esse episódio, ver o ensaio de Roberts, Queen Christina and the General Crisis of the Seventeenth Century, *Essays in Swedish History*, p.111-37.

senhoriais de *gårdsrätt*, os quais confeririam aos donos de terras a jurisdição sobre seus camponeses.[23] A eclosão de uma grande guerra europeia, com o ataque de Luís XIV à Holanda, acabou por empurrar esse regime – aliado e cliente francês – para um conflito letárgico e diversionista com Brandemburgo em 1674. O fracasso militar na Alemanha desacreditou a camarilha de De La Gardie e pavimentou o caminho para a dramática reascensão da monarquia sob o novo soberano, que chegara à maioridade durante as guerras.

Em 1680, Carlos XI se utilizou do Riksdag para abolir os privilégios tradicionais do *råd* e reaver as terras e rendimentos que a dinastia havia alienado, tudo isso com apoio da pequena nobreza. As "reduções" régias se deram em larga escala: a monarquia recuperou 80% de todas as propriedades alienadas, sem compensações, e a proporção de terras cultiváveis nas mãos dos nobres suecos caiu pela metade.[24] Proibiu-se a criação de novas propriedades isentas de impostos. Liquidaram-se os condados e baronatos. Nas possessões ultramarinas, as "reduções" se implementaram com um rigor especial. Não afetaram a consolidação senhorial dentro dos domínios da aristocracia; seu resultado final foi a restauração do *status quo ante* da distribuição de propriedade agrária que prevalecera no início do século.[25] Renovados por esse programa às expensas do estrato magnata, os

23 Esses códigos voltaram a ser abolidos nos anos 1670: Jeannin, *L'Europe du nord-ouest et du nord*, p.135.

24 Sobre as reduções, ver: Rosen, Scandinavia and the Baltic, *The New Cambridge Modern History of Europe*, v.V, p.534. Em 1655, os nobres possuíam dois terços de todas as fazendas do país. Por volta do ano 1700, a proporção de terras era de 33% para os nobres, 36% para a monarquia e 31% para o campesinato pagador de impostos. As reduções aumentaram as receitas da coroa em cerca de 2 milhões de *daler* por ano ao final do reinado; desse aumento, dois terços derivavam de reapropriações de províncias ultramarinas.

25 A dramática peripécia das alienações e reapropriações do patrimônio régio sueco em meados do século XVII – as quais, por um breve momento, embaralharam todo o padrão de propriedade do país – em geral é interpretada como sinal de uma profunda luta social pela terra, na qual o campesinato sueco só se salvou da "servidão livoniana" graças às reduções. É difícil aceitar esse ponto de vista, por mais difundido que seja. Pois as origens desse interlúdio estiveram manifestamente ligadas aos caprichos pessoais de Cristina. Suas doações imprudentes ocorreram em

rendimentos do Estado cresceram ainda mais com a elevação dos impostos sobre o campesinato. Submisso, o Riksdag concordou com esse aumento sem precedentes do poder pessoal de Carlos XI que acompanhou a *reduktion*, abdicando a quase todos seus direitos de controlar ou vetar o governo. Carlos XI usou essa condição para reformar o exército por meio do assentamento de um campesinato soldadesco em terras especialmente distribuídas no sistema de lotes chamado *indelningsverket*, que aliviou o tesouro dos pagamentos em dinheiro a tropas alocadas no país. O aparelho militar permanente alcançou a força de 63 mil homens nos anos 1680, dos quais mais de um terço compunham unidades profissionais estacionadas no exterior. A frota passou por uma reconstrução assídua, por razões estratégicas e também comerciais. A burocracia, à qual a pequena nobreza agora tinha o mesmo acesso, foi adestrada e modernizada. A Scania e a Livônia se viram submetidas a uma rígida centralização e suecização.[26] O domínio régio se completou na última década reinado: em 1693, o Riksdag acabou por passar uma resolução bajuladora, declarando o direito divino do rei à soberania absoluta sobre seu reino, como representante ungido do Criador. Carlos XI, que, a exemplo de Frederico Guilherme I da Prússia, foi um governante prudente e parcimonioso no exterior, não admitiu oposição à sua vontade em suas terras.

O melhor testemunho de sua obra foi o assombroso reinado de seu filho Carlos XII, que superou o pai com um poder autocrático ideologicamente proclamado desde o dia em que subiu ao trono, em 1697. Último dos reis guerreiros da linhagem Vasa, ele conseguiu passar dezoito anos no exterior, nove deles cativo na Turquia, sem que a administração civil de seu país sofresse qualquer ruptura ou ameaça séria durante sua ausência. É difícil pensar em qualquer outro governante de seu tempo tão seguro

---

tempos de paz e não corresponderam a nenhuma necessidade objetiva da monarquia; tampouco resultaram de algum impulso ou demanda irrecusável da nobreza. A alta aristocracia as ganhara sem esforço e as abandonou sem resistência. Nunca houve um confronto de classes pela terra com gravidade equivalente aos interesses envolvidos. Pode-se supor que seria necessário mais que a irresponsável generosidade monárquica para quebrar as liberdades do campesinato sueco.

26 Rosen, Scandinavia and the Baltic, op. cit., p.535-7.

de seu patrimônio. De fato, quase todo o reinado de Carlos XII foi dedicado à sua longa odisseia na Europa oriental, durante a Grande Guerra do Norte. Pois, por volta do ano 1700, o sistema imperial da Suécia no Báltico estava se aproximando do dia de seu julgamento. Apesar da rigorosa reforma administrativa por que passara recentemente, sob Carlos XI, sua base econômica e demográfica era muito pequena para sustentar uma expansão contra a animosidade combinada de seus vizinhos e rivais. A população doméstica de cerca de 1 milhão e 500 mil habitantes se dobrava com as possessões ultramarinas, chegando a algo em torno de 3 milhões: sob Carlo XII, suas reservas humanas e financeiras permitiram uma mobilização máxima de 110 mil soldados (incluindo mercenários estrangeiros), dos quais menos da metade esteve disponível para suas maiores campanhas ofensivas.[27] Além disso, a centralização Vasa provocara uma reação particularista entre a nobreza semigermânica das províncias bálticas, a qual sofrera bastante com as recuperações régias do reinado anterior. A experiência da Catalunha e da Escócia agora se reeditava na Livônia. Por volta de 1699, Dinamarca, Saxônia, Polônia e Rússia se alinharam contra a Suécia: o estopim da guerra foi uma revolta separatista na Letônia, liderada por nobres locais que reivindicavam a incorporação à Polônia. Primeiro, Carlos XII atacou a Dinamarca e a derrotou rapidamente, com auxílio naval anglo-holandês. A seguir, investiu contra a Rússia, onde uma pequena força sueca aniquilou o exército de Pedro I em Narva. Depois, foi a vez da Polônia, da qual Augusto II foi expulso após batalhas pesadas e a instalação de um príncipe nomeado pelos suecos. Por fim, a Saxônia se viu impiedosamente ocupada e pilhada. Depois dessa evolução militar em torno do Báltico, o exército sueco avançou até o fundo da Ucrânia para se juntar aos cossacos de Zaporozhe e marchar sobre Moscou.[28] Mas, agora, sob

27 O ataque à Rússia em 1709 foi lançado com cerca de 44 mil homens: Hatton, *Charles XII of Sweden*, p.233.

28 O equívoco dessa aventura é notório. Vale lembrar que o talento militar do absolutismo sueco quase sempre se combinou à miopia política. De maneira sistemática, seus governantes aplicaram sua força comprovadamente habilidosa nos objetivos errados. Gustavo Adolfo vagou em vão pela Alemanha, quando os interesses de longo prazo da Suécia apontavam para a tomada da Dinamarca e o domínio do

Pedro I, o absolutismo russo era mais que um mero desafio para as colunas de Carlos XII: em Poltava e Perevolotchna, no ano de 1709, o império sueco foi destruído no ponto mais distante de sua penetração militar no Oriente. Uma década depois, a Grande Guerra do Norte se encerrava com a Suécia falida e despojada da Íngria, Carélia, Livônia, Pomerânia ocidental e Bremen.

A autocracia imperial de Carlos XII desapareceu com ele. Quando os desastres da Grande Guerra do Norte culminaram na morte do rei, em meio a uma disputada sucessão, a nobreza arquitetou um hábil sistema constitucional que deixou os estados com o supremo poder político e a monarquia como um mero símbolo. De 1720 a 1772, a "Era da Liberdade" estabeleceu um regime de corrupto parlamentarismo aristocrático, dividido por conflitos faccionais entre os partidos do Chapéu e da Boina, os quais eram, por sua vez, manipulados pela burocracia nobiliárquica e sustentados por subvenções e gratificações inglesas, francesas e russas. A nova ordem já não era magnata: o grosso da média e pequena aristocracia, que dominava o exército e o serviço civil, ganhara força própria. Aboliu-se a divisão do estado nobre em três fileiras. Os privilégios sociais e econômicos da aristocracia foram preservados com zelo: proibiu-se o acesso dos comuns às terras e aos casamentos nobres. O Riksdag – de cujo Comitê Secreto se expulsaram os representantes camponeses – virou o centro formal da política constitucional, mas sua verdadeira arena se encontrava no *Riddarhus*.[29] Por fim, a crescente agitação social contra os privilégios nobres entre o baixo clero, as cidades menores e o campesinato ameaçou romper o círculo encantado de manobras dentro desse sistema. Nos anos 1760, combinado a uma impopular recessão econômica, o programa do

---

Sund. Incitado pela Inglaterra, Carlos XII investiu inutilmente contra a Ucrânia, quando uma aliança com a França e o ataque à Áustria teriam alterado todo o curso da guerra de sucessão espanhola e livrado a Suécia de seu completo isolamento após o término das batalhas no leste. A dinastia jamais chegou a superar um certo provincianismo em sua visão estratégica.

29 Ver Roberts, *Essays in Swedish History*, p.272-8; a proibição da compra de terras nobres por parte dos plebeus depois se limitou apenas aos camponeses, e as restrições de matrimônio também foram atenuadas.

novo partido da Boina expressou a maré montante do descontentamento plebeu. Assim, diante da perspectiva de uma contestação vinda de baixo, o alarme aristocrático ocasionou o abandono abrupto e definitivo do parlamentarismo. A ascensão de Gustavo III provou ser o sinal para que, uma vez mais, a aristocracia se alinhasse atrás de uma fórmula absolutista: ocorreu então um suave *putsch* régio, com a ajuda das guardas e a conivência da burocracia. O Riksdag automaticamente aprovou uma nova constituição, consagrando mais uma vez a autoridade da monarquia, sem haver, de início, uma reversão total ao absolutismo de Carlos XI ou XII. Mas o novo monarca seguiu com energia rumo a um despotismo esclarecido típico do século XVIII, renovando a administração e reservando um poder cada vez mais arbitrário para sua própria figura. Quando a nobreza resistiu a essa tendência, Gustavo III impôs ao Riksdag um emergencial Ato de União e Segurança, que restaurou um absolutismo pleno em 1789. Para alcançar seus objetivos, o rei teve de prometer aos estados mais baixos o acesso ao serviço civil e judiciário, o direito de compra das terras nobres e outras demandas sociais de fundo igualitário. Assim, as últimas horas do absolutismo sueco viveram uma atmosfera anômala de "carreiras abertas ao talento" e barreiras aos privilégios da nobreza. Desse modo, a lógica política da monarquia absoluta perdia suas amarras básicas, sinal inequívoco do fim que se aproximava. Na última e mais bizarra troca de papéis, o autocrata "radical" se tornou o mais fervoroso defensor europeu da intervenção contrarrevolucionária na Revolução Francesa, enquanto os nobres descontentes adotavam os ideais republicanos dos Direitos do Homem e do Cidadão. Em 1792, Gustavo foi assassinado por um funcionário aristocrata dissidente. A "subdeterminação" histórica do absolutismo sueco nunca foi mais visível que nesse estranho clímax. O Estado facultativo chegava ao fim naquilo que parecia uma absoluta casualidade.

II – Europa oriental

1.
O Estado absolutista no Leste

Agora é necessário voltar a atenção à metade oriental da Europa, ou, mais precisamente, àquela parte poupada da invasão otomana que varreu os Bálcãs em sucessivas ondas de ataque, submetendo-a a uma história local separada do resto do continente. Já vimos como a grande crise que atingiu as economias europeias nos séculos XIV e XV produziu uma violenta reação senhorial a leste do Elba. A repressão dos senhores contra os camponeses cresceu em intensidade ao longo do século XVI. O resultado político na Prússia e na Rússia foi um absolutismo do Oriente, contemporâneo ao do Ocidente, mas de linhagem bastante distinta. O Estado absolutista no Ocidente foi o aparelho político realocado de uma classe feudal que aceitara a comutação das obrigações. Foi uma *compensação pelo desaparecimento da servidão*, no contexto de uma economia cada vez mais urbana, que a nobreza não conseguia controlar e à qual tinha de se adaptar. O Estado absolutista no Leste foi, em contraste, a máquina repressiva de uma classe feudal que acabara de extinguir as tradicionais liberdades comunais dos pobres. Foi um *instrumento para a consolidação da servidão*, em um cenário onde não existia vida urbana autônoma, muito menos resistência. A reação senhorial no leste indicava que um novo mundo tinha de ser implantado de cima para baixo, à força. A dose de violência injetada nas relações sociais foi proporcionalmente muito maior. E o Estado absolutista no Oriente nunca perdeu as marcas dessa experiência originária.

Mas, ao mesmo tempo, a luta de classes dentro das formações sociais do Leste – e seu resultado: a servidão imposta ao campesinato – não chega a oferecer, por si só, uma explicação satisfatória da emergência de um tipo distinto de absolutismo na região. A distância pode ser cronologicamente mensurada na Prússia, onde a reação senhorial da nobreza já havia demolido a maior parte do campesinato com a disseminação do *Gutsherrschaft*[1] no século XVI, cem anos antes do estabelecimento de um Estado absolutista no século XVII. Na Polônia, pátria clássica da "segunda servidão", não emergiu nenhum Estado absolutista, fracasso pelo qual a classe nobre nacional acabaria pagando com sua própria existência. Mas, também aí, o século XVI testemunhou um jugo feudal descentralizado, com uma autoridade principesca muito fraca e um sistema representativo totalmente controlado pela aristocracia. Na Hungria, a imposição definitiva da servidão ao campesinato se completou depois da Guerra Austro-Turca, na virada do século XVII, enquanto a nobreza magiar resistia com sucesso à chegada de um absolutismo Habsburgo.[2] Na Rússia, a instalação do servilismo e a edificação do absolutismo estiveram mais estreitamente coordenadas, mas mesmo aí a aparição do primeiro precedeu à consolidação do segundo e, depois, um e outro nem sempre se desenvolveram *pari passu*. Como as relações servis de produção envolvem uma fusão imediata entre propriedade e soberania, senhorio sobre a terra e senhorio sobre o poder, não há nada de surpreendente em um Estado nobiliárquico policêntrico, como os que de início existiram na Alemanha transelbiana, na Polônia ou na Hungria, depois da reação senhorial no Oriente. Para explicar a ascensão ulterior do absolutismo é necessário, em primeiro lugar, reinserir todo o processo da segunda servidão no sistema de Estados *internacional* da última fase da Europa feudal.

Como vimos, muitas vezes se exagera o impacto que a avançada economia ocidental teria provocado sobre a economia oriental nessa época,

---

1 Grande propriedade de terras, à qual vinculavam-se camponeses de diferentes status sociais. [N. E.]

2 Ver Pach, *Die ungarische Agrarentwicklung im 16-17 Jahrhundert*, p.38-41, 53-6, para as fases desse processo e o impacto da Guerra dos Treze Anos sobre a condição do campesinato.

como se fosse a única ou principal força responsável pela reação senhorial no leste. Na verdade, embora o comércio de cereais certamente tenha intensificado a exploração servil no leste da Alemanha e na Polônia, ele não a inaugurou em nenhum desses países, nem desempenhou qualquer papel no desenvolvimento paralelo da Boêmia ou da Rússia. Em outras palavras, se não dá para atribuir importância central aos vínculos econômicos do comércio de importação e exportação entre Leste e Oeste, isso se deve ao fato de que o próprio modo de produção feudal – de modo algum superado na Europa ocidental durante os séculos XVI e XVII – não conseguia criar um sistema econômico internacional unificado; somente o mercado mundial do capitalismo industrial é que viria a realizá-lo, irradiando-se dos países mais avançados para moldar e dominar o desenvolvimento dos mais atrasados. As compósitas economias ocidentais da época de transição – que tipicamente combinavam uma agricultura feudal pós-servil e parcialmente monetarizada[3] com enclaves de capital mercantil e manufatureiro – não tinham essa força compulsiva. O investimento estrangeiro era mínimo, exceto nos impérios coloniais e, até certo ponto, na Escandinávia. O comércio exterior ainda representava apenas uma pequena porcentagem do produto nacional de todos os países, à exceção da Holanda e de Veneza. Assim, era inerentemente implausível qualquer integração em bloco do

3 O verdadeiro índice de monetarização das diferentes agriculturas da Europa ocidental nos séculos XVI e XVII provavelmente era muito inferior ao que se pensa. Jean Meuvret nota que, na França do século XVI, "o campesinato vivia em praticamente todos os lugares em um regime de quase autarquia doméstica" e que "o dia a dia dos artesãos, incluindo os pequenos burgueses, era efetivamente regulado pelo mesmo princípio, qual seja, viver sobretudo dos alimentos cultivados no solo das suas posses e comprar ou vender apenas um mínimo"; pois "para satisfazer as necessidades ordinárias, o uso das moedas de ouro ou de prata era completamente desnecessário. No pequeno número de transações indispensáveis, quase sempre se podia dispensar o dinheiro". Meuvret, Circulation monétaire et utilisation économique de la monnaie dans la France du XVIe et du XVIIe siècle. In: *Études d'histoire moderne et contemporaine*, v.1, p.20. Porshnev caracteriza muito bem a situação geral ao defini-la a partir da "contradição entre a forma monetária e a base natural da economia feudal" dessa época. Ele ainda comenta que as dificuldades fiscais do absolutismo se enraizavam, em toda parte, nessa contradição: Porshnev, *Les Soulèvements populaires en France*, p.558.

Leste Europeu a um circuito econômico da Europa ocidental – coisa que tantas vezes os historiadores parecem insinuar quando usam expressões como "economia colonial" ou "interesses dos negócios agrícolas" para se referirem ao sistema *Gutsherrschaft* além do Elba.

Isso não significa, no entanto, que o impacto da Europa ocidental sobre a oriental não tenha sido determinante para as *estruturas de Estado* que aí emergiram. Pois a interação transnacional dentro do feudalismo sempre se deu no nível *político*, e não no econômico, exatamente por ser um modo de produção fundado na coerção extraeconômica: sua forma primordial de expansão era a conquista, e não o comércio. Assim, o desenvolvimento desigual do feudalismo na Europa encontrou sua expressão mais direta e característica não nos balanços comerciais, mas sim no saldo das armas das diversas regiões do continente. Em outras palavras, nesses séculos, a principal mediação entre Ocidente e Oriente era militar. Foi a pressão internacional do absolutismo ocidental – o aparato político de uma aristocracia feudal mais poderosa e senhora de sociedades mais avançadas – que obrigou a nobreza do Leste a adotar uma máquina estatal igualmente centralizada para sobreviver. Pois, de outro modo, a superioridade militar dos exércitos absolutistas ampliados e reorganizados iria, inevitavelmente, cobrar seu quinhão à maneira habitual de competição dentro do feudalismo: a guerra. A modernização das tropas e das táticas trazida pela "revolução militar" no Ocidente depois de 1560 tornara o ataque às vastas áreas do leste mais viável que nunca, aumentando na mesma escala os riscos de invasão para as aristocracias locais da região. Assim, em uma época na qual as relações de produção infraestruturais estavam divergindo, ocorria uma convergência paradoxal entre as superestruturas das duas zonas (indício da existência de um modo de produção que lhes era, em última instância, comum). A forma concreta que a ameaça militar do absolutismo ocidental assumiu de início foi, para a sorte da nobreza oriental, historicamente tortuosa e transitória. O mais surpreendente, no entanto, é ver como seus efeitos foram imediatamente catalíticos sobre todo o padrão político do Oriente. Ao sul, o *front* entre as duas zonas testemunhava o longo duelo austro-turco, que por 250 anos manteve os Habsburgo concentrados em seus inimigos otomanos e vassalos húngaros. No centro, a Alemanha era um labirinto de pequenos Estados frágeis, divididos e neutralizados por conflitos religiosos. Por isso, foi do norte relativamente primitivo que veio o ataque. A Suécia – o mais novo e surpreendente de todos os absolutismos ocidentais, um país jovem, de população escassa e economia rudimentar – se revelou o flagelo do Leste. Seu impacto sobre Prússia, Polônia e Rússia nos noventa anos que se passaram entre 1630 e 1720 é comparável ao da Espanha sobre a Europa ocidental em época anterior, embora nunca tenha sido objeto de tantos estudos. Ainda assim, esse foi um dos maiores ciclos de expansão militar da história do absolutismo europeu. No seu auge, a cavalaria sueca marchou vitoriosa sobre cinco capitais – Moscou, Varsóvia, Berlim, Dresden e Praga – percorrendo no Leste Europeu um imenso arco territorial que superava até mesmo as campanhas dos *tercios* espanhóis na Europa ocidental. Foi assim que os sistemas de Estado da Áustria, Polônia e Rússia sofreram seu choque formativo.

A primeira conquista ultramarina da Suécia foi a tomada da Estônia, durante as longas Guerras da Livônia, travadas contra a Rússia nas últimas décadas do século XVI. Mas foi a Guerra dos Trinta Anos – a qual formalizou o primeiro sistema de Estados internacional na Europa – que marcou com propriedade o começo decisivo da irrupção sueca no Leste Europeu. A espetacular marcha dos exércitos de Gustavo Adolfo sobre a Alemanha – que, para espanto da Europa, expulsou o poder Habsburgo – acabou se provando o ponto de virada da guerra; pouco depois, os êxitos de Baner e Torstensson barraram qualquer chance de recuperação a longo prazo para a causa do império. A partir de 1641, tropas suecas ocuparam de maneira permanente vastas áreas da Morávia,[4] e, quando a guerra terminou, em 1648, acamparam na margem esquerda do rio Moldava, em Praga. A intervenção sueca destruíra definitivamente a perspectiva de um Estado imperial Habsburgo na Alemanha: daí em diante, todo o curso e o caráter do absolutismo austríaco foram determinados por essa derrota, que o privou de qualquer chance de consolidar uma sede territorial nas terras tradicionais do *Reich* e (às suas custas) deslocou seu centro de gravidade para

4 Ver Polišenský, *The Thirty Years' War*, p.224-31.

leste. Ao mesmo tempo, o impacto do poder sueco na evolução da Prússia, menos visível no plano internacional, foi ainda mais profundo no plano nacional. Brandemburgo se viu ocupado por exércitos suecos desde 1631 e, embora fosse tecnicamente aliado da causa protestante, foi imediatamente submetido a implacáveis exações fiscais e requisições militares que jamais conhecera: os comandantes suecos de pronto descartaram os tradicionais privilégios dos estados *junkers*.[5] O trauma dessa experiência se agravou com a aquisição da Pomerânia ocidental pela Suécia no Tratado de Vestfália, em 1648, que garantiu aos suecos uma cabeça de ponte ampla e permanente no litoral sul do Báltico. Agora as guarnições suecas controlavam o Odra, impondo uma ameaça direta à até então desmilitarizada e descentralizada classe dominante de Brandemburgo, país que quase não tinha exército. A construção do absolutismo prussiano a partir da década de 1650, por iniciativa do Grande Eleitor,[6] foi, em grande medida, uma reação direta à ameaça sueca: em 1653, para lidar com a situação de guerra iminente no palco báltico e resistir aos perigos externos, os *junkers* aceitaram o exército permanente que viria a ser a pedra fundamental da autocracia Hohenzollern – e seu sistema tributário. Na verdade, a guerra entre suecos e poloneses de 1655-1660 se provou o ponto de virada na evolução política de Berlim, evitando o impacto da agressão sueca ao participar das batalhas como um apreensivo parceiro menor de Estocolmo. O próximo grande passo na construção do absolutismo prussiano também se deu em resposta ao conflito militar com a Suécia. Foi durante os anos 1670, nos estertores das campanhas suecas contra Brandemburgo, palco norte da guerra que a França desencadeara no Ocidente, que o notável *Generalkriegskommissariat* passou a ocupar as funções do antigo conselho privado e a moldar, daí em diante, toda a estrutura da máquina do Estado Hohenzollern. Em sua forma definitiva, o absolutismo prussiano veio a existir durante a época e sob a pressão do expansionismo sueco.

---

5 Carsten, *The Origins of Prussia*, p.179. Alguns anos antes, Gustavo Adolfo tomara as estratégicas fortalezas de Memel e Pillau, na Prússia oriental, as quais controlavam o acesso a Königsberg, e ali impôs taxas suecas. Ibid., p.205-6.

6 Alcunha do comandante militar Frederico Guilherme, Duque da Prússia (1620-1688). [N. E.]

Enquanto isso, foi nessas mesmas décadas pós Vestfália que o mais forte de todos os ventos nórdicos soprou no Leste. A invasão sueca na Polônia, em 1655, rapidamente despedaçou a frágil confederação aristocrática do *szlachta*. Varsóvia e Cracóvia caíram, e todo o vale do Vístula foi assolado pelas marchas e contramarchas das tropas de Carlos X. O principal resultado estratégico da guerra foi privar a Polônia de toda e qualquer suserania sobre o ducado da Prússia. Mas os efeitos sociais do devastador ataque sueco foram muito mais sérios: os padrões econômicos e demográficos da Polônia sofreram tanto que a invasão sueca veio a ser conhecida como o "Dilúvio", que viria a abrir uma eterna separação entre a antiga prosperidade da *Rzeczpospolita* e a crise e declínio nos quais ela se afundou. Ao último e breve restabelecimento das armas polonesas, nos anos 1680, quando Sobieski liderou o socorro a Viena contra os turcos, logo se seguiu mais uma devastação sueca durante a Grande Guerra do Norte de 1701-1721, na qual o maior palco de destruição foi, uma vez mais, o território polonês. Quando as últimas tropas escandinavas se retiraram de Varsóvia, a Polônia deixara de ser uma potência europeia. Por motivos que discutiremos mais tarde, os nobres poloneses não conseguiram gerar um absolutismo durante essas provações. Assim, eles demonstraram, na prática, quais eram as consequências desse fracasso para uma classe feudal no Oriente: incapaz de se recuperar dos golpes mortais desferidos pela Suécia, a Polônia, em última instância, deixou de existir como Estado independente.

A Rússia, como sempre, representa um caso bem diferente, ainda que em um mesmo campo histórico. Na região, o impulso aristocrático na direção de uma monarquia militar ficou evidente muito antes que em qualquer outro lugar do Leste Europeu. Isso se deveu, em parte, à pré-história do Estado de Kiev e à tradição imperial bizantina que ele transmitiu através da caótica Idade Média russa, por meio da ideologia da "Terceira Roma": Ivan III se casara com a sobrinha do último imperador paleólogo de Constantinopla e se arrogou o título de "czar", ou imperador, em 1480. Mas a ideologia do *translatio imperii* era, sem dúvidas, menos importante que a constante pressão material que os pastores tártaros e turcomanos da Ásia Central exerciam sobre a Rússia. A suserania política da Horda

Dourada durou até o final do século XV. Seus sucessores, os canatos de Cazã e Astracã lançaram a partir do leste seguidas incursões escravizadoras, até serem derrotados e absorvidos no século XVI. Por mais cem anos, os tártaros da Crimeia – agora sob o senhorio otomano – varreram o território russo, vindos do sul; suas expedições de pilhagem e escravização mantiveram a maior parte da Ucrânia como uma região selvagem e despovoada.[7] No início da época moderna, os cavaleiros tártaros não tinham a capacidade de conquistar ou ocupar de modo permanente. Mas a Rússia, "sentinela da Europa", precisava suportar o impacto de seus ataques e, como consequência, o ímpeto para construir um Estado centralizado chegou mais cedo e com mais força no ducado da Moscóvia que no bem protegido Eleitorado de Brandemburgo ou na Comunidade Polonesa. Mas, a partir do século XVI, a ameaça militar vinda do Ocidente sempre foi muito maior que a do Oriente, a artilharia pesada e a infantaria moderna agora superavam com facilidade os arqueiros montados. Assim, também na Rússia as fases verdadeiramente decisivas da transição para o absolutismo ocorreram durante etapas sucessivas da expansão sueca. O crucial reinado de Ivan IV, no fim do século XVI, sofreu com as longas guerras da Livônia, cujo vencedor estratégico foi a Suécia, que anexou a Estônia com o Tratado de Yam Zapolsky, em 1582: um trampolim para o domínio do litoral norte do Báltico. O Tempo de Dificuldades do início do século XVII, que terminou com a crucial ascensão da dinastia Romanov, viu a bandeira sueca se desfraldar nos confins da Rússia. Em meio ao caos reinante, uma unidade comandada por De La Gardie abriu caminho até Moscou, para dar apoio ao usurpador Shuisky; três anos depois, um pretendente sueco – o irmão de Gustavo Adolfo – chegou muito perto da eleição para a própria monarquia russa, bloqueado apenas pela subida de Miguel Romanov ao trono, em 1613. O novo regime logo se viu obrigado a ceder a Carélia e a Íngria aos suecos, que, uma década depois, já haviam tomado toda a Livônia das mãos dos poloneses, garantindo controle quase

7 Às vésperas do ataque de Ivan IV ao canato tártaro de Kazan, em 1552, talvez houvesse aí algo como 100 mil escravos russos. O número total de escravos capturados pelas incursões tártaras vindas da Crimeia na primeira metade do século XVII passava dos 200 mil: Vernadsky, *The Tsardom of Moscow 1547-1682*, v.1, p.12, 51-4.

total do Báltico. Nos primeiros anos do jugo Romanov, a influência sueca também se estendeu ao interior do próprio sistema político russo.[8] Por fim, é claro, o maciço edifício estatal de Pedro I se ergueu no início do século XVIII, durante e contra a maior ofensiva militar da Suécia sobre a Rússia, liderada por Carlos XII, que começara por estilhaçar os exércitos russos em Narva e acabou invadindo as profundezas da Ucrânia. Assim, o poder czarista da Rússia foi testado e forjado na luta internacional contra o império sueco pela supremacia no Báltico. A expansão sueca expulsara o Estado austríaco da Alemanha e desmembrara completamente o Estado polonês; mas, os Estados russo e prussiano, ao contrário, enfrentaram e repeliram os suecos – e acabaram assumindo sua forma desenvolvida no decorrer dos conflitos. O absolutismo oriental foi, portanto, essencialmente determinado pelas tensões do sistema político internacional, às quais as nobrezas de toda a região estavam objetivamente integradas.[9] Esse foi o preço de sua sobrevivência em uma civilização de incessantes guerras territoriais: o desenvolvimento desigual do feudalismo as obrigou a reproduzir as estruturas estatais do Ocidente, antes mesmo de terem alcançado um estágio semelhante de transição econômica para o capitalismo.

Ainda assim, esse absolutismo também foi, inevitavelmente, sobredeterminado pelo curso da luta de classes dentro das formações sociais do Leste Europeu. É necessário, então, considerar as pressões endógenas que contribuíram para sua emergência. Há uma surpreendente concordância inicial. A decisiva consolidação jurídica e econômica da servidão na Prússia, na Rússia e na Boêmia ocorreu precisamente durante as mesmas décadas nas quais se firmaram as fundações políticas do Estado absolutista. Nos três casos, esses dois desenvolvimentos – institucionalização do servilismo e inauguração do absolutismo – estiveram clara e estreitamente associados na história de cada uma das formações sociais em questão. Em

---

8 Billington, *The Icon and the Axe*, p.110; esse é um tema que pede novas pesquisas.

9 Para um reconhecimento desse fato por parte de um historiador russo, ver Chistozvonov, Nekotorye Aspekty Problemy Genezisa Absoliutizma, *Voprosy Istorii*, n.5, maio 1968, p.60-1. Embora contenha algumas opiniões descuidadas (sobre a Espanha, por exemplo), esse ensaio comparativo é provavelmente a melhor análise soviética sobre as origens do absolutismo na Europa oriental e também ocidental.

Brandemburgo, o Grande Eleitor e os estados selaram o famoso acordo de 1653, consignado em um documento oficial pelo qual a nobreza votou os impostos para um exército regular e o príncipe decretou ordenações que vincularam o trabalho rural à terra, irreversivelmente. Os impostos deveriam recair sobre as cidades e os camponeses, e não sobre os próprios *junkers*, e o exército viria a formar o cerne de todo o Estado prussiano. Era um pacto que, a um só tempo, aumentava o poder político da dinastia sobre a nobreza e o da nobreza sobre o campesinato. Agora a servidão do leste da Alemanha estava normalizada e padronizada em todas as terras Hohenzollern para além do Elba, ao mesmo passo que a monarquia suprimia o sistema de estados, província após província, sem trégua. Por volta de 1683, as Landtage de Brandemburgo e do oeste da Prússia já haviam perdido todo seu poder, de maneira definitiva.[10] Enquanto isso, na Rússia, ocorria uma conjuntura muito similar. Em 1648, a Zemsky Sobor – Assembleia da Terra – se reuniu em Moscou para aprovar o histórico *Sobornoe Ulozhenie*, que pela primeira vez: codificou e universalizou a servidão da população rural; instituiu um rígido controle estatal sobre as cidades e seus habitantes; e, ao mesmo tempo, confirmou e estabeleceu a responsabilidade formal de todas as terras nobres para com o serviço militar. O *Sobornoe Ulozhenie* foi o primeiro código legal abrangente a ser publicado na Rússia, e seu advento foi um marco fundamental: de fato, ele proporcionou ao czarismo o quadro jurídico regulatório para sua consolidação enquanto sistema de Estado. Também aí, a proclamação solene do rebaixamento do campesinato ao regime servil se fez seguir pelo desuso do sistema de estados. Uma década depois, a Zemsky Sobor já tinha desaparecido, e a monarquia seguia construindo um imenso exército semipermanente, que acabou por superar as antigas tropas recrutadas entre a pequena nobreza. A última e simbólica Zemsky Sobor caiu no esquecimento em 1683, quando já não passava de uma farsa fantasmagórica. E assim se firmava o

10 Quando os nobres reunidos em Brandemburgo registraram sua melancólica convicção de que os antigos privilégios dos estados estavam praticamente "anulados e diluídos, de tal modo que não parecia restar nenhuma *umbra libertatis*". Citado por Carsten, *The Origins of Prussia*, p.200.

pacto social entre a monarquia e a aristocracia da Rússia, estabelecendo o absolutismo em troca da servidão definitiva.

Houve um sincronismo de desenvolvimento semelhante a esse na Boêmia, mais ou menos no mesmo período, ainda que em um contexto diferente – o da Guerra dos Trinta Anos. O Tratado de Vestfália – que em 1648 pôs fim a um longo conflito militar – consagrou uma vitória dupla: a da monarquia Habsburgo sobre os estados boêmios e a dos magnatas fundiários sobre o campesinato tcheco. A maior parte da aristocracia tcheca fora eliminada depois da Batalha da Montanha Branca e, com ela, ruiu também a constituição política que dava corpo a seu poder local. A *Verneuerte Landesordnung* – que, incontestável, entrava então em vigor – concentrou todo o poder executivo em Viena: uma vez exterminada sua tradicional liderança social, os estados se limitaram a um papel meramente perfunctório. A autonomia das cidades foi esmagada. No campo, medidas implacáveis impuseram a servidão nas grandes herdades. O conjunto de prescrições e confiscos à antiga nobreza tcheca criaram uma nova aristocracia cosmopolita de aventureiros militares e funcionários da corte, que, a partir daí, junto com a Igreja, controlaram quase três quartos de todas as terras da Boêmia. As perdas demográficas foram imensas depois da Guerra dos Trinta Anos, o que provocou severas crises de mão de obra. As obrigações em serviços dos *robot* logo tomaram metade dos dias de trabalho, e os tributos, dízimos e taxas feudais chegaram a alcançar dois terços da produção dos camponeses.[11] Bloqueado na Alemanha, o absolutismo austríaco triunfou na Boêmia; e, com ele, se extinguiram as últimas liberdades do campesinato tcheco. Assim, em todas as três regiões, a consolidação do controle senhorial sobre o campesinato e a discriminação contra as cidades se associaram a um acentuado incremento das prerrogativas da monarquia e ocasionaram o desaparecimento do sistema de estados.

Como vimos, as cidades do Leste Europeu haviam sofrido com encolhimentos e repressões durante a recessão da última fase medieval. Mas o surto econômico que percorreu todo o continente no século XVI promoveu um novo, embora desigual, crescimento urbano em certas zonas do Oriente.

11 Polišenský, *The Thirty Years' War*, p.245.

A partir de 1550, as cidades boêmias reconquistaram muito de sua prosperidade, ainda que sob a égide de patriciados urbanos intimamente ligados à nobreza, por meio do senhorio municipal, e sem a vitalidade popular que outrora as distinguira na época hussita. Na Prússia oriental, Königsberg continuava sendo um vigoroso posto avançado da autonomia dos burgos. Na Rússia, Moscou florescera depois da emergência formal do czarismo com Ivan III e começou a se beneficiar visivelmente do comércio de longa distância entre a Europa e a Ásia que cruzava a Rússia, do qual também participavam os antigos centros mercantis de Novgorod e Pskov. Mas a maturação dos Estados absolutistas no século XVII agora desferia um golpe mortal na possibilidade de um renascimento da independência urbana no Leste Europeu. Inabaláveis, as novas monarquias – Hohenzollern, Habsburgo e Romanov – asseguraram a supremacia política da nobreza sobre as cidades. A única entidade que conseguiu opor uma resistência séria à *Gleichschaltung* do Grande Eleitor depois do Recesso de 1653 foi a cidade de Königsberg, na Prússia oriental: mas ela seria esmagada em 1662-1663 e 1674, sob o olhar indiferente dos *junkers* locais.[12] Na Rússia, nem mesmo Moscou contava com uma classe burguesa substancial, o comércio era monopolizado por boiardos,[13] funcionários e um pequeno círculo de mercadores *gosti*, que dependia do governo para ter seu *status* e privilégios: mas a cidade tinha muitos artesãos, uma anárquica força de trabalho semirrural e os truculentos e amorais mosqueteiros da milícia *strel'tsy*. A causa imediata da convocação da fatídica Zemsky Sobor que promulgou o *Sobornoe Ulozhenie* fora a súbita explosão desses grupos heterogêneos. Os bandos insurgentes, enraivecidos com a subida dos preços das mercadorias básicas que se seguiu ao aumento dos impostos da administração Morozov, tomaram Moscou e forçaram o czar a fugir da cidade, ao mesmo passo que o descontentamento ecoava nas províncias rurais rumo à Sibéria. Uma vez recuperado o controle régio sobre a capital, a Zemsky Sobor foi convocada e decretou o *Ulozhenie*. Novgorod e Pskov se revoltaram contra as

12 Carsten, *The Origins of Prussia*, p.212-4, 220-1.

13 Aristocratas rurais que formavam a classe social dominante da Rússia imperial. [N. E.]

exações fiscais e foram suprimidas de uma vez por todas, deixando de ter, a partir de então, qualquer importância econômica. Os últimos tumultos urbanos de Moscou ocorreram em 1662, quando manifestantes artesãos foram facilmente subjugados, e em 1683, quando Pedro I enfim liquidou a *strel'tsy*. Daí em diante, as cidades russas não criaram mais problemas para a monarquia nem para a aristocracia. Nas terras tchecas, a Guerra dos Trinta Anos arrasou com o orgulho e o crescimento das cidades boêmias e morávias: os cercos e devastações incessantes das campanhas de guerra, junto com o cancelamento da autonomia municipal que então se seguiu, acabaram por reduzi-las a entrepostos passivos dentro do Império Habsburgo.

Mas o fundamento lógico mais importante do absolutismo oriental se encontrava no campo. Seu complexo mecanismo repressor se dirigia essencial e primordialmente contra o campesinato. O século XVII foi uma época de declínio nos preços e na população em quase toda a Europa. No Leste, as guerras e desastres civis haviam provocado crises de mão de obra particularmente graves. A Guerra dos Trinta Anos infligira um retrocesso brutal a toda a economia germânica a leste do Elba. Houve perdas demográficas de mais de 50% em muitos distritos de Brandemburgo.[14] Na Boêmia, a população total caiu de 1,7 milhão para menos de 1 milhão de habitantes à época da assinatura da Paz de Vestfália.[15] Nas terras russas, a tensão insuportável das guerras da Livônia e da Oprichnina acarretara um calamitoso despovoamento e evacuação da Rússia central nos últimos anos do século XVI; algo entre 76% e 96% dos assentamentos da própria província de Moscou foram abandonados.[16] Além de suas guerras civis, invasões estrangeiras e rebeliões rurais, o Tempo de Dificuldades também trouxe instabilidade e escassez da mão de obra disponível aos donos de terras. Assim, a queda demográfica dessa época gerou – ou agravou – a constante falta de força de trabalho para o cultivo das grandes herdades. Mais que isso, havia também um permanente cenário regional

14 Stoye, *Europe Unfolding 1648-1688*, p.31.

15 Polišenský, *The Thirty Years' War*, p.245.

16 Hellie, *Enserfment and Military Change in Muscovy*, p.95.

para esse fenômeno: o problema endêmico da proporção terra/trabalho no feudalismo oriental – pouquíssimos camponeses dispersos por áreas vastíssimas. Uma comparação pode dar uma ideia do contraste dessas condições com as da Europa ocidental: a densidade populacional da Rússia era de três ou quatro pessoas por quilômetro quadrado no século XVII, na mesma época em que a da França era de quarenta pessoas, ou seja, dez vezes maior.[17] Nas terras férteis do sudeste da Polônia e oeste da Ucrânia, a mais rica zona agrícola da *Rzeczpospolita*, a densidade demográfica era um pouco maior – algo entre três e sete pessoas por quilômetro quadrado.[18] Boa parte da planície central da Hungria – agora zona fronteiriça entre os impérios austríaco e turco – era igualmente despovoada. Por tudo isso, o objetivo primordial da classe fundiária não era, como no Ocidente, fixar o nível de obrigações a serem pagas pelo campesinato, mas sim deter a mobilidade dos aldeões e prendê-los às herdades. Assim, em vastas áreas do Leste Europeu, a forma mais típica e eficaz de luta de classe adotada pelo campesinato era simplesmente a *fuga* – deserção coletiva da terra, rumo a espaços desabitados e inexplorados mais além.

Já descrevemos as medidas que as nobrezas prussiana, austríaca e tcheca tomaram para prevenir essa mobilidade tradicional na última fase do medievo; naturalmente, tais medidas se intensificaram na época inaugural do absolutismo. Mais a leste, na Rússia e na Polônia, o problema ficava ainda mais sério. Não havia entre os dois países fronteiras ou limites estáveis para os assentamentos nos vastos confins da estepe pôntica; as florestas densas do norte da Rússia eram uma zona tradicional de "terra negra" para os camponeses, longe do controle senhorial; a Sibéria ocidental e a região do Volga-Don constituíam áreas remotas, impenetráveis, ainda em gradual processo de colonização. A furtiva emigração rural para todas essas direções oferecia a possibilidade de escapar à exploração senhorial e trocá-la pelo cultivo camponês independente nas frentes pioneiras, por mais penosas que fossem. O lento e exaustivo processo que impôs a

17 Mousnier, *Peasant Uprisings*, p.157, 159.

18 Skwarczyński, Poland and Lithuania. In: *The New Cambridge Modern History of Europe*, v.3, p.377.

servidão ao campesinato russo no decorrer de todo o século XVII deve ser considerado contra esse rudimentar pano de fundo natural: em torno de todo o sistema de propriedades fundiárias da nobreza existia uma margem extensa e frágil. É, portanto, um paradoxo histórico o fato de a Sibéria ter sido, em grande medida, desbravada por pequenos proprietários camponeses das comunidades de "terra negra", em busca de melhores oportunidades econômicas e maior liberdade individual, justamente na mesma época em que a grande massa do campesinato do centro da Rússia sucumbia ao mais abjeto servilismo.[19] Essa ausência de uma fixação regular ao território é que explica a impressionante sobrevivência da escravidão na Rússia, em escala considerável: no final do século XVI, os escravos ainda cultivavam entre 9% e 15% das propriedades russas.[20] Como já vimos seguidas vezes, a presença da escravidão rural em uma formação social feudal sempre significou que o sistema servil em si ainda não estava concluído e que inúmeros produtores diretos ainda estavam, por sua vez, livres. A posse de escravos era um dos maiores bens da classe boiarda e lhe dava uma vantagem econômica crucial sobre a pequena nobreza de serviço:[21] o escravismo só deixou de ser necessário quando a rede de servidão já havia coberto quase todo o campesinato russo, no século XVIII. Enquanto isso, seguia uma incansável competição interfeudal pelo controle das "almas" para o cultivo das terras da nobreza ou do clero: boiardos e monastérios donos das herdades mais racionalizadas e lucrativas muitas vezes acolhiam servos fugitivos de propriedades menores, obstruindo sua recuperação pelos antigos senhores, para a fúria da pequena nobreza. Esses conflitos só tiveram trégua quando se estabeleceu uma autocracia central poderosa e estável, com um aparelho coercitivo capaz de impor a adscrição à terra em todo o território russo. Desse modo, o que esteve por trás do movimento

19 Sakharov, O Dialektike Istoricheskovo Razvitiya Russkovo Krest'yanstva, *Voprosy Istorii*, n.1, jan. 1970, p.26-7, dá ênfase a esse contraste.

20 Mousnier, *Peasant Uprisings*, p.174-5.

21 Ver a notável comunicação de: Vernadsky, Serfdom in Russia, *X Congresso Internazionale di Scienze Storiche*, Relazioni III, Florença, 1955, p.247-72, que aponta, com justiça, para a importância da escravidão rural na Rússia como uma peculiaridade do sistema agrário.

interno em direção ao absolutismo foi, sem dúvidas, a constante preocupação senhorial com o problema da mobilidade da mão de obra no Leste Europeu.[22] A legislação senhorial que atava o campesinato à terra já havia sido amplamente aprovada em uma época anterior. Mas, como vimos, sua implementação continuou, em geral, bastante imperfeita: os verdadeiros padrões da força de trabalho nem sempre correspondiam às disposições dos estatutos legais. Por toda parte, a missão do absolutismo foi converter a teoria jurídica em prática econômica. Um aparelho repressivo impiedoso, centralizado e unitário era uma necessidade objetiva para a vigilância e supressão da mobilidade rural generalizada em tempos de recessão econômica; a mera rede de jurisdições senhoriais particulares, por mais despótica que fosse, já não conseguia lidar com o problema de maneira adequada. Nesse aspecto, as políticas internas necessárias à segunda servidão no Oriente exigiram mais que as requeridas na primeira servidão no Ocidente: o resultado foi a possibilidade de um Estado absolutista mais avançado que as relações de produção nas quais se baseava, contemporâneo aos Estados ocidentais, que já viviam a transição pós-servil.

Mais uma vez, a Polônia foi a aparente exceção à lógica desse processo. No plano externo, o país pagou o preço do Dilúvio sueco[23] por não ter produzido um absolutismo; no plano interno, o custo desse fracasso foi a maior insurreição camponesa da época: a penosa Revolução Ucraniana de 1648, que lhe custou um terço do território e desferiu no moral e na valentia da *szlachta* um golpe do qual ela nunca se recuperou – e que, na verdade, foi o prelúdio imediato da guerra sueca, com a qual se encadeou. O caráter peculiar da Revolução Ucraniana foi resultado direto do problema básico da mobilidade e da fuga de camponeses no Leste Europeu.[24] Pois ela

22 Pode-se ter uma ideia da escala do problema para a classe dominante na Rússia a partir do fato de que, ainda em 1718-1719, muito depois da consolidação jurídica da servidão geral, o censo ordenado por Pedro I trouxe à luz nada menos que 200 mil servos fugidos – que somavam de 3% a 4% do total da população servil e que foram repatriados a seus antigos senhores. Ver: Volkov, O Stanovlenii Absoliutizma v Rossii, *Istoriya SSSR*, jan. 1970, p.104.

23 Referência à série de guerras que devastou a região no século XVII. (Ver p.219.) [N. E.]

24 Para um relato sobre a estrutura social e a revolução ucraniana de 1648-54, ver Vernadsky, *The Tsardom of Moscow*, v.1, p.439-81.

foi uma rebelião disparada por "cossacos" relativamente privilegiados na região do Dnieper – os quais, em sua origem, eram montanheses da Circássia ou camponeses fugidos da Rússia e da Rutênia que haviam se estabelecido nas vastas fronteiras entre a Polônia, a Rússia e o canato tártaro da Crimeia. Nessa terra de ninguém, eles vieram a adotar um modo de vida equestre e seminômade parecido com o dos tártaros, contra os quais normalmente lutavam. Com o tempo, desenvolvera-se nas comunidades cossacas uma complexa estrutura social. Seu centro político e militar passou a ser a ilha fortificada, ou *sech*, abaixo das corredeiras do Dnieper, a qual fora criada em 1557 e que formava um acampamento guerreiro organizado em regimentos que elegiam representantes para um conselho de oficiais, ou *starshina*, o qual, por sua vez, escolhia um comandante supremo, ou *Hetman*. Fora da *sech* de Zaporozhe, bandos errantes de saqueadores e homens das florestas se misturavam a aldeias de lavradores sob o mando de seus anciãos. Quando se deparou com essas comunidades em sua expansão para a Ucrânia, a nobreza da Polônia considerou necessário tolerar a força armada dos cossacos de Zaporozhe, em uma quantidade limitada de regimentos "registrados" e, tecnicamente, sob comando polonês. As tropas cossacas foram utilizadas como cavalarias auxiliares nas campanhas polonesas na Moldávia, Livônia e Rússia, e os oficiais vitoriosos chegaram a constituir uma elite proprietária, dominando as fileiras cossacas e até se tornando, às vezes, membros da nobreza da Polônia.

Essa convergência social com a *szlachta* local, que a firme compasso expandira suas terras para leste, não alterou a anomalia militar da independência dos regimentos da *sech*, com sua base semipopular de saqueadores, nem afetou os aglomerados de agricultores cossacos que viviam entre a população servil, cultivando os latifúndios da aristocracia polonesa na região. Assim, a mobilidade camponesa na estepe pôntica dera origem a um fenômeno sociológico quase desconhecido no Ocidente daquela época – massas rurais capazes de reunir exércitos organizados contra a aristocracia feudal. O súbito motim das companhias registradas sob seu *Hetman* Khmelnitsky em 1648 estava, portanto, profissionalmente apto a enfrentar os exércitos poloneses enviados para reprimi-lo, e sua rebelião, por sua vez, desencadeou um vasto levante generalizado dos servos da Ucrânia, que lutaram lado a lado com o campesinato cossaco para se livrar de seus senhores poloneses. Três anos depois, os camponeses da Polônia também se revoltaram na região cracoviana de Podhale, em um movimento agrário inspirado pela rebelião dos servos e cossacos ucranianos. Então se travou na Galícia e na Ucrânia uma selvagem guerra social, em que as forças de Zaporozhe derrotaram seguidas vezes os exércitos *szlachta*. Esse conflito terminou com Khmelnitsky assinando a fatídica transferência de lealdade da Polônia para a Rússia no Tratado de Pereyaslavl, em 1654, que colocou toda a Ucrânia além Dnieper sob o jugo dos czares e garantiu os interesses da *starshina* cossaca.[25] A maior vítima dessa operação foi o campesinato ucraniano, cossaco e não cossaco: a "pacificação" da Ucrânia, com a integração dos corpos de oficiais ao Estado russo, restaurou suas amarras. Na verdade, os esquadrões cossacos, após uma longa evolução, chegariam a formar um corpo de elite dentro da autocracia czarista. O Tratado de Pereyaslavl simbolizou, portanto, as respectivas parábolas dos dois grandes rivais da região no século XVII. O fragmentado Estado polonês se provou incapaz de derrotar e subordinar os cossacos, assim como não conseguiu resistir aos suecos. A centralizada autocracia czarista soube fazer as duas coisas: repelir a ameaça sueca e não apenas subjugar, mas também utilizar os cossacos como cavalaria repressiva contra suas próprias massas.

O levante ucraniano foi a mais formidável guerra camponesa da época no Leste Europeu. Mas não foi a única. Mais cedo ou mais tarde, todas as principais nobrezas da Europa oriental se confrontaram com rebeliões de servos no século XVII. Em Brandemburgo, houve repetidas explosões de violência rural no distrito de Prignitz, durante a última fase da Guerra dos Trinta Anos e a década que a sucedeu: em 1645, 1646, 1648, 1650 e 1656.[26] A concentração do poder principesco nas mãos do Grande Eleitor deve ser compreendida contra esse pano de fundo de inquietação e desespero nas aldeias. Submetido a uma firme degradação de sua posição jurídica e econômica depois do Tratado de Vestfália, o campesinato da Boêmia

25 Sobre as negociações e disposições do Tratado de Pereyaslavl, ver o relato sucinto de O'Brien, *Muscovy and the Ukraine*, p.21-7.

26 Stoye, *Europe Unfolding 1648-1688*, p.30.

se insurgiu contra seus senhores por todo o país no ano de 1680, quando tropas austríacas tiveram de ser despachadas para suprimi-lo. Mas, acima de tudo, foi na própria Rússia que se registrou um recorde inigualável de insurreições rurais, que duraram desde o Tempo de Dificuldades, na virada do século XVII, até a era do Iluminismo, no século XVIII. Em 1606-1607, camponeses, plebeus e cossacos da região do Dnieper tomaram o poder provincial sob o comando do ex-escravo Bolotnikov: seus exércitos quase instalaram o Falso Dmitri como czar em Moscou. Em 1633-1634, servos e desertores da zona de guerra de Smolensk se revoltaram sob o mando do camponês Balash. Em 1670-1671, o controle senhorial foi expulso de quase todo o sudeste de Astracã a Simbirsk, quando inúmeros exércitos de camponeses e cossacos marcharam pelo vale do Volga liderados pelo bandido Razin. Em 1707-1708, as massas rurais do baixo Don seguiram o cossaco Bulavin, em uma rebelião feroz contra o aumento de impostos e o trabalho forçado nos estaleiros – ambos determinados por Pedro I. Em 1773-1774, ocorreu, enfim, a última e mais temível de todas as insurreições: o incrível levante das muitas populações exploradas desde os contrafortes dos Urais e os desertos de Bashkiria até o litoral do Cáspio, sob o comando de Pugachev, que juntou cossacos das montanhas e das estepes, trabalhadores das fábricas, camponeses das planícies e tribos de pastores em uma série de sublevações, para cuja derrota se exigiu o emprego de todo o exército imperial russo.

Todas essas revoltas populares se originaram nas fronteiras indeterminadas do território russo: Galícia, Bielo-Rússia, Ucrânia, Astracã, Sibéria. Pois ali o poder do Estado central se diluía e as massas de saqueadores, aventureiros e fugitivos se mesclavam a colônias de servos e herdades de nobres: as quatro maiores rebeliões foram lideradas por cossacos armados, que forneceram a experiência e a organização militar que as tornaram tão perigosas para a classe feudal. Sintomaticamente, foi apenas com o fechamento definitivo das fronteiras ucranianas e siberianas, no final do século XVIII, depois de concluídos os planos de colonização de Potemkin, que o campesinato russo finalmente sucumbiu a uma quietude soturna. Assim, por todo o Leste Europeu, a intensidade da luta de classes no campo – sempre latente na forma de conflitos rurais – também detonou explosões camponesas contra a servidão, diante das quais o poder e a propriedade da nobreza se viram frontalmente ameaçados. A plana geografia social da maior parte da região – traço que a distinguia do espaço mais segmentado da Europa ocidental[27] – pôde emprestar a essa ameaça formas particularmente graves. Em consequência, o perigo generalizado disperso por seus próprios servos atuou como uma força centrípeta sobre as aristocracias do Leste. Em última instância, a ascensão do Estado absolutista no século XVII foi uma resposta ao temor social: seu aparato político e militar de coerção se apresentou como uma garantia da estabilidade da servidão. No absolutismo oriental existiu, portanto, uma ordem interna que complementou sua determinação externa: a função do Estado centralizado era defender a posição de classe da nobreza feudal contra os rivais do exterior e também contra os camponeses de terra natal. A organização e a disciplina dos primeiros e a inquietude e contumácia dos segundos ditaram um ritmo acelerado à unidade política. E, assim, o Estado absolutista se reduplicou para além do Elba, tornando-se um fenômeno geral da Europa.

Quais foram os traços específicos da variante oriental dessa máquina feudal fortificada? Vale salientar duas peculiaridades básicas e inter-relacionadas. Em primeiro lugar, a influência da guerra em sua estrutura foi ainda mais preponderante que no Ocidente e assumiu formas inéditas. A Prússia talvez represente o limite extremo a que a militarização chegou no processo de gênese do Estado. Nesse país, a ênfase na função bélica efetivamente reduziu o incipiente aparato estatal a um subproduto da máquina militar da classe dominante. Como vimos, o absolutismo do Grande Eleitor de Brandemburgo nasceu em meio ao caos das expedições suecas pelo Báltico nos anos 1650. Sua evolução e articulação interna viriam a representar uma expressiva realização da máxima de Treitschke: "A guerra é o pai da cultura e a mãe da criação". De fato, toda a estrutura fiscal, o serviço civil e a administração local do Grande Eleitor vieram a existir como subdepartamentos técnicos do *Generalkriegskommissariat*. A partir de 1679,

27 O contraste entre a topografia plana e infindável do Leste Europeu, que facilitava as fugas, e o relevo mais acidentado e circunscrito da Europa ocidental, que ajudava o controle senhorial, recebe a ênfase de Lattimore, Feudalism in History, p.55-6, e Mousnier, *Peasant Uprisings*, p.157, 159.

durante a guerra contra a Suécia, essa instituição singular se tornou, sob o comando de Von Grumbkow, o órgão supremo do absolutismo Hohenzollern. Em outras palavras, a aristocracia prussiana nasceu como uma ramificação do exército. O *Generalkriegskommissariat* formava um onipotente ministério da guerra e das finanças, que não apenas mantinha o exército permanente como também recolhia impostos, regulamentava a indústria e supria os funcionários provinciais do Estado Brandemburgo. O grande historiador prussiano Otto Hintze descreveu o desenvolvimento dessa estrutura ao longo do século seguinte: "Toda a organização do funcionalismo estava interligada aos objetivos militares e existia para servi-los. Mesmo os oficiais da polícia provincial respondiam aos comissários de guerra. Todos os ministros de Estado recebiam também o título de ministro da guerra, todos os conselheiros nas câmaras administrativas e fiscais também se denominavam conselheiros de guerra. Os ex-oficiais se tornavam conselheiros provinciais, ou até mesmo presidentes e ministros; a maior parte dos funcionários administrativos era recrutada entre antigos oficiais dos regimentos, os cargos mais baixos se preenchiam, tanto quanto possível, com oficiais não comissionados e inválidos de guerra. Assim, todo o Estado adquiriu uma feição militar. Todo o sistema social ficou a serviço do militarismo. Nobres, burgueses e camponeses só estavam ali, cada um em sua esfera, para servir ao Estado e *travailler pour le roi de la Prusse*".[28] Ao fim do século XVIII, a porcentagem da população engajada no exército talvez chegasse a quatro vezes mais que na França da mesma época[29] e estava repleta de desertores e camponeses estrangeiros alistados à força. O controle *junker* sobre suas posições de comando era praticamente absoluto. À época de Frederico II, essa formidável máquina de guerra absorvia algo entre 70% e 80% das receitas fiscais do Estado.[30]

Como veremos, o absolutismo austríaco sempre teve uma estrutura muito mais heteróclita, apresentando uma combinação imperfeita de características ocidentais e orientais, algo condizente com sua base

---

28 Hintze, *Gesammelte Abhandlungen*, v.1, p.61.

29 Dorn, *Competition for Empire*, p.94.

30 Taylor, *The Course of German History*, p.19.

territorial mista no centro da Europa. Nunca prevaleceu em Viena uma concentração comparável à de Berlim. Mas, ainda assim, fica evidente que, de meados do século XVI até o fim do século XVIII, o núcleo rígido e o ímpeto inovador do eclético sistema administrativo do Estado Habsburgo derivaram do complexo militar imperial. Na verdade, durante muito tempo, foi só isso que deu existência prática à unidade dinástica nos territórios dispersos sob o mando dos Habsburgo. O Supremo Conselho de Guerra, *Hofkriegsrat*, foi o único corpo governamental com jurisdição sobre todos os territórios Habsburgo no século XVI, a única agência executiva que os unia sob a linhagem mandante. Além de suas funções de defesa contra os turcos, o *Hofkriegsrat* também era responsável pela administração civil direta de toda a faixa territorial ao longo da fronteira sudeste entre a Áustria e a Hungria, guarnecidas por milícias *Grenzer* a ele subordinadas. Seu papel no lento crescimento da centralização Habsburgo e na construção de um absolutismo desenvolvido sempre foi determinante. "Entre todos os órgãos centrais de governo, ele foi, em última análise, o mais influente na assistência à unificação dos vários territórios hereditários, e todos estes, inclusive a Boêmia e particularmente a Hungria (para cuja proteção fora concebido), aceitaram seu controle supremo sobre as questões militares."[31] O exército profissional que emergiu depois da Guerra dos Trinta anos selou a vitória da dinastia sobre os estados boêmios: mantido por impostos vindos das terras da Boêmia e da Áustria, ele se tornou o primeiro aparato de governo permanente em ambos os reinos – e continuou sem um verdadeiro equivalente civil por mais de um século. Também nas terras magiares, foi a extensão do exército Habsburgo para a Hungria, no início do século XVIII, que finalmente as atraiu para uma união política mais estreita com as outras possessões dinásticas. Nessa região, o poder absolutista habitava exclusivamente o ramo militar do Estado: a partir de então, a Hungria proporcionou tropas e acantonamentos para os exércitos Habsburgo, os quais ocuparam terrenos geográficos que, de outro modo, permaneceriam constitucionalmente fora dos limites do resto da administração imperial. Ao mesmo tempo, os territórios recém-conquistados

31 Schwarz, *The Imperial Privy Council in the Seventeenth Century*, p.26.

aos turcos mais a leste também ficaram sob o controle do exército: a Transilvânia e o Banato entraram na administração direta do Supremo Conselho de Guerra em Viena, que organizou e supervisionou a colonização sistemática dessas terras por emigrantes alemães. Desse modo, a máquina de guerra sempre foi o arrimo mais constante do desenvolvimento do absolutismo austríaco. Mas, mesmo assim, os exércitos austríacos nunca alcançaram a posição de seus equivalentes prussianos: a militarização do Estado se restringia aos limites de sua centralização. A grave ausência de uma unidade política rigorosa nos domínios Habsburgo acabou por impossibilitar uma ascensão comparável do aparelho militar dentro do absolutismo austríaco.

O papel do aparato militar na Rússia, por sua vez, foi pouco menor que na Prússia. Em sua análise sobre a especificidade histórica do império moscovita, Kliuchevsky comentou: "A primeira dessas peculiaridades foi a organização bélica do Estado. O império moscovita era a Grande Rússia em armas".[32] Os artífices mais celebrados desse edifício, Ivan IV e Pedro I, projetaram seu sistema administrativo básico para aumentar a capacidade bélica. Ivan IV tentou remodelar todo o padrão fundiário da Moscóvia para associar a posse da terra à obrigação de serviços, deixando a nobreza cada vez mais comprometida com tarefas militares permanentes no Estado moscovita. "A terra se tornou um meio econômico para garantir ao Estado sua autossuficiência de serviço militar, e a posse da terra nas mãos da classe de oficiais passou a ser a base de um sistema de defesa nacional."[33] A guerra seguiu incessante por quase todo o século XVI, contra suecos, poloneses, lituanos, tártaros e outros adversários. Ivan IV por fim mergulhou nas longas guerras da Livônia – que terminaram em uma catástrofe generalizada nos anos 1580. Mas o Tempo de Dificuldades e a subsequente consolidação da dinastia Romanov reforçaram a tendência básica de vincular a propriedade da terra à construção do exército. Posteriormente, Pedro I deu a esse sistema sua forma mais universal e implacável. Todas as terras se tornaram sujeitas à obrigação militar, e todos os

32 Kliuchevsky, *A History of Russia*, v.2, p.319.

33 Ibid., p.120.

filhos de nobres tiveram de começar no serviço estatal aos 15 anos, por tempo indeterminado. Dois terços dos membros de toda família nobre deviam ingressar no exército: somente o terceiro filho tinha permissão de cumprir seu serviço na burocracia civil.[34] As despesas navais e militares de Pedro totalizaram 75% das receitas do Estado em 1724[35] – um dos poucos anos de paz de seu reinado.

Mas esse foco esmagador do Estado absolutista na guerra não era exagerado. Ele correspondia a convulsões de expansão e conquista muito maiores que as do Ocidente. A cartografia do absolutismo oriental condizia com sua estrutura dinâmica. Durante os séculos XV e XVI, a Moscóvia multiplicou seu tamanho por doze, absorvendo Novgorod, Cazã e Astracã; o Estado russo então se expandiu a firme compasso no século XVII, anexando o oeste da Ucrânia e parte da Bielo-Rússia; já no século XVIII, tomou territórios no Báltico, o restante da Ucrânia e a Crimeia. Brandemburgo adquiriu a Pomerânia no século XVII; o Estado prussiano dobrou seu tamanho com a conquista da Silésia no século XVIII. Baseado na Áustria, o Estado Habsburgo reconquistou a Boêmia no século XVII, subjugou a Hungria no século XVIII e ainda anexou a Croácia, a Transilvânia e a Oltênia, nos Bálcãs. Por fim, Rússia, Prússia e Áustria dividiram entre si toda a Polônia – até então o maior Estado da Europa. Neste último desenlace, a partir do exemplo de sua ausência, o "superabsolutismo" deu duas provas simétricas de sua lógica e necessidade para a classe feudal no Leste Europeu. A reação senhorial dos nobres russos e prussianos se completou com um absolutismo aperfeiçoado. Seus homólogos poloneses, após uma sujeição não menos feroz do campesinato, não conseguiram gerar tal regime. Ao preservar zelosamente os direitos individuais de todo e qualquer fidalgo diante de seus pares e os direitos de todos eles diante de qualquer dinastia, a pequena nobreza da Polônia cometeu um suicídio coletivo. Seu medo patológico de um poder estatal centralizado acabou por institucionalizar uma anarquia nas fileiras da nobreza. O resultado era previsível:

34 Beloff, Russia. In: Goodwin (Org.), *The European Nobility in the 18th Century*, p.174-5.

35 Kliuchevsky, *A History of Russia*, v., p.144-5.

a Polônia foi varrida do mapa por seus vizinhos, que demonstraram, no campo de batalha, a suprema necessidade do Estado absolutista.

A extrema militarização do Estado esteve estruturalmente ligada à segunda grande peculiaridade do absolutismo, tanto na Prússia quanto na Rússia. Trata-se da natureza do relacionamento funcional entre os proprietários feudais e as monarquias absolutistas. A diferença crucial entre as variantes ocidental e oriental se evidencia nos respectivos modos de integração da nobreza à nova burocracia que então se criava. Nem na Prússia nem na Rússia ocorreram vendas de cargos em grande escala. No século XVI, quando eram comuns a corrupção, a malversação dos fundos estatais, o cultivo das sinecuras e a manipulação do crédito régio, os *junkers* a leste do Elba se caracterizaram exatamente pela cobiça da coisa pública.[36] Essa seria a época do domínio inconteste do *Herrenstand* e do *Ritterschaft*, junto com o enfraquecimento de toda e qualquer autoridade pública central. O advento do absolutismo Hohenzollern no século XVII alterou radicalmente essa situação. A partir daí, o novo Estado prussiano impôs uma probidade financeira cada vez maior em sua administração. Proibiu-se a compra de posições lucrativas na burocracia por parte dos nobres. Sintomaticamente, apenas nos enclaves Hohenzollern muito mais avançados de Clèves e da Marca, na Renânia, onde havia uma florescente burguesia urbana, é que a compra de cargos chegou a ser formalmente sancionada por Frederico Guilherme I e seus sucessores.[37] Na Prússia, o serviço civil era, de modo geral, reconhecido por seu consciencioso profissionalismo. Já na Rússia, por outro lado, as fraudes e desvios eram endêmicos nas máquinas estatais moscovita e Romanov, que dessa maneira sempre perdiam boa parte de suas receitas. Mas esse fenômeno era apenas uma variação mais direta e primitiva do peculato e do furto, ainda que em uma escala imensa e caótica. A venda de cargos propriamente dita – enquanto um sistema legal e regulamentado de recrutamento para a burocracia – nunca chegou a se estabelecer de maneira efetiva na Rússia. E também não

---

36 Rosenberg, The Rise of the Junkers in Brandenburg-Prussia 1410-1563, *American Historical Review*, out. 1943, p.20.

37 Rosenberg, *Bureaucracy, Aristocracy and Autocracy – The Prussian Experience 1680-1815*, p.78.

foi uma prática relevante no Estado um pouco mais avançado da Áustria, o qual – diferente de alguns de seus principados vizinhos no sul da Alemanha – jamais abrigou uma classe de "funcionários" que houvesse comprado seus postos administrativos. Os motivos dessa disjunção oriental ante o padrão do Ocidente são bem claros. O abrangente estudo de Swart sobre a distribuição do fenômeno da venda de cargos enfatiza, com justiça, sua conexão com a existência de uma classe mercantil local.[38] Em outras palavras: no Ocidente, a venda de cargos correspondeu à sobredeterminação do Estado feudal tardio pelo rápido crescimento do capital mercantil e manufatureiro. O nexo contraditório que se estabeleceu entre o cargo público e as pessoas privadas refletiu as concepções medievais de soberania e contrato, nas quais não existia uma ordem cívica impessoal; no entanto, esse nexo também envolvia dinheiro, refletia a presença e a interferência de uma economia monetária e de seus futuros senhores, os burgueses das cidades. Desde que pudessem desembolsar as somas necessárias para a compra de postos, mercadores, juristas e banqueiros teriam acesso à máquina do Estado. A natureza comercial da transação também era, sem dúvidas, um índice do relacionamento intraclasse entre a aristocracia dominante e seu Estado: a unificação pela corrupção, e não pela coerção, produziu um absolutismo mais brando e mais avançado.

Por outro lado, não havia no Leste Europeu uma burguesia urbana para modular o caráter do Estado absolutista: não havia um setor mercantil para moderá-lo. Já falamos sobre as sufocantes políticas antiurbanas das nobrezas da Prússia e da Polônia. Na Rússia, os czares controlavam o comércio – frequentemente com suas próprias empresas monopolistas – e administravam as cidades. Mais uma singularidade: muitas vezes, os residentes urbanos eram servos. Como resultado, o fenômeno híbrido da venda de cargos era impraticável. Sólidos princípios feudais é que iriam presidir a construção da máquina do Estado. O expediente da *nobreza de serviço* foi, em muitos aspectos, o correlato oriental da venda de cargos do Ocidente. O recrutamento do Estado incorporou a classe dos *junkers* prussianos diretamente ao Comissariado de Guerra e a seus serviços financeiros e

---

38 Swart, *Sale of Offices in the Seventeenth Century*, p.96.

tributários. A burocracia civil sempre manteve um importante fermento de ingredientes não aristocráticos, embora estes normalmente ascendessem à nobreza assim que alcançavam os postos mais altos.[39] No campo, os *junkers* detiveram um controle rigoroso sobre o *Gutsbezirke* local e, assim, assumiram uma completa panóplia de poderes de tributação, justiça, polícia e alistamento sobre seu campesinato. Eles também dominaram cada vez mais os órgãos burocráticos provinciais do serviço civil do século XVIII, sugestivamente chamados *Kriegs-und-Domänen-Kammern* (Câmaras de Guerra e dos Senhorios). No exército em si, os postos de comando eram uma reserva profissional da classe fundiária.

> Somente jovens nobres eram admitidos nas companhias e escolas de cadetes que ele [Frederico Guilherme I] fundara, e os oficiais nobres não comissionados tinham seus nomes listados nos relatórios trimestrais enviados a seu filho, indicando que esses nobres estavam *eo ipso* aptos a serem aspirantes a oficial. Embora muitos plebeus tenham sido comissionados sob a crise da guerra da sucessão espanhola, eles foram purgados logo depois do término do conflito. Assim, a nobreza se tornou uma nobreza de serviço; ela identificava seus interesses com os do Estado que lhe dava postos honrosos e lucros.[40]

Na Áustria, não houve um ajuste tão compacto entre o aparato do Estado absolutista e a aristocracia; a insuperável heterogeneidade das classes fundiárias dos reinos Habsburgo o impedira. Mesmo assim, também aí se desenhou um rascunho drástico, ainda que incompleto, para uma nobreza de serviço: pois a reconquista Habsburgo da Boêmia na Guerra dos Trinta Anos se fez seguir pela destruição sistemática da antiga aristocracia tcheca e germânica dos territórios boêmios, os quais se viram ocupados por uma nova nobreza estrangeira, de fé católica e origem cosmopolita, que devia suas herdades e fortunas inteiramente ao arbítrio da dinastia que a criara. Daí em diante, a nova aristocracia "boêmia" passou a fornecer a maioria dos quadros para o Estado Habsburgo, tornando-se

39 Rosenberg, *Bureaucracy, Aristocracy and Autocracy*, p.139-43.
40 Carsten, *The Origins of Prussia*, p.272.

a mais importante base social do absolutismo austríaco. Mas o abrupto radicalismo de sua construção de cima para baixo não se reproduziu nas formas subsequentes de sua integração à máquina de Estado: a compósita organização dinástica dirigida pelos Habsburgo impossibilitou uma cooptação burocrática uniforme ou "regulada" da nobreza para o serviço ao absolutismo.[41] Postos militares acima de certas patentes e depois de certos períodos conferiam, automaticamente, títulos de nobreza: mas não emergiu nenhum vínculo geral ou institucionalizado entre o serviço estatal e a ordem aristocrática, o que, em última análise, acabou comprometendo a força internacional do absolutismo austríaco.

Por outro lado, na Rússia, ambiente mais primitivo, os princípios de uma nobreza de serviço iriam muito mais longe que na Prússia. Em 1566, Ivan IV promulgou um decreto que tornava o serviço militar obrigatório a todos os senhores e estabelecia para cada unidade de terra o número preciso de contingentes a serem fornecidos – consolidando assim a classe *pomeshchik* da pequena nobreza, que começara a emergir sob seu predecessor. Além disso, apenas aqueles que estavam a serviço do Estado poderiam, daí em diante, ser proprietários de terras na Rússia, à exceção das instituições religiosas. Na prática, esse sistema nunca chegou a alcançar a universalidade ou a eficácia que a lei lhe conferia e ficou longe de pôr fim ao poder autônomo da antiga classe dos magnatas boiardos, cujas herdades permaneceram sob o regime alodial. Mas, apesar das muitas oscilações e reveses, os sucessores de Ivan herdaram e continuaram sua obra. A respeito do primeiro governante Romanov, Blum comenta:

> O Estado que Miguel foi chamado a reger tinha uma organização política singular. Tratava-se de um Estado de serviço, e o czar era seu dirigente absoluto. As atividades e obrigações de todos os súditos, do mais poderoso dos senhores ao mais humilde dos camponeses, eram determinadas por um Estado em busca de seus próprios interesses e políticas. Todos os súditos

41 No entanto, Schwarz comenta que a antiga alta nobreza do Estado Habsburgo devia sua ascensão essencialmente ao serviço no conselho privado do império durante o século XVII: Schwarz, *The Imperial Privy Council in the Seventeenth Century*, p.410.

> estavam ligados a certas funções específicas, concebidas para preservar e engrandecer o poder e a autoridade do Estado. Os senhores estavam atados ao serviço no exército e na burocracia, os camponeses estavam atados aos senhores para lhes proporcionar os meios que lhes permitiam cumprir seu serviço no Estado. Toda e qualquer liberdade ou privilégio de que um súdito pudesse usufruir só era sua porque o Estado permitia, como prerrogativa da função que ele cumpria ao seu serviço".[42]

Esse trecho é uma evocação retórica das pretensões da autocracia czarista, ou *samoderzhavie*, e não uma descrição da verdadeira estrutura do Estado: as realidades práticas da formação social russa estavam longe de corresponder ao sistema político onipotente que Blum sugere. A teoria ideológica do absolutismo russo jamais coincidiu com seus poderes materiais, que sempre foram muito mais limitados do que os observadores do Ocidente – tantas vezes propensos aos exageros dos viajantes – tenderam a acreditar. Mas, mesmo assim, em qualquer análise comparativa no âmbito europeu, a peculiaridade do complexo de serviços moscovita continua indiscutível. No final do século XVII e início do XVIII, Pedro I generalizou e radicalizou ainda mais seus princípios normativos. Fundindo as herdades condicionais com as hereditárias, ele assimilou as classes *pomeshchik* e boiarda. A partir de então, todos os nobres se tornaram servidores permanentes do czar. A burocracia estatal se dividiu em catorze níveis, dos quais os oito superiores implicavam um *status* nobre hereditário e os seis inferiores, um *status* aristocrático não hereditário. Dessa maneira, a ordem feudal e a hierarquia burocrática se fundiram organicamente: em princípio, o dispositivo da nobreza de serviço fez do Estado um simulacro virtual da estrutura da classe fundiária, sob o poder centralizado de seu representante "absoluto".

---

42 Blum, *Lord and Peasant in Russia*, p.150.

2.
Nobreza e monarquia: a variante oriental

Resta ainda estabelecer o significado histórico da nobreza de serviço. E será melhor fazê-lo observando a evolução do relacionamento entre a classe feudal e seu Estado, dessa vez no Leste Europeu. Já vimos que, antes da expansão do feudalismo ocidental para o leste durante a Idade Média, as principais formações sociais eslavas da Europa oriental não haviam produzido, em parte alguma, uma organização política feudal totalmente articulada, do tipo que emergiu da síntese romano-germânica no Ocidente. Todas elas estavam em diferentes estágios da transição desde as rudimentares federações tribais dos assentamentos originários para as hierarquias sociais estratificadas e com firmes estruturas de Estado. O padrão típico combinava uma aristocracia dominante de guerreiros com uma população heteróclita de camponeses livres, servos por dívidas e escravos capturados; muitas vezes, a estrutura do Estado continuava bem próxima do sistema de séquitos do chefe militar tradicional. Nem mesmo a Rússia Kievana, setor mais avançado de toda a região, tinha produzido uma monarquia unitária e hereditária. O impacto do feudalismo ocidental nas formações sociais do Leste Europeu já foi discutido ao nível de seus efeitos sobre a organização das cidades e sobre o modo de produção predominante nas herdades e aldeias. Existem menos estudos a respeito de sua influência sobre a nobreza em si, mas, como vimos, está claro que em meio à classe dominante houve uma crescente adaptação às normas hierárquicas ocidentais. A alta aristocracia da Boêmia e da Polônia, por exemplo, ganharam forma precisamente entre meados do século XII e o início do século XIV, auge do período da expansão germânica; também foi nessa época que surgiram os *rytiri* e *vladky* tchecos, ou classe dos cavaleiros, juntamente com os magnatas *barones*; além disso, o uso de armas e títulos foi importado da Alemanha e adotado em ambos os países na segunda metade do século XIII.[1] De fato, na maioria dos países do Leste Europeu, o sistema de títulos derivou dos usos germânicos (ou, tempos depois, dinamarqueses): conde, margrave, duque e outras designações foram sendo sucessivamente naturalizadas nos idiomas eslavos.

Ainda assim, ao longo das eras de expansão econômica entre os séculos XI e XIII e de contração nos séculos XIV e XV, podem-se destacar dois traços cruciais das classes dominantes do Leste Europeu, os quais remontam à ausência da síntese feudal do Ocidente. Em primeiro lugar, a instituição da *posse condicional* – o sistema de feudos propriamente dito – nunca chegou a se enraizar de verdade para além do Elba.[2] É certo que, de início, ela seguiu a trilha da colonização germânica e sempre teve mais força nas terras transelbianas ocupadas por *junkers* alemães que em outros lugares. Mas, no século XIV, as herdades germânicas que deviam serviço de cavalaria eram tecnicamente alodiais, embora implicassem obrigações militares.[3] No século XV, Brandemburgo praticamente desconhecia as ficções jurídicas, e o *Rittergut* estava se transformando em herdade patrimonial – em um processo que, nesse aspecto, não diferia muito do que vinha ocorrendo no oeste da Alemanha. A posse condicional também não chegou a criar raízes nas outras regiões. Na Polônia, o número de domínios alodiais superou o de feudos durante toda a Idade Média; mas, assim como

1 Dvornik, *The Slavs. Their Early History and Civilization*, p.324; Id., *The Slavs in European History and Civilization*, p.121-8.

2 Bloch soube identificar esse fato – embora oferecendo, de maneira equivocada, uma explicação culturalista – ao afirmar que "os eslavos nunca conheceram" a distinção entre a concessão em troca de serviço e a franca doação. Ver Féodalité et noblesse polonaises, *Annales*, jan. 1939, p.53-4. Na verdade, a concessão de terras em troca de serviço foi conhecida no oeste da Rússia do século XIV ao XVI e depois reapareceu no sistema *pomest'e*.

3 Aubin, The Lands East of the Elbe and German Colonization Eastwards. In: *The Agrarian Life of the Middle Ages*, p.476.

no leste da Alemanha, ambos os tipos de propriedade deviam serviço militar, embora mais leve para o primeiro. A partir da segunda metade do século XV, a pequena nobreza conseguiu converter muitas herdades feudais em domínios alodiais, contra os esforços da monarquia para deter tal processo. De 1561 a 1588, a Sejm aprovou decretos que finalmente comutavam as posses feudais em alodiais, em todos os lugares.[4] Na Rússia, como já vimos, a típica propriedade boiarda sempre foi a *votchina* alodial; a imposição do sistema condicional de *pomest'e* a partir de cima veio a ser obra posterior da autocracia czarista. Além disso, em todas essas terras havia nenhum ou poucos senhorios intermediários entre cavaleiros e monarcas, nenhum lugar-tenente do tipo que cumpria um papel tão importante nas compactas hierarquias feudais da Europa ocidental. Não se conheciam as complexas cadeias de retrovassalagem ou subenfeudação. Por outro lado, a autoridade pública também nunca se viu tão limitada ou dividida em termos jurídicos quanto no Ocidente medievo. Em todos esses territórios, o preenchimento dos cargos da administração local obedecia mais à nomeação que à hereditariedade, e os governantes detinham o direito formal de taxar todo o campesinato, que não podia escapar à esfera pública por meio de imunidades ou jurisdições privadas integrais, muito embora os poderes fiscais e judiciais dos príncipes e duques muitas vezes fossem, na prática, bastante limitados. O resultado foi uma rede de relações intrafeudais muito menos coesa que a do Ocidente.

Não restam dúvidas de que esse padrão estava ligado à disposição espacial do feudalismo do Leste Europeu. Da mesma maneira como os tratos de terra vastos e pouco povoados do Oriente criavam à nobreza problemas específicos quanto à exploração do trabalho, por causa da possibilidade de fugas, então também criavam aos príncipes e soberanos problemas especiais quanto à integração hierárquica da nobreza. O caráter fronteiriço das formações sociais do Leste Europeu tornava o reforço dos laços de obediência com colonos militares e senhores de terra extremamente difícil para as dinastias governantes, pois o ambiente não tinha limites e, muitas vezes,

4 Skwarczyński, The Problem of Feudalism in Poland up to the Beginning of the 16th Century, *Slavonic and East European Review*, 34, 1955-1956, p.296-9.

parecia premiar as aventuras armadas e as veleidades anárquicas. Como resultado, a solidariedade feudal vertical era muito mais fraca que no Ocidente. Havia poucos laços orgânicos que pudessem unir internamente as várias aristocracias. Essa situação não chegou a se alterar de maneira substancial com a introdução do sistema senhorial, durante a grande crise do feudalismo europeu. Agora o cultivo das herdades e o trabalho servil alinhavam um pouco mais a agricultura oriental às normas de produção dos primórdios do Ocidente medievo. Mas a reação senhorial que os criara não reproduziu simultaneamente o característico sistema de feudos que os acompanhava. Uma das consequências seria, é claro, uma concentração de poder senhorial sobre o campesinato em níveis desconhecidos no Ocidente, onde o parcelamento da soberania e a propriedade escalonada criavam jurisdições plurais sobre os aldeãos, com confusões e sobreposições objetivamente propícias à resistência camponesa. No Leste Europeu, ao contrário, o senhorio pessoal, territorial e econômico geralmente se fundia em uma mesma autoridade senhorial, que exercia direitos acumulativos sobre seus servos.[5] Essa concentração de poderes às vezes chegava tão longe que, na Rússia e na Prússia, os servos podiam ser vendidos a um outro dono de terras, separados das herdades onde trabalhavam – uma condição de dependência pessoal bem próxima à da pura escravidão. Assim, o início do sistema senhorial não afetou o tipo predominante de posse aristocrática da terra, embora a tenha ampliado consideravelmente, às expensas das aldeias comunais e das pequenas propriedades camponesas. Ao contrário, aumentou o poder local despótico dentro da classe senhorial.

Esboçamos acima as pressões duais que acabaram por criar o Estado absolutista no Leste Europeu. O que importa destacar aqui é que a transição para o absolutismo não poderia ter seguido a mesma trilha do Ocidente, não apenas por causa da anulação das cidades e da servidão do campesinato, mas também por conta do caráter peculiar da nobreza que as

5 Skazkin se demora nesse ponto, com razão. Skazkin, Osnovnye Problemy tak Nazyvaemovo 'Vtorovo Izdaniya Krepostnichestva' v Srednei i Vostochnoi Evrope, p.99-100.

efetivou. Ela não passara pela adaptação longa e secular a uma hierarquia feudal relativamente disciplinada, algo que a houvesse preparado para se integrar a um absolutismo aristocrático. Ainda assim, uma vez confrontada com os perigos históricos da conquista estrangeira ou da deserção camponesa, a nobreza precisou de um instrumento capaz de dotá-la *ex novo* de uma unidade de ferro. O tipo de integração política que o absolutismo realizou na Rússia e na Prússia sempre carregou as marcas dessa situação de classe original. Até aqui, enfatizamos em que medida o relógio do absolutismo no Leste Europeu andou mais rápido: em que medida ele era uma estrutura de Estado à frente das formações sociais que lhe serviam de base, por querer se igualar aos Estados ocidentais que o confrontavam. Agora é necessário sublinhar o reverso da mesma contradição dialética. Mais precisamente: a construção do edifício absolutista "moderno" no Leste Europeu precisou criar a "arcaica" relação de serviço outrora característica do sistema de feudos no Ocidente. Até então, essa relação nunca se firmara na Europa oriental; mas, à medida que ia desaparecendo no Ocidente, com o advento do absolutismo, foi aparecendo no Oriente, por exigência do absolutismo. O exemplo mais claro desse processo foi, sem dúvida, a Rússia. Os séculos medievais depois da queda do Estado kieviano haviam conhecido a autoridade política mediada e as relações mútuas de suserania e vassalagem entre príncipes e nobres; mas ambas estiveram dissociadas do senhorio e da posse da terra, que permaneceram sob o domínio da *votchina* alodial da classe boiarda.[6] Mas, a partir do início da época moderna, todo o progresso do czarismo se construiu sobre a conversão de posses alodiais em condicionais, com a implementação do sistema *pomest'e* no século XVI, seu predomínio sobre a *votchina* no século XVII e a fusão final dos dois no século XVIII. Pela primeira vez, a posse da terra vinha em troca do serviço de cavalaria para o suserano feudal – o

6 Há uma excelente delimitação e discussão do padrão histórico das terras russas no texto extremamente lúcido de Vernadsky, Feudalism in Russia, *Speculum*, v.14, 1939, p.300-23. À luz do posterior sistema *pomest'e*, é importante ressaltar que as relações de vassalagem do período medieval eram genuinamente contratuais e recíprocas, como se pode ver nas homenagens da época. Para um relato e exemplos sobre esse tema, ver: Eck, *Le Moyen Age russe*, p.195-212.

czar –, em uma réplica formal do feudo do Ocidente medievo. Na Prússia, afora a recuperação em larga escala dos domínios régios depois das alienações do século XVI, não houve uma alteração jurídica tão radical na posse da terra, pois aí ainda sobreviviam vestígios de um sistema de feudos. Mas também aí a dispersão horizontal da classe *junker* se rompeu com uma rigorosa integração vertical ao Estado absolutista, sob o imperativo ideológico do dever universal da nobreza em servir seu suserano feudal. Na verdade, o *ethos* do serviço militar ao Estado seria muito mais profundo na Prússia que na Rússia e acabaria por produzir a aristocracia mais devotada e disciplinada da Europa. Houve, portanto, uma necessidade de reforma jurídica e coerção material correspondentemente menor que aquelas que o czarismo teve de aplicar com tanta severidade em seus esforços para obrigar a classe fundiária russa ao serviço militar no Estado.[7] Em ambos os casos, porém, o "ressurgimento" da relação de serviço infligiu, na verdade, uma drástica modificação nesses Estados. Pois o serviço militar já não se devia simplesmente a um suserano na mediada cadeia de dependência pessoal que formava a hierarquia feudal da época medieva: o serviço militar se devia a um Estado absolutista hipercentralizado.

Esse deslocamento da relação trouxe duas consequências inevitáveis. Em primeiro lugar, o serviço prestado já não era a apresentação de armas ocasional e autônoma de um cavaleiro convocado pelo superior feudal – a convencional jornada equestre de quarenta dias estipulada, por exemplo, pelo sistema de feudos normando. Agora era a indução a um aparelho burocrático e tendia a assumir um caráter vocacional e permanente. Nesse aspecto, quem atingiu o ponto extremo foi Pedro I, com decretos que vincularam legalmente o *dvoriantsvo* russo ao serviço vitalício no Estado. Mais uma vez, a própria ferocidade e irrealismo desse sistema refletiam a imensa dificuldade prática de integrar a nobreza russa ao aparato czarista, e não um alto grau de sucesso efetivo nessa integração. Não havia necessidade

7 Deve-se notar, porém, que o absolutismo prussiano não dispensava a coerção quando a considerava necessária. Com o objetivo de obrigá-los a cumprir serviços de oficiais no exército, o Rei Soldado proibiu toda e qualquer incursão estrangeira de *junkers* que não tivesse sua permissão expressa. Goodwin, Prussia. In: Goodwin (Org.), *The European Nobility in the 18th Century*, p.88.

de tais medidas extremas na Prússia, onde a classe *junker* era, desde o início, menor e mais maleável. Mas, em ambos os casos, fica evidente que o serviço burocrático propriamente dito – fosse militar ou civil – contradizia o princípio nuclear do contrato feudal originário da época medieva no Ocidente: sua natureza *recíproca*. O sistema de feudos em si sempre comportou um componente explícito de mutualidade: o vassalo não tinha apenas deveres para com seu senhor, mas também direitos que o suserano era obrigado a respeitar. O direito medieval incluía expressamente a noção de felonia senhorial – o rompimento ilegal do pacto por parte do superior feudal, não de seu subordinado. Agora fica claro que essa reciprocidade pessoal, com suas salvaguardas jurídicas relativamente rigorosas, era incompatível com um absolutismo pleno, que pressupunha um novo poder unilateral do aparelho de Estado centralizado. E, então, por conseguinte, o segundo traço distintivo da relação de serviço no Leste Europeu foi, necessariamente, sua heteronomia. O *pomeshchik* não era um vassalo, com direitos que pudesse invocar contra o czar. Era um servidor, que recebia herdades da autocracia e a ela estava atado por uma obediência incondicional. Sua submissão era legalmente direta e inequívoca, e não mediada por instâncias intermediárias de uma hierarquia feudal. A Prússia nunca chegou a assimilar essa concepção czarista extrema. Mas também aí o elemento crucial da mutualidade ficou espantosamente de fora do laço entre os *junkers* e o Estado Hohenzollern. O ideal do Rei Soldado encontrou expressão notória em sua demanda: "Devo ser servido com corpo e alma, casa e riqueza, honra e consciência; tudo me é devido, exceto a salvação eterna – que pertence a Deus. Mas todo o resto é meu".[8] Em nenhum outro lugar a classe fundiária incorporou tanto o culto à mecânica obediência militar – a *Kadavergehorsamkeit* da burocracia e do exército prussianos. Assim, nunca houve no Leste Europeu uma reprodução completa da síntese feudal do Ocidente, nem antes nem depois da divisão da última crise medieva. Em vez disso, os elementos desse feudalismo foram rearranjados de um jeito estranho, em combinações diversas e assíncronas, que nunca chegaram a possuir o acabamento ou a unidade da síntese original. Desse modo, o

8 Dorwart, *The Administrative Reforms of Frederick William I of Prussia*, p.226.

sistema senhorial funcionou tanto sob a anarquia nobiliárquica quanto sob o absolutismo centralizado: a soberania dispersa existiu, mas em épocas de posse não condicional da terra; as posses condicionais também apareceram, mas com laços de serviços não recíprocos; a hierarquia feudal acabou por ser codificada no quadro da burocracia estatal. O absolutismo em si representou a mais paradoxal recombinação de todas – em termos ocidentais, uma mistura bizarra de estruturas modernas e medievais, consequência da peculiar temporalidade "achatada" do Oriente.

A adaptação dos donos de terras do Leste Europeu ao advento do absolutismo não foi um processo suave, sem vicissitudes, assim como não o fora no Ocidente. Na verdade, a *szlachta* polonesa – única entre as classes sociais desse tipo na Europa – derrotou todos os esforços que visavam criar um Estado dinástico forte, por razões que veremos mais tarde. Mas, em geral, a relação entre monarquia e nobreza na Europa oriental seguiu uma trajetória não muito diferente da que se deu na Europa ocidental, ainda que com algumas importantes características regionais próprias. Assim, prevaleceu durante o século XVI uma relativa despreocupação aristocrática, seguida por turbulências e conflitos generalizados no século XVII, que então abriram passagem para uma nova e confiante concórdia no século XVIII. Esse padrão, no entanto, foi distinto do ocidental em vários aspectos importantes. Para começar, o processo de construção do Estado absolutista se iniciou muito mais tarde no Oriente. As monarquias renascentistas da Europa ocidental não encontraram nenhum verdadeiro equivalente na Europa oriental do mesmo século. Brandemburgo ainda era um remanso provincial sem qualquer poder principesco digno de nota; a Áustria estava às voltas com o sistema imperial medievo do *Reich*; a Hungria perdera sua dinastia tradicional e fora muito devastada pelos turcos; a Polônia continuava sendo uma Comunidade aristocrática; a Rússia experimentava uma autocracia prematura e forçada que logo entrou em colapso. O único país que produziu uma cultura renascentista genuína foi a Polônia, cujo sistema de Estado era praticamente uma república nobiliárquica. O único país que testemunhou uma poderosa monarquia protoabsolutista foi a Rússia, cuja cultura permaneceu muito mais primitiva que a de qualquer outro Estado da região. Fenômenos desconectados, mas ambos de curta duração. Foi só no século seguinte que se erigiram Estados absolutistas duráveis no Leste Europeu, depois da completa integração militar e diplomática do continente a um mesmo sistema internacional e da consequente pressão ocidental que a acompanhou.

O destino das assembleias de estados da região foi o indício mais claro do progresso da absolutização. Os três sistemas de Estado mais fortes do Leste Europeu foram os da Polônia, da Hungria e da Boêmia – todos reivindicavam o direito constitucional de eleger seus respectivos monarcas. A Sejm polonesa, uma assembleia bicameral em que somente os nobres tinham representação, não apenas barrou a ascensão de qualquer autoridade régia centralizada na Comunidade depois de suas importantes vitórias no século XVI; ela também aumentou as prerrogativas anárquicas da pequena nobreza no século XVII, com o expediente do *liberum veto*, pelo qual qualquer membro da Sejm podia dissolvê-la com um simples voto negativo. O caso polonês foi único na Europa: aí a posição da aristocracia era tão inabalável que nessa época não houve sequer um conflito mais sério entre a monarquia e a nobreza, pois nenhum dos reis eleitos conseguiu acumular poder suficiente para desafiar a constituição *szlachta*. Na Hungria, por outro lado, os estados tradicionais se chocaram de frente contra a dinastia Habsburgo quando esta começou a se encaminhar rumo à centralização administrativa, a partir do final do século XVI. A pequena nobreza magiar, apoiada no particularismo nacional e protegida pelo poder turco, resistiu ao absolutismo com todas as suas forças: nenhuma outra nobreza da Europa iria registrar tanta ferocidade e persistência na luta contra as intromissões da monarquia. Importantes setores da classe fundiária húngara se levantaram em rebelião armada contra Hofburg nada menos que quatro vezes em um período de cem anos – em 1604-1608, 1620-1621, 1678-1682 e 1701-1711, sob Bocskay, Bethlen, Tökölli e Rákóczi. Ao final dessa longa e virulenta disputa, o separatismo magiar estava efetivamente destruído e, a partir de então, exércitos absolutistas unitários ocuparam a Hungria, sujeitando os servos locais a impostos centrais. Mas, em quase todos os outros aspectos, os privilégios dos estados foram preservados, e a soberania Habsburgo na Hungria continuou sendo uma pálida sombra de sua equivalente austríaca. Na Boêmia, em contraste, a revolta da Snem [assembleia boêmia], que precipitou a Guerra dos Trinta Anos, foi esmagada na Batalha da Montanha Branca, em 1620: a vitória do absolutismo austríaco em território tcheco foi completa e definitiva, extinguindo toda a antiga nobreza boêmia. Os sistemas de estados sobreviveram formalmente tanto na Áustria quanto na Boêmia, mas, a partir de então, foram obedientes caixas de ressonância da dinastia.

No entanto, o padrão histórico foi diferente nas duas zonas que deram origem aos Estados absolutistas mais desenvolvidos e dominantes da Europa oriental. Na Prússia e na Rússia, não houve grandes rebeliões aristocráticas contra a iminência do Estado centralizado. Na verdade, o mais notável é que, durante a difícil fase de transição para o absolutismo, a nobreza desses países desempenhou um papel menos importante nas revoltas políticas que as suas homólogas no Ocidente. Os Estados Hohenzollern e Romanov jamais se depararam com algo que lembrasse as Guerras Religiosas, a Revolta da Catalunha ou mesmo a Peregrinação da Graça. Os sistemas de estados de ambos os países se esgotaram por volta do fim do século XVII, sem clamores nem lamúrias. Apático, o Landtag de Brandemburgo aquiesceu ao crescente absolutismo do Grande Eleitor depois do Recesso de 1653. A única resistência séria veio dos burgueses de Königsberg; os donos de terras da Prússia oriental, ao contrário, aceitaram sem grandes comoções que o Eleitor suprimisse sumariamente os antigos direitos do ducado. Uma vez em marcha o processo de absolutização, as implacáveis medidas antiurbanas das nobrezas orientais surtiram bastante efeito.[9] Na Prússia, as relações entre a dinastia e a nobreza não ficaram livres de tensões e suspeitas no fim do século XVII e no início do XVIII: nem o Grande Eleitor nem o Rei Soldado eram governantes populares junto à sua própria classe, a qual, muitas vezes, eles tratavam de maneira rude. Mas na Prússia dessa época não houve nenhum rompimento sério entre a monarquia e a aristocracia, nem mesmo de caráter transitório. Na Rússia, a assembleia dos estados – a Zemsky Sobor – era

9 O Langtag prussiano existiu formalmente até Iena, mas, na prática, teve apenas funções meramente decorativas desde os anos 1680. No século XVIII, só se reuniu para prestar homenagens aos novos monarcas que subiam ao trono.

uma instituição particularmente fraca e artificial,[10] originalmente criada por Ivan IV, no século XVI, para atender a seus objetivos táticos. Sua composição e convocação eram, em geral, facilmente manipuladas pelas camarilhas da corte na capital; o princípio dos estados como tal nunca chegou a adquirir uma vida independente na Moscóvia. E foi ainda mais enfraquecido pelas divisões sociais dentro da classe fundiária, entre o estrato dos magnatas boiardos e a pequena nobreza *pomeshchik*, cuja ascensão contara com a ajuda dos czares do século XVI.

Assim, embora gigantescas lutas sociais houvessem se desencadeado no curso da transição para o absolutismo, em uma escala muito maior que a da Europa ocidental, quem protagonizou tais lutas foram as classes rurais e urbanas exploradas, e não as classes proprietárias privilegiadas – as quais, de maneira geral, revelaram uma prudência considerável em suas relações com o czarismo. "Ao longo de nossa história", o conde de Stroganov iria escrever a Alexandre I, em um memorando confidencial, "os camponeses vêm sendo a fonte de todas as perturbações, ao passo que a nobreza nunca se agitou: se o governo tem uma força a temer e um grupo a vigiar, esses são os dos servos e de nenhuma outra classe."[11] Os grandes eventos do século XVII que pontuaram o desvanecimento da Zemsky Sobor e da Duma boiarda não foram rebeliões separatistas de nobres, mas as guerras camponesas de Bolotnikov e Razin, os levantes urbanos dos artesãos de Moscou, os tumultos de insurgência cossaca ao longo do Dnieper e do Don. Esses conflitos proporcionaram o contexto histórico no qual se resolveram as contradições intrafeudais entre boiardos e *pomeshchiki* – contradições certamente mais graves que as da Prússia. Durante boa parte do século XVII, na ausência de czares fortes, grupos boiardos controlaram a máquina central do Estado, e a pequena nobreza perdeu terreno político; mas os interesses de ambas as classes se viram protegidos pelas novas estruturas do absolutismo russo, à medida que este aos poucos ia se consolidando. Na Rússia, a repressão autocrática aos aristocratas foi,

10 Ver a perspicaz análise de seus registros em Keep, The Decline of the Zemsky Sobor, *The Slavonic and East European Review*, 36, 1957-1958, p.100-22.

11 Ver Seton-Watson, *The Russian Empire 1801-1917*, p.77.

sem dúvidas, muito mais feroz que no Ocidente, por causa da falta de algo equivalente às tradições jurídicas medievais deste último. Mas não deixa de ser surpreendente ver como a monarquia russa conseguiu se estabilizar, mesmo quando pequenos grupos de cortesãos e militares dentro da nobreza estavam travando batalhas febris para controlá-la: a força da função absolutista ultrapassava em tal medida a dos ocupantes nominais da coroa que, depois de Pedro I, a vida política pôde se tornar, por um tempo, uma série frenética de intrigas e golpes palacianos, sem que isso afetasse os poderes do czarismo nem prejudicasse a estabilidade política do país como um todo.

Na verdade, o século XVIII testemunhou o apogeu da harmonia entre a aristocracia e a monarquia na Prússia e na Rússia, assim como na Europa ocidental. Foi nessa época que a nobreza de ambos os países adotou o francês como linguagem cultural da classe dominante, o idioma em que Catarina II iria declarar, candidamente: *Je suis une aristocrate, c'est mon métier* – epígrafe dessa era.[12] A consonância entre a classe fundiária e o Estado absolutista foi, de fato, ainda maior nas duas grandes monarquias da Europa oriental que no Ocidente. Já comentamos a fragilidade histórica dos elementos contratuais e recíprocos da vassalagem feudal no Leste Europeu durante uma época anterior. A hierarquia de serviço do absolutismo prussiano e russo jamais reproduziu o compromisso de reciprocidade da homenagem medieval: a pirâmide burocrática inevitavelmente excluía os juramentos interpessoais da hierarquia senhorial, substituindo fidelidades por comandos. Mas a renúncia às garantias individuais entre suserano e vassalo – as quais, em princípio, asseguravam uma relação cavalheiresca entre os dois – não significava que então os nobres do Leste Europeu estivessem abandonados à tirania arbitrária e implacável dos monarcas. Pois

12 Sem dúvidas, a difusão do francês entre as classes dominantes da Prússia, da Áustria e da Rússia no século XVIII evidencia que aos Estados do Leste Europeu faltava o espírito protonacionalista que o absolutismo da Europa ocidental adquirira em uma época anterior – fato que, por sua vez, se explicava pela ausência de uma burguesia ascendente na Europa oriental desse período. É claro que a monarquia prussiana em si continuou declaradamente hostil aos ideais nacionais até a véspera da unificação da Alemanha; e a monarquia austríaca, até o fim de sua existência.

a aristocracia, como classe, tinha seu poder social ratificado pela natureza objetiva do Estado que se erguera sobre ela. O serviço da nobreza na máquina do absolutismo garantia que o Estado absolutista iria servir aos interesses políticos da nobreza. O elo entre um e outra envolvia mais coações que no Ocidente, mas também mais intimidade. Assim, apesar das aparências ideológicas, as regras gerais do absolutismo europeu nunca foram seriamente infringidas no Oriente. A propriedade privada e a segurança da classe fundiária continuaram sendo o talismã doméstico dos regimes monárquicos, por mais autocráticas que fossem suas pretensões.[13] A composição da nobreza podia até ser alterada ou rearranjada à força durante as crises extremas, como ocorrera no Ocidente medievo: mas seu lugar estrutural na formação social sempre se mantinha o mesmo. Tanto quanto o ocidental, o absolutismo oriental se deteve diante dos portões das herdades; a aristocracia, por sua vez, tirou sua riqueza e poder da posse estável da terra, e não da permanência temporária no Estado. A maior parte da propriedade agrária continuou sendo juridicamente hereditária e individual para a classe nobre de toda a Europa. Os graus de nobreza podiam se coordenar com postos no exército e na administração, mas jamais se reduziram a estes; os títulos sempre ficaram fora do serviço do Estado, indicando mais honra que cargo.

Não é de surpreender, portanto, que a parábola das relações entre monarquia e aristocracia no Leste Europeu tenha sido tão semelhante à do Ocidente, apesar das grandes diferenças em toda a formação histórica nos dois lados da Europa. O imperioso advento do absolutismo se deparou, de início, com a incompreensão e a recusa; e, então, depois da confusão

13 A demonstração mais impressionante dos estreitos limites objetivos do poder absolutista viria a ser o prolongado sucesso da resistência da nobreza russa ao projeto czarista de emancipar os servos no século XIX. Nessa época, tanto Alexandre I quanto Nicolau I, dois dos monarcas mais poderosos que a Rússia conhecera, acreditavam pessoalmente que a servidão era, em princípio, um grilhão social – ainda que, na prática, tenham acabado por transferir mais camponeses para a dependência privada. Mesmo quando Alexandre II por fim decretou a emancipação, na segunda metade do século XIX, a forma dessa implementação foi bastante determinada pelos combativos contra-ataques da aristocracia. Sobre esses episódios, ver Seton-Watson, *The Russian Empire*, p.77-8, 227-9, 393-7.

e da resistência, foi finalmente aceito e acolhido pela classe fundiária. O século XVIII foi uma época de reconciliação entre monarquia e nobreza em toda a Europa. Na Prússia, Frederico II seguiu políticas declaradamente aristocráticas de recrutamento e promoção no aparelho do Estado absolutista, excluindo estrangeiros e *roturiers* dos postos que outrora ocupavam no exército e no serviço civil. Também na Rússia afastaram-se os oficiais estrangeiros – que haviam sido um importante esteio dos regimentos czaristas reformados do final do século XVII – e o *dvorianstvo* retomou seu lugar nas forças armadas imperiais, enquanto a Carta da Nobreza de Catarina II generosamente aumentava e confirmava seus privilégios administrativos provinciais. No império austríaco, Maria Tereza chegou até a abrandar, em uma extensão inédita, a hostilidade húngara para com a dinastia Habsburgo, ligando os magnatas magiares à vida da corte em Viena e criando uma Guarda Húngara especial para sua pessoa na capital. Em meados do século, o poder central das monarquias do Leste Europeu era maior que nunca e, ainda assim, a relação entre os respectivos governantes e donos de terras estava mais estreita e tranquila que em qualquer outro momento do passado. Além disso, o absolutismo tardio do Oriente agora estava em seu apogeu político, ao contrário do ocidental. O "despotismo esclarecido" do século XVIII foi, em essência, um acontecimento da Europa central e oriental[14] – simbolizado pelos três monarcas que finalmente partilharam a Polônia: Frederico II, Catarina II e José II. O coro de elogios à sua obra entoado pelos *philosophes* burgueses do iluminismo ocidental, com todos seus equívocos muitas vezes irônicos, não foi apenas um mero acidente histórico: a energia dinâmica e a capacidade pareciam ter migrado para Berlim, Viena e São Petersburgo. Esse período foi o

14 É isso que se vê com clareza no melhor estudo recente sobre o tema, Bluche, *Le Despotisme eclairé*. O livro de Bluche oferece uma bela análise comparativa dos despotismos esclarecidos do século XVIII. Mas seu quadro explicativo é problemático, pois se baseia essencialmente em uma teoria de exemplos generativos, pela qual se diz que Luís XIV fornecera o modelo de governo que inspirou Frederico II, o qual, por sua vez, inspirou os outros soberanos da época (p.344-5). Sem negar a importância do fenômeno – relativamente novo – da imitação internacional consciente entre os Estados no século XVIII, as limitações de tal genealogia são bem óbvias.

ponto alto do desenvolvimento do exército, da burocracia, da diplomacia e da política econômica mercantilista do absolutismo no Leste Europeu. A partilha da Polônia, feita com calma e em conjunto, desafiando as impotentes potências ocidentais, às vésperas da Revolução Francesa, apareceu como um símbolo de sua ascensão internacional.

Ansiosos por se verem brilhando no espelho da civilização ocidental, os governantes absolutistas da Prússia e da Rússia emulavam arduamente os feitos passados de seus companheiros da França ou da Espanha e bajulavam os escritores ocidentais ali chegados para que registrassem seu esplendor.[15] Em certos aspectos, os absolutismos orientais desse século foram, curiosamente, mais avançados que seus protótipos ocidentais do século anterior, por causa da evolução geral da época. Se Filipe III e Luís XIV haviam expulsado os *moriscos* e huguenotes descuidadamente, Frederico II acolheu refugiados religiosos e ainda instalou escritórios de imigração no exterior, para promover o crescimento demográfico de seu reino – mais um passo no mercantilismo. Políticas populacionais também foram promovidas na Áustria e na Rússia, que lançaram ambiciosos programas de colonização no Banato e na Ucrânia. Estes países também encorajaram a tolerância e o anticlericalismo, em contraste com a Espanha ou a França.[16] A educação pública foi inaugurada ou expandida, com progressos marcantes nas duas monarquias germânicas, particularmente

15 É particularmente sardônico e vigoroso o comentário de Bluche sobre a admiração ingênua e esbaforida dos *philosophes* pelos governantes régios do Leste Europeu: Bluche, *Le Despotisme eclairé*, p.317-40. Voltaire foi o *coryphée* do absolutismo prussiano, na pessoa de Frederico II, Diderot do absolutismo russo, na pessoa de Catarina II; enquanto isso, Rousseau caracteristicamente reservava seus louvores aos fidalgos rurais da Polônia, a quem aconselhava não se apressarem intempestivamente para a abolição da servidão. Os fisiocratas Mercier de la Rivière e De Quesnay elogiaram os méritos do "despotismo jurídico e patrimonial".

16 José II pôde declarar, no tom de sua época: "A tolerância é um efeito desse benéfico crescimento do saber que agora ilumina a Europa e que devemos à filosofia e aos esforços de grandes homens; é uma prova convincente do avanço da mentalidade humana, que, ousada, reabriu, através dos domínios da superstição, um caminho trilhado séculos atrás por Zoroastro e Confúcio e que, para a fortuna da humanidade, agora é a estrada dos monarcas". Padover, *The Revolutionary Emperor: Joseph II – 1741-1790*, p.206.

nos reinos Habsburgo. Introduziu-se o recrutamento em toda parte, com maior êxito na Rússia. Em termos econômicos, o protecionismo e o mercantilismo foram perseguidos com vigor. Catarina presidiu à grande expansão da indústria metalúrgica dos Urais e conseguiu realizar uma importante reforma na moeda russa. Tanto Frederico II quanto José II duplicaram os estabelecimentos industriais de seus domínios; na Áustria, o mercantilismo tradicional até se amenizou com as influências mais modernas da fisiocracia e sua ênfase na produção agrícola e nas virtudes do *laissez-faire* doméstico.

Mesmo assim, nenhum desses avanços aparentes alterou de verdade o caráter e a posição dos representantes orientais do absolutismo europeu na época do iluminismo. Pois as estruturas subjacentes a essas monarquias permaneceram arcaicas e retrógradas, mesmo no momento de seu maior prestígio. A Áustria, abalada pela derrota na guerra com a Prússia, foi cenário de uma tentativa régia de restaurar a força do Estado por meio da emancipação do campesinato:[17] mas as reformas agrárias de José II deram em um fracasso inevitável, pois a monarquia acabou isolada de sua nobreza circundante. O absolutismo austríaco continuou mais fraco e inferior. O futuro pertencia aos absolutismos prussiano e russo. A servidão foi preservada por Frederico II e estendida por Catarina II: os fundamentos senhoriais do absolutismo oriental sobreviveram intactos nas duas potências dominantes da região até o século seguinte. E, então, uma vez mais, foi o choque do ataque militar do Ocidente, o mesmo que já contribuíra para trazer o absolutismo oriental à tona, que enfim pôs termo à servidão sobre a qual ele se baseava. Agora o assalto vinha de Estados capitalistas e logo superou as resistências. A vitória de Napoleão em Iena acarretou diretamente a emancipação legal do campesinato prussiano em 1811. A derrota de Alexandre II na Crimeia precipitou a emancipação formal dos

---

17 O primeiro projeto oficial para a abolição das obrigações em serviços dos *robot* e a distribuição de terra ao campesinato foi esboçado em 1764, pelo *Hofkriegsrat*, com o intuito de melhorar o recrutamento para o exército: Wright, *Serf, Seigneur and Sovereign – Agrarian Reform in Eighteenth Century Bohemia*, p.56. Todo o programa de José II deve ser sempre visto contra o pano de fundo das humilhações militares Habsburgo na guerra da sucessão austríaca e na Guerra dos Sete Anos.

servos russos em 1861. Mesmo assim, em nenhum dos casos essas reformas significaram o fim do absolutismo em si no Leste Europeu. As vidas úteis de cada um, ao contrário das expectativas lineares, mas em conformidade com a oblíqua marcha da história, não coincidiram: o Estado absolutista no Oriente, como veremos, iria sobreviver à abolição da servidão.

3.
Prússia

Depois de termos analisado suas determinantes comuns, podemos agora considerar de maneira breve a evolução divergente de cada formação social do Leste Europeu. A Prússia representa na Europa um caso clássico de *desenvolvimento desigual e combinado* que, a partir de um dos menores e mais atrasados territórios feudais do Báltico, acabaria produzindo o maior Estado capitalista industrializado do continente. Os problemas teóricos que essa trajetória coloca foram levantados especificamente por Engels, em sua famosa carta a Bloch, no ano de 1890, a respeito da irredutível importância dos sistemas político, jurídico e cultural na estrutura de toda determinação histórica:

> Segundo a concepção materialista da história, o elemento que, *em última instância*, determina a história é a produção e reprodução da vida real. Nem Marx nem eu afirmamos nada mais que isso [...]. Também o Estado prussiano se ergueu e se desenvolveu a partir de causas históricas que, *em última instância*, eram econômicas. Mas seria difícil sustentar sem pedantismo que, entre os vários pequenos Estados do norte da Alemanha, Brandemburgo tenha sido determinado apenas e especificamente pela necessidade econômica para se tornar a grande potência que incorporou as diferenças econômicas, linguísticas e, depois da Reforma, religiosas entre o norte e o sul, e não igualmente por outros elementos (como, sobretudo, seu enredamento com a Polônia, devido à posse da Prússia, e, portanto, com as relações políticas internacionais – que,

na verdade, também foram decisivas para a formação do poder dinástico da Áustria).[1]

Ao mesmo tempo, fica evidente que as complexas causas da ascensão de Brandemburgo também guardam a resposta para o enigma central de toda a história germânica moderna: por que a unificação nacional da Alemanha na época da Revolução Industrial se realizou, em última análise, sob a égide política do poder agrário dos *junkers* da Prússia? Em outras palavras, a ascensão do Estado Hohenzollern concentra, de forma bastante clara, algumas das principais questões da natureza e da função do absolutismo no desenvolvimento político europeu.

Seus primórdios não foram particularmente auspiciosos. Na origem, a Casa Hohenzollern foi transplantada do sul da Alemanha – onde tradicionalmente fora uma linhagem aristocrática em conflito com a cidade comercial de Nuremberg – para Brandemburgo, no início do século XV, pelo imperador Segismundo, durante sua luta contra a revolução hussita na Boêmia. Primeiro margrave Hohenzollern de Brandemburgo, Frederico se fez Eleitor do Império em 1415, por seus serviços prestados a

1 Marx; Engels, *Selected Correspondence*, p.417. Althusser adotou essa passagem como pedra de toque de seu famoso ensaio: Contradiction and Overdetermination. In: *For Marx*, p.111-2; mas aí ele se limita a demonstrar a importância teórica geral das formulações de Engels, sem oferecer nenhuma solução para os verdadeiros problemas que elas propõem. A ênfase expressa de Engels no caráter complexo e sobredeterminado da ascensão da Prússia fica ainda mais notável quando comparada aos comentários de Marx sobre o mesmo tema. Pois Marx *de fato* reduz a emergência do Estado Hohenzollern em Brandemburgo a uma caricatura da mera necessidade econômica. Em seu artigo de 1856 (Das göttliche Recht der Hohenzollern. In: *Werke*, v.12, p.95-101), ele atribuiu a subida da dinastia a uma simples série de subornos: "Os Hohenzollern adquiriram Brandemburgo, Prússia e o título régio por meio do mero suborno". Em sua correspondência privada com Engels, na mesma época, ele usa a mesma fraseologia: "Pequenos roubos, subornos, compra direta, transações clandestinas para se apropriar de heranças e assim por diante – é de todos esses negócios mesquinhos que é feita a história da Prússia" (*Selected Correspondence*, p.96). Esse materialismo vulgar e revanchista é um lembrete dos riscos de se supor qualquer superioridade geral de Marx sobre Engels no campo histórico propriamente dito: um balanço de suas perspicácias talvez pendesse, aliás, para o lado oposto.

Segismundo.[2] O margrave seguinte acabou com a autonomia municipal de Berlim, e seus sucessores tomaram à Liga Hanseática as outras cidades da Marca e também as subordinaram. No início do século XVI, como já vimos, Brandemburgo era uma região sem cidades livres. Mas, nessa longínqua zona de fronteira, a derrota dos centros urbanos assegurou a supremacia da nobreza, e não da dinastia. À medida que o cultivo para exportação foi ficando mais lucrativo, a aristocracia local foi aumentando constantemente seus domínios, cerceando as terras comunais das aldeias e privando os pequenos camponeses de suas lavouras. Ao mesmo tempo, a classe fundiária tomou o controle da alta justiça, comprou os domínios do Eleitorado e monopolizou os cargos administrativos, enquanto uma série de governantes incapazes afundava nas dívidas e na impotência. Um intricado sistema de estados, sob o jugo da nobreza, vetou o desenvolvimento de um exército regular e praticamente de qualquer outra política externa, tornando o Eleitorado um dos exemplos mais claros de um *Ständestaat* descentralizado na Alemanha da Reforma. Assim, depois da crise econômica da última fase da Idade Média, Brandemburgo se assentou em uma modesta prosperidade senhorial, com um poder principesco muito fraco, na época da revolução dos preços no Ocidente. Beneficiando-se dos lucros do comércio de grãos, mas demonstrando pouca agressividade política, a sociedade *junker* formou por todo o século XVI um remanso provincial e sonolento.[3] Enquanto isso, a Prússia oriental se tornara feudo hereditário de outro ramo da família Hohenzollern, quando Alberto oportunamente feriu a Ordem Teutônica e seu último grão-mestre, ao se declarar a favor da Reforma em 1525 e adquirir de seu suserano polonês o título de duque. A dissolução da ordem militar e clerical dominante – que vinha em longa decadência desde sua derrota e sujeição à Polônia no século XV – levou à fusão de seus cavaleiros com proprietários laicos e, por conseguinte, à criação de uma classe senhorial pela primeira vez unificada na Prússia oriental. Uma revolta camponesa contra o novo regime foi rapidamente

---

2 Sobre o contexto desse movimento, ver Barraclough, *The Origins of Germany*, p.358.

3 Rosenberg, The Rise of the Junkers in Brandenburg-Prussia 1410-1653, *American Historical Review*, out. 1943, p.1-22 e jan. 1944, p.228-42.

esmagada, e assim se consolidou uma sociedade muito parecida com a de Brandemburgo. Os processos de expulsão e servidão continuaram no campo, onde os rendeiros livres logo se reduziram à categoria de vilões. Por outro lado, um pequeno estrato de *Cölmer*, antigos servidores dos Cavaleiros Teutônicos, conseguiu sobreviver. Praticamente todas as cidades de alguma importância já haviam sido anexadas pela Polônia no século anterior, à exceção de Königsberg – a única cidade relativamente grande e destemida da região. Em termos constitucionais, o poder principesco no novo ducado era bastante frágil e limitado, embora as terras ducais fossem bem extensas. Na verdade, os estados prussianos talvez tivessem mais privilégios que qualquer outra instituição do tipo na Alemanha, incluindo nomeações para a administração, poderes judiciais e direitos permanentes de apelar à monarquia polonesa contra os duques.[4] A importância internacional da Prússia oriental era ainda menor que a de Brandemburgo.

Em 1618, os dois principados – até então sem laços políticos – foram unidos quando o Eleitor de Brandemburgo ganhou a sucessão na Prússia oriental por meio de um matrimônio entre famílias; no entanto, o ducado continuou sendo um feudo polonês. Quatro anos antes, outra conquista geográfica tivera lugar na Baixa Renânia, quando o patrimônio Hohenzollern recebeu de herança os dois pequenos territórios de Clèves e Marca, enclaves ocidentais de população densa e alta urbanização. Mas as novas aquisições dinásticas do início do século XVII continuaram sem uma conexão territorial com Brandemburgo: em termos estratégicos, as três possessões do Eleitor estavam dispersas e vulneráveis. O próprio Eleitorado ainda era, para os padrões germânicos, um Estado pobre e isolado – que recebia de seus contemporâneos o nome depreciativo de "caixa de areia do Sacro Império Romano". "Nada indicava que Brandemburgo ou a Prússia poderiam ter um papel importante nas questões da Alemanha ou da Europa."[5] Foram os vendavais da Guerra dos Trinta Anos e da expansão sueca que arrancaram o Estado Hohenzollern de sua inércia. Brandemburgo entrou pela primeira vez no mapa da política internacional quando os exércitos

4 Carsten, *The Origins of Prussia*, p.168-9.

5 Ibid., p.174.

imperiais de Wallenstein marcharam vitoriosos sobre a Alemanha até o Báltico. No conflito originário da Boêmia, o Eleitor Jorge Guilherme, luterano hostil à perspectiva de um governante calvinista em Praga, se alinhara ao imperador Habsburgo Fernando II; mas o papel militar estava além de suas possibilidades, uma vez que, efetivamente, ele não possuía nenhum exército. Seu indefeso território foi ocupado e pilhado por tropas austríacas em 1627, enquanto Wallenstein se instalava em Mecklenburg. Nesse meio tempo, Gustavo Adolfo, em guerra contra a Polônia, tomara Pilau e Memel na Prússia oriental – as duas fortalezas que defendiam Königsberg – e depois impusera taxas a todo o comércio marítimo com o ducado. Mais tarde, em 1631, o exército expedicionário sueco desembarcara na Pomerânia e invadira Brandemburgo. Gustavo Adolfo obrigara Jorge Guilherme – que, desamparado, fugira para a Prússia oriental – a mudar de lado e se declarar contra a causa imperial. Quatro anos depois, Jorge Guilherme desertou para assinar uma paz separadamente com o imperador. Mas, durante todo o resto da Guerra dos Trinta Anos, exércitos suecos continuaram sempre acampados no Eleitorado, que ficou à mercê de suas exações fiscais. Naturalmente, a potência ocupante botou os estados de lado. Brandemburgo saiu do longo conflito na mesma passividade com que entrara. Mas, de maneira paradoxal, acabou ganhando com o Tratado de Vestfália. Pois, no curso da guerra, a Pomerânia retornara legalmente à linhagem Hohenzollern com a morte de seu último duque. A conquista sueca da Pomerânia – principal base do Báltico para operações nórdicas no círculo da Baixa Saxônia – impedira que essa herança tivesse qualquer efeito durante a guerra, mas, diante da insistência dos franceses, a metade mais pobre e oriental da província agora cabia, com muito contragosto, a Brandemburgo, que também recebeu como compensação partes menores do sul e do oeste do Eleitorado. Ainda que a paz houvesse aumentado seu território, o Estado Hohenzollern emergiu da Guerra dos Trinta Anos sem muito crédito político ou militar internacional. No plano interno, suas instituições tradicionais estavam profundamente abaladas, mas não surgira nada novo para substituí-las.

Educado na Holanda, o novo Eleitor, o jovem Frederico Guilherme I, assumiu seu patrimônio em condições normais – o que ocorria pela primeira vez desde os termos de paz. A experiência de décadas sob ocupação estrangeira ensinara duas lições indeléveis: a necessidade urgente de se construir um exército capaz de enfrentar a expansão imperial da Suécia no Báltico e – para complementar – o exemplo administrativo da coerção sueca na coleta de impostos em Brandemburgo e na Prússia oriental, em franco desafio aos protestos dos estados locais. A preocupação imediata do Eleitor foi, portanto, assegurar uma base financeira estável, com a qual pudesse criar um aparelho militar permanente para a defesa e a integração de seus reinos. Na verdade, as forças Vasa não se retiraram da Pomerânia oriental até 1654. Assim, em 1652, o Eleitor convocou um *Landtag* geral em Brandemburgo, chamando toda a nobreza e todas as cidades da Marca, com o propósito de instituir um novo sistema financeiro que pudesse prover um exército principesco. O que se seguiu foi uma longa querela com os estados envolvidos, a qual terminou no ano seguinte com o famoso Recesso de 1653, consagrando os primórdios do pacto social entre o Eleitor e a aristocracia – alicerce duradouro do absolutismo prussiano. Os estados se recusaram a conceder um imposto geral sobre o consumo, mas votaram um subsídio de meio milhão de táleres por seis anos para o estabelecimento de um exército, o qual viria a ser o núcleo do futuro Estado burocrático. Em troca, o Eleitor decretou que, a partir de então, todos os camponeses de Brandemburgo seriam considerados servos *Leibeigene*, a menos que provassem o contrário; as jurisdições senhoriais foram confirmadas; proibiu-se que plebeus comprassem as herdades nobres; e preservou-se a imunidade fiscal aristocrática.[6] Dois anos depois desse acordo, a guerra explodiu mais uma vez no Báltico, com o ataque relâmpago da Suécia contra a Polônia, em 1655. Nesse conflito, Frederico Guilherme optou pelo lado sueco e, em 1656, seu inexperiente exército entrou em Varsóvia lado a lado com as tropas de Carlos X. Com o apoio da intervenção russa e austríaca, a recuperação militar polonesa logo enfraqueceu as posições suecas, também atacadas na retaguarda pela Dinamarca. Por esse motivo, Brandemburgo habilmente mudou de lado, em troca da renúncia formal da suserania polonesa sobre a Prússia oriental. Em 1567, o

6 Ibid., p.185-9.

Tratado de Labiau pela primeira vez estabeleceu a soberania incondicional dos Hohenzollern sobre o ducado. O Eleitor então ocupou rapidamente a Pomerânia ocidental com um misto de forças da Polônia, da Áustria e de Brandemburgo. Mas, em 1660, com a restauração da paz e a insistência dos franceses, o Tratado de Oliva devolveu essa província à Suécia.

Enquanto isso, a Guerra do Báltico de 1656-1660 alterara drástica e abruptamente o equilíbrio de forças doméstico nas possessões Hohenzollern. Em Brandemburgo, Prússia oriental e Clèves-Marca, o Eleitor anulara todas as gentilezas constitucionais em nome da emergência militar, coletando impostos sem o consentimento das assembleias locais e construindo uma força militar de aproximadamente 22 mil homens – que caiu pela metade, mas não se dispersou, ao fim das hostilidades. Agora era possível um acerto de contas mais drástico com o particularismo dos estados. O primeiro domínio a experimentar o novo poder do Eleitorado foi a Prússia oriental, onde a nobreza até então se acostumara a se recostar na soberania polonesa para resistir às pretensões Hohenzollern e onde as cidades haviam declarado abertamente seu descontentamento durante a guerra. Em 1661-1663, reuniu-se um longo Landtag. A recusa dos burgueses de Königsberg em aceitar a plena soberania dinástica sobre o ducado se quebrou com a prisão sumária do líder da resistência urbana e então se instituiu um imposto para a manutenção do exército. O Eleitor teve de prometer que iria realizar sessões trienais da assembleia dos estados e que, daí em diante, não elevaria impostos sem seu consentimento: mas essas concessões se revelariam, em grande medida, apenas formais. Enquanto isso, em Clèves-Marca, os estados se viram forçados a aceitar o direito monárquico de introduzir tropas e nomear oficiais à sua vontade.

Em 1672, a Guerra Franco-Holandesa empurrou o Estado Hohenzollern – aliado diplomático e cliente financeiro das Províncias Unidas – para mais um conflito militar, dessa vez em escala europeia. Em 1674, o Eleitor era comandante das forças germânicas mobilizadas contra a França no Palatinado e na Alsácia. No ano seguinte, a Suécia invadiu Brandemburgo como aliada francesa, na ausência do Eleitor. Voltando para casa às pressas, Frederico Guilherme teve sua revanche na batalha de Fehrbellin, em 1675, quando pela primeira vez tropas de Brandemburgo superaram os veteranos escandinavos, nos pântanos a noroeste de Berlim. Em 1678, o Eleitor já tinha invadido toda a Pomerânia sueca. Mais uma vez, porém, a intervenção francesa lhe tomou as conquistas: exércitos Bourbon marcharam sobre Clèves e Marca e ameaçaram Minden, posto avançado dos Hohenzollern no oeste. Assim, a França pôde comandar a devolução da Pomerânia ocidental para a Suécia, em 1679. Apesar de geograficamente infrutífera, a guerra foi institucionalmente proveitosa para a construção de um absolutismo principesco. A Prússia oriental se viu forçada a aceitar impostos sobre a terra e o consumo, sem o consentimento dos representantes locais, o que ocasionou lamúrias da dissidência nobre e sonoras ameaças de revolta burguesa. Königsberg foi o centro da resistência: em 1674, um súbito golpe militar tomou a cidade e esmagou sua autonomia municipal de uma vez por todas. A partir de então, os estados prussianos aprovaram com docilidade as grandes contribuições que lhes foram exigidas durante toda a guerra.[7]

A assinatura da paz não trouxe qualquer adiamento à crescente concentração de poder nas mãos do Eleitor. Em 1680, tornou-se obrigatório em Brandemburgo um imposto sobre o consumo urbano que, de maneira deliberada, não se estendeu ao campo, com o objetivo de separar nobreza e cidade. Um ano depois, o mesmo separatismo fiscal foi introduzido na Prússia oriental e, ao fim do reinado do Eleitor, já havia se espalhado para Pomerânia, Magdeburgo e Minden. Em Brandemburgo e Clèves-Marca, o campesinato suportava sozinho os encargos rurais; na Prússia oriental, a nobreza fazia uma leve contribuição, mas o grosso do fardo pesava sobre seus rendeiros. A divisão administrativa entre cidade e campo criada por esse dualismo rachou, de maneira irremediável, o potencial da oposição social ao absolutismo nascente. Os impostos estavam, de fato, circunscritos às cidades e aos camponeses, em uma proporção de três para dois. A nova carga fiscal foi particularmente danosa para as cidades, pois a imunidade tributária de que gozavam as herdades dos senhores de terras permitia que cervejarias e outras empresas em seus domínios competissem em vantagem ante as manufaturas urbanas. Dessa forma, a política estatal reduziu

---

7 Ibid., p.219-21.

ainda mais a força econômica das cidades de Brandemburgo e da Prússia oriental, já combalidas pela depressão geral do século XVII. Além disso, assim que o imposto sobre o consumo se tornou permanente, as cidades se viram excluídas da representação no Landtag. A nobreza, ao contrário, recebeu tratamento de luxo, tanto no financeiro quanto no jurídico. Mais que confirmar seus privilégios tradicionais nas maiores províncias orientais, o Eleitor também conferiu *de novo* jurisdições senhoriais e imunidades fiscais à aristocracia local nos enclaves ocidentais de Clèves e Marca, onde ela jamais as possuíra.[8] O clima econômico invernal do fim do século XVII proporcionou à classe fundiária mais um incentivo para se alinhar ao edifício político do poder principesco que agora crescia nos reinos Hohenzollern: a perspectiva de emprego em sua máquina estatal era mais um estímulo para o abandono dos intricados costumes da tradição.

Pois, enquanto o sistema de estados ruía a firme compasso, o aparato militar e burocrático do absolutismo centralista se elevava rápida e inexoravelmente. O Conselho Privado para Marca de Brandemburgo existia desde 1604, mas agora se via colonizado por nobres locais e reduzido a um corpo paroquial e desimportante, cujas atividades praticamente desapareceram durante a Guerra dos Trinta Anos. Frederico Guilherme o revitalizou depois de Vestfália, quando tal conselho começou a assumir de modo intermitente a direção dos domínios Hohenzollern, embora permanecesse localista em sua perspectiva e primitivo em sua função administrativa. Porém, durante a guerra de 1665-1670 criou-se um departamento especializado para a condução dos assuntos militares em todos os territórios dinásticos, o *Generalkriegskommissariat*. Com o reestabelecimento da paz, esse comissariado se reduziu em suas funções e pessoal, mas não foi abolido: continuou sob a supervisão formal do Conselho Privado. Até então, a evolução do absolutismo de Brandemburgo seguira uma trilha administrativa muito parecida com a das primeiras monarquias ocidentais. Mas a eclosão da guerra de 1672-1678 marcou um desvio súbito e decisivo nessa trajetória. Pois o *Generalkriegskommissariat* agora começava a comandar praticamente toda a máquina do Estado. No ano de 1674, formou-se

8 Ibid., p.236-9, 246-9.

um *Generalkriegskasse*, que em menos de uma década se tornou o erário central dos Hohenzollern, com a coleta de impostos cada vez mais entregue aos funcionários do comissariado. Em 1679, o *Generalkriegskommissariat* passou para o comando de um militar de carreira, o aristocrata pomerânio Von Grumbkow. A partir de então, suas fileiras se alargaram; criou-se uma hierarquia burocrática regular em seu interior; e suas responsabilidades externas se diversificaram. No curso da década seguinte, o comissariado organizou o assentamento de refugiados huguenotes e dirigiu a política de imigração, controlou o sistema de guildas nas cidades, supervisionou o comércio e as manufaturas, promoveu empresas navais e coloniais do Estado. Na prática, a pessoa do *Generalkriegskommissar* agora acumulava as funções de chefe do Estado-Maior, ministro da Guerra e ministro das Finanças. O Conselho Privado se encolheu diante desse enorme crescimento. O funcionalismo do comissariado era recrutado em uma base unitária e interprovincial e utilizado como principal arma da dinastia contra particularismos locais ou assembleias resistentes.[9] Mas o *Generalkriegskommissariat* não era, de forma alguma, arma contra a aristocracia em si. Ao contrário, eram lideranças nobres que participavam de seus altos escalões, tanto no nível central quanto no provincial. Os plebeus se concentravam nos departamentos mais baixos da coleta de impostos urbanos.

A função primordial de todo esse aparato tentacular do comissariado era, por certo, garantir a manutenção e a expansão das forças armadas do Estado Hohenzollern. Para esse fim, as receitas totais triplicaram entre 1640 e 1688, uma renda fiscal *per capita* quase duas vezes maior que a da França de Luís XIV, um país muito mais rico. Quando da ascensão de Frederico Guilherme, Brandemburgo possuía apenas 4 mil soldados; ao final do reinado do governante a quem seus contemporâneos agora chamavam de "Grande Eleitor", havia um exército permanente de 30 mil homens bem treinados e liderados por um corpo de oficiais advindos da classe *junker* e leais à dinastia.[10] A morte do Grande Eleitor revelou como sua obra era robusta. Frederico, seu vaidoso e inconsequente sucessor, comprometeu a Casa

9 Carsten, *The Origins of Prussia*, p.259-65.

10 Ibid., p.266-71.

Hohenzollern com a coligação europeia contra a França a partir de 1688. Contingentes de Brandemburgo saíram com competência das guerras da Liga de Augsburgo e da Sucessão Espanhola, ao passo que o príncipe reinante recorria a empréstimos estrangeiros para financiar suas extravagâncias internas e fracassava em garantir qualquer ganho territorial com sua política externa. A única realização digna de nota de seu reinado foi a aquisição do título régio de rei da Prússia – diplomaticamente concedido pelo imperador Carlos VI no ano de 1701, em troca de uma aliança formal Habsburgo-Hohenzollern, e juridicamente garantido pelo fato de que a Prússia oriental ficava fora das fronteiras do *Reich*, onde não eram permitidas monarquias abaixo da dignidade imperial. No entanto, a monarquia prussiana continuou sendo um Estado pequeno e atrasado nos limites noroeste da Alemanha. A população total das terras Hohenzollern fora de apenas 1 milhão de habitantes nos últimos anos do Grande Eleitor – cerca de 270 mil em Brandemburgo, 400 mil na Prússia oriental, 150 mil em Clèves-Marca e talvez mais 180 mil nos territórios menores. Quando da morte de Frederico I, em 1713, o reino prussiano ainda contava com menos de 1,6 milhões de habitantes.

Esse legado modesto seria notavelmente nutrido pelo novo monarca, Frederico Guilherme I. O "Rei Soldado" dedicou sua carreira a construir o exército prussiano, que dobrou de tamanho, de 40 mil para 80 mil homens, sob um governante que, simbolicamente, foi o primeiro príncipe europeu a usar farda. O treinamento e os exercícios militares eram uma obsessão do rei; fábricas de munições e tecidos para o suprimento do campo de batalha receberam incansáveis estímulos; introduziu-se o recrutamento; fundou-se um colégio de cadetes para os jovens da nobreza e o serviço de oficiais em exércitos estrangeiros foi vigorosamente proibido; o filho de Von Grumbkow reorganizou o comissariado de guerra. Mas o uso das novas tropas foi bastante prudente: a Pomerânia ocidental foi, por fim, tomada à Suécia em 1719, quando a Prússia se aliou à Rússia e à Dinamarca contra Carlos XII nos estágios finais da Grande Guerra do Norte. Além disso, o exército era cautelosamente coordenado por uma diplomacia pacífica. Nesse ínterim, a burocracia também foi otimizada e racionalizada. Até então, o aparato estatal se dividira entre o "domínio" e o "comissariado", ou seja, as agências financeiras privada e pública da monarquia, responsáveis pela administração das herdades régias e pela coleta das taxas cívicas, respectivamente. Agora essas duas partes se fundiam em um pilar central, sob a memorável designação *General-Ober-Finanz-Kriegs-und-Domänen-Direktorium*, com responsabilidade sobre todas as tarefas administrativas, à exceção dos assuntos estrangeiros, da justiça e da Igreja. Criou-se um corpo de polícia secreta, ou "fiscais" especiais, para vigiar o serviço civil.[11] A economia também recebeu muita atenção. No campo, financiaram-se diques, drenagens e projetos de colonização, com métodos e técnicos holandeses. Sob o controle do Estado, manufaturas locais recrutaram o trabalho de imigrantes franceses e alemães. O mercantilismo régio promoveu os têxteis e outras exportações. Ao mesmo tempo, manteve as despesas da corte a um mínimo frugal. Como resultado, o Rei Soldado governou com uma receita anual de 7 milhões de táleres ao fim de seu reinado e deixou a seu sucessor um excedente de 8 milhões no erário da coroa. Talvez ainda mais importante: a população de seu reino alcançara 2,25 milhões de habitantes – um aumento de quase 40% em menos de três décadas.[12] Em 1740, a Prússia silenciosamente havia acumulado as precondições sociais e materiais que fariam dela uma grande potência europeia sob o generalato de Frederico II e que, em última instância, iriam assegurar sua liderança na unificação alemã.

Agora podemos perguntar: qual foi a configuração política total que tornou lógico e possível o ulterior domínio da Prússia dentro da Alemanha? E, inversamente, quais foram os traços específicos que distinguiram o absolutismo Hohenzollern dos Estados territoriais concorrentes dentro do Sacro Império Romano e que lhe permitiram reivindicar a ascendência germânica no começo da época moderna? De início, podemos traçar uma única linha divisória ao longo do *Reich*, separando suas regiões ocidental e oriental. O oeste da Alemanha se encontrava, de modo geral, bastante

11 Para um relato sobre a estrutura e a operação do *Generaloberdirektorium*, ver Dorwart, *The Administrative Reforms of Frederick William I of Prussia*, p.170-9. Dentro da administração, os "fiscais" não recebiam "salários", mas ganhavam comissões sobre as multas impostas pelos processos iniciados por suas investigações.

12 Holborn, *A History of Modern Germany 1648-1840*, p.192-202.

polvilhado de cidades. Desde a Alta Idade Média, a Renânia era uma das zonas comerciais mais florescentes da Europa, estendendo-se pelas rotas que uniam as civilizações urbanas de Flandres e da Itália e lucrando com a mais longa via fluvial do continente. No centro e no norte, a Liga Hanseática dominava as economias do Mar do Norte e do Báltico, espalhando-se desde os postos coloniais mais avançados de Riga e Reval, na Livônia, até Estocolmo e Bergen, na Escandinávia, e com posições privilegiadas também em Bruges e Londres. No sudoeste, as cidades da Suábia se beneficiavam do comércio transalpino e dos excepcionais recursos das minas de seu interior. O peso específico dessas inúmeras cidades nunca fora o bastante para criar cidades-Estado de tipo italiano, com extensos territórios agrários ao seu dispor; aquelas que chegaram a contar com uma modesta circunferência rural, como Nuremberg, eram a exceção que confirmava a regra. Pois seu tamanho era, em média, bem menor que o das cidades italianas. Por volta do ano 1500, apenas quinze das cerca de 3 mil cidades alemãs tinham mais que 10 mil habitantes e somente duas, mais que 30 mil:[13] Augsburgo, a maior, contava com 50 mil na mesma época em que Veneza ou Milão contavam com mais de 100 mil pessoas. Por outro lado, sua força e vitalidade lhes haviam assegurado a condição de cidades imperiais livres durante a Idade Média, sujeitas apenas à suserania nominal do imperador (havia 85 cidades desse tipo), e elas tinham demonstrado capacidade política para ações coletivas em escala regional, o que alarmara os príncipes territoriais do império. Em 1254, as cidades da Renânia formaram uma liga militar defensiva; em 1358, as cidades hanseáticas completaram sua federação econômica; em 1376 as cidades da Suábia criaram uma associação armada contra o conde de Württemberg. A Bula de Ouro de meados do século XIV proibiu oficialmente as ligas urbanas, mas isso não impediu que as cidades da Renânia e da Suábia assinassem um pacto de união do sul da Alemanha em 1381, o qual acabou esmagado por exércitos principescos sete anos depois, durante a profunda recessão da última fase feudal e a concomitante anarquia do *Reich*. Mas o crescimento econômico das cidades teutônicas se recuperou rapidamente na segunda metade

13 Holborn, *A History of Modern Germany. The Reformation*, p.38.

do século XV e alcançou seu apogeu no período 1480-1530, quando a Alemanha se tornou um tipo de centro diversificado de todo o sistema comercial europeu. A Liga Hanseática era, em essência, uma associação mercantil, sem muitos empreendimentos manufatureiros nas cidades em si: seus lucros provinham dos entrepostos comerciais de grãos e do controle da pesca do arenque, combinados com transações financeiras internacionais. A Renânia, com as cidades mais antigas da Alemanha, tinha indústrias tradicionais de linho, lã e metais, além do controle das rotas comerciais entre Flandres e a Lombardia. Já a prosperidade das cidades da Suábia era mais nova e também a mais florescente de todas: os têxteis, a mineração e a metalurgia lhe davam uma avançada base produtiva, à qual se acrescentaram, na época de Carlos V, as fortunas bancárias dos Fuggers e dos Welsers. Na virada do século XVI, as cidades do sul da Alemanha superaram as italianas pelo menos na invenção técnica e no progresso industrial. Foram elas que lideraram o primeiro avanço popular da Reforma.

Mas o crescimento da economia urbana se interrompeu de repente na metade do século. A adversidade assumiu várias formas inter-relacionadas. Para começar, houve uma lenta reversão das relações entre preços agrícolas e industriais, à medida que a demanda ultrapassava a oferta de produtos alimentícios e os preços de cereais aumentavam rapidamente. A falta de integração estrutural foi ficando cada vez mais evidente dentro da própria rede comercial da Alemanha. Os extremos norte e sul do longo arco de cidades que corria dos Alpes ao Mar do Norte nunca haviam se unido em um sistema articulado.[14] A Liga Hanseática e as cidades da Renânia e da Suábia sempre constituíram setores mercantis separados, com zonas de influência e mercados distintos. O comércio marítimo propriamente dito, maior trunfo do comércio medieval, se restringia à Hansa, que antes dominara os mares da Inglaterra até a Rússia. Mas, a partir de meados do século XV, a concorrência das frotas da Holanda e da Zelândia – melhor projetadas e equipadas – rompera o monopólio dos portos hanseáticos nas águas

14 Os marxistas enfatizaram esse ponto com bastante frequência: ver *inter alia* o representativo ensaio de Lukács, Über einige Eigentümlichkeiten der Geschichtlichen Entwicklung Deutschlands. In: *Die Zerstörung der Vernunft*, p.38.

do norte. As frotas da Holanda capturaram os pesqueiros de arenque, os quais haviam migrado do Báltico para a costa norueguesa, e os cargueiros da Holanda cortaram o comércio de grãos de Danzig. Por volta de 1500, os navios holandeses que cruzavam o Sund superaram os alemães em uma proporção de cinco para quatro. A riqueza hanseática, portanto, já passara de seu auge durante o período máximo da expansão comercial da Alemanha como um todo. A Liga ainda continuou rica e poderosa: nos anos 1520, como vimos, Lübeck foi fundamental para a instalação de Gustavo Vasa na Suécia e a queda de Cristiano II na Dinamarca. O grande aumento absoluto no tráfego do Báltico durante o século XVI em certa medida compensou o precipitado declínio de sua participação nele. Mas a Liga ficou sem suas posições vantajosas em Flandres, perdeu seus privilégios na Inglaterra (1556) e, na virada do século, se reduziu a apenas um quarto do volume da navegação holandesa pelo Sund.[15] Cada vez mais dividida entre suas alas vestfaliana e vêneda, a Liga perdeu força. Enquanto isso, as cidades renanas também sofreram com o dinamismo holandês, de um jeito diferente. Pois a Revolta dos Países Baixos levara ao fechamento do rio Escalda em 1585 – depois da conquista espanhola da Antuérpia, término natural do tráfego rio abaixo – e ao rígido controle das Províncias Unidas sobre os estuários do Reno. Assim, a grande expansão do poderio naval e manufatureiro dos Países Baixos no final do século XVI e no início do XVII foi comprimindo e inviabilizando a economia renana rio acima, uma vez que a capital holandesa dominava suas saídas para o mar. Em consequência, as cidades mais antigas da Renânia tenderam a se encolher em um conservantismo rotineiro, com seu arcaico sistema de guildas sufocando qualquer ajuste às novas circunstâncias: Colônia, a mais ilustre, foi uma das poucas grandes cidades alemãs a se manter como um bastião do catolicismo tradicional por todo o século. As novas indústrias da região tenderam a se estabelecer em localidades menores e mais rurais, livres das restrições corporativas.

As cidades do sudoeste, por sua vez, tinham uma fundação manufatureira mais forte, e seu bem-estar sobreviveu por mais tempo. Mas, com a

15 Holborn, *A History of Modern Germany. The Reformation*, p.81-2.

enorme expansão do comércio marítimo internacional a partir da época dos Descobrimentos, sua posição interior se tornou uma desvantagem econômica crucial, pois os turcos bloqueavam a rota alternativa pelo Danúbio. As espetaculares operações das casas bancárias de Augsburgo no sistema imperial Habsburgo, financiando Carlos V e Filipe II em sucessivas aventuras militares, trouxeram suas próprias consequências. Os Fugger e os Welser acabaram na ruína por causa de seus empréstimos à dinastia. Paradoxalmente, as cidades italianas – cujo declínio relativo começara mais cedo – terminaram o século XVI mais prósperas que as cidades alemãs, cujo futuro parecera mais garantido à época do saque de Roma por um exército *Landsknechten*. A economia do Mediterrâneo resistira aos efeitos da ascensão do comércio atlântico por mais tempo que a da enclausurada Suábia. Naturalmente, a contração dos centros urbanos da Alemanha nessa época não foi uniforme. Uma e outra cidade – como Hamburgo, Frankfurt e, em menor medida, Leipzig – obtiveram ganhos mais rápidos e conquistaram maior importância econômica no período de 1500-1600. Para os padrões da época, o oeste da Alemanha continuava sendo uma zona rica e urbanizada no início do século XVII, embora já não registrasse um crescimento substancial. A relativa densidade urbana marcou, portanto, um complicado padrão político, semelhante ao do norte da Itália. Pois também aí, justamente por causa do poder e da pluralidade das cidades mercantis, não havia espaço para a expansão do absolutismo aristocrático. O ambiente social de toda a região era inóspito para os grandes Estados principescos, e ali jamais emergiu uma monarquia territorial de importância. Faltava a necessária nobreza predominante. Ao mesmo tempo, as cidades da Renânia e da Suábia, apesar de mais numerosas, eram mais fracas que as da Toscana ou da Lombardia. Durante o período medieval, elas, em regra, nunca possuíram um *contado* rural de tipo italiano e, no início da época moderna, se mostraram incapazes de evoluir para cidades-Estado propriamente ditas, comparáveis aos senhorios de Milão e Florença ou às oligarquias de Veneza e Gênova.[16] Em consequência, a relação

16 Como relata Walter Benjamin, são mordazes os comentários de Brecht sobre a mentalidade cívica das cidades livres da Alemanha em geral e de sua Augsburgo em

política da classe senhorial com as cidades era bastante diferente no oeste da Alemanha. Em vez de um mapa simplificado de uns poucos Estados urbanos de tamanho médio e dirigidos por aventureiros ou patrícios da nova aristocracia, havia uma multiplicidade de cidadezinhas livres em meio a um labirinto de pequenos principados.

Os pequenos Estados territoriais do oeste da Alemanha se distinguiam, em particular, por um considerável contingente de principados eclesiásticos. Dos quatro eleitores ocidentais do império, três eram arcebispos – Colônia, Mainz e Trier. Esses curiosos fósseis constitucionais datavam do início da época feudal, quando os imperadores saxões e suábios haviam utilizado o aparato da Igreja na Alemanha como um de seus principais instrumentos de dominação regional. Na Itália, o jugo episcopal logo ruiu nas cidades do norte, onde o maior perigo às comunas eram os desígnios políticos de sucessivos imperadores e o maior aliado urbano era o papado; já na Alemanha, os imperadores, ao contrário, haviam patrocinado tanto a autonomia municipal quanto a autoridade episcopal, contra as pretensões dos príncipes e barões seculares em conluio com as intrigas papais. Como resultado, tanto os pequenos Estados eclesiásticos quanto as cidades livres sobreviveram até o início da época moderna. No campo, a propriedade agrária por quase toda parte tomou a forma da *Grundherrschaft*, na qual rendeiros camponeses livres pagavam obrigações em produtos ou dinheiro a seus senhores feudais, que, com frequência, eram proprietários absentistas. No sudoeste da Alemanha, inúmeros nobres menores haviam resistido com êxito à absorção por principados territoriais ao adquirirem o estatuto de "cavaleiros imperiais", devendo lealdade imediata ao próprio imperador, e não homenagem a um senhor local. Em meados do século XVI, havia cerca de 2.500 desses *Reichsritter*, cujas possessões de terra não somavam mais que um total de 65 mil hectares. É claro que muitos deles se tornaram mercenários ressentidos e temerários; mas muitas outras famílias se

particular: Benjamin, *Understanding Brecht*, p.119. Eles formam um curioso contraponto às desiludidas reflexões de Gramsci a respeito das cidades italianas da mesma época. Pois Brecht admirava as cidades renascentistas da Itália e Gramsci louvava a Reforma urbana na Alemanha: cada um viu virtude histórica onde o outro enxergou vício nacional.

integraram aos peculiares complexos político-eclesiásticos que se espalhavam pelo oeste da Alemanha, ocupando neles cargos e prebendas[17] – duas formas sociais anacrônicas que perpetuavam uma a outra. Nessa paisagem bagunçada, não havia espaço para o crescimento de um Estado absolutista substancial ou convencional, nem mesmo em escala regional. Os dois principados seculares mais importantes no oeste eram o Palatinado do Reno e o ducado de Württemberg. Ambos contavam com muitos cavaleiros imperiais e pequenas cidades, mas nenhum deles possuía uma nobreza territorial relevante. Com 400 mil a 500 mil habitantes, Württemberg nunca teve um papel significativo no conjunto da política germânica – nem pareceu que poderia tê-lo. O Palatinado, que fornecia os quatro eleitores ocidentais do império e controlava os tributos do médio Reno, era um Estado mais rico e considerável, cujos governantes alcançaram uma autoridade absolutista relativamente precoce no século XVI.[18] Mas sua única tentativa de expansão – o fatal avanço de Frederico V sobre a Boêmia no início do século XVII, que desencadeou a Guerra dos Trinta Anos – atraiu um desastre duradouro: poucas áreas da Alemanha foram tão castigadas pelos exércitos contendores nesse conflito militar europeu. O final do século XVII e o início do XVIII não trouxeram muito alívio para a recuperação. Tanto o Palatinato quanto Württemberg estiveram na linha de frente das guerras de Luís XIV, de 1672-1714, e foram selvagemente devastados por tropas francesas e imperiais. À vulnerabilidade estratégica desses dois principados ocidentais se somavam suas limitações territoriais. Em meados do século XVIII, eles valiam muito pouco na diplomacia internacional, não tinham peso político nem mesmo para a própria Alemanha.

Assim, o terreno histórico de todo o oeste da Alemanha se provou incompatível com a emergência de qualquer absolutismo relevante. A mesma necessidade sociológica que determinou sua ausência no oeste garantiu que viessem do leste todas as experiências mais significativas de construção de um Estado absolutista, as quais demonstraram uma

17 Holborn, *A History of Modern Germany. The Reformation*, p.31, 38.

18 Sobre as condições sociais em Württemberg e no Palatinado, ver Carsten, *Princes and Parliaments in Germany*, p.2-4, 341-7.

possibilidade real de estabelecimento de uma hegemonia definitiva dentro do império. Deixando de lado as terras Habsburgo na Áustria e na Boêmia, que veremos mais tarde, as chances futuras de unidade germânica residiam basicamente nos três Estados orientais que formavam uma fileira do Tirol ao Báltico – Baviera, Saxônia e Brandemburgo. A partir do século XVI, esses foram os únicos concorrentes verdadeiros à liderança de uma nacionalidade unificada na Alemanha, afora a Casa da Áustria. Pois foi apenas no leste, mais atrasado e de colonização mais recente, onde as cidades eram muito menores e mais fracas, que se fez possível uma forte máquina absolutista – intocada pela proliferação urbana e apoiada em uma nobreza poderosa. Para vermos por que foi o mais setentrional desses três Estados que ganhou a supremacia final na Alemanha, é necessário olharmos para a estrutura interna de cada um deles. A Baviera era o Estado mais antigo, unidade fundamental do Império Carolíngio e um dos grandes ducados do século X. No final do século XII, a Casa de Wittelsbach se tornou senhora da Baviera; nenhuma outra linhagem a derrotaria: a dinastia Wittelsbach viria a estabelecer o recorde de domínio mais duradouro sobre sua região hereditária, marca que nenhuma outra família reinante na Europa conseguiu bater (1180-1918). Suas possessões se viram muitas vezes subdivididas durante a Idade Média, mas, em 1505, Alberto IV as reunificou mais uma vez em um único e poderoso ducado, cerca de três vezes maior que a Marca de Brandemburgo. Durante os levantes religiosos do século XVI, os duques da Baviera não hesitaram em optar pela causa católica e fizeram de seu reino o mais sólido baluarte da Contrarreforma na Alemanha. Sua enérgica supressão do luteranismo se fez acompanhar pela firme subordinação dos estados locais, principal foco da resistência protestante no ducado. O controle dinástico se impôs sobre o arcebispado de Colônia, que continuou sendo uma importante conexão familiar com a Renânia por quase dois séculos depois de 1583. Os governantes Wittelsbach responsáveis por esse programa político e religioso também introduziram os primeiros apetrechos burocráticos do absolutismo na Baviera: uma Câmara de Finanças, um Conselho Privado e um Conselho de Guerra, inspirados na linha austríaca e estabelecidos na década de 1580.

Mas as influências administrativas da Áustria não significavam que a Baviera fosse nessa época um satélite Habsburgo, de forma alguma. Na verdade, a Contrarreforma da Baviera foi muito mais longe que a da Áustria e forneceu tanto o exemplo quanto o pessoal para a recatolicização das terras Habsburgo: o futuro imperador Fernando II foi, ele próprio, produto da educação jesuítica em Ingolstadt, em uma época na qual o protestantismo ainda era a fé dominante das classes fundiárias na Boêmia e na Áustria. Em 1597, Maximiliano I assumiu o título ducal e logo provou ser o governante mais decidido e capaz da Alemanha. Convocando um submisso *Landtag* apenas duas vezes antes da Guerra dos Trinta Anos, ele concentrou todos os poderes judiciais, financeiros, políticos e diplomáticos em sua pessoa, dobrou os impostos e acumulou uma reserva de 2 milhões de florins para uma caixa de guerra. Assim, quando a Guerra dos Trinta Anos eclodiu, a Baviera foi líder natural dos Estados católicos da Alemanha contra a ameaça de uma tomada calvinista da Boêmia. Maximiliano I recrutou e equipou um exército de 24 mil homens para a Liga Católica, que desempenhou um papel vital na vitória da Montanha Branca em 1620, e, no ano seguinte, atacou e conquistou o Palatinado. Ao longo das muitas vicissitudes do conflito militar que se seguiu, o duque impôs tributos ferozes a seu reino, em completo desprezo pelos protestos do comitê de estados diante dos custos de seus esforços de guerra: em 1648, a Baviera havia bancado pelo menos 70% dos gastos totais dos exércitos da Liga Católica durante a Guerra dos Trinta Anos, a qual, enquanto isso, devastara a economia local e dizimara a população, ocasionando uma grave recessão no ducado.[19] Ainda assim, Maximiliano saiu de Vestfália como o autocrata mais forte da Alemanha, praticando um absolutismo mais desinibido e inflexível que o de Frederico Guilherme em Brandemburgo. A Baviera crescera com a anexação do Alto Palatinado e adquirira a dignidade de Eleitorado. Parecia o mais poderoso Estado etnicamente germânico do império.

O futuro, porém, iria desmentir essas aparências. O absolutismo bávaro se consumara de maneira precoce, mas se assentava em fundações

19 Carsten, *Princes and Parliaments in Germany*, p.392-406.

muito limitadas e inelásticas. Na verdade, a estrutura social do ducado não permitiu mais nenhuma expansão relevante, frustrando as ambições do Estado Wittelsbach por um papel de supremacia pangermânica. A formação social da Baviera, diferente da de Württemberg ou do Palatinado, contava com poucas cidades livres ou cavaleiros imperiais. Muito menos urbanizada que esses principados ocidentais, quase todas as suas cidades tinham um tamanho diminuto: Munique, a capital, somava apenas 12 mil habitantes em 1500 e menos de 14 mil em 1700. A aristocracia local era formada por donos de terra tradicionais, que deviam vassalagem direta à autoridade ducal. Foi essa configuração social, por certo, que possibilitou a rápida emergência de um Estado absolutista na Baviera e sua subsequente estabilidade e longevidade. Por outro lado, a natureza da sociedade rural bávara não foi propícia a nenhum alargamento dinâmico do reino. Pois a nobreza era numerosa, mas suas herdades eram pequenas e dispersas. Abaixo dela, o campesinato formava uma camada de rendeiros livres, que deviam a seus senhores obrigações relativamente leves: as prestações de serviços nunca adquiriram verdadeira importância, somando não mais que quatro a seis dias por ano no século XVI. A nobreza também não tinha poder de justiça sobre sua força de trabalho. Os domínios aristocráticos não estavam bem consolidados, talvez por conta da falta de canais de exportação para os cereais, devido à posição geográfica da Baviera nas profundezas do interior da Europa central, sem rotas fluviais para o mar. A característica mais notável da agricultura *Grundherrschaft* no sudeste da Alemanha era a proeminência econômica da Igreja, que possuía nada menos que 56% de todas as lavouras em meados do século XVIII, frente a meros 24% da aristocracia e 13% da dinastia.[20] Expressa nesse padrão de propriedade, a relativa fraqueza da classe nobre se refletia em sua posição jurídica. Ela não alcançou plena imunidade fiscal, embora naturalmente pagasse muito menos impostos que qualquer outro estado; e seus esforços para impedir a aquisição de suas terras por não nobres – oficialmente corporificados pelo último *Landtag* do século XVII na lei que proibia tais compras – acabaram sabotados por operações dissimuladas do clero no

20 Carsten, *Princes and Parliaments in Germany*, p.350-2.

mercado de terras. Além disso, a grave escassez de mão de obra causada pelo despovoamento da Guerra dos Trinta Anos reforçou a desvantagem da aristocracia bávara, pois ela já não tinha influência jurídica sobre as aldeias. Isso significava que, na prática, o campesinato podia negociar com sucesso o alívio das obrigações e a melhoria dos arrendamentos, ao passo que muitas propriedades nobres entravam em hipoteca. Esse contexto social impôs estreitos limites políticos ao potencial do absolutismo bávaro, que logo ficaram evidentes. O mesmo padrão – "pequenas herdades nobres, pequenas cidades e pequenos camponeses"[21] – que oferecera pouquíssima resistência ao surgimento de um absolutismo ducal também lhe infundiu pouquíssimo ímpeto.

O ducado terminou a Guerra dos Trinta Anos com uma população equivalente à controlada pelo Eleitor Hohenzollern no norte – cerca de 1 milhão de súditos. Fernando Maria, sucessor de Maximiliano I, fortaleceu o aparato civil do jugo Wittelsbach, estabelecendo a supremacia do Conselho Privado e usando o polivalente *Rentmeister* como oficial-chave da gestão administrativa local; o último Landtag foi dispensado em 1669, embora um "comitê permanente" um tanto ineficaz tenha sobrevivido até o século seguinte. Mas, enquanto o Grande Eleitor construía a toque de caixa um exército regular em Brandemburgo, as tropas bávaras se dispersaram depois de Vestfália. Foi só em 1679 que o novo duque Max Emmanuel reconstituiu a força militar Wittelsbach. Mas, mesmo então, ela nunca foi capaz de atrair a nobreza bávara para seu serviço: os aristocratas locais constituíam uma pequena minoria de oficiais em um exército que, de todo modo, continuou bastante modesto (uns 14 mil homens em meados do século XVIII). General ambicioso e destemido que ganhara fama nas batalhas contra os Turcos em auxílio a Viena, Max Emmanuel se tornou Regente dos Países Baixos espanhóis por meio de casamento em 1672 e candidato à própria sucessão hispânica na virada do século XVIII. Apostando alto, ele vinculou sua sorte à de Luís XIV em 1702, na eclosão da Guerra da Sucessão Espanhola. A aliança franco-bávara por um breve momento dominou os campos de batalha do sul da Alemanha e chegou

21 Ibid., p.352.

a ameaçar até mesmo Viena: mas Blenheim acabou com suas chances de vitória na Europa central. Tropas austríacas ocuparam a Baviera pelo resto do conflito, e Max Emmanuel fugiu para a Bélgica – alijado de seus títulos e banido do Império. A tentativa de usar o poderio francês para estabelecer a supremacia Wittelsbach na Alemanha fracassara de maneira desastrosa. Na Paz de Utrecht, o duque tinha tão pouca confiança nas perspectivas de seu patrimônio bávaro que propôs à Áustria trocá-lo pelo sul dos Países Baixos – esquema que foi vetado pela Inglaterra e pela França e que viria a reaparecer tempos depois. A dinastia regressou a uma terra enfraquecida por uma década de pilhagem e destruição. A Baviera do pós-guerra aos poucos se afundou em um estado semicomatoso de introversão e corrupção. A extravagância da corte em Munique absorvia uma proporção do orçamento muito mais alta que a de qualquer outro Estado alemão da época. As dívidas do Estado continuavam aumentando, à medida que os coletores de impostos dissipavam as receitas públicas, que a população rural permanecia infectada pela superstição religiosa e que os nobres seguiam mais inclinados às prebendas eclesiásticas que aos deveres militares.[22] O tamanho do ducado e a preservação de um pequeno exército ainda asseguraram à Baviera alguma importância diplomática dentro do império. Mas, nos anos 1740, ela já não era uma candidata convincente à liderança política da Alemanha.

A Saxônia, próximo reino ao norte, representou uma versão um tanto diferente do desenvolvimento absolutista na fileira oriental de Estados germânicos. Na origem, a dinastia Wettin, a casa reinante local, adquirira o ducado e o Eleitorado da Saxônia em 1425, poucos anos depois de a linhagem Hohenzollern ter obtido a Marca de Brandemburgo, de um jeito bem parecido: como concessão do imperador Segismundo pelos serviços militares prestados nas guerras contra os hussitas, nas quais Frederico de Meissen, o primeiro Eleitor Wettin, fora um de seus principais lugares-tenentes. Mesmo que partilhadas entre os ramos ernestino e albertino da família em 1485, com capitais em Wittenberg e Dresden-Leipzig, respectivamente, as terras saxônias continuaram sendo a região mais próspera

22 Holborn, *A History of Modern Germany 1648-1840*, p.292-3.

e avançada do leste da Alemanha. Elas deviam sua proeminência às ricas minas de prata e estanho nas montanhas e à indústria têxtil que se desenvolvia nas cidades. Com seus entroncamentos comerciais, Leipzig foi, como já vimos, uma das poucas cidades alemãs a crescer de maneira ininterrupta por todo o século XVI. O grau relativamente elevado de urbanização na Saxônia, em contraste com a Baviera ou Brandemburgo, e os direitos régios dos príncipes locais sobre a indústria mineira produziram um padrão social e político distinto do de seus vizinhos ao sul e ao norte. Aí não houve no fim da época medieva ou no início da moderna uma reação senhorial comparável à da Prússia: dada a importância das cidades na formação social, o poder da nobreza saxônia não foi grande o suficiente para reduzir o campesinato à servidão. As herdades senhoriais eram maiores que na Baviera, em parte porque as terras clericais eram muito menos significantes. Mas a tendência básica no campo seguiu no rumo do cultivo por rendeiros livres, com a comutação das obrigações em serviços por rendas em dinheiro – em outras palavras, o regime mais brando de *Grundherrschaft*. A aristocracia não conquistou plena imunidade fiscal (suas possessões alodiais estavam sujeitas a impostos) e não foi capaz de assegurar o fechamento legal da propriedade nobre à compra plebeia. Mas a nobreza estava bem representada no sistema de estados, que foi ficando cada vez mais estável e influente no curso do século XVI. Por outro lado, as cidades também se faziam representar com vigor no Landtag, embora tivessem de suportar o peso do imposto sobre o consumo do álcool, que provia boa parte das receitas do príncipe, com vantagem para a nobreza; os representantes urbanos também estavam excluídos do *Obersteuercollegium*, que, a partir da década de 1570, administrou a coleta de impostos no Eleitorado.

Nesse contexto socioeconômico, a dinastia Wettin foi capaz de acumular força e riqueza sem qualquer ataque direto aos estados nem desenvolvimentos consideráveis no governo burocrático. A dinastia nunca renunciou a suas prerrogativas judiciais e controlou uma enorme receita independente, advinda de seus direitos sobre a mineração – os quais supriram algo como dois terços dos rendimentos da câmara albertina nos anos 1530, ao mesmo tempo que a prosperidade da região permitiu, desde o início, a existência de impostos sobre o consumo que fossem lucrativos e também toleráveis.[23] Não é de surpreender, portanto que a Saxônia tenha se tornado o primeiro Estado principesco a dominar a arena política alemã, na época da Reforma. O Eleitorado ernestino foi o berço religioso do luteranismo a partir de 1517, mas o ducado albertino – que só passou para o campo protestante em 1539 – é que comandou o centro do palco político no complexo drama que se seguiu à eclosão da Reforma na Alemanha. Pois Maurício da Saxônia, que assumiu o ducado em 1541, rapidamente manipulou todos os príncipes rivais e o próprio imperador, em busca de vantagem dinástica e ganho territorial. Ao se unir ao ataque imperial de Carlos V contra a Liga de Esmalcalda,[24] ele participou da aniquilação dos exércitos protestantes em Mühlberg e, assim, adquiriu boa parte das terras ernestinas e o título eleitoral. Ao orquestrar o ataque franco-luterano a Carlos V, cinco anos depois, ele destruiu as chances de os Habsburgo reconverterem a Alemanha e confirmou a unificação da Saxônia sob seu jugo. Quando de sua morte, o novo Estado saxão era o principado mais poderoso e próspero da Alemanha. E então se seguiram cinquenta anos de crescimento pacífico, durante os quais os estados foram convocados regularmente e os impostos subiram a firme compasso.

Mas a eclosão da Guerra dos Trinta Anos no início do século XVII pegou a Saxônia despreparada em termos militares e diplomáticos. Enquanto a Baviera desempenhava um papel de protagonista entre os Estados alemães no conflito, a Saxônia se reduziu a uma fragilidade hesitante, muito similar à de Brandemburgo. Apesar de protestantes, tanto o eleitor Wettin quanto o Hohenzollern se alinharam ao campo imperial Habsburgo nos estágios iniciais da guerra; depois, ambos se viram ocupados e devastados pela Suécia, forçados a mudar para o bloco anti-Habsburgo; mais tarde, os dois desertaram e assinaram uma paz separadamente com o imperador. No Tratado de Vestfália, a Saxônia adquiriu a Lusácia e seus príncipes obtiveram um imposto de guerra regular, que foi usado para criar um modesto exército permanente. A riqueza do país lhe permitiu

23 Carsten, *Princes and Parliaments in Germany*, p.191-6, 201-4.

24 A Liga da Esmalcalda, ou de Schmalkalden, foi uma aliança com propósitos defensivos criada na década de 1530 por regentes protestantes do Sacro Império Romano-Germânico.

uma recuperação relativamente rápida dos efeitos da Guerra dos Trinta Anos. A taxação direta cresceu cinco ou seis vezes entre 1660 e 1690. O aparato militar do Estado Wettin aumentara para quase 20 mil homens ao final do século, quando desempenhou bom papel, junto com contingentes bávaros, na defesa de Viena frente aos turcos. Em 1700, a Saxônia ainda tinha uma vantagem sobre Brandemburgo como potência da Alemanha oriental. Seu exército era um pouco menor e seu sistema de estados não fora suprimido, mas ela tinha quase o dobro da população, era muito mais industrializada e possuía um tesouro proporcionalmente maior. Na verdade, o início do século XVIII testemunhou a maior investida saxônia pela supremacia política dentro do sistema estatal alemão. Pois, em 1697, o Eleitor Frederico Augusto I adotou o catolicismo, com o objetivo de ganhar o apoio austríaco para sua candidatura à coroa polonesa. A manobra foi bem sucedida. O Eleitor se tornou o primeiro governante alemão a obter um título régio, o de Augusto II, e obteve garantias políticas sobre a Polônia, separada da Saxônia apenas pela estreita faixa da Silésia. Ao mesmo tempo, estabeleceu-se na Saxônia um imposto geral sobre as vendas, contra a resistência dos estados: mas, de maneira significativa, o imposto saxão se estendeu das cidades até o campo, às custas da nobreza, ao contrário do que acontecera em Brandemburgo.[25] O exército então chegou aos 30 mil homens, algo próximo ao de Brandemburgo.

No entanto, a união saxo-polonesa não se completou antes de o último grande avanço do imperialismo sueco despedaçá-la. Carlos XII marchou sobre a Polônia, expulsou Augusto II e depois invadiu a própria Saxônia em 1706, esmagando o exército Wettin e impondo uma implacável ocupação ao ducado. A vitória russa sobre a Suécia em território ucraniano acabou por restaurar a posição da Saxônia internacionalmente, ao final da Grande Guerra do Norte. A dignidade polonesa foi restituída a Augusto II; o exército se reconstruiu na década de 1730; os estados foram cada vez mais desprezados. Mas a imagem exterior do Estado Wettin, expressa na elegância barroca de sua capital em Dresden, já não correspondia a sua força interior. A ligação com a Polônia era um engodo decorativo que trazia mais

25 Carsten, *Princes and Parliaments in Germany*, p.245-6.

despesas que ganhos, por causa do caráter fictício da monarquia *szlachta*: a investidura saxônia fora aceita exatamente porque Rússia e Áustria calculavam que a Casa Wettin era frágil demais para se tornar um rival perigoso. A guerra que ela ocasionara trouxe muitos danos à economia do ducado. Além disso, ao contrário do Rei Soldado em Berlim, Augusto II era conhecido pela extravagância de sua corte – e também por suas ambições militares. Combinados, esses fardos enfraqueceram a Saxônia de maneira crucial nos mesmos anos em que a Prússia acumulava recursos para a disputa alemã que estava por vir. A população da Saxônia encolhera de 2 milhões em 1700 para 1,7 milhão de habitantes nos anos 1720, ao passo que a da Prússia aumentara de algo em torno de 1 milhão em 1688 para 2,25 milhões em 1740: os valores demográficos se inverteram.[26] A nobreza saxônia mostrara pouco ardor pelas aventuras do eleitor no estrangeiro e, à medida que o século passava, foi perdendo terreno para os burgueses no mercado de terras local. Os estados sobreviveram – em parte, porque a dinastia tinha distrações polonesas – e as cidades até chegaram a crescer em importância nas suas assembleias. A máquina burocrática do Estado continuou inexpressiva, menos desenvolvida que a da Baviera. Na ausência de qualquer disciplina contábil, as finanças principescas se afogaram em dívidas. Como resultado, o absolutismo saxão, a despeito de seu começo promissor e das propensões autocráticas de sucessivos governantes Wettin, jamais alcançou verdadeira firmeza ou consistência: a formação social era mista e fluída demais.

Agora podemos ver por que Brandemburgo iria se destacar de maneira tão única para o domínio na Alemanha. Houve uma progressiva eliminação das alternativas. Em toda a Europa, o Estado absolutista foi, fundamentalmente, um aparato político do domínio aristocrático: o poder social da nobreza era o propulsor central de sua existência. Na fragmentada arena do *Reich* pós-medieval, apenas aquelas regiões que tinham uma classe fundiária economicamente forte e estável apresentaram alguma chance de alcançar uma liderança militar ou diplomática na Alemanha: somente elas podiam gerar um absolutismo capaz de rivalizar com as

26 Ibid., p.250-1.

grandes monarquias europeias. Desse modo, o oeste da Alemanha ficou de fora desde o início, por causa da densidade de sua civilização urbana. A Baviera não possuía cidades relevantes e, de fato, desenvolveu um absolutismo precoce sob o signo da Contrarreforma: mas sua nobreza era muito fraca, seu clero era muito privilegiado e seu campesinato, muito livre para que aí se fundasse um principado dinâmico. A Saxônia contava com uma aristocracia mais vasta, mas suas cidades também eram muito mais fortes e seu campesinato, não muito servil. Por volta do ano 1740, ambos os Estados já haviam passado pelo apogeu. Na Prússia, ao contrário, a classe *junker* mantinha uma servidão férrea em seus domínios e uma tutela vigilante sobre as cidades: o poderio senhorial alcançou sua mais pura expressão nas terras Hohenzollern, os postos mais remotos da colonização alemã no leste. Assim, não foi a divisa da Prússia com a Polônia que determinou sua ascensão na Alemanha, como pensava Engels.[27] Na verdade, como já vimos, o entrelaçamento com a Polônia (nas palavras de Engels) foi um dos precipitadores do declínio da Saxônia; o papel que a Prússia viria a desempenhar na partilha da Polônia seria apenas o epílogo das decisivas vitórias militares já conseguidas dentro da própria Alemanha e pouco fez para fortalecê-la no plano internacional. A natureza *interna* da formação social prussiana é que explica por que ela de repente eclipsou todos os outros Estados alemães na época do iluminismo e, em última instância, presidiu a unificação da Alemanha. Essa ascensão foi sobredeterminada pela complexa totalidade histórica do *Reich* como um todo, que impediu a emergência de um absolutismo de tipo ocidental na Renânia, fragmentou o território do império em cerca de 2 mil unidades políticas e expulsou a Casa da Áustria para suas fronteiras não germânicas. A principal força externa a afetar os respectivos destinos da Prússia e da Áustria

27 Ver acima, p.261. Weber parece partilhar da mesma crença. Ver seus comentários sobre os "ataques inimigos nas zonas de fronteira" da Alemanha medieval, os quais, para ele, teriam sido responsáveis pelo fato de que "seus governantes receberam por toda parte muitos poderes". Ele conclui: "Foi por essa razão que na Alemanha o desenvolvimento mais forte rumo a um Estado territorial unificado ocorreu em Brandemburgo e na Áustria". Weber, *Economy and Society*, v.3, p.1051.

dentro da Alemanha não foi a Polônia, mas sim a Suécia. Pois foi o poder sueco que destruiu a chance de uma unificação Habsburgo do império na Guerra dos Trinta Anos, e foi a proximidade sueca que constituiu a maior ameaça estrangeira a agir como força centrípeta sobre a construção do Estado Hohenzollern – força que Baviera e Saxônia, os outros principados do leste alemão, jamais sentiram com a mesma intensidade, embora a Saxônia não tenha escapado de se tornar a vítima final do militarismo nórdico. A capacidade de a Prússia resistir à expansão sueca e superar todos os rivais dentro da Alemanha deve, por sua vez, remeter à peculiar disposição da classe *junker* em si, com a consolidação de um absolutismo dinástico assentado em uma base de classes transparente e estabelecido pelo Grande Eleitor e pelo Rei Soldado.

Para começar, a própria dimensão do país, no final do século XVII e início do XVIII, deixou sua marca na aristocracia prussiana. O conjunto das terras Hohenzollern no leste – Brandemburgo, Prússia oriental e, mais tarde, Pomerânia ocidental – ainda era pequeno em tamanho e escasso em povoamento. Em 1740, sua população total não chegava a 2 milhões de habitantes, excluídos os enclaves ocidentais da dinastia; a densidade relativa provavelmente era menor que a metade da saxônia. A partir do Grande Eleitor, um dos motivos mais recorrentes da política de Estado seria a busca por imigrantes para colonizar essa região despovoada. Nesse aspecto, o caráter protestante da Prússia se revelaria fundamental. Nos primeiros anos, refugiados do sul da Alemanha depois da Guerra dos Trinta Anos e huguenotes depois do Édito de Nantes chegaram com avidez; sob Frederico II, vieram holandeses, alemães e mais franceses. Mas não se pode esquecer que, até a conquista da Silésia, a Prússia continuou sendo um país extremamente modesto em comparação com a média das monarquias europeias daquela época. Essa escala provincial reforçou certos traços distintivos da classe *junker*. Pois, em meio às principais nobrezas da Europa, a aristocracia prussiana se distinguia, acima de tudo, por não possuir um espectro muito amplo de fortunas: mais adiante, veremos que a *szlachta* polonesa, semelhante em muitas outras formas, era o oposto nesse aspecto. O *Rittergüter* médio – a fazenda comercial feudal da nobreza prussiana – tinha uma dimensão mediana. Não existia um estrato de grandes magnatas, com latifúndios muito maiores que as propriedades da pequena nobreza, como havia nos outros países europeus.[28] O antigo *Herrenstand* da alta nobreza perdera seu predomínio para a massa de *Ritterschaft* em meados do século XVI.[29] O único grande proprietário de terras era a própria monarquia: os domínios régios somavam um terço dos campos aráveis no século XVIII.[30] Então se seguiram duas importantes consequências para a classe *junker*. Por um lado, ela era, em termos sociais, menos dividida que muitas das outras aristocracias europeias: no seu conjunto, ela formava um bloco coeso de donos de terras parecidas e ideias semelhantes, sem grandes divergências regionais. Por outro lado, isso significava que o *junker* médio tendia a exercer uma função direta na organização da produção, quando não estava engajado em obrigações de serviço. Em outras palavras, ele muitas vezes era o administrador efetivo, e não apenas nominal, de suas herdades. (Naturalmente, o padrão de residência da nobreza prussiana encorajava essa tendência, uma vez que as cidades eram poucas e distantes.) Era incomum o fenômeno dos grandes proprietários absentistas que delegavam as funções administrativas a feitores e subordinados. Se a relativa equidade de riqueza distinguia os *junkers* de seus opostos poloneses, o cuidado atento com os domínios os diferenciava da nobreza russa. Sem dúvida, a disciplina do mercado de exportação contribuiu para um gerenciamento mais racional do *Gutherrschaft*. Os *junkers* prussianos do final do século XVII e do início do XVIII formavam, portanto, uma classe social compacta, em um país pequeno, com sólidas tradições rurais. Assim, quando o Grande Eleitor e Frederico Guilherme I construíram seu novo

28 O valor médio de uma amostra de cem propriedades na região mais rica de Brandemburgo não passava dos 60 mil táleres – talvez algo como 15 mil libras – no século XVIII: Dorn, The Prussian Bureaucracy in the Eighteenth Century, *Political Science Quarterly*, v.47, n.2, 1932, p.263. Em parte por causa da ausência da tradição da primogenitura, a maioria das herdades, mesmo as mais extensas, estava afundada em dívidas.

29 Nessa época, a alta nobreza ainda dominava os comitês do Landtag, dos quais se excluíam os nobres menores e mais pobres; mas a tensão entre o conjunto da aristocracia e as cidades era muito mais severa, política e economicamente, que as rixas dentro da classe fundiária em si: Hintze, *Die Hohenzollern und ihr Werk*, p.146-7.

30 Goodwin, Prussia. In: ______ (Org.), *The European Nobility in the Eighteenth Century*, p.86.

Estado absolutista, os padrões distintivos da nobreza produziram uma estrutura administrativa *sui generis*.

Pois, ao contrário de quase todos os outros absolutismos, o modelo prussiano foi capaz de fazer um uso produtivo das instituições representativas tradicionais da aristocracia, uma vez dissolvido seu núcleo central. Como vimos, os estados ou Landtage provinciais foram desaparecendo depois dos anos 1650: a última reunião efetiva do Landtag de Brandemburgo, em 1683, basicamente se dedicou a lamentar a onipotência do *Generalkriegskommissariat*. Mas os estados locais de "condados", ou *Kreistag*, se tornaram a unidade burocrática básica no campo. A partir de 1702, esses conselhos *junker* passaram a eleger candidatos da nobreza local para o posto de *Landrat*, dentre os quais a monarquia apontava um como oficial. A instituição do *Landrat*, investida de todos os poderes administrativos, fiscais e militares nos distritos rurais, até certo ponto lembra a dos juízes de paz na Inglaterra, em seu sábio compromisso entre a autogestão autônoma da pequena nobreza e a autoridade unitária do Estado central. Mas a semelhança é enganosa, uma vez que a partição das esferas na Prússia se fundava no alicerce do trabalho servil. Tecnicamente, a servidão podia assumir duas formas na Prússia. *Leibeigenschaft* era a sujeição pessoal hereditária dos camponeses, sem quaisquer direitos civis ou de propriedade, que podiam ser vendidos separadamente da terra. *Erbuntertänigkeit* era a condição de dependência hereditária à herdade, com alguns direitos legais mínimos, mas atada à terra e aos serviços obrigatórios na casa e nos campos do senhor. Na prática, não havia muitas distinções entre as duas. Assim, o Estado não exercia nenhuma jurisdição direta sobre a massa da população rural, governada pelos *junkers* em seus *Gutsberzirke* sob a supervisão do Landtrat e com impostos recolhidos diretamente por seus senhores – dois quintos da renda dos camponeses.[31] Por outro lado, as cidades e os domínios régios em si eram dirigidos por uma burocracia profissional, braço direito do absolutismo. Um meticuloso sistema de pedágios e controle de tráfego regulava os movimentos das pessoas e das mercadorias de um setor para o outro dessa administração dual.

31 Holborn, *A History of Modern Germany 1648-1840*, p.196.

Como vimos, a própria casta militar estava bastante cooptada pela nobreza: em 1739, todos os 34 generais, 56 dos 57 coronéis, 44 dos 46 tenentes-coronéis e 106 dos 108 majores eram aristocratas.[32] A alta burocracia civil também provinha extensa e crescentemente da classe *junker*. O Rei Soldado foi cuidadoso ao equilibrar nobres e burgueses nas câmaras provinciais, mas seu filho deliberadamente promoveu os aristocratas, às expensas dos funcionários de classe média. Rigorosos princípios colegiais governavam a organização desse serviço civil, cuja célula básica era o "conselho" de oficiais corresponsáveis, e não o funcionário individual – um sistema concebido para inculcar o senso de dever coletivo e probidade impessoal em uma nobreza luterana.[33] A notável disciplina e eficiência dessas instituições foram um reflexo da unidade da classe que as ocupava. Não havia rivalidades entres magnatas e clientelas no aparelho estatal; a venalidade dos cargos era mínima, por causa da insignificância das cidades; nem sequer existiam coletores de impostos até Frederico II (que importou a *Régie* da França), pois, no campo, os cavaleiros se encarregavam da cobrança das exações fiscais de seus camponeses e, nas cidades, os tributos eram controlados por *Steuerräte* profissionais, ao passo que as herdades régias proviam, por si só, uma grande receita à coroa. Os *junkers* prussianos tinham um comando tão firme sobre o Estado e a sociedade do século XVIII que não julgaram necessário o vinculismo de seus homólogos ocidentais: com o objetivo de consolidar as herdades aristocráticas, Frederico II tentou promover o *maiorat* dos primogênitos, mas seu zelo ideológico não ressoou junto aos donos de terras, que continuaram preservando até mesmo as antigas regras feudais de consentimento de agnação para os empréstimos

32 Vagts, *A History of Militarism*, p.64. Até 1794, o exército prussiano fora comandado por 895 generais oriundos de 518 famílias nobres. Os estrangeiros eram mais numerosos que os burgueses em todos os corpos de oficiais.

33 Dorn, The Prussian Bureaucracy in the Eighteenth Century, *Political Science Quarterly*, v.46, n.3, 1931, p.406, que analisa os trabalhos das *Kriegs-und-Domänen-Kammern*. A organização colegiada de forma alguma acarretara eficácia ou prontidão na Espanha: sem dúvidas, o contraste se explica, pelo menos em parte, pelas atitudes éticas do protestantismo na Prússia – uma variável à qual Engels, entre outros, atribuiu muita importância para sua ascensão.

familiares.[34] Eles não se viam ameaçados por uma burguesia ascendente que aos poucos estivesse cercando o mercado de terras e, por isso, não sentiram a necessidade de proteger sua posição social deserdando os filhos mais novos: as herdades *junkers* acabavam se dividindo com a morte de seus donos (o que, por sua vez, ajudava a manter seu tamanho diminuto). Livre de tensões entre nobres, soberana sobre as cidades, senhora de seus camponeses, a classe fundiária prussiana estava mais solidificada em seu Estado que qualquer outra da Europa. A unidade burocrática e a autonomia rural se conciliavam de um jeito único nesse paraíso dos repolhos. Erigido sobre essas fundações, o absolutismo *junker* tinha um imenso potencial de expansão.

Em 1740, morreram Frederico Guilherme I e o imperador Carlos VI. De imediato, o herdeiro prussiano, Frederico II, caiu sobre a Silésia. Em pouco tempo, essa rica província Habsburgo se viu ocupada pelo exército Hohenzollern. A França aproveitou a oportunidade para assegurar o apoio prussiano a uma candidatura bávara à dignidade imperial. Em 1741, o duque Wittelsbach Carlos Alberto se elegeu imperador, e tropas franco-bávaras marcharam sobre a Boêmia. Os objetivos da guerra prussiana não incluíam a ressureição da primazia bávara no sul da Alemanha, nem o predomínio da França no império. Depois de derrotar a Áustria no campo de batalha, Frederico II assinou uma paz separadamente com Viena, em 1742, deixando a Prússia com a posse da Silésia. A recuperação militar Habsburgo na luta contra a França e o alinhamento da Saxônia à Áustria precipitou o retorno de Frederico II à guerra dois anos depois, para proteger seus ganhos. A Saxônia foi derrotada e saqueada e, depois de duros combates, os exércitos austríacos foram contidos. Em 1745, o conflito internacional se encerrou com a restauração do título imperial e do reino boêmio à herdeira Habsburgo, Maria Tereza, e com a confirmação da conquista Hohenzollern na Silésia. As vitórias de Frederico II na Guerra da Sucessão Austríaca – longamente preparadas pelo trabalho de seus predecessores – foram a reviravolta estratégica na carreira europeia do absolutismo prussiano, fazendo dele, pela primeira vez, um poder triunfante dentro da Alemanha. De fato,

34 Goodwin, Prussia, op cit., p.95-7.

Berlim vencera Munique, Dresden e Viena. A última chance de expansão política da Baviera fora frustrada; os exércitos saxões acabaram repelidos; e o império austríaco ficara sem sua província mais industrializada no centro da Europa, onde estava o eixo comercial de Breslau. Em contrapartida, a conquista da Silésia aumentou em 50% a população da Prússia, levando-a para cerca de 4 milhões de habitantes e lhe entregando, pela primeira vez, uma região econômica relativamente avançada no leste, com uma longa tradição de manufaturas urbanas (têxteis). Mas a ordem feudal prussiana não se modificou muito com essa extensão: tanto quanto a de Brandemburgo, a massa da população rural da Silésia era de *Erbuntertänigen*. A nobreza só se distinguia por possuir propriedades maiores. Na verdade, a anexação da Silésia talvez tenha sido, em termos relativos, a mais importante e lucrativa de qualquer Estado continental da Europa na época.[35]

É a magnitude do sucesso prussiano em 1740-1745, a mudança rápida e decisiva no equilíbrio de poder que ele pressagiava, que explica a extraordinária grandeza da coalizão que o chanceler austríaco Kaunitz reuniu contra a Prússia na década seguinte. Mas a vingança teria a mesma enormidade que a derrota: em 1757, a "revolução diplomática" de Kaunitz já havia unido Áustria, Rússia, França, Suécia, Saxônia e Dinamarca contra a Prússia. A soma das populações dessas forças era pelo menos vinte vezes maior que a da vítima da aliança: a meta da coalização era nada menos que riscar o Estado prussiano do mapa da Europa. Cercado por todos os lados e em desespero, Frederico II atacou primeiro, inaugurando formalmente a Guerra dos Sete Anos com a invasão da Saxônia. A amarga contenda que então se seguiu foi a primeira guerra a mobilizar verdadeiramente toda a Europa, na qual se envolveram as principais potências, da Rússia à Inglaterra, da Espanha à Suécia, uma vez que o conflito continental se ligou ao conflito colonial e marítimo entre Grã-Bretanha e França. Agora com um exército de aproximadamente 150 mil homens, o aparelho militar prussiano comandado por Frederico II sobreviveu a retiradas e derrotas devastadoras, para emergir com uma pequena margem de vitórias sobre todos os seus inimigos. As campanhas diversionistas que a Inglaterra financiou

35 Ver a opinião de Dorn: *Competition for Empire*, p.174-5.

em Vestfália, atraindo as forças francesas, e a deserção da Rússia foram fatores cruciais para o "milagre" da Casa de Brandemburgo. Mas o verdadeiro segredo da resistência prussiana foi a esmerada eficiência de seu absolutismo: a estrutura de Estado para a qual Kaunitz previra uma rápida e completa destruição se provou muito mais capaz de aguentar as enormes tensões econômicas e logísticas da guerra do que os desconexos impérios aliados no Leste Europeu. Na paz de 1763, nenhum território mudou de mãos. A Silésia continuou sendo uma província Hohenzollern e Viena saiu da guerra em condições financeiras mais deploráveis que Berlim. A repulsa ao grande ataque da Áustria se provaria uma derrota definitiva para os exércitos Habsburgo na Alemanha, como os acontecimentos posteriores iriam demonstrar: suas consequências mais profundas só ficaram evidentes bem depois. A Saxônia, repetida e impiedosamente saqueada por Frederico II, teve de suportar sozinha metade dos custos da guerra prussiana; e agora ela se afundava em uma insignificância política irreversível, perdendo seu medalhão polonês poucos meses depois da assinatura da paz. A Prússia, embora não tenha conseguido ganhos geográficos nem vitórias decisivas, ficou estrategicamente mais forte depois da Guerra dos Sete Anos.

Enquanto isso, os propósitos da política externa de Frederico II se faziam complementar por suas obras no governo interno. Conscientemente, a monarquia deixou mais aristocráticas as fileiras superiores da burocracia e do exército. Von Cocceji reformou o judiciário, e a venalidade foi praticamente eliminada do sistema legal.[36] Programas oficiais estimularam a economia, tanto na agricultura quanto na indústria. Organizaram-se drenagens de campos, colonizações de terras e melhorias no transporte. O Estado fundou manufaturas, promoveu a navegação e a mineração, desenvolveu as indústrias têxteis. Começaram as primeiras políticas "populacionais" sistemáticas da Europa, com centros de recrutamento de imigrantes no exterior.[37] Frederico II também foi responsável

36 Sobre o papel de Von Cocceji, ver: Rosenberg, *Bureaucracy, Aristocracy and Autocracy*, p.122-34.

37 Bluche faz um relato vívido em: Bluche *Le despotisme éclairé*, p.83-5.

por uma das inovações mais audaciosas do absolutismo prussiano, destinada a ter consequências de amplo alcance no século seguinte, embora, de início, fosse apenas uma medida no papel: a instituição da educação primária obrigatória para toda a população masculina, com o *Generallandschulreglement* de 1763. Por outro lado, os movimentos para proteger o campesinato da expulsão das terras e da opressão senhorial – motivados pelo temor de a mão de obra ser esgotada pelo exército – acabaram se provando ineficazes. Concebidos para ajudar donos de terras em dificuldades, os bancos hipotecários, embora recebidos com desconfiança por parte da classe *junker*, vieram a ter grande importância. As finanças públicas, escrupulosamente controladas e purgadas de quase todas as despesas da corte, cresceram de maneira notável, apesar das guerras do reinado. As receitas anuais da coroa triplicaram de 7 milhões para 23 milhões de táleres (1740-1786), e as reservas quintuplicaram de 10 milhões para 54 milhões.[38] A maior parte das despesas do Estado iam, é claro, para o exército, que aumentou de 80 mil para 200 mil homens sob Frederico II, a maior proporção entre soldados e população de toda a Europa; a quantidade de regimentos estrangeiros (contratados ou recrutados no exterior) foi deliberadamente maximizada, para poupar a escassa população produtiva do país. A partilha da Polônia no ano de 1772, em acordo com a Rússia e a Áustria, acrescentou a Prússia ocidental e a Vármia aos domínios Hohenzollern no leste, consolidando-os em um único bloco territorial e aumentando o potencial demográfico do Estado. Ao fim do reinado, a população total da Prússia dobrara de 2,5 milhões para 5,4 milhões.[39] No plano internacional, a reputação militar do absolutismo prussiano depois da Guerra dos Sete Anos agora era tão temível que Frederico II pôde ditar o desenlace das duas maiores crises alemãs das décadas seguintes, sem ter de recorrer ao uso das armas. Em 1778-1779 e, mais uma vez, em 1784-1785, a Áustria tentou retomar sua posição dentro da Alemanha trocando o sul dos Países Baixos pela Baviera, a partir de dois acordos com o Eleitor Wittelsbach. O amálgama da Baviera com a Áustria teria transformado a história alemã, deixando a dinastia Habsburgo

38 Holborn, *A History of Modern Germany 1648-1840*, p.268.

39 Ibid., p.262.

irresistivelmente forte no sul e redirecionando toda a orientação política de Viena para o *Reich*. Em ambas as ocasiões, o veto prussiano foi suficiente para acabar com o projeto. Na primeira, bastaram alguns sinais de conflitos na Boêmia. Na segunda, serviu como veto o alinhamento diplomático de Hanôver, Saxônia, Mainz e outros principados a Berlim, em um bloco comum contra a Áustria: a "Associação dos Príncipes" reunida por Frederico II em 1785, um ano antes de sua morte, anunciou e selou a supremacia Hohenzollern no norte da Alemanha.

Quatro anos depois, explodiu a Revolução Francesa e, assim, à medida que diferentes tempos históricos se enfrentavam nos campos de batalha da guerra revolucionária, a viabilidade de todo *ancien régime* na Europa – por mais novo que fosse politicamente – foi posta em questão. Com um papel desimportante na primeira coalizão contrarrevolucionária a se opor à França no Ocidente, a Prússia aproveitou a oportunidade para dividir o resto da Polônia com a Rússia e a Áustria e, logo depois, saiu da luta contra a República, em 1795. A neutralidade Hohenzollern durante a década seguinte da guerra europeia apenas adiou o acerto de contas. Em 1806, o ataque de Napoleão colocou o Estado absolutista prussiano diante de seu desafio supremo. Seus exércitos foram esmagados em Iena, e a Prússia teve de assinar em Tilsit um tratado de paz que a reduziu ao *status* de satélite da França. Todo seu território a oeste do Elba foi confiscado, regimentos franceses ocuparam suas fortalezas e impuseram enormes indenizações. Foi essa crise que produziu a "Era das Reformas". Nesse período, em seu momento de maior risco e fragilidade, o Estado prussiano conseguiu angariar uma notável reserva de talento político, militar e cultural para salvar sua existência e renovar sua estrutura. Na verdade, muitos desses talentosos reformadores vinham do centro e do oeste da Alemanha, regiões muito mais avançadas em termos sociais que a própria Prússia. Stein, líder político da revanche contra Napoleão, era um cavaleiro imperial da Renânia. Gneisenau e Scharnhorst, arquitetos do novo exército, eram de Hanôver e da Saxônia, respectivamente. Fichte, ideólogo filosófico da "guerra de libertação" contra a França, morava em Hamburgo. Hardenberg, o nobre mais responsável pela configuração final das

Reformas, vinha de Hanôver.[40] A origem mista dos reformadores tinha algo de premonitório. A partir de então, o absolutismo prussiano passou por novas formas de vida e profundas transformações de caráter, devido ao simples fato de sua contiguidade cultural e territorial com o resto da Alemanha. Desde quando Napoleão aparecera diante dos portões de Berlim, não houve mais nenhuma possibilidade de o Estado Hohenzollern se desenvolver *en vase close*. Em um primeiro momento, porém, o impulso reformador não foi muito longe. Stein, emigrado francófilo influenciado por Montesquieu e Burke, introduziu planos para igualdade civil, reforma agrária, autogoverno local e mobilização nacionalista contra Napoleão. Em um ano no cargo (1807-1808), ele se livrou do agora incômodo *Generaldirektorium* e instituiu um sistema ministerial convencional, com departamentos inspirados nas diretrizes da monarquia francesa, com funcionários especiais despachados da capital para supervisionar assuntos nas províncias. Na prática, o resultado foi uma maior centralização de todo o aparato do Estado, o qual a limitada autonomia municipal contrabalançava apenas no papel. No campo, a servidão foi formalmente abolida e o sistema jurídico de três estados, extinto. Essas políticas enfrentaram a oposição veemente da classe *junker*, por causa de seu "radicalismo" e, quando Stein começou a atuar contra as jurisdições patrimoniais e a imunidade fiscal da nobreza e a planejar uma *levée* armada contra a França, ele se viu prontamente destituído.

Hardenberg, seu sucessor, um político da corte, aplicou uma hábil dose de legislação, calculada exatamente para modernizar o absolutismo prussiano e a classe que este representava, na medida necessária para revigorá-los, mas sem afetar a natureza essencial do Estado feudal. De 1810 a 1816, implementou-se a "reforma" agrária, de modo a intensificar ainda mais a miséria rural. Em troca da emancipação jurídica, os camponeses sofreram a espoliação econômica de algo como 1 milhão de hectares e 260 milhões de marcos, como "compensação" pela nova liberdade, por parte de seus

40 Entre os envolvidos nas reformas, a única figura política mais importante que nascera na Prússia era o educador Von Humboldt, embora Clausewitz – maior eminência intelectual da geração – também houvesse nascido em Brandemburgo.

antigos senhores.[41] A chamada *Bauernlegen* foi um instrumento friamente projetado para a expropriação do campesinato. Eliminaram-se as terras comunais e o sistema de rotação trienal. O resultado foi o aumento das herdades senhoriais e a criação de uma massa crescente de lavradores sem-terra, mantidos à disposição dos *junkers* por estritas ordens jurídicas. Ao mesmo tempo, Hardenberg ampliou o acesso da burguesia à propriedade fundiária (agora os burgueses podiam comprar herdades) e o acesso da nobreza às profissões (os nobres já não se rebaixavam ao seguirem carreira no direito ou nos negócios). Desse modo, a vitalidade e a versatilidade da classe *junker* se incrementaram, sem que houvesse qualquer perda mais grave de privilégios. A aristocracia rapidamente inviabilizou uma tentativa de pôr fim ao papel do *Landrat*, e as tradicionais assembleias de condado ficaram de fora das reformas. Na verdade, o controle nobre sobre o campo aumentou ainda mais com a extensão da autoridade do *Landrat* às cidades rurais. As obrigações senhoriais continuaram por muito tempo depois de abolida a servidão. O *Rittergut* seguiu isento dos impostos sobre a terra até 1861; a jurisdição da polícia senhorial permaneceu até 1871; o monopólio *junker* sobre a administração do condado, até 1891. Nas cidades, Hardenberg aboliu os monopólios das guildas, mas não conseguiu acabar com o dualismo fiscal; e modernizou e estendeu drasticamente o sistema educacional público, desde a *Volksschule* até a fundação da nova Universidade de Berlim. Enquanto isso, Scharnhorst e Gneisenau organizaram um sistema de reservistas para contornar as disposições firmadas em Tilsit, as quais limitavam o tamanho do exército prussiano, o que "popularizou" o recrutamento mas também aumentou a militarização institucional de toda a ordem social. Os regulamentos militares e os treinamentos táticos passaram por uma atualização. As funções de comando se abriram oficialmente a recrutas da burguesia, mas os oficiais podiam vetar novas admissões em

---

41 Simon, *The Failure of the Prussian Reform Movement 1807-1819*, p.88-104. Para a comutação de suas obrigações, os camponeses tiveram de pagar a seus antigos senhores compensações tanto em terra quanto em dinheiro. Até 1865, ainda havia muitos camponeses se remindo de tais obrigações. A estimativa dos pagamentos para remissão dada acima é de Hamerow, *The Social Foundations of German Unification*, p.37.

seus regimentos – evitando, assim, ameaças ao controle *junker*.[42] O efeito líquido da Era das Reformas foi o fortalecimento, e não a moderação do Estado régio na Prússia. Mas, sintomaticamente, foi nesse período que a classe *junker* – a nobreza mais leal da Europa durante o difícil crescimento do absolutismo nos séculos XVII e XVIII, a única classe a jamais recorrer à batalha civil contra a monarquia – ficou, pela primeira vez, visivelmente inquieta. A ameaça dos reformadores a seus privilégios, mesmo que logo recolhida, agitou uma oposição ideológica de consciente caráter neofeudal. Von Marwitz, líder da dissidência de Brandemburgo contra Hardenberg, denunciou tanto o absolutismo quanto o parlamentarismo, em nome da constituição dos estados, anterior ao advento do Grande Eleitor e desde há muito esquecida. Daí em diante, sempre existiu na Prússia um colérico conservadorismo *junker*, um ânimo curiosamente deslocado do século XVII para o XIX que, muitas vezes, iria entrar em conflito com a monarquia.

O somatório das Reformas permitiu que a Prússia participasse com competência da coligação final que derrotou a França napoleônica. Ainda assim, o que compareceu ao Congresso de Viena foi, essencialmente, um *ancien régime*, ao lado da Áustria e da Rússia, suas vizinhas. Embora Metternich não gostasse dos reformadores prussianos, a quem dispensava como quase "jacobinos", o Estado Hohenzollern ainda era, em alguns aspectos, menos avançado que o império Habsburgo posterior às reformas josefinas do fim do século XVIII. O verdadeiro ponto de virada da história do absolutismo prussiano não se encontra no trabalho das reformas, mas sim nos ganhos da paz. Para evitar que a Prússia ficasse com a Saxônia e para compensá-la da absorção russa de boa parte da Polônia, os aliados lhe concederam a província do Reno-Vestfália, no outro extremo da Alemanha – contra a vontade da corte de Berlim. Com esse ato, eles deslocaram todo o eixo histórico do Estado prussiano. Articuladas por Áustria e Grã-Bretanha para impedir a consolidação territorial da Prússia no centro-leste da Alemanha, as províncias renanas estavam separadas de Brandemburgo por Hanôver e Hesse, o que deixava os domínios Hohenzollern

---

42 Sobre as reformas militares, ver Craig, *The Politics of the Prussian Army, 1640-1945*, p.38-53, 69-70.

estrategicamente dispersos pelo norte da Alemanha e impunha uma difícil defesa contra a França no Ocidente. Mas nenhuma das partes podia esperar as verdadeiras consequências do acordo. As novas possessões Hohenzollern possuíam uma população maior que a de todas as outras províncias somadas – 5,5 milhões de habitantes no oeste, 5 milhões no leste. De uma vez só, o peso demográfico da Prússia dobrou para mais de 10 milhões: a Baviera, segundo maior Estado alemão, tinha apenas 3,7 milhões.[43] Além disso, Reno-Vestfália era uma das regiões mais avançadas do oeste da Alemanha. O campesinato ainda pagava as obrigações costumeiras e os donos de terras gozavam de direitos especiais, como os de caça; mas a agricultura de pequenas propriedades estava profundamente enraizada e a classe nobre se compunha de senhores absentistas, e não de administradores de suas próprias herdades, como na Prússia. As assembleias rurais, ou *Amt*, incluíam a representação camponesa, ao contrário do *Kreistage* dos *junkers*. Assim, as relações sociais no campo tinham um padrão muito mais brando. As novas províncias ainda contavam com um grande número de cidades florescentes, com antigas tradições de autonomia municipal, trocas comerciais e atividades manufatureiras. Muito mais importante que tudo isso, sem dúvidas, foi o fato de que, por causa de seus recursos minerais, ainda inexplorados, a região estava destinada a se tornar a zona industrial mais colossal da Europa. Dessa forma, as aquisições militares do Estado feudal prussiano acabaram incorporando o coração do capitalismo alemão.

Em essência, o desenvolvimento do novo Estado compósito em uma Alemanha unificada, no correr do século XIX, faz parte do ciclo de revoluções burguesas, o qual estudaremos em outro lugar. Aqui, será suficiente ressaltar três aspectos cruciais da evolução socioeconômica da Prússia que possibilitaram o sucesso posterior do programa de Bismarck. Em primeiro lugar, no Leste Europeu em si, a reforma agrária de Hardenberg no ano de 1816 acarretou um rápido e irresistível avanço em toda a economia cerealífera. Ao liberar o mercado de terras, a reforma foi depurando o campo dos *junkers* incompetentes e endividados. No mesmo passo, aumentou o

43 Droz, *La Formation del'unité allemande: 1789-1871*, p.126.

número de investidores burgueses na terra; emergiu um estrato de *Grossbauern*, prósperos fazendeiros camponeses; e ocorreu uma clara racionalização da gestão agrícola: em 1855, 45% dos *Rittergüter* das seis províncias orientais tinham proprietários não nobres.[44] Ao mesmo tempo, os *junkers* que permaneceram na terra passaram a ser proprietários de herdades maiores e mais produtivas, ampliadas tanto pela compra junto a outros nobres quanto pela expropriação de camponeses das terras comunais e das pequenas propriedades. Nos anos 1880, 70% das maiores propriedades agrárias (mais de mil hectares) pertenciam a nobres.[45] Todo o setor agrícola entrou em uma fase de expansão e prosperidade. As safras das colheitas e a área plantada cresceram juntas: na verdade, ambas dobraram na Prússia transelbiana entre 1815 e 1864.[46] Os novos latifúndios agora eram cultivados por trabalhadores assalariados e foram se transformando em empreendimentos capitalistas ortodoxos. Essa mão de obra assalariada, porém, era regulamentada por um *Gesindeordnung* feudal que sobreviveu até o século XX e impôs uma implacável disciplina senhorial sobre os trabalhadores agrícolas e os empregados domésticos, inclusive com prisões por greve e limites estritos à mobilidade. A *Bauernlegen* não significara êxodo dos campos: ela produzira um imenso proletariado rural, cujos números agora cresciam junto com o aumento da produção, o que ajudava a manter baixos os salários. Assim, a aristocracia *junker* alcançou uma exitosa conversão cumulativa à agricultura capitalista, ao mesmo tempo em que continuou explorando todos os privilégios patrimoniais que conseguiu manter. "Os nobres realizaram com facilidade a transição da agricultura senhorial para a capitalista, enquanto muitos camponeses ganharam a permissão de mergulhar nas águas purificadoras da liberdade econômica."[47]

---

44 Gillis, Aristocracy and Bureaucracy in Nineteenth Century Prussia, *Past and Present*, n.41, dez.1968, p.113.

45 Hamerow, *The Social Foundations of German Unification*, p.59.

46 Landes, Japan and Europe: Contrasts in Industrialization. In: Lockwood (Org.), *The State and Economic Enterprise in Japan*, p.162. O ensaio de Landes é, essencialmente, uma extensa comparação entre o desenvolvimento da Prússia e do Japão e traz muitas reflexões e ideias sobre a história alemã do século XIX.

47 Simon, *The Failure of the Prussian Reform Movement*, p.104.

Enquanto isso, a burocracia prussiana prestava um serviço fundamental estabelecendo uma conexão entre a economia agrícola do leste e a revolução industrial que acontecia nas províncias do oeste. No começo do século XIX, o serviço civil – que sempre fornecera um refúgio ocupacional para a classe média subdesenvolvida dos tradicionais domínios Hohenzollern, mesmo que esta nunca ascendesse aos postos mais altos – foi responsável pela instalação gradual do *Zollverein*, que ligou a maior parte da Alemanha com a Prússia em uma mesma zona comercial. Von Motz e Maassen, do ministério das Finanças, foram os dois arquitetos desse sistema que, construído entre 1818 e 1836, efetivamente excluiu a Áustria do desenvolvimento econômico da Alemanha e, em termos comerciais, atrelou os Estados menores à Prússia.[48] O surto da construção ferroviária a partir dos anos 1830 estimulou o rápido crescimento econômico dentro da união aduaneira. Iniciativas burocráticas também tiveram sua importância ao propiciar auxílio financeiro e tecnológico à nascente indústria prussiana (Beuth, Rother). Na década de 1850, o *Zollverein* se estendeu à maior parte dos principados que restavam no norte; no ministério do Comércio, Delbrück habilmente bloqueou a intromissão austríaca na região. As políticas de tarifas baixas – que o serviço civil da Prússia perseguiu com afinco e que culminaram no Tratado de Paris, assinado com a França em 1864 – foram uma arma crucial na competição política e diplomática entre Berlim e Viena: a Áustria não pôde lidar com a liberalização econômica que atraiu para a Prússia os Estados do sul da Alemanha, até então dependentes do comércio internacional.[49]

Mas, ao mesmo tempo, o curso fundamental da unificação alemã também era traçado pelo tempestuoso crescimento industrial de Ruhr, no interior das províncias ocidentais. A burguesia renana, cujas fortunas se baseavam na nova economia manufatureira e mineradora do oeste, era

48 Benaerts, *Les origines de la grande industrie allemande*, p.31-52; Droz faz alguns comentários gerais bastante astutos sobre o papel da burocracia: Droz, *La formation de l'Unité Allemande*, p.113.

49 A importância do tratado comercial com a França recebe a atenção de Boehme, *Deutschlands Weg zur Grossmacht*, p.100-20, 165-6 – um trabalho pioneiro, ainda que excessivamente voltado à economia.

um grupo muito mais decidido e ambicioso em termos políticos que os obedientes cidadãos a leste do Elba. Foram seus porta-vozes – Mevissen, Camphausen, Hansemann e outros – que na Prússia dessa época organizaram e guiaram o liberalismo alemão e lutaram para promulgar uma constituição burguesa, com uma assembleia responsável. Seu programa significava, de fato, o fim do absolutismo Hohenzollern e, naturalmente, provocou a obstinada hostilidade da classe *junker* que dominava o leste. Por um breve período, os levantes populares de 1848, cuja agitação foi dada por artesãos e camponeses, deram a essa burguesia liberal um gabinete ministerial em Berlim e uma plataforma ideológica em Frankfurt, até o exército régio esmagar a revolução alguns meses depois. Produto abortado da crise de 1848, a constituição prussiana estabeleceu, pela primeira vez, um Landtag nacional, com uma câmara baseada em um sistema eleitoral de três classes – o qual garantia candidamente o domínio dos grandes proprietários – e uma outra, composta sobretudo pela nobreza hereditária. Nenhuma das duas casas tinha qualquer poder sobre o executivo: uma assembleia tão pálida que, em média, apenas 30% dos elegíveis participavam das eleições.[50] Assim, nessa instituição de fachada, a classe capitalista renana permaneceu na oposição, mesmo quando teve maioria. Os *junkers* transelbianos ficaram de olho na monarquia, procurando qualquer sinal de fraqueza, chegando mesmo a recuperar seus poderes senhoriais de polícia em 1856 – os quais Frederico Guilherme IV abolira em um momento de pânico, em 1848. O "conflito constitucional" entre os liberais e o Estado nos anos 1860 apareceu, portanto, como um choque frontal entre a velha e a nova ordem pelo poder político.

Mesmo assim, a firme capitalização da agricultura oriental durante o *boom* cerealífero e o crescimento vertical da importância da indústria pesada dentro da formação social prussiana lançaram as bases econômicas para uma reaproximação entre as duas classes. Por volta de 1865, a Prússia contava com 90% da produção de ferro e carvão, 66% dos motores a vapor, 50% da produção têxtil e 66% da mão de obra industrial da Alemanha.[51]

---

50 Hamerow, *The Social Foundations of German Unification*, p.301-2.

51 Ayçoberry, *L'Unité allemande (1800-1871)*, p.90.

A mecanização da indústria alemã já ultrapassara a da França. Bismarck, outrora reacionário extremista e truculento campeão do ultralegitimismo, foi o primeiro representante político da nobreza a enxergar que essa força emergente podia ser acomodada na estrutura de Estado e que, sob a égide das duas classes de posses no reino Hohenzollern – os *junker* prussianos e o capital renano – seria possível unificar a Alemanha. O triunfo do exército prussiano sobre a Áustria, em 1866, de repente aquietou a discórdia entre as duas classes. A barganha de Bismarck com os liberais nacionalistas – a qual produziu a constituição do norte da Alemanha em 1867 – selou um decisivo pacto social, quase contra a corrente política de ambas as partes. Três anos depois, a Guerra Franco-Prussiana completou com brilho a obra da unidade nacional. O reino da Prússia forjou um império alemão. A estrutura fundamental do novo Estado era inequivocamente *capitalista*. Nos anos 1870, a constituição da Alemanha imperial incluiu: uma assembleia representativa eleita por sufrágio universal masculino; a cédula secreta; a igualdade civil; um código legal uniforme; um sistema monetário único; a educação secular; e livre comércio pleno dentro das fronteiras. Assim concebido, o Estado alemão não era, de forma alguma, um exemplo "puro" de seu tipo (e no mundo dessa época nem existia tal Estado).[52] Ele estava marcado pela natureza feudal do Estado prussiano que o precedera. Na verdade, de um jeito literal e visível, o desenvolvimento *combinado* que definiu a conjuntura estava incorporado na arquitetura do novo Estado. Pois a constituição prussiana não foi revogada; ela sobreviveu dentro da constituição imperial, com seu limitante sistema eleitoral de "três classes", uma vez que a Prússia era agora uma das unidades federadas do Império. O corpo de oficiais de seu exército – o qual, naturalmente, compunha a esmagadora maioria do aparelho militar imperial – não respondia ao chanceler, mas jurava fidelidade direta

52 Taylor destaca que a constituição da confederação do norte da Alemanha de 1867, da qual derivou a constituição imperial, previa, na verdade, o sufrágio mais amplo de todos os países da Europa, o único com verdadeiro voto secreto – precedendo o Segundo Ato de Reforma na Inglaterra e o advento da Terceira República na França: Taylor, *Bismarck*, p.98.

ao imperador, que o controlava pessoalmente por meio de sua casa militar.[53] Os postos superiores da burocracia, purgados e reorganizados por Puttkamer, viraram pouco mais que um santuário aristocrático nas décadas depois de 1870. Além disso, o chanceler imperial não dependia do Reichtag e podia se amparar em receitas permanentes advindas de tarifas e impostos que estavam para além do controle parlamentar – embora as leis e os orçamentos tivessem de ser aprovados pelo Reichtag. Certos direitos fiscais e administrativos de menor importância ficaram sob o controle das várias unidades federativas do Império, limitando formalmente o caráter unitário da constituição.

Essas anomalias conferiram ao Estado alemão do final do século XIX uma aparência desconcertante. A caracterização que Marx fez do Estado de Bismarck revela um misto de enfado e perplexidade. Em uma frase célebre e enfurecida que Rosa Luxemburgo gostava de citar, ele o descreveu como *nichts anderes als ein mit parliamentärischen Formen verbrämter, mit feudalem Beisatz vermischter, schon von der Bourgeoisie beeinflusster, bürokratisch gezimmerter, polizeilich gehüteter Militärdespotismus* – "nada além de um despotismo militar embelezado com formas parlamentares, mesclado a uma mistura feudal, já influenciado pela burguesia, mobiliado pela burocracia e protegido pela polícia".[54] A aglutinação de epítetos indica sua dificuldade conceitual, mas não a soluciona. Com muito mais clareza que Marx, Engels viu que o Estado alemão, apesar de suas peculiaridades, agora se juntara às fileiras de seus rivais inglês e francês. Sobre a Guerra Austro-Prussiana e seu articulista, ele escreveu: "Bismarck compreendeu a guerra civil alemã de 1866 como o que ela realmente era, ou seja, uma *revolução* [...] e se preparou para ir até o fim com métodos revolucionários".[55] O resultado histórico do conflito com a Áustria foi que "as próprias vitórias do exército prussiano deslocaram toda a base da estrutura do Estado prussiano", de modo que "as fundações sociais do velho Estado passaram por uma transformação

53 Para um bom relato sobre a constituição imperial alemã, ver: Pinson, *Modern Germany. Its History and Civilization*, p.156-63.

54 A formulação pertence à "Crítica ao programa de Gotha", *Werke*, v.19, p.29.

55 Engels, *The Role of Force in History*, p.64-5.

completa".[56] Comparando o bismarckismo ao bonapartismo, ele afirmou veementemente que a constituição criada pelo chanceler prussiano era "uma forma moderna de Estado que pressupunha a abolição do feudalismo".[57] Em outras palavras, o Estado alemão agora era um aparato capitalista, sobredeterminado por sua ancestralidade feudal, mas fundamentalmente homólogo a uma formação social que, no início do século XX, era amplamente dominada pelo modo de produção capitalista: a Alemanha imperial logo seria a maior potência industrial da Europa. Assim, o absolutismo prussiano se transformara, depois de muitas vicissitudes, em *outro* tipo de Estado. Geográfica e socialmente – social porque geograficamente –, ele aos poucos se deslocara do leste para o oeste. As *condições de possibilidade* teóricas dessa "transmutação" ainda não foram estabelecidas: elas serão levadas em consideração em outro lugar.

56 Marx; Engels, *Selected Works*, p.246-7.

57 Ibid., p.247.

4.
Polônia

A ascensão da Prússia a partir de meados do século XVII se contrapôs ao declínio da Polônia no Leste Europeu. O único país de maiores proporções que não conseguiu produzir um Estado absolutista na região acabou por desaparecer, em uma demonstração gráfica *a contrario* da racionalidade histórica do absolutismo para a classe nobre. As razões pelas quais a *szlachta* polonesa nunca foi capaz de gerar um Estado feudal centralizado não parecem ter sido estudadas com o devido rigor; a queda dessa classe coloca um problema que a historiografia moderna ainda não soube resolver.[1] Quando muito, emergem dos materiais existentes alguns elementos cruciais que sugerem respostas parciais ou possíveis.

Com a última crise feudal, a Polônia sofreu menos que qualquer outro país do Leste Europeu; a Peste Negra (e as doenças secundárias) lhe passaram ao largo e devastaram seus vizinhos. A monarquia Piast, reconstituída no século XIV, alcançou seu apogeu político e cultural sob Casimiro III, depois de 1333. Com a morte do governante em 1370, a dinastia se extinguiu e o título régio passou para Luís de Anjou, rei da Hungria. Monarca absentista, Luís se viu obrigado a conceder à nobreza da Polônia

1 Isso é o que, sem dúvidas, emerge de uma pesquisa recente e representativa sobre as causas que os historiadores poloneses atribuem à partilha da Polônia, muitas das quais não fazem nada além de recolocar o problema: Lesnodarski, Les Partages de la Pologne: analyse des causes et essai d'une théorie, *Acta Poloniae Historica*, VII, 1963, p.7-30.

o "Privilégio de Košice" em 1374, em troca da confirmação do direito de sua filha Jadwiga sucedê-lo no trono polonês: em uma carta inspirada em modelos húngaros, a aristocracia obteve garantias de imunidade econômica ante os novos impostos e autonomia administrativa em suas localidades.[2] Doze anos depois, Jadwiga se casou com Jagelão, grão-duque da Lituânia, que se tornou rei da Polônia, fundando uma união pessoal entre os dois reinos. Essa conjunção teria efeitos profundos e permanentes em todo o curso da história polonesa. O ducado lituano era uma das estruturas mais recentes e notáveis da época. Uma sociedade tribal do Báltico, tão remota em seus pântanos e florestas que continuava pagã ainda no final do século XIV, de repente erigira um Estado poderoso, que se transformou em um dos maiores impérios territoriais da Europa. A pressão ocidental vinda das ordens militares germânicas da Prússia e da Livônia precipitara a formação de um principado centralizado em meio às confederações tribais da Lituânia; o vácuo oriental que os mongóis criaram ao subjugar a Rússia pós-Kieviana permitiu sua rápida expansão rumo à Ucrânia. Sob os sucessivos governos de Gedymin, Olgerd, Jagelão e Witold, o poder lituano chegou a Oka e ao Mar Negro. A populações dessas vastas áreas eram predominantemente eslavas e cristãs – bielo-russas ou rutenas; sobre elas o domínio lituano se exercia por meio de uma suserania militar que reduziu os senhores locais à condição de vassalos. Esse Estado poderoso, mas primitivo, agora se ligava ao reino da Polônia, menor, mas muito mais antigo e avançado. Jagelão adotou o cristianismo e se mudou para a Polônia, com o intuito de assegurar a união de 1386, deixando seu primo Witold no leste para governar a Lituânia; com a ascensão de um príncipe estrangeiro, a *szlachta* polonesa conseguiu estabelecer o princípio de que a monarquia era eletiva, embora, na prática, a coroa viesse a continuar com a dinastia jagelônica pelos próximos duzentos anos.

A força e o dinamismo da nova união polonesa-lituana logo se revelariam. Em 1410, Jagelão infligiu aos Cavaleiros Teutônicos a histórica derrota de Grünewald, a qual provou ser o ponto de virada do destino da Ordem na

---

2 Sobre esse episódio, ver Halecki, From the Union with Hungary to the Union with Lithuania. In: Reddaway *et al.* (Org.), *The Cambridge History of Poland*, v.1, p.19-193.

Prússia. Em meados do século XV, o ataque polonês à Prússia ganhou novo fôlego quando os estados alemães se revoltaram contra o jugo da Ordem. A Guerra dos Treze Anos se encerrou em 1466, com uma decisiva vitória dos jagelônios. Pela Segunda Paz de Torun, a Polônia anexou a Prússia ocidental e a Vármia: a Prússia oriental se tornou feudo polonês, sob o vassalo grão-mestre da Ordem Teutônica, o qual, a partir de então, passou a dever homenagem e serviço de guerra à monarquia polonesa. O poder da Ordem ruiu de uma vez por todas, e a Polônia conquistou acesso territorial ao Báltico. Sob a soberania régia dos poloneses, Danzig, maior porto da região, se tornou uma cidade autônoma, com direitos municipais especiais. Casimiro IV, vencedor da guerra, governava o reino mais extenso do continente.

Enquanto isso, dentro da Polônia em si, o fim do século XV assistiu à firme ascensão política e social da pequena nobreza, em detrimento da monarquia e do campesinato. Em 1425, para garantir a sucessão de seu filho, Jagiello concedeu à nobreza o princípio do *neminem captivabimus* – imunidade jurídica à prisão arbitrária – com o "Privilégio de Brzeg". Casimiro IV, por sua vez, teve de fazer mais concessões à classe fundiária. A longa disputa da Guerra dos Treze Anos exigiu a contratação de tropas mercenárias de toda a Europa. Para obter os fundos necessários ao pagamento, o rei cedeu à aristocracia o "Privilégio de Nieszawa", em 1454, o qual fornecia *conventiones particulares* regulares à pequena nobreza em suas localidades; a partir de então, já não se podiam angariar tropas nem impostos sem seu consentimento.[3] Sob seu filho João Alberto, criou-se em 1492 uma consolidada assembleia nacional, ou Sejm, auxiliada por assembleias provinciais e locais (*sejmiki*) da classe fundiária. A Sejm formava uma assembleia bicameral, composta por uma Câmara de Deputados e um Senado: a primeira se compunha de representantes eleitos das *sejmiki* e o último, de altos dignitários leigos e eclesiásticos. As cidades ficaram de fora de ambas as casas: o sistema de estados poloneses que agora emergia era exclusivamente aristocrático.[4] Em 1505, a Constituição de Radom

3 Ver Gieysztor. In: Kieniewicz (Org.), *History of Poland*, p.145-6.

4 Os burgueses da Cracóvia e (mais tarde) de Wilno eram admitidos nos procedimentos da Sejm, mas não tinham direito a voto.

formalizou solenemente os poderes da Sejm: a lei de *nihil novi* privou a monarquia do direito de legislar sem o consentimento dos estados, ao passo que a autoridade dos funcionários régios foi cuidadosamente restrita.[5] Mas a convocação da Sejm ainda ficava sob a vontade da monarquia.

Enquanto isso, foi nesse mesmo período que se decretou a servidão jurídica sobre o campesinato polonês. Em 1496, os Estatutos de Piotrkow baniram todo e qualquer deslocamento de trabalho das aldeias, à exceção de um único camponês de cada comunidade, por ano. Aos estatutos foram acrescentadas outras medidas em 1501, 1503, 1510 e 1511: sinais de dificuldades na implementação. Por fim, em 1520, aprovou-se uma ordenação que impôs obrigações feudais de até seis dias por semana ao aldeão polonês, o *wloka*.[6] A servidão do campesinato, que foi se tornando cada vez mais rigorosa no curso do século XVI, fundou a nova prosperidade da *szlachta*. Pois, mais que qualquer outro grupo social da região, foi a nobreza da Polônia que se beneficiou do *boom* cerealífero do Báltico naquela época. Os lotes camponeses continuaram se reduzindo, enquanto o cultivo senhorial se expandiu para atender às demandas do mercado de exportação. Na segunda metade do século, o volume de cereais que embarcava para o exterior dobrou. Entre 1550 e 1620, durante o auge do comércio de grãos, a inflação ocidental assegurou à classe fundiária vastos e inesperados lucros nos termos de troca. No longo prazo, calcula-se que, entre 1600 e 1750, o valor da produção comercializada pelos magnatas tenha triplicado, o da pequena nobreza duplicado e o do campesinato caído.[7] Esses ganhos, porém, não foram reinvestidos de maneira produtiva. A Polônia se tornou o celeiro da Europa, mas as técnicas de cultivo arado continuaram primitivas, com baixos índices de rendimento. A produção agrícola se elevou graças à ampliação extensiva das lavouras, especialmente nas fronteiras do sudeste, e não ao aprimoramento intensivo dos cultivos.

---

5 Tazbir, In: Kieniewicz (Org.), *History of Poland*, p.176.

6 Leslie, *The Polish Question*, p.4.

7 Kula, Un'economia agraria senza accumulazione: la Polonia dei seicoli XVI-XVIII, *Studi Storici*, n.3-4, 1968, p.615-6. As variações na renda eram muito menores, é claro, por causa do caráter de subsistência da maior parte da produção camponesa (Kula calculou algo em torno de 90%).

Além disso, a aristocracia polonesa usou seu poder econômico para promover a política mais sistematicamente antiurbana da Europa. No início do século XVI, impuseram-se preços máximos às manufaturas nativas das cidades, cujas comunidades mercantis eram, em grande medida, alemãs, judaicas ou armênias. Em 1565, mercadores estrangeiros ganharam privilégios exorbitantes, cujo efeito objetivo foi o inevitável enfraquecimento e ruína dos comerciantes locais.[8] A prosperidade comercial da época ainda se fez acompanhar pelo crescimento urbano, e os senhores mais ricos fundaram cidades privadas a eles sujeitas, ao passo que, no campo, outros nobres converteram casas de fundição em moinhos de cereais. A autonomia municipal dos patriciados urbanos foi suprimida em quase toda parte e, com ela, foram também as chances de desenvolvimento industrial. Somente o porto germânico de Danzig escapou à eliminação dos privilégios urbanos medievais promovida pela *szlachta*: o controle monopolístico sobre as exportações de que esta passou a usufruir sufocou ainda mais as cidades do interior. O que se criou, portanto, foi uma monocultura agrícola que, cada vez mais, importava bens manufaturados do Ocidente, em uma prefiguração aristocrática das economias ultramarinas do século XIX.

A classe nobre que emergiu dessas fundações econômicas não encontrava paralelo exato em nenhuma outra parte da Europa. O grau de pressão rural que ela exercia sobre o campesinato era extremo – com obrigações de até seis dias por semana e previstas em lei. Em 1574, a nobreza adquiriu um *jus vitae et necis* formal sobre seus servos, o que tecnicamente lhe permitia executá-los à vontade.[9] A aristocracia que controlava esses poderes tinha uma composição visivelmente distinta da de suas vizinhas. Pois a rede de parentesco de clãs – indício inequívoco de uma estrutura social pré-feudal – sobrevivera na sociedade relativamente amorfa e atrasada da Polônia do início da época medieval por muito mais tempo que em qualquer outro país, tanto que afetou todo o contorno da nobreza feudal quando esta, por fim, emergiu em um contexto que ignorava qualquer hierarquia de

8 Tazbir minimiza os resultados práticos imediatos dessa medida, mas sua intenção é bastante clara: Tazbir, *History of Poland*, p.178.

9 Leslie, *The Polish Question*, p.4-5.

vassalagem articulada.[10] Quando as insígnias heráldicas foram importadas do Ocidente, na Idade Média, elas foram adotadas não por famílias individuais, mas por clãs inteiros, cujas redes de parentescos e clientes ainda subsistiam no campo. O resultado foi a criação de uma classe nobre relativamente numerosa, compreendendo talvez umas 700 mil pessoas, algo entre 7% e 8% da população, no século XVI. Dentro dessa classe não havia títulos que distinguissem um grau senhorial de outro.[11] Mas essa igualdade jurídica dentro da nobreza – que não tinha equivalente em nenhum outro lugar do início da Europa moderna – vinha acompanhada por uma desigualdade econômica que também não encontrava paralelo na época. Pois a grande massa da *szlachta* – talvez mais da metade – possuía pequenas propriedades de 4 a 8 hectares, não muito maiores que a de um camponês médio. Esse estrato se concentrava nas antigas províncias do centro e do oeste da Polônia: na Mazóvia, por exemplo, ele compunha talvez um quinto da população total.[12] Outro vasto setor da nobreza era o dos cavaleiros com pequenas herdades, que não possuíam mais que uma ou duas aldeias. Ainda assim, nominalmente inseridos dentro dessa mesma nobreza estavam alguns dos maiores magnatas territoriais da Europa, com latifúndios colossais, localizados sobretudo no leste lituano e ucraniano. Pois,

---

10 Esses clãs não eram descendentes diretos das unidades de organização tribal, mas sim formações mais recentes, inspiradas nelas. Sobre todo o problema da heráldica dos clãs na Polônia ver Gorski, Les Structures sociales de la noblesse polonaise au Moyen Age. In: ______. *Le Moyen Age*, p.73-85. Etimologicamente, a palavra *szlachta* provavelmente deriva do antigo alto alemão *slahta* (*Geschlecht* no alemão moderno), significando "família" ou "raça", embora essa origem não seja absolutamente certa. Deve-se notar que a nobreza húngara não diferia da polonesa em tamanho nem caráter, por conta, mais uma vez, da presença de princípios clânicos pré-feudais em sua formação inicial: mas não se pode confundir os dois casos, pois os magiares foram, sem dúvidas, um povo nômade até o final do século X e, portanto, tiveram uma história e uma estrutura social muito diferentes das dos eslavos ocidentais.

11 Para um esboço sociológico, ver Zajaczkowski, Cadres structurels de la noblesse, *Annales ESC*, jan. e fev. 1968, p.88-102. Magnatas lituanos que reivindicavam descendência de Gedymin ou de Rurik usavam o título honorífico de "príncipe", mas sua pretensão não tinha força jurídica.

12 Skwarczyński, Poland and Lithuania, *The New Cambridge Modern History of Europe*, v.3, p.400.

nesses territórios mais novos, herança da expansão lituana do século XIV, não ocorrera tal difusão heráldica e a alta aristocracia sempre manteve muito do caráter de uma pequena casta de potentados sobreposta a um campesinato etnicamente estrangeiro. No curso do século XVI, a nobreza lituana foi se tornando cada vez mais parecida, em cultura e instituições, à sua equivalente polonesa, e a pequena nobreza local aos poucos conquistou direitos comparáveis aos da *szlachta*.[13] O resultado constitucional dessa convergência foi a União de Lublin em 1569, ato que finalmente fundiu os dois reinos em uma única organização política, a *Rzeczpospolita Polska*, com moeda e parlamento comuns. Por outro lado, não ocorreu nenhuma fusão entre a massa das populações das províncias orientais, cuja maioria permaneceu ortodoxa na religião e bielo-russa ou rutena no idioma. Desse modo, menos da metade dos habitantes da Comunidade polonesa era étnica ou linguisticamente polonesa. O caráter "colonial" da classe senhorial no leste e no sudeste se refletia na magnitude de seus domínios. No final do século XVI, o chanceler João Zamoyski era senhor de uns 800 mil hectares, sobretudo na Pequena Polônia, e exercia jurisdição sobre 80 cidades e 800 aldeias.[14] No início do século XVII, o Império Wisnowiecki se estendia por terras com 230 mil súditos na Ucrânia oriental.[15] No século XVIII, a família Potocki possuía 1,2 milhão de hectares na Ucrânia; a Casa Radziwill detinha herdades estimadas em 4 milhões de hectares.[16] Assim, sempre houve dentro da aristocracia polonesa uma tensão extrema entre a ideologia da paridade legal e a tremenda disparidade econômica.

---

13 Sobre esse processo, ver Vernadsky, *Russia at the Dawn of the Modern Age*, p.196-200. O livro de Vernadsky inclui um dos relatos mais completos a respeito do Estado lituano, sob o título "West Russia". Sobre o contexto e as disposições da União de Lublin, em parte determinada pela pressão militar da Moscóvia sobre a Lituânia, ver: p.241-8.

14 Tazbir, *History of Poland*, p.196: além de suas próprias herdades, Zamoyski também controlava vastos domínios régios. Na Polônia, as terras do monarca eram, em grande medida, alienadas, como garantia dos empréstimos contraídos junto a credores magnatas.

15 Maczak, The Social Distribution of Landed Property in Poland from the 16th to the 18th Century, *Third International Conference of Economic History*, p.461.

16 Boswell, Poland. In: Goodwin (Org.), *The European Nobility in the 18th Century*, p.167-8.

No entanto, durante o século XVI, a *szlachta* como um todo se beneficiou muito da revolução dos preços, provavelmente mais que qualquer outro grupo social no Leste Europeu. Era a época do marasmo de Brandemburgo e do declínio da Prússia oriental; a Rússia se expandia, mas em meio a temíveis convulsões e retrocessos. A Polônia, em contraste, era a maior e mais rica potência do Oriente. Ficou com o grosso da prosperidade do Báltico, na época mais próspera do comércio de grãos. O brilho cultural da Renascença polonesa – meio em que vivia Copérnico – foi um dos resultados. Mas, em termos políticos, é difícil fechar os olhos para a possibilidade de que a sorte precoce e abundante da *szlachta* tenha, em certo sentido, paralisado sua capacidade de centralização construtiva. A Polônia, *infernus rusticorum* para o campesinato, proporcionava uma *aurea libertas* para a nobreza: nesse paraíso dos cavaleiros, não se sentia necessidade de um Estado forte. Assim, a passagem relativamente tranquila da Polônia pela grande crise econômica e demográfica do feudalismo europeu no final da Idade Média, da qual emergiu menos ferida que qualquer outro país da região, seguida pelo maná comercial do início da época moderna, talvez tenha preparado a desintegração política que estava por vir. Além disso, em termos estratégicos, a Comunidade polonesa do século XVI não se confrontava com nenhuma ameaça militar mais séria. A Alemanha se encontrava presa aos mortíferos conflitos da Reforma. A Suécia ainda era uma potência menor. A Rússia estava se expandindo mais para o Volga e o Neva que para o Dnieper; o desenvolvimento do Estado moscovita, embora começasse a parecer formidável, permanecia imaturo e com estabilidade precária. No sul, o peso da pressão turca se dirigia às fronteiras Habsburgo na Hungria e na Áustria, enquanto a Polônia seguia protegida pela Moldávia – um frágil Estado vassalo do sistema otomano. No sudeste, os irregulares ataques dos tártaros da Crimeia, embora destrutivos, eram um problema localizado. Não havia, portanto, necessidade urgente de um Estado régio centralizado que tivesse de construir uma grande máquina militar contra inimigos externos. A imensidão da Polônia e o tradicional valor da *szlachta* como cavalaria pesada pareciam garantir a segurança geográfica da classe proprietária.

Assim, justamente na época em que o absolutismo estava avançando em toda a Europa, a aristocracia limitava os poderes da monarquia polonesa de maneira drástica e definitiva. Em 1572, a dinastia jagelônica se extinguiu com a morte de Segismundo Augusto, que deixou vacante a sucessão. Seguiu-se um leilão internacional pela dignidade régia. Em 1573, 40 mil nobres se reuniram em uma assembleia *viritim* nas planícies de Varsóvia e elegeram Henrique de Anjou para a coroa. Estrangeiro sem nenhuma ligação com o país, o príncipe francês se viu forçado a assinar os famosos Artigos Henriquinos, os quais se tornaram, a partir de então, a carta constitucional da Comunidade polonesa; ao mesmo tempo, um dispositivo em separado, ou *Pacta Conventa*, entre o monarca e a nobreza estabeleceu o precedente para contratos pessoais, com vínculos e obrigações específicas a serem assinados pelos reis que subissem ao trono polonês. Os termos dos Artigos Henriquinos reconfirmaram expressamente o caráter não hereditário da monarquia. O monarca se viu privado de quase todos os poderes substantivos para o governo do reino. Ele não podia dispensar oficiais civis ou militares de sua administração, nem ampliar o minúsculo exército de 3 mil homens que tinha a seu dispor. Para toda e qualquer decisão política ou fiscal de maior importância era necessário o consentimento da Sejm – que, a partir daí, seria convocada de dois em dois anos. A quebra dessas restrições legitimava a rebelião contra o monarca.[17] Em outras palavras, a Polônia se tornou em tudo, menos no nome, uma república nobiliárquica, com um rei que não passava de uma figura decorativa. Nenhuma dinastia polonesa nativa voltaria a presidir o reino: a classe fundiária preferia, deliberadamente, governantes franceses, húngaros, suecos e saxões, para garantir a fragilidade do Estado central. A linhagem jagelônica desfrutara de um vasto domínio hereditário em terras lituanas: os reis expatriados que agora se sucediam na Polônia não tinham uma base econômica como essa para sustentá-los. As receitas e as tropas nas mãos dos maiores magnatas eram, com frequência, tão grandes quanto as do próprio soberano. Embora às vezes se elegessem príncipes guerreiros de sucesso, como Bathory e

---

17 Sobre os Artigos Henriquinos e o *Pacta Conventa*, ver: Nowak, The Interregna and Stephen Batory. In: *The Cambridge History of Poland*, v.1, p.372-3. O melhor relato geral a respeito do sistema constitucional polonês tal como emergiu nessa época é de Skwarczyński, The Constitution of Poland Before the Partitions. In: *The Cambridge History of Poland*, v.2, p.49-67.

Sobieski, a monarquia nunca mais recuperou poderes substanciais ou permanentes. Para além das vicissitudes dinásticas e da heterogeneidade étnica da união polonesa-lituana, talvez existisse ainda uma tradição política mais antiga por trás desse desfecho anômalo. A Polônia não compartilhara a herança imperial dos bizantinos nem a dos reinos carolíngios; sua nobreza não experimentara a integração original a uma organização régia comparável à da Rússia Kieviana ou à da Alemanha medieval. A genealogia de clãs da *szlachta* fora um sinal desse distanciamento. Assim, sua Renascença não viu o culto autocrático a uma monarquia Tudor, Valois ou Habsburgo, mas, sim, o florescer de uma Comunidade aristocrática.

A etapa final do século XVI deu poucos sinais da crise que estava por vir. Ao *Pacta Conventa* de 1573 se seguiu, três anos mais tarde, depois da partida de Henrique para a França, a eleição do príncipe da Transilvânia Estevão Bathory para o trono da Polônia. Hábil e experiente general magiar, Bathory controlava uma fortuna e um exército pessoais, oriundos de seu principado vizinho, cuja economia relativamente próspera e urbanizada lhe proporcionava receitas e tropas profissionais independentes. Sua autoridade política na Polônia se escorava, portanto, em sua poderosa base territorial além dos Tatras. Governante católico, ele promoveu a Contrarreforma com discrição, evitando provocações religiosas àqueles setores da nobreza que haviam se tornado protestantes. Seu reinado se destacou, sobretudo, pela vitória militar sobre a Rússia nas Guerras do Báltico. Depois de ir ao campo de batalha contra Ivan IV no ano de 1578, com um exército misto de cavalaria polonesa, infantaria transilvana e cossacos ucranianos, Bathory conquistou a Livônia e empurrou as forças russas de volta para Polotsk. Quando de sua morte, em 1586, a superioridade polonesa no Leste Europeu parecia maior que nunca. Em seguida, a *szlachta* escolheu um monarca sueco: Segismundo Vasa. No curso de seu reinado, o expansionismo polonês pareceu atingir seu ápice. Explorando os levantes sociais e políticos na Rússia durante o Tempo de Dificuldades, a Polônia patrocinou o breve governo do Falso Dmitri em 1605-1606, um usurpador protegido em sua capital por tropas polonesas. Pouco depois, em 1610, sob o comando do *hetman* Zolkiewski, forças da Polônia voltaram a tomar Moscou e instalaram como czar o filho de Segismundo,

Ladislau. A reação popular dos russos e as contramanobras suecas forçaram a guarnição polonesa a evacuar Moscou em 1612, e o trono do czar foi entregue à dinastia Romanov no ano seguinte. Mas a intervenção polonesa no Tempo de Dificuldades terminou com importantes ganhos territoriais na Trégua de Deulino, em 1618, pela qual a Polônia anexou um amplo cinturão na Rússia Branca. Foi nesses anos que a *Rzeczpospolita* chegou a suas mais amplas fronteiras.

Ainda assim, mesmo enquanto as façanhas da nobreza *husarja* seguiam imbatíveis na guerra de cavalaria, duas falhas geopolíticas fatais prejudicaram esse Estado polonês. Elas foram sintomas do individualismo monádico da classe dominante polonesa. Por um lado, a Polônia não conseguira acabar com o domínio alemão sobre a Prússia oriental. As vitórias dos jagelônios sobre a Ordem Teutônica no século XV haviam reduzido os cavaleiros alemães a vassalos da monarquia polonesa. No início do século XVI, o grão-mestre aceitara a secularização da Ordem, em troca da manutenção da suserania polonesa sobre aquilo que agora era o ducado da Prússia. E, então, no ano de 1563, Segismundo Augusto – o último governante jagelônio – concordara em dividir o senhorio ducal com o margrave de Brandemburgo, com vistas a vantagens diplomáticas transitórias. Quinze anos depois, Bathory vendeu a tutela do duque da Prússia oriental ao Eleitor de Brandemburgo, pois precisava do dinheiro para a guerra contra a Rússia. Por fim, em 1618, a monarquia polonesa permitiu a unificação dinástica da Prússia oriental com Brandemburgo, sob um mesmo governante Hohenzollern. Assim, em uma série de concessões jurídicas que iriam culminar na total renúncia à suserania polonesa, o ducado foi entregue aos Hohenzollern. A estupidez estratégica desse processo logo ficou clara. Ao não conseguir assegurar e integrar a Prússia oriental, a Polônia perdeu a chance de controlar o litoral do Báltico e, por isso, jamais veio a ser uma potência marítima. A ausência de uma frota a deixou vulnerável a invasões por terra e pelo mar vindas do norte. Sem dúvidas, as razões dessa inércia residem no caráter da nobreza. Tanto o domínio da costa quanto a construção de uma marinha exigiam uma poderosa máquina estatal, capaz de expulsar os *junkers* da Prússia oriental e mobilizar o investimento público necessário à edificação de fortes, estaleiros e portos. O Estado petrino da Rússia conseguiu fazer tudo isso assim que chegou ao Báltico. Mas a *szlachta* polonesa não demonstrou interesse. Ela se contentava com o tradicional esquema de transporte de grãos por Danzig em cargueiros holandeses ou alemães. O controle régio sobre as políticas comerciais de Danzig foi abandonado nos anos 1570; os poucos portos para pequenas embarcações, na década de 1640.[18] A nobreza era indiferente ao destino do Báltico. Sua expansão tomaria uma forma bem diferente – um impulso sudeste rumo às regiões fronteiriças da Ucrânia. Aí eram possíveis e lucrativas a penetração e a colonização privadas: não havia um sistema estatal para resistir a tais avanços e não eram necessárias inovações econômicas para criar novos latifúndios nas terras excepcionalmente férteis em ambos os lados do Dnieper. Assim, no início do século XVII, os senhorios poloneses se espalharam para ainda mais longe, além da Volínia e da Podólia, rumo ao leste da Ucrânia. A imposição da servidão ao campesinato ruteno local – exacerbada pelos conflitos religiosos entre as Igrejas católica e ortodoxa, complicada pela presença turbulenta das colônias cossacas – fez dessa área selvagem um constante problema de segurança. Em termos econômicos, era a projeção mais lucrativa da Comunidade; em termos sociais e políticos, era a porção mais explosiva do Estado nobiliárquico. Dessa maneira, a reorientação da *szlachta* para longe do Báltico e em direção ao Mar Negro iria se provar duplamente desastrosa para a Polônia. Suas consequências últimas seriam a Revolução Ucraniana e o Dilúvio sueco.

Nos primeiros anos do século XVII, já estavam ficando visíveis na Polônia os inquietantes sinais da crise iminente. Na virada do século, começaram a se fazer sentir os limites da economia agrária tradicional no centro do país, que até então fornecera a base produtiva do poder polonês no exterior. O crescimento do jugo senhorial não fora acompanhado por nenhuma melhoria real na produtividade: a superfície arável se ampliara, as técnicas permaneceram as mesmas. Além disso, agora ficava evidente o preço da desordenada expansão do cultivo senhorial às expensas das posses

18 Jablonowski, Poland-Lithuania 1609-1648. In: *The New Cambridge Modern History of Europe*, v.4, p.600-1.

camponesas. Havia sintomas de exaustão rural mesmo antes de os preços dos cereais começarem a cair com a recessão europeia, que aos poucos foi se instalando a partir de 1620. A produção começou a declinar e, ainda mais grave, as rendas também.[19] Ao mesmo tempo, a coesão política do Estado se enfraqueceu de maneira crítica com as novas derrogações da autoridade central, tênue nas mãos da monarquia. Em 1607-1609, uma grave revolta da nobreza contra Segismundo II – a rebelião Zebrzydowski – forçou o rei a abandonar os planos para a reforma do poder régio. A partir de 1613, a Sejm nacional delegou às *sejmiki* locais a avaliação dos impostos, dificultando ainda mais o estabelecimento de qualquer sistema fiscal efetivo. Nos anos 1640, as *sejmiki* ganharam mais autonomia financeira e militar em suas localidades. Enquanto isso, a revolução nas técnicas militares passou ao largo da *szlachta*: suas habilidades de classe cavaleira foram ficando cada vez mais anacrônicas em batalhas decididas por infantarias treinadas e artilharias móveis. O principal exército da Comunidade ainda tinha apenas 4 mil homens na metade do século e seu comando independente de *hetmans* vitalícios escapava ao controle régio; enquanto isso, os magnatas fronteiriços muitas vezes mantinham exércitos privados quase do mesmo tamanho.[20] Na década 1620, a rápida conquista sueca da Livônia, o domínio da costa da Prússia oriental e a extorsão de pesadas taxas bálticas revelaram a vulnerabilidade das defesas da Polônia no norte; no sul, repetidos levantes cossacos nos anos 1630 foram pacificados com dificuldade. Agora estava pronto o cenário para o espetacular colapso do país no reinado do último rei Vasa, João Casimiro.

Em 1648, os cossacos ucranianos se revoltaram sob o comando de Khmeltnitsky e, com seu despertar, espalhou-se uma *jacquerie* camponesa contra a classe senhorial polonesa. Em 1654, a partir do Tratado de Pereyaslavl, os líderes cossacos levaram consigo vastas porções do sudeste para o Estado russo; exércitos da Rússia marcharam para o oeste, tomando Minsk e Wilno. Em 1655, a Suécia lançou um ataque devastador através

19 Topolski, La Régression économique en Pologne du XVIe au XVIIIe siècle, *Acta Poloniae Historica*, VII, 1962, p.28-49.

20 Tazbir, *History of Poland*, p.224. Em tese, um recrutamento geral da nobreza poderia fornecer forças para guerras estrangeiras.

da Pomerânia e da Curlândia; e Brandemburgo se aliou aos suecos para uma invasão conjunta. Varsóvia e Cracóvia logo caíram ante as tropas suecas e prussianas, enquanto os magnatas lituanos se apressavam para se unir a Carlos X e João Casimiro escapava para um refúgio austríaco. A ocupação sueca da Polônia despertou a *szlachta* para uma feroz resistência local. O que se seguiu foi a intervenção internacional para bloquear o alargamento do império sueco: as frotas holandesas cobriram Danzig, a diplomacia austríaca ajudou o rei fugitivo, as tropas russas assaltaram a Livônia e a Íngria, a Dinamarca atacou a retaguarda da Suécia. Como resultado, a Polônia se viu livre dos exércitos suecos por volta do ano 1660, depois de uma imensa destruição. A guerra contra a Rússia durou mais sete anos. Quando a Comunidade reencontrou a paz, em 1667, depois de quase duas décadas de combates, havia perdido o leste da Ucrânia e Kiev, as vastas terras fronteiriças centradas em Smolensk e todas as pretensões residuais sobre a Prússia oriental; na década seguinte, a Turquia tomou a Podólia. As perdas geográficas chegaram a um quinto do território polonês. Mas os efeitos econômicos, sociais e políticos desses anos desastrosos foram muito mais graves. Os exércitos suecos que varreram o país o deixaram destruído e despovoado, de ponta a ponta: o rico vale do Vístula foi a região que mais sofreu. A população da Polônia diminuiu em um terço entre 1650 e 1675, enquanto as exportações de grãos por Danzig caíram mais de 80% entre 1618 e 1691.[21] A produção cerealífera de muitas regiões entrou em colapso por causa da devastação e do declínio demográfico; as rendas nunca se recuperaram. Houve uma contração da área cultivada e muitos *szlachta* se arruinaram. A crise econômica que se seguiu à guerra acelerou a concentração fundiária, em condições nas quais apenas os grandes magnatas tinham recursos para reorganizar a produção e muitas herdades menores se colocaram à venda. As exações servis se intensificaram em meio

21 Willetts, Poland and the Evolution of Russia. In: Trevor-Roper (Org.), *The Age of Expansion*, p.265. Para uma análise mais detida sobre o Dilúvio na região da Mazóvia, ver: Gieysztorowa, Guerre et régression en Mazovie aux XVIe et XVIIe siècles, *Annales ESC*, out.-nov. 1958, p.61-8, que relata também o declínio econômico que se estabelecera na região antes da guerra, a partir do início do século XVII. A população da Mazóvia caiu de 638 mil para 305 mil entre 1587 e 1661, cerca de 52%.

à nova estagnação. A desvalorização da moeda e a compressão dos salários mirraram as cidades.

No aspecto cultural, para se vingar da história que a desapontara, a *szlachta* recorreu a uma mórbida mitomania: um incrível culto a ancestrais imaginários "sármatas" do passado pré-feudal se combinou ao fanatismo provinciano da Contrarreforma, em um país onde agora ruía a civilização urbana. A ideologia pseudoatávica do sarmatianismo não era apenas uma aberração: ela refletia a situação de toda a classe, que encontrava sua expressão mais vívida no próprio reino constitucional. Pois, no aspecto político, o impacto combinado da Revolução Ucraniana e do Dilúvio sueco estilhaçou a frágil unidade da Comunidade polonesa. A grande fissura na história e na prosperidade da classe nobre não a reuniu em torno da criação de um Estado central que pudesse resistir a novos ataques externos: ao contrário, essa fissura a mergulhou em uma suicida *fuite en avant*. A partir de meados do século XVII, a lógica anárquica da organização política polonesa chegou a uma espécie de paroxismo institucional com a norma da unanimidade parlamentar – o famoso *liberum veto*.[22] Daí em diante, um único voto negativo podia dissolver a Sejm e paralisar o Estado. O *liberum veto* foi exercido pela primeira vez na Sejm em 1652: depois disso, seu uso cresceu rapidamente e se estendeu às *sejmiki* provinciais, que agora eram mais de setenta. A classe fundiária – que muito antes tornara o executivo praticamente impotente – agora neutralizava também a legislatura. A partir de então, o eclipse da autoridade régia se complementou com a desintegração do governo representativo. Na prática, o que evitou o caos foi o reforço no domínio dos grandes magnatas orientais, cujos vastos latifúndios cultivados por servos da Rutênia e da Rússia Branca lhes deram preponderância sobre os cavaleiros menores do oeste e do centro da Polônia. Assim, o sistema de clientela conferiu uma certa organização à classe *szlachta*, embora as rivalidades entre as famílias magnatas – Czartoryski, Sapieha, Potocki, Radziwill e outras mais – rompessem

22 O estudo clássico sobre esse dispositivo singular é de Konopczynski, *Le Liberum Veto*. Konopczynski conseguiu encontrar apenas um paralelo: o direito formal de *dissentimiento*, em Aragão. Mas, na prática, o veto aragonês era bem mais inócuo.

com alguma frequência a unidade da nobreza, pois, ao mesmo tempo, eram essas famílias que mais utilizavam o *liberum veto*.[23] O reverso constitucional do "veto" era a "confederação": um dispositivo jurídico que permitia às facções aristocráticas se proclamarem em estado de insurreição armada contra o governo.[24] Ironicamente, o voto majoritário e a disciplina militar tinham amparo jurídico nas confederações rebeldes, ao passo que a Sejm unitária se via constantemente imobilizada pela intriga política e pelo voto unânime. O exitoso levante nobre liderado pelo grande marechal Lubomirski – que evitou a eleição *vivente rege* de um sucessor de João Casimiro em 1665-1666 e precipitou a abdicação do rei – pressagiou o padrão futuro da política magnata. Na era de Luís XIV e Pedro I, nasceu no Vístula uma negação total e radical ao absolutismo.

A Polônia ainda era o segundo maior país da Europa. Nas últimas décadas do século XVII, o rei guerreiro João Sobieski restaurou um pouco de sua posição externa. Levado ao poder pelo perigo dos novos ataques turcos na Podólia, Sobieski conseguiu aumentar o exército central para 12 mil homens e modernizá-lo com a adição de unidades de dragões e infantaria. As forças polonesas protagonizaram a liberação de Viena em 1683 e barraram os avanços otomanos na região do Dniester. Mas os melhores frutos dessa última mobilização bem-sucedida da *szlachta* foram colhidos pelo imperador Habsburgo: o auxílio polonês contra a Turquia só permitiu que o absolutismo austríaco se expandisse rapidamente em direção aos Bálcãs. A reputação internacional de Sobieski não lhe valeu muito no âmbito interno. Todos seus projetos para uma monarquia hereditária foram bloqueados; o *liberum veto* se tornou ainda mais frequente na Sejm. Na Lituânia, onde o clã Sapieha tinha vastos poderes, o mandado régio

---

23 O representante Sicinski, que inaugurou o uso do veto em 1652, era lacaio de Boguslaw Radziwill. Para uma análise estatística do exercício do *liberum veto* durante os cem anos seguintes, os quais comprovam seu acentuado padrão regional – 80% dos representantes que o exerceram vinham da Lituânia ou da Pequena Polônia, ver: Konopczynski, *Le Liberum Veto*, p.217-8. A família Potocki deteve o recorde do uso magnata do veto.

24 Sobre o dispositivo da "confederação", ver Skwarczyński, The Constitution of Poland before the Partitions, p.60.

praticamente desapareceu. Em 1696, a nobreza rejeitou seu filho como sucessor: uma eleição disputada acabou com a instalação de outro príncipe estrangeiro, Augusto II da Saxônia, apoiado pela Rússia. O novo governante Wettin tentou usar os recursos industriais e militares da Saxônia para estabelecer um Estado régio mais convencional, com um programa econômico mais convincente. Planejou-se uma companhia de comércio saxo-polonesa para o Báltico, renovou-se a construção portuária e tropas Wettin subjugaram a Lituânia.[25] A *szlachta* não demorou a reagir: em 1699, o *Pacta Conventa* se impôs sobre Augusto II, estipulando a retirada de seu exército alemão do país. Em conluio com Pedro I, ele então deslocou suas tropas rumo à fronteira norte, para um ataque à Livônia sueca. Esse gesto precipitou a Grande Guerra do Norte, em 1700. A Sejm repudiou energicamente as estratégias pessoais do rei, mas, mesmo assim, o contra-ataque sueco contra as forças saxônias em 1701-1702 logo mergulharam o país no vórtice da guerra. Depois de muitos combates destrutivos, Carlos XII invadiu a Polônia, depôs Augusto II e instalou um pretendente nativo, Estanislau Leszczynski. Confrontada com a ocupação, a nobreza se dividiu: os grandes magnatas orientais (assim como em 1655) optaram pela Suécia, e a massa de cavaleiros menores ocidentais se uniu, relutante, à aliança saxo-russa. A derrota de Carlos XII em Poltava restaurou Augusto II na Polônia. Mas, em 1713-1714, quando o rei saxão tentou reintroduzir seu exército e aumentar o poder régio, logo se formou uma confederação insurgente, e a intervenção militar russa impôs o Tratado de Varsóvia a Augusto II, em 1717. As determinações de um enviado russo fixaram o exército polonês em 24 mil homens, limitou as tropas saxônias a 1200 guardas pessoais do rei e repatriou os funcionários alemães da administração.[26]

---

25 Para uma reavaliação recente dos primeiros planos saxônios na Polônia, ver Gierowski e Kaminski, The Eclipse of Poland. In: *The New Cambridge Modern History of Europe*, v.4, p.687-8.

26 Na verdade, embora o Tratado de Varsóvia permitisse até 24 mil soldados, apenas cerca de 12 mil foram mobilizados; como o tamanho do exército central anterior à guerra chegara aos 18 mil, o resultado foi mais uma redução da força militar polonesa: Rostworowski, *History of Poland*, p.281-2, 289.

A Grande Guerra do Norte se revelara um segundo Dilúvio. A severidade da ocupação sueca e a desolação deixada por sucessivas campanhas de exércitos escandinavos, alemães e russos em solo polonês cobraram um preço muito alto. Assolada pela guerra e pela peste, a população da Polônia caiu para uns 6 milhões de habitantes. Durante o conflito, as exações econômicas das três potências que disputavam o controle estratégico sobre o país – cerca de 60 milhões de táleres – chegaram a três vezes o total das receitas públicas da Comunidade.[27] Ainda mais grave que isso, a Polônia foi, pela primeira vez, objeto apático da luta internacional que a atravessava. A passividade política da *szlachta* no conflito triangular entre Carlos XII, Pedro I e Augusto II só se rompeu com sua resistência taciturna a qualquer movimento que pudesse fortalecer o poder régio na Polônia – e, com ele, a capacidade defensiva polonesa. Augusto II, cuja base na Saxônia era mais rica e avançada do que jamais fora a Transilvânia, foi incapaz de repetir a experiência de Bathory, um século depois. Para impedir o estabelecimento da União saxo-polonesa, a classe nobre se mostrou disposta a aceitar um protetorado russo. O convite à invasão de São Petersburgo, em 1717, inaugurou uma época de crescente submissão às manobras czaristas no Leste Europeu.

Em 1733, a eleição para monarquia foi, mais uma vez, bastante disputada. A França tentou assegurar a candidatura de Leszczynski, nativo da Polônia e aliado de Paris. A Rússia, com o apoio da Prússia e da Áustria, optou por uma sucessão saxônia, alternativa mais frágil. Mas, a despeito da eleição legítima de Leszczynski, as baionetas estrangeiras impuseram Augusto III. O novo governante – monarca absentista que residia em Dresden, diferente de seu pai – não fez nenhuma tentativa de reconfigurar o sistema político polonês. Varsóvia deixou de ser a capital e o país se tornou uma vasta província estagnada e às vezes atravessada por exércitos vizinhos. Ministros saxônios distribuíram sinecuras no Estado e na Igreja, e as facções magnatas diminuíram os vetos na Sejm, a mando ou suborno

27 Gierowski e Kaminski, The Eclipse of Poland, op. cit., p.704-5. Em 1650, a população da Polônia somava uns 10 milhões de habitantes.

das potências estrangeiras rivais – Rússia, Áustria, Prússia, França.[28] A *szlachta* – que, durante o ápice da Reforma e da Contrarreforma mantivera um padrão de tolerância religiosa bastante raro na Europa – agora, na época do Iluminismo, se aferrou a um fanatismo católico já esquecido: o fervor persecutório da nobreza foi o sintoma decadente de seu "patriotismo". Em termos econômicos, houve uma recuperação gradual no fim do século XVIII. A população voltou aos níveis anteriores ao Dilúvio, as exportações de cereais por Danzig dobraram nos quarenta anos que se seguiram à Grande Guerra do Norte, embora ainda continuassem muito abaixo dos recordes do século precedente. A concentração de terras e servos prosseguiu, em benefício dos magnatas.[29]

Em 1764, Poniatowski, amante polonês de Catarina II, ligado à facção Czartoryski, subiu ao trono, por indicação russa. A permissão inicial de São Petersburgo de proceder a reformas centralizadoras logo foi revogada, sob o pretexto da supressão (defendida pelos Czartoryski) dos direitos dos súditos ortodoxos e protestantes na Polônia. As tropas russas intervieram em 1767, provocando, enfim, uma reação nobre contra o domínio estrangeiro, sob a bandeira da intolerância religiosa, e não da reforma política. Em 1768, a Confederação de Bar se revoltou contra Poniatowski e contra a Rússia, em nome do exclusivismo católico. Camponeses ucranianos aproveitaram a oportunidade para se insurgirem contra os senhorios poloneses, e as tropas confederadas receberam ajuda da França e da Turquia. Depois de quatro anos de conflitos, os exércitos czaristas esmagaram a Confederação. O imbróglio diplomático entre Rússia, Prússia e Áustria acerca dessa questão resultou na primeira Partilha da Polônia, em 1772, um esquema para reconciliar as três cortes. A monarquia

28 Depois da imposição inicial de Augusto III, todas as sessões da Sejm – treze ao longo do reinado – foram interrompidas pelo uso do *liberum veto*.

29 Os comentários de Montesquieu sobre o país são um exemplo típico da opinião do iluminismo: "A Polônia [...] não tem quase nenhuma daquelas coisas a que chamamos de bens móveis do universo, à exceção do trigo de suas terras. Uns poucos senhores possuem províncias inteiras; eles oprimem os camponeses para obterem maior quantidade de trigo e vender no exterior, para adquirirem a si mesmos os objetos de seu luxo. Se a Polônia não comerciasse com outras nações, seu povo seria mais feliz". Montesquieu, *De L'Esprit des lois*, v.2, p.23.

Habsburgo ficou com a Galícia; a monarquia Romanov tomou boa parte da Rússia Branca; a monarquia Hohenzollern adquiriu a Prússia ocidental e, com ela, o prêmio do controle absoluto sobre o litoral sul do Báltico. A Polônia perdeu 30% de seu território e 35% da população. Em termos geográficos, ainda era maior que a Espanha. Mas o anúncio de sua impotência agora ficava inequívoco.

O impacto da Primeira Partilha criou dentro da nobreza uma maioria atrasada mas interessada na revisão da estrutura do Estado. O crescimento de uma burguesia urbana em Varsóvia, que quadruplicou em tamanho durante o reinado de Poniatowski, ajudou a secularizar a ideologia da classe fundiária. Em 1788-91, um novo acordo constitucional ganhou um consentimento precário: em seus últimos momentos, a Sejm votou a abolição do *liberum veto* e a supressão do direito de confederação, o estabelecimento de uma monarquia hereditária, a criação de um exército de 100 mil homens e a introdução de um imposto sobre a terra e de direitos mais amplos.[30] A resposta russa foi rápida e condigna. Em 1792, os soldados de Catarina II invadiram a Polônia atrás de uma vanguarda de magnatas lituanos, e assim se fez a Segunda Partilha. Em 1793, a Polônia perdeu três quintos do resto de seu território e se reduziu a uma população de 4 milhões de habitantes; dessa vez, a Rússia ficou com a melhor fatia, anexando todo o restante da Ucrânia, enquanto a Prússia absorvia a Poznânia. O ato final da *Rzeczpospolita* veio dois anos depois, em meio a um apocalipse de explosões e confusões entre épocas e classes. Em 1794, eclodiu uma insurreição nacional e liberal sob o comando de Kosciuszko, veterano da Revolução Americana e cidadão da República francesa: a maior parte da nobreza abraçou uma causa que reivindicava a emancipação dos servos e unia as massas plebeias da capital, misturando as correntes contrárias do sarmatianismo e do jacobinismo em um despertar retorcido e desesperado ante o impacto do absolutismo estrangeiro no Leste Europeu e da revolução burguesa no Ocidente. O radicalismo da Insurreição Polonesa de 1794 decretou a sentença de morte do Estado *szlachta*. As cortes

30 Sobre a Constituição de 1791, ver: Leslie, *Polish Politics and the Revolution of November 1830*, p.27-8.

legitimistas que o cercavam de repente viram nas águas do Vístula um brilho longínquo e refletido das chamas do Sena. As ambições territoriais dos três impérios vizinhos agora adquiriam a urgência ideológica de uma missão contrarrevolucionária. Depois que Kosciuszko rechaçou um ataque prussiano a Varsóvia, Suvorov liderou um exército russo para debelar o levante. A derrota da rebelião foi o fim da independência polonesa. Em 1795, o país desapareceu completamente sob a Terceira Partilha.

Sem dúvidas, ainda resta explorar as razões internas pelas quais a nobreza particularmente teimosa e turbulenta que dominava a Polônia foi incapaz de alcançar um absolutismo nacional:[31] propusemos aqui apenas alguns elementos para uma explicação. Mas o Estado feudal que ela produziu nos fornece um esclarecimento singular quanto às razões pelas quais o absolutismo foi a forma natural e normal do poder da classe nobre depois do último período da Idade Média. Pois, de fato, uma vez dissolvida a cadeia integrada de suseranias mediadas que constituía o sistema político medieval, a nobreza não teve nenhuma outra fonte natural de unificação. Como de costume, a aristocracia se dividia em uma hierarquia vertical, em contradição estrutural com qualquer distribuição horizontal da representação, como a que depois iria caracterizar os sistemas políticos burgueses. Para manter a aristocracia coesa se fazia imperativo, portanto, um princípio externo de unidade: a função do absolutismo era, precisamente, lhe impor de fora uma ordem formal rigorosa. Daí a possibilidade de conflitos constantes entre os governantes absolutistas e suas aristocracias – o

---

31 Por certo, a tutela política estrangeira era mais aceitável à *szlachta* por causa de sua relativa falta de intromissão nos interesses econômicos da nobreza enquanto classe. Por outro lado, também parece claro que, pelo menos em parte, a nobreza só tolerou por tanto tempo a progressiva erosão da independência nacional porque fracassara em produzir um Estado centralizado por conta própria. Se houvesse um absolutismo polonês de qualquer espécie, a partição teria privado um amplo setor da nobreza de suas posições na máquina estatal – tão importante e lucrativa para as aristocracias em toda a Europa; e a resposta à possibilidade de anexação teria sido muito mais rápida e feroz. Para uma explicação mais satisfatória da *szlachta*, também precisamos compreender melhor a mudança final no espírito e nos objetivos que esteve por trás da tardia tentativa de criar uma monarquia reformada no século XVIII.

que, como vimos, ocorreu por toda a Europa. Essas tensões se inscreveram na própria natureza das relações solidárias entre ambos, uma vez que era impraticável dentro da classe nobre uma mediação imanente de interesses. O absolutismo só podia governar "para" a aristocracia ao se manter "acima" dela. Na Polônia, a dimensão paradoxal da *szlachta* e a ausência formal de títulos nobiliárquicos produziram uma caricatura autodestrutiva de um sistema propriamente representativo. A incompatibilidade ficou bizarramente demonstrada no *liberum veto*. Pois, com tal sistema, não havia motivo para que um nobre renunciasse à sua soberania: as *sejmiki* provinciais podiam ser dissolvidas por um único cavaleiro e a Sejm, pelo representante de uma única *sejmiki*. O clientelismo informal não podia fornecer um substituto adequado ao princípio de unidade. A anarquia, a impotência e anexação foram os resultados inevitáveis. A república nobiliárquica acabou, enfim, obliterada pelos absolutismos vizinhos. Foi Montesquieu quem escreveu o epitáfio dessa experiência alguns anos antes de seu término: "Sem monarquia, sem nobreza. Sem nobreza, sem monarquia".

5.
Áustria

Em certo sentido, o Estado austríaco representou o antípoda constitucional da Comunidade polonesa; mais que qualquer outro país da Europa, ele se fundou inteira e exclusivamente no princípio da organização dinástica. A linhagem Habsburgo viria a ter poucos rivais quanto à duração de seu mando: ela dominou a Áustria do fim do século XIII ao começo do século XX, de maneira ininterrupta. Mais significativo ainda: a única unidade política entre as várias regiões que por fim vieram a ser o império austríaco foi a identidade da dinastia reinante que pairava sobre elas. O Estado Habsburgo sempre se manteve, em grau incomparável, como um *Hausmacht* familiar – uma coleção de heranças dinásticas, sem um denominador comum, fosse étnico ou territorial. Ali, a monarquia alcançou sua mais autêntica supremacia. Ainda assim, por essa mesma razão, o absolutismo austríaco jamais conseguiu criar uma estrutura estatal coerente e integrada que se comparasse à do rival prussiano ou do russo. Em certa medida, ele sempre representou um híbrido de formas "ocidentais" e "orientais", por conta das divisões políticas e territoriais de seus territórios, espalhados ao longo da linha entre o Báltico e o Adriático, no centro geométrico da Europa. Assim, em certos aspectos importantes, o caso austríaco se encontra no cruzamento de uma tipologia regional do absolutismo europeu. É essa posição geográfica e histórica bem peculiar que empresta um interesse especial ao desenvolvimento do Estado Habsburgo: a "Europa Central" produziu, com propriedade, um absolutismo de caráter formalmente intermediário, cuja divergência em relação às normas estritas do Ocidente ou do Oriente confirma e matiza sua polaridade. As estruturas heteróclitas do absolutismo austríaco refletem a natureza compósita dos territórios que governava e que nunca foi capaz de comprimir em um único quadro político, pelo menos não de maneira duradoura. Mas, ao mesmo tempo, sua mescla de motivos não impediu um tom dominante. O império austríaco que emergiu no curso do século XVII provou que – apesar das aparências – não era assim tão propenso à fissura, pois continha uma uniformidade social essencial que tornava suas muitas partes compatíveis entre si. A agricultura servil predominava nas terras Habsburgo, com diferentes padrões e matizes. A grande maioria das populações camponesas sob o domínio da dinastia – tchecos, eslovacos, húngaros, alemães ou austríacos – estava atada ao solo, devendo obrigações em serviços a seus senhores e sujeita a jurisdições senhoriais. Os campesinatos dessas terras não constituíam uma massa rural uniforme: as diferenças entre suas condições tinham importância considerável. Mas não há dúvidas quanto à prevalência global da servidão dentro do império austríaco na era da Contrarreforma, quando, pela primeira vez, ele assumiu uma forma durável. Por isso, em termos taxonômicos, a configuração total do Estado Habsburgo deve ser classificada como um absolutismo oriental; e, na prática, como veremos, seus traços administrativos incomuns não esconderam sua ascendência.

A família Habsburgo se originou na Alta Renânia e alcançou proeminência em 1273, quando o conde Rodolfo de Habsburgo foi eleito imperador pelos príncipes germânicos, ansiosos para barrar a ascensão do rei da Boêmia Otacar II, premislida[1] que anexara boa parte das terras austríacas no leste e era o maior pretendente à dignidade imperial. Os domínios Habsburgo se concentravam ao longo do Reno, em três blocos separados: Sundgau, a oeste do rio; Breisgau, a leste; e Aargau ao sul, depois da Basileia. Rodolfo I conseguiu mobilizar uma coalizão imperial para atacar Otacar II, que foi derrotado em Marchfeld, cinco anos depois: e foi assim que a linhagem Habsburgo conquistou o controle sobre os ducados

1 Membro da dinastia real tcheca dos Premislidas. [N. E.]

austríacos – muito maiores que os territórios renanos –, para os quais transferiu sua sede. Os objetivos estratégicos da dinastia agora eram duplos: manter o controle sobre a sucessão imperial, com sua nebulosa mas considerável influência política e ideológica dentro da Alemanha; consolidar e ampliar a base territorial de seu poder. Os ducados austríacos recém-adquiridos formavam um bloco substancial de *Erblande* hereditárias, as quais, pela primeira vez, fizeram dos Habsburgo uma potência importante na política germânica. Mas eles continuaram meio excêntricos dentro do *Reich*: a rota de crescimento mais óbvia seria ligar os novos bastiões austríacos às velhas terras renanas da dinastia, para formar um único bloco geográfico por todo o sul da Alemanha, com acesso direto aos centros do poder e da riqueza imperiais. Para assegurar sua eleição, Rodolfo I fizera promessas de não agressão na Renânia,[2] mas todos os primeiros governantes Habsburgo forçaram com vigor a expansão e a unificação de seus domínios. No entanto, esse primeiro impulso histórico rumo à construção de um Estado germânico ampliado encontrou um obstáculo fatal pelo caminho. Entre as terras renanas e austríacas, havia os cantões suíços. As investidas Habsburgo nessa região crucial provocou uma resistência popular que, seguidas vezes, derrotou os exércitos austríacos e, por fim, levou à criação da Suíça como confederação autônoma completamente alheia ao império.

A peculiaridade – e o interesse – da revolta suíça é que ela juntou ao complexo inventário do feudalismo europeu dois elementos sociais que em nenhum outro lugar se encontravam unidos de maneira similar: as montanhas e as cidades. Esse também foi o segredo de seu sucesso ímpar em um século que testemunhava derrotas camponesas por toda parte. Desde os primórdios da Idade Média, como vimos, o modo de produção feudal sempre tivera uma dispersão topográfica desigual: nunca penetrara nas terras altas na mesma medida com que conquistara os pântanos e planícies. Em toda a Europa ocidental, as regiões montanhosas representaram longínquos redutos da pequena propriedade camponesa, alodial ou comunal, cujos solos exíguos e rochosos ofereciam poucos atrativos ao

2 Wandruszka, *The House of Habsburg*, p.40-1.

cultivo senhorial. Os Alpes Suíços, cadeia mais alta do continente foram, é claro, o maior exemplo desse padrão. Mas, além disso, eles também se estendiam por uma das principais rotas terrestres da Europa medieval, entre as duas zonas densamente urbanizadas do sul da Alemanha e do norte da Itália. Assim, seus vales estavam repletos de centros comerciais locais, que tiravam vantagem de sua posição estratégica entre os passos altos. O cantonalismo suíço do século XIV foi produto da confluência dessas forças. Inicialmente influenciada pelo exemplo das comunas lombardas em luta contra o império, a revolta suíça contra os Habsburgo uniu montanheses rurais e burgueses urbanos – uma combinação vitoriosa. A liderança política ficou nas mãos dos três "cantões florestais", cuja infantaria camponesa, em Morgarten, no ano de 1315, encurralou a cavalaria senhorial austríaca, que claudicava nos vales estreitos. Como consequência, em menos de uma década, a servidão foi abolida em Uri, Schwyz e Unterwalden.[3] No ano de 1330 houve uma revolução municipal em Lucerna e, em 1336, outra em Zurique, ambas contra patriciados pró-Habsburgo. Em 1351, firmou-se uma aliança formal entre as duas cidades e os três cantões florestais. Por fim, suas tropas unidas repeliram e derrotaram os exércitos Habsburgo em Sempach e Nafels, nos anos de 1386 e 1388. Em 1393, nasceu a Confederação Suíça: a única república independente da Europa.[4] Seus camponeses lanceiros iriam se tornar a força militar de elite da passagem da Idade Média para a época moderna, pondo fim ao longo domínio da cavalaria, com suas vitórias sobre os cavaleiros borgonheses reunidos

---

3 Martin, *A History of Switzerland*, p.44.

4 A singular emergência da Confederação Suíça, plebeia em meio a uma Europa aristocrática e monarquista, ressalta uma característica importante e geral da organização política feudal no último período da Idade Média: o mesmo parcelamento da soberania que existia no nível "nacional" também podia operar em nível "internacional", por assim dizer, abrindo lacunas e interstícios anômalos no sistema da suserania feudal. As comunas italianas já haviam demonstrado algo semelhante no nível municipal, dispensando a autoridade imperial. Os cantões suíços alcançaram a autonomia de toda uma região por meio de sua confederação – uma anomalia impossível a qualquer outro sistema político que não o feudalismo europeu. A dinastia Habsburgo não os perdoou: quatrocentos anos depois, a Suíça ainda era, para Maria Tereza, "um refúgio de criminosos e dissolutos".

para ajudar a Áustria, e inaugurando as novas proezas da infantaria mercenária. Ao início do século XV, a dinastia Habsburgo já havia perdido para a Suíça suas terras além da curva do Reno e fracassado em unir suas possessões em Sundgau e Breisgau.[5] Suas províncias renanas não passavam de enclaves espalhados, sintomaticamente rebatizadas de *Vorderösterreich* e administradas a partir de Innsbruck. A partir daí, toda a orientação da dinastia se deslocou para leste.

Enquanto isso, na Áustria em si, o poder Habsburgo não encontrara as mesmas desventuras. O Tirol foi adquirido em 1363; o título de arquiduque veio mais ou menos na mesma época; depois de algumas lutas violentas, os Estados que emergiram após 1400 ficaram sob razoável controle. Por volta de 1440, o gabinete imperial – perdido no início do século XIV, depois das primeiras derrotas na Suíça – voltou às mãos da dinastia, com o colapso do poder Luxemburgo na Boêmia, e nunca mais viria a escapar muito de seu controle. Em 1477, uma aliança militar com a Casa de Borgonha – aliada da Áustria na luta contra a Suíça – trouxe, inesperadamente, o Franco-Condado e os Países Baixos. Mas, antes de passarem à orbita espanhola na época de Carlos V, os domínios borgonheses talvez tenham inspirado a Casa da Áustria a dar seus primeiros passos rumo à modernidade administrativa. Cercado por um séquito de nobres borguinhões e holandeses, Maximiliano I criou um tesouro central em Innsbruck e estabeleceu os primeiros órgãos conciliares de governo na Áustria. Um ataque final à Suíça se provou abortivo; mas as fronteiras do sul absorveram Gorizia, e Maximiliano perseguiu uma avançada política externa italiana e imperial. No entanto, foi o reinado de seu sucessor Fernando I que de súbito marcou o vasto espaço do futuro poder Habsburgo na Europa central e lançou as fundações da estranha estrutura de Estado que viria a se erigir. Em 1526, Luís II, rei jagelônio da Boêmia e da Hungria, foi derrotado e morto em Mohacs, ante o avanço dos exércitos otomanos; tropas turcas devastaram a maior parte da Hungria, levando o poder do sultanato até

5 Feine, Die Territorialbildung der Habsburger im deutschen Südwesten, *Zeitschrift der Savigny-Stiftung für Rechtsgeschichte (Germ. Abt.)* LXVII, 1950, p.272, 277, 306; o mais extenso estudo recente sobre o tema.

as profundezas da Europa central. Fernando reivindicou, com sucesso, as monarquias vacantes, pois, naquilo que dizia respeito às nobrezas tcheca e magiar, a ameaça turca reforçava seus laços de matrimônio com a linhagem jagelônica. Morávia e Silésia, duas das províncias mais remotas do reino da Boêmia, aceitaram Fernando como governante hereditário; mas os estados boêmios e húngaros lhe recusaram o título categoricamente, arrancando ao arquiduque o reconhecimento expresso de que ele era apenas um príncipe eletivo em seus territórios. Além disso, Fernando teve de travar uma longa luta tripartite contra os turcos e Zapolyai, o pretendente transilvano, conflito que se só terminou em 1547, com a partição da Hungria em três zonas: um oeste governado pelos Habsburgo, um centro ocupado pelos turcos e um principado transilvano no leste que, a partir de então, foi Estado vassalo dos otomanos. A guerra contra os turcos nas planícies do Danúbio se arrastou por mais uma década, de 1551 a 1562: por todo o século XVI, a Hungria trouxe à dinastia Habsburgo mais custos de defesa do que ganhos em rendas.[6]

Ainda assim, mesmo com todas as suas limitações internas e externas, os novos domínios representaram um vasto aumento potencial no poderio internacional dos Habsburgo. Persistente, Fernando se esforçou em construir uma autoridade régia em suas terras, criando novas instituições dinásticas e centralizando as já existentes. Nesse estágio, os vários Landtage austríacos foram bem complacentes, assegurando ao jugo Habsburgo uma base política razoavelmente segura no próprio arquiducado. Os estados boêmios e húngaros, por sua vez, não foram nem um pouco dóceis e frustraram os planos de Fernando para uma assembleia suprema que cobrisse todos os seus domínios, capaz de impor uma moeda única e de fixar impostos uniformes. Mas o aglomerado dos novos órgãos governamentais em Viena aumentou muito o alcance da dinastia, especialmente a *Hofkanzlei* (Chancelaria da corte) e a *Hofkammer* (Erário da corte). A mais importante dessas instituições foi o Conselho Privado Imperial, que foi estabelecido em 1527 e logo se tornou o vértice de todo o sistema

6 Mamatey, *Rise of the Habsburg Empire 1526-1815*, p.38.

administrativo Habsburgo na Europa central.[7] As origens e orientações "imperiais" desse conselho eram um índice da permanente importância que a Casa da Áustria atribuía às suas ambições germânicas no *Reich*. Fernando tentou avançá-las ao ressuscitar um Conselho Áulico Imperial como mais alta corte judicial do império, sob o controle direto do imperador. Mas, como os príncipes germânicos haviam reduzido a Constituição imperial a uma mera fachada legislativa e judicial, sem qualquer autoridade executiva ou coercitiva, os ganhos políticos foram limitados.[8] Muito mais importante, no longo prazo, foi a introdução de um Conselho de Guerra permanente, o *Hofkriegsrat*, criado em 1566 e, desde o início, mais focado no *front* "oriental" das operações Habsburgo – e menos no "ocidental". Concebido para organizar a resistência militar ante os turcos, o *Hofkriegsrat* foi substituído por um conselho de guerra local em Graz, que coordenava as "fronteiras militares" especiais no sudeste, nas quais se instalaram colônias de soldados aventureiros e livres, os *Grenzers* da Sérvia e da Bósnia.[9] A força otomana não arrefecera. A partir de 1593, a Guerra dos Treze Anos varreu a Hungria; ao seu final, depois de devastações sucessivas que deixaram a agricultura magiar à míngua e o campesinato magiar na servidão, os turcos sobrepujaram as tropas Habsburgo.

Na virada do século XVII, a Casa da Áustria havia registrado alguns avanços na construção de seu Estado; mas a unidade política de suas possessões ainda era muito tênue. Em cada uma delas o jugo dinástico tinha um fundamento jurídico diferente e, além do conselho de guerra, não havia nenhuma instituição comum que as unisse. As terras austríacas em si só foram declaradas indivisíveis no ano de 1602. As aspirações imperiais dos governantes Habsburgo não serviam de substituto para a integração

7 Schwarz, *The Imperial Privy Council in the Seventeenth Century*, p.57-60.

8 Ver a discussão em: Ramsay, The Austrian Habsburgs and the Empire. In: *The New Cambridge Modern History*, v.3, p.329-30.

9 Para um relato das origens dos *Grenzers*, ver: Rothenburg, *The Austrian Military Border in Croatia, 1522-1747*, p.29-65. Além de desempenharem um papel na defesa contra os turcos, os *Grenzers* também foram usados como arma dinástica contra a nobreza croata local, que sempre foi extremamente hostil à sua presença nas zonas de fronteira.

prática dos territórios que lhes deviam lealdade: a Hungria ficava fora do *Reich*, não havia nenhuma relação inclusiva entre esse reino do império e as terras do Imperador. Além disso, na segunda metade do século XVI, a oposição latente nos vários estados aristocráticos dos domínios Habsburgo ganhara um impulso novo e afiado com o advento da Reforma. Pois, enquanto a dinastia continuava sendo um pilar da Igreja romana e da ortodoxia tridentina, a maior parte da nobreza de todas as suas terras passara para o protestantismo. De início, a maioria da classe fundiária tcheca, desde há muito habituada à heresia local, converteu-se ao luteranismo; depois, a pequena nobreza magiar adotou o calvinismo; e, por fim, a própria aristocracia austríaca, no coração do poder Habsburgo, aderiu à religião da Reforma. Nos anos 1570, as maiores famílias nobres das *Erblande* eram protestantes: Dietrichstein, Starhemberg, Khevenhüller, Zinzendorf.[10] Esses desdobramentos ameaçadores foram um sinal dos conflitos ainda mais profundos que estavam por vir. A consequência da iminente ascensão de Fernando II ao poder em Viena, no ano de 1617, foi, portanto, mais que uma explosão local: a Europa não demorou a mergulhar na Guerra dos Trinta Anos. Educado por jesuítas bávaros, Fernando fora um defensor severo e eficiente da Contrarreforma, ainda na qualidade de duque da Estíria, a partir de 1595: implacável centralização administrativa e repressão religiosa foram as marcas registradas de seu regime provincial em Graz. O absolutismo espanhol fora o fiador internacional de sua candidatura à sucessão dinástica no império e na Boêmia; truculentos generais e diplomatas hispânicos dominaram sua corte, desde o início. Os estados boêmios, nervosos e indecisos, aceitaram Fernando como monarca e, mais tarde, ao primeiro sinal de que a tolerância religiosa abandonara as terras tchecas, ergueram a bandeira da rebelião.

A Defenestração de Praga[11] abriu a maior crise do sistema de Estado Habsburgo na Europa central. A autoridade dinástica ruiu na Boêmia; ainda mais perigoso que isso, os estados austríacos e húngaros começaram

10 Mamatey, *Rise of the Habsburg Empire*, p.40.

11 Na história da Boêmia, há dois eventos conhecidos como as Defenestrações de Praga; o primeiro, ocorrido em 1419, ocorreu no início das guerras hussitas; o segundo, em 1618, foi um dos estopins da Guerra dos Trinta Anos. [N. E.]

a se aproximar dos estados boêmios, conjurando o espectro do motim nobiliárquico, incitado pelo particularismo e pelo protestantismo latentes. Nessa emergência, a causa Habsburgo só se salvou pela conjunção de dois fatores decisivos. Depois da histórica supressão dos movimentos populares hussitas na Boêmia, a aristocracia tcheca não conseguiu angariar para sua revolta nenhum entusiasmo social mais profundo entre as massas rurais e urbanas; cerca de dois terços da população eram protestantes, mas em nenhum momento o zelo religioso serviu para cimentar um bloco das classes ante o contra-ataque austríaco – algo que marcara a luta holandesa contra a Espanha. Os estados boêmios estavam social e politicamente isolados: a Casa da Áustria, não. A solidariedade militante de Madri para com Viena virou a maré dos acontecimentos, pois, para esmagar o secessionismo tcheco, foram mobilizados dinheiro, armas e aliados espanhóis, verdadeira base de organização de todo o esforço de guerra de Fernando II.[12] O resultado foi a Batalha da Montanha Branca, que destruiu a antiga nobreza boêmia. A década seguinte viu os exércitos imperiais de Wallenstein marcharem vitoriosamente até o Báltico, estendendo pela primeira vez o poder Habsburgo até o norte da Alemanha e acenando com a possibilidade de um império germânico renovado e centralizado sob a Casa da Áustria. Nos anos 1630, a intervenção sueca acabou com essa ambição, e o ímpeto agressivo da política imperial Habsburgo se perdeu para sempre. A Paz de Vestfália, que pôs fim à Guerra dos Trinta Anos, consagrou o veredito da batalha militar. A Casa da Áustria não viria de dominar o império, mas conquistara a supremacia sobre a Boêmia, estopim do conflito. As consequências desse acordo de paz ditaram todo o padrão interno do poder Habsburgo nas terras dinásticas da Europa danubiana.

Com essa vitória na Boêmia, o *Hofburg* alcançara um enorme avanço doméstico rumo ao absolutismo. Em 1627, Fernando II promulgara uma nova constituição para as terras boêmias conquistadas. A *Verneuerte Landesordnung* transformou o jugo Habsburgo em uma monarquia hereditária,

12 O próprio Fernando II declarou que o enviado espanhol Oñate era "o homem cujo auxílio franco e amistoso ajudava a resolver todos os problemas da família Habsburgo". Para um relato sobre o decisivo papel político de Oñate nessa crise, ver: Chudoba, *Spain and the Empire 1529-1643*, p.220-8.

não mais sujeita à eleição; converteu todos os funcionários locais em agentes régios; fez do catolicismo a religião única e restaurou a representação do clero nos estados; investiu a dinastia com direitos jurídicos supremos; e elevou o alemão à categoria de idioma oficial equivalente ao tcheco.[13] A *Snem* não foi abolida, e a necessidade de seu consentimento para a taxação acabou reafirmada. Mas, na prática, essa sobrevivência não foi barreira à implantação do absolutismo na Boêmia. As assembleias locais – outrora órgão vital da política dos donos de terra – desapareceram nos anos 1620, a participação nos estados declinou rapidamente e a *Snem* perdeu importância política. Esse processo foi facilitado pelas dramáticas turbulências que os tempos de guerra provocaram na composição social e no papel da nobreza. A reconquista militar da Boêmia se fizera acompanhar pela proscrição política da maior parte da antiga classe senhorial e pela expropriação econômica de suas herdades. Mais da metade das propriedades da Boêmia foi confiscada depois de 1620;[14] essa vasta pilhagem agrária foi distribuída entre uma nova e heterogênea aristocracia de fortuna, feita de capitães expatriados e sicários emigrados da Contrarreforma. Ao final do século XVII, não mais que um quinto ou um oitavo da nobreza tinha origem antiga alemã ou tcheca: apenas umas oito ou nove das principais linhagens tchecas – ainda leais à dinastia por motivos religiosos – sobreviveram na nova ordem.[15] A grande maioria da aristocracia boêmia agora era de origem estrangeira, uma mistura de italianos (Piccolomini), alemães (Schwarzenberg), austríacos (Trautmansdorff), eslovenos (Auersperg), valões (Bucquoy), lorenos (Desfours) e irlandeses (Taaffe). Nesse mesmo movimento, a propriedade fundiária sofreu uma notável concentração: senhores e clérigos passaram a controlar quase três quartos de todas as terras, ao passo que a porção da antiga pequena nobreza caiu de um terço para um décimo. A parcela do campesinato despencou na mesma

13 Sobre a *Verneuerte Landesordnung*, ver: Kerner, *Bohemia in the Eighteenth Century*, p.17-22.

14 Polišenský, *The Thirty Years' War*, p.143-4: as propriedades confiscadas eram, na média, muito maiores que as que escaparam à expropriação, então a proporção das terras que mudaram de mãos foi bem maior que o número de herdades em si.

15 Schenk, Austria. In: Goodwin (Org.), *The European Nobility in the 18th Century*, p.106; Kerner, *Bohemia in the Eighteenth Century*, p.67-71.

medida. Já atados à terra e exauridos pela guerra, os camponeses agora aguentavam o fardo de crescentes obrigações em serviços; a média de obrigações *robot* chegou a três dias por semana, e mais de um quarto dos servos trabalhavam todos os dias para seus senhores, exceto domingos e dias santos.[16] Além disso, se antes da Guerra dos Trinta Anos os proprietários de terra da Boêmia – ao contrário de seus equivalentes poloneses ou húngaros – haviam pagado impostos junto com seus aldeões, depois de 1648 a nova nobreza cosmopolita conquistou, na prática, a imunidade fiscal, vertendo quase todos os encargos tributários sobre os ombros de seus servos. Naturalmente, essa transferência suavizou o curso das deliberações entre monarquia e aristocracia nas assembleias dos estados: a partir de então, a dinastia se limitou a requisitar quantias aos estados, deixando a esses últimos a tarefa de fixar e coletar os impostos que suprissem as demandas. Sob esse sistema, as pressões fiscais aumentavam sem dificuldades, uma vez que orçamentos mais inchados normalmente significavam que os estados "apenas concordavam em elevar os encargos que impunham a seus súditos e rendeiros".[17] A Boêmia sempre fora o domínio mais lucrativo das terras Habsburgo, e o novo aperto financeiro da monarquia sobre a região fortaleceu o absolutismo vienense de maneira significativa.

Enquanto isso, nas *Erbland* em si, a administração centralizada e autocrática fizera progressos consideráveis. Fernando II criara a Chancelaria da Corte austríaca – uma versão ampliada de seu instrumento de poder predileto na Estíria – e a pusera no cume da máquina de governo do arquiducado. Aos poucos, esse órgão ganhou destaque em meio aos conselhos de Estado, às expensas do Conselho Privado Imperial, cuja importância fatalmente retrocedeu depois da hesitante retirada das forças Habsburgo da Alemanha. Ainda mais importante: como consequência de Vestfália, criou-se em 1650, pela primeira vez, um exército permanente de cerca de 50 mil homens – dez regimentos de infantaria e nove de cavalaria. A partir

16 Polišenský, *The Thirty Years' War*, p.142, 246; Betts, The Habsburg Lands. In: *The New Cambridge Modern History*, v.5, p.480-1.

17 Stoye, *The Siege of Vienna*, p.92.

de então, a presença dessa arma mitigou a conduta dos estados austríacos e boêmios, inevitavelmente. Ao mesmo tempo, o absolutismo Habsburgo alcançou um feito cultural e ideológico singular: Boêmia, Áustria e Hungria – as três zonas constitutivas de seu governo – foram retornando ao seio da Igreja de Roma. O protestantismo fora reprimido na Estíria nos anos 1590; as religiões reformadas foram banidas da Baixa Áustria em 1625, da Boêmia em 1627 e da Alta Áustria em 1628. Na Hungria, era impossível uma solução autoritária, mas os prelados magiares Pazmány e Lippay conseguiram reconverter boa parte dos magnatas húngaros. Senhores e camponeses austríacos, cidades boêmias e proprietários húngaros, todos acabaram sendo reconvertidos ao catolicismo pela destreza e força da Contrarreforma, sob os auspícios da dinastia Habsburgo: uma proeza sem igual no continente. O vigor cruzadista do catolicismo danubiano pareceu encontrar sua apoteose na triunfante liberação de Viena contra os turcos, em 1683, e nas subsequentes vitórias que expulsaram o poder otomano da Hungria e da Transilvânia, recuperando para a cristandade territórios desde há muito perdidos e expandindo notavelmente o mando Habsburgo para o leste. Agora bastante ampliado, o aparato militar que conquistara tais ganhos se provou igualmente capaz de desempenhar um papel importante na aliança que conteve o progresso Bourbon no Reno. A Guerra da Sucessão Espanhola demonstrou o novo peso internacional da Casa da Áustria. A Paz de Utrecht a contemplou com a Bélgica e a Lombardia.

Mas o auge do poder austríaco, que chegara de repente, não demorou a passar. Nenhum outro absolutismo europeu teve uma fase tão breve de confiança e iniciativa militar. Começara em 1683 e já terminou em 1718, com a rápida captura de Belgrado e a Paz de Passarowitz. A partir de então, pode-se dizer que a Áustria nunca mais ganhou nenhuma guerra contra um Estado rival.[18] Uma infinda série de derrotas se estendeu tristemente pelos dois séculos seguintes, aliviada apenas por participações inglórias nas vitórias alheias. Essa apatia externa era índice do impasse e da incompletude do absolutismo austríaco no plano interno, mesmo no ápice de seu

18 Suas campanhas contra o Piemonte em 1848 viriam a ser a única exceção.

poder. As realizações mais imponentes e distintivas do mando Habsburgo na Europa central foram o agrupamento de terras díspares sob uma mesma casa dinástica e sua reconversão ao catolicismo. Ainda assim, os triunfos ideológicos e diplomáticos da Casa da Áustria – seu faro felino para religião e matrimônio – foram bons substitutos para ganhos militares e burocráticos mais substanciais. A influência dos jesuítas na corte de Viena durante a época da Contrarreforma sempre foi muito maior que na corte irmã de Madri, onde o fervor católico estava combinado a um antipapismo vigilante. Agentes e conselheiros eclesiásticos permearam todo o sistema administrativo Habsburgo na Europa central no século XVII, realizando muitas das tarefas políticas mais cruciais daqueles tempos: sua maior obra foi a construção do bastião tridentino na Estíria sob Fernando II – em muitos aspectos, o piloto para a experiência do absolutismo austríaco. De maneira similar, a recuperação dos magnatas magiares para a fé romana – sem a qual a manutenção da suserania Habsburgo sobre a Hungria provavelmente teria sido impossível – foi acompanhada pelas hábeis e pacientes missões ideológicas do sacerdócio. Mas tal êxito também teve seus limites. As escolas e universidades católicas retomaram a nobreza húngara das mãos do protestantismo – mas com o cuidado para manter e respeitar os tradicionais privilégios corporativos da "nação" magiar, o que assegurou o controle espiritual da Igreja, mas sobrecarregou o Estado com entraves embaraçosos. Assim, a confiança que os Habsburgo tinham no clero para assuntos de política interna cobrou seu preço: por mais astutos que fossem, os padres jamais poderiam ser equivalentes funcionais dos *officiers* ou *pomeshchiki* como elementos de construção do absolutismo. Viena não se tornaria um centro metropolitano de venda de cargos ou de uma nobreza de serviço; suas marcas registradas continuariam sendo um clericalismo maleável e uma administração confusa.

De maneira similar, a extraordinária fortuna da política matrimonial da dinastia Habsburgo sempre tendeu a superar sua capacidade marcial – mas, em última instância, não conseguiu compensá-la. A facilidade nupcial com que foram adquiridas a Hungria e a Boêmia levou à dificuldade coercitiva de impor o centralismo austríaco na primeira e à impossibilidade de estabelecê-lo na segunda: no fim das contas, a diplomacia não pôde substituir as armas. A história militar do absolutismo austríaco também sempre foi defeituosa e anômala. Os três maiores feitos da dinastia foram a aquisição da Boêmia e da Hungria em 1526, a sujeição da Boêmia em 1620 e a derrota dos turcos em 1683, a qual resultou na reconquista da Hungria e da Transilvânia. No entanto, a primeira foi consequência negativa da derrota jagelônica em Mohacs, não produto de nenhuma vitória Habsburgo: os turcos venceram a primeira e mais importante batalha do absolutismo austríaco. A Montanha Branca também foi, em grande medida, uma vitória bávara da Liga Católica; além disso, as tropas reunidas sobre o comando imperial incluíam contingentes italianos, valões, flamengos e espanhóis.[19] Até mesmo a libertação de Viena foi, em essência, trabalho dos exércitos poloneses e alemães, depois que o imperador Leopoldo I deixara a capital às pressas: as tropas Habsburgo tinham apenas um sexto da força que deu fama a Sobieski em 1683.[20]

Essa confiança recorrente nos exércitos aliados teve um curioso complemento no próprio generalato austríaco. Pois a maioria dos comandantes militares que serviram a Casa da Áustria até o século XIX era de empreendedores independentes ou aventureiros estrangeiros: Wallenstein, Piccolomini, Montecuccoli, Eugênio, Laudun, Dorn. As hostes de Wallenstein talvez tenham sido, em termos comparativos, as mais temíveis a empunhar a bandeira austríaca; e, no entanto, eram, de fato, uma máquina militar privada, criada por seu general tcheco, o qual a dinastia contratou, mas não controlou – daí, o assassinato de Wallenstein. Eugene, por sua vez, sempre foi completamente fiel a Viena, mas era um saboiano sem nenhuma raiz nas terras Habsburgo; o italiano Montecuccoli e o renano Dorn foram versões menores do mesmo caso. O uso constante de mercenários estrangeiros foi, por certo, uma característica normal e universal do absolutismo: mas na fileira dos soldados rasos, e não dos oficiais com o comando geral das forças armadas do Estado. Estes últimos eram, naturalmente, recrutados junto à classe dominante das terras em questão – a nobreza local. Nos domínios Habsburgo, porém, não havia uma

19 Chudoba, *Spain and the Empire*, p.247-8.

20 Stoye, *The Siege of Vienna*, p.245, 257.

classe senhorial única, mas sim vários grupos fundiários de territórios distintos. Foi essa falta de uma aristocracia unificada que influiu em toda a capacidade bélica do Estado Habsburgo. Como vimos, as nobrezas feudais nunca tiveram um caráter primordialmente "nacional": elas podiam se transferir de um país a outro e cumprir seu papel como classe dominante sem possuir necessariamente algum laço étnico ou linguístico com a população dos súditos. A separação cultural de uma barreira linguística podia até ser preservada para realçar a distância natural entre governantes e governados. Por outro lado, a heterogeneidade étnica ou linguística *dentro* da aristocracia fundiária de uma mesma organização política feudal era, geralmente, fonte de potencial fragilidade e desintegração, pois tendia a minar a solidariedade política da classe dominante. Os aspectos fortuitos e desordenados do Estado Habsburgo sem dúvida derivaram, em grande medida, do caráter compósito e inconciliável das nobrezas que o constituíam. E, como era de esperar, os inconvenientes da diversidade aristocrática ficaram evidentes no setor mais sensível da máquina estatal, o exército. Na ausência de uma nobreza socialmente unitária, os exércitos Habsburgo raramente atingiram o desempenho de seus equivalentes Hohenzollern ou Romanov.

Assim, mesmo em seu apogeu, o absolutismo austríaco não teve congruência ou segurança estrutural, por causa do caráter conglomerado das formações sociais sobre as quais exercia seu poder. As terras germânicas da Áustria sempre representaram o núcleo confiável do Império Habsburgo – as mais antigas e leais possessões da dinastia na Europa central. Os nobres e as cidades detinham muitos privilégios tradicionais nos *Landtage* da Alta e da Baixa Áustria, da Estíria e da Caríntia; no Tirol e no Vorarlberg, até mesmo o campesinato tinha representação nos estados, indício excepcional do caráter alpino dessas provinciais. As instituições "intermediárias" herdadas da época medieval não chegaram a ser suprimidas, a exemplo do que ocorreu na Prússia: mas, no início do século XVII, elas haviam se reduzido a instrumentos obedientes do poder Habsburgo e nunca obstruíram seriamente a vontade da dinastia. Os territórios arquiducais formavam, portanto, a base central e segura da Casa governante. Infelizmente, eram modestos e limitados demais para conferir um dinamismo régio unitário ao Estado Habsburgo como um todo. Em termos econômicos e demográficos, foram superados pelas ricas terras boêmias já em meados do século XVI: em 1541, as contribuições fiscais da Áustria ao tesouro imperial somavam apenas metade da quantia da Boêmia, e essa proporção continuou em vigor até o fim do século XVIII.[21] A derrota que os exércitos de Wallenstein sofreram para os suecos durante a Guerra dos Trinta Anos bloqueou toda e qualquer expansão da base germânica da dinastia, efetivamente isolando o arquiducado do tradicional *Reich*. Além disso, a sociedade rural da Áustria era menos representativa do padrão agrário dominante nas terras Habsburgo. Pois o caráter semimontanhoso da maior parte da região fazia dela um terreno ingrato para as grandes herdades feudais. O resultado foi a persistência da pequena propriedade camponesa nas terras altas e a prevalência do tipo ocidental de *Grundherrschaft* nas planícies, enrijecidas pelas normas de exploração orientais;[22] as jurisdições patrimoniais e as obrigações feudais eram generalizadas, as prestações de serviços eram pesadas em muitas regiões, mas as oportunidades de cultivo senhorial consolidado e de vastos latifúndios eram relativamente limitadas. A ação solvente que a capital exercia sobre a força de trabalho do interior viria a ser mais um impedimento para a emergência de uma economia *Gutsherrschaft*.[23] A "massa crítica" da aristocracia austríaca foi, portanto, leve demais para produzir um centro magnético efetivo para toda a classe fundiária do império.

Por outro lado, o esmagamento dos estados boêmios durante a Guerra dos Trinta Anos deu ao absolutismo Habsburgo seu principal êxito político: as vastas e férteis terras tchecas agora estavam, inequivocamente, sob seu jugo. Nenhuma nobreza rebelde da Europa encontrou um destino tão sumário quanto a aristocracia boêmia: depois de sua queda, uma nova classe proprietária se implantou nas suas propriedades, devendo tudo o que tinha à dinastia. A história do absolutismo europeu não conta

21 Kerner, *Bohemia in the Eighteenth Century*, p.25-6. O reino boêmio incluía a Boêmia em si, a Morávia e a Silésia.

22 Tapié, *Monarchie et peuples du Danube*, p.144.

23 Sobre as condições na Baixa Áustria, ver: Blum, *Noble Landowners and Agriculture in Austria 1815-1848*, p.176-80.

nenhum episódio parecido. Mas o assentamento Habsburgo na Boêmia ainda tinha uma outra peculiaridade reveladora. A nova nobreza ali criada não se compunha de casas advindas do baluarte austríaco da dinastia: exceto algumas poucas famílias católicas tchecas, tal nobreza viera do exterior. As origens estrangeiras desse estrato indicavam a falta de uma aristocracia local para se transferir para a Boêmia – o que, no curto prazo, reforçou o poder Habsburgo na área tcheca, mas, a longo prazo, foi sintoma de uma fraqueza. As terras boêmias eram as mais ricas e densamente povoadas da Europa central: durante quase todo o século seguinte, os maiores magnatas do Império Habsburgo possuíram vastas herdades cultivadas por servos na Boêmia e na Morávia, e o centro de gravidade econômico da classe governante também se deslocou para o norte. Mas a nova aristocracia boêmia revelou não ter muito *esprit de corps*, nem mesmo verdadeira fidelidade à dinastia: boa parte desertou de uma só vez para o lado das forças de ocupação bávaras durante a Guerra da Sucessão Austríaca, nos anos 1740. Essa classe foi o equivalente mais próximo a uma nobreza de serviço no sistema estatal do absolutismo austríaco; mas constituía o produto arbitrário de serviços passados, e não a detentora de funções públicas orgânicas e operantes; e, embora provesse muitos dos quadros administrativos da monarquia Habsburgo, ela não conseguiu se tornar uma força dominante ou organizadora dentro do Estado.

Mesmo assim, apesar das limitações das classes fundiárias em cada setor, a consolidação do poder imperial, tanto na unidade austríaca quanto na unidade boêmia dos domínios Habsburgo, pareceu criar, em meados do século XVII, as premissas para um absolutismo mais homogêneo e centralizado. A Hungria é que viria se revelar o obstáculo insuperável a um Estado régio unitário. Se fizéssemos uma analogia entre os dois impérios Habsburgo, centrados em Madri e em Viena, e comparássemos a Áustria à Castela e a Boêmia à Andaluzia, a Hungria seria uma espécie de Aragão oriental. A comparação, no entanto, seria bastante imperfeita, pois a Áustria jamais deteve o predomínio econômico e demográfico de Castela, eixo do sistema imperial, ao passo que os poderes e privilégios da nobreza húngara excederam mesmo os da aristocracia aragonesa; além disso, o crucial traço unificador de uma língua comum sempre esteve ausente. A classe fundiária magiar era extremamente numerosa, algo em torno de 5% a 7% do total da população da Hungria. Mesmo que muitos deles fossem cavaleiros "de mocassim" com pequenos lotes, o setor mais importante da nobreza húngara era o estrato dos chamados *bene possessionati*, que possuíam propriedades de médio porte e dominavam a vida política das províncias:[24] eram eles que davam à nobreza magiar sua liderança e unidade social. O sistema de estados húngaro funcionava de maneira plena e jamais concedera grandes direitos régios à dinastia Habsburgo, que só reinava em virtude de uma "união pessoal" na Hungria e cuja autoridade era eletiva e revogável; a constituição feudal incluía expressamente um *jus resistendi*, legitimando levantes nobres contra toda e qualquer investida régia sobre as liberdades consagradas da "nação" magiar. Desde a Idade Média, a nobreza controlara suas próprias unidades de administração regional – o *comitatus* –, assembleias cujos comitês permanentes, investidos de funções judiciais, financeiras e burocráticas, eram todo-poderosos no interior e garantiam um alto grau de coesão política à classe fundiária. Os Habsburgo sempre tentaram dividir a aristocracia húngara, atraindo seu setor mais rico com honrarias e privilégios: assim, introduziram os títulos (até então desconhecidos na Hungria e na Polônia) no século XVI e asseguraram uma separação jurídica entre magnatas e pequenos nobres no início do século XVII.[25] Essas táticas não fizeram muitos avanços contra o particularismo húngaro, agora ainda mais forte com a difusão do protestantismo. Acima de tudo, a proximidade do poder militar turco – força de ocupação e suserania em dois terços das terras magiares depois de Mohacs – era um obstáculo concreto e decisivo à extensão de um absolutismo austríaco centralizado para a Hungria. Ao longo dos séculos XVI e XVII, houve nobres magiares vivendo diretamente sob jugo turco na Hungria central; enquanto isso, mais a leste, a Transilvânia formava um

24 Király, *Hungary in the Late Eighteenth Century*, p.33, 108. Ao que parece, o papel dos *bene possessionati* dentro da classe fundiária húngara foi um dos fatores mais importantes a distingui-la da igualmente numerosa nobreza da Polônia, com a qual, de resto, tanto se parecia: esta última era muito mais polarizada entre magnatas e pequenos cavaleiros, ressentindo, portanto a coesão dos homólogos magiares.

25 Mamatey, *Rise of the Habsburg Empire*, p.37.

principado autônomo sob governantes locais húngaros, muitos deles calvinistas, dentro do Império Otomano. Assim, qualquer tentativa de Viena para atacar as veneráveis prerrogativas da aristocracia húngara podia ser combatida com o recurso à aliança com os turcos; ao mesmo tempo, ambiciosos governantes transilvanos tentavam incitar seus compatriotas em terras Habsburgo contra o Hofburg, por interesse próprio e, muitas vezes, com um exército bem treinado e o objetivo de criar uma grande Transilvânia. A tenacidade do particularismo magiar também foi, portanto, um reflexo de seus poderosos pontos de apoio do outro lado da fronteira otomana, os quais, seguidas vezes, permitiram à nobreza "cristã" da Hungria unir em sua causa forças militares muito superiores à sua força local.

Assim, o século XVII – grande época de inquietação e tensão em meio à nobreza do Ocidente, com seu cortejo de conspirações e rebeliões aristocráticas – também testemunhou a perseverança e o êxito de uma resistência senhorial ante a escalada do poder monárquico no Leste Europeu, dentro de um absolutismo em desenvolvimento. A primeira fase do conflito ocorreu durante a Guerra dos Treze Anos entre austríacos e otomanos. Os avanços militares Habsburgo contra os turcos se fizeram acompanhar por perseguições religiosas e centralização administrativa nas zonas conquistadas. Em 1604, o magnata calvinista Bocskay se rebelou, reunindo a nobreza magiar e os aventureiros *haiduk* das fronteiras contra as forças de ocupação imperiais, em aliança com os turcos; em 1606, a Porta otomana assegurou uma paz vantajosa, a aristocracia húngara recebeu a tolerância religiosa de Viena e Bocskay ficou com o principado da Transilvânia. Em 1619-1620, Gábor Bethlen, novo governante transilvano, aproveitou o levante boêmio para invadir e tomar vastas porções da Hungria Habsburgo, com o apoio dos proprietários protestantes do local. Em 1670, Leopoldo I acabou com uma conspiração de magnatas e moveu suas tropas para a Hungria: a antiga constituição foi abolida e então se impôs uma nova administração centralista, sob um vice-governador alemão dotado de tribunais extraordinários para a repressão. O conflito não demorou a explodir, a partir de 1678, liderado pelo conde Imra Tökölli; em 1681, quando Tökölli recorreu ao auxílio turco, Leopoldo teve de refrear seu golpe constitucional e reafirmar os tradicionais privilégios magiares. Os exércitos otomanos atenderam prontamente e então se seguiu o cerco a Viena, em 1683. Por fim, as forças turcas foram expulsas da Hungria e Tökölli fugiu para o exílio. Leopoldo não era forte o bastante para restaurar o antigo regime centralista do *Gubernium*, mas agora conseguiu arrancar aos estados magiares de Bratislava a aceitação da dinastia Habsburgo como uma monarquia hereditária – e não mais eletiva – e a revogação do *jus resistendi*. Além disso, a conquista austríaca da Transilvânia em 1690-1691 passou a cercar a nobreza magiar com um bloco de território estratégico na sua retaguarda, diretamente sujeito a Viena; as Zonas de Fronteira Militares Especiais sujeitas ao *Hofkriegsrat* agora se estendiam do Adriático aos Cárpatos; enquanto isso, o poderio turco na bacia do Danúbio já tinha se esvaído no começo do século XVIII. As terras recém-conquistadas foram distribuídas a aventureiros militares estrangeiros e a um seleto círculo de senhores húngaros, cuja lealdade política agora se fundamentava nas enormes herdades do leste.

No entanto, a nobreza húngara aproveitaria a primeira oportunidade aberta por um conflito internacional para se lançar, mais uma vez, à ávida sedição armada. Em 1703, os impostos de guerra e a perseguição religiosa levaram o campesinato do noroeste à revolta; capitalizando essa agitação popular, o magnata Ferenc Rakóczi liderou uma rebelião final e decisiva, em aliança com a França e a Baviera, cujo ataque sobre Viena só foi contido pela Batalha de Blenheim. Tropas Habsburgo puseram fim à insurreição em 1711; quatro anos mais tarde, a classe fundiária magiar teve de aceitar, pela primeira vez, tributações imperiais sobre seus servos e aquartelamentos em seus condados, ao mesmo passo em que as fronteiras militares passaram para o controle do *Hofskriegsrat*. Agora havia uma Chancelaria húngara em Viena. Mas, pela Paz de Szatmár, os tradicionais privilégios sociais e políticos dos proprietários húngaros estavam, de resto, confirmados: a administração do país permaneceu sob seu controle.[26] Depois desse acordo, passaram-se 150 anos sem rebeliões; mas a relação da nobreza

26 Em muitos sentidos, os melhores comentários sobre as sucessivas revoltas húngaras dessa época se encontram em McNeill, *Europe's Steppe Frontier*, p.94-7, 147-8, 164-7.

magiar com a dinastia Habsburgo continuou bem diferente das que se davam entre quaisquer outras aristocracias e monarquias orientais na era do absolutismo. Entrincheirada em leis e instituições medievais, a extrema descentralização aristocrática se provara irredutível na *puszta*. A base austríaca do sistema imperial era pequena demais, a extensão boêmia era frágil demais e a resistência da organização húngara era forte demais para que emergisse ao longo do Danúbio um típico absolutismo orientalizado. A consequência foi o bloqueio de todo e qualquer rigor ou uniformidade final nas compósitas estruturas estatais sob o comando do Hofburg.

Em menos de vinte anos depois da Paz de Passarowitz, ponto mais alto de sua expansão balcânica e de seu prestígio europeu, o absolutismo Habsburgo sofreu uma derrota humilhante nas mãos dos rivais Hohenzollern. A conquista prussiana da Silésia na Guerra da Sucessão Austríaca o despojou da província mais próspera e industrializada de seu império na Europa central: Breslau se tornara o principal centro comercial das terras dinásticas tradicionais. O controle do gabinete imperial passou para a Baviera, e a maior parte da aristocracia boêmia desertou para o lado do novo imperador bávaro. No fim, a Boêmia foi recuperada; mas, na década seguinte, o absolutismo austríaco foi mais uma vez profundamente abalado pela Guerra dos Sete Anos – na qual, apesar da aliança com a Rússia e a França, da avassaladora superioridade numérica e das imensas perdas, não conseguiu reconquistar a Silésia. A Prússia, com um terço da riqueza e um sexto da população da Áustria, triunfara duas vezes. Esse choque duplo precipitou, sob o reinado de Maria Tereza, dois drásticos surtos de reformas no Estado Habsburgo, conduzidas pelos chanceleres Haugwitz e Kaunitz, com o objetivo de modernizar e renovar todo o aparato de governo.[27] As chancelarias da Boêmia e da Áustria se fundiram em um mesmo órgão, seus tribunais de apelação se uniram e a ordem jurídica própria da nobreza boêmia foi completamente abolida. Pela primeira vez, a aristocracia e o clero de ambas as regiões tiveram de pagar impostos (mas não na Hungria), e seus estados se viram obrigados a conceder subvenções decenais para a construção de um exército permanente de 100 mil

27 Bluche, *Le Despotisme eclairé*, p.106-10, fornece uma análise sucinta.

homens. O *Hofkriegsrat* foi reorganizado e recebeu plenos poderes sobre todo o império. Criou-se um Conselho de Estado supremo para integrar e dirigir a máquina do absolutismo. Funcionários permanentes do rei – os *kreishauptmänner* – foram alocados em todos os "círculos" da Boêmia e da Áustria, para impor a administração e a justiça centralizadas. Aboliram-se as barreiras alfandegárias entre as duas regiões e se levantaram tarifas protecionistas contra as importações estrangeiras. As prestações de serviços dos camponeses foram limitadas por lei. Direitos fiscais da coroa foram explorados ao máximo para aumentar as rendas imperiais. Organizou-se a emigração para colonizar a Transilvânia e o Banato. Mas essas medidas de Tereza logo foram superadas pelo vasto programa de reformas imposto por José II.

O novo imperador rompeu espetacularmente com a tradição austríaca de clericalismo oficial e universal. O Estado proclamou a tolerância religiosa, dissolveu as terras da Igreja, alijou os monastérios, regulou os serviços eclesiais e assumiu as universidades. Introduziu-se um avançado código penal, os tribunais foram reformados e a censura, abolida. O Estado vigorosamente promoveu a educação secular, e, até o fim do reinado, talvez uma a cada três crianças estivesse na escola. Currículos modernizados passaram a formar melhores engenheiros e funcionários. O serviço civil se profissionalizou, e sua hierarquia se organizou com base no mérito, ao mesmo passo em que uma rede de agentes policiais inspirada no sistema prussiano manteve uma vigilância secreta sobre a burocracia. A tributação saiu das mãos dos estados e passou a ser recolhida diretamente pela monarquia. Os encargos fiscais continuaram a crescer. As sessões anuais dos estados foram suprimidas: o Landtag agora só se reunia por convocação da dinastia. Inaugurou-se o recrutamento obrigatório, e o exército se expandiu para cerca de 300 mil soldados.[28] As tarifas foram se elevando para assegurar a defesa do mercado doméstico e, ao mesmo tempo, as guildas e corporações urbanas foram eliminadas para

28 A conscrição foi introduzida em 1771. Em 1788, José II mobilizou 245 mil soldados de infantaria, 37 mil de cavalaria e 900 canhões para a guerra contra a Turquia: Mikoletzky, *Österreich. Das grosse 18. Jahrhundert*, p.227, 366.

aumentar a livre competição dentro do império. O sistema de transportes se aprimorou. Esses avanços foram radicais, mas, ainda assim, não estavam fora do padrão dos atos convencionais dos Estados absolutistas na era do Iluminismo. Mas o programa josefino não parou por aí. Em uma série de decretos única na história da monarquia absolutista, a servidão foi formalmente abolida em 1781 – depois de graves levantes camponeses na Boêmia durante a década anterior – e todos os súditos receberam o direito de livre escolha quanto a casamento, migração, trabalho, ocupação e propriedade. Os camponeses obtiveram garantia de arrendamento e os nobres se viram proibidos de comprar lotes campesinos. Por fim, todas as obrigações em serviços foram abolidas para os camponeses de terras "rústicas" (ou seja, lotes dos vilões) que pagassem mais de 2 florins de impostos por ano, as taxas fiscais foram equalizadas e também se decretaram normas oficiais para a distribuição da produção agrícola desses arrendamentos – 12,2% para o Estado, sob a forma de tributos; 17,8% para os senhores e o clero, sob a forma de rendas e dízimos; e 70% para o próprio camponês. Embora tivesse um alcance muito limitado – afetando pouco mais de um quinto do campesinato boêmio[29] – essa última medida trouxe a ameaça de mudanças drásticas nas relações sociais no campo e mirou diretamente os interesses econômicos vitais da classe fundiária de todo o império. Na época, a proporção do produto agrícola à disposição do produtor direto normalmente girava em torno dos 30%[30] – e a nova lei previa dobrar essa porção, reduzindo quase pela metade o excedente extraído pela classe feudal. O alarido aristocrático foi feroz e universal, acompanhado por amplas obstruções e sonegações.

Enquanto isso, o centralismo de José II causava um alvoroço político de uma ponta à outra do império. Viena arrasara as corporações urbanas e as companhias privilegiadas medievais das distantes províncias belgas; os ressentimentos do clero, a hostilidade patrícia e o patriotismo popular se combinaram para produzir uma revolta armada na mesma época da Revolução Francesa. Ainda mais ameaçadora era a inquietação na Hungria.

29 Wright, *Serf, Seigneur and Sovereign*, p.147.

30 Kerner, *Bohemia in the Eighteenth Century*, p.44-5.

Pois José II também fora o primeiro governante Habsburgo a forçar a integração da Hungria a um quadro imperial unitário. Eugênio de Saboia exortara a dinastia a fazer de suas terras dispersas um todo organizado – *ein Totum*. Esse ideal agora finalmente ia se implementando de modo bastante metódico. Todas as grandes reformas josefinas – eclesiásticas, sociais, econômicas e militares – se impuseram na Hungria, sob os protestos da nobreza magiar. A burocracia *Kreis* se estendeu até a Hungria e o antigo sistema de condados a ela se subordinou; aboliu-se a imunidade fiscal da classe fundiária; implementou-se a justiça régia. Em 1789, os estados húngaros estavam preparando uma insurreição, visivelmente. Ao mesmo tempo, a política externa da monarquia naufragava. José II por duas vezes fizera esforços para adquirir a Baviera, na segunda vez propondo uma troca com a Bélgica: a Prússia bloqueou esse objetivo lógico e racional, cuja consecução teria transformado a posição estratégica e a estrutura interna do império austríaco, deslocando-o para oeste, rumo à Alemanha, de maneira decisiva. Sintomaticamente, a Áustria não pôde se arriscar em uma guerra contra a Prússia por causa dessa questão, mesmo depois de sua grande construção militar sob José II. Como resultado, o expansionismo austríaco se voltou para os Bálcãs mais uma vez, onde os exércitos otomanos agora infligiam uma série de reveses ao imperador. Assim, o objetivo final de toda a extenuante reforma do absolutismo austríaco – a recuperação de sua posição militar no cenário internacional – escapou de suas mãos. O reinado de José terminou em fracasso e desilusão. Os recrutamentos e impostos de guerra eram impopulares em meio ao campesinato, a inflação trouxe miséria às cidades, a censura voltou.[31] Mais que tudo isso, as relações entre a monarquia e a aristocracia haviam alcançado um ponto de ruptura. Para evitar a revolta na Hungria, descartou-se a centralização. A morte de José II foi o sinal para uma vasta e rápida reação senhorial. Leopoldo II, seu sucessor, foi imediatamente forçado a revogar as leis agrárias de 1789 e restaurar os poderes políticos da nobreza magiar.

31 O isolamento do regime em seus últimos anos foi bem relatado por Wangermann, *From Joseph II to the Jacobin Trials*, p.28-9. Os camponeses ficaram desapontados com os limites de sua reforma agrária e chocados com seu anticlericalismo

Os estados húngaros anularam legalmente as reformas de José e puseram termo à taxação da terra nobre. Depois disso, a eclosão da Revolução Francesa e as guerras napoleônicas voltaram a unir a dinastia e a aristocracia de todo o império, amarrando-as a um mesmo conservadorismo. O singular episódio de um despotismo "esclarecido" demais chegava ao fim.

Paradoxalmente, essa mesma contradição do absolutismo austríaco é que o tornara possível. A maior fraqueza e limitação do Império Habsburgo era a falta de uma aristocracia unitária que formasse uma nobreza de serviço de tipo oriental. Mas, por outro lado, foi exatamente essa ausência social que permitiu a amplitude "irresponsável" da autocracia josefina. Como a classe fundiária não se integrara ao Estado austríaco do mesmo jeito como ocorrera na Prússia ou na Rússia, a monarquia absoluta pôde patrocinar um programa que lhe era efetivamente prejudicial. Sem raízes em nenhuma nobreza territorial, com uma coesão forte e única, a monarquia conseguiu chegar a um grau de autonomia desconhecido a suas vizinhas. Daí o caráter singularmente "antifeudal" dos decretos josefinos, em contraste com as reformas posteriores dos outros absolutismos orientais.[32] Mais que em qualquer outra região, o instrumento da renovação régia no Império Habsburgo foi uma burocracia bem distinta da aristocracia: recrutada principalmente em meio à alta classe média das cidades germânicas, social e culturalmente apartada da classe fundiária. Mas o relativo distanciamento entre a monarquia e os heterogêneos donos de terras de seu reino também foram, por certo, a causa de sua fragilidade interna. No plano internacional, o programa josefino acabou em desastre. No plano interno, as leis sociais do Estado absolutista se reafirmaram com rigor, em uma demonstração eloquente da impotência da vontade pessoal do governante sempre que este transgrediu os interesses coletivos da classe que o absolutismo esteve historicamente destinado a defender.

Assim, o império austríaco emergiu da era napoleônica como o pilar central da reação europeia, tendo Metternich como decano da contrarrevolução monarquista e clerical de todo o continente. O absolutismo

---

32 Todos os três programas de reformas – o austríaco, o prussiano e o russo – foram, é claro, motivados por derrotas militares.

Habsburgo vagou indolente pela primeira metade do século XIX. Enquanto isso, o início da industrialização vinha criando uma nova população urbana, tanto de trabalhadores quanto de classe média, e a agricultura comercial se difundia desde o Ocidente, com a chegada de novos cultivos – beterraba, batata, trevo – e o crescimento da produção de lã. O campesinato se emancipara da servidão; mas ainda estava sujeito à jurisdição patrimonial de seus senhores em todo o império e, em quase toda parte, devia pesadas obrigações em serviço à nobreza. Nesse aspecto, a *Erbuntertänigkeit* de tipo tradicional continuava prevalecendo em cerca de 80% do território, incluindo todas as principais regiões da Europa central – Alta Áustria, Baixa Áustria, Estíria, Caríntia, Boêmia, Morávia, Galícia, Hungria e Transilvânia – e o *robot* seguia constituindo a maior fonte de mão de obra da economia agrícola.[33] Nos anos 1840, o típico camponês germânico ou eslavo ainda mantinha algo em torno de 30% de sua produção, depois de pagos os impostos e obrigações.[34] Ao mesmo tempo, um número crescente de donos de terras vinha percebendo que a produtividade média do trabalho assalariado era muito maior que a do trabalho *robot* e procurando substituir um pelo outro: uma mudança de atitude estatisticamente ilustrada em sua disposição para aceitar a comutação monetária do *robot* a taxas bem inferiores ao pagamento mínimo do trabalho assalariado equivalente.[35] De maneira simultânea, um número crescente de camponeses sem-terra estava migrando para as cidades, onde muitos deles se tornaram desempregados urbanos. Agora, na época pós-napoleônica, a consciência nacional inevitavelmente despertava, primeiro nas cidades e depois nos campos. Não demorou até as demandas políticas burguesas ficarem mais nacionais que liberais: o império austríaco se tornou a "prisão dos povos".

Essas contradições acumuladas se fundiram e explodiram nas revoluções de 1848. A dinastia acabou por debelar os motins urbanos e reprimir os levantes nacionais em todos os seus territórios. Mas as revoltas camponesas que haviam dado às revoluções sua força maciça só se pacificaram

33 Blum, *Noble Landowners and Agriculture in Austria*, p.45, 202.

34 Ibid., p.71.

35 Ibid., p.192-202.

com a concessão das demandas básicas das aldeias. A assembleia de 1848 prestou esse serviço à monarquia, antes de ser dispensada pela vitória da contrarrevolução. Foram suspensas as jurisdições senhoriais, eliminada a divisão entre terras rústicas e senhoriais, concedida a garantia de arrendamento e formalmente abolidas as obrigações feudais em serviços, produtos ou dinheiro – com indenização aos senhores, metade paga pelo rendeiro, metade pelo Estado. As classes fundiárias da Áustria e da Boêmia, já cientes dos benefícios do trabalho livre, não se opuseram a esse acordo: seus interesses estavam generosamente protegidos pelas cláusulas de compensação, aprovadas contra a resistência dos representantes camponeses.[36] Liderados por Kossuth, os estados magiares puseram fim ao *robot* de maneira ainda mais vantajosa para a nobreza: na Hungria, o campesinato é que pagou integralmente pela compensação. A Lei Agrária de setembro de 1848 assegurou o predomínio das relações capitalistas no campo. A propriedade da terra foi ficando ainda mais concentrada, à medida que os nobres menores vendiam seus domínios, os camponeses pobres afluíam para as cidades e os grandes magnatas usavam os fundos das indenizações para aumentar seus latifúndios e racionalizar o gerenciamento e a produção. Abaixo destes últimos, consolidou-se um estrato de prósperos *Grossbauern*, especialmente em terras austríacas, mas, depois do advento da agricultura capitalista, a distribuição do solo talvez tenha continuado mais polarizada que nunca. Na Boêmia dos anos 1860, 0,16% das herdades – os imensos domínios magnatas – cobria 34% da terra.[37]

A organização política Habsburgo agora se baseava em uma agricultura cada vez mais capitalista. O Estado absolutista, porém, saiu combalido das provações de 1848. As demandas liberais por liberdades civis e sufrágio foram silenciadas, e as aspirações nacionais, suprimidas. A ordem dinástica feudal sobrevivera à "primavera" popular da Europa. Mas sua capacidade de evolução ou adaptação ativa agora era coisa do passado. As reformas agrárias da Áustria foram obra da efêmera assembleia revolucionária, e não iniciativa do governo régio (ao contrário das reformas prussianas de

36 Blum fornece uma análise contundente do acordo, p.235-8.

37 Tapié, *Monarchie et peuples du Danube*, p.325.

1808-1811); só depois é que foram aceitas pelo Hofburg. Do mesmo modo, a derrota militar da mais ameaçadora insurreição nacional da Europa central – a constituição de um Estado independente pela nobreza húngara, com seu próprio ministério, orçamento, exército e política externa, ligado à Áustria, mais uma vez, apenas por uma "união pessoal" – não fora realizada pelos exércitos austríacos, mas sim pelos russos: uma repetição constrangedora das tradições da dinastia. A partir daí, a monarquia Habsburgo foi, cada vez mais, objeto passivo dos eventos e conflitos do exterior. A frágil restauração de 1849 lhe permitiu, por uma breve década, alcançar a antiga meta da completa centralização administrativa. O sistema Bach uniformizou a burocracia, as leis, os tributos e as tarifas de todo o império; hussardos ocuparam a Hungria para reforçar sua submissão. Mas não foi possível estabilizar essa autocracia centralista: ela era fraca demais no plano internacional. A derrota para a França em Solferino e a perda da Lombardia em 1859 abalaram tanto a monarquia que foi necessário um recuo político doméstico. A Patente de 1861 concedeu um parlamento imperial, ou *Reichsrat*, eleito indiretamente a partir dos Landtage provinciais, com quatro cúrias e sufrágio restrito para garantir a superioridade germânica. O *Reichsrat* não tinha controle sobre os ministros, sobre a conscrição nem sobre a coleta dos impostos; era uma entidade impotente, de fachada, desprovida de qualquer liberdade de expressão ou mesmo de imunidade para seus representantes.[38] A nobreza magiar se recusou a aceitá-lo e então se reinstituiu o jugo militar sobre a Hungria. A derrota para a Prússia em Sadowa feriu e enfraqueceu ainda mais a monarquia e arruinou esse regime provisório em menos de seis anos.

Toda a estrutura tradicional do Estado absolutista agora passava por um declínio súbito e drástico. Por mais de três séculos, o mais antigo e temível inimigo do centralismo Habsburgo sempre fora a nobreza húngara – a classe fundiária mais obstinadamente particularista, culturalmente coesa e socialmente repressiva do império. Como vimos, a expulsão final dos turcos da Hungria e da Transilvânia no século XVIII pusera fim à turbulência magiar, mas só por um tempo. Os cem anos seguintes, embora

38 Taylor, *The Habsburg Monarchy*, p.104-27.

aparentemente consagrassem a integração política da Hungria ao império austríaco, na verdade prepararam uma reviravolta espetacular e derradeira. Pois a reconquista da Hungria e da Transilvânia otomanas e a recolonização agrária de vastas porções a leste aumentaram decisivamente o peso econômico da classe dominante húngara dentro do império como um todo. De início, a emigração camponesa se dirigira para a planície central húngara, por conta dos arrendamentos vantajosos; mas, depois de repovoada a região, as pressões senhoriais se enrijeceram de imediato, os domínios se ampliaram e os lotes camponeses foram expropriados.[39] O *boom* agrícola da época do iluminismo, a despeito das políticas tarifárias discriminatórias de Viena,[40] beneficiara consideravelmente a maior parte da nobreza e lançara as fundações para as fortunas magnatas, as quais chegariam a dimensões ímpares. Historicamente, a nobreza baseada na Boêmia sempre fora a mais rica dos domínios Habsburgo: mas, no século XIX, já não era. A família Schwarzenberg podia ter 190 mil hectares na Boêmia; a família Esterhazy era dona de 2,8 milhões na Hungria.[41] Assim, a confiança e a agressividade da classe fundiária magiar, tanto de cavaleiros quanto de magnatas, foram ficando cada vez mais fortes com as novas extensões de suas posses e com o crescimento de sua importância dentro da economia da Europa central.

Mesmo assim, a aristocracia húngara nunca foi admitida nos conselhos internos do Estado Habsburgo do século XVIII e do início do XIX: ela sempre ficou distante do aparato político imperial. Sua oposição a Viena continuou sendo o maior perigo doméstico para a dinastia: seu fervor se mostrara na revolução de 1848, quando ela impôs a seu campesinato um estatuto agrário mais implacável que o das aristocracias austríaca ou boêmia e resistiu aos exércitos régios até ser superada pela expedição do czar. Assim, depois de sucessivos desastres no exterior, à medida que o absolutismo austríaco ia ficando cada vez mais fraco e a inquietação

39 Király, *Hungary in the Late Eighteenth Century*, p.129-35.

40 Fato enfatizado pelos historiadores húngaros tradicionais: ver, por exemplo, Marczali, *Hungary in the Eighteenth Century*, p.39, 99.

41 Mamatey, *Rise of the Habsburg Empire*, p.64; Macartney, Hungary. In: Goodwin (Org.), *The European Nobility in the 18th Century*, p. 29.

popular no império ia ficando cada vez mais forte, a dinastia foi se voltando, lógica e irresistivelmente, para seu inimigo hereditário – a nobreza mais combativa e feudal que restara na Europa central, agora a única classe fundiária capaz de escorar seu poder. A vitória prussiana sobre a Áustria em 1866 assegurou a ascensão húngara ao domínio dentro do império. Para se salvar da desintegração, a monarquia aceitou uma parceria formal. O dualismo que criou a "Áustria-Hungria" em 1867 deu à classe fundiária magiar o completo poder doméstico sobre a Hungria, com seu próprio governo, orçamento, assembleia e burocracia, mantendo apenas uma união aduaneira renovável e um exército e uma política externa em comum. Enquanto a monarquia da Áustria agora tinha de conceder igualdade cívica, liberdade de expressão e educação secular, a nobreza da Hungria não fez nenhuma dessas concessões. Daí em diante, a nobreza húngara representou a ala militante e autoritária da reação aristocrática no império e foi dominando cada vez mais o pessoal e as políticas do aparato absolutista em Viena.[42]

Pois, na Áustria, os partidos políticos, a agitação social e os conflitos nacionais aos poucos foram minando a viabilidade do jugo aristocrático. Em menos de quatro décadas, no ano de 1907, o sufrágio masculino se impôs sobre a dinastia austríaca, em meio a greves urbanas e ecos populares da revolução russa de 1905. Na Hungria, os donos de terras mantiveram com mão firme seu monopólio de classe sobre o voto. Assim, o império austríaco jamais conseguiu alcançar a transmutação que fizera do império alemão um Estado capitalista. Quando eclodiu a Primeira Guerra Mundial, ainda não havia controle parlamentar do governo imperial, nem primeiro-ministro, nem um sistema eleitoral uniforme. O *Reichsrat* "não

42 A maior exceção foi o exército, cujo comando supremo continuou sendo prerrogativa austríaca durante todo o período que terminou com a Primeira Guerra Mundial. Mas, como vimos, a importância institucional do aparelho militar no Estado austríaco sempre esteve abaixo da média do absolutismo. O Estado-Maior desempenhou um papel crucial na crise de agosto de 1914, mas, uma vez iniciado o conflito, seus fracassos logo o relegaram mais uma vez a um papel secundário (em completo contraste com a ascensão de seu homólogo alemão em Berlim), ao passo que a influência política magiar sobre Viena cresceu a firme compasso à medida que a guerra avançou.

tinha influência política, e seus membros não acalentavam esperanças de seguir uma carreira pública".[43] Mais de 40% da população – habitantes da Hungria, Croácia e Transilvânia – estava excluída do voto secreto ou do sufrágio universal masculino; os 60% restantes gozavam de um direito meramente nominal, uma vez que seus votos não tinham nenhum valor nas questões do Estado. Ironicamente, o exemplo mais próximo de um Eleitorado efetivo e de um ministério responsável, apesar das fraudes evidentes, foi a Hungria – justamente porque ambos se confinavam à classe fundiária. É claro que, acima de tudo, o império austríaco foi a ruinosa negação do Estado nacional burguês: ele representou a antítese de um dos símbolos essenciais da ordem política capitalista na Europa. Seu rival alemão alcançara sua transformação estrutural precisamente ao conduzir a construção nacional que o Estado austríaco recusara. A evolução social contrária de cada um dos absolutismos teve, portanto, sua contrapartida geopolítica. Ao longo do século XIX, o Estado prussiano se arrastou, relutante mas inexoravelmente, rumo ao Ocidente, com a industrialização do Ruhr e o desenvolvimento capitalista da Renânia. Na mesma época, o Estado austríaco tomou a direção oposta, rumo ao Leste Europeu, com a crescente ascendência da Hungria e de seu insistente senhorialismo. Como era de esperar, a aquisição final da dinastia formou o território mais atrasado de todo o império – as províncias balcânicas da Bósnia e Herzegovina, anexadas em 1909, onde a servidão tradicional dos camponeses *kmet* nunca de fato se alterara.[44] A eclosão da Primeira Guerra Mundial levou a trajetória do absolutismo austríaco ao seu fim: os exércitos alemães lutaram suas batalhas, os políticos húngaros decidiram sua diplomacia. Enquanto o general prussiano Mackensen comandava as operações, o líder magiar Tisza chegava a chanceler efetivo do império. A derrota demoliu a prisão das nacionalidades.

43 Taylor, *The Habsburg Monarchy*, p.199.
44 Iászi, *The Dissolution of the Habsburg Monarchy*, p.225-6.

6.
Rússia

E, então, chegamos ao último e mais durável absolutismo da Europa. O czarismo russo sobreviveu a todos os seus precursores e contemporâneos para se tornar o único Estado absolutista do continente a seguir intacto no século XX. As fases e interrupções na gênese desse Estado desde cedo o puseram à parte. O declínio econômico que marcou o início da última crise feudal ocorreu, como já vimos, sob a sombra da tutela tártara. Guerras, conflitos civis, epidemias, despovoamento e colônias abandonadas caracterizaram o século XIV e a primeira metade do XV. A partir de 1450, começou uma nova era de recuperação e expansão econômica. No curso dos cem anos seguintes, a população se multiplicou, a agricultura prosperou e o comércio interno e o uso da moeda se difundiram rapidamente, ao mesmo passo em que o território do Estado moscovita cresceu seis vezes. O sistema de rotação trienal – até então praticamente desconhecido na Rússia – começou a se sobrepor ao tradicional e destrutivo plantio camponês, junto com o domínio do arado de madeira; um pouco mais tarde, o uso dos moinhos se disseminou nas aldeias.[1] Não havia agricultura de exportação e as herdades ainda eram bastante autárquicas, mas a presença de cidades de tamanho considerável sob o controle do grão-ducado possibilitava um certo escoamento para a produção senhorial; os domínios

1 Sakharov, O Dialektike Istoricheskovo Razvitiya Russkovo Krest'yanstva, *Voprosy Istorii*, n.1, jan. 1970, p.21-2.

monásticos estavam na vanguarda dessa tendência. As trocas e manufaturas urbanas se beneficiaram da unificação territorial da Moscóvia e da padronização da moeda. O trabalho assalariado cresceu muito na cidade e nos campos, e o comércio internacional floresceu por toda a Rússia.[2] Foi nessa fase de ascensão que Ivan III lançou as fundações do absolutismo russo ao inaugurar o sistema *pomest'e*.

Até então, a classe fundiária russa se compusera essencialmente de príncipes autônomos e separatistas e de nobres boiardos, muitos de origem tártara ou oriental, senhores de vastos domínios alodiais e, muitas vezes, de uma considerável quantia de escravos. Esses magnatas aos poucos haviam se aproximado da corte moscovita restaurada, onde a partir de então formaram um séquito, embora mantivessem suas próprias tropas e seguidores. A conquista de Ivan III em Novgorod, no ano de 1478, permitiu que o nascente Estado ducal expropriasse vastos tratos de terra e ali assentasse uma nova nobreza, a qual, daí em diante, compôs a classe de serviço militar da Moscóvia. A concessão do *pomest'e* se condicionava à participação nas campanhas sazonais dos exércitos do governante, a quem o detentor devia fidelidade, sujeito a um estatuto bastante restrito. Os *pomeshchiki* eram soldados de cavalaria, armados com arco e espada para batalhas confusas: assim como os cavaleiros tártaros contra quem sempre se confrontavam, eles não usavam armas de fogo. A maior parte das terras que lhes eram concedidas ficava no centro e no sul do país, perto do *front* permanente com os tártaros. Se a típica *votchina* boiarda era uma grande propriedade, com abundante suprimento de mão de obra camponesa dependente e de trabalho escravo (no século XVII, a média era de 520 lares na região de Moscou), a *pomest'e* da nobreza era, em geral, uma pequena herdade, com uma média de cinco ou seis famílias a seu serviço.[3]

---

2 Já se alegou que o tamanho do mercado interno foi maior nos anos 1560 do que em meados do século XVII e que a proporção de trabalho livre na mão de obra foi maior no século XVI do que no XVIII: Makovsky, *Razvitie Tovarno-Denezhnykh Otnoshenii v Sel'skom Khozyaistve Russkovo Gosudarstva v XVI Veke*, p.203, 206.

3 Hellie, *Enserfment and Military Change in Muscovy*, p.24. Esse importante trabalho é a melhor síntese recente sobre toda a questão da formação da servidão russa e o papel da nobreza de serviço nos primórdios do Estado czarista.

O tamanho reduzido das posses dos *pomeshchik* e o rigor inicial do controle governamental sobre sua exploração talvez indiquem que sua produtividade era, em geral, bem mais baixa que a das terras alodiais boiardas e monásticas. Sua dependência econômica em relação ao grão-duque, doador das terras, era, portanto, bastante forte, o que, de início, lhes deixou pouca margem para iniciativas sociais e políticas. Mas, já por volta do ano 1497, talvez tenha sido sua pressão que, pelo menos em parte, acarretou o *Sudebnik*, decreto de Ivan III que restringiu a mobilidade camponesa pela Moscóvia a duas semanas por ano, antes e depois do dia de São Jorge, em novembro: foi o primeiro passo crucial rumo à servidão jurídica do campesinato russo, embora o processo completo ainda tivesse uma distância considerável a percorrer. Basílio III, que subiu ao trono em 1505, seguiu o mesmo caminho de seu antecessor: anexou Pskov e estendeu o sistema *pomest'e*, com vantagens políticas e militares para a dinastia. Em alguns casos, as terras alodiais dos apanágios principescos ou boiardos foram tomadas, e seus detentores, reassentados em outro lugar, sob posses condicionais e devendo serviço de guerra ao Estado. Ao se proclamar czar, Ivan IV ampliou e radicalizou esse processo por meio da expropriação aberta de proprietários hostis e da criação de um corpo de guarda terrorista (*oprichniki*), que recebia herdades confiscadas em troca de seus serviços.

Embora tenha sido um passo decisivo rumo à construção da autocracia czarista, a obra de Ivan IV muitas vezes recebe uma coerência retrospectiva um tanto indevida. Na verdade, seu governo marcou três realizações cruciais para o futuro do absolutismo russo. A liberação de Cazã em 1556 e a anexação do canato de Astracã romperam o poder tártaro no leste, encerrando o pesadelo secular que impedia o crescimento da sociedade e do Estado moscovitas. Antes dessa vitória memorável viera o desenvolvimento de duas inovações fundamentais no sistema militar russo: o uso maciço de minas e artilharia pesada contra fortificações (decisivo na tomada de Cazã) e a formação da primeira infantaria permanente de mosqueteiros *strel'tsy* – ambos de grande importância para os planos de expansão estrangeira. Enquanto isso, o sistema *pomest'e* alcançou uma nova escala, a qual alterou de modo permanente o equilíbrio de forças entre os boiardos e o czar. Os confiscos de *oprichnina* fizeram da posse condicional, pela primeira vez, a forma predominante de propriedade da terra na Rússia, ao mesmo passo que as herdades *votchina* também se vincularam à prestação de serviços e que o crescimento dos domínios monásticos se viu barrado. Essa mudança se refletiu no papel reduzido da Duma boiarda durante o reinado de Ivan IV e na convocação da primeira Zemsky Sobor, ou Assembleia da Terra, na qual a presença da pequena nobreza foi proeminente.[4] Mais importante ainda: Ivan IV então concedeu à classe *pomeshchik* o direito de determinar o nível das rendas a serem extraídas do campesinato de suas terras e de coletá-las eles mesmos – assim os tornando, pela primeira vez, senhores da mão de obra de suas herdades.[5] Ao mesmo tempo, o sistema fiscal e administrativo se modernizou com a abolição do *kormlenie* (salários em produtos, na prática) para os oficiais provinciais e a criação de um tesouro central para as receitas tributárias. Uma rede local de administração *guba*, composta basicamente da nobreza de serviço, integrou ainda mais essa classe no aparelho governamental emergente da monarquia russa. Juntas, essas medidas militares, econômicas e administrativas acabaram por fortalecer de modo bastante considerável o poder do Estado czarista central.

Por outro lado, tanto os avanços externos quanto os internos logo depois foram minados pela desastrosa condução das intermináveis Guerras da Livônia, que exauriram o Estado e a economia, e pelas exações terroristas da *oprichnina* no território russo. "Estado acima do Estado",[6] a *oprichnina* se compunha de cerca de 6 mil policiais militares e era responsável pela administração da Rússia central. Suas repressões não tinham

4 Talvez se possa detectar o exemplo da Sejm polonesa na convocação dessa instituição, a qual Ivan IV provavelmente concebera para atrair os nobres orientais da órbita lituana para a moscovita: Billington, *The Icon and the Axe*, p.99-100.

5 Hellie, *Enserfment and Military Change in Muscovy*, p.37, 45, 115.

6 Expressão cunhada por Skrynnikov e citada por Shapiro, Ob Absoliutizme v Rossii, *Istoriya SSSR*, maio 1968, p.73. O artigo de Shapiro é uma resposta ao ensaio de Avrekh referido mais acima (ver p.19), o qual iniciou um debate homérico entre os historiadores soviéticos sobre a natureza e os caminhos do absolutismo russo, revelando uma ampla variedade de posições, com mais de uma dúzia de contribuições para a *Istoriya SSSR* e a *Voprosy Istorii*. Trata-se de uma discussão muito interessante, à qual voltaremos a nos referir.

nenhum objetivo racional: somente atendiam às vinganças pessoais e um tanto insanas de Ivan IV. Ela não ameaçava os boiardos enquanto classe, apenas atingia alguns indivíduos em seu meio; mas os tumultos que causava nas cidades, a ruptura do sistema fundiário e a superexploração do campesinato foram causa direta do colapso final e centrífugo da sociedade moscovita nos últimos anos do reinado de Ivan.[7] Pois, ao mesmo tempo, Ivan cometera um erro de cálculo fundamental depois de suas vitórias no leste, quando seguiu uma política de expansão ocidental rumo ao Báltico, em vez de se voltar ao sul para lidar com a ameaça dos tártaros na Crimeia, que constituía um escoadouro permanente para a segurança e a estabilidade da Rússia. Mesmo que fosse capaz de derrotar os primitivos – mas ferozes – nômades orientais, as novas forças militares russas não eram páreo para os exércitos avançados da Polônia e da Suécia, equipados com armas e táticas ocidentais. Os vinte e cinco anos da Guerra da Livônia se encerraram com um revés esmagador, não antes de arruinar a sociedade moscovita com imensos gastos e desarranjos na economia rural. As derrotas no *front* da Livônia se combinaram à desmoralização sob o flagelo *oprichnik* para precipitar um desastroso êxodo do campesinato do centro e do noroeste da Rússia rumo à recém-conquistada periferia do país, deixando para trás regiões inteiras desoladas. As calamidades agora se sucediam em um ciclo familiar de extorsões fiscais, quebras de colheita, pestes epidêmicas, pilhagem doméstica e invasões estrangeiras. Os tártaros saquearam Moscou em 1571 e os *oprichniki* pilharam Novgorod. Em uma tentativa desesperada de estancar esse caos social, Ivan IV proibiu toda e qualquer movimentação de camponeses em 1581, fechando pela primeira vez o período de São Jorge; o decreto era expressamente excepcional, cobrindo um ano específico, mas se repetiu de maneira irregular ao longo da década. Essas proibições não conseguiram conter o problema imediato das fugas em massa, e vastas porções das tradicionais terras moscovitas ficaram desertas. Nas áreas mais atingidas, a proporção de solo cultivado por família camponesa caiu a um terço ou um quinto dos níveis anteriores; houve uma generalizada regressão

7 Ver a concordância entre as opiniões de Vernadsky, *The Tsardom of Moscow*, v.1, p.137-9, e Shapiro, Ob Absoliutizme v Rossii, op. cit., p.73-4.

agrária; na província de Moscou em si, estima-se que algo entre 76% e 96% de todas as colônias agrícolas tenham sido abandonadas.[8] Em meio a esse desmoronamento de toda a ordem rural laboriosamente construída no decorrer do século anterior, houve um recrudescimento agudo da escravidão, com muitos camponeses vendendo a si mesmos para escapar da fome. A derrocada final do reinado de Ivan IV iria prejudicar o progresso político e econômico da sociedade feudal russa por muitas décadas, corroendo até mesmo seus êxitos iniciais.[9] A ferocidade do jugo de Ivan foi um sintoma do caráter histérico e artificial de grande parte de seu impulso rumo ao absolutismo, em condições nas quais qualquer autocracia sistemática ainda era prematura.

A década seguinte testemunhou um certo alívio da profunda recessão econômica na qual a Rússia mergulhara, mas a nobreza *pomeshchik* ainda sentia a grave escassez de trabalho campesino para cultivar suas terras e, agora, também sofria com a aguda inflação dos preços. Bóris Gudonov, o magnata que tomara o poder depois da morte de Ivan, reorientou a política externa russa para a paz com a Polônia no oeste, para o ataque aos tártaros da Crimeia no sul e, acima de tudo, para a anexação da Sibéria no leste. Para tanto, precisou da lealdade da classe de serviço militar. Foi nesse contexto que, com o objetivo de angariar o apoio da nobreza, Gudonov baixou um decreto, em 1592 ou 1593, proibindo toda e qualquer

8 Hellie, *Enserfment and Military Change*, p.95-7.

9 Mas é um erro exagerar os efeitos de longo prazo desses anos sobre a economia russa. Makovsky argumenta que tais efeitos teriam derrubado o florescente capitalismo russo justamente no seu ponto de ascensão e, assim, causado um recuo de mais de dois séculos, com a consolidação da classe *pomeshchik* e da servidão. "Desse modo, durante as décadas de 60 e 70 do século XVI, já estavam presentes no Estado russo as condições econômicas necessárias à produção em larga escala, mas a intervenção ativa da superestrutura (com os poderosos instrumentos de um Estado feudal forte) sobre as relações econômicas, sob os interesses da nobreza, não apenas impediu o desenvolvimento de novas relações, mas também minou as condições de toda a economia do país." Makovsky, *Razvitie Tovarno-Denezhnykh Otnoshenii*, p.200-1. A *oprichnina*, outrora tida como salutar episódio antifeudal, nessa versão se torna um instrumento maléfico da reação feudal, capaz de desviar toda a história russa de seu curso até então progressivo. Tal juízo é, manifestamente, não histórico.

movimentação camponesa até determinação em contrário, eliminando assim qualquer restrição temporal à adscrição ao solo. "Esse decreto foi o ponto culminante das políticas de servidão do final do século XVI e do início do XVII."[10] O que se seguiu foi um crescimento geral das obrigações em serviço e das medidas que fechavam o acesso dos grupos sociais inferiores à classe *pomeshchik*. No entanto, ao eliminar o último herdeiro da dinastia Rurik, Godunov preciptou sua queda abrupta. O Estado russo agora se desintegrava rumo ao caos, em meio ao Tempo de Dificuldades (1605-1613), sequela política de ação retardada do colapso econômico dos anos 1580. Intrigas sucessórias, usurpações entre rivais, conflitos magnatas dentro da classe boiarda e invasões estrangeiras da Polônia e da Suécia varreram o país. As muitas fissuras na ordem dominante possibilitaram uma rebelião camponesa comandada pelos cossacos – a insurreição de Bolotnikov em 1606-1607 – do tipo das que iriam pontuar os dois séculos seguintes. Liderada por um escravo fugido que se tornara aventureiro, uma variada força popular advinda das cidades e dos campos do sudoeste marchou sobre Moscou, tentando levantar os pobres da capital contra o regime boiardo e usurpador que estava no poder. Essa ameaça logo uniu exércitos nobres e magnatas até então inimigos contra os insurgentes, que acabaram caindo em Tula.[11] Mas essa primeira revolta social contra a servidão e a crescente repressão senhorial foi um aviso para as classes fundiárias das tempestades que estavam por vir.

No ano de 1613, a aristocracia já havia fechado suas fileiras o suficiente para eleger o jovem boiardo Miguel Romanov como futuro imperador. Lentamente, o advento da dinastia Romanov agora começava, de fato, a semear na Rússia um absolutismo que não seria arrancado nos próximos trezentos anos. A camarilha central de funcionários boiardos e *d'iak* que garantira a ascensão de Miguel I manteve, por um período de transição, a

10 Koretsky, *Zakreposhchenie Krest'yan i Klassovaya Bora v Rossii vo Vtoroi Polovine XVI*, p.302. Mais acurada que qualquer outro trabalho, a pesquisa de Koretsky apontou as fases e circunstâncias precisas da adscrição jurídica no final do século XVI: para ler sua análise do presumível decreto de Godunov, cujo texto não foi recuperado, ver p.123-5, 127-34.

11 Sobre a revolta de Bolotnikov, ver: Avrich, *Russian Rebels*, p.20-32.

Zemsky Sobor que a votara em termos formais. Atendendo às reivindicações da pequena nobreza, o novo governo então implementou uma enérgica recuperação de camponeses fugidos, inclusive daqueles que haviam se engajado nas milícias que combateram os estrangeiros no Tempo de Dificuldades. Com isso, a produção econômica reviveu. O patriarca Filareto, pai de Miguel, que em 1619 se tornou o verdadeiro governante do país, deu novos estímulos à classe *pomeshchik*, entregando-lhe os territórios camponeses de "terra negra" no norte. Mas o caráter e a orientação básica do novo regime Romanov era magnata, determinados pelos interesses dos boiardos metropolitanos e dos burocratas venais da capital, e não da pequena nobreza provinciana.[12] Daí em diante, o século XVII testemunhou um crescente divórcio e conflito entre a massa da classe de serviço (em termos numéricos, o maior grupo de donos de terras da Rússia, cerca de 25 mil) e o Estado absolutista – conflito do tipo que era comum na maioria dos países europeus da mesma época, mas que assumiu traços peculiares nesse contexto mais atrasado do Leste Europeu. A diminuta elite boiarda da aristocracia russa – cerca de 40 a 60 famílias – era muito mais rica que as fileiras rasas da pequena nobreza; além disso, também tinha um caráter bastante heterogêneo, pois sua origem tártara recebeu infusões polonesas, lituanas, germânicas e suecas no curso do século XVII. Tal elite gozava de estreitos laços com os altos escalões da burocracia central, a qual lhe era juridicamente contígua na complexa estratificação da hierarquia de serviço moscovita, ambos os grupos com posições bem acima da pequena nobreza. Foi esse complexo de magnatas e burocratas, também dividido por constantes rixas pessoais e faccionais, que de modo errático direcionou as políticas governamentais de Moscou no início da era Romanov.

Duas grandes contradições o separaram da pequena nobreza de serviço. Em primeiro lugar, a superioridade bélica da Suécia e da Polônia – comprovada nas Guerras da Livônia e reconfirmada durante o Tempo de

12 Keep, The Decline of the Zemsky Sobor, *Slavonic and East European Review*, 36, 1957-1958, p.105-10; Id., The Regime of Filaret 1619-1633, *Slavonic and East European Review*, 38, 1960, p.334-60, que fornece um relato minucioso das políticas gerais do patriarca.

Dificuldades – ditou a renovação e modernização do exército russo. A confusa cavalaria *pomeshchik*, carente de disciplina organizada e de poder de fogo permanente, era um anacronismo na época da Guerra dos Trinta Anos, tal como o era a desmoralizada *strel'tsy* urbana: o futuro pertencia aos regimentos de infantaria bem treinados, dispostos em formações em linhas e equipados com mosquetes leves, ao lado de dragões de elite. A partir de então, o regime de Filareto começou a construir tropas permanentes desse tipo, empregando mercenários e oficiais estrangeiros. No entanto, a pequena nobreza de serviço não quis se adaptar às formas contemporâneas da guerra e se recusou a integrar esses regimentos de estilo ocidental, utilizados pela primeira vez na inglória Guerra de Smolensk contra a Polônia (1632-1634).[13] Daí em diante, foi se desenvolvendo uma crescente divergência entre o papel nominal da classe *pomeshchik* e a verdadeira estrutura e composição das forças armadas russas, que se constituíram cada vez mais de regimentos profissionais do novo estilo de infantaria e cavalaria – e cada vez menos das mobilizações sazonais da pequena nobreza montada. A partir dos anos 1630, toda a lógica militar desta última foi ficando mais e mais ameaçada, e seu papel tradicional se tornou inútil e obsoleto. Ao mesmo tempo, havia atritos constantes entre os boiardos e a pequena nobreza dentro do conjunto da classe fundiária, por causa da disponibilidade da mão de obra rural. Pois, embora o campesinato russo agora estivesse juridicamente atado ao solo, as fugas ainda eram comuns nas imensas vastidões selvagens desse país sem fronteiras claras no norte, no leste e no sul. Na prática, os magnatas podiam atrair os servos das herdades de cavaleiros menores para seus próprios latifúndios, onde as condições agrárias normalmente eram mais seguras e prósperas e as exações feudais eram menos onerosas. Por isso, a pequena nobreza clamou furiosamente pela revogação de todas as restrições à recuperação de camponeses fugidos, ao passo que os magnatas manobraram, com sucesso, para manter os prazos legais, depois dos quais a recuperação à força já não era possível – dez anos depois de 1615, cinco anos depois de 1642 (devido à crescente pressão *pomeshchik*). A tensão entre boiardos e

13 Hellie, *Enserfment and Military Change*, p.164-74.

cavaleiros a respeito das leis antifuga foi um dos fios condutores da época, e a turbulência da pequena nobreza na capital repetidas vezes foi utilizada para arrancar concessões ao czar e à alta nobreza.[14] Por outro lado, por mais graves que tenham sido, nem os conflitos de interesses econômicos nem os militares puderam abater a unidade social fundamental da classe fundiária como um todo, diante das massas exploradas nos campos e nas cidades. Os grandes levantes populares dos séculos XVII e XVIII atuaram, invariavelmente, para reforçar a solidariedade da aristocracia feudal.[15]

Foi justamente essa conjuntura que acarretou a codificação final da servidão russa. Em 1648, aumentos de preços e impostos provocaram

---

14 Pavlenko, K Voprosu o Genezisa Absoliutizma v Rossii, *Istoriya SSSR*, abr. 1970, p.78-9. Pavlenko rejeita, com razão, a ideia defendida por outros participantes da discussão que agora se trava na historiografia soviética, sob a influência da famosa fórmula de Engels, segundo a qual a burguesia urbana não desempenhou nenhum papel central nem independente no advento do absolutismo russo – salientando, ao contrário, a importância dos atritos interfeudais entre pequenos e grandes proprietários de terras. Estes são bastante explorados por Hellie, *Enserfment and Military Change*, p.102-6, 114, 128-38.

15 Hellie reconhece esse fato, mas nunca o integra de maneira adequada à sua análise geral. A maior fragilidade de seu livro é a noção indevidamente restrita de Estado: muitas vezes, o "governo" russo é reduzido a um punhado de magnatas e conselheiros em Moscou, e seus "propósitos" se limitam a apetites pessoais e aleatórios, que excluem qualquer preocupação com a adscrição do campesinato (Hellie, *Enserfment and Military Change*, p.146). O resultado é o divórcio entre o processo social da servidão e a estrutura política do Estado, o que faz desaparecer, como que por mágica, a unidade básica da classe fundiária que determinava esse vínculo. Desse modo, a servidão se torna um produto fortuito e ilógico da crise de 1648, uma concessão imprevisível à pequena nobreza, no exato momento em que ela perdia sua utilidade militar para o Estado, o que, aliás, podia nunca ter ocorrido (Ibid., p.134). Na verdade, é óbvio que dois séculos de servidão russa não dependeram de acontecimentos "casuais" de um único ano. O próprio relato de Hellie logo depois demonstra que a relação fundamental entre os boiardos e a pequena nobreza dentro da classe fundiária não era governada por seus respectivos papeis administrativos ou pelo acesso à mão de obra, mas sim pelo controle comum dos principais meios de produção e pelo interesse compartilhado na exploração e repressão do campesinato. As muitas e graves disputas entre uns e outros sempre se deram dentro desse quadro estrutural: daí sua solidariedade instintiva em momentos de crise social, quando a insurgência camponesa ameaçava tanto o poder do Estado quanto a propriedade agrária.

violentos tumultos de artesãos em Moscou, os quais se combinaram a um surto de revoltas camponesas nas províncias e a um motim da *strel'tsy*. Alarmado por esses perigos renovados, o governo boiardo aceitou a rápida convocação da decisiva Zemsky Sobor, que por fim suspendeu todos os limites para a recuperação de camponeses fugidos – atendendo assim a uma demanda fundamental da pequena nobreza provincial e a perfilando ao Estado central. A Zemsky Sobor então elaborou um abrangente código legal, que iria se tornar a carta social do absolutismo russo. A *Sobornoe Ulozhenie* de 1649 codificou e promulgou de maneira definitiva a servidão do campesinato, que, daí em diante, ficou irreversivelmente atado à terra. Tanto as terras *votchina* quanto as *pomest'e* foram declaradas hereditárias, e a compra ou venda destas últimas foram proibidas: todas as herdades passaram a dever serviço militar.[16] As cidades tiveram de se sujeitar a controles mais rígidos do czar e se viram meticulosamente isoladas do resto do país: seus *posadskie* pobres foram tomados como servos do Estado, só os contribuintes podiam residir nos centros urbanos e nenhum habitante podia partir sem permissão régia. O estrato superior dos mercadores, os *gosti*, recebeu privilégios monopolistas no comércio e nas manufaturas, mas, na verdade, o crescimento das cidades acabou estrangulado pelo fim da migração rural, consequência da adscrição generalizada, o que provocou uma inevitável escassez de mão de obra no diminuto setor urbano da economia. Nem precisamos enfatizar a semelhança entre a *Ulozhenie* russa e o *Recess* prussiano de quatro anos depois. Ambos lançaram os fundamentos do absolutismo por meio de um pacto entre a monarquia e a nobreza, pelo qual a lealdade política que aquela procurava foi trocada pela servidão patrimonial que esta queria.

A segunda metade do século revelou a solidez dessa união na própria intensidade dos testes políticos que ela enfrentou. A Zemsky Sobor logo se tornou inútil e desapareceu depois de 1653. No ano seguinte, com o Tratado de Pereyaslavl, os cossacos ucranianos transferiram formalmente

16 As principais disposições da *Ulozhenie* são descritas por Vernadsky, *The Tsardom of Moscow*, v.1, p.399-411. O novo código também acabou com o que restava de autonomia municipal em Novgorod e Pskov: Fedosov, Sotsialnaya Sushchnost' i Evoliutsiya Rossiiskovo Absoliutizma, *Voprosy Istorii*, jul. 1971, p.52-3.

sua vassalagem para a Rússia; o resultado foi a Guerra dos Treze Anos com a Polônia. De início, as tropas czaristas avançaram com sucesso, tomando Smolensk e chegando à Lituânia, onde capturaram Wilno. Mas o ataque sueco à Polônia em 1655 logo complicou essa situação estratégica; a recuperação polonesa exigiu uma década de batalhas custosas e, no fim, os ganhos territoriais da Rússia foram limitados, ainda que substanciais. Com o Tratado de Andrussovo, em 1667, o Estado czarista obteve a metade oriental da Ucrânia além do Dnieper, incluindo Kiev, e recuperou a região de Smolensk, ao norte. Na década seguinte, fortes investidas turcas no sul, vindas do Mar Negro, só foram refreadas ao preço da devastação de boa parte dos assentamentos na Ucrânia. Ao mesmo tempo, esses moderados êxitos no exterior se fizeram acompanhar por mudanças internas radicais na natureza do aparato militar do emergente absolutismo russo. Pois foi durante esse período, com o sistema de estados ainda em decadência, que o exército cresceu a firme compasso, acabando por dobrar de tamanho entre 1630 e 1681, quando somou 200 mil homens – número superior ao dos maiores aparelhos militares do Ocidente na época.[17] O papel das tropas *pomeshchik* não reformadas caiu na mesma proporção. A nova linha fortificada de Belgorod passou a proteger a fronteira sul das incursões dos tártaros da Crimeia, contra os quais havia, desde a origem, se implantado. Mas, acima de tudo, os regimentos semipermanentes da "nova formação" se tornaram o componente dominante dos exércitos russos na Guerra dos Treze Anos contra a Polônia. Em 1674, a pequena nobreza forneceu apenas dois quintos da cavalaria, a qual, daí em diante, ficou aquém da infantaria armada em termos estratégicos. Enquanto isso, os *pomeshchiki* seguiam marginalizados da administração civil. Predominantes nas chancelarias centrais durante o século XVI, eles foram ficando cada vez mais excluídos da burocracia no século XVII, a qual passou a ser prerrogativa de uma casta

---

17 Para cálculos sobre o tamanho das forças armadas durante o século XVII, ver Hellie, *Enserfment and Military Change*, p.267-9, que, de maneira incorreta, alega que, ao final dos anos 1670, o exército russo era "de longe, o maior da Europa" (p.226). Na verdade, o aparelho militar francês devia ser tão grande quanto, talvez até maior. Mas, mesmo assim, o tamanho comparativo – ainda que não a destreza – das forças armadas moscovitas era impressionante.

quase hereditária de funcionários nos escalões inferiores e de burocratas corruptos com conexões magnatas nos escalões superiores.[18] Além disso, em 1679, a dinastia Romanov aboliu a administração *guba* local, até então nas mãos de cavaleiros provinciais, integrando-a na máquina central dos governadores *voevoda*, nomeados por Moscou.

A situação dos trabalhadores das herdades *pomeshchik* também não era muito satisfatória. Em 1658, decretaram-se novas leis que tornaram crime as fugas camponesas, mas a continuidade da situação nas fronteiras do sul e na vastidão siberiana deixava lacunas territoriais significativas na consolidação jurídica da servidão, embora a degradação do campesinato estivesse se acentuando nas regiões centrais do país: enquanto os tributos triplicaram no curso do século XVII, o tamanho médio do lote camponês caiu pela metade entre 1550 e 1660, para apenas 1,5 ou 2 hectares.[19] Essa implacável constrição do estatuto camponês desencadeou a grande insurreição rural de cossacos, servos, escravos e pobres urbanos do sudeste, em 1670, liderada por Razin – unindo tribos desalojadas de Tchuvache, Mari e Mordva e disparando levantes populares nas cidades ao longo do vale do Volga. O extremo perigo social que essa vasta *jacquerie* apresentou a toda a classe dominante imediatamente uniu os boiardos com a pequena nobreza: as graves tensões entre proprietários das décadas anteriores logo foram esquecidas em uma mesma repressão implacável contra os pobres. A vitória militar do Estado czarista sobre a rebelião de Razin, na qual os novos regimentos permanentes desempenharam um papel indispensável, estreitou mais uma vez os laços entre monarquia e nobreza. Nas duas últimas décadas do século, foi a vez de os magnatas boiardos – até então força propulsora por trás de sucessivos czares preguiçosos – se curvarem e se remodelarem ante as exigências de um absolutismo em ascensão. Os grandes potentados que haviam emergido no Tempo de Dificuldades eram, no mais das vezes, de proveniência mista e origem recente: tinham poucas razões para se apegarem à hierarquia antiquada e divisionista do *mestnichestvo*, o labiríntico sistema de classificação das famílias boiardas,

18 Hellie, *Enserfment and Military Change*, p.70-2.

19 Ibid., p.372, 229.

que datava do século XIV e causava problemas ao comando do novo aparato militar do Estado. Em 1682, o czar Teodoro queimou solenemente os veneráveis livros de precedência ancestral que registravam essa hierarquia, a qual foi abolida – precondição para uma unidade aristocrática mais ampla.[20] E, então, estava montado o cenário para uma drástica reconstrução de toda a ordem política do absolutismo russo.

É claro que a máquina estatal erigida sobre essas novas bases sociais foi, acima de tudo, uma obra monumental de Pedro I. Seu primeiro gesto ao subir ao poder foi dissolver a velha e instável milícia *strel'tsy* de Moscou – cuja turbulência causara inquietações frequentes para seus predecessores – e criar os regimentos de guarda Preobrazhensky e Semenovsky, os quais, a partir de então, seriam os corpos de elite do aparelho repressivo czarista.[21] A tradicional dualidade entre os boiardos e a pequena nobreza foi recomposta com a criação de um sistema hierárquico mais abrangente e com a universalização do princípio do serviço, que sujeitou tanto os nobres quanto os cavaleiros a uma mesma estrutura política. Importaram-se novos títulos da Dinamarca e da Prússia (conde, barão), para introduzir escalas mais modernas e sofisticadas dentro da aristocracia, que daí em diante passou a imitar *en bloc* os aspectos sociais e etimológicos da corte (*dvoriantsvo*). O poder independente dos magnatas foi suprimido sem piedade; a Duma boiarda se viu eliminada e substituída por um senado nomeado pelo czar. A pequena nobreza se reincorporou ao exército e à administração modernizados, voltando a compor seus quadros centrais.[22] A *votchina* e o *pomest'e* se uniram em um mesmo padrão de propriedade hereditária da terra, e a nobreza se soldou ao Estado por meio das obrigações universais em serviço, a partir dos catorze anos de idade, tanto no exército quanto na burocracia. Para financiar essas instituições, fez-se um novo censo populacional, e os antigos escravos se fundiram à classe dos servos, que passaram a se vincular à pessoa do senhor, não mais à terra que cultivavam, e, portanto, puderam

20 Keep, The Muscovite Elite and the Approach to Pluralism, *Slavonic and East European Review*, XLVIII, 1970, p.217-8.

21 Volkov, O Stanovlenii Absoliutizma v Rossii, *Istoriya SSSR*, jan. 1970, p.104. Também se formou um terceiro regimento de guardas pessoais, ou cavalaria real.

22 Hellie, *Enserfment and Military Change*, p.260.

ser vendidos como os *Leibeigene* prussianos. No mesmo golpe, as antigas comunidades livres das terras negras do norte e os colonos da Sibéria se tonaram "servos do Estado", com condições um pouco superiores às dos servos privados, mas também se degradando cada vez mais. Aboliu-se o patriarcado, e a Igreja se viu firmemente subordinada ao Estado pelo novo gabinete do Santo Sínodo, cujo mais alto posto cabia a um funcionário secular. Construiu-se em São Petersburgo uma capital nova e ocidentalizada. O sistema administrativo se reorganizou em governadorias, províncias e distritos, o tamanho da burocracia dobrou.[23] Os departamentos governamentais se concentraram em nove "colégios" centrais, dirigidos por conselhos coletivos. Instalou-se uma moderna indústria metalúrgica nos Urais, a qual faria da Rússia um dos maiores produtores de metal da época. O orçamento quadruplicou, em grande medida com os recursos de um novo imposto sobre os servos. A média dos impostos camponeses quintuplicou entre 1700 e 1707-1708.

Boa parte dessa receita estatal bastante ampliada – de dois terços a quatro quintos – se destinou à construção de um exército profissional e de uma marinha moderna:[24] as duas metas principais de todo o programa de Pedro, às quais se subordinaram todas as outras medidas. De 1700 a 1721, na Grande Guerra do Norte, o assalto sueco à Rússia teve êxito, de início: Carlos XII expulsou as forças czaristas em Narva, invadiu a Polônia e, na Ucrânia, incitou o *hetman* cossaco Mazeppa contra Pedro I. A vitória russa em Poltava, no ano de 1709, o triunfo naval no Golfo da Finlândia e a invasão da própria Suécia inverteram todo o equilíbrio de forças no Leste Europeu. O poder sueco foi, enfim, expulso e derrotado e, com sua queda, o império czarista realizou dois ganhos geopolíticos decisivos. Em 1721, pelo Tratado de Nystadt, as fronteiras russas finalmente chegaram ao Báltico: foram anexadas Livônia, Estônia, Íngria e Carélia, o que garantiu acesso marítimo ao Ocidente. No sul, em um conflito separado, os exércitos turcos chegaram perto de impor uma catástrofe às dispersas

23 Fedosov, Sotsialnaya Sushchnost' i Evoliutsiya Rossiiskovo Absoliutizma, p.57-60.

24 Hellie, *Enserfment and Military Change*, p.256. Sobre o aumento de impostos, ver: Avrich, *Russian Rebels*, p.139.

tropas russas, mas o czar teve a sorte de se safar sem perdas mais sérias. Não ocorreu nenhum ganho significativo nas margens do Mar Negro; mas a ameaça da *Sech* dos cossacos de Zaporozhe, que sempre impedira qualquer assentamento permanente no interior ucraniano, chegou ao fim com a supressão da revolta de Mazeppa. O absolutismo russo emergiu dos vinte anos de batalhas da Grande Guerra do Norte como uma força ameaçadora no Leste Europeu. No plano doméstico, a rebelião de Bulavin contra a captura de servos e o trabalho forçado na região do baixo Don foi reprimida com sucesso, e a longa revolta dos Bashkires contra a colonização russa na região do Ural-Volga foi isolada e derrotada. Ainda assim, o perfil do Estado de Pedro, com sua coerção incansável e seus avanços territoriais, deve ser visto contra o pano de fundo sombrio de seu atraso, o qual afetou profundamente seu verdadeiro caráter. Pois, apesar de toda a reorganização e repressão de Pedro I, a corrupção e o peculato continuaram endêmicos: calcula-se que apenas um terço das receitas de fato chegassem ao Estado.[25] Logo depois da morte de Pedro, o uso da força para obrigar toda a nobreza aos serviços vitalícios para o czarismo se provou supérfluo. Pois, uma vez acostumada ao absolutismo, a aristocracia se estabilizou solidamente, e os sucessores de Pedro puderam se dar ao luxo de abrandar e, em seguida, abolir o caráter compulsório dessas obrigações, as quais seu neto Pedro III encerrou em 1762; por essa época, a pequena nobreza já estava segura e espontaneamente integrada ao aparelho de Estado.

Sob uma sequência de governantes fracos – Catarina I, Pedro II, Ana e Elizabeth – os regimentos de guarda criados por Pedro I se tornaram, depois de sua morte, palco para conflitos magnatas pelo poder em São Petersburgo, nos quais os muitos *putsches* foram um tributo à consolidação do complexo institucional czarista: a partir de então, os nobres conspiraram dentro da autocracia, e não contra ela.[26] Assim, a chegada de um novo soberano resoluto, em 1762, foi sinal não para a eclosão de tensões

25 Dorn, *Competition for Empire*, p.70. Nos anos 1760, as receitas fiscais da Prússia eram maiores que as da Rússia, com um terço da população.

26 A única tentativa de impor limitações constitucionais à monarquia foi o esquema de Golitsyn, que, em 1730, propôs um Conselho Privado oligárquico, vagamente inspirado no exemplo sueco; uma revolta da guarda logo acabou com a proposta.

entre a monarquia e a nobreza, mas sim para sua mais harmoniosa reconciliação. Catarina II provou ser o governante mais consciente da Rússia em termos ideológicos e também o mais generoso com sua classe. Aspirando a uma reputação europeia por seu iluminismo político, ela promulgou um novo sistema educacional, secularizou terras da Igreja e promoveu o desenvolvimento mercantilista da economia russa. A moeda se estabilizou, a indústria do ferro se expandiu e o volume de comércio internacional aumentou. As duas grandes marcas do reinado de Catarina II, no entanto, foram a extensão da agricultura servil organizada para toda a Ucrânia e a promulgação da Carta da Nobreza. A condição da primeira foi a destruição do canato tártaro da Crimeia e a ruptura do poder otomano ao longo da costa norte do Mar Negro. O canato da Crimeia, enquanto Estado vassalo da Turquia, não só mantinha a Rússia longe do Euxino: seus ataques perpétuos abalavam e devastavam as planícies pônticas, fazendo de boa parte da Ucrânia uma terra de ninguém insegura e despovoada, mesmo muito tempo depois de sua incorporação formal ao reino Romanov. A nova imperatriz direcionou toda a força dos exércitos russos contra o controle islâmico do Mar Negro. Em 1774, o canato já havia se desligado da Porta, e a fronteira otomana fora empurrada de volta para o rio Bug. Em 1783, ocorreu a anexação da Crimeia. Uma década depois, a fronteira russa chegava ao Dniester. No novo litoral czarista foram fundadas Sebastopol e Odessa. O acesso naval ao Mediterrâneo através dos estreitos parecia muito próximo.

Mas, no curto prazo, as consequências mais importantes desse avanço rumo ao sul se deram na agricultura russa. A eliminação definitiva do canato tártaro possibilitou a recuperação e a organização do assentamento das vastas estepes ucranianas, largos tratos de terra que agora, pela primeira vez, se converteram em solo arável e cultivado pela população camponesa estável e sedentária das grandes herdades. Sob o comando de Potemkin, a colonização agrária da Ucrânia talvez tenha representado a maior ocupação geográfica da história da agricultura feudal europeia. Mas esse imenso avanço territorial não registrou nenhum progresso técnico na economia do campo: foi apenas um ganho na extensão. Em termos sociais, subjugou os habitantes até então livres ou quase livres das regiões fronteiriças à condição do campesinato central, aumentando de uma só vez o total da população servil da Rússia. Durante o reinado de Catarina II, o volume das rendas em dinheiro pagas pelos servos cresceu até cinco vezes, em alguns casos; o governo rejeitou qualquer limite à extração de obrigações em serviços; inúmeros servos do Estado foram entregues aos grandes nobres, para intensificar a exploração privada. Esse episódio final e dramático do processo que impôs a servidão às massas rurais se deparou com a última e mais forte das revoltas de inspiração cossaca, liderada por Pugachev – uma rebelião sísmica que abalou toda a região do Volga e dos Urais, mobilizando imensas massas confusas de camponeses, trabalhadores metalúrgicos, nômades, montanheses, hereges e pequenos proprietários em um assalto derradeiro e desesperado à ordem governante.[27] No entanto, as cidades e guarnições czaristas aguentaram firme, enquanto o exército imperial se deslocava para esmagar a revolta. Sua derrota marcou o fechamento da fronteira leste. A partir de então, as aldeias russas mergulharam em profunda quietude. A Carta da Nobreza outorgada pela imperatriz em 1785 completou a longa jornada do campesinato rumo à servidão. Por ela, Catarina II garantia todos os privilégios da aristocracia, dispensava suas obrigações compulsórias e lhe assegurava total controle jurisdicional sobre a força de trabalho rural; a restituição de uma parte da administração provincial aos poucos transferiu as funções locais de volta para a pequena nobreza.[28]

---

27 Avrich considera a rebelião de Pugachev a mais impressionante revolta de massa da Europa entre as revoluções inglesa e francesa: para sua análise a respeito da variada composição social dessa rebelião, ver *Russian Rebels*, p.196-225. É evidente o progressivo deslocamento geográfico na série de revoltas camponesas russas, de Bolotnikov a Pugachev: elas se moveram por uma vasta faixa de terra do sul para o leste, ao longo dos setores menos administrados e controlados das fronteiras. Em contraste, não ocorreu nenhum grande levante nas províncias centrais da tradicional Moscóvia, com seu assentamento antigo, sua homogeneidade étnica e sua proximidade à capital.

28 Em um volume cuidadosamente documentado, Dukes conclui que a "subserviência" da nobreza russa à autocracia czarista tem sido bastante exagerada: entre as duas haveria, na verdade, uma simples unidade social. Dukes, *Catherine the Great and the Russian Nobility*, p.248-50.

A parábola típica da ascensão do absolutismo estava, então, completa. No século XVI, a monarquia ascendera em concordância com a pequena nobreza (Ivan IV); no século XVII, elas às vezes colidiram com alguma violência, em meio ao predomínio magnata, às complexas mudanças e deslocamentos dentro do Estado e às turbulências sociais (Miguel I); no início do século XVIII, a monarquia alcançou uma autocracia implacável (Pedro I); depois disso, a nobreza e a monarquia recuperaram a harmonia e a serenidade recíprocas (Catarina II).

A força do absolutismo russo logo se revelou em seus êxitos internacionais. Principal defensora das Partilhas da Polônia, Catarina II também foi sua maior beneficiária quando a operação se completou, em 1795. O império czarista cresceu cerca de 500 mil quilômetros quadrados e agora se estendia até perto do Vístula. Na década seguinte, a Geórgia foi anexada na região do Cáucaso. No entanto, foi a grandiosa prova de força das guerras napoleônicas que demonstrou a nova primazia europeia do Estado czarista. Mais atrasado dos absolutismos do Leste Europeu em termos sociais e econômicos, a Rússia provou ser o único *ancien régime* que, de uma ponta a outra do continente, foi capaz de enfrentar o ataque francês em termos políticos e militares. Já na última década do século XVIII, os exércitos russos, pela primeira vez na história, partiram para as profundezas do Ocidente – Itália, Suíça e Holanda – com o objetivo de apagar as chamas da revolução burguesa que o Consulado ainda atiçava. O novo czar Alexandre I participou das ruinosas terceira e quarta coalizões contra Napoleão. Mas, enquanto os absolutismos austríaco e prussiano caíam em Ulm e Wagram, Iena e Auerstadt, o absolutismo russo conseguia uma trégua em Tilsit. Depois que os dois imperadores dividiram as esferas de influência, em 1807, a Rússia pôde proceder à conquista da Finlândia (1809) e da Bessarábia (1812), em detrimento da Suécia e da Turquia. Por fim, quando Napoleão lançou sua invasão total da Rússia, a *Grande Armée* se mostrou incapaz de quebrar a estrutura do Estado czarista. Vitorioso nas primeiras batalhas, o ataque francês foi, supostamente, arruinado pelo clima e pela logística; mas, na verdade, quem o arruinou foi a resistência impenetrável de um ambiente feudal primitivo demais para ser vulnerável à espada da expansão burguesa e da emancipação ocidental desse mundo, embotadas pelo bonapartismo.[29] A retirada de Moscou assinalou o fim do domínio francês em todo o continente: em menos de dois anos, as tropas russas firmaram acampamento em Paris. O czarismo atravessou o século XIX como guardião vitorioso da contrarrevolução europeia. O Congresso de Viena selou seu triunfo: foi anexada mais uma grande fatia da Polônia e Varsóvia se tornou cidade russa. Três meses depois, por insistência pessoal de Alexandre I, a Santa Aliança recebia a missão solene de garantir a restauração régia e clerical de Guadarrama até os Urais.

As estruturas do Estado czarista que emergiu do acordo de Viena, intocadas por qualquer transformação comparável às reformas austríaca ou prussiana, não tinham paralelo em nenhum outro lugar da Europa. O Estado foi oficialmente proclamado uma autocracia: o czar governava por toda a nobreza, mas em nome próprio.[30] Sob seu mando, a hierarquia feudal aderiu aos degraus do sistema de Estado. Em 1831, um decreto de Nicolau I criou uma hierarquia modernizada dentro da classe nobre, de acordo com os escalões da burocracia estatal. Em contrapartida, todos aqueles que ocupassem determinadas posições no serviço do Estado recebiam um grau de nobreza correspondente – os quais, acima de certos níveis, se tornaram hereditários. Até 1917, os títulos e privilégios aristocráticos continuaram, portanto, a se relacionar com as diferentes funções administrativas. Assim soldada ao Estado, a classe fundiária controlava cerca de 21 milhões de servos. Ela própria era bastante estratificada: quatro quintos desses servos estavam atados às terras de um quinto dos proprietários, e os maiores nobres – apenas 1% de toda a *dvoriantsvo* – possuíam em suas herdades quase um terço do total da população de servos privados. A

29 A ausência de uma classe média radical na Rússia privou a invasão francesa de qualquer ressonância política local. Durante seu avanço, Napoleão se recusou a aprovar a emancipação dos servos, embora delegações camponesas lhe tivessem dado boas-vindas e o governador-geral de Moscou vivesse com medo de rebeliões rurais e urbanas contra o governo czarista. Mas Napoleão planejava chegar a um acordo com Alexandre I antes de derrotá-lo, assim como fizera com Francisco II, e não quis comprometer essa possibilidade com medidas sociais irreparáveis. Ver os valiosos comentários de Seton-Watson, *The Russian Empire*, p.129-30, 133.

30 Seton-Watson, *The Decline of Imperial Russia*, p.5-27, fornece uma análise geral bastante clara sobre a sociedade russa da época de Nicolau I.

partir de 1831-1832, cavaleiros menores, donos de terras com menos de 21 almas, se viram excluídos das assembleias da pequena nobreza. Ao longo de todo o século XIX, a aristocracia russa manteve sua vocação de serviço e sua aversão ao gerenciamento agrícola. Poucas famílias nobres tinham raízes de mais de duas ou três gerações, e o senhorio absenteísta era generalizado: a residência urbana – provincial ou metropolitana – era um ideal comum tanto à média quanto à alta aristocracia.[31] E, então, o principal meio de alcançá-las era assumir uma posição no aparelho do Estado.

O Estado em si tinha terras com cerca de 20 milhões de servos – dois quintos da população camponesa da Rússia. Era, portanto, o maior proprietário feudal do país. O exército se constituía a partir de conscrições ocasionais de servos, com a nobreza hereditária dominando sua estrutura de comando, de acordo com o título nobiliárquico. Os grão-duques ocupavam as inspetorias gerais do exército e o conselho de guerra: até e durante a Primeira Guerra Mundial, os comandantes supremos eram primos ou tios do czar. A Igreja era uma subdivisão do Estado, subordinada a um departamento burocrático (o Santo Sínodo), cujo chefe – o procurador-geral – era um funcionário civil nomeado pelo czar. O Sínodo tinha *status* de ministério, com uma administração econômica que lidava com as propriedades eclesiais e se compunha, sobretudo, de funcionários leigos. Os padres eram tratados como funcionários que deviam serviços ao governo (eles tinham de relatar as confissões que revelavam "intentos malignos" contra o Estado). O Estado também controlava o sistema educacional e, em meados do século, o czar e seus ministros passaram a designar diretamente os reitores e professores das universidades. No topo dessa burocracia vasta e proliferante ficavam apenas a pessoa do autocrata e os bastidores de seu governo de chancelaria privada:[32] não havia gabinete,

31 Emmons, *The Russian Landed Gentry and the Peasant Emancipation of 1861*, p.3-11.

32 Os historiadores soviéticos tendem a interpretar a chancelaria pessoal – que descendia da *Preobrazhensky Prikaz* de Pedro I – como uma decomposição "dualista" da centralização absolutista e um sintoma da decadência administrativa do czarismo no século XIX. Ver, por exemplo: Avrekh, Russkii Absoliutizm i evo Rol' v Utverzhdenie Kapitalizma v Rossii, *Istoriya SSSR*, fev. 1968, p.100; Fedosov, Sotsialnaya Sushchnost' i Evoliutsiya Rossiiskovo Absoliutizma, *Voprosy Istorii*, jul. 1971, p.63.

mas apenas ministros, três bandos de polícia concorrentes e peculato generalizado. A ideologia de reação clerical e chauvinista que presidia esse sistema se expressava na trindade oficial: autocracia, ortodoxia e nacionalismo. Na primeira metade do século XIX, o poder político e militar do Estado czarista fez demonstrações contínuas no expansionismo e no intervencionismo em terras estrangeiras. A Rússia ocupou o Azerbaijão e a Armênia e, aos poucos, acabou com a resistência dos montanheses da Circássia e do Daguestão; nem a Pérsia nem a Turquia estavam em posição de resistir às anexações russas no Cáucaso. Na Europa propriamente dita, os exércitos russos debelaram a revolta nacional da Polônia em 1830 e varreram a revolução húngara de 1849. Nicolau I, principal executor da reação monarquista no estrangeiro, governava o único país importante do continente que não sofreu os levantes populares de 1848. A força internacional do czarismo parecia maior que nunca.

Mas, na verdade, a industrialização da Europa ocidental já estava deixando essa confiança um tanto anacrônica. O primeiro choque mais grave sobre o absolutismo russo veio com a humilhante derrota que os Estados capitalistas da Inglaterra e da França lhe infligiram na Guerra da Crimeia, em 1854-1856. No que diz respeito a suas consequências domésticas, pode-se comparar a queda de Sebastopol à retirada de Iena. A derrota militar frente ao Ocidente levou Alexandre a abolir a servidão, modernização social mais elementar das bases do *ancien régime*. Mas não se pode exagerar o paralelo. Pois os efeitos do golpe sobre o czarismo foram bastante amenos e limitados: a Paz de Paris não foi, de forma alguma, o Tratado de Tilsit. Assim, a "Era das Reformas" que a Rússia viveu nos anos 1860 foi apenas um eco longínquo de sua predecessora prussiana. Os procedimentos jurídicos foram um pouco liberalizados; a nobreza rural recebeu órgãos *zemstvo* de autoadministração; as cidades ganharam conselhos municipais; introduziu-se o recrutamento geral. A própria emancipação do campesinato por Alexandre em 1861 ocorreu de maneira tão lucrativa para a *dvoriantsvo* quanto a de Hardenberg o fora para os *junkers*. Os servos se assentaram nas terras que até então cultivavam nos domínios nobres, em troca do pagamento de uma compensação monetária a seus senhores. O Estado adiantou essa compensação para a aristocracia e, depois, a cobrou do campesinato por vários anos, na forma de "pagamentos de resgate". No norte da Rússia, onde o valor da terra era baixo e as obrigações servis eram pagas em produtos (*obrok*), os proprietários conseguiram extorquir em compensações monetárias quase o dobro do preço de mercado das terras. No sul da Rússia, onde as obrigações servis vinham principalmente na forma de serviços (*barshchina*) e o rico solo negro permitia lucrativas exportações de cereais, a nobreza defraudou seus camponeses em até 25% das melhores terras que lhes cabiam (as chamadas *otrezki*).[33] Assim, sobrecarregado com as dívidas de resgate, o campesinato sofreu uma subtração líquida no total de terras que antes cultivavam para suas famílias. Além disso, a exemplo do que acontecera na Europa ocidental, a abolição da servidão não significou o fim das relações feudais no campo; na prática, continuou a prevalecer nas herdades russas, corporificado nos direitos e obrigações consuetudinários, o labirinto de formas tradicionais de extração extraeconômica do excedente.

Em seu estudo pioneiro sobre *O desenvolvimento do capitalismo na Rússia*, Lênin escreveu que, depois da abolição da servidão, a

> economia capitalista não pôde emergir de uma vez, e a economia da *corvée* não pôde desaparecer de uma vez. Por isso, o único sistema econômico possível era o de transição, um sistema que combinasse as características tanto do sistema de *corvée* quanto do capitalista. De fato, o sistema agrário pós-reforma praticado pelos senhores comporta precisamente essas características. Com toda a infindável variedade de formas inerente a uma época de transição, a organização econômica da agricultura senhorial contemporânea remonta a dois sistemas principais: o sistema de *prestações de serviços* e o sistema *capitalista* [...]. Os sistemas mencionados estão, na verdade, entrelaçados da maneira mais variada e espantosa: na grande maioria das herdades senhoriais há uma combinação dos dois sistemas, que são aplicados a operações agrícolas bem diferentes.[34]

33 Robinson, *Rural Russia under the Old Regime*, p.87-8.

34 Lênin, *Collected Works*, v.3, p.194-5.

Ao apurar a incidência relativa das duas economias, Lênin calculou que, em 1899, "embora o sistema de prestações de serviços predomine nas *gubernias* puramente russas, o sistema capitalista de agricultura senhorial deve ser considerado predominante na Rússia europeia como um todo".[35] Uma década depois, porém, os tremendos levantes camponeses contra as exações feudais e as opressões dos campos russos durante a revolução de 1905 levaram Lênin a modificar significativamente o equilíbrio dos termos de sua análise. Em seu texto fundamental de 1907, *O programa agrário da socialdemocracia na primeira revolução russa*, ele salientou: "Nas *gubernias* puramente russas, a agricultura capitalista de larga escala passou definitivamente para o segundo plano. Nos grandes latifúndios predomina a agricultura de pequena escala, compreendendo várias formas de cultivo arrendatário, baseadas na servidão e na adscrição".[36] Depois de uma cuidadosa análise de toda a situação agrária, cobrindo a distribuição de terras do primeiro ano da reação Stolypin, Lênin resumiu seu estudo com a seguinte conclusão geral:

> Dez milhões e quinhentas mil famílias camponesas na Rússia europeia detêm 75 milhões de dessiatines de terra. Trinta mil senhores de terras, principalmente nobres, mas em parte arrivistas, possuem, cada um, quinhentos dessiatines – somando ao todo 70 milhões de dessiatines. Tal é o pano de fundo da pintura. Tais são as principais razões para o predomínio dos senhores feudais no sistema agrícola da Rússia e, consequentemente, no Estado russo em geral e em toda a vida russa. Os donos de latifúndio são senhores feudais no sentido econômico do termo: a base de seu senhorio se criou na história da servidão, na história da pilhagem da terra pela nobreza ao longo dos séculos. A base de seus métodos de agricultura atuais é o sistema de prestação de serviço, ou seja, uma sobrevivência direta da *corvée*, cultivo da terra com implementos dos camponeses e por meio da virtual escravização dos pequenos lavradores, sob uma infinita variedade de formas: contratação de inverno, rendas anuais, *métayage*, arrendamentos baseados nas rendas em serviços, servidão

---

35 Ibid., p.197.

36 Ibid., v.13, p.225.

> por dívidas, servidão pelo uso das florestas, dos campos, da água e assim por diante, *ad infinitum*.[37]

Cinco anos depois, Lênin reafirmou essa opinião de maneira ainda mais categórica, às vésperas da Primeira Guerra Mundial:

> A diferença entre a "Europa" e a Rússia advém do extremo atraso da Rússia. No Ocidente, o sistema agrário burguês está plenamente estabelecido, o feudalismo desapareceu há muito tempo e seus resquícios são negligenciáveis e não desempenham nenhum papel importante. O tipo predominante de relação social na agricultura ocidental é o que se dá entre o *trabalhador assalariado* e o patrão, o fazendeiro ou o proprietário da terra [...]. Sem dúvidas, já se estabeleceu e está se desenvolvendo na Rússia um sistema de agricultura igualmente capitalista. É nessa direção que se desenvolve a agricultura dos senhores e também dos camponeses. Mas, no nosso país, as relações puramente capitalistas ainda estão, em *enorme* medida, sob a sombra das relações *feudais*.[38]

O desenvolvimento capitalista na agricultura russa – o qual Lênin e outros socialistas previram que iria ocorrer, se o czarismo conseguisse reestabelecer seu poder depois da contrarrevolução de 1907 – buscou a "via prussiana" de herdades racionalizadas de tipo *junker*, com a utilização de trabalho assalariado e a integração ao mercado mundial, concomitante à emergência de um estrato auxiliar *Grossbauern* nos campos. Os escritos de Lênin do período 1906-14 alertaram repetidas vezes que tal evolução era uma possibilidade na Rússia czarista e um sério perigo para o movimento revolucionário. As reformas de Stolypin, em particular, se destinaram a acelerar tal evolução por meio de sua "aposta no mais forte" – a conversão da posse camponesa divisível em hereditária nas aldeias, com o intuito de promover a ascensão de uma classe *kulak*. Na verdade, o programa de Stolypin ficou muito aquém de seus objetivos naquilo que dizia respeito

37 Lênin, *Collected Works*, v.13, p.421.

38 Lênin, *Collected Works*, v.18, p.74. Os estudiosos dos escritos de Lênin normalmente negligenciam esse importante artigo, "A essência da do problema agrário na Rússia", escrito em maio de 1912.

ao campesinato propriamente dito. Pois, mesmo que metade de todas as famílias camponesas tivesse lotes juridicamente hereditários em 1915, apenas um décimo delas possuía terras fisicamente consolidadas em uma mesma unidade: a sobrevivência do sistema de faixas separadas e campos abertos garantia, portanto, a continuidade das restrições comunais do *mir* aldeão.[39] Enquanto isso, o fardo dos impostos e pagamentos de resgates aumentava ano a ano. As reformas não chegaram a quebrar a solidariedade instintiva do campesinato russo contra a classe fundiária. Os bolcheviques se surpreenderiam com a apaixonada unidade do sentimento popular antifeudal nos campos em 1917, como Trotsky depois viria a testemunhar.[40] A superpopulação nas aldeias se tornou um problema endêmico no período final da Rússia czarista. A parcela de lavouras camponesas no total da propriedade fundiária crescera 50% – principalmente com as compras *kulak* – nas últimas quatro décadas antes de 1917, ao passo que a verdadeira posse camponesa *per capita* caíra em um terço.[41] As massas rurais seguiam enterradas na pobreza e no atraso de séculos.

Além disso, as últimas décadas do czarismo também não testemunharam uma conversão dinâmica da nobreza fundiária para a agricultura capitalista. Na verdade, os temores da "via prussiana" não se materializaram. A *dvoriantsvo* se revelou organicamente incapaz de seguir o caminho dos *junkers*. De início, parecia que o abalo na propriedade nobre iria repetir na Rússia a experiência prussiana, uma nova seleção e racionalização da classe fundiária. Pois houve um declínio de talvez um terço nas terras nobres durante as três décadas anteriores a 1905, e os maiores compradores – assim como na Prússia – foram, no primeiro momento, mercadores e burgueses ricos. No entanto, depois dos anos 1880, as aquisições dos

39 Robinson, *Rural Russia under the Old Regime*, p.213-8.

40 *History of the Russian Revolution*, v.1, p.377-9. Vale acrescentar que, em 1917, ocorreram vários ataques de aldeões contra camponeses "secessionistas" que haviam tirado vantagem das reformas de Stolypin para abandonar suas comunas, e agora eles retomavam as terras coletivamente, tamanha era a força dos sentimentos solidários entre a massa campesina. Ver: Owen, *The Russian Peasant Movement 1906-1917*, p.153-4, 165-72, 182-3, 200-2, 209-11, 234-5.

41 Owen, *The Russian Peasant Movement*, p.6. A população cresceu de 74 milhões em 1860 para 170 milhões em 1916.

camponeses ricos ultrapassaram as dos investidores urbanos. Por volta de 1905, as herdades dos mercadores eram, em média, maiores que as dos nobres, mas os ganhos *kulak* na área total chegavam apenas à metade dos cultivos dos citadinos.[42] Assim, havia, de fato, um estrato *Grossbauern* emergindo de maneira bastante clara na Rússia antes da Primeira Guerra Mundial. Mas o que estava completamente ausente era um salto capitalista na produtividade, do tipo que ocorrera na Prússia. As exportações de grãos para a Europa por certo se incrementaram ao longo de todo o século, tanto antes quanto depois da Reforma de 1861: no século XIX, a Rússia atingiu no mercado internacional a mesma posição da Polônia ou do leste da Alemanha entre os séculos XVI e XVIII, embora os preços dos cereais tenham caído a partir de 1870. No entanto, a produção e o rendimento continuaram bastante baixos em toda a agricultura russa, que era extremamente atrasada em termos técnicos. O sistema de rotação trienal ainda predominava em larga escala, quase não havia cultura de forragens e metade do campesinato seguia usando arados de madeira. Além disso, como vimos, inúmeras relações econômicas feudais continuavam caracterizando o crepúsculo da Reforma, o que dificultava o avanço econômico nas grandes herdades da Rússia central. A nobreza não fez a transição para uma agricultura capitalista moderna ou racional. Sintomaticamente, os bancos de crédito agrícola especialmente criados depois da Era das Reformas haviam se provado altamente proveitosos para os *junkers* na Prússia, fornecendo capital necessário para hipotecas e investimentos; mas o banco de crédito que o Estado russo criou para a nobreza em 1885 foi um lúgubre fiasco: seus créditos geralmente eram desperdiçados, e seus beneficiários se afundaram em dívidas.[43] Assim, mesmo que não haja dúvidas quanto ao firme desenvolvimento das relações de produção capitalistas no campo antes da Primeira Guerra Mundial, essas relações nunca chegaram a ter o ímpeto de um sucesso econômico acumulativo e sempre

---

42 Robinson, *Rural Russia under the Old Regime*, p.131-5.

43 Pavlova-Sil'vanskaya, K Voprosu Osobennostyakh Absoliutizma v Rossii, *Istoriya SSSR*, abr. 1968, p.85. O próprio Lênin sabia muito bem das diferenças entre os *junkers* e os *dvoriane*, a quem caracterizava, respectivamente, como classes fundiárias capitalista e feudal. Lênin, *Collected Works*, v.17, p.390.

continuaram presas às amarras pré-capitalistas. Em consequência, o setor predominante da agricultura russa no ano de 1917 ainda se caracterizava pelas relações feudais de produção.

Enquanto isso, a industrialização vinha caminhando a passos rápidos nas cidades, é claro. Ao início do século XX, a Rússia já erguera grandes indústrias de carvão, ferro, petróleo e tecidos, além de uma vasta rede de ferrovias. Muitos de seus complexos metalúrgicos estavam entre os mais avançados do mundo em termos tecnológicos. Não precisamos salientar aqui as conhecidas contradições internas da industrialização czarista: o capital investido advinha essencialmente do financiamento do Estado, que dependia de empréstimos estrangeiros; para levantar esses empréstimos, era preciso assegurar a solvência do orçamento, daí a manutenção dos pesados encargos fiscais sobre o campesinato; isso acabava bloqueando a expansão do mercado interno, o que era necessário para sustentar maiores investimentos.[44] Para nossos propósitos, o importante é que, apesar de todos esses obstáculos, o setor industrial russo – direta e completamente baseado em relações capitalistas de produção – triplicou de tamanho nas duas décadas anteriores a 1914, registrando uma das taxas de crescimento mais rápidas da Europa.[45] Às vésperas da Primeira Guerra Mundial, a Rússia já era o quarto maior produtor de aço do mundo (acima da França). O tamanho absoluto de seu setor industrial era o quinto do planeta. A agricultura agora era responsável por cerca de 50% do produto nacional, e a indústria provia algo em torno de 20%, excluindo o vasto sistema ferroviário.[46] Assim, calculando os pesos das economias rural e urbana *em conjunto*, não restam dúvidas de que, em 1914, a formação social russa era uma estrutura compósita, com um setor agrário predominantemente feudal,

44 Há uma elegante análise sobre esse ciclo em: Kemp, *Industrialization in Nineteenth Century Russia*, p.152.

45 Von Laue, *Sergei Witte and the Industrialization of Russia*, p.269.

46 Goldsmith, The Economic Growth of Tsarist Russia 1860-1913, *Economic Development and Cultural Change*, IX, n.3, abr. 1961, p.442, 444, 470-1: uma das análises mais cuidadosas sobre a economia desse período. Em 1913, a participação da agricultura no produto nacional girava em torno de 44% na Rússia europeia e 52% no império czarista como um todo. Cálculos exatos são muito difíceis, por causa das deficiências estatísticas.

mas com um setor agroindustrial capitalista *combinado* que agora predominava no plano geral. Lênin expressou esse fato de maneira lacônica, às vésperas de deixar a Suíça, quando disse que, em 1917, a burguesia já vinha dominando economicamente o país havia alguns anos.[47]

Ainda assim, mesmo que a *formação social* russa estivesse dominada pelo modo de produção capitalista, o Estado russo continuava no absolutismo feudal. Pois na época de Nicolau II não ocorreu nenhuma mudança básica em seu caráter de classe, nem em sua estrutura política. Assim como antes, a nobreza feudal continuava sendo a classe dominante da Rússia imperial: o czarismo era o aparato político de sua dominação, do qual ela nunca se afastou. A burguesia era fraca demais para opor um desafio autônomo e nunca conseguiu ocupar posições de comando na administração do país. A autocracia era um absolutismo feudal que sobrevivera até o século XX. A derrota militar ante o Japão e a imensa revolta popular contra o regime que se seguiu em 1905 forçaram uma série de modificações no czarismo, cuja direção pareceu, aos olhos dos liberais russos, possibilizar uma evolução rumo à monarquia burguesa. A possibilidade formal dessa mudança acumulativa realmente existia, como vimos no caso da Prússia. Mas, historicamente, os passos hesitantes do czarismo jamais chegaram a se aproximar dessa meta. O desfecho da Revolução de 1905 levou o regime a criar uma Duma impotente e uma Constituição que não saiu do papel. Em menos de um ano, esta segunda foi rasgada pela dissolução da primeira e por uma revisão do Eleitorado que conferiu a todo dono de terra o direito de voto equivalente ao de quinhentos trabalhadores. O czar podia vetar qualquer legislação que essa dócil assembleia propusesse, e os ministros – agora agrupados em um gabinete convencional – não tinham responsabilidades perante ela. A autocracia podia decretar leis à vontade, meramente ao suspender essa fachada representativa. Não existia, portanto, nenhuma comparação possível com a situação da Alemanha imperial, onde havia sufrágio universal masculino, eleições regulares, controle orçamentário parlamentar e irrestrita atividade política. Jamais ocorreu na Rússia a transformação política qualitativa que fez do Estado feudal prussiano o

47 Lênin, *Collected Works*, v.23, p.303.

Estado capitalista alemão. Tanto os princípios organizacionais quanto o funcionalismo do czarismo continuaram os mesmos até o fim.

No ano de 1911, em meio a suas polêmicas com os mencheviques, Lênin enfatizou essa diferença de modo bastante expressivo e reiterado:

> Afirmar que o sistema de governo da Rússia *já* se tornou burguês (como diz Larin) e que o poder governamental de nosso país já não é de natureza feudal (ver Larin, mais uma vez) e, ao mesmo tempo, dizer que a Áustria e a Prússia são exemplos, isso é refutar a si mesmo! [...]. Não se pode *transferir* para a Rússia o desfecho alemão da revolução burguesa, a história alemã de uma democracia que se esgotara, a "revolução de cima para baixo" que se deu na Alemanha nos anos 1860 e a legalidade alemã que existe *de verdade*.[48]

É claro que Lênin não ignorava a *autonomia* necessária do aparelho do Estado czarista frente à classe fundiária feudal – uma autonomia inscrita nas próprias estruturas do absolutismo. "O caráter de classe da monarquia czarista de forma alguma se opõe à vasta independência e autossuficiência das autoridades czaristas e da 'burocracia', desde Nicolau II até o último dos funcionários."[49] Ele tomava o cuidado de salientar o crescente impacto do capitalismo agrário e industrial sobre as políticas do czarismo e a interposição objetiva da burguesia em seu funcionamento. Mas sempre foi categórico em sua caracterização da natureza social fundamental do absolutismo russo na sua própria época. Em abril de 1917, ele afirmou, inequívoco: "Antes da revolução de fevereiro-março de 1917, o poder estatal da Rússia estava nas mãos de uma classe antiga, a nobreza fundiária

---

48 Lênin, *Collected Works*, v.17, p.235, 187. Trata-se de um tema recorrente nos escritos de Lênin desse período; ver v.17, p.114-5, 146, 153, 233-41; v.18, p.70-7. Teremos razão para voltar a esses textos cruciais com outro propósito, em um outro estudo.

49 Ibid., p.363. Lênin enfatizou que a autonomia da burocracia czarista não se devia, de forma alguma, a um afluxo de funcionários burgueses; seus escalões superiores cabiam à nobreza fundiária: Ibid., p.390. Na verdade, parece provável que, depois da emancipação dos servos, a nobreza tenha passado, mais que nunca, a depender do emprego no aparelho de Estado. Ver: Seton-Watson, *The Russian Empire*, p.405.

feudal, liderada por Nicolau Romanov".[50] A primeira frase de *As tarefas do proletariado na nossa revolução*, escrito logo depois de sua chegada a Petrogrado, diz: "O velho poder czarista [...] representava apenas um punhado de donos de terras feudais que comandava toda a máquina do Estado (exército, polícia e burocracia)".[51] Essa formulação límpida era pura verdade. Suas consequências, no entanto, ainda não foram exploradas; pois, para recapitular a análise desenvolvida acima, houve um *deslocamento* entre a formação social e o Estado nos últimos anos do czarismo. A *formação social* russa era um conjunto complexo dominado pelo modo de produção capitalista, mas o *Estado* russo continuava no absolutismo feudal. Essa disjunção entre os dois ainda precisa ser explicada e fundamentada em termos teóricos.

Por enquanto, consideremos as consequências empíricas dessa disjunção para as estruturas do Estado russo. Até seu último momento, o czarismo continuou sendo, em essência, um absolutismo feudal. Mesmo em sua fase derradeira, ele seguiu se expandindo territorialmente. A Sibéria se estendeu para além do Amur, e Vladivostok foi fundada em 1861. Depois de duas décadas de conflitos, a Rússia absorveu a Ásia central em 1884. A russificação administrativa e cultural se intensificou na Polônia e na Finlândia. Além disso, em termos institucionais, o Estado era, em certos aspectos decisivos, muito mais poderoso que qualquer absolutismo ocidental jamais fora, porque sobrevivera até a época da industrialização europeia e, portanto, conseguia importar as tecnologias mais avançadas do mundo e delas se apropriar. O Estado renunciara ao controle da agricultura, por meio da venda de suas terras, apenas para se entrincheirar com mais segurança na indústria. Tradicionalmente, o Estado era dono das minas e das metalúrgicas dos Urais. E agora financiava e construía grande parte do novo sistema ferroviário, que representava a segunda maior despesa orçamentária – depois das forças armadas. Os contratos públicos dominavam a indústria russa em geral – dois terços dos trabalhos de engenharia se destinavam ao Estado. As tarifas eram extremamente

50 Lênin, *Collected Works*, v.24, p.44.

51 Ibid., p.57.

altas (quatro vezes os níveis da França ou Alemanha, duas vezes os níveis dos Estados Unidos), então o capital local dependia muito da supervisão e da proteção do Estado. O Ministério das Finanças controlava a política de empréstimos do banco estatal para empresários privados e, com suas grandes reservas de ouro, tinha sobre estes uma influência geral. O Estado absolutista da Rússia era, portanto, o principal motor de uma industrialização acelerada e imposta de cima para baixo. Nos anos 1900, época do *laissez-faire* capitalista, seu exagerado papel econômico não tinha paralelo no Ocidente desenvolvido. Assim, o desenvolvimento desigual e combinado produziu na Rússia um aparelho de Estado colossal, cobrindo e sufocando toda a sociedade abaixo da classe dominante. Era um Estado que integrara a hierarquia feudal ao corpo burocrático, incorporara a Igreja e a educação, supervisionara a indústria e, ao mesmo tempo, gerava um exército e um sistema policial gigantescos.

Sem dúvidas, esse aparelho feudal tardio foi, inevitavelmente, sobredeterminado pela ascensão do capitalismo industrial no fim do século XIX, assim como as monarquias absolutas do Ocidente haviam sido, em sua época, sobredeterminadas pela ascensão do capitalismo mercantil. Mas, paradoxalmente, a burguesia russa permaneceu muito mais fraca que as suas predecessoras ocidentais em termos políticos, embora sua economia fosse muito mais forte que o tinham sido as da época da transição no Ocidente. As razões históricas dessa fraqueza são bem conhecidas, Trotsky e Lênin as discutiram inúmeras vezes: ausência de um artesanato pequeno burguês, burguesia pequena por conta das grandes empresas, medo da tumultuosa classe operária, dependência das tarifas, empréstimos e contratos do Estado. "Quanto mais se avança para leste, mais fraca e covarde a burguesia", proclamava o primeiro manifesto do POSDR. No entanto, o Estado absolutista russo não deixou de revelar a marca da classe que se tornara, mais que seu oponente, seu auxiliar taciturno e timorato. Assim como, em uma época anterior, a venda de cargos proporcionara um registro acurado da presença de uma classe mercantil subordinada dentro das formações sociais ocidentais, a notória contradição burocrática entre os dois pilares principais do Estado russo, o ministério do Interior e o ministério das Finanças, fornecia um índice dos "efeitos" do capitalismo industrial sobre a Rússia. Nos anos 1890, havia um conflito constante entre essas instituições centrais.[52] O ministério das Finanças tinha políticas consonantes com os objetivos ortodoxos da burguesia. Sua inspetoria de fábrica apoiava os patrões, que se recusavam a fazer concessões salariais aos trabalhadores, e era hostil às comunas aldeãs, que representavam um obstáculo ao comércio livre da terra. Do outro lado do conflito, o ministério do Interior vivia obcecado com a manutenção da segurança política do Estado feudal. Sua maior preocupação era prevenir toda e qualquer desordem pública ou luta social. Para buscar esses objetivos, tinha uma imensa rede repressiva de informantes e provocadores policiais. Mas, ao mesmo tempo, acalentava pouca simpatia pelos interesses corporativos do capital industrial. Dessa forma, pressionava os patrões a fazer concessões aos trabalhadores, para evitar o perigo de estes virem a fazer demandas políticas. O ministério do Interior suprimia todas as greves – que, aliás, eram ilegais – mas queria manter agentes de política dentro das fábricas, para estudar suas condições e garantir que não viessem a explodir em revolta. Naturalmente, os patrões e o ministério das Finanças resistiam a tudo isso e, por isso, começaram a brigar pelo controle das inspetorias fabris, o qual só obtiveram depois de firmarem um compromisso de colaboração com a polícia. No campo, o ministério do Interior olhava para as comunas aldeãs com paternalismo burocrático, tirando do ministério das Finanças a tarefa de lhes coletar os impostos, pois as via como baluartes da submissão tradicional e barreiras contra a agitação revolucionária. Essa comédia de contrastes reacionários culminou na invenção dos sindicatos policiais pelo ministério do Interior e na instituição de leis trabalhistas pelo executor Plehve. São bem conhecidos os resultados de bumerangue dessa experiência – a *Zubatovshchina* – que acabou por produzir Gapon. O mais importante aqui, sintomaticamente, é essa delirante aposta final do Estado absolutista, que, depois de ter mais cedo ou mais tarde incorporado a nobreza, a burguesia, o campesinato, a educação, o exército e a indústria, tentou produzir até mesmo seus próprios sindicatos, sob a

52 Há uma discussão bastante instrutiva de suas contradições em Seton-Watson, *The Decline of Imperial Russia*, p.114, 126-9, 137-8, 143.

égide da autocracia. Assim, a máxima abrupta de Gramsci – "Na Rússia, o Estado era tudo, a sociedade civil era primitiva e gelatinosa"[53] – trazia em si uma verdade histórica.

No entanto, Gramsci não conseguiu ver o porquê: acabou lhe escapando uma definição científica do caráter histórico do Estado absolutista na Rússia. Mas agora podemos remediar essa lacuna de seu texto. Quando colocamos o absolutismo russo em uma perspectiva europeia da época, tudo se encaixa. Seus contornos ficam evidentes de imediato. A autocracia era um Estado *feudal*, embora a Rússia fosse, no século XX, uma formação social compósita e *dominada* pelo modo de produção capitalista: um domínio cujos efeitos remotos são visíveis nas estruturas do czarismo. Seu tempo não era o do Império Guilhermino ou da Terceira República, seus rivais ou parceiros: seus verdadeiros contemporâneos foram as monarquias absolutas da transição do feudalismo para o capitalismo no Ocidente. A crise do feudalismo ocidental produziu um absolutismo que sucedeu à servidão; a crise do feudalismo oriental produziu um absolutismo que institucionalizou a servidão. Apesar de suas classes terem a mesma natureza e funções, o *ancien régime* russo sobreviveu por tanto tempo a seus correlatos ocidentais porque nasceu de uma matriz diferente. No fim, ele extraiu do próprio advento do capitalismo industrial a força que o mantinha no topo, implementando-o burocraticamente de cima para baixo, da mesma maneira como seus predecessores ocidentais haviam promovido o capitalismo mercantil. Os ancestrais de Witte foram Colbert e Olivares. Foi o desenvolvimento internacional do imperialismo capitalista – irradiando-se do Ocidente para o império russo – que possibilitou essa combinação da mais avançada tecnologia do mundo industrial com a mais arcaica monarquia da Europa. É claro que, por fim,

53 O objetivo de Gramsci era contrapor a Rússia à Europa ocidental: "No Ocidente, havia uma relação justa entre o Estado e a sociedade civil; quando o Estado fraquejava, logo aparecia uma robusta estrutura da sociedade civil", Gramsci, *Note sul Machiavelli*, p.68. Em outra oportunidade e com mais espaço, voltaremos às implicações dessa passagem crucial, na qual Gramsci tentou analisar os diferentes problemas estratégicos com que se deparava o movimento operário na Europa ocidental e no Leste Europeu durante o século XX.

o imperialismo, que de início fora a armadura do absolutismo russo, acabou por tragá-lo e destruí-lo: as provações da Primeira Guerra Mundial foram demais para ele.[54] Pode-se dizer que, em um confronto direto com os Estados imperialistas industriais, ele estava literalmente "fora de seu elemento". Em fevereiro de 1917, as massas só precisaram de uma semana para derrubá-lo.

Se tudo isso for verdade, é necessário ter a coragem de extrair as consequências. *A Revolução Russa não foi feita contra um Estado capitalista.* O czarismo que caiu em 1917 era um aparato feudal: o Governo Provisório não tivera tempo de substituí-lo por um aparelho burguês novo ou estável. Os bolcheviques fizeram uma *revolução socialista*, mas, do início ao fim, jamais enfrentaram o *inimigo central* do movimento operário no Ocidente. Nesse sentido, a profunda intuição de Gramsci estava correta: na Europa ocidental, o Estado capitalista moderno continuava a ser – mesmo depois da Revolução de Outubro – um objeto político *novo* para a teoria marxista e para a prática revolucionária. A profunda crise que abalou todo o continente assolado pela guerra entre 1917 e 1920 deixou uma herança própria, relevante e seletiva. A Primeira Guerra Mundial pôs fim à longa história do absolutismo europeu. A revolução proletária derrubou o Estado imperial russo. As revoluções burguesas nacionais riscaram do mapa o Estado imperial austríaco. A destruição e o desaparecimento de ambos foram permanentes. A causa do socialismo triunfou na Rússia em 1917 e tremeluziu por um breve instante na Hungria em 1919. Na Alemanha, porém, eixo estratégico da Europa, a transmutação capitalista da monarquia prussiana assegurou a sobrevivência integral do antigo aparato estatal até a época de Versalhes. Os dois últimos grandes Estados feudais do Leste Europeu caíram para revoluções que vieram de baixo e tiveram caracteres contrastantes. O Estado capitalista que outrora fora seu

54 É claro que o próprio imperialismo czarista era uma mistura de expansões feudais e capitalistas, com uma preponderância inevitável e crucial da componente feudal. Em 1915, Lênin tomou o cuidado de fazer essa distinção necessária: "Na Rússia, o imperialismo capitalista de tipo mais recente se revelou de maneira plena na política do czarismo em relação à Pérsia, à Manchúria e à Mongólia, mas, em geral, o imperialismo feudal e militar predomina na Rússia". Lênin, *Collected Works*, v.21, p.306.

consorte legitimista resistiu a todos os levantes revolucionários, em meio aos escombros e desesperos de sua derrota diante da Entente. O fracasso da Revolução de Novembro na Alemanha – tão importante para a história da Europa quanto o êxito da Revolução de Outubro na Rússia – se fundou na natureza diversa da máquina estatal com que cada uma se confrontou. Os mecanismos da vitória e da derrota dos socialistas nesses anos vão até as raízes dos problemas mais profundos da democracia burguesa e proletária – que agora, na segunda metade do século XX, ainda estão por resolver, na teoria e na prática. Para um estudo comparativo das formações sociais contemporâneas, as lições e as implicações políticas da queda do czarismo permanecem, até hoje, bastante inexploradas. Nesse sentido, falta completar a escrita do obituário histórico do absolutismo que feneceu em 1917.

7.
A Casa do Islã

A Primeira Guerra Mundial, que lançou os maiores Estados capitalistas do Ocidente uns contra os outros e destruiu os últimos Estados feudais do Leste Europeu, teve origem no único canto da Europa onde o absolutismo jamais chegara a se enraizar. Os Bálcãs constituíam uma sub-região geopolítica cuja evolução anterior a separara do resto do continente: na verdade, foi precisamente essa falta de qualquer integração estável ou tradicional com o sistema de Estados internacional do fim do século XIX e do início do XX que fez da região o "barril de pólvora" da Europa e, por fim, detonou a conflagração de 1914. O padrão geral de desenvolvimento desse setor do continente compõe, portanto, um epílogo apropriado a qualquer pesquisa sobre o absolutismo. Por toda a sua existência, o Império Otomano sempre foi uma formação social à parte. Sob o jugo da Porta, por conta da sujeição islâmica, os Bálcãs pareciam escapar às perspectivas gerais da Europa. Mas a estrutura reguladora e a dinâmica do Estado turco contêm grande importância comparativa, por causa dos contrastes que apresentam frente a cada uma das variantes do absolutismo europeu. Além isso, o caráter do sistema otomano oferece a explicação básica sobre por que a península balcânica continuou, depois da última crise feudal, a evoluir segundo um padrão totalmente distinto daquele que vigia no resto do Leste Europeu, com consequências que duraram até o século XX.

Os guerreiros turcos que invadiram a Anatólia oriental no século XI ainda eram nômades do deserto. Em certa medida, eles tinham vencido na Ásia Menor, onde os árabes haviam fracassado, graças à similaridade desse ambiente climático e geográfico com aquele dos platôs secos e frios da Ásia Central, de onde provinham: o camelo-bactriano, seu principal meio de transporte, se adaptou perfeitamente às terras altas da Anatólia, as quais haviam se provado intransponíveis para o tropical dromedário árabe.[1] Mas eles não chegaram como meros habitantes primitivos das estepes. Desde o século IX, escravos turcos da Ásia Central haviam servido como soldados tanto à dinastia abássida quanto à fatímida no Oriente Médio, como soldados rasos e também como oficiais, muitas vezes nas mais altas patentes. Já se salientou sua analogia com as tribos germânicas das fronteiras do período final do Império Romano. Cinquenta anos antes da batalha de Manzikert, os seldjúcidas desceram de seu oásis no Turquestão para a Pérsia e a Mesopotâmia, derrubaram o decrépito Estado buída e criaram um grande império seldjúcida, com capital em Bagdá. A maior parte desses conquistadores turcos logo se tornou sedentária, como administração e exército profissional do novo sultanado, o qual, por sua vez, agora herdava e assimilava as sólidas e ancestrais tradições urbanas do "Antigo Islã" – com suas pervasivas influências persas mediadas pelo legado do califado abássida. Mas, ao mesmo tempo, uma porção não pacificada dos nômades turcomanos avançava em ataques desordenados contra as bordas do novo império. Foi com o objetivo de cercar e disciplinar esses bandos irregulares que Alp Arslan[2] partira para o Cáucaso e, em seu caminho, tropeçou na fatídica destruição do exército bizantino em Manzikert.[3] Como vimos, essa vitória não acarretou nenhuma invasão organizada do sultanato seldjúcida na Anatólia: suas preocupações militares apontavam para outro lugar, na direção do Nilo, e não do Bósforo. Foram os pastores turcomanos que herdaram os frutos de Manzikert e, a partir de então, puderam avançar quase sem obstáculos para o interior da Anatólia. Esses guerreiros e aventureiros fronteiriços não buscavam apenas terras para seus rebanhos: por um processo de autosseleção eles também estavam marcados pelo *ghazi* – uma

1 Planhol, *Les Fondements géographiques de l'histoire de l'Islam*, p.39-44, 208-9.

2 Alp Arslan (1029-1072), sultão turco seljúcida.

3 Cahen, La Campagne de Manzikert d'après les sources musulmanes, *Byzantion*, IX, 1934, p.621-42.

fé militante de cruzada muçulmana que rejeitava todo e qualquer acordo com os infiéis, tal como se dera nos Estados constituídos do Antigo Islã.[4] Uma vez efetivamente ocupada a Anatólia, em sucessivas ondas de migração do século XI ao XIII, o mesmo conflito se reproduziu na Ásia Menor. O sultanato de Rum, ramo seldjúcida com centro em Konia, logo recriara um próspero Estado de inspiração persa, em conflito constante com os anárquicos emirados *ghazi* da vizinhança, especialmente com o dos danismendidas, sobre o qual acabou impondo sua força. No entanto, as invasões mongóis do século XIII não demorariam a submeter todos os Estados turcos em guerra na Anatólia. A região voltou a ser um mosaico de pequenos emirados e pastores nômades. Foi dessa confusão que, em 1302, o sultanato Osmanli emergiu para se tornar o poder dominante não só na Turquia, mas em todo o mundo islâmico.

A dinâmica peculiar que animava o Estado otomano e que o elevou tão acima de seus rivais na Anatólia residia em sua combinação única de princípios do espírito *ghazi* e do Antigo Islã.[5] Fortuitamente localizado junto às planícies da Niceia, bem perto do que restava do Império Bizantino, sua proximidade fronteiriça com o mundo cristão manteve o tom elevado de seu fervor militar e religioso, ao passo que outros emirados do interior caíram em relativa frouxidão. Desde o início, os governantes osmanlis se consideraram missionários *ghazi* em guerra santa contra os infiéis. Ao mesmo tempo, seu território se estendia sobre a maior rota comercial

4 Wittek, *The Rise of the Ottoman Empire*, p.17-20. Essa monografia breve e brilhante é a obra fundamental sobre a natureza dos primórdios da expansão otomana.

5 Wittek, *The Rise of the Ottoman Empire*, p.37-46. A análise de Wittek sobre os princípios duais do Estado otomano é, na verdade, um eco indireto da famosa divisão que Ibn Khaldun propôs para a história islâmica: fases alternadas de *asabiyya* nômade (caracterizada pelo fervor religioso, pela solidariedade social e pela proeza militar) e de *farâgh* ou *dia* urbana (caracterizada pela prosperidade econômica, pela sofisticação administrativa e pelo lazer cultural), as quais ele considerava mutuamente incompatíveis – a civilização urbana era incapaz de resistir à conquista nômade, a fraternidade nômade era, por sua vez, incapaz de sobreviver à corrupção urbana, o que produzia uma história cíclica de formação e desintegração estatal. Pode-se ler o relato de Wittek sobre o império otomano como uma reversão sutil dessa fórmula: no Estado turco, os dois princípios contraditórios do desenvolvimento político islâmico chegaram, pela primeira vez, a uma harmonia estrutural.

terrestre pela Ásia Menor e, por isso, atraía mercadores e artesãos, além de ulemás religiosos, elementos sociais indispensáveis para um Estado do Antigo Islã, com alguma solidez institucional, sem nomadismo nem cruzadas. Assim, o sultanato osmanli que se fortaleceu com as constantes guerras montadas de 1300 a 1350 conseguiu unir a sofisticação jurídica e administrativa das cidades do Antigo Islã com o feroz zelo militar e proselitista dos *ghazi* das fronteiras. Ao mesmo tempo, uma parte de seu ímpeto social básico ainda dependia da busca nômade por terras, força motriz dos primórdios da ocupação turca na Anatólia.[6] A expansão territorial também foi um processo de colonização econômica e demográfica.

O potencial explosivo dessa fórmula política logo se fez sentir sobre a Europa cristã. É fato bem conhecido o avanço triunfal dos exércitos turcos nos Bálcãs, que foram até o fundo da península e então cercaram a sitiada capital bizantina. Em 1354, eles se estabeleceram em Galípoli. Em 1361, tomaram Adrianópolis. Em 1389, forças sérvias, bósnias e búlgaras foram aniquiladas em Kosovo, acabando com as chances de uma resistência eslava organizada na maior parte da região. Tessália, Moreia e Dobrudja caíram pouco depois. Em 1396, a expedição de cruzados que fora enviada para conter seu avanço foi ao chão em Nicópolis. Seguiu-se então uma breve pausa, quando, engajado nas anexações de emirados muçulmanos irmãos na Anatólia, o exército de Bayazid se deparou com as hostes de Tamerlão que vinham arrasando a área e acabou esmagado em Ancara – em grande medida porque os contingentes *ghazi* desertaram a causa, que lhes parecia ímpia e fratricida. Rudemente chamado à sua vocação religiosa, o Estado osmanli se reconstituiu aos poucos, pelos cinquenta anos seguintes, na outra margem do Bósforo, transferindo sua capital para Adrianópolis, na linha de frente da guerra contra a cristandade.[7] Em 1453, Maomé

6 Werner, *Die Geburt einer Grossmacht – Die Osmanen*, p.19, 95. O trabalho de Werner é o maior estudo marxista sobre o crescimento do poder otomano; sua crítica à negligência de Wittek quanto ao impulso tribal em busca de terra no contexto dos primórdios do expansionismo osmanli tem suporte na pesquisa do historiador turco Orner Barkan.

7 Wittek, "De La Défaite d'Ankara à la prise de Constantinople (un demisiècle d'histoire ottomane), *Revue des Études Islamiques*, v.1, 1948, p.1-34.

II tomou Constantinopla. Nos anos 1460, foram anexadas a Bósnia, ao norte, e o emirado da Caramânia, na Cilícia. Na década de 1470, o canato tártaro na Crimeia foi reduzido à condição de vassalo e um regimento turco se fixou em Cafa. Nos primeiros vinte anos do século XVI, Selim I conquistou a Síria, o Egito e Hedjaz. Na década seguinte, Belgrado se viu capturada, boa parte da Hungria subjugada e Viena cercada. Nesse momento, quase toda a península balcânica fora invadida. Grécia, Sérvia, Bulgária, Bósnia e Hungria oriental eram províncias otomanas. Moldávia, Valáquia e Transilvânia eram principados tributários sob governantes cristãos dependentes e cercados por territórios turcos no Danúbio e no Dniester. O Mar Negro era um lago otomano. Enquanto isso, no Oriente Médio, o Iraque foi anexado e, logo depois o Cáucaso acabou absorvido. No Magrebe, Argel, Trípoli e Túnis foram caindo sucessivamente ante a soberania turca. A partir daí, o sultão passou a ser califa de todas as terras sunitas do Islã. No momento de seu apogeu, em meados do século XVI, sob Solimão I, o reino osmanli era o império mais poderoso do mundo. Fazendo sombra sobre seu rival europeu mais próximo, Solimão I desfrutava de uma receita duas vezes maior que a de Carlos V.

Qual era a natureza desse colosso asiático? Seus contornos formam um estranho contraste com os do absolutismo europeu do mesmo período. O fundamento econômico do despotismo osmanli era a ausência quase absoluta de propriedade privada da terra.[8] Todo o território arável e pastoril do império era considerado patrimônio pessoal do sultão, exceto as

8 Para Marx, essa era a característica fundamental de todas as formas que ele, seguindo uma longa tradição, chamava de "despotismo asiático". Comentando a famosa descrição que Bernier fizera da Índia Mogol, Marx escreveu a Engels: "Com razão, Bernier considerou a base de todo o fenômeno oriental – ele se refere à Turquia, Pérsia e Hindustão – a *ausência de propriedade privada da terra*. Essa é a verdadeira chave, até mesmo para o paraíso oriental". Marx, *Selected Correspondence*, p.81. As observações de Marx sobre o "modo de produção asiático" apresentam muitos problemas, que vermos mais adiante. Se, por ora, mantemos o uso do termo "despotismo" para o Estado otomano, este deve ser entendido em um sentido estritamente provisório e meramente descritivo. Ainda nos faltam muitos conceitos científicos para a análise dos Estados orientais dessa época.

doações religiosas *waqf*.[9] Para a teoria política otomana, o atributo fundamental de soberania era o direito ilimitado que tinha o Sultão de explorar todas as fontes de riqueza dentro de seu reino como suas próprias possessões imperiais.[10] Daí decorria que não podia existir uma nobreza estável e hereditária no império, pois não havia segurança de propriedade que pudesse lhe servir de base. Riqueza e honra se confundiam com o Estado, e a posição social era uma simples questão de ocupar postos em sua hierarquia. O Estado em si se dividia em colunas paralelas e imprecisas – as quais os historiadores europeus (mas, sintomaticamente, não os pensadores otomanos) depois chamaram de "instituição governante" e "instituição muçulmana" (ou religiosa), mesmo que entre as duas nunca tivesse existido uma separação absoluta.[11] A Instituição Governante compreendia todo o aparato militar e burocrático do império. Seus estratos superiores eram recrutados, sobretudo, entre ex-escravos cristãos, cujo núcleo assumiu tais posições com a invenção do *devshirme*. Essa instituição, provavelmente criada nos anos 1380, foi a expressão mais notável da interpenetração entre princípios *ghazi* e do Antigo Islã que definiu o sistema otomano como um todo.[12] Todos os anos, fazia-se um recrutamento entre os filhos das famílias cristãs subjugadas nos Bálcãs: arrancados de seus pais, os meninos eram mandados para Constantinopla ou Anatólia, para serem criados como muçulmanos e treinados para os postos de comando

---

9 Gibb; Bowen, *Islamic Society and the West*, v.1, t.1, p.236-7. Casas, vinhedos e pomares situados dentro dos limites das aldeias eram propriedade privada (*mulk*), assim como a maior parte dos terrenos urbanos (o significado dessas exceções – horticultura e cidades – será discutido no contexto geral do Islã). Em 1528, cerca de 87% das terras otomanas eram *miri*, ou propriedade do Estado: Inalcik, *The Ottoman Empire*, p.110.

10 Shaw, The Ottoman View of the Balkans. In: Jelavich (Org.), *The Balkans in Transition*, p.56-60, traduz essa concepção de maneira clara.

11 Os termos "instituição governante" e "instituição muçulmana foram cunhados por: Lybyer, *The Government of the Ottoman Empire in the Time of Suleiman the Magnificent*, p.36-38. Sua aceitação generalizada entre os estudiosos recebeu as críticas de Itzkowitz, Eighteenth Century Ottoman Realities, *Studia Islamica*, XVI, 1962, p.81-5, mas sem comprovações substanciais contra seu uso para o século XVI.

12 Vryonis, Isidore Glabas and the Turkish *Devshirme*, *Speculum*, XXXI, n.3, jul. 1956, p.433-43, estabeleceu a datação moderna da instituição.

do exército ou da administração, como servidores diretos do sultão. Desse modo, a tradição *ghazi* de conversão religiosa e de expansão militar se conciliava com a tradição do Antigo Islã de tolerância e tributação dos infiéis.

O recrutamento *devshirme* fornecia à Instituição Governante algo entre 1 e 3 mil escravos por ano: estes ainda recebiam o suplemento de mais 4 mil ou 5 mil prisioneiros de guerra ou homens comprados no exterior, os quais passavam pelo mesmo processo de educação para a prepotência e o servilismo.[13] Esse corpo de escravos do sultão formava as fileiras mais altas da burocracia imperial – desde o cargo supremo do grão-vizir até os postos provinciais do beilerbeis e sanjkbeis – e a totalidade do exército permanente da Porta, composto pela cavalaria especial da capital e pelos famosos regimentos janízaros que constituíam a infantaria e a artilharia de elite do poderio otomano. (Uma das primeiras funções do *devshirme* foi, precisamente, fornecer soldados disciplinados e confiáveis, em uma época na qual o domínio internacional da cavalaria estava chegando ao fim, e os cavaleiros turcomanos vinham se provando bastante inaptos para a conversão à infantaria profissional.) O surpreendente paradoxo de uma sinarquia de escravos – impensável no feudalismo europeu – encontra sua explicação inteligível dentro de todo o sistema social do despotismo osmanli.[14]

---

13 Inalcik, *The Ottoman Empire*, p.78; L. S. Stavrianos, *The Balkans Since 1453*, p.84. Na Bósnia, excepcionalmente, o *devshirme* se estendeu às famílias muçulmanas do local.

14 É claro que o sistema otomano tinha raízes profundas nas antigas tradições muçulmanas. Como veremos, na história islâmica há precedentes significativos para escravos nos postos de comando e guarda de elite. A condição histórica do jugo político dessas tropas palacianas foi a ausência do uso *econômico* do trabalho escravo no ramo dominante da produção, a agricultura. Tradicionalmente, o mundo muçulmano importava escravos sobretudo para fins domésticos e suntuários, e estes sempre se distinguiram claramente dos escravos "militares" privilegiados. Somente no caso excepcional do sul do Iraque sob os abássidas é que a escravidão chegou a predominar na economia agrícola – e foi um episódio relativamente breve, que provocou as insurreições Zanj no final do século IX. No império turco, algumas herdades que escapavam ao sistema fundiário regular parecem ter sido cultivadas por escravos meeiros, adquiridos no exterior mediante guerra ou compra; mas essa força de trabalho marginal acabaria por se assimilar ao *status* comum dos camponeses durante o século XVI. Ao mesmo tempo, o monopólio jurídico dos sultões otomanos sobre a terra também se baseava em tradições islâmicas anteriores, que

Pois havia um elo estrutural entre a ausência de propriedade privada da terra e a eminência da propriedade estatal de homens. Com efeito, uma vez suspenso todo e qualquer conceito jurídico estrito de propriedade no domínio fundamental da riqueza básica da sociedade, as conotações convencionais de posse no domínio da mão de obra acabavam, no mesmo golpe, por se diluir e se transformar. Como toda propriedade fundiária era prerrogativa da Porta, deixava de ser degradante a condição de propriedade humana do sultão: a "escravidão" já não se definia por oposição a "liberdade", mas pela proximidade de acesso ao comando imperial, uma vizinhança necessariamente ambígua que envolvia heteronomia completa e um imenso privilégio e poder. O paradoxo do *devshirme* era, portanto, perfeitamente lógico e funcional no auge da sociedade otomana.

Ao mesmo tempo, a Instituição Governante não se resumia apenas ao corpo de escravos do sultão. Pois este coexistia com o estrato nativo de militares islâmicos, os guerreiros *sipahi*, que ocupavam uma posição muito diferente – ainda que complementar – dentro do sistema. Esses cavaleiros muçulmanos formavam uma cavalaria "territorial" nas províncias. O sultanato os alocava em herdades fundiárias, ou *timars* (em alguns casos, em unidades maiores, os *ziamets*), dos quais eles tinham direito de extrair rendimentos cuidadosamente fixados, em troca do fornecimento de serviço militar. A renda do *timar* determinava a medida das obrigações de seu detentor: para cada 3 mil aspres, o *timariot* tinha de fornecer um cavaleiro a mais. Instituídos por Murad I nos anos 1360, estima-se que, por volta de 1475, houvesse algo em torno de 22 mil *sipahis* na Rumélia e 17 mil na Anatólia (onde os *timars* eram, em geral, menores).[15] Nesse sistema, o total da reserva de cavalaria era, por certo, muito maior. Havia

datavam das primeiras conquistas árabes no Oriente Médio. As duas características do sistema turco que discutimos acima não eram, portanto, fenômenos arbitrários ou isolados, mas, sim, o ponto culminante de um desenvolvimento histórico longo e coerente, ao qual voltaremos mais adiante.

15 Inalcik, *The Ottoman Empire*, p.108, 113. Ainda há poucas pesquisas sobre a história otomana: seus dados estatísticos diferem bastante de autor para autor. O próprio estudo de Inalcik contém dois números aparentemente contraditórios para a quantidade de *sipahis* no reino de Solimão I. Ibid., p.48 e 108.

uma competição constante por *timars* nas fronteiras europeias do império; muitas vezes, os janízaros vitoriosos os recebiam como recompensa por seus serviços. A Porta nunca chegou a estender plenamente esse sistema aos territórios árabes mais remotos, conquistados à retaguarda no início do século XVI, onde podia se dar ao luxo de dispensar a cavalaria que era necessária nas fronteiras cristãs e no interior turco. Assim, as províncias do Egito, Bagdá, Basra e Golfo Pérsico não tinham terras *timar*, mas contavam com guarnições de tropas janízaras e pagavam uma soma fixa anual em impostos ao tesouro central. Essas regiões desempenhavam um papel muito mais importante no plano econômico que no militar. O eixo original da ordem otomana estava nos estreitos, e foram as instituições que prevaleceram nas "terras natais" da Rumélia e da Anatólia – principalmente Rumélia – que definiram suas formas básicas.

Os *timariots* e *zaims* representavam o similar mais próximo de uma classe de cavaleiros dentro do Império Otomano. Mas as herdades *timar* não eram, de forma alguma, feudos. Embora os *sipahis* cumprissem em suas localidades certas funções administrativas e policiais para o sultanato, eles não exerciam nenhum tipo de senhorio feudal ou jurisdição senhorial sobre os camponeses que trabalhavam em seus *timars*. Os *timariots* não tinham quase nenhum papel na produção rural: eram, em essência, alheios à economia agrícola em si. Na verdade, os camponeses tinham garantia hereditária de posse dos lotes que cultivavam, e os *timariots*, não: os *timars* não eram hereditários e, quando um novo sultão subia ao trono, reorganizava os detentores de maneira sistemática, para evitar que ficassem muito enraizados em um mesmo local. Mais próximos ao sistema *pronoia* que os precedera em termos jurídicos e etimológicos, os *timars* tinham um escopo muito mais limitado e se sujeitavam a um controle muito mais firme do que o sistema grego jamais experimentara.[16] No Império Otomano, compreendiam menos da metade das terras cultivadas na Rumélia e na Anatólia, pois as restantes (exceto os *waqfs*) estavam reservadas para o uso direto do sultão, da família imperial ou de altos funcionários

16 Vryonis, The Byzantine Legacy and Ottoman Forms, *Dumbarton Oaks Papers*, 1969-1970, p.273-5.

do palácio.[17] Nessa época, embora fosse um componente importante da ordem dominante, o estrato *timariot* também era, portanto, subordinado em termos políticos e econômicos.

A "Instituição Muçulmana" ficava um tanto à parte do complexo militar e burocrático da "Instituição Governante". Ela compreendia o aparato religioso, jurídico e educacional do Estado e, com poucas exceções, era naturalmente ocupada por muçulmanos ortodoxos nativos. Juízes *kadi*, teólogos ulemás, professores *medresa* e uma massa de outros clérigos assalariados cumpriam tarefas judiciais e ideológicas essenciais para o sistema de dominação otomano. O ápice da "Instituição Muçulmana" era o *Mufti* de Istambul, ou *Sheikh-ul-Islam*, supremo dignitário religioso que interpretava para os fiéis a lei sagrada da *Shar'ia*. A doutrina islâmica nunca admitiu nenhuma separação ou distinção entre Igreja e Estado: para ela, essa noção quase não tinha significado. O Império Osmanli foi, então, o primeiro sistema político muçulmano a criar uma hierarquia religiosa especialmente organizada, com um clero comparável ao da Igreja. Além disso, era essa hierarquia que fornecia os principais funcionários judiciais e civis para o aparelho temporal do Estado: os *kadis* recrutados em meio ao ulemato formavam a espinha dorsal da administração das províncias otomanas. Assim, também aí se punha em marcha um novo composto de pressões *ghazi* e do Antigo Islã. O zelo religioso das primeiras encontrou escoadouro no obscurantismo fanático do ulemato turco, ao passo que a *gravitas* social das últimas era respeitada por sua firme integração à máquina do sultanato. Uma consequência era que o *Sheikh-ul-Islam* podia, às vezes, barrar iniciativas da Porta, invocando preceitos da *Shar'ia*, da qual era o guardião oficial.[18] Essa limitação formal da autoridade do sultão era, em certo sentido, a contrapartida do reforço no poder do Estado otomano, advindo da criação de um aparelho eclesiástico profissional. Isso não anulava, de forma alguma, o despotismo político que o sultão exercia sobre suas possessões imperiais, o que correspondia perfeitamente à definição

17 Gibb; Bowen, *Islamic Society and the West*, v.3, p.46-56; Stavrianos, *The Balkans Since 1453*, p.86-7, 99-100.

18 Gibb; Bowen, *Islamic Society and the West*, I/I, p.85-6.

weberiana de burocracia patrimonial, na qual os problemas jurídicos tendem a se reduzir a simples questões administrativas atadas à tradição e aos costumes.[19]

Como todo o território arável do império era considerado propriedade do sultanato, o principal objetivo doméstico do Estado otomano, que determinava sua divisão e organização administrativa, era, naturalmente, a exploração fiscal das possessões imperiais. Com esse fim, dividia-se a população em uma classe dominante *osmanlilar*, a qual abarcava as Instituições Governante e Religiosa, e uma classe súdita *rayah*, que incluía muçulmanos e também infiéis. A vasta maioria dessa última se compunha, é claro, do campesinato (que nos Bálcãs era cristão). Sob jugo otomano, nunca se fez nenhuma tentativa para forçar a conversão em massa das populações cristãs balcânicas. Pois tal esforço seria o mesmo que renunciar às vantagens econômicas de se ter uma classe *rayah* infiel, a qual, segundo as velhas tradições do Antigo Islã e da *Shar'ia*, podia receber o peso de impostos especiais que não eram extensíveis aos súditos muçulmanos: havia, portanto, um conflito direto entre a tolerância religiosa de viés fiscal e a conversão de viés missionário. Como vimos, o *devshirme* resolveu esse problema para os osmanlis, ao impor o recrutamento de crianças para islamização e, ao mesmo tempo, deixar o resto da população cristã professando sua fé tradicional e pagando o preço tradicional. Todos os *rayahs* cristãos deviam ao sultão um imposto *per capita* especial,

---

19 Ver as observações de Weber, *Economy and Society*, v.2, p.844-5. Na verdade, Weber enxergava o Oriente Próximo como o "local clássico" do que ele chamava, precisamente, de "sultanismo": Weber, Ibid., v.3, p.1020. Ao mesmo tempo, ele teve o cuidado de salientar que mesmo o mais arbitrário despotismo pessoal sempre operou dentro de um quadro ideológico definido pelos costumes: "Chamemos de *autoridade patrimonial* o domínio primordialmente tradicional, mesmo quando exercido pela virtude da autonomia pessoal do governante; e chamemos de *sultanismo* o domínio que opera primordialmente na base discricionária [...]. Às vezes, parece que o sultanismo não sofre com nenhuma amarra da tradição, mas, na realidade, isso nunca acontece. O elemento não tradicional não é, porém, racionalizado em termos impessoais, mas consiste apenas em um desenvolvimento extremo do arbítrio do governante. É isso o que o distingue de qualquer outra forma de autoridade racional": Ibid., v.1, p.232.

bem como dízimos para a manutenção do ulemato. Além disso, os camponeses que cultivavam as terras dos *timars* ou dos *ziamets* deviam obrigações em dinheiro aos detentores desses benefícios. A Porta fixava cuidadosamente o cálculo dessas obrigações, e os *timariot* ou *zaims* não podiam alterá-lo de maneira arbitrária. Os rendeiros tinham garantia de posse, o que assegurava a estabilidade da receita fiscal, e eram protegidos contra as exações senhoriais, o que prevenia a drenagem local dos excedentes que pertenciam ao império. As obrigações em serviços que existiam na época dos príncipes cristãos foram reduzidas ou abolidas.[20] O direito camponês de mudar de residência era controlado, mas não fora eliminado: na prática, a competição dos *timariots* por mão de obra encorajava a mobilidade informal nos campos. Assim, durante os séculos XV e XVI, o campesinato balcânico de repente se viu libertado da crescente degradação servil e da exploração senhorial que vigoravam sob os governantes cristãos e, então, pôde se transferir para uma condição social que, em muitos aspectos, era paradoxalmente mais livre e amena que em qualquer outro lugar do Leste Europeu daquela época.

O destino do campesinato balcânico contrastou com o de seus senhores tradicionais. Nas primeiras fases da conquista turca, alguns setores das aristocracias cristãs dos Bálcãs haviam passado para as linhas otomanas, muitas vezes lutando ao seu lado como tropas aliadas e auxiliares. Essa colaboração ocorrera na Sérvia, na Bulgária, na Valáquia e em outros lugares. Mas, com a consolidação do poder imperial otomano na Rumélia, a autonomia residual desses senhores chegou ao fim. Uns poucos se converteram ao islamismo e foram assimilados à classe dominante otomana, principalmente na Bósnia. Alguns outros receberam *timars* no novo sistema agrário, sem se converterem. Mas os *timariots* cristãos não chegaram

---

20 O Código de Dushan obrigava os camponeses sérvios a trabalharem dois dias por semana nas terras de seu senhor. De acordo com Inalcik, sob o jugo otomano, os *rayah* deviam ao *sipahi* apenas três dias de trabalho por ano: Inalcik, *The Ottoman Empire*, p.13. Seu próprio relato a respeito das obrigações devidas aos detentores de *timars* não corresponde absolutamente a essa estimativa tão baixa (p.111-2). Mas não há motivos para duvidar da relativa melhoria das condições do campesinato balcânico.

a ser numerosos, e suas herdades eram, em geral, modestas, com baixos rendimentos. Desapareceram por completo depois de poucas gerações.[21] Assim, em boa parte dos Bálcãs, a nobreza étnica local foi eliminada em pouco tempo – um fato que traria graves consequências para o futuro desenvolvimento social da região. Para além do Danúbio, a ocupação e a administração direta do sultanato só não chegaram à Valáquia, à Moldávia e à Transilvânia. Nas duas primeiras, a recém-formada classe boiarda romena – que acabara de entrar na fase de unificação política e de sujeição econômica do campesinato nativo – pôde preservar suas terras e seu poder provincial, pagando apenas um pesado tributo anual para Istambul. Na Transilvânia, os donos de terras magiares ficaram com o domínio sobre uma população etnicamente distinta – romenos, saxões ou szeklers. Quanto ao resto, o jugo otomano no sudeste da Europa varreu a nobreza local dos Bálcãs. Os resultados últimos dessa profunda modificação nos sistemas sociais autóctones foram complexos e contraditórios.

Por um lado, como já vimos, depois de consolidada a conquista turca houve uma nítida melhora na condição material do campesinato. Os tributos e obrigações rurais baixaram e, além disso, a duradoura paz otomana no sudeste subjugado, atrás do *front* da Europa central, também afastou dos campos a desgraça das constantes guerras entre nobres. Mas, por outro lado, os resultados sociais e culturais da completa destruição das classes dominantes nativas trouxeram, sem dúvidas, um retrocesso. As aristocracias balcânicas haviam explorado o campesinato de maneira muito mais opressiva que o início da administração otomana. Na passagem da época medieval para a moderna, a própria constituição de uma nobreza fundiária representou um avanço histórico indubitável nessas formações sociais atrasadas. Pois isso assinalava uma ruptura com os princípios de organização dos clãs, com a fragmentação tribal e com suas formas políticas e culturais rudimentares. O preço desse avanço foi, precisamente, a estratificação de classe e a crescente exploração econômica. Os Estados balcânicos do último período medieval eram, como vimos, notoriamente fracos e vulneráveis. Mas o fato de seu colapso ter ocorrido antes

21 Inalcik, Ottoman Methods of Conquest, *Studia Islamica*, II, 1954, p.104-16.

da invasão turca não significa que não tivessem potencial para um desenvolvimento futuro: na verdade, como já vimos, o padrão de "falsos começos" e seguidas recuperações foi mais ou menos comum nos primórdios da Europa feudal, tanto no Ocidente quanto no Oriente, e assumiu em geral a forma de estruturas administrativas "prematuramente" centralizadas, como as que existiram nos Bálcãs do fim da época medieval. Quando os turcos eliminaram a classe fundiária local, impediram que ocorresse, daí em diante, qualquer dinâmica endógena. Ao contrário, seu principal resultado político e cultural foi uma verdadeira regressão às instituições de clãs e às tradições particularistas entre a população rural dos Bálcãs. Assim, nas terras sérvias (onde esse fenômeno foi bastante estudado), o *plemena* tribal, o *knez* do chefe e a rede de parentescos *zadruga* – formas que vinham desaparecendo rapidamente antes da conquista otomana – agora começavam a reviver como unidades pervasivas de organização social no campo.[22] A recaída generalizada no localismo patriarcal se fez acompanhar por um notável declínio no grau de instrução. A articulação cultural da vida dos súditos se tornou, em grande medida, monopólio do clero ortodoxo, cujo servilismo para com os governantes turcos só se comparava à

22 O historiador bósnio Branislav Djurdjev foi o grande responsável por esclarecer esse processo de regressão social. Para uma análise de sua obra e das discussões que ela provocou, ver: Vucinich, The Yugoslav Lands in the Ottoman Period: Post-War Marxist Interpretations of Indigenous and Ottoman Institutions, *The Journal of Modern History*, XXVII, n.3, set. 1955, p.287-305. A ênfase de Djurdjev no caráter contraditório do impacto inicial dos otomanos sobre a sociedade balcânica contrasta com as perspectivas predominantes na Rússia e na Turquia, que, de maneira unilateral, tendem a enfatizar como resultado da conquista otomana ou a destruição e a repressão, ou a pacificação e a prosperidade. Para um exemplo das interpretações soviéticas, ver: Udal'tsova, O Vnutrennykh Prichinakh Padeniya Vizantii v XV Veke, *Voprosy Istorii*, n.7, jul. 1953, p.120 – um artigo que comemora, ou lamenta, o 500º aniversário da queda de Constantinopla e alega que o mando turco levou diretamente à maior exploração das massas rurais. Para uma posição turca, ver: Inalcik, L'Empire Ottomane, *Actes du Premier Congrès International des Études Balkaniques et Sud-Est Européennes*, Sofia: 1969, p.81-5. A tensão entre as duas tendências marca as contribuições desse congresso, que também incluem uma vigorosa declaração de Djurdjev recapitulando suas opiniões: Djurdjev, Les Changements historiques et éthniques chez les peuples slaves du sud après la conquête turque, op. cit., p.575-8.

sua ignorância e superstição. As cidades perderam sua importância comercial e intelectual, transformando-se em centros administrativos e militares do governo otomano, repletas de artesãos e comerciantes turcos.[23] Assim, embora a grande massa da população rural tivesse se beneficiado materialmente do impacto inicial da conquista turca, por causa do declínio no volume de excedente extraído aos produtores diretos no campo, o outro lado do mesmo processo histórico foi a interrupção de todo e qualquer desenvolvimento autóctone rumo a uma ordem feudal mais avançada, a regressão a formas patriarcais pré-feudais e a longa estagnação em toda a evolução histórica da península balcânica.

Enquanto isso, as províncias asiáticas do império turco viveram notáveis recuperações e avanços durante o apogeu do poderio otomano no século XVI. Se a Rumélia continuava sendo o principal palco de guerra dos exércitos do sultão, a Anatólia, a Síria e o Egito se beneficiavam da paz e da unidade que a conquista osmanli trouxera para o Oriente Médio. A insegurança criada pela decadência dos Estados mamelucos no Levante deu lugar a uma administração firme e centralizada, que suprimiu o banditismo e estimulou o comércio regional. A recessão do último período medieval nas economias síria e egípcia, assoladas pela peste e pela invasão, foi se revertendo à medida que a agricultura se recuperou e a população cresceu. Essas duas províncias chegaram a fornecer um terço das receitas do tesouro imperial.[24] Na Anatólia, o crescimento demográfico deve ter sido especialmente acentuado – claro indício de expansão agrária: a população rural talvez tenha aumentado em dois quintos no curso do século. O comércio floresceu, tanto nas províncias orientais quanto, sobretudo, ao longo das rotas de comércio internacional que ligavam a Europa ocidental à Ásia ocidental, fosse pelo Mediterrâneo ou pelo Mar Negro. As estradas eram bem conservadas, com entrepostos oficiais construídos ao longo dos caminhos; as frotas otomanas patrulhavam as águas contra a pirataria. Especiarias, seda, algodão, escravos, veludos, alúmen e outras

23 Ver: Vucinich, The Nature of Balkan Society under Ottoman Rule, *Slavic Review*, dez. 1962, p.603, 604-5, 614.

24 Inalcik, *The Ottoman Empire*, p.128.

mercadorias cruzavam o império em caravanas ou embarcações. O comércio intermediário do Oriente Médio florescia sob a proteção da Porta, para o benefício do Estado otomano.

Essa prosperidade comercial, por sua vez, acarretou um surto de crescimento urbano. A população das cidades parece ter dobrado no século XVI.[25] Em seus primórdios, a sociedade osmanli possuía um número limitado, mas florescente, de centros manufatureiros em Bursa, Edirna e outras cidades, produzindo ou processando sedas, veludos e outros artigos de exportação.[26] Quando conquistou Bizâncio, Maomé II seguiu uma política econômica mais esclarecida que a dos imperadores comenos ou paleólogos, abolindo os privilégios mercantis de venezianos e genoveses e instituindo uma leve tarifa protecionista para promover o comércio local. Em menos de um século de mando turco, o tamanho de Istambul crescera de uns 40 mil para 400 mil habitantes. No século XVI, era, de longe, a maior cidade da Europa.

No entanto, o crescimento econômico do império em ascensão teve, desde o início, limites bem definidos. O renascimento agrícola das províncias asiáticas durante o século XVI não parece ter sido acompanhado por nenhuma grande melhoria na técnica rural. A inovação mais significativa nos campos do Oriente Médio do início da época moderna – a introdução do milho americano – ocorreu em uma fase posterior, quando já começara o declínio de todo o império. O surto demográfico da Anatólia pode, em grande medida, ser atribuído à restauração da paz e à sedentarização das tribos nômades, pois o jugo otomano estabilizado permitiu que o assentamento agrícola voltasse a se expandir mais uma vez depois do despovoamento bizantino. Esse processo logo chegaria a seu limite, uma vez que a disponibilidade da terra cessou aos níveis técnicos da época. Ao mesmo

25 Barkan, Essai sur les données statistiques des registres de recensement dans l'Empire Ottomane aux XVe et XVIe siècles, *Journal of the Economic and Social History of the Orient*, v.1/I, ago. 1957, p.27-8: à parte a macrocefalia da própria Istanbul (acompanhada pelo declínio de Alepo e Damasco), a população de doze importantes cidades provinciais cresceu algo em torno de 90% no século XVI.

26 Inalcik, Capital Formation in the Ottoman Empire, *The Journal of Economic History*, XXIX, n.1, mar. 1969, p.108-19.

tempo, o renascimento do comércio por todo o império não se refletiu necessariamente na atividade das manufaturas domésticas, nem na importância dos mercadores locais. Pois, nas terras otomanas, o caráter particular da economia e do governo das cidades sempre esteve limitado pelas amarras do sultanato. Nem as oficinas provinciais, nem a vasta capital e nem o interesse periódico de alguns governantes puderam alterar o tratamento basicamente hostil que o Estado otomano dispensava às cidades e indústrias. As tradições políticas do Islã não conheciam o conceito de liberdades urbanas. As cidades não tinham autonomia municipal ou corporativa: na verdade, não tinham nem existência jurídica. "Assim como não havia Estado, mas apenas um governante e seus agentes, e não havia tribunais, mas apenas um juiz e seus auxiliares, também não havia cidade, mas apenas uma aglomeração de famílias, quarteirões e guildas, cada qual com seus próprios chefes e líderes."[27] Em outras palavras, as cidades não tinham defesa contra a vontade do Comandante dos Fiéis e de seus servidores. A regulamentação oficial dos preços das mercadorias e a compra obrigatória de matérias-primas restringiam os mercados urbanos. O Estado supervisionava as corporações de ofício com todo cuidado e acabava por reforçar seu típico conservadorismo técnico. Além disso, o sultanato quase sempre intervinha contra os interesses das comunidades de mercadores urbanos, os quais só recebiam a constante suspeita dos ulemás e o ódio do populacho artesão. As políticas econômicas do Estado tendiam a discriminar o grande capital comercial e a apoiar a pequena produção, com seu arcaísmo de guildas e seu fanatismo religioso.[28] A típica cidade turca acabou dominada por um *menu peuple* inerte e atrasado, que impedia toda e qualquer inovação ou acumulação empresarial. Dada a natureza do Estado otomano, não havia um espaço protecionista onde se pudesse desenvolver uma burguesia mercantil turca e, a partir do século XVII, as funções comerciais foram retornando às comunidades de minorias infiéis – gregos, judeus ou armênios – que, de todo modo, sempre haviam dominado o mercado de

27 Lewis, *The Emergence of Modern Turkey*, p.393. É claro que Lewis exagera ao alegar que "não havia Estado".

28 Inalcik, Capital Formation in the Ottoman Empire, op. cit., p.103-6.

exportação para o Ocidente. Dessa maneira, os mercadores e produtores muçulmanos se confinaram às ocupações de lojistas ou artesãos.

Assim, mesmo em seu apogeu, o nível da economia otomana nunca alcançou um grau de desenvolvimento comparável ao de sua organização política. A força motriz da expansão imperial continuava sendo implacavelmente militar. Em termos ideológicos, a estrutura do domínio turco não conhecia limites geográficos. Na cosmogonia osmanli, o planeta se dividia em duas grandes regiões – a Casa do Islã e a Casa da Guerra. A Casa do Islã compreendia as terras habitadas por verdadeiros fiéis, que aos poucos se juntariam sob os estandartes do sultão. A Casa da Guerra cobria o resto do mundo, povoado de infiéis, cujo destino era cair sob a conquista dos Soldados do Profeta.[29] Na prática, isso significava a Europa cristã, em cujas portas os turcos haviam estabelecido sua capital. Na verdade, ao longo de toda a história do império, o verdadeiro centro de gravidade da classe dominante *osmanlilar* foi a Rumélia – a própria península balcânica – e não a Anatólia, terra natal dos turcos. Era daí que partiam os exércitos, um após o outro, marchando rumo norte, para a Casa da Guerra, com a missão de engrandecer o lar do Islã. O fervor, a dimensão e a destreza das tropas do sultão as tornaram invencíveis na Europa por duzentos anos depois de sua primeira travessia para Galípoli. A infantaria janízara de elite e a cavalaria *sipahi* que saía em campanhas sazonais e ataques surpresa se revelaram armas fatais da expansão otomana no sudeste europeu. Além disso, os sultões não hesitaram em utilizar o trabalho e o saber dos cristãos de outras maneiras que não o *devshirme*, que fornecia seus regimentos em terra. A artilharia turca estava entre as mais avançadas da Europa, às vezes especialmente preparada para a Porta por engenheiros renegados no Ocidente. A marinha turca logo passou a rivalizar com a de Veneza, graças à experiência de seus capitães e marujos gregos.[30] Apropriando-se vorazmente de artesãos e técnicos militares da Europa, a máquina de guerra otomana conseguiu, em seu apogeu, combinar a modernidade qualitativa dos melhores

29 Gibb; Bowen, *Islamic Society and the West*, I/I, p.20-1.

30 Para uma análise particular sobre o uso de artesãos e técnicos europeus pela Porta, ver Mousnier, *Les XVIe et XVIIe siècles*, p.463-4, 474.

exércitos cristãos com uma mobilização quantitativa muito superior à de qualquer Estado cristão que viesse a enfrentá-la. Somente as coligações conseguiram contê-la nas fronteiras do Danúbio. E só no cerco de Viena, em 1529, é que as lanças espanholas e austríacas foram capazes de baixar os sabres dos janízaros.

No entanto, a decadência do despotismo turco foi se instalando aos poucos, a partir da época em que cessou sua expansão. O fechamento das fronteiras osmanli na Rumélia traria uma série de repercussões império adentro. Comparado aos Estados absolutistas da passagem do século XVI para o XVII, o Império Otomano era comercial, cultural e tecnologicamente atrasado. Sua investida sobre a Europa se dera no ponto mais frágil do continente – as ruinosas defesas balcânicas do último período medieval. Confrontado com as monarquias Habsburgo, muito mais robustas e importantes, o Império Otomano foi, em última instância, incapaz de prevalecer, fosse por terra (Viena), fosse por mar (Lepanto). Desde a Renascença, o feudalismo europeu vinha dando origem a um capitalismo mercantil que nenhum despotismo asiático poderia reproduzir: ainda menos a Porta, com seu desprezo pelas manufaturas e completa ignorância quanto às invenções. O término da expansão turca foi determinado pela sempre crescente superioridade econômica, social e política da Casa da Guerra. Foram muitos os resultados dessa reversão de forças para a Casa do Islã. A estrutura da classe dominante *osmanlilar* se baseara na conquista militar perpétua. Isso permitira o anômalo domínio de uma elite de escravos de origem não muçulmana sobre o aparelho estatal; enquanto as fronteiras cederam à marcha dos exércitos otomanos, a necessidade e a racionalidade dos corpos de janízaros e do *devshirme* se justificaram, na prática, para o conjunto da ordem dominante: as vitórias de Varna, Rodes, Belgrado e Mohacs tiveram esse preço. E também foi isso que possibilitou o nível inicialmente moderado de exploração rural nos Bálcãs e a rigorosa supervisão central. Pois a classe *osmanlilar* como um todo podia contar que suas fortunas viriam da ampla tomada de cada vez mais terras das mãos da Casa da Guerra, à medida que os *timars* e *ziamets* se multiplicavam no avanço rumo ao norte. Os mecanismos sociais da pilhagem foram, portanto, fundamentais para a rígida unidade e a disciplina do auge do Estado turco.

No entanto, uma vez cessada a expansão territorial, foi inevitável a lenta involução de toda essa enorme estrutura. Os privilégios de um corpo de escravos estrangeiros, agora desprovidos de funções militares, foram se tornando intoleráveis para a maioria da classe dominante do império, a qual acabou por mover seu peso inerte para recuperar e normalizar o comando do aparelho político da Instituição Governante. Quando a máquina militar deixou de absorvê-la, a população rural excedente, antes alistada nas tropas auxiliares e de pilhagem dos exércitos da Porta, então se mobilizou para a revolta social ou para o banditismo. Além disso, o fim das vastas aquisições de terras e tesouros levaria, inevitavelmente, a formas muito mais intensas de exploração dentro das fronteiras do poder turco, às custas da classe subjugada *rayah*. Assim, do final do século XVI ao início do XIX, a história do Império Otomano foi, essencialmente, a da desintegração do Estado imperial centralizado, da consolidação da classe fundiária provincial e da degradação do campesinato. Esse processo longo e exaustivo, que não se fez sem breves recuperações políticas e militares, não ocorreu no isolamento balcânico em relação ao resto do continente europeu. Foi, ao contrário, aprofundado e agravado com o impacto internacional da supremacia econômica da Europa ocidental, diante de cujo poder caiu o Império Otomano – estagnado no parasitismo tecnológico e no obscurantismo teológico. Da revolução dos preços do século XVI à Revolução Industrial do século XIX, o desenvolvimento do capitalismo ocidental afetaria cada vez mais a sociedade balcânica.

O lento declínio do Império Otomano foi determinado pela superioridade econômica e militar da Europa absolutista. No curto prazo, seus piores reveses ocorreram na Ásia. A Guerra dos Treze Anos contra a Áustria, de 1593 a 1606, foi um dispendioso beco sem saída. As guerras mais demoradas e destrutivas contra a Pérsia – que se estenderam, com breves interrupções, de 1578 a 1639 – acabaram em frustração e derrota. A consolidação vitoriosa do Estado safávida na Pérsia foi um ponto de virada imediato nos destinos do Estado osmanli. As guerras persas, que resultaram na perda do Cáucaso, infligiram imensos danos ao exército e à burocracia da Porta. Como vimos, a Anatólia, terra natal da população de etnia turca do império, jamais fora seu centro político. Foi na Rumélia que o novo sistema social otomano se implantou de maneira sistemática nos séculos XIV e XV, com uma posse da terra e uma administração militar moldadas às necessidades internacionais do Estado imperial. A Anatólia, em contraste, manteve uma estrutura social e religiosa muito mais tradicional, com fortes vestígios da antiga organização de nômades e clãs nos *beyliks* do interior e na latente hostilidade contra a complacência cosmopolita de Istambul. Os *timars* da Anatólia eram, em geral, menores e mais pobres que os da Rumélia. Sofrendo com os custos da participação nas campanhas sazonais, cada vez mais altos por causa da inflação galopante do fim do século XVI, a classe *sipahi* local demonstrou cada vez menos entusiasmo pelas lutas muçulmanas contra a Pérsia. Ao mesmo tempo, a expansão agrícola na Anatólia rural já cessara; o grande aumento populacional acabara por criar nos altiplanos uma classe crescente de camponeses sem-terra, ou *levandat*. Muito presentes nos recrutamentos armados de governantes provinciais para o *front* persa, os *levandat* receberam treinamento militar, mas não disciplina. Assim, as agruras das guerras e as vitórias inimigas na fronteira oriental foram precipitando o colapso da ordem cívica na Anatólia. O descontentamento dos *timariot* se combinou à miséria dos camponeses em uma série de levantes tumultuosos – as chamadas revoltas *jelali* que irromperam entre 1594-1610 e, mais uma vez, entre 1622-1628, misturando motim provinciano, banditismo social e restauração religiosa.[31] Foi também nesses anos que as incursões dos cossacos pelo Mar Negro abateram, com um êxito humilhante, Varna, Sinope, Trebizonda e até mesmo os arredores de Istambul. Por fim, os líderes *sipahi* das rebeliões *jelali* da Anatólia aceitaram subornos e seus seguidores *levandat* acabaram reprimidos. Mas os danos que a onda de banditismo e anarquia causou ao moral interno do sistema otomano foram graves demais. O final do século XVII iria testemunhar novas explosões *jelali* nesses campos, onde a pacificação nunca se completara.

31 Sobre o fenômeno do *levandat* da Anatólia e das revoltas *jelali* em geral, ver: Parry, The Ottoman Empire: 1566-1617, *The New Cambridge Modern History*, III, p.372-4, e _______, The Ottoman Empire: 1617-1648, *The New Cambridge Modern History*, IV, p.627-30.

Enquanto isso, na Porta em si, os custos dos longos conflitos persas se agravaram bastante com a inflação importada do Ocidente. Nas últimas décadas do século, o afluxo de metais preciosos da América para a Europa renascentista abrira caminho até o império turco. Nos domínios otomanos, a relação ouro-prata era mais baixa que no Ocidente, o que tornava a exportação de moedas de prata para essas regiões um negócio altamente lucrativo para os mercadores europeus, que embolsavam a diferença em ouro. O resultado dessa maciça injeção de prata foi, naturalmente, uma rápida subida nos preços – que o sultanato, em vão, tentou compensar desvalorizando a aspre. O valor das receitas do tesouro caiu pela metade entre 1534 e 1591.[32] A partir de então, conforme se arrastavam as guerras contra a Áustria e a Pérsia, os orçamentos anuais registraram déficits profundos e regulares. A consequência inevitável foi um grande incremento nas pressões fiscais sobre todos os súditos do império. O imposto de capitação *rayah* pago pelo campesinato cristão se multiplicou por seis entre 1574 e 1630.[33] Mas essas medidas não fizeram mais que aliviar uma situação na qual o próprio aparelho de Estado vinha dando sinais de crises e males cada vez mais profundos.

Os primeiros a revelar sintomas da decomposição geral foram os corpos de janízaros e o estrato *devshirme*, que haviam formado a cúpula do aparelho imperial na época de Maomé II. No início do século XVI, durante o governo de Solimão I, os janízaros conquistaram o direito de casar e ter filhos, embaraços que antes lhes eram proibidos. Isso, naturalmente, aumentou seu custo de vida – que, aliás, já subira bastante por causa da inflação pelo afluxo de prata ocidental, via comércio mediterrâneo, para dentro do império, o qual não produzia quase nenhuma manufatura. Assim, o soldo janízaro quadruplicou entre 1350 e 1600, ao passo que a aspre turca de prata sofreu seguidas desvalorizações e o nível geral de preços decuplicou.[34] Para se sustentarem, os janízaros, quando não estavam em guerra, agora tinham permissão para complementar sua renda por

32 Inalcik, *The Ottoman Empire*, p.49.

33 Id., L'Empire Ottomane, op. cit., p.96-7.

34 Stavrianos, *The Balkans Since 1453*, p.121; Lewis, *The Emergence of Modern Turkey*, p.28-9.

meio dos ofícios e do comércio. Mais tarde, em 1574, quando Selim II subiu ao trono, eles lhe arrancaram o direito de alistar seus filhos nos regimentos janízaros. Dessa forma, aquela que era uma elite militar profissional e seleta foi se convertendo em uma milícia hereditária e quase artesanal. Sua disciplina se desintegrou na mesma proporção. Em 1589, o primeiro motim vitorioso dos janízaros por soldos mais altos derrubou o grão-vizir e estabeleceu um padrão que viria a ser endêmico na vida política de Istambul; em 1622, um levante janízaro derrubou o sultão, pela primeira vez. Enquanto isso, o isolamento hermético do estrato *devshirme* em relação ao resto da classe dominante *osmanlilar* começou a enfraquecer, o que, como se podia prever, acarretou a completa dissolução de uma identidade exclusiva dos *devshirme*. No reinado de Murad II, ao final do século XVI, os muçulmanos nativos ganharam o direito de ingressar nas fileiras dos janízaros. Por fim, nos anos 1630, época de Murad IV, os recrutamentos *devshirme* já haviam desaparecido por completo. Os regimentos janízaros, porém, continuaram usufruindo de isenções tributárias e de outros privilégios tradicionais. Por isso, a população muçulmana mantinha uma demanda permanente por alistamento nesses corpos, ao mesmo tempo em que a inquietação social do período *jelali* exigia a disseminação de guarnições janízaras por todas as cidades provinciais do império, para garantir a segurança interna. Assim, a partir de meados do século XVII, os janízaros foram se transformando em vastos corpos de milícias urbanas com pouco ou nenhum treinamento, muitos dos quais já não residiam nas casernas, mas, sim, em suas próprias tendas e oficinas, como pequenos comerciantes ou artesãos (muitas vezes, sua presença nas guildas rebaixou os padrões artesanais), enquanto os mais prósperos adquiriam direitos sobre as terras locais. O valor militar dos janízaros logo se reduziu a nada; sua principal função política na capital viria a ser a de *masse de manoeuvre* fanática para a intolerância dos ulemás e as intrigas palacianas.

Enquanto isso, o sistema *timar* passava por uma degeneração não menos drástica. Com o aperfeiçoamento da artilharia europeia e a consolidação dos exércitos permanentes das potências cristãs, a cavalaria leve dos *sipahis* caíra em obsolescência militar: as relutantes investidas de verão dos cavaleiros *timariot*, cuja firmeza no campo de batalha se enfraquecera com a depreciação de suas rendas, ficaram completamente inadequadas frente ao grande poder de fogo dos fuzileiros germânicos. Assim, em meio à crescente corrupção de Istambul, o Estado tendeu a conceder mais e mais *timars* a altos funcionários, com propósitos não militares, ou retomá-los para o tesouro. O resultado foi uma queda abrupta nos efetivos *sipahi* já no início do século XVII. Daí em diante, os exércitos otomanos passaram a se basear sobretudo em companhias de mosqueteiros pagos, as unidades *sekban* – em sua origem, tropas provinciais auxiliares e irregulares que agora se tornavam as principais formações militares do império.[35] A manutenção das tropas *sekban* como força permanente acabou intensificando e também monetarizando os encargos fiscais nas terras otomanas, em uma conjuntura de provável recessão econômica em boa parte do Mediterrâneo oriental. As novas terras aráveis haviam se esgotado na Anatólia. O comércio de seda e especiarias fora capturado e desviado pelos navios ingleses e holandeses, cujas operações no Oceano Índico agora rodeavam o Império Otomano pela retaguarda. O Egito, por sua vez, onde a agricultura tradicional continuava bem,[36] foi voltando para o controle local dos mamelucos. As dificuldades políticas e financeiras do Estado também se combinaram com a degeneração da dinastia. Pois, no século XVII, o calibre dos governantes imperiais – cuja autoridade despótica se exercera, até então, com razoável habilidade – entrou em colapso por causa do novo sistema sucessório. De 1617 em diante, o sultanato passou a pertencer ao homem mais velho da linhagem osmanli, que, habitualmente, era encerrado desde o nascimento no "Cárcere dos Príncipes", uma masmorra que parecia concebida para produzir desequilíbrio patológico ou imbecilidade. Esses sultões não tiveram capacidade de controlar nem conter a profunda deterioração do sistema estatal que presidiam. Foi nessa época que as manobras clericalistas do *Sheikh-ul-Islam* começaram invadir as decisões políticas,[37] que foram se tornando cada vez mais venais e instáveis.

---

35 Inalcik, *The Ottoman Empire*, p.48.

36 Ver: Shaw, *The Financial and Administrative Organization and Development of Ottoman Egypt, 1517-1798*, p.21.

37 Inalcik, L'Empire Ottomane, op. cit., p.95.

Mesmo assim, o Império Otomano se provou capaz de uma última e grandiosa investida militar na Europa da segunda metade do século XVII. Aos reveses das guerras persas, às desordens do banditismo na Anatólia, às humilhações das incursões cossacas e à desmoralização dos corpos janízaros se seguiu uma reação efetiva – ainda que temporária – no interior da Porta. De 1656 a 1675, os viziratos dos Köprülü restauraram uma administração vigorosa e marcial em Istambul. Empréstimos forçados e extorsões tributárias reorganizaram as finanças otomanas; cortes nas sinecuras baixaram as despesas; os equipamentos e treinamentos de infantaria aperfeiçoaram as tropas permanentes; a ainda temível cavalaria tártara foi posta a bom uso no teatro pôntico. Ao mesmo tempo, o declínio do regime safávida na Pérsia aliviou a pressão no leste e possibilitou um último avanço turco rumo ao Ocidente. Os principados do Danúbio, cujos governantes vinham ficando cada vez mais inquietos, foram domados. Uma guerra de vinte anos contra Veneza chegou a um final vitorioso, com a captura de Creta em 1669. Mais tarde, em 1672, mobilizando contingentes montados do canato da Crimeia, forças otomanas tomaram a Podólia aos poloneses. Na década seguinte, travou-se uma luta selvagem e duradoura contra a Rússia pelo domínio da Ucrânia. Finalmente debelado nesse conflito – que se encerrou em 1682, depois de devastar a Ucrânia, com um armistício que confirmava o *status quo ante* – o poder turco se voltou contra a Áustria em 1683. Ainda mais agressivo, o novo vizir Kara Mustafá, que sucedera Maomé Köprülü, reuniu um grande exército para o ataque frontal a Viena. Cento e cinquenta anos depois do cerco de Solimão II à capital Habsburgo, lançava-se agora um segundo assalto osmanli. O fracasso do primeiro apenas estabilizara a linha de frente do avanço turco sobre a cristandade. A derrota do segundo – com a vitoriosa libertação de Viena por uma força mista de tropas polonesas, imperiais, saxônias e bávaras, em 1683 – provocou o colapso de toda a posição otomana na Europa central. Assim, a recuperação Köprülü se provou breve e artificial: seus êxitos iniciais levaram a Porta a abusar das próprias forças, com resultados desastrosos e irreversíveis. Ao fiasco vienense se seguiu uma longa retirada que só se encerrou em 1699, com a completa perda da Hungria e da Transilvânia para os Habsburgo, ao mesmo passo em que a Polônia retomava a

Podólia e Veneza ocupava a Moreia. Daí em diante, a Casa do Islã ficaria em perpétua defensiva nos Bálcãs, capaz de conter apenas por um tempo os avanços dos infiéis, cedendo a eles repetida e definitivamente.

Nos cem anos seguintes, o impacto do recuo do império turco se fez sentir sobre o absolutismo russo, e não sobre o austríaco. O ímpeto militar Habsburgo definhou relativamente cedo, depois da conquista do Banato em 1716-1718. As forças otomanas barraram os exércitos austríacos em 1736-1739, retomando Belgrado. Mas, ao norte, a expansão Romanov sobre a zona do Euxino não pôde ser detida. A derrota diante da Rússia em 1768-1774 resultou na perda de terras entre o Bug e o Dniestre e no estabelecimento do direito czarista de intervir na Moldávia e na Valáquia. Em 1783, a Crimeia foi absorvida pela Rússia; em 1791, ocorreu a anexação de Jedisan. Enquanto isso, todo o tecido administrativo do Estado otomano se deteriorava a firme compasso. O Divã se tornou um joguete nas mãos das vorazes camarilhas da capital, empenhadas em maximizar os lucros da venalidade e da malversação dos fundos. Depois de 1700, à medida que a capacidade militar do Estado otomano se enfraquecia, os burocratas civis turcos e os mercadores gregos fanariotas foram ganhando poder e influência na Porta – os primeiros, sempre em ascensão, viraram paxás e governadores provinciais,[38] ao passo que os últimos obtiveram postos lucrativos no tesouro e posições de *hospodar* na Romênia. Os cargos que antes se reservavam ao *devshirme*, com promoção de acordo com o mérito, agora eram vendidos no atacado, pelo melhor preço: mas, como não havia garantia de posse depois da compra, ao contrário do que se passava nos sistemas europeus, os ocupantes dos cargos tinham de arrancar os ganhos de seu investimento o mais rápido possível, antes de serem despejados, o que aumentava muito a pressão das extorsões sobre as massas, que tinham de aguentar o fardo dessa administração. Em meio à corrupção administrativa generalizada, desenvolveu-se um vasto esquema em torno dos bilhetes de pagamento dos janízaros, que passaram a ser comprados e vendidos a membros fantasmas dos regimentos. Ao fim do século, havia cerca de 100 mil janízaros registrados, dos quais uma parcela

38 Itzkowitz, Eighteenth Century Ottoman Realities, op. cit., p.86-7.

mínima tinha verdadeiro treinamento militar, mas uma grande maioria tinha acesso a armas e podia usá-las para extorsão e intimidação.[39] Agora os janízaros se espalhavam por toda parte, como uma gangrena tomando as cidades do império. Seus membros mais poderosos muitas vezes viravam os notáveis *ayan* locais, que a partir de então se tornaram traço característico da sociedade provincial otomana.

Enquanto isso, todo o sistema fundiário foi passando por uma grande transformação. O *timar* desde muito declinara como instituição, junto com a cavalaria *sipahi* a que sustentava. A Porta perseguiu uma política deliberada de recuperação das herdades junto aos antigos *timariots*, anexando-as aos domínios da casa imperial e depois as entregando aos especuladores, para ganhar maiores rendimentos monetários, ou então alugando-as a falsos detentores, manipulados pelos funcionários palacianos. Houve, portanto, uma mudança geral na forma da exploração otomana, do *timar* para o *iltizam*: os benefícios militares se converteram em rendas fiscais, que proporcionaram um crescente fluxo monetário para o tesouro. A Porta desenvolvera o sistema *iltizam* nas longínquas províncias asiáticas, tais como o Egito, onde não havia necessidade de guerreiros montados do tipo que se concentrava na Rumélia.[40] No entanto, a generalização dessas rendas fiscais por todo o império correspondeu não apenas às necessidades financeiras do Estado osmanli, mas também à homogeneização muçulmana de toda a classe dominante com o declínio e o desaparecimento do *devshirme*. Uma das razões estruturais mais importantes desse último processo foi, de fato, a mudança na composição total do império depois da conquista das províncias árabes. A difusão da unidade fiscal *iltizam* a partir de sua terra natal islâmica e às expensas do *timar* completou, assim, o término da instituição que fora o complemento funcional do *devshirme* no sistema original do expansionismo otomano. Um fenômeno concomitante foi o aumento das terras *waqf* – nominalmente, herdades religiosas doadas pelos fiéis –, que eram a única forma de posse agrária que

39 Para relatos sobre a decadência do sistema janízaro, ver Gibb; Bowen, *Islamic Society and the West*, I/I, p.180-4; Stavrianos, *The Balkans since 1453*, p.120-2, 219-20.

40 Sobre a emergência e o caráter do sistema *iltizam* no Egito, ver: Shaw, *The Financial and Administrative Organization and Development of Ottoman Egypt*, p.29-39.

não constituía, em última instância, propriedade do sultanato.[41] Tradicionalmente, essas terras eram muito usadas como fachada para conceder direitos hereditários a uma mesma família, investida da "administração" das *waqf*. Os primeiros monarcas osmanli mantiveram um controle vigilante sobre essa instituição devota; Maomé II chegara até mesmo a promover uma reapropriação geral das terras *waqf* pelo Estado. Mas, na época do declínio otomano, as posses *waqf* se multiplicaram mais uma vez, sobretudo na Anatólia e nas províncias árabes.

O advento e a influência do sistema *iltizam* transformaram a situação do campesinato. No passado, os *timariot* não tinham sido capazes de expulsar os camponeses e nem de lhes exigir obrigações acima dos limites estatutários prescritos pelo sultão. Já os senhores da nova era não aceitaram tais restrições: a própria brevidade de suas posses os incitava à superexploração dos camponeses de seus domínios. No curso do século XVIII, a Porta concedeu um número crescente de "terras vitalícias", ou *malikane*, o que moderou as demandas de curto prazo desses notáveis rurais e, a longo prazo, estabilizou seu poder sobre as aldeias.[42] Assim, na região dos Bálcãs, o *timar* finalmente deu lugar ao sistema que ficou conhecido como *chiflik*.

---

41 Os historiadores búlgaros deram muita ênfase – ênfase demais – à importância das terras *waqf* na formação social otomana, desenvolvendo a tese de que estas tinham um caráter essencialmente feudal – uma classificação que a maioria dos historiadores turcos rejeitou, de maneira acertada, a meu ver. Como as terras *waqf* eram a categoria jurídica mais próxima à propriedade agrícola privada, sua extensão pôde ser usada para argumentar que por trás das ficções jurídicas do controle religioso e imperial se escondia um conteúdo feudal. Mas, na verdade, não há motivos para acreditarmos que as terras *waqf* tenham predominado nos campos dos Bálcãs e da Anatólia, ou mesmo determinado das relações de produção básicas da formação social otomana. No entanto, seu aumento na época do declínio otomano é fato bem documentado. Para uma hábil análise do fenômeno *waqf*, ver: Mutafcieva; Dimitrov, Die Agrarverhältnisse im Osmanischen Reiches im XV-XVI Jh, *Actes du Premier Congrès des Études Balkaniques*, p.689-702, que estima que as terras *waqf* talvez ocupavam um terço da área total do império, concentradas sobretudo na Trácia, no Egeu e na Macedônia, quase ou completamente desconhecidas na Sérvia e na Moreia.

42 Gibb; Bowen, *Islamic Society and the West*, III, p.255-6. Os senhores mais opressivos eram sempre os que coletavam impostos, seguidos de perto pelas autoridades religiosas: op. cit., p.247.

O detentor do *chiflik* tinha controle quase irrestrito sobre a força de trabalho a seu dispor: podia enxotar seus camponeses da terra ou impedir que a abandonassem ao enredá-los em dívidas. Podia ampliar sua reserva senhorial, ou *hassachiflik*, às expensas dos lotes de seus rendeiros – o que se tornou padrão geral. Habitualmente, o detentor do *chiflik* se apoderava de metade da colheita dos produtores diretos, que, depois de pagarem os impostos sobre a terra e as taxas de coleta, ficavam com apenas um terço da produção.[43] Em outras palavras, a condição do campesinato balcânico se deteriorou junto com a do resto do Leste Europeu, na direção da uma mesma miséria. Na prática, os camponeses agora estavam atados ao solo e, caso abandonassem a terra, podiam ser legalmente recuperados pelos senhores. Assim como o comércio de grãos com a Europa ocidental levara ao agravamento da taxa de exploração servil na Polônia ou no leste da Alemanha, sem ter sido sua causa, também a produção comercial de algodão e milho para exportação ao longo das costas e dos vales da Grécia, da Bulgária e da Sérvia aumentou as pressões senhoriais nos *chiflik* e contribuiu para sua disseminação. O traço mais característico das relações rurais no sudeste foi a quebra de toda e qualquer ordem civil mais firme e imposta de cima para baixo: o banditismo era galopante, encorajado pelo relevo montanhoso da região, que se tornou o equivalente mediterrânico das planícies bálticas para as fugas dos camponeses. Os senhores, por sua vez, mantinham em seus domínios bandos armados, as tropas irregulares *kirjali*, para se protegerem das revoltas e reprimirem os rendeiros.[44] Pois a fase final da longa involução do Estado otomano testemunhou a quase completa paralisia da Porta e a usurpação do poder provincial, primeiro pelos paxás militares na Síria e no Egito, depois pelos *derebeis*, ou senhores dos vales, na Anatólia e, enfim, pelos *ayans*, ou dinastias de notáveis locais, na Rumélia. Ao final do século XVIII, o sultanato controlava apenas uma fração dos 26 *eyalets* nos quais se dividia formalmente a administração imperial.

43 Stavrianos, *The Balkans since 1453*, p.138-42.

44 Stoianovich, Land Tenure and Related Sectors of the Balkan Economy 1600-1800, *The Journal of Economic History*, XII, n.3, 1953, p.401, 409-11.

No entanto, a prolongada decomposição do despotismo osmanli não deu origem a um derradeiro feudalismo. O título imperial sobre todas as terras seculares do império não foi abandonado, embora as muitas concessões de *malikane* limitassem seu usufruto. O sistema *chiflik* nunca recebeu sanção jurídica oficial e os camponeses jamais se viram juridicamente atados ao solo. Até 1826, o sultão podia confiscar de maneira arbitrária as fortunas dos burocratas e coletores de impostos que fustigavam a população, quando de sua morte.[45] Não havia nenhuma garantia de propriedade, muito menos de título nobiliárquico. A liquefação da velha ordem política e social não trouxe a emergência de uma nova ordem convincente. No século XIX, o Estado osmanli continuava sendo terreno estagnado, artificialmente sustentado pela rivalidade das potências europeias que lutavam por sua herança. Áustria, Prússia e Rússia só puderam repartir a Polônia porque todas as três eram potências territoriais com acessos e interesses parecidos na região. Mas o mesmo não pôde ocorrer nos Bálcãs, pois não havia compatibilidade entre os três principais contendores pelo domínio da região – Grã-Bretanha, Áustria e Rússia. A Inglaterra detinha a supremacia marítima no Mediterrâneo e a primazia comercial na Turquia; na verdade, por volta do ano 1850, o mercado otomano importava mais produtos ingleses que França, Itália, Áustria ou Rússia, o que fazia dele uma região vital para o imperialismo econômico vitoriano. O poderio naval e industrial da Grã-Bretanha evitou todo e qualquer arranjo harmonioso sobre a distribuição do Império Otomano, barrando os esforços russos pela partilha. Ao mesmo tempo, o progressivo despertar nacional dos povos balcânicos depois da época napoleônica impediu uma estabilização da situação política no sudeste europeu. A rebelião sérvia eclodira já em 1804; a insurreição grega veio logo em 1821. A invasão czarista de 1828-1829 expulsou os exércitos turcos e impôs a autonomia formal da Sérvia, da Moldávia e da Valáquia em relação à Porta; no mesmo passo, a intervenção anglo-francesa e russa garantiu e confinou a independência grega em 1830. Mesmo com essas perdas, derivadas de movimentos locais que

45 Mardin, Power, Civil Society and Culture in the Ottoman Empire, *Comparative Studies in Society and History*, v.2, 1969, p.277.

nem Londres nem Viena podiam controlar, a Turquia continuava com um império balcânico que se estendia da Bósnia à Tessália, da Albânia à Bulgária.

A proteção internacional iria adiar por quase um século a morte definitiva do Estado otomano, inspirando, nesse meio tempo, seguidas tentativas de renovação "liberal" para ajustá-lo às normas do capitalismo ocidental. Essas tentativas foram inauguradas por Mahmud II, nos anos 1820, em um esforço para modernizar o aparelho econômico e administrativo do sultanato. Dispensaram-se os janízaros, eliminaram-se os *timars*; as terras *waqf* retornaram nominalmente ao tesouro imperial; importaram-se oficiais estrangeiros para treinar um novo exército. O controle central foi reestabelecido nas províncias, e o reinado dos *derebeis* chegou ao fim. Essas medidas logo se revelaram ineficazes para conter a decadência do sistema imperial. Os exércitos de Mahmud caíram diante das tropas egípcias de Maomé Ali, ao passo que seus governadores e funcionários se provavam ainda mais corruptos que os notáveis locais que os haviam precedido. A essa derrocada se seguiram novas pressões anglo-francesas para liberalizar e reorganizar o governo otomano. O resultado foi as reformas de Tanzimat em meados do século, mais alinhadas com as preocupações jurídicas e comerciais do Ocidente. Em 1839, o Édito da Câmara Rosa finalmente assegurou a garantia jurídica de propriedade privada no império e a igualdade política perante a lei.[46] Era exatamente o que os corpos diplomáticos em Istambul vinham pedindo com insistência. Mesmo assim, a propriedade estatal da terra continuou sendo dominante nos territórios natais do império. Só em 1858 é que se decretou uma lei agrária, dando direitos limitados de herança àqueles que controlavam ou usufruíam das terras. Insatisfeitas com essas medidas, as potências ocidentais pressionaram pela extensão desses direitos, o que foi atendido em 1867, quando os senhores locais finalmente adquiriram propriedade jurídica de seus domínios.[47] Mas o caráter artificial do novo rumo político

46 Lewis, *The Emergence of Modern Turkey*, p.106-8.

47 Inalcik, Land Problems in Turkish History, *The Moslem World*, XLV, 1955, p.226-7. Inalct comenta que os conceitos jurídicos ocidentais só foram plenamente aplicados à propriedade da terra, sem condições ou ressalvas, em 1926.

logo ficou evidente. Quando os nacionalistas turcos tentaram impor uma constituição representativa, o sultão Abdul Hamid II não teve dificuldades para reestabelecer um despotismo pessoal brutal, ainda que instável, em 1878. Ao fim do século, graças às garantias de propriedade asseguradas pelas reformas Tanzimat, já se observava uma estabilização das classes burocrática e fundiária. Mas, fora isso, não surgiu nenhuma nova ordem polícia e social dentro do Império Otomano, à medida que ele se encolhia diante das sucessivas lutas pela libertação dos povos balcânicos e das manobras das maiores potências europeias para contê-los ou explorá-los. Em 1875, suprimiu-se uma revolta popular na Bulgária. A Rússia interveio, e a Turquia caiu mais uma vez no campo de batalha, enquanto a Inglaterra se mobilizava uma vez mais para salvá-la das consequências da derrota. O resultado foi um acordo entre as potências europeias que concedeu plena independência a Sérvia, Romênia e Montenegro; criou uma Bulgária autônoma sob a suserania residual dos otomanos; e devolveu a Bósnia ao controle austríaco. Na década seguinte, a Grécia comprou a Tessália, e Bulgária conquistou sua independência.

Foram as frustrações conjuntas do acelerado declínio imperial e do raro imobilismo burocrático do governo de Abdul Hamid que inspiraram os oficiais militares que vieram a ser conhecidos como Jovens Turcos a tomar o poder com um *putsch* em 1908. Uma vez satisfeitas as ambições da carreira e esquecidos os lemas comteanos, o programa político dos Jovens Turcos se reduziu ao centralismo ditatorial e à repressão das nacionalidades súditas do império.[48] A derrota na Primeira Guerra dos Bálcãs e a desintegração na Primeira Guerra Mundial foram seu ignominioso fim. Assim, no último século de sua existência, o Estado otomano passou por subtrações e modificações, mas nunca chegou a ganhar um novo impulso social. O antigo vigor só foi ficando cada vez mais fraco e distorcido. A reforma negativa contra os "abusos" era inerentemente incapaz de lançar uma reconstrução positiva do império, fosse na forma de um novo sistema

48 Até mesmo o mais complacente dos estudos atuais sobre os Jovens Turcos conclui que seu regime foi incapaz de criar qualquer instituição nova, limitando-se a explorar os mecanismos tradicionais de poder em benefício próprio: Ahmed, *The Young Turks*, p.164-5.

político, fosse com a restauração do sistema velho. O feudalismo não presidira a formação do Império Otomano; o absolutismo esteve distante de seu declínio. As tentativas europeias de "alinhar" a Porta às diferentes normas institucionais de Viena, São Petersburgo ou Londres foram igualmente fúteis: pertenciam a um outro universo. As reformas abortadas de Mahmud II e da época Tanzimat, seguidas pela reação hamidiana e pelo fiasco dos Jovens Turcos, não produziram um neodespotismo turco, nem um absolutismo oriental, nem um parlamentarismo ocidental, é claro. O nascimento de uma nova forma de Estado teria de esperar até que a conservação diplomática das relíquias da antiga ordem chegasse ao fim com o conflito internacional da Primeira Guerra Mundial, que finalmente libertou o reino osmanli de sua miséria.

No entanto, os Bálcãs se libertaram do domínio otomano antes do *dénouement* da própria Turquia. A expulsão de todo o sistema de ocupação otomana, país a país, a partir do início do século XIX, acarretou um inesperado padrão agrário na península, distinto daqueles que vigoravam no resto da Europa oriental ou ocidental. A Romênia, historicamente tardia terra de ninguém entre os tipos de desenvolvimento regional dos Bálcãs e do além-Elba, passou pela reviravolta mais estranha entre todos os novos países que emergiram depois de 1815. Ela se tornou o único país da Europa onde ocorreu uma verdadeira "segunda servidão", inquestionavelmente determinada pelo comércio de grãos, depois que uma "primeira servidão" havia chegado ao fim. Como vimos, o Estado otomano invadira as terras romenas no século XVI, mas, de maneira singular, as deixara nas mãos da classe boiarda local. A formação de uma sociedade rural estratificada, com uma nobreza senhorial e um campesinato submetido, era bem recente, por causa do longo atraso imposto pelo predatório jugo nômade, que só se encerrou com a gradual expulsão dos tártaros e cumanos no século XIII.[49] A propriedade comunal aldeã predominara até o século XIV, e foi só com a emergência dos principados da Moldávia e da Valáquia, no

49 As origens históricas da formação social romena no fim da época medieval estão resumidas em: Stahl, *Les Anciennes Communautés villageoises roumaines. Asservissement et pénétration capitaliste*, p.25-45: uma obra extraordinária, que lança luz sobre vários aspectos do desenvolvimento social do Leste Europeu.

século XV, que se formou uma aristocracia fundiária, a qual, de início, explorava os produtores rurais por meios mais fiscais que feudais – bem à maneira dos nômades turcos que a haviam instruído.[50] A breve unificação dos dois Estados sob Miguel I, no final do século XVI, marcou a sujeição generalizada do campesinato romeno. A partir daí, a servidão se consolidou sob o senhorio otomano. No século XVIII, a Porta confiou a administração dessas províncias a famílias de gregos fanariotas de Istambul, que vieram a formar a dinastia intermediária dos chamados *hospodar* nesses principados, onde a coleta de impostos e o comércio já estavam nas mãos dos gregos expatriados.

O senhorio boiardo agora sofria cada vez mais com a resistência camponesa, sob a forma que era característica do Leste Europeu: as fugas em massa para escapar dos impostos e obrigações. Ansiosos por consolidar as terras Habsburgo recém-conquistadas no sudeste da Europa, os oficiais austríacos deliberadamente ofereciam aos refugiados romenos um porto seguro logo além das fronteiras.[51] Em 1744, bastante preocupado com a deterioração da mão de obra, o sultão ordenou que um dos *hospodar*, Constantino Mavrokordatos, pacificasse e repovoasse os principados. Com influências do iluminismo europeu, Mavrokordatos decretou a abolição gradual dos laços servis na Valáquia (1746) e na Moldávia (1749), garantindo a todo camponês o direito de comprar sua emancipação,[52] uma medida facilitada pela ausência que qualquer categoria jurídica equivalente à servidão nas províncias do império administradas pelos turcos. Nesse século não houve exportação de cereais, porque a Porta controlava um monopólio comercial de Estado e se limitava a enviar para Istambul um imposto em produtos. No entanto, em 1829, o Tratado de Adrianópolis, que deu à Rússia uma virtual cossuserania sobre as terras romenas, revogou o controle otomano sobre as exportações. O resultado foi um súbito e

50 Há uma meticulosa periodização de todo esse processo em Stahl, op. cit., p.163-89.

51 MacNeill, *Europe's Steppe Frontier 1500-1800*, p.204.

52 Para uma discussão sobre os decretos de emancipação e a reação dos boiardos, ver: Otetea, Le Second Asservissement des paysans roumams (1746-1821), *Nouvelles Études d'Histoire*, v.1, Bucareste: 1955, p.299-312.

espetacular *boom* cerealífero ao longo do Danúbio. Pois, em meados do século XIX, o advento da revolução industrial na Europa ocidental criara um mercado mundial capitalista de um tipo que jamais existira nos séculos XVI e XVII, com um vigor que podia transformar regiões agrícolas atrasadas em poucas décadas. A produção cerealífera dos principados romenos duplicou entre 1829-1832 e o valor das exportações dobrou entre 1831-1833. A área de cultivo cereal se multiplicou por dez em uma década, de 1830 a 1840.[53] A força de trabalho rural para esse crescimento fenomenal dependeu de uma nova imposição das obrigações servis sobre o campesinato romeno e da intensificação das prestações de serviço a níveis superiores aos que vigoravam antes dos decretos de Mavrokordatos, no século anterior. O único caso genuíno de segunda servidão na Europa foi, portanto, obra do capitalismo industrial, e não do mercantil – e não poderia ter sido diferente. Pois, ao contrário do que se passara dois ou três séculos antes, agora era possível uma causalidade intereconômica direta e maciça, operando em toda a extensão do continente. E, então, o campesinato romeno continuou oprimido e carente de terras, em condições muito parecidas com as dos camponeses russos. As restrições servis foram legalmente abolidas mais uma vez por uma reforma em 1864, diretamente inspirada na proclamação czarista de 1861; assim como na Rússia, os senhores feudais seguiram dominando os campos até a Primeira Guerra Mundial.

A Romênia, porém, foi exceção nos Bálcãs. Em quase toda parte, ocorreu um processo bem oposto. Pois, a conquista otomana tinha varrido as aristocracias locais na Croácia, na Sérvia, na Bulgária e na Grécia, o sultanato anexara suas terras e para elas transferira população turca – no século XIX, sobretudo a poderosa e parasitária classe dos notáveis *ayan*. Sucessivas revoltas nacionais e guerras de libertação agora expulsavam os exércitos turcos da Sérvia (1804-1913), da Grécia (1821-1913) e da Bulgária (1875-1913). Nesses países, a conquista da independência política foi automaticamente acompanhada por uma convulsão econômica no campo. Pois os senhores turcos, lógica e compreensivelmente, levantaram acampamento junto com as tropas que os protegiam, abandonando suas

53 Ibid., v.2, 1960, p.333.

herdades aos camponeses que as cultivavam. Esse padrão variou bastante, conforme a duração das batalhas pela independência. Onde a luta foi lenta e prolongada, como na Sérvia e na Grécia, houve muito mais tempo para que um estrato de donos de terras nativos emergisse e se expandisse, chegando a fazer apropriações diretas de *chifliks* nas fases finais: as ricas famílias gregas, por exemplo, adquiriram muitas herdades turcas intactas na Tessália, quando esta foi obtida junto à Porta em 1881.[54] Na Bulgária, por outro lado, o ritmo mais rápido e violento da luta de independência deu bem menos oportunidade para que acontecessem essas transferências. Mas, a economia rural que acabou por emergir foi bastante parecida em todos os três países.[55] Depois de independentes, Bulgária, Grécia e Sérvia se tornaram, em essência, países de pequenos proprietários camponeses, em uma época na qual Prússia, Polônia, Hungria e Rússia ainda eram território do latifúndio nobre. É claro que a exploração rural não chegou ao fim: nos Estados independentes, os usurários, mercadores e funcionários passaram a assumir novas formas. Mas o padrão agrário fundamental dos países balcânicos continuou a se basear na pequena produção, em meio à crescente superpopulação, ao parcelamento das posses e às dívidas das aldeias. O colapso do domínio turco significou o fim do senhorio tradicional. Na virada do século XX, o Leste Europeu sofreu um mesmo atraso social e econômico que o separou da Europa ocidental: mas, internamente, o sudeste permaneceu uma península à parte.

---

54 Stavrianos, *The Balkans since 1453*, p.478-9.

55 A Albânia constituiu um caso distinto, por causa da islamização da maioria da população sob o domínio otomano e da preservação de padrões sociais tribais nas montanhas. O recrutamento de albaneses para o aparelho de Estado osmanli era algo tradicional; a reação hamidiana confiara bastante em sua lealdade. Assim, os notáveis muçulmanos do local só optaram pela independência no último momento, em 1912, quando já estava óbvio o declínio do poder turco nos Bálcãs. Em consequência, o senhorio continuou intacto até o fim do jugo otomano; o tribalismo alpino da maioria do país, por outro lado, inevitavelmente limitava a agricultura de grandes propriedades.

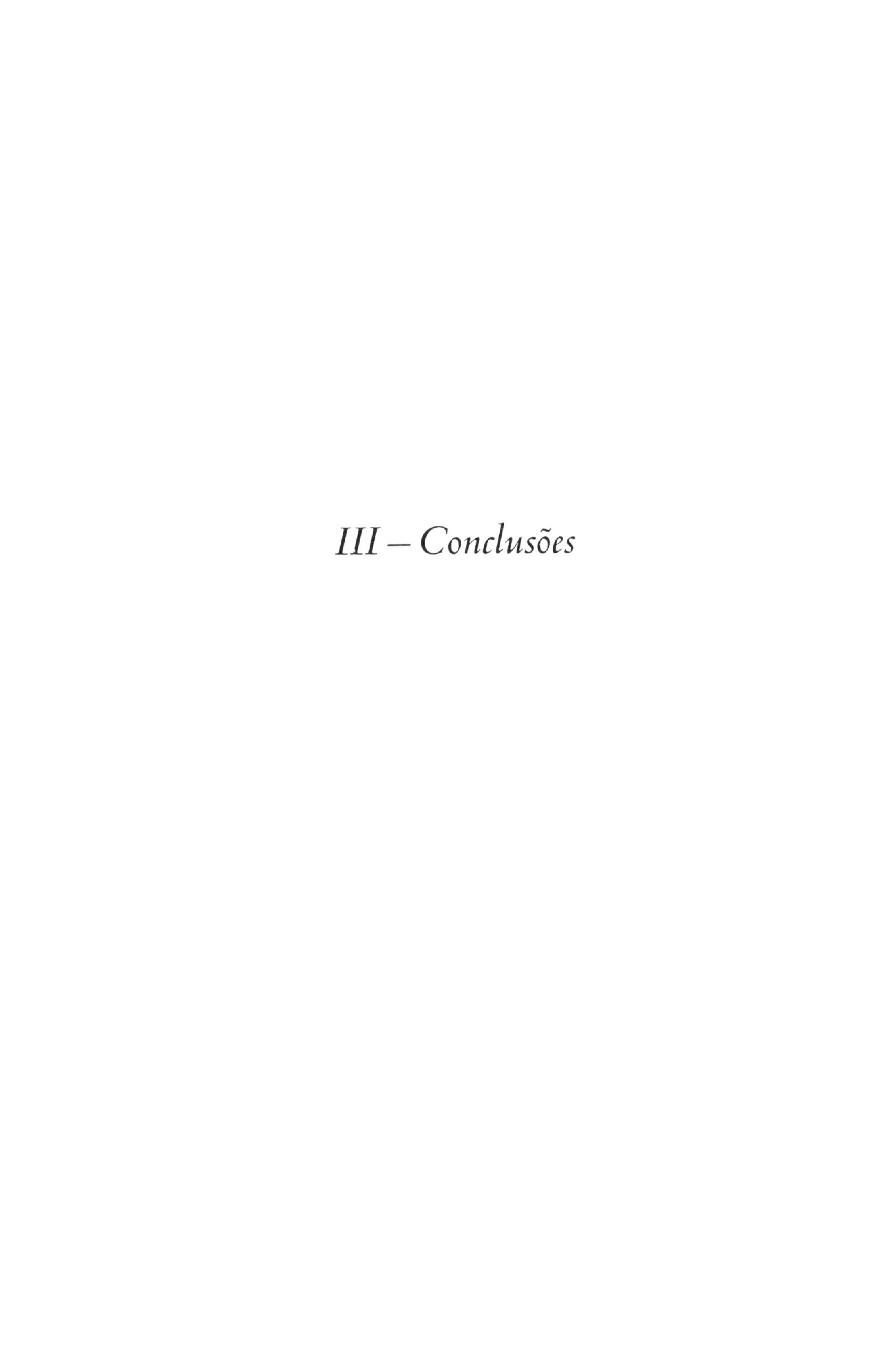

III – Conclusões

Conclusões

Ocupante do sudeste da Europa por quinhentos anos, o Estado otomano se instalou no continente sem jamais ter se naturalizado em seu sistema político ou social. Sempre continuou sendo um estranho para a cultura europeia, um intruso islâmico na cristandade – que até hoje coloca insolúveis problemas de apresentação para as histórias unitárias do continente. Na verdade, a presença íntima e demorada em solo europeu de uma formação social e de uma estrutura de Estado com tal contraste ante o padrão predominante no continente nos proporciona uma medida adequada, contra a qual se pode avaliar a especificidade histórica da sociedade europeia antes do advento do capitalismo industrial. De fato, desde a Renascença os pensadores políticos europeus da era do absolutismo procuraram, seguidas vezes, definir o caráter de seu próprio mundo por oposição ao da ordem turca, tão próxima e, ainda assim, tão longínqua. Nenhum deles reduziu a distância simples ou principalmente à religião.

Maquiavel, na Itália do início do século XVI, foi o primeiro teórico a usar o Estado otomano como antítese da monarquia europeia. Em duas passagens centrais de *O príncipe*, ele assinalou a burocracia autocrática da Porta como uma ordem institucional que a distinguia de todos os Estados da Europa: "Todo o império turco é governado por um senhor, e todos os homens são seus servos; ele divide seu reino em *sandjaks* e despacha vários administradores para governá-los, os quais transfere e substitui a seu bel-prazer [...] todos são escravos, atados a ele".[1] Acrescentou ainda que o tipo de exército permanente à disposição dos governantes osmanli era algo desconhecido em qualquer outra parte do continente naquela época:

> Nenhum príncipe de hoje possui tropas profissionais entrincheiradas no governo e na administração das províncias [...]. O turco é uma exceção, pois ele controla um exército permanente de 12 mil homens de infantaria e 15 mil de cavalaria, sobre os quais se assentam a segurança e a força de seu reino; o princípio supremo de seu poder é assegurar sua lealdade.[2]

Essas reflexões, como apontou Chabod, constituem uma das primeiras abordagens implícitas para uma autodefinição de "Europa".[3] Sessenta anos depois, nos estertores das Guerras Religiosas na França, Bodin desenvolveu o contraste político entre monarquias restritas pelo respeito às pessoas e aos bens de seus súditos e impérios com domínio ilimitado sobre eles: as primeiras representavam a soberania "régia" dos Estados europeus, os segundos, o poder "senhorial" dos despotismos como o Estado otomano, essencialmente estranhos à Europa.

> O rei dos turcos é chamado de *Grand Seignior*, não pelo tamanho de seu reino, pois o do rei da Espanha é dez vezes maior, mas porque ele é senhor absoluto das pessoas e das propriedades. Somente os servidores criados e treinados em sua casa são chamados de escravos. Mas os *timariots*, de quem seus súditos são rendeiros, só recebem os *timars* com sua aquiescência: as doações têm de ser renovadas a cada dez anos e, quando eles morrem, seus herdeiros só podem ficar com os bens móveis. Não há monarquias senhoriais assim em nenhuma outra parte da Europa [...]. Os povos da Europa, mais orgulhosos e belicosos que os da Ásia ou da África, nunca mais toleraram ou conheceram uma monarquia senhorial desde os tempos das invasões húngaras.[4]

---

1 Maquiavel, *Il principe e Discorsi*, p.26-7.
2 Ibid., p.83-4.
3 Chabod, *Storia dell'idea d'Europa*, p.48-52.
4 Bodin, *Les Six Livres de la République*, p.201-2. Os pensadores europeus dessa época tinham uma visível dificuldade de encontrar uma terminologia para discutir as

Na Inglaterra do início do século XVII, Bacon enfatizou que a distinção fundamental entre os sistemas europeu e turco era a ausência social de uma aristocracia hereditária no reino otomano. "Uma monarquia onde não há nobreza é sempre uma tirania pura e absoluta, como a dos turcos. Pois a nobreza tempera a soberania e de algum modo desvia os olhos do povo da linhagem real."[5] Duas décadas mais tarde, depois da queda da monarquia Stuart, o republicano Harrington deslocou a ênfase do contraste para os fundamentos econômicos do Império Otomano, linha divisória essencial entre os Estados turco e europeus: o monopólio jurídico do sultão sobre a propriedade da terra era a verdadeira marca da Porta. "Se um só homem é senhor de um território, ou excede o povo em, por exemplo, três partes de quatro, ele é *Grand Seignior*: e assim é chamado o Turco, por suas propriedades; e seu império é uma monarquia absoluta [...] pois na Turquia é ilegal que alguém que não o *Grand Seignior* possua terras."[6]

Ao final do século XVII, o poder do Estado otomano já havia passado por seu apogeu, e o tom dos comentários a seu respeito mudaram de maneira perceptível. Pela primeira vez, o tema da superioridade histórica da Europa passou a ocupar um lugar central na discussão acerca do sistema turco, sendo que os defeitos desse último eram generalizados para todos os impérios da Ásia. Esse novo passo se deu, de maneira decisiva, nos escritos de Bernier, médico francês que viajara pelos reinos turco, persa e mogol e se tornara médico pessoal do imperador Aurangzeb na Índia. Em seu retorno para a França, ele descreveu a Índia mogol como uma versão ainda mais extrema da Turquia otomana: a base da desoladora tirania de ambas era, relatou ele, a ausência de propriedade privada da terra, cujos efeitos Bernier comparou aos dos risonhos campos de Luís XIV.

> Quão insignificantes são a riqueza e a força da Turquia em comparação a suas vantagens naturais! Vamos apenas imaginar que país populoso e refinado

---

peculiaridades do Estado otomano. Daí o curioso e inapropriado título de *Grand Seignior* para o sultão. No século XVIII, a noção de "despotismo", depois bastante aplicada à Turquia, era um neologismo.

5 Bacon, *The Essays or Counsels Civil and Moral*, p.72.

6 Harrington, *The Commonwealth of Oceana*, p.4, 5.

seria caso se reconhecesse o direito de propriedade privada, e não podemos duvidar que poderia manter exércitos tão prodigiosos quanto outrora. Viajei por quase todos os rincões do império e testemunhei quão lamentavelmente arruinado e despovoado está [...]. Tire o direito de propriedade privada da terra e irá introduzir, como consequência infalível, a tirania, a escravidão, a injustiça, a mendicância e a barbárie; o solo não será mais cultivado e se tornará um deserto; estará aberto o caminho para a destruição das nações, para a ruína dos reis e dos Estados. A esperança que anima o homem é de que possa ficar com os frutos de sua indústria e transmiti-los a seus descendentes: isso é que forma o fundamento maior de tudo o que é excelente e benéfico neste mundo. Se visitarmos os diferentes reinos do globo, veremos que eles prosperam ou declinam conforme se respeita ou condena a propriedade: em uma palavra, é a predominância ou a negligência a esse princípio que transforma e diversifica a face da Terra.[7]

O relato mordaz de Bernier sobre o Oriente exerceu uma influência profunda sobre gerações de pensadores durante o iluminismo. No início do século XVIII, Montesquieu ecoou de perto sua descrição do Estado turco:

O *Grand Seignior* concede boa parte da terra a seus soldados e delas dispõe segundo seus caprichos; ele pode tomar toda a herança dos oficiais de seu império: quando um súdito morre sem descendente homem, suas filhas ficam apenas com o mero usufruto dos bens, pois o governante turco lhes toma a propriedade; o resultado é a posse precária da maioria dos bens da sociedade [...]. Não há despotismo mais infame que aquele cujo príncipe se declara proprietário de todas as terras e herdeiro de todos os súditos: a consequência é sempre o abandono do cultivo e, se o governante interferir no comércio, a ruína de toda a indústria.[8]

---

7 Bernier, *Travels in the Mogul Empire*, p.234, 238. A luxuriante tradução de Constable foi um tanto moderada no texto acima, para aproximá-lo do original de Bernier. Ver: Bernier, *Voyages*, v.1, p.313, 319-20.

8 Montesquieu, *De l'Esprit des lois*, v.1, p.66-7.

É claro que, nessa época, a expansão colonial europeia já havia explorado e atravessado quase todo o globo terrestre e que o escopo das noções políticas originalmente derivadas de encontros específicos com o Estado otomano nos Bálcãs se expandira na mesma medida, até os confins da China e mais além. Assim, em *O espírito das leis*, a obra de Montesquieu incorporou, pela primeira vez, uma abrangente teoria comparativa daquilo que ele denominou categoricamente "despotismo", forma geral de governo extraeuropeia, cuja estrutura se opunha aos princípios nascidos do "feudalismo" europeu. A generalidade do conceito guardava, porém, uma tradicional denotação geográfica, explicada pela influência do clima e do solo: "A Ásia é a região do mundo onde o despotismo tem, por assim dizer, seu lar natural".[9] Legados pelo iluminismo, os destinos da noção de despotismo oriental no século XIX são famosos e aqui não nos preocupam:[10] será suficiente dizer que, a partir de Hegel, mantiveram-se quase as mesmas concepções básicas sobre a sociedade asiática, cuja função intelectual sempre foi oferecer um *contraste* radical entre a sorte dos outros continentes e a história europeia, cuja especificidade original Montesquieu localizara no feudalismo e cuja descendência moderna ele discernira no absolutismo.

Neste nosso século, ao contrário, estudiosos marxistas convencidos da universalidade das fases sucessivas do desenvolvimento socioeconômico registrado na Europa vêm afirmando que o feudalismo foi um fenômeno mundial, que abarcou tanto os Estados europeus quanto os asiáticos ou africanos. Feudalismos otomano, egípcio, marroquino, persa, indiano, mongol ou chinês foram identificados e estudados. A reação política contra as ideologias imperiais da superioridade europeia acarretou uma extensão intelectual dos conceitos historiográficos derivados do passado de um continente para explicar a evolução dos outros, quase todos. Nenhum outro termo passou por uma difusão tão pervasiva e indiscriminada quanto o "feudalismo", muitas vezes aplicado a qualquer formação social

9 Ibid., p.68.

10 Discutiremos o tema na nota sobre o "Modo de Produção Asiático", mais adiante, nas páginas p.507-45.

situada entre os polos tribal e capitalista e não marcada pelo escravismo. Nesse uso, o modo de produção feudal recebe uma definição mínima: combinação de grande propriedade fundiária com pequena produção camponesa, na qual a classe exploradora extrai o excedente dos produtores imediatos por meio de formas costumeiras de coerção extraeconômica – obrigações em serviços, entregas em produtos, rendas em dinheiro – e na qual a troca de mercadorias e a mobilidade do trabalho são correspondentemente restritas.[11] É esse complexo que se apresenta como núcleo econômico do feudalismo, o qual pode subsistir dentro de um vasto número de formas políticas alternativas. Em outras palavras, os sistemas jurídicos e constitucionais se tornam elaborações facultativas e externas a um centro produtivo invariável. As superestruturas política e legal acabam se divorciando da infraestrutura econômica que, por si só, constitui o verdadeiro modo de produção feudal. Nessa perspectiva, hoje difundida entre os pesquisadores marxistas contemporâneos, o tipo de propriedade agrária, a natureza da classe proprietária e a matriz do Estado podem variar enormemente, acima de uma ordem rural comum que constitui a base de toda a formação social. Desse modo, a soberania parcelada, a hierarquia vassala e o sistema de feudos da Europa medieval deixam de ser, sob qualquer aspecto, características originais ou essenciais do feudalismo. Para que sua completa ausência se torne compatível com a presença de uma formação social feudal, basta que se verifique uma combinação de exploração agrícola em larga escala e com produção camponesa, fundada em relações extraeconômicas de coerção e dependência. Assim, a China Ming, a Turquia seldjúcida, a Mongólia de Gênghis Khan, a Pérsia safávida, a Índia mogol, o Egito tulúnida, a Síria umaída, o Marrocos almorávida, a Arábia

11 Será suficiente dar um único exemplo que define a formação social otomana nos moldes com que especificamente nos preocupamos aqui: "Sob os otomanos se desenvolveram relações de produção de tipo puramente feudal. A preponderância de uma economia de pequenos camponeses, o predomínio da agricultura sobre os ofícios e do campo sobre a cidade, o monopólio de uma minoria sobre a propriedade da terra, a apropriação do excedente do campesinato por uma classe dominante – todas essas marcas do modo de produção feudal se encontram na sociedade otomana". Werner, *Die Geburt einer Grossmacht – Die Osmanen*, p.305. Essa passagem recebeu uma crítica justa de Mandel, *The Formation of the Economic Thought of Karl Marx*, p.127.

wahabita – todos ficam igualmente classificáveis como feudais, ao lado da França capetíngia, da Inglaterra normanda e da Alemanha Hohenstaufen. No decorrer desta pesquisa, encontramos três exemplos representativos dessa categorização: como vimos, estudiosos muito sérios já designaram as confederações de nômades tártaros, o Império Bizantino e o sultanato otomano como Estados feudais,[12] com o argumento de que suas claras divergências superestruturais ante os modelos do Ocidente ocultam uma convergência subjacente de relações infraestruturais de produção. Toda a prerrogativa do desenvolvimento ocidental tende, portanto, a desaparecer sob o processo multiforme de uma história mundial secretamente una desde seu princípio. Nessa versão da historiografia materialista, o feudalismo se torna um oceano clemente no qual quase toda sociedade pode receber seu batismo.

É possível demonstrar a invalidade científica desse ecumenismo teórico a partir do paradoxo lógico que dele resulta. Pois, se o modo de produção feudal pode ser definido independentemente das várias superestruturas políticas e jurídicas que o acompanham, de modo que sua presença seja visível em todo o globo, onde quer que as formações sociais primitivas e tribais tenham sido superadas, então surge um problema: como explicar o dinamismo singular do palco europeu do feudalismo internacional? Até hoje, nenhum historiador alegou que o capitalismo industrial tenha se desenvolvido espontaneamente em qualquer outro lugar fora da Europa e de sua extensão americana – que então conquistou o resto do mundo graças a seu primado econômico, bloqueando ou implantando o modo de produção capitalista no exterior, de acordo com os impulsos e necessidades de seu próprio sistema imperial. Se existia uma fundação econômica comum ao feudalismo de toda essa massa territorial desde o Atlântico até o Pacífico – dividida apenas pelas formas jurídicas e constitucionais – e, mesmo assim, somente uma única região produziu a revolução industrial que acabaria ocasionando a transformação de todas as sociedades em todos os lugares, deve-se procurar a determinante desse

12 Ver acima, p.426-7; Anderson, *Passages from Antiquity to Feudalism*, p.219-22, 282-3.

êxito transcendente nas superestruturas políticas e legais que a diferenciaram. Até então dispensados como secundários e insubstanciais, as leis e os Estados ressurgem com força total, como autores aparentes da ruptura mais importante da história moderna. Em outras palavras, quando toda a estrutura de soberania e legalidade fica *dissociada* da economia de um feudalismo universal, é sua sombra que, paradoxalmente, governa o mundo: pois ela se torna o único princípio capaz de explicar o desenvolvimento diferencial de todo o modo de produção. Nessa concepção, a própria onipresença do feudalismo reduz o destino dos continentes ao jogo superficial dos meros costumes locais. Assim, um materialismo daltônico, incapaz de apreciar o verdadeiro e rico espectro das diversas totalidades sociais dentro do mesmo recorte temporal da história, acaba, inevitavelmente, em um idealismo perverso.

A solução para o paradoxo reside – como é óbvio, mas pouco percebido – na própria definição que Marx deu às formações sociais pré-capitalistas. Nas sociedades de classe anteriores ao capitalismo, *todos* os modos de produção extraem excedente de trabalho dos produtores imediatos por meio de coerção extraeconômica. O capitalismo é o primeiro modo de produção da história em que os meios pelos quais se extrai o excedente do produtor direto têm forma "puramente" econômica – o contrato salarial; o intercâmbio equivalente entre duas partes livres que reproduz, dia a dia, hora a hora, desigualdade e opressão. Todos os modos de produção anteriores operam por sanções *extraeconômicas* – familiares, consuetudinárias, religiosas, legais ou políticas. Assim, sempre é, por princípio, impossível lê-las fora das relações econômicas propriamente ditas. As "superestruturas" do parentesco, da religião, do direito ou do Estado necessariamente fazem parte da estrutura constitutiva do modo de produção das formações sociais pré-capitalistas. Elas intervêm *diretamente* no nexo "interno" da extração de excedente, ao passo que, nas formações sociais capitalistas, as primeiras da história a separar a economia como uma ordem formalmente autônoma, elas fornecem, em contraste, suas precondições "externas". Em consequência, os modos de produção pré-capitalistas não podem ser definidos *exceto* por suas superestruturas políticas, legais e ideológicas, pois são estas que determinam o tipo de coerção extraeconômica que os especifica. As formas jurídicas precisas de dependência, propriedade e soberania que caracterizam uma formação social pré-capitalista, longe de serem meros epifenômenos acessórios e contingentes, compõem, ao contrário, os índices centrais do modo de produção que nelas é dominante. Uma taxonomia escrupulosa e exata dessas configurações legais e políticas é, portanto, precondição para se estabelecer uma tipologia abrangente dos modos de produção pré-capitalistas.[13] De fato, é evidente que a complexa *imbricação* de exploração econômica com instituições e ideologias extraeconômicas cria uma gama de modos de produção possíveis antes do capitalismo muito mais vasta do que se podia deduzir a partir da generalidade relativamente simples e maciça do modo de produção capitalista propriamente dito, que veio a ser seu *terminus ad quem* comum e involuntário na época do imperialismo industrial.

É necessário, portanto, resistir a qualquer tentação *a priori* de pré-alinhar os primeiros com a uniformidade do último. A possibilidade de uma pluralidade de modos de produção pré-capitalistas pós-tribais e não escravos é inerente aos seus mecanismos de extração de excedente. Os produtores imediatos e os meios de produção – incluindo tanto os instrumentos de trabalho quanto os objetos de trabalho, como, por exemplo, a terra – são sempre dominados pela classe exploradora, por meio do sistema de propriedade vigente, interseção nodal entre direito e economia: mas, como as relações de propriedade se articulam diretamente com a ordem política e ideológica – a qual, de fato, muitas vezes governa expressamente sua distribuição (confinando a propriedade fundiária aos aristocratas ou excluindo os nobres do comércio, por exemplo), todo o aparelho de exploração sempre se estende para cima, para dentro da esfera das superestruturas

13 O historiador soviético Zel'in percebeu claramente essa necessidade fundamental em seu notável ensaio: Zel'in, Printsipy Morfologicheskoi Klassifikatsii Form Zavisimosti. In: ______; Trofimova, *Formy Zavisimosti v Vostochnom Sredizemnomor'e Ellenisticheskovo Perioda*, p.11-51, especialmente 29-33. O texto de Zel'in traz uma crítica às antinomias das análises convencionais dos marxistas sobre o feudalismo; sua preocupação é, em essência, buscar uma definição mais rigorosa das formas de dependência – nem feudais, nem escravistas – que caracterizaram o mundo helenístico.

propriamente ditas. "Em sua totalidade, as relações sociais formam o que hoje se designa propriedade", Marx escreveu a Annenkov.[14] Isso não significa que a propriedade jurídica em si seja uma mera ficção ou ilusão, que possa ser abandonada ou dispensada por uma análise direta da infraestrutura econômica, procedimento que leva ao colapso lógico que já indicamos. Significa, ao contrário, que, para o materialismo histórico, a propriedade jurídica nunca pode se separar da produção econômica, nem do poder político-ideológico: sua posição absolutamente central dentro de qualquer modo de produção deriva de seu vínculo com ambos – o que, nas formações sociais pré-capitalistas se torna uma fusão direta e oficial. Assim, não foi por acaso que, nos *Grundrisse*, seu único trabalho de comparação teórica sistemática entre diferentes modos de produção, Marx dedicou quase todo o manuscrito crucial acerca das sociedades pré-capitalistas a uma análise profunda das *formas de propriedade agrária* em modos de produção sucessivos ou contemporâneos da Europa, Ásia e América: o fio condutor de todo o texto é a mudança no caráter e na posição da propriedade fundiária e suas intricadas relações com os sistemas políticos, desde o tribalismo primitivo até as vésperas do capitalismo.

Já vimos que Marx, ao contrário de autores marxistas que vieram depois, distinguiu especificamente o pastoreio nômade de todas as formas de agricultura sedentária, como um modo de produção distinto, baseado na propriedade coletiva da riqueza imóvel (a terra) e na propriedade individual da riqueza móvel (os rebanhos).[15] Assim, também não surpreende que Marx tenha enfatizado que um dos traços fundamentais do feudalismo era a *propriedade privada e nobiliárquica da terra*. Nesse aspecto, são especialmente reveladores seus comentários sobre o estudo de Kovalevsky acerca da dissolução da propriedade comunal aldeã. Jovem historiador russo que admirava e se correspondia com Marx, Kovalevsky dedicou boa parte de sua obra ao que alegava ser a lenta emergência do feudalismo na Índia, depois das conquistas muçulmanas. Ele não dispensou como

14 Marx; Engels, *Selected Correspondence*, p.38.
15 Ver: Anderson, *Passages from Antiquity to Feudalism*, p.220.

desimportantes as diferenças políticas e legais entre os sistemas agrários mogol e europeu, admitiu que a persistência jurídica da exclusiva propriedade imperial da terra acarretara uma feudalização de "intensidade mais baixa" na Índia que na Europa. Mas, mesmo assim, ele argumentou que, na verdade, um extenso sistema de feudos, com uma completa hierarquia de subenfeudamento, evoluíra para um feudalismo indiano, antes de a conquista britânica arrasar com sua consolidação.[16] Embora a obra de Marx fosse uma grande influência para o estudo de Kovalevsky e o tom de suas anotações não publicadas na cópia que o pesquisador russo lhe enviara soasse, de maneira geral, benevolente, é significativo que Marx tenha, seguidas vezes, criticado as passagens nas quais Kovalevsky assimilara as instituições socioeconômicas indianas ou islâmicas às do feudalismo europeu. A mais incisiva e esclarecedora dessas intervenções que rejeitam a atribuição de um modo de produção feudal à Índia mogol diz:

> Com base na identificação da presença na Índia do "sistema de benefícios", da "venda de cargos" (essa última, no entanto, não é, de forma alguma, puramente feudal, como o prova Roma) e da "recomendação" – Kovalevsky enxerga aí um feudalismo no sentido da Europa ocidental. Kovalevsky se esquece, entre outras coisas, de que a servidão – que representa um elemento importante no feudalismo – não existe na Índia. Além disso, quanto ao *papel individual* dos senhores feudais (exercendo as funções de condes) como *protetores* não apenas de camponeses não livres, mas também de camponeses livres (cf. Palgrave), isso tem um papel insignificante na Índia, à parte os *waqfs*. Também não encontramos na Índia aquela *poesia da terra* (*Bodenpoesie*) tão característica do feudalismo romano-germânico (cf. Maurer). Em nenhuma parte da Índia a terra é *nobre* no sentido de ser, por exemplo, inalienável aos plebeus! Por outro lado, o próprio Kovalevsky vê uma diferença fundamental: a ausência de *justiça patrimonial no campo do direito civil no império do grande mogol*.[17]

16 Kovalevsky, *Obshchinnoe Zemlevladenie, Prichiny, Khod i Posledstviya evo Razlozheniya*, p.130-55.

17 Materialy Instituta Marksizma-Leninizma pri Tsk KPSS. Iz Neopublikovannykh Rukopisei Karla Marksa, *Sovetskoe Vostokovedenie*, n.5, 1968, p.12. As anotações de Marx sobre Kovalevsky foram publicadas somente na Rússia, em *Sovetskoe*

Em outra passagem, Marx volta a refutar a alegação de que a conquista muçulmana da Índia, ao impor ao campesinato o imposto islâmico sobre a terra, ou *kharaj*, converteu a propriedade alodial em feudal: "O pagamento do *kharaj* não transforma suas terras em propriedade feudal, assim como o *impôt foncier* não tornou feudal a propriedade da terra francesa. Nesse ponto, todas as descrições de Kovalevsky são inúteis no mais alto grau".[18] A natureza do Estado também não era semelhante à dos principados feudais da Europa: "Pela lei indiana, o poder político não se sujeita à divisão entre filhos: assim se impede, portanto, uma importante fonte do *feudalismo europeu*".[19]

Essas passagens críticas demonstram com bastante clareza que o próprio Marx sabia muito bem dos riscos de uma extensão promíscua da rubrica do feudalismo para além da Europa e que ele se recusava a aceitar a Índia do sultanato de Délhi ou do império mogol como uma formação social feudal. Suas anotações marginais revelam, além disso, uma extrema perspicácia e sensibilidade precisamente em relação às formas "superestruturais" – cuja importância irredutível para a classificação dos modos de produção pré-capitalistas acabamos de enfatizar. Assim, suas objeções à caracterização que Kovalevsky fizera da sociedade agrária indiana depois da conquista islâmica cobrem quase todos os campos: jurídico, político, social, militar, judicial, fiscal e ideológico. Sem exagerá-las, talvez as possamos resumir assim: o feudalismo envolve, tipicamente, a servidão jurídica e a proteção militar do campesinato sob uma classe social de nobres, que gozam de propriedade e autoridade individuais e exercem um monopólio exclusivo sobre a lei e sobre os direitos privados de justiça, dentro de um quadro político de soberania fragmentada e tributação subordinada,

---

Vostokovedenie, 1958, n.3, p.4-13, n.4, p.3-22, n.5, p.3-28; *Problemy Vostokovedenie*, 1959, n.1, p.3-17. Há uma introdução de Gamayunov aos manuscritos em *Sovetskoe Vostokovedenie*, 1958, n.2, p.35-45.

18 *Sovetskoe Vostokovedenie*, 1958, n.4, p.18.

19 *Sovetskoe Vostokovedenie*, 1958, n.5, p.6. Note-se a crítica que Marx faz a Kovalevsky por descrever como feudais as colônias militares turcas na Argélia, em analogia aos exemplos indianos: "Kovalevsky as batiza de 'feudais' sobre o frágil fundamento de que, sob certas condições, algo como o *jagir* hindu pudesse se desenvolver a partir delas". *Problemy Vostokovedenie*, 1959, n.1, p.7.

com uma ideologia aristocrática de exaltação da vida rural. Logo veremos como esse inventário heurístico abrangente fica distante das poucas e simples etiquetas que tantas vezes se usam para rotular como feudal uma formação social. Retornando ao nosso ponto de partida, não restam dúvidas de que, nessa versão condensada, a visão de feudalismo do próprio Marx excluía o sultanato turco – um Estado que foi, de fato, de muitas maneiras, a inspiração e o modelo da Índia mogol.

Assim, tinha fundamento o contraste entre as formas históricas europeia e otomana que os contemporâneos sentiam com tanta intensidade. A ordem sociopolítica turca era radicalmente distinta da que caracterizava a Europa como um todo, fosse nas regiões a leste ou a oeste do continente. O feudalismo europeu não tinha, de fato, nenhum equivalente em nenhuma parte das zonas geográficas que o circundavam; era caso isolado na distante extremidade ocidental do vasto território eurasiano. O modo de produção feudal original que triunfou durante o início da Idade Média nunca se fez apenas de um conjunto elementar de índices econômicos. A servidão proporcionava, é claro, o fundamento primordial de todo o sistema de extração de excedente. Mas a combinação de propriedade agrária de larga escala (controlada pela classe exploradora) com produção em pequena escala (a cargo de um campesinato atado ao solo), na qual o excedente de trabalho era extraído desse último por meio de *corvées* ou obrigações em produtos, era, em seus aspectos gerais, um padrão bastante difundido por todo o mundo pré-industrial. Quase todas as formações sociais pós-tribais que não se baseavam na escravidão ou no nomadismo revelaram formas de senhorio. A singularidade do feudalismo nunca se esgotou na mera existência de classes senhoriais e servis.[20] Foi sua organização específica em um sistema verticalmente articulado de soberania parcelada e de propriedade escalonada que distinguiu o modo de produção feudal na Europa. Foi esse nexo concreto que definiu o tipo preciso de coerção extraeconômica exercido sobre o produtor direto. A fusão de

20 Para uma crítica particularmente clara e incisiva dos usos indiscriminados do termo "feudalismo", nessa e em outras maneiras, ver: Cahen, Réflexions sur l'usage du mot "féodalité", *The Journal of the Economic and Social History of the Orient*, III, 1960, I, p.7-20.

vassalagem, benefício e imunidade, produzindo o sistema de feudos propriamente dito, criou um padrão inteiramente *sui generis* de "soberania e dependência", nas palavras de Marx. A peculiaridade desse sistema residiu no caráter dual da relação que se estabelecia tanto entre os produtores imediatos e o estrato de não produtores que se apropriavam de seu excedente de trabalho, quanto dentro da própria classe de exploradores não produtores. Pois o feudo era, em essência, uma concessão econômica de terra, condicionada ao desempenho de serviço militar e investida de direitos judiciais sobre o campesinato que a cultivava. Em consequência, sempre era um amálgama de propriedade e soberania, no qual a natureza parcial de uma se compensava pelo caráter privado da outra: a posse condicional se ligava estruturalmente à jurisdição individual. A diluição original da propriedade absoluta sobre a terra foi, portanto, complementada pela fragmentação da autoridade pública em uma hierarquia escalonada. Ao nível da aldeia em si, o resultado foi a emergência de uma classe de nobres que gozava de direitos *pessoais* de exploração e jurisdição, consagrados pela lei, sobre camponeses dependentes.

A residência rural da classe possuidora era inerente a essa configuração, algo oposto à locação urbana das aristocracias da Antiguidade clássica: o exercício da proteção e da justiça senhoriais pressupunha a presença direta da nobreza feudal no campo, simbolizada nos castelos do período medieval e depois idealizada na "poesia da terra" da época subsequente. Em consequência, a propriedade e o poder individuais, marca da classe feudal na paisagem agrária, podiam se fazer acompanhar por um papel organizador na produção em si, cuja forma típica na Europa era a herdade senhorial. Como vimos, a divisão do domínio senhorial entre reserva do senhor e lotes dos rendeiros reproduzia na parte de baixo a articulação econômica escalonada que caracterizava o sistema feudal como um todo. Na parte de cima, o predomínio do feudo estabelecia laços internos únicos dentro da nobreza. Pois a combinação de vassalagem, benefício e imunidade em um mesmo complexo criava uma mistura ambivalente de "reciprocidade" contratual e "subordinação" dependente que sempre distinguiu a verdadeira aristocracia feudal de qualquer outra forma de classe de guerreiros exploradores nos modos de produção alternativos. O enfeudamento era um contrato sinalagmático:[21] o juramento de homenagem e o ato de investidura unia as duas partes sob o respeito a obrigações específicas e ao cumprimento de deveres específicos. A felonia era a ruptura desse contrato: podia ser cometida pelo vassalo *ou* pelo senhor e liberava de seus termos qualquer que fosse o lado ofendido. Ao mesmo tempo, esse pacto sinalagmático também era o domínio hierárquico do superior sobre o inferior: o vassalo era feudatário se seu senhor e lhe devia uma fidelidade pessoal, corporal. Assim, o *ethos* compósito da nobreza feudal unia "honra" e "lealdade" em uma tensão dinâmica, estranha à cidadania livre da Antiguidade clássica (que, na Grécia ou em Roma, conhecia apenas a honra) e também aos servidores de uma autoridade despótica como o sultanismo turco (que conheciam apenas a lealdade). A reciprocidade contratual e a desigualdade de posições se fundiam no artifício pleno do feudo. O resultado foi a geração de uma ideologia aristocrática que tornava compatíveis o orgulho da posição e a humildade da homenagem, a fixidez jurídica das obrigações e a fidelidade pessoal da vassalagem.[22] O dualismo moral desse código feudal se enraizava na fusão e na difusão dos poderes político e econômicos dentro do modo de produção como um todo. A propriedade condicional instituía a subordinação do vassalo dentro da hierarquia social do senhorio:

21 Esse termo bastante apropriado é de Boutruche: *Seigneurie et féodalité*, v.2, p.204-207.

22 Weber foi o primeiro a enfatizar a originalidade dessa combinação: ver sua excelente análise, *Economy and Society*, v.3, p.1075-8. De modo geral, seus contrastes analíticos entre "feudalismo" e "patrimonialismo" têm grande força e precisão. O uso geral que faz desses termos, no entanto, parece prejudicado pela fragilidade da noção de "tipos ideais", característica de sua obra tardia. Assim, tanto o feudalismo quanto o patrimonialismo são, na prática, tratados como "traços" atômicos e detectáveis, e não como estruturas unificadas; em consequência, podem ser distribuídos e misturados quase ao acaso por Weber – a quem, depois dos trabalhos iniciais e pioneiros sobre a Antiguidade, faltou uma teoria *histórica* propriamente dita. Um dos resultados é a incapacidade de Weber em fornecer alguma definição estável ou acurada de absolutismo na Europa: às vezes, é o "patrimonialismo que domina a Europa continental até a Revolução Francesa", outras vezes, as monarquias absolutas "já são burocrático-racionais". Essas confusões são inerentes ao crescente formalismo de sua obra final. Nesse aspecto, Hintze, que aprendeu muito com Weber, sempre lhe foi superior.

a soberania parcelada, por outro lado, investia o feudatário com a jurisdição autônoma de seus subordinados. Ambas eram celebradas por transações entre indivíduos particulares dentro do conjunto do estado nobre. O poder e a propriedade dos aristocratas eram, em essência, pessoais, em todos os níveis da cadeia de proteção e dependência.

Essa estrutura político-jurídica teve, por sua vez, consequências cruciais. O parcelamento geral da soberania possibilitou o crescimento de cidades autônomas nas lacunas entre diferentes senhorios. Uma Igreja separada e universal pôde cruzar todos os principados seculares, concentrando habilidades culturais e sanções religiosas em sua própria organização clerical independente. Além disso, dentro de cada reino da Europa medieval, pôde se desenvolver um sistema de estados que, normalmente, apresentava uma assembleia tripartite de nobreza, clero e burgueses como ordens distintas da organização política feudal. A precondição básica de tal sistema de estados foi, uma vez mais, a fragmentação da soberania, que proporcionava aos membros da classe dominante aristocrática prerrogativas privadas de justiça e administração, de modo que seu consentimento coletivo era necessário para toda e qualquer ação extrassuserana do monarca, situado no topo da hierarquia feudal e fora da cadeia mediada de direitos e obrigações pessoais. Desse modo, os parlamentos medievais eram uma extensão lógica e necessária da tradicional prestação do *auxilium et consilium* – auxílio e conselho – que o vassalo devia ao suserano. A ambiguidade de suas funções – instrumentos da vontade régia ou dispositivos da resistência baronial – era inerente à unidade contraditória do próprio pacto feudal, a um só tempo recíproco e desigual.

Em termos geográficos, como vimos, o complexo feudal "pleno" nasceu no oeste da Europa continental, nas antigas terras carolíngias. Depois, foi se expandindo de modo lento e desigual, primeiro para Inglaterra, Espanha e Escandinávia; mais tarde e com menos perfeição, para o Leste Europeu, onde suas fases e elementos constitutivos passaram por inúmeros deslocamentos e distorções locais, sem que a região jamais perdesse uma afinidade geral e inequívoca com a Europa ocidental, sua periferia relativamente subdesenvolvida. Assim formadas, as divisas do feudalismo europeu não se estabeleceram fundamentalmente pela religião nem pela topografia, embora ambas a tenham sobredeterminado de maneira manifesta. A cristandade jamais coincidiu com esse modo de produção: não houve feudalismo na Etiópia nem no Líbano medievais. O pastoreio nômade, adaptado ao terreno árido da maior parte da Ásia central, do Oriente Médio e do norte da África, por muito tempo bordeou todos os lados da Europa, exceto o Atlântico, por onde os europeus escapariam para dominar o mundo. Mas as fronteiras entre nomadismo e feudalismo não se desenharam de maneira linear, apenas pela topografia: tanto a planície panoniana quanto a estepe ucraniana, *habitats* clássicos do pastoreio predatório, acabaram se integrando à agricultura sedentária da Europa. Nascido no setor oeste, o feudalismo se propagou para o setor leste por força da colonização e do exemplo. A conquista desempenhou um papel adicional, mas subordinado: seu feito mais espetacular provou ser também o mais efêmero, no Levante. Ao contrário do modo de produção escravista, que o precedeu, e do modo de produção capitalista, que o seguiu, o modo de produção feudal como tal não se prestou ao expansionismo imperialista em larga escala.[23] Embora cada classe baronial tenha se esforçado incessantemente para alargar sua área de poder por meio da agressão militar, a construção dos vastos impérios territoriais foi limitada pela fissão sistemática da autoridade que definia o feudalismo da Europa medieval. Em consequência, não houve uma unificação política superior das diferentes comunidades étnicas do continente. Uma religião comum e uma língua culta ligavam Estados que, de outro modo, estariam cultural e constitucionalmente separados. A dispersão da soberania no feudalismo europeu permitiu a subsistência de uma grande diversidade de povos e idiomas no continente depois das migrações germânicas e eslavas. Nenhum Estado medieval se fundava na nacionalidade, e muitas vezes as aristocracias tinham trajetórias móveis, sujeitas a transferências de um território a outro; mas as próprias divisões do mapa dinástico da Europa permitiram a consolidação da pluralidade étnica e linguística. O modo de produção feudal – tendo, ele próprio, um caráter "pré-nacional" – objetivamente preparou a possibilidade de um sistema

23 Esse argumento é bem desenvolvido por Porshnev, *Feodalizm i Narodnye Massy*, p.517-8.

multinacional de Estados na época de sua subsequente transição para o capitalismo. Assim, um dos traços definitivos do feudalismo europeu, nascido do conflito e da síntese entre dois modos de produção anteriores, foi a extrema diferenciação e a ramificação interna de seu universo político e cultural. Em qualquer perspectiva comparativa, essa não era uma peculiaridade menos importante do continente.

Como categoria histórica, o feudalismo foi uma cunhagem do iluminismo. Desde que entrou em circulação, debateu-se a questão em torno da existência desse fenômeno para além da Europa, onde ganhara nome. Como se sabe, Montesquieu declarou que fora completamente singular: "um evento que aconteceu uma vez no mundo e que talvez nunca venha a se repetir".[24] A discordância de Voltaire é igualmente notória: "o feudalismo não é um evento, é uma forma muito antiga que subsiste em três quartos de nosso hemisfério, sob diferentes administrações".[25] Claramente, o feudalismo foi, de fato, uma "forma" institucional, e não um "evento" instantâneo: mas a latitude das "diferentes administrações" que lhe foi atribuída, como vimos, muitas vezes tendeu a lhe esvaziar de qualquer identidade determinada.[26] De um jeito ou de outro, hoje não restam dúvidas de que Montesquieu, com um senso histórico muito mais profundo, estava mais perto da verdade. As pesquisas modernas descobriram apenas *uma* região do mundo onde inquestionavelmente prevaleceu um modo de produção feudal comparável ao da Europa. No outro extremo da massa territorial eurasiana, para além dos impérios orientais familiares ao iluminismo, as ilhas do Japão viriam revelar um panorama social que recordava vividamente o passado medieval aos viajantes e observadores europeus do final do século XIX, depois que o comodoro Perry chegara à Baía de Yokohama, em 1853, e pusera fim à sua longa reclusão do mundo exterior. Pouco mais de uma década depois, o próprio Marx comentou em

---

24 Montesquieu, *De L'Esprit des lois*, II, p.296.

25 Voltaire, *Oeuvres completes*, p.91.

26 É preciso destacar que a inflação generalizada do termo "feudalismo" não se confina aos marxistas: a mesma tendência é patente em uma coleção de argumentos muito distintos. Coulborn (Org.), *Feudalism in History*, na qual quase todos os ensaios descobrem o feudalismo onde quer que o procurem.

O Capital, publicado um ano antes da restauração Meiji: "O Japão, com sua organização puramente feudal de propriedade fundiária e sua *petite culture* desenvolvida, nos dá um retrato muito mais verdadeiro da Idade Média europeia que todos os nossos livros de história".[27] Neste século, a esmagadora maioria da opinião acadêmica concorda que o Japão foi palco histórico de um feudalismo autêntico.[28] Para nossos propósitos aqui, o interesse essencial desse feudalismo do Extremo Oriente reside na combinação distintiva de similaridades estruturais com divergências dinâmicas em relação à trajetória europeia.

Depois de um longo período de incubação, o feudalismo japonês que emergiu como modo de produção desenvolvido a partir dos séculos XIV e XV se caracterizou essencialmente pelo mesmo nexo fundamental do feudalismo europeu: a fusão de vassalagem, benefício e imunidade em um sistema de feudos que constituía o quadro político-jurídico básico no qual o trabalho excedente era extraído do produtor direto. Os vínculos entre serviço militar, propriedade fundiária condicional e jurisdição senhorial se reproduziram com fidelidade no Japão. Também esteve presente a hierarquia graduada entre senhor, vassalo e subvassalo, compondo uma cadeia de soberania e dependência. Uma aristocracia de cavaleiros montados formava uma classe dominante hereditária; o campesinato se via juridicamente atado ao solo, em uma réplica bem próxima da servidão de gleba. O feudalismo japonês também possuía, é claro, seus próprios traços locais, que contrastavam com o feudalismo europeu. As condições técnicas da rizicultura ditavam estruturas aldeãs diferentes, nas quais não se encontrava o sistema de rotação trienal. O feudo japonês, de sua parte, raramente continha uma reserva senhorial ou uma área de cultivo doméstico. Mais importante ainda: na relação intrafeudal entre o senhor e seu suserano, acima do nível da aldeia, a vassalagem tendia a predominar

27 Max, *Capital*, v.1, p.718.

28 Ver as famosas passagens de Bloch, *Feudal Society*, p.446-7; Boutruche, *Seigneurie et féodalité*, v.1, p.281-91. O principal estudo comparativo dos feudalismos europeu e japonês é Longrais, *L'Est et l'Ouest*. A documentação para os comentários acerca do desenvolvimento japonês se encontra nas referências de uma nota separada sobre o feudalismo japonês, p.477-505.

sobre o benefício, o laço "pessoal" de homenagem era, tradicionalmente, mais forte que o laço "material" da investidura. O pacto feudal era menos contratual e específico que na Europa: os deveres do vassalo eram mais difusos, e os direitos de seu suserano, mais imperativos. No equilíbrio peculiar entre honra e subordinação, reciprocidade e desigualdade, que marcava o vínculo feudal, a variante japonesa pendia consistentemente para o segundo termo. Embora a organização em clãs estivesse ultrapassada, como em todas as verdadeiras formações sociais feudais, o "código" expressivo da relação entre senhor e vassalo se dava mais pela linguagem do parentesco que pelos elementos da lei: a autoridade do senhor sobre seu subalterno se fazia mais patriarcal e inquestionável que na Europa. O conceito de felonia senhorial era estranho; não existiam tribunais vassalos; o legalismo era, de maneira geral, bastante limitado. A consequência geral mais crítica desse aspecto mais autoritário e assimétrico da hierarquia intrassenhorial no Japão foi a ausência de um sistema de estados, tanto no nível regional quanto no nacional. Essa foi, sem dúvidas, a mais importante linha divisória entre o feudalismo japonês e o europeu, considerados como estruturas isoladas.

Mas, uma vez registradas essas importantes diferenças de segunda ordem, a semelhança fundamental entre as duas configurações históricas é inequívoca. Acima de tudo, também o feudalismo japonês se definia por um rigoroso parcelamento da soberania e um escalonamento da propriedade privada da terra. O parcelamento da soberania, aliás, alcançou uma forma mais organizada, sistemática e estável no Japão Tokugawa do que jamais conseguiu em qualquer país europeu; e o escalonamento da propriedade privada, por sua vez, foi mais universal no Japão feudal que na Europa medieva, pois não havia posses alodiais no campo. O paralelismo básico entre essas duas grandes experiências de feudalismo, nos extremos opostos da Eurásia, iria receber sua confirmação mais impressionante no destino posterior de cada região. O feudalismo europeu, como vimos, provou ser a porta de entrada para o capitalismo. Foi a dinâmica econômica do modo de produção feudal na Europa que liberou os elementos para a acumulação primitiva de capital em escala continental, e foi a ordem social da Idade Média que precedeu e preparou a ascensão da classe burguesa que a realizou. O modo de produção capitalista pleno, lançado pela revolução industrial, foi o presente e a maldição da Europa para todo o globo. Hoje, na segunda metade do século XX, apenas uma região importante fora da Europa, ou de suas colônias ultramarinas, alcançou um capitalismo industrial avançado: o Japão. Como a pesquisa histórica moderna vem demonstrando, as precondições socioeconômicas do capitalismo japonês têm raízes profundas no feudalismo nipônico, que tanto impressionou Marx e os europeus no final do século XIX. Pois nenhuma outra área do mundo contava com ingredientes internos tão propícios para uma industrialização rápida. Assim como na Europa ocidental, a agricultura feudal gerara índices notáveis de produtividade: talvez maiores que os de boa parte da Ásia das monções de hoje. Também aí emergira um pervasivo senhorio voltado para o mercado, em um campo cujo nível geral de comercialização era espantosamente alto: talvez mais da metade do total da produção. Além disso, e ainda mais revelador, o Japão do fim da época feudal testemunhara um tipo de urbanização que provavelmente não tinha paralelo em nenhuma outra parte, exceto a Europa contemporânea: no início do século XVIII, Edo, sua capital, era maior que Londres e Paris, e talvez um em cada dez habitantes vivia em cidades com mais de 10 mil pessoas. Por último, mas não menos importante, o arcabouço educacional do país era comparável ao da maioria das nações da Europa ocidental: às vésperas da "abertura" do Japão ao Ocidente, cerca de 40% a 50% da população masculina adulta era alfabetizada. A velocidade e o sucesso formidável com que se implantou o capitalismo industrial no Japão da restauração Meiji tiveram seus pressupostos históricos no caráter singularmente avançado da sociedade que era o legado do feudalismo Tokugawa.

Ao mesmo tempo, houve uma divergência decisiva entre o desenvolvimento europeu e o japonês. Pois, embora o Japão viesse a alcançar um ritmo de industrialização mais veloz que o de qualquer outro país capitalista da Europa ou da América do Norte, o ímpeto fundamental de sua tempestuosa transição para o modo de produção capitalista na passagem do século XIX para o XX foi *exógeno*. Foi o impacto do imperialismo ocidental sobre o feudalismo japonês que de repente galvanizou as forças internas em uma transformação total da ordem tradicional.

A profundidade dessas mudanças não esteve, de modo algum, ao alcance do reino Tokugawa. Quando a esquadra de Perry ancorou em Yokohama, no ano de 1853, a lacuna histórica entre o Japão e as potências euro-americanas era, apesar de duto, gigantesca. A agricultura japonesa estava bastante comercializada no nível da distribuição, mas continuava longe de o ser no nível da produção em si. Pois as obrigações feudais, coletadas quase sempre em produtos, ainda compunham o grosso do excedente, mesmo que depois se convertessem em dinheiro: o cultivo direto para o mercado permanecia subsidiário na economia rural como um todo. As cidades japonesas eram imensas aglomerações urbanas, com instituições comerciais e financeiras muito sofisticadas. Mas as manufaturas ainda tinham caráter rudimentar, dominadas por ofícios artesanais organizados em guildas tradicionais; quase não havia fábricas propriamente ditas; o trabalho assalariado ainda não se organizara em escala relevante; a tecnologia era simples e arcaica. A educação japonesa era um fenômeno de massas, que talvez tivesse alfabetizado boa parte dos homens. Mas, culturalmente, o país ainda era bastante atrasado em comparação com seus antagonistas ocidentais: a ciência não avançara, as leis pouco se desenvolviam, quase não havia filosofia, muito menos teoria política ou econômica, além da completa ausência de história crítica. Em outras palavras, nada comparável ao Renascimento tocara o litoral japonês. Era lógico, portanto, que a estrutura do Estado tivesse uma forma rígida e fragmentária. O Japão conheceu uma longa e rica experiência de feudalismo, mas jamais produziu um absolutismo. O xogunato de Tokugawa que presidira as ilhas por dois séculos e meio antes da intromissão do Ocidente industrializado assegurou a paz e manteve uma ordem rigorosa; mas seu regime era a negação de um Estado absolutista. O xogunato não detinha o monopólio da coerção: senhores regionais possuíam seus próprios exércitos, cujo total era maior que as tropas da Casa Tokugawa. Não impunha uma legislação uniforme: a força de suas regulações alcançava apenas um quarto ou um quinto do país. Não contava com uma burocracia competente nas áreas de sua soberania: todo grande feudo tinha sua própria administração separada e autônoma. Não coletava nenhum imposto nacional: três quartos da terra ficavam fora de seu alcance fiscal. Não comandava uma diplomacia:

o isolamento oficial proibia que se estabelecessem relações regulares com o mundo exterior. Exército, fisco, burocracia, legislação e diplomacia – todos esses importantes complexos institucionais do absolutismo europeu faltavam ao Japão ou estavam incompletos. Nesse aspecto, a distância *política* entre Japão e Europa, as duas pátrias do feudalismo, manifesta e simboliza a profunda divergência em seu desenvolvimento histórico. Aqui se faz necessária e instrutiva uma comparação não da "natureza", mas da "posição" do feudalismo na trajetória de cada uma dessas regiões.

Como vimos, o modo de produção feudal na Europa foi resultado de uma fusão de elementos que se liberaram no choque e na dissolução de dois modos de produção antagônicos: o modo de produção escravista da Antiguidade clássica e os modos de produção primitivos e comunais dos povos tribais de sua periferia. A lenta síntese romano-germânica que se formulou durante a Idade das Trevas acabou produzindo a nova civilização do feudalismo europeu. A história específica de todas as formações sociais da Europa medieval e do início da época moderna foi marcada pela variação da incidência dessa síntese original que deu luz ao feudalismo. Uma análise da experiência inteiramente separada do feudalismo japonês sublinha uma verdade importante, que devemos a Marx: a *gênese* de um modo de produção sempre deve ser distinguida de sua *estrutura*.[29] Pois a mesma estrutura articulada pode ascender à existência por inúmeras "vias" diferentes. Os elementos constitutivos que a compõem podem, a partir de modos de produção anteriores, ser liberados sob diversas maneiras e sequências, antes de se entrelaçarem para formar um sistema coerente e capaz de se reproduzir. Assim, o feudalismo japonês não teve um passado "escravista" nem "tribal". Foi o produto da lenta desintegração de um sistema imperial de inspiração chinesa, baseado no monopólio estatal sobre a terra. Criado nos séculos VII e VIII sob a influência chinesa, o Estado

29 As análises de Marx sobre a acumulação primitiva em *Capital*, v.1, parte VIII, p.713-74, fornecem, é claro, o exemplo clássico dessa distinção. Ver também muitas observações em *Grundrisse*, como, por exemplo: "Assim, embora o dinheiro se torne capital como um resultado de *pressuposições* que são determinadas e externas ao capital, tão logo o capital passe a existir como tal, ele cria suas próprias pressuposições [...] por seu próprio processo de produção". Marx, *Grundrisse*, p.364.

Taihō era um tipo de império totalmente distinto do romano. A escravidão era mínima; não havia liberdade municipal; a propriedade privada da terra fora abolida. O deslocamento gradual da organização política e burocrática centralizada que se constituíra a partir dos Códigos de Taihō foi um processo endógeno e espontâneo, que se estendeu do século IX ao XVI. Não houve invasões estrangeiras comparáveis às migrações bárbaras na Europa: a única ameaça externa mais séria, o ataque marítimo dos mongóis no século XIII, foi decididamente repelida. Dessa maneira, os mecanismos da transição para o feudalismo no Japão foram completamente diferentes dos que se deram na Europa. Não houve um colapso cataclísmico, nem uma dissolução de dois modos de produção conflitantes, junto com uma profunda regressão econômica, política e cultural que, apesar de tudo, abriu caminho para o avanço dinâmico do novo modo de produção nascido dessa dissolução. Em vez disso, houve o declínio extremamente longo de um Estado imperial centralizado no meio de uma estrutura da qual os guerreiros nobres locais, de maneira imperceptível, foram usurpando as terras provinciais e privatizando o poder militar – até que, por fim, depois de um desenvolvimento contínuo de sete séculos, ocorreu uma fragmentação feudal quase completa no país. Esse processo involutivo de feudalização "a partir de dentro" se completou enfim com a recomposição de senhorios territoriais independentes em uma pirâmide organizada de suserania feudal. O xogunato Tokugawa representou o produto tardio e final dessa história secular.

Em outras palavras, toda a *genealogia* do feudalismo no Japão apresenta um contraste inequívoco com a descendência do feudalismo na Europa. Hintze, cuja obra contém análises que continuam entre as reflexões mais profundas sobre a natureza e a incidência do feudalismo, estava errado ao acreditar em uma estreita analogia entre a experiência japonesa e a europeia. Para ele, em toda parte o feudalismo resultou do que denominava a "deflexão" (*Ablenkung*) de uma sociedade tribal avançando através da couraça de um império anterior, o que desvia seu caminho de formação estatal para uma configuração singular. Rejeitando todo e qualquer evolucionismo linear, Hintze insistiu na necessidade de um "entrelaçamento" (*Verflechtung*) conjuntural de efeitos tribais e imperiais para liberar um verdadeiro feudalismo. Assim, a emergência do feudalismo na Europa ocidental depois do Império Romano pode se comparar à emergência do feudalismo japonês depois do Império Taihō: em ambos os casos, foi uma combinação "externa" (Germânia/Roma, Japão/China) que determinou a formação da ordem. "O feudalismo não é criação de um desenvolvimento nacional imanente, mas sim de uma conjuntura histórica mundial."[30] A falha dessa comparação é pressupor que, para além de sua nomenclatura abstrata como "império", houvesse alguma semelhança entre os Estados imperiais chinês e romano. A Roma antonina e a China Tang – ou seu equivalente, o Japão Taihō – foram, na verdade, civilizações absolutamente distintas, baseadas em modos de produção diferentes. É a *diversidade* de rotas para o feudalismo, e não a identidade, a lição básica que nos deixa o aparecimento separado da mesma forma histórica nos dois extremos da Eurásia. Contra o pano de fundo dessa diversidade radical de origens, a *similaridade* estrutural entre os feudalismos europeu e japonês fica ainda mais surpreendente: a mais eloquente demonstração de que, uma vez constituído, um modo de produção reproduz sua própria unidade rigorosa como um sistema integrado, "livre" das pressuposições díspares que lhe deram origem. O modo de produção feudal teve sua própria ordem e necessidade, que, uma vez encerrados os processos de transição, se impuseram com a mesma lógica estrita a dois contextos extremamente contrastantes. Não apenas se reproduziram no Japão as principais estruturas governantes do feudalismo que antes se desenvolvera na Europa, como – o que talvez seja ainda mais significativo – essas estruturas visivelmente tiveram efeitos históricos parecidos. O desenvolvimento do senhorio, o crescimento do capital mercantil e a difusão do ensino no Japão foram tamanhos que, como vimos, o país provou ser a única região não europeia do mundo

30 Hintze, Wesen und Verbreitung des Feudalismus, *Gesammelte Abhandlungen*, v.1, p.90. Hintze acreditava que teria havido um feudalismo russo depois do império bizantino e um feudalismo islâmico depois do império sassânida, mais dois casos do mesmo processo. Mas, na verdade, o feudalismo russo fez parte do feudalismo europeu como um todo, e jamais houve um verdadeiro feudalismo islâmico. Ainda assim, toda a discussão de Hintze (Ibid., p.89-109) é muito interessante.

capaz de acompanhar a Europa, a América do Norte e a Australásia na marcha rumo ao capitalismo industrial.

Mesmo assim, depois de sublinhado o paralelismo fundamental entre o feudalismo europeu e o japonês como modos de produção articulados internamente, permanece o fato simples e incontornável de seus desenlaces divergentes. A partir da Renascença, a Europa realizou a transição para o capitalismo sob seu próprio impulso, em um processo de constante expansão global. A revolução industrial – que, em última análise, resultou da acumulação primitiva de capital em escala internacional durante o início da época moderna – foi uma combustão espontânea e gigantesca das forças de produção, inigualável em seu poder e universal em seu alcance. Nada comparável ocorreu no Japão e, apesar de todos os avanços da época Tokugawa, não havia indícios de que algo do tipo estivesse para acontecer. Foi o impacto do imperialismo euro-americano que destruiu a velha ordem política do Japão, e foi a importação da tecnologia ocidental que possibilitou uma industrialização autóctone, a partir dos materiais de sua herança socioeconômica. O feudalismo permitiu que o Japão – caso único entre as sociedades asiáticas, africanas e ameríndias – ingressasse nas fileiras do capitalismo avançado quando o imperialismo se tornou um sistema de conquista mundial: no isolamento do Pacífico, o Japão não gerou um capitalismo nativo, por seu próprio impulso. Não havia, portanto, uma força inerente ao próprio modo de produção feudal que o compelisse inevitavelmente rumo ao modo de produção capitalista. Os registros concretos da história comparada não sugerem um evolucionismo assim tão simples.

Qual foi então a especificidade da história europeia que a separou tão profundamente da história japonesa, apesar do ciclo comum de feudalismo que tanto as unira? A resposta se encontra, por certo, na herança duradoura da Antiguidade clássica. O Império Romano, sua forma histórica final, não era apenas, por si só, naturalmente incapaz de uma transição para o capitalismo: o próprio avanço do universo clássico o condenou a um regresso catastrófico, de tal ordem que não há outro exemplo nos anais da civilização. O mundo social muito mais primitivo do começo do feudalismo foi resultado do colapso da Antiguidade, preparado por dentro e completado por fora. Mais tarde, depois de uma longa gestação, a Europa medieval libertou os elementos de uma lenta transição para o modo de produção capitalista, já no início da época moderna. Mas o que na Europa possibilitou a passagem singular para o capitalismo foi a *concatenação de Antiguidade e feudalismo*. Em outras palavras, para compreendermos o segredo da emergência do modo de produção capitalista na Europa é necessário descartar, da maneira mais radical possível, toda e qualquer concepção de capitalismo como uma simples subsunção evolucionária de um modo de produção inferior por um modo de produção superior, sendo um gerado automática e inteiramente dentro do outro, por uma sucessão interna e orgânica que, com isso, o extingue. Marx insistiu corretamente na distinção entre a gênese e a estrutura dos modos de produção. Mas se equivocou ao acrescentar que, uma vez assegurada, a reprodução da estrutura absorvia e abolia os traços da gênese. Assim, escreveu que as "pressuposições" anteriores de um modo de produção,

> precisamente enquanto pressuposições *históricas*, são fato passado e consumado e, portanto, pertencem à *história de sua formação*, mas de modo algum à sua história *contemporânea*, ou seja, ao sistema real do modo de produção [...] enquanto prelúdio histórico de seu porvir, elas ficam por trás dele, tal como os processos pelos quais a terra fez a transição do mar líquido de fogo e vapor para sua forma presente ficam para além de sua vida como terra terminada.[31]

De fato, nem mesmo o triunfante capitalismo – primeiro modo de produção a conquistar um alcance verdadeiramente global – de maneira alguma resumiu e internalizou todos os modos de produção anteriores que encontrou e dominou pelo caminho. O feudalismo na Europa fez muito menos. Não há uma teleologia unitária a governar as trilhas sinuosas e bifurcadas da história. Pois, como vimos, as *formações sociais* concretas normalmente incorporam vários modos de produção coexistentes e conflitantes, de idades diversas. Na verdade, só poderemos entender o advento do modo de produção capitalista na Europa se rompermos com toda e qualquer noção puramente linear de tempo histórico. Em vez de

31 Marx, *Grundrisse*, p.363-4.

se apresentar na forma de uma cronologia acumulativa, em que uma fase sucede e supera a outra, para produzir uma sucessora que também a ultrapassará, a trajetória rumo ao capitalismo revela a *permanência* do legado de um modo de produção em uma época *dominada* por outro e a *reativação* de seu feitiço na passagem para um terceiro. A "vantagem" da Europa sobre o Japão reside nos seus antecedentes clássicos – que, mesmo depois da Idade das Trevas, não desapareceram "atrás dela", mas, em certos aspectos básicos, sobreviveram "à sua frente". Nesse sentido, a gênese histórica concreta do feudalismo na Europa, longe de sumir como fogo e vapor na solidez terrestre de sua estrutura realizada, surtiu efeitos tangíveis sobre sua dissolução final. A verdadeira temporalidade histórica que regeu os três grandes modos de produção históricos que dominaram a Europa até este século foi, portanto, radicalmente distinta do *continuum* de uma cronologia evolucionária. Ao contrário de todas as suposições historicistas, o tempo entre os dois primeiros modos de produção como que se inverteu em certos níveis, liberando uma mudança crucial no último. Ao contrário de todas as suposições estruturalistas, não houve um mecanismo autônomo a operar o deslocamento do modo de produção feudal para o modo de produção capitalista, tidos como sistemas contíguos e fechados. Para que se produzisse o modo de produção capitalista na Europa, foi necessária a *concatenação* dos modos de produção antigo e feudal – uma relação que não foi apenas uma sequência diacrônica, mas que também foi, em certo estágio, uma articulação sincrônica.[32] O passado clássico despertou uma vez mais dentro do presente feudal para assistir a chegada do futuro capitalista, inimaginavelmente distante e estranhamente próximo. Pois o nascimento do capital também testemunhou, como sabemos, o renascimento da Antiguidade. A despeito de toda a crítica e revisão, a Renascença continua sendo o ponto crucial de toda a história europeia: o momento duplo de uma expansão no espaço e de uma recuperação no tempo igualmente

32 O ressurgimento da escravidão em larga escala no Novo Mundo seria, sem dúvida, um dos desenvolvimentos mais ilustrativos do início da época moderna – condição indispensável para a acumulação primitiva necessária à vitória do capitalismo industrial na Europa. Seu papel – que excede ao nosso escopo aqui – será discutido em um próximo estudo.

ímpares. É nesse ponto, com a redescoberta do Mundo Antigo e a descoberta do Novo Mundo, que o sistema de Estados europeu adquire sua plena singularidade. Um poder ubíquo e global viria a ser o resultado dessa singularidade e também o seu fim.

Pode-se ver a concatenação dos modos de produção antigo e feudal que distinguiu o desenvolvimento europeu em vários traços originais do período medieval e do início da época moderna, os quais a separam da experiência japonesa (e ainda mais da chinesa ou, digamos, da islâmica). Para começar, toda a posição e evolução das cidades era bem diferente. Como vimos, o feudalismo, enquanto modo de produção, foi o primeiro da história a possibilitar uma *oposição* dinâmica entre cidade e campo: o parcelamento da soberania, inerente à sua estrutura, permitiu que enclaves urbanos autônomos crescessem como centros de produção dentro de uma economia predominantemente rural, e não como centros privilegiados e parasitários de consumo ou administração – padrão que Marx acreditava ser tipicamente asiático. Assim, a ordem feudal promoveu um tipo de vitalidade urbana diferente de qualquer outra civilização, cujos produtos comuns podem ser vistos tanto no Japão quanto na Europa. No entanto, ao mesmo tempo havia uma distinção crucial entre as cidades medievais europeias e as japonesas. As primeiras possuíam um grau de densidade e autonomia desconhecido nas últimas: seu peso específico dentro da ordem feudal como um todo era muito maior. A grande onda de urbanização no Japão foi relativamente tardia, desenvolveu-se a partir do século XVI e foi dominada por umas poucas concentrações mais expressivas. Além disso, nenhuma cidade japonesa chegou a adquirir um autogoverno municipal duradouro: seu apogeu coincidiu com o máximo controle dos barões ou dos senhores xógun sobre elas. Na Europa, por outro lado, a estrutura geral do feudalismo permitiu também o crescimento de cidades produtoras, baseadas em manufaturas artesanais, e as *formações sociais específicas* que emergiram da forma peculiar da transição para o feudalismo asseguraram, desde o início, um "potencial" urbano e municipal muito maior. Pois, como vimos, o verdadeiro movimento da história nunca é uma simples mudança de um modo de produção puro para outro: *sempre* se compõe de uma série complexa de formações sociais em que se misturam vários modos de produção, sob o predomínio de um deles. É por isso, sem dúvida, que determinados "efeitos" dos modos de produção antigo e primitivo-comunal, anteriores ao modo de produção feudal, puderam sobreviver *dentro* das formações sociais medievais da Europa, muito depois do desaparecimento do mundo romano e do germânico. Assim, de um jeito muito mais positivo e dinâmico que em qualquer outro lugar, o feudalismo europeu usufruiu, desde o início, de um legado municipal que "preencheu" o espaço que o novo modo de produção deixou para o desenvolvimento urbano. Já comentamos aqui o testemunho mais eloquente da importância direta da Antiguidade para a emergência das formas urbanas características da Idade Média na Europa: o primado da Itália em seu desenvolvimento e a adoção da insígnia romana nos primeiros regimes municipais a partir dos "consulados" do século XI. Toda a concepção social e jurídica de uma *cidadania* urbana enquanto tal tinha memória e derivação clássicas, algo sem paralelo fora da Europa. Naturalmente, dentro do modo de produção feudal já constituído, toda a *base* socioeconômica das cidades-República que aos poucos se desenvolveram na Itália e no norte era radicalmente distinta daquela do modo de produção escravista, do qual herdara tantas tradições superestruturais: os ofícios livres as tornaram para sempre distintas de suas predecessoras, a um só tempo mais rudes e capazes de maior criatividade. Como Anteu, na comparação de Weber, a cultura citadina do mundo clássico, que mergulhou nas escuras profundezas da vida rural da Idade das Trevas, ressurgiu mais forte e mais livre nas comunidades urbanas do início da época moderna.[33] Não ocorreu nada parecido com esse processo histórico no Japão e, *a fortiori*, nem nos grandes impérios asiáticos que jamais conheceram o feudalismo – árabe, turco, indiano ou chinês. As cidades da Europa – comunas, repúblicas, tiranias – foram o produto singular do desenvolvimento combinado que marcou o continente.

Ao mesmo tempo, os campos do feudalismo europeu também passaram por uma evolução que não teve paralelo. Já salientamos aqui a extrema

33 Ver a passagem conclusiva de Weber, em todo o seu esplendor, em: Weber, Die Sozialen Gründe des Untergangs der antiken Kultur, *Gesammelte Aufsätze zur Sozial- und Wirtschaftsgeschichte*, p.310-1.

raridade do sistema de feudos como tipo de propriedade rural. Os grandes Estados islâmicos jamais o conheceram, tampouco as sucessivas dinastias chinesas, que tinham suas próprias formas de posse fundiária. O feudalismo japonês, porém, de fato revela o mesmo nexo de vassalagem, benefício e imunidade que definiu a ordem medieval na Europa. Mas, por outro lado, o Japão nunca demonstrou a *transformação* crucial da propriedade rural que distinguiu os primórdios da Europa moderna. O modo de produção feudal puro se caracterizou pela propriedade privada condicional da terra, investida a uma classe de nobres hereditários. A natureza *privada* ou *individual* dessa propriedade fundiária a distinguiu, como Marx observou, de toda uma gama de sistemas agrários alternativos fora da Europa e do Japão, onde o monopólio formal do Estado sobre a terra, fosse original ou durável, correspondia a classes possuidoras muito menos estritamente "aristocráticas" que a dos cavaleiros ou dos samurais. No entanto, uma vez mais, o desenvolvimento europeu se desdobrou para além do japonês, com a transição da propriedade fundiária *condicional* para a *absoluta*, na época da Renascença. Também aqui foi essencialmente a herança clássica do direito romano que facilitou e codificou esse avanço decisivo. A propriedade quiritária – mais alta expressão jurídica da economia comercial da Antiguidade – continuou à espera de ser redescoberta e posta para funcionar, até que a difusão das relações comerciais dentro da Europa feudal alcançou níveis que solicitaram mais uma vez sua precisão e clareza.[34] Tentando definir a especificidade do caminho europeu para o capitalismo, em contraste com o desenvolvimento do resto do mundo, Marx escreveu a Zasulich: "Nesse movimento ocidental, a questão é *a transformação de uma forma de propriedade privada em outra forma de propriedade privada*".[35] Com isso,

---

34 Engels escreveu: "O direito romano é de tal modo a expressão clássica das condições de existência e dos conflitos de uma sociedade dominada pela propriedade privada pura que toda a legislação subsequente não conseguiu aprimorá-lo de maneira significativa. A propriedade burguesa da Idade Média era, em contraste, bastante moderada pelas limitações feudais e, em grande medida, consistia em privilégios; nesse aspecto, o direito romano estava, por conseguinte, muito à frente (*weit voraus*) das relações burguesas da época". *Werke*, v.21, p.397.

35 Marx; Engels, *Selected Correspondence*, p.340.

ele se referia à expropriação das pequenas posses camponesas pela agricultura capitalista, a qual (equivocadamente) acreditava ser possível evitar na Rússia, por meio da transição direta da propriedade comunal camponesa para o socialismo. No entanto, se aplicada em um sentido um pouco diferente, a fórmula contém uma verdade profunda: a transformação de uma forma de propriedade privada – condicional – em outra forma de propriedade privada – absoluta – dentro da nobreza fundiária foi a preparação indispensável para o advento do capitalismo e representou o momento em que a Europa deixou para trás todos os outros sistemas agrários. No longo período de transição durante o qual a terra continuou sendo, em termos quantitativos, a principal fonte de riqueza em todo o continente, a consolidação de uma propriedade privada irrestrita e hereditária foi o passo fundamental para liberar os fatores de produção necessários à acumulação de capital propriamente dita. O próprio "vinculismo" que a aristocracia europeia demonstrava no início da época moderna já era uma evidência das pressões objetivas para um mercado livre da terra – o qual, em última instância, viria a gerar uma agricultura capitalista. Na verdade, a ordem legal nascida do renascimento do Direito romano criou condições jurídicas *gerais* para uma bem-sucedida passagem para o modo de produção capitalista como tal, tanto na cidade quanto no campo. A segurança de propriedade, a solidez dos contratos, a proteção e a previsibilidade das transações econômicas entre partes individuais asseguradas por um Direito civil escrito – nada disso se repetiu em outros lugares. O Direito islâmico era, quando muito, vago e impreciso em matéria de propriedade imobiliária; era inextricavelmente religioso e, portanto, de interpretação confusa e conflituosa. O Direito chinês era única e exclusivamente punitivo e repressivo; mal se preocupava com relações civis e não fornecia nenhum quadro estável para a atividade econômica. O Direito japonês era rudimentar e fragmentário, com apenas alguns princípios tímidos de Direito judicial e comercial em meio às encruzilhadas da diversidade de decretos senhoriais.[36] Ao contrário de todos esses, o Direito romano proporcionava um quadro coerente e sistemático para compra, venda, arrendamento,

36 Exploraremos esses contrastes mais adiante, p.495, 546-7, 596.

locação, empréstimo e sucessão de bens: remodelado para as novas condições da Europa e generalizado por um corpo de juristas profissionais que a própria Antiguidade não conhecera, sua influência foi uma das precondições institucionais fundamentais para a aceleração das relações capitalistas de produção em escala continental.

Além disso, o renascimento do direito romano se fez acompanhar ou suceder pela reapropriação de praticamente toda a herança cultural do mundo clássico. O pensamento filosófico, histórico, político e científico da Antiguidade – para não falar de sua literatura ou arquitetura – de repente adquiriu nova força e urgência no começo da época moderna. Comparados aos de qualquer outra civilização antiga, os componentes críticos e racionais da cultura clássica propiciaram um impulso mais forte e preciso para seu próprio retorno. Eles não eram apenas mais avançados que qualquer equivalente no passado dos outros continentes, como também se apartavam do presente pela grande barreira religiosa entre as duas épocas. Por isso, o pensamento clássico nunca pôde ser embalsamado como uma tradição venerável e inócua, nem mesmo na assimilação seletiva da Idade Média: ele sempre manteve um conteúdo antagônico e corrosivo, como universo não cristão. Mas, assim que as novas condições sociais permitiram que as mentes europeias olhassem para trás, por sobre o abismo que as separava da Antiguidade, com firmeza e sem vertigem, a potência radical de suas grandes obras se fez sentir de maneira plena. O resultado, como vimos, foi uma revolução intelectual e artística que só pôde ocorrer por causa da específica precessão histórica do mundo clássico sobre o medieval. A astronomia de Copérnico, a filosofia de Montaigne, a política de Maquiavel, a historiografia de Clarendon, a jurisprudência de Grotius – cada uma à sua maneira, todas tinham dívidas com as mensagens da Antiguidade. O próprio nascimento da física moderna, em certa medida, assumiu a forma de uma rejeição a um legado clássico – o aristotelismo – sob o signo de outro – o neoplatonismo, que inspirou sua concepção "dinâmica" de natureza.[37] A cultura cada vez mais

---

37 Sobre o papel do neoplatonismo no crescimento da ciência moderna, ver: Yates, *Giordano Bruno and the Hermetic Tradition*, p.447-55. Mais diretamente, é claro, o

analítica e secular que foi se desenvolvendo, ainda com muitos entraves e recuos teológicos, talvez tenha sido o fenômeno histórico que, da maneira mais inequívoca, distinguiu a Europa de todas as outras grandes civilizações da época pré-industrial. O sereno tradicionalismo da sociedade feudal japonesa, quase imaculado ante rajadas ideológicas contrárias na era Tokugawa, fornece um contraste especialmente notável. É claro que, contra o pano de fundo de sua efervescência econômica, a estagnação intelectual do Japão se devia, em grande medida, ao deliberado isolamento do país. Também nesse aspecto o feudalismo europeu levou vantagem sobre seu homólogo japonês desde o início de suas respectivas origens.

Enquanto o modo de produção feudal no Japão resultou da lenta involução de uma ordem imperial, cujas estruturas foram emprestadas no estrangeiro e acabaram se estabilizando em condições de completa reclusão ante o mundo externo, o modo de produção feudal na Europa emergiu do choque frontal de duas ordens conflitantes ao longo de uma grande massa territorial, cujos efeitos posteriores se estenderam por uma área geográfica ainda mais ampla. O feudalismo insular do Japão se moveu para dentro, para longe da matriz do Estado Taihō no Extremo Oriente. O feudalismo continental da Europa se moveu para fora, à medida que a diversidade étnica inerente à síntese original que lhe dera luz cresceu junto com a difusão do modo de produção para além de sua terra natal carolíngia, o que acabou por produzir um mosaico dinástico e protonacional de grande complexidade. Na Idade Média, essa grande diversidade assegurou a autonomia da Igreja – que nunca se sujeitou a uma única soberania imperial, como ocorrera na Antiguidade – e encorajou a emergência dos estados, tradicionalmente convocados para alinhar a nobreza local a uma monarquia ou principado contra o ataque de outro nos conflitos militares da época.[38] Tanto a independência eclesiástica quanto a representação de estados foram, por sua vez, características da sociedade

---

legado da geometria euclidiana e da astronomia ptolomaica foi precondição indispensável para a emergência da física galileana.

38 As determinantes interestatais da representação dos estados receberam a ênfase de Hintze, Weltgeschichtliche Bedingungen der Repräsentativverfassung, *Gesammelte Abhandlungen*, v.1, p.168-70.

medieval europeia que nunca se replicaram na variante japonesa do feudalismo. Nesse sentido, elas eram funções do caráter *internacional* do feudalismo europeu – que não foi, de forma alguma, razão menos importante para seu destino ter sido tão diferente do japonês. A multiplicidade fortuita das unidades políticas do final da Europa medieva se tornou, no início da época moderna, um sistema estatal organizado e interligado: o nascimento da diplomacia formalizou a novidade de um *conjunto* plural de parceiros – para a guerra, as alianças, o comércio, o casamento ou a propaganda – dentro de uma mesma arena política, cujos contornos e regras foram ficando cada vez mais claros e definidos. A fecundidade do cruzamento cultural que resultou da formação desse sistema altamente integrado e, ainda assim, extremamente diversificado foi uma das marcas peculiares da Europa pré-industrial: é bem provável que os feitos intelectuais do início da época moderna lhe sejam inseparáveis. Não existiu em nenhuma outra parte do mundo um conjunto político semelhante: a institucionalização do intercâmbio diplomático foi uma invenção da Renascença e por muito tempo continuou sendo uma particularidade europeia.

A Renascença, então, foi o momento em que a justaposição de Antiguidade e feudalismo de súbito produziu seus frutos mais originais e surpreendentes e, ao mesmo tempo, o ponto de virada histórico em que a Europa se distanciou de todos os outros continentes em termos de dinamismo e expansão. O novo e singular tipo de *Estado* que surgiu nessa época foi o absolutismo. As monarquias absolutas do início do período moderno constituíram um fenômeno estritamente europeu. Na verdade, elas representaram a forma *política* exata do progresso de toda a região. Pois, como vimos, foi justo nesse ponto que a evolução japonesa se deteve: o feudalismo do Extremo Oriente nunca passou para o absolutismo. Em outras palavras, a emergência do absolutismo a partir do feudalismo europeu foi a resultante de seu avanço político. Criação da Renascença, o desenvolvimento do absolutismo ocorreu graças à longa história que se estendia até o feudalismo e foi conjurada mais uma vez na aurora da época moderna. Estrutura estatal dominante na Europa até o fim do Iluminismo, sua ascendência coincidiu com a exploração do globo pelas potências europeias e com os primórdios de sua supremacia mundial. Em sua natureza e estrutura, as monarquias absolutas da Europa ainda eram Estados feudais: mecanismo de governo da mesma classe aristocrática que dominara a Idade Média. Mas, na Europa ocidental, onde nasceram, as *formações sociais* que elas governavam eram uma combinação complexa dos *modos de produção feudal e capitalista*, com uma burguesia urbana em ascensão e uma crescente acumulação primitiva de capital, em escala internacional. Foi o entrelaçamento desses dois modos de produção antagônicos em sociedades específicas que deu origem às formas transicionais do absolutismo. Os Estados régios da nova era puseram fim ao parcelamento da soberania inscrito no modo de produção feudal puro, mesmo que nunca tenham alcançado uma organização política unitária e plena. Essa transformação foi, em última instância, determinada pelo crescimento na produção e na troca de mercadorias, concomitante à difusão do capitalismo mercantil e manufatureiro, que tendeu a dissolver as relações feudais nos campos. Mas, ao mesmo tempo, o desaparecimento da servidão não significou o fim da coerção extraeconômica privada que tinha como intuito extrair o excedente de trabalho do produtor imediato. A nobreza fundiária continuou a deter a maior parte dos meios de produção fundamentais da economia e a ocupar a grande maioria das posições no aparelho de poder político. A coerção feudal se deslocou para cima, para uma monarquia centralizada; e, de maneira geral, a aristocracia teve de trocar sua representação nos estados por cargos burocráticos nas renovadas estruturas do Estado. As tensões agudas desse processo produziram muitas revoltas senhoriais: a autoridade régia muitas vezes se impôs, implacável, sobre os membros da classe nobre. O próprio termo "absolutismo" – tecnicamente errôneo, na verdade – é testemunha do peso do novo complexo monárquico na ordem aristocrática.

Mas, ainda assim, houve uma característica básica que separou as monarquias absolutas europeias da miríade de tipos de governo despóticos, arbitrários ou tirânicos, encarnados ou controlados pela pessoa do soberano, que prevaleceram em todo o resto do mundo. *O aumento do poder político do Estado régio se fez acompanhar não por um decréscimo da segurança econômica da propriedade nobre, mas sim por um aumento correspondente nos direitos gerais de propriedade privada.* A era na qual se impôs a autoridade pública "absolutista" também foi, ao mesmo tempo, a era na qual foi se consolidando a propriedade privada "absoluta". Essa importante diferença social é que separou as monarquias Bourbon, Habsburgo, Tudor e Vasa de qualquer sultanato, império ou xogunato de fora da Europa. Confrontados com o Estado otomano em solo europeu, os contemporâneos sempre tiveram uma consciência acurada dessa grande fissura. O absolutismo não significou o fim do jugo aristocrático: ao contrário, protegeu e estabilizou o domínio social da classe nobre hereditária na Europa. Os reis que presidiram essas novas monarquias nunca puderam transgredir os limites invisíveis de seu poder: limites das condições materiais de reprodução da classe à qual eles próprios pertenciam. Em geral, esses soberanos reconheciam sua pertença à aristocracia que os cercava; o orgulho individual do posto se fundava em um sentimento de solidariedade coletiva. Assim, enquanto o capital ia se acumulando lentamente sob as cintilantes superestruturas do absolutismo, exercendo sobre elas uma força gravitacional cada vez maior, os donos de terras do início da Europa moderna conservavam seu predomínio histórico, dentro e através das monarquias que agora os comandava. Economicamente protegida, socialmente privilegiada e culturalmente madura, a aristocracia seguiu mandando: o Estado absolutista ajustou sua supremacia ao firme florescimento do capital nas compósitas formações sociais da Europa ocidental.

Mais tarde, como já vimos, o absolutismo emergiu também no Leste Europeu – a metade muito mais atrasada do continente, que jamais experimentara a síntese original romano-germânica que dera origem ao feudalismo medievo. As temporalidades e os traços divergentes das duas variantes do absolutismo na Europa – a ocidental e a oriental, tema central deste estudo – servem, cada um a seu modo, para sublinhar que ambas tiveram um mesmo caráter e contexto final. No Leste Europeu, o poder social da nobreza não se restringiu com a ascensão de uma burguesia urbana, fato que marcou o Ocidente europeu: o domínio senhorial não encontrou barreiras. Assim, o absolutismo oriental demonstrou sua composição e função de classe de maneira mais patente e inequívoca que o ocidental. Construído sobre a servidão, o aspecto feudal de sua estrutura de Estado era brusco e manifesto: o campesinato servil foi uma lembrança permanente das formas de opressão e exploração que seu aparelho coercitivo perpetuava. Mas, ao mesmo tempo, a gênese do absolutismo no Leste Europeu foi fundamentalmente distinta da que se dera no absolutismo da Europa ocidental. Pois não foi o crescimento da produção e da troca de mercadorias que o trouxe à tona: o capitalismo ainda estava muito distante do além-Elba. Foram as duas forças entrelaçadas de um processo de feudalização incompleto – que começara cronologicamente mais tarde, sem o benefício da herança da Antiguidade e em condições topográficas e demográficas mais difíceis – e as crescentes pressões militares do Ocidente avançado que acarretaram a paradoxal pré-formação do absolutismo no Leste Europeu. Com o estabelecimento dos regimes absolutistas na Europa oriental se completou, por sua vez, o sistema de Estados internacional que definiu e demarcou o continente como um todo. O nascimento de uma ordem política multilateral, campo único de competição e conflito entre Estados rivais, foi, portanto, causa e também efeito da generalização do absolutismo na Europa. É claro que a construção desse sistema internacional a partir de Vestfália não homogeneizou as duas metades do continente. Ao contrário, representando linhagens históricas distintas desde o início, os Estados absolutistas do oeste e do leste da Europa seguiram trajetórias divergentes até seus respectivos desfechos. A gama de destinos que daí resultou é bem conhecida. No Ocidente, as monarquias espanhola, inglesa e francesa foram derrotadas ou destronadas por revoluções burguesas vindas de baixo; os principados italiano e alemão foram eliminados por revoluções burguesas vindas de cima, tardias. Já no Oriente, o império russo finalmente foi destruído por uma revolução proletária. Simbolizadas nessas convulsões opostas e sucessivas, as consequências da divisão do continente ainda estão entre nós.

Duas notas

A.
Feudalismo japonês

No século VII a.C., formou-se no Japão uma organização política imperial centralizada, sob forte influência chinesa: a reforma de 646 aboliu os frouxos aglomerados de linhagens nobres e lavradores dependentes, instalando, pela primeira vez, um sistema estatal unitário. Tendo como modelo o Império T'ang da China contemporânea, o novo Estado japonês – que viria a ser regulado pelos Códigos Taihō no início do século VIII (702) – se baseava no monopólio imperial dos donos de terra. O solo se dividia em pequenos lotes, periodicamente redistribuídos entre rendeiros que deviam ao Estado impostos em produtos ou obrigações em serviços: de início vigente apenas nos domínios da própria linhagem imperial, o sistema de lotes foi se estendendo para todo país nos cem anos seguintes. Uma vasta burocracia central, composta de uma classe aristocrata civil e recrutada mais por hereditariedade que por desempenho, mantinha um controle político unificado sobre o país. O reino foi sistematicamente dividido em circuitos, províncias, distritos e aldeias, todos sob rígida supervisão governamental. Também se criou um exército permanente, ainda que recrutado de maneira um tanto precária. Ao longo das linhas chinesas, construíram-se cidades imperiais de planejamento simétrico. Em uma mistura sincrética com cultos autóctones xintoístas, o budismo se tornou a religião oficial, formalmente integrada ao próprio aparelho de

Estado.[1] A partir do ano 800, porém, esse império de inspiração chinesa começou a se dissolver ante pressões centrífugas.

A ausência de qualquer coisa parecida com um mandarinato propriamente dito na burocracia a deixou, desde o início, propensa à privatização nobre. As ordens religiosas budistas conservaram privilégios especiais sobre as terras doadas. O recrutamento obrigatório foi abandonado em 792 e a redistribuição de lotes, em 844. As *shōen*, herdades semiprivadas, foram se espalhando nas províncias, domínios proprietários de nobres e monastérios: inicialmente subtraídas às terras estatais, elas acabaram ganhando imunidade fiscal e, por fim, ficaram livres da inspeção cadastral do governo central. As maiores dessas herdades – que muitas vezes se originavam das terras recém-abertas – cobriam centenas de hectares. Os camponeses que cultivavam as *shōen* agora pagavam tributos diretamente a seus senhores, mesmo que, nesse sistema senhorial emergente, camadas intermediárias de administradores estivessem adquirindo direitos sobrepostos de acesso à produção (principalmente de arroz, claro). A organização interna das herdades japonesas sofria grande influência da natureza da rizicultura, ramo básico da agricultura. Não havia o sistema de três campos de tipo europeu, e os pastos comuns eram relativamente desimportantes, dada a ausência de gado. Os lotes camponeses eram muito menores que na Europa, e as aldeias eram poucas, em meio a uma considerável densidade da população rural e à escassez de terra. Acima de tudo, não havia um sistema de posse régia dentro das propriedades: os *shiki*, ou direitos divisíveis de apropriação do produto, eram coletados de maneira uniforme do conjunto da produção das *shōen*.[2] Enquanto isso, no interior do sistema político, a aristocracia cortesã, ou *kuge*, desenvolveu uma refinada cultura civil na capital, onde a Casa Fujiwara manteve uma longa ascendência sobre a dinastia imperial. Mas, fora de Kyoto, a administração imperial foi cedendo cada vez mais espaço. Ao mesmo tempo, uma vez abandonado o alistamento obrigatório, as tropas armadas das províncias aos poucos se

1 Para um relato lúcido do Estado Taihō: Hall, *Japan from Prehistory to Modern Times*, p.43-60.

2 Para uma análise comparativa das *shōen*, ver: Longrais, *L'Est et l'Ouest, institutions du Japon et de l'Occident comparées*, p.92- 103.

transformaram em instrumentos de uma nova nobreza militar de guerreiros samurais, ou *bushi*, que ganharam importância no decorrer do século XI.[3] Tanto os funcionários públicos do governo central quanto os proprietários locais das *shōen* juntaram bandos pessoais desses guerreiros, para defesa e também para agressão. Os conflitos civis cresceram junto com a privatização do poder coercitivo, com tropas provinciais de *bushi* intervindo nas lutas de camarilhas cortesãs pelo controle da capital imperial e dos quadros administrativos.

A derrocada do velho sistema Taihō culminou com a vitoriosa fundação do xogunato Kamakura, por Minamoto-no-Yoritomo, no final do século XII. O novo soberano, originário de Kyoto e com muito respeito por seu legado, preservou a dinastia imperial, a corte de Kyoto e a tradicional administração civil.[4] Mas, em paralelo, criou um novo aparelho militar sob o comando do xógum, ou "generalíssimo", dominado pela classe *bushi* e sediado em uma capital separada, Kamakura. Foi essa autoridade paraimperial que, daí em diante, exerceu o poder régio no Japão. O xogunato – que viria a se denominar *Bakufu* ("tenda", ou quartel-general militar) – no início controlava a lealdade de uns 2 mil *gokenin* "chefes de família" ou vassalos pessoais de Yoritomo e desapropriava ou confiscava muitas *shōen* para seu próprio uso. Nas províncias, o xogunato nomeava os governadores militares, ou *shugo*, e os intendentes das terras, ou *jitō*, escolhidos entre seus seguidores. Os primeiros se tornaram, na prática, o poder local dominante em suas regiões, enquanto, logo abaixo deles, os últimos se encarregaram da cobrança de impostos das herdades *shōen*, sobre as quais foram adquirindo cada vez mais direitos *shiki*, às expensas dos antigos proprietários.[5] A nova rede *shugo-jitō*, criada e responsável pelo xogunato, representou uma forma preliminar do sistema de benefício: as funções repressivas e fiscais foram delegadas aos seguidores *bushi*, em troca de títulos de rendimento da terra. "Cartas de confirmação" formais

---

3 As origens dos *bushi* estão esboçadas em: Hall, *Government and Local Power in Japan 500-1700*, p.131-3.

4 Shinoda, *The Founding of the Kamakura Shogunate 1180-1185*, p.112-3, 141-4.

5 Ver a longa discussão sobre o *jitō* em Hall, *Government and Local Power in Japan*, p.157-8, 182-90.

garantiram direitos vassalos locais tanto àqueles que ganhavam rendas com as terras quanto aos que pegavam em armas.[6] A legalidade e a burocracia imperiais, no entanto, ainda persistiam: tecnicamente, o xógum era nomeado pelo imperador, as *shōen* continuavam sujeitas à lei pública e a maior parte da terra e da população permaneceu sob a velha administração civil.

Financeira e militarmente enfraquecido pelos ataques mongóis do final do século XIII, o governo Kamakura acabou caindo em guerra civil. Foi logo depois, durante o xogunato Ashikaga, que se deu o próximo passo decisivo rumo à plena feudalização da sociedade e da organização política japonesas, no curso do século XIV. O xogunato se transferiu para Kyoto e, com isso, acabou o que restava da autonomia da corte imperial: a dinastia sagrada e a aristocracia *kuge* se viram privadas de boa parte de suas terras e riquezas, relegadas a papéis meramente cerimoniais. A administração civil das províncias foi completamente eclipsada pelos governos militares do *shugo*. Mas, ao mesmo tempo, o próprio xogunato Ashikaga ficou mais fraco que seu predecessor Kamakura: em consequência, os *shugo* foram se tornando senhores regionais com cada vez menos amarras, absorvendo os *jitō*, arrecadando suas próprias corveias e tomando metade das receitas das *shōen* locais em escala provincial – e, às vezes, até "recebendo" *shōen* inteiras de seus proprietários absenteístas.[7] Por essa época, já se desenvolvera um verdadeiro sistema de feudos, ou *chigyō*, que, pela primeira vez, representou uma fusão direta de vassalagem e benefício, serviço militar e posse condicional: os próprios *shugo* tanto possuíam esses feudos quanto os distribuíam aos seguidores. A adoção da primogenitura na classe aristocrática consolidou a nova hierarquia feudal nos campos.[8] Mais abaixo, o campesinato passou por uma degradação correspondente, com mobilidade restringida e obrigações aumentadas: os pequenos guerreiros rurais do estrato *bushi* estavam em posição melhor que os nobres *kuge* absenteístas para extorquir o excedente dos produtores diretos. Houve uma expansão da produção de mercadorias no campo – especialmente nas regiões centrais em

6 Shinoda, *The Founding of the Kamakura Shogunate*, p.140.
7 Varley, *The Ōnin War*, p.38-43.
8 Ibid., p.76-7.

torno de Kyoto, onde se concentrava a fabricação de saquê – e o volume da circulação monetária aumentou. A produtividade rural se aprimorou com a utilização ferramentas agrícolas melhores e maior uso de tração animal, fazendo com que as safras crescessem abruptamente em muitas áreas.[9] O comércio exterior se expandiu, guildas de artesãos e mercadores parecidas com as da Europa medieval se desenvolveram nas cidades. Mas, mesmo que minado pelas novas hierarquias feudais, o arcaico quadro imperial ainda persistia, sob um xogunato central comparativamente frágil. As jurisdições governamentais dos *shugo* continuaram muito mais amplas que suas terras enfeudadas, e os *bushi* nelas instalados estavam longe de ser seus vassalos pessoais.

Foi o colapso definitivo do xogunato Ashikaga, depois da eclosão das Guerras Ōnin (1647-1677) que, por fim, dissolveu os últimos vestígios do legado administrativo Taihō e completou o processo de feudalização no campo. Em meio a uma onda de anarquia na qual "os de baixo dominaram os de cima", os *shugo* regionais foram derrubados por vassalos usurpadores – muitas vezes, seus antigos representantes – e assim desapareceram as *shōen* e as jurisdições provinciais sobre as quais presidiam. Os aventureiros nascidos nas guerras da nova época Sengoku encravaram seus próprios principados, que daí em diante organizaram e governaram como territórios puramente feudais, enquanto se desintegrava todo e qualquer poder central efetivo no Japão. Os *daimyō*, magnatas do final do século XV e início do XVI, controlavam domínios compactos, em que todos os guerreiros eram seus vassalos e toda a terra era propriedade de seus suseranos. Os direitos divisíveis *shiki* se concentraram em unidades *chigyō* singulares. Em termos territoriais, a feudalização foi mais completa que na Europa medieva, pois os campos desconheciam lotes alodiais. Servidores samurais faziam juramento de lealdade militar a seus senhores e deles recebiam feudos inteiros – concessões de terra junto com direitos de jurisdição.[10] A enfeudação era calculada em termos de "aldeias" (*mura*,

9 Hall, *Japan from Prehistory to Modern Times*, p.121.

10 Para uma transcrição textual de um juramento vassalo e de uma concessão de terra dessa época, ver: Hall, *Government and Local Power in Japan*, p.253-54. A organização feudal Sengoku recebe uma descrição genérica, p.246-56.

unidades administrativas maiores que as vilas de verdade), e os rendeiros viviam sob a supervisão direta dos *bushi*. Desenvolveram-se cidades-castelos e subfeudos nos domínios *daimyō*, agora regulados pelas novas "leis dinásticas" feudais, que codificaram as prerrogativas do suserano e a hierarquia de dependências pessoais abaixo dele. Duas peculiaridades seguiram marcando o laço entre senhor e vassalo no feudalismo japonês. O elo pessoal entre o senhor e o súdito era mais forte que o elo econômico do súdito com a terra: dentro do vínculo feudal em si, a vassalagem tendia a predominar sobre o benefício.[11] Ao mesmo tempo, a relação entre senhor e vassalo era mais assimétrica que na Europa. O componente contratual da homenagem era muito mais fraco: a vassalagem tinha um caráter mais familiar e sagrado que jurídico. Não se conhecia a noção de "felonia" senhorial, ou quebra do laço pelo senhor, e também não existiam senhorios múltiplos. A relação intrafeudal propriamente dita tinha, portanto, uma hierarquia mais unilateral; sua terminologia vinha da autoridade paternal e do sistema de parentesco. O feudalismo europeu sempre foi repleto de disputas familiares e caracterizado por litigiosidade extrema; o feudalismo japonês, no entanto, além de carecer de qualquer inclinação legalista, tinha um arranjo quase patriarcal, que o tornou mais autoritário por causa dos extensos direitos paternais de adoção e deserção, o que efetivamente desencorajava a insubordinação filial tão comum na Europa.[12] Por outro lado, o coeficiente de belicosidade feudal, com seus prêmios ao valor e à destreza dos cavaleiros armados, era tão grande quanto na Europa medieva da mesma época. Não eram incomuns as batalhas ferozes entre principados *daimyō*. Além disso, nas lacunas deixadas pela fragmentação política do Japão, conseguiram florescer cidades mercantes autônomas

---

11 Essa característica é bastante enfatizada por Joüon, *L'Est et l'Ouest*, p.119-20, 164.

12 Ver os comentários perspicazes de Joüon, op. cit., p.145-7, 395-6. Deve-se notar, porém, que, apesar de o viés terminológico do feudalismo japonês se inclinar para relações de pseudoparentesco, os senhores baroniais da época consideravam que, na prática, a vassalagem era um laço de lealdade mais seguro que a consanguinidade. Sintomaticamente, os ramos familiares de uma linhagem magnata acabavam, no mais das vezes, assimilados ao *status* de vassalo. Ver: Hall, *Government and Local Power in Japan*, p.251.

que lembravam as da Europa medieval – Sakai, Hakata, Ōtsu, Ujiyamada e outras: os viajantes jesuítas viriam a chamar o porto de Sakai de "Veneza" oriental.[13] As seitas religiosas criaram seus próprios enclaves armados em Kaga e Noto, no Mar do Japão. Apareceram até mesmo comunas rurais insurrecionais, lideradas por uma pequena nobreza descontente e baseada em um campesinato rebelde: a mais notável se estabeleceu na própria região central de Yamashiro, onde a comercialização havia causado um endividamento agudo em meio à população rural.[14] A turbulência desses tempos aumentou ainda mais com o impacto das técnicas, ideias e armas de fogo europeias, que chegaram ao Japão junto com os portugueses, em 1543.

Na segunda metade do século XVI, uma série de massivas guerras civis entre os maiores potentados *daimyō* levou à reunificação vitoriosa do país sob sucessivos comandantes militares – Nobunaga, Hideyoshi e Ieyasu. Odo Nobunaga forjou a primeira coalisão regional para estabelecer o controle sobre o centro do Japão. Ele liquidou o militarismo budista, acabou com a independência das cidades mercantes e conquistou o domínio de um terço do país. Toyotomi Hideyoshi completou esse formidável trabalho de conquista, liderando imensos exércitos compostos por um bloco de forças aliadas *daimyō* sob seu comando e equipados com mosquetes e canhões.[15] O resultado da sujeição de todos os outros magnatas à autoridade de Hideyoshi não foi, porém, a restauração do Estado centralizado da tradição Taihō. Foi mais uma reintegração do mosaico de senhorios regionais em um sistema feudal unitário, pela primeira vez. Os *daimyō* não perderam seus domínios, mas se tornaram vassalos do novo soberano, de quem, a partir de então, receberam territórios como feudos e a quem entregaram seu parentesco como garantia de lealdade. A dinastia imperial se manteve como símbolo religioso de legitimidade, acima e à parte

13 Para um relato sobre Sakai, ver: Sansom, *A History of Japan 1334-1615*, p.189, 272-3, 304-5.

14 As circunstâncias que produziram a comuna Yamashiro estão esboçadas em Varley, *The Ōnin War*, p.192-204.

15 "A vitória de Hideyoshi não representou uma verdadeira reunificação de todo o país, mas sim a conquista do Japão por uma liga *daimyō*": Hall, *Government and Local Power in Japan*, p.284.

do sistema operacional da suserania feudal. Uma nova inspeção cadastral estabilizou o sistema fundiário, consolidando a pirâmide agora reorganizada dos senhorios. A população foi dividida em quatro ordens fechadas – nobres, camponeses, artesãos e mercadores. Os *bushi* foram retirados das aldeias e congregados nas cidades-castelos de seus *daimyō*, como combatentes disciplinados e prontos para atividade militar imediata. Seus números foram registrados oficialmente e o tamanho da classe samurai foi, daí em diante, fixada em cerca de 5% a 7% da população, um estrato guerreiro relativamente amplo. No mesmo passo, os camponeses se viram privados de todas as armas, presos ao solo e juridicamente forçados a entregar dois terços da produção a seus senhores.[16] As cidades autônomas das épocas Ashikaga e Sengoku foram subjugadas e a classe dos mercadores, proibida de comprar terras (assim como os samurais foram excluídos do comércio). Por outro lado, as cidades-castelos dos magnatas feudais cresceram de maneira prodigiosa nesse período. O comércio se desenvolveu rapidamente, sob a proteção dos *daimyō*, cujas fortalezas castelares constituíam os nós centrais de uma vasta rede de cidades japonesas. Com a morte de Hideyoshi, o poder supremo ficou sob Tokugawa Ieyasu, um *daimyō* do bloco Toyotomi original que mobilizou uma nova coalisão de senhores para derrotar seus rivais na batalha de Sekigahara, no ano de 1600, e se tornou xógum em 1603. Ieyasu fundou o Estado Tokugawa, que viria a durar 250 anos, até a época da revolução industrial na Europa. A estabilidade e a longevidade do novo regime se fortaleceram bastante com o fechamento formal do país a quase todo contato com o mundo externo: um expediente que se inspirou, de início, no justificável temor de Ieyasu de que as missões católicas que vinham se estabelecendo no Japão fossem a ponta de lança ideológica para a infiltração política e militar europeia. É claro que o efeito desse rigoroso isolamento do país o ilhou de quaisquer choques ou distúrbios externos pelos duzentos anos seguintes e petrificou as estruturas que Ieyasu estabelecera depois de Sekigahara.

16 Sansom diz que a verdadeira proporção recolhida era de quase dois quintos, por causa da evasão: *A History of Japan 1334-1615*, p.319.

O xogunato Tokugawa impôs unidade ao Japão, mas sem centralismo. Na verdade, o que se estabilizou foi um tipo de condomínio entre o regime do xógum suserano, com base na capital Tokugawa de Edo, e os governos *daimyō* autônomos em seus feudos provinciais. Por isso, os historiadores japoneses denominaram essa época como período *baku-han*, combinação do mando *Bakufu* – o complexo governante de Tokugawa – com o *han*, casas baroniais com seus próprios domínios. Esse sistema híbrido se formou a partir da fundação dual do próprio poder do xógum. Por um lado, o xogunato possuía seus próprios domínios Tokugawa – as chamadas terras *tenryō*, que cobriam cerca de 20% ou 25% do país, um bloco muito maior que o de qualquer outra linhagem feudal – e estrategicamente comandava as planícies centrais e as costas do leste do Japão. Pouco mais da metade dessas terras ficava sob administração direta do aparelho *Bakufu*; o resto era concessão, na forma de feudos menores, para os *hatamoto*, ou "estandartes" da Casa Tokugawa, cerca de 5 mil ao todo.[17] Além disso, o xogunato podia contar com cerca de vinte linhagens colaterais da família Tokugawa – os senhores *shimpan*, que tinham direito de fornecer sucessores ao xogunato – e também com os muitos senhores menores que haviam sido leais vassalos de Ieyasu antes de sua ascensão ao poder supremo. Esses últimos compuseram os chamados *fudai*, ou "lares" *daimyō*: havia cerca de 145 deles no século XVIII, e suas terras cobriam outros 25% dos solos do Japão. Os *fudai* forneciam a maior parte dos altos funcionários da administração *Bakufu*, cujos escalões inferiores eram recrutados em meio aos *hatamoto*, ao passo que as linhagens colaterais se viam excluídas do governo do xógum, pois poderiam superá-lo em poder, embora às vezes fossem seus conselheiros. O xogunato em si foi passando por um processo de "simbolização" comparável ao da linhagem imperial. Assim como seus predecessores Nobunaga e Hideyoshi, Tokugawa Ieyasu não chegara a anular a dinastia imperial: ao contrário, restaurou cuidadosamente muito da aura religiosa que a cercava, ao mesmo tempo em que segregou o imperador e a corte *kuge* ainda mais de qualquer forma de poder secular. O monarca era uma

---

17 Craig, *Chōshū in the Meiji Restoration*, p.15. No Japão, a terra passou a ser tributada a partir de Hideyoshi, conforme a produção de arroz por *koku* (cerca de 5 alqueires).

autoridade divina, relegado a funções espirituais, em Kyoto, totalmente afastado da condução dos assuntos políticos. Em certo aspecto, a dualidade residual dos sistemas imperial e xogunal proporcionou um tipo de correlato atenuado da separação entre Igreja e Estado no feudalismo europeu, por conta da aura religiosa dos primeiros: no Japão da época Tokugawa, sempre houve duas fontes potenciais de legitimidade. Em outros aspectos, porém, como o imperador também era um símbolo político, essa dualidade reproduziu a soberania fragmentada característica de qualquer feudalismo secular. O xógum governava em nome do imperador, como seu representante, por uma ficção oficial que institucionalizava o "governo por trás dos panos". Mas a dinastia Tokugawa, fornecedora dos sucessivos xóguns que controlavam formalmente o aparelho *Bakufu*, acabou deixando de exercer a autoridade pessoal: depois de várias gerações, o poder político efetivo refluiu para o Conselho Xogunal de *rōjū*, composto de nobres recrutados entre as linhagens *fudai* – em um segundo grau de "governo por trás dos panos".[18] A burocracia xogunal era extensa e amorfa, com muita desordem de funções e pluralidade de ocupações. Tenebrosas camarilhas verticais faziam manobras para conseguir cargos e proteção dentro de seus mecanismos obscuros. Mais ou menos metade da burocracia tinha funções civis, metade militar.

Teoricamente, o governo *Bakufu* podia convocar um efetivo de 80 mil guerreiros montados, composto por cerca de 20 mil estandartes, mais seus vassalos inferiores; mas, na prática, seu verdadeiro potencial era muito menor e se baseava na força da lealdade de contingentes *fudai* e *shimpan*. Em tempos de paz, o poderio das unidades permanentes girava em torno de 12.200 homens.[19] As rendas do xogunato vinham basicamente da produção de arroz de seus próprios domínios (de início, cerca de dois terços de sua receita total),[20] complementadas por seu monopólio sobre minas de ouro e prata, a partir das quais cunhava moedas (atividade que foi declinando a partir do século XVIII); mais tarde, quando passou por

18 As fases sucessivas desse processo do xogunato são bem traçadas por Totman, *Politics in the Tokugawa Bakufu 1600-1843*, p.204-33.

19 Totman, *Politics in the Tokugawa Bakufu*, p.45, 50.

20 Akamatsu, *Meiji 1868: Révolution et Contre-Révolution au Japon*, p.30.

dificuldades financeiras cada vez maiores, o xogunato recorreu a frequentes desvalorizações da moeda e a empréstimos forçados ou confiscos da riqueza mercantil. O tamanho do exército e do tesouro então se reduziu aos limites do território dominial da própria casa Tokugawa. Mas, ao mesmo tempo, o xogunato mantinha um controle formal bastante estrito sobre os *daimyō* que estavam para além das fronteiras de sua jurisdição direta. Todos os senhores dos domínios *han* eram, de fato, seus rendeiros: o xógum os investia em seus feudos, como vassalos. A princípio, esses territórios podiam ser retomados ou transferidos, embora essa prática tenha sido abandonada nas últimas fases da época Tokugawa, quando os domínios *han* se tornaram efetivamente hereditários.[21] Ao mesmo tempo, a política matrimonial dos xóguns procurava comprometer as maiores linhagens baroniais com a dinastia Tokugawa. Além disso, os *daimyō* se viam obrigados a manter uma residência alternativa na capital *Bakufu* de Edo, para onde tinham de se deslocar a cada ano, deixando familiares para trás sempre que voltavam para seus feudos. Esse chamado sistema *sankin-kōtai* tinha o intuito de garantir vigilância permanente sobre a conduta dos magnatas regionais e impedir ações independentes em seus redutos. Tal esquema tinha o apoio de uma extensa rede de informantes e inspetores, que proviam um serviço de inteligência ao xogunato. O uso de barreiras e passaportes internos policiava os movimentos nas principais estradas; e regulamentações governamentais regiam o transporte marítimo, proibindo a construção de embarcações a partir de determinado tamanho. Os *daimyō* só tinham permissão para manter um único complexo de castelos, e decretos oficiais do xogunato fixavam um teto máximo para seus séquitos armados. Não havia taxação econômica sobre os domínios *han*, mas o *Bakufu* podia solicitar contribuições irregulares para despesas extraordinárias. Esse conjunto de controles impositivos e inquisitoriais surgiu para dar ao xogunato Tokugawa completa supremacia política no Japão. Mas, na verdade, seu poder efetivo sempre foi menor que sua soberania nominal, e o hiato entre os dois aumentou com o tempo. Ieyasu, o fundador da dinastia, derrotara os senhores rivais do sudeste em Sekigahara, mas não

21 Hall, *Japan from Prehistory to Modern Times*, p.169.

os destruíra. Os *daimyō* eram cerca de 250 a 300 sob o xogunato Tokugawa. Destes, cerca de noventa representavam *tozama*, ou casas "de fora", que não tinham sido vassalos de Tokugawa, e muitos haviam lutado contra Ieyasu. As casas *tozama* eram vistas como potencial e tradicionalmente hostis ao xogunato e ficaram rigorosamente excluídas da participação na máquina do *Bakufu*. Elas incluíam a imensa maioria dos domínios mais vastos e ricos: dos dezesseis maiores *han*, não menos que onze eram *tozama*.[22] Estas se localizavam nas regiões periféricas do país, no sudeste e no noroeste. Juntas, as casas *tozama* correspondiam a cerca de 40% das terras no Japão. Na prática, seu poder e riqueza se tornaram mais temíveis do que revelavam os inventários oficiais dos registros *Bakufu*. Quase no fim da época Tokugawa, o *han* Satsuma controlava 28 mil samurais armados, o dobro do que permitia a contagem oficial; já o *han* Chōshū concentrava 11 mil, mais do que se supunha que possuísse. Enquanto isso, as casas *fudai* leais geralmente estavam abaixo da força nominal, e o próprio xogunato podia, na prática, convocar apenas 30 mil guerreiros no início do século XVIII – menos da metade do recrutamento teórico.[23] Ao mesmo tempo, as terras mais novas dos longínquos domínios *tozama* continham mais superfícies incultas para conversão à rizicultura que as antigas terras *tenryō* do próprio xogunato no centro do país. O *Bakufu* controlava a rica planície Kanto, zona mais desenvolvida do Japão; mas as novas lavouras comercializadas que caracterizavam a região tendiam a burlar a tradicional arrecadação fiscal Tokugawa, baseada nas unidades de arroz. Assim, certos tributos sobre as produções *tozama* acabaram ficando mais altos que nos domínios do xogunato.[24] Embora ciente da discrepância entre a tributação nominal sobre as safras de arroz nos feudos *tozama* e sua verdadeira produção (fato

22 Craig, *Chōshū in the Meiji Restoration*, p.11.

23 Ibid., p.15-16; Totman, *Politics in the Tokugawa Bakufu*, p.49-50. A origem da proporção excepcionalmente alta de samurais nos feudos do sudoeste *tozama* reside nos assentamentos pós-Sekigahara, quando Ieyasu reduziu drasticamente os domínios de seus inimigos. O resultado foi a concentração de seus seguidores em áreas bem menores. Os senhores *tozama*, por sua vez, ocultavam a verdadeira produção de suas terras, para minimizar a escala das reduções ordenadas pelo *Bakufu*.

24 Ver cálculos aproximados em: Beasley, Feudal Revenues in Japan at the Time of the Meiji Restoration, *Journal of Asian Studies*, XIX, n.3, maio 1960, p.255-72.

que, em alguns casos, ocorreu desde o início do período *Baku-han*), Edo não conseguiu corrigir a situação, porque as fronteiras *han* interrompiam a autoridade xogunal. Além disso, quando a agricultura comercial chegou às regiões mais remotas do Japão, os governos *han*, mais compactos e vigorosos, puderam estabelecer monopólios locais bastante lucrativos sobre as produções mais rentáveis (como açúcar ou papel), aumentando as receitas *tozama*, no mesmo momento em que caíam as rendas da mineração *Bakufu*. A força militar e a econômica dos *daimyō* estavam fortemente entrelaçadas, pois os guerreiros samurais tinham de se sustentar com as receitas do arroz. A posição material das grandes casas *tozama* era, portanto, muito mais poderosa que parecia – e cresceu ainda mais com o tempo.

Além disso, os *daimyō* – fossem *tozama*, *shimpan* ou *fudai* – gozavam de uma autoridade imoderada dentro de seus domínios: o mandado direto do xogunato se detinha nas fronteiras de seus feudos. Eles decretavam leis, administravam a justiça, impunham tributos e mantinham tropas. O centralismo político dos *daimyō* dentro de seus *han* era maior que o do xogunato em suas terras *tenryō*, pois não era mais mediado pela subenfeudação. De início, os territórios *han* se dividiram em fazendas *daimyō* e feudos vassalos, cedidos a seus seguidores armados. Mas, no decorrer da época Tokugawa, houve dentro de cada *han* um firme crescimento no número de samurais que recebiam apenas pagamentos em arroz, sem vínculo feudal com a terra. Ao fim do século XVIII, quase todos os seguidores *bushi* que se encontravam fora do território xogunal ganhavam salários em arroz dos celeiros senhoriais, e a maioria residia nas cidades-castelos de seus senhores. O que facilitou essa mudança foi o fato de os relacionamentos feudais tradicionalmente se inclinarem mais para o polo da vassalagem que para o benefício. Tanto no setor *han* quanto no *Bakufu*, o divórcio entre a classe samurai e a produção agrícola se fez acompanhar pela entrada dos guerreiros na administração burocrática. Pois, com sua proliferação de postos e confusão de departamentos, o aparelho de Estado xogunal se reproduziu nos territórios dos senhores provinciais. Cada casa *daimyō* chegou a adquirir sua própria burocracia, ocupada por samurais vassalos e dirigida por um conselho de seguidores de estratos mais altos, os *kashindan* – que, a exemplo do conselho *rōjū* na ordem do xogunato, muitas vezes exercia poder efetivo em nome do senhor *han*, o qual se tornou, com frequência, figura decorativa.[25] A classe *bushi* agora também se via estratificada em um complexo sistema hierárquico e hereditário, do qual somente as fileiras superiores podiam fornecer os mais altos oficiais para os governos *han*. Outro resultado da burocratização dos samurais seria sua transformação em uma classe letrada, com uma crescente lealdade impessoal ao *han* como um todo, e não à pessoa do *daimyō* – embora quase não se conhecessem revoltas contra esses últimos.

Na base de todo o sistema feudal, o campesinato estava juridicamente atado ao solo e proibido de migrar ou trocar suas posses. Em termos estatísticos, o tamanho médio do lote camponês era extremamente pequeno – cerca de 1 hectare – e devia ao senhor obrigações que, no início da época Tokugawa, somavam algo em torno de 40% a 60% da produção; esse número caiu para 30% ou 40% ao fim do xogunato.[26] As aldeias eram responsáveis por seus tributos, geralmente pagos em produtos e coletados pelos funcionários fiscais do *daimyō*. Como os samurais já não desempenhavam funções na produção, desapareceram todas as relações diretas entre cavaleiros e camponeses, exceto a administração rural dos magistrados *han*. A duradoura paz da época Tokugawa e os métodos de extração de excedente nela estabilizados propiciaram um avanço notável da produção e da produtividade agrícolas no primeiro século depois da instalação do xogunato. Fizeram-se grandes aberturas de áreas para plantio, com o incentivo oficial do *Bakufu*, e houve uma crescente difusão de ferramentas de ferro. A irrigação se intensificou e os arrozais se estenderam; o uso de fertilizantes aumentou e as variantes de cultura se multiplicaram. As estimativas oficiais quanto ao cultivo de arroz cresceram uns 40% no século XVII: na verdade, essas avaliações sempre subestimavam a situação real, por causa da sonegação, e o total da produção cerealífera provavelmente dobrou nessa

25 No entanto, o papel dos *daimyō* variava bastante: no período *Bakumatsu*, por exemplo, o senhor Chōshū era insignificante, os senhores Satsuma ou Tosa tinham bastante atuação política.

26 Takahashi, La Place de la Révolution de Meiji dans l'histoire agraire du japon, *Revue Historique*, out.-dez. 1953, p.235-6.

época.[27] A população aumentou em 50% e chegou a 30 milhões em 1721. Mas, daí em diante, acabou se estabilizando, pois colheitas ruins e tempos de fome solaparam o excedente, e as aldeias começaram a praticar controles malthusianos para afastar esses perigos. Por isso, o crescimento demográfico foi mínimo no século XVIII. No mesmo passo, o crescimento da produção bruta parece ter diminuído de maneira considerável: a terra cultivada aumentou em menos de 30%, de acordo com as estimativas oficiais.[28] Por outro lado, o final do período Tokugawa se caracterizou por uma comercialização agrícola muito mais intensiva. A rizicultura continuou responsável por dois terços da produção rural até o fim do xogunato, beneficiando-se da introdução de debulhadoras aprimoradas.[29] Nas cidades, a classe feudal por fim monetarizou o excedente de arroz extraído pelas obrigações senhoriais. Ao mesmo tempo, a especialização regional se desenvolveu rapidamente no curso do século XVIII: culturas rentáveis tais como açúcar, algodão, chá, índigo e tabaco se dirigiam diretamente para o mercado, tendo seu cultivo muitas vezes promovido por empresas *han* com monopólio sobre mercadorias específicas. Ao fim do xogunato, ficou claro que uma porção impressionante do total da produção agrícola se voltava para o comércio,[30] fosse direto do camponês para o mercado,

---

27 Hall, *Japan from Prehistory to Modern Times*, p.201.

28 Ibid., p.201-2. Em alguns casos, as aberturas de campos novos acabaram levando – como na Europa feudal ou na China medieval – à deterioração das terras antigas, e o trabalho extensivo em áreas ciliares resultou em desastrosas inundações. Ver: Hall, *Tanuma Okitsugu: 1719-1788*, p.63-5.

29 As novas debulhadoras do século XVIII parecem ter sido a mais importante invenção técnica da agricultura japonesa desse período: Smith, *The Agrarian Origins of Modern Japan*, p.102.

30 A dimensão exata dessa comercialização é objeto de muitas controvérsias. Crawcour afirma: "pode-se dizer" que, em meados do século XIX, mais da metade, ou talvez dois terços, da produção bruta era comercializada de uma maneira ou de outra: Crawcour, The Tokugawa Heritage. In: Lockwood (Org.), *The State and Economic Enterprise in Japan*, p.39-41. Ohkawa e Rozovsky, por outro lado, consideram que seja um cálculo exagerado, enfatizando que, mesmo no início dos anos 1960, apenas 60% da produção agrícola japonesa chegava ao mercado; estimam que, excluindo os tributos sobre o arroz, o verdadeiro índice de comercialização (camponesa) provavelmente não passasse dos 20% nos anos 1860: A Century of

fosse por meio da venda das receitas feudais em arroz advindas do sistema tributário.

A invasão da economia monetária nas aldeias e as agudas flutuações conjunturais do preço do arroz inevitavelmente aceleraram a diferenciação social entre o campesinato. A posse da terra nas aldeias japonesas sempre fora muito desigual, desde o início da época Tokugawa. Normalmente, as famílias camponesas mais ricas possuíam lotes maiores que a média, os quais cultivavam com a ajuda de trabalho dependente disfarçado sob várias formas de pseudoparentesco ou de relações costumeiras com camponeses mais pobres, ao mesmo passo que dominavam os conselhos aldeãos como uma elite plebeia tradicional.[31] A difusão da agricultura comercial fortaleceu muito o poder e a riqueza desse grupo social. Embora a compra e a venda de terra fossem tecnicamente ilegais nesse meio durante o século XVIII, na prática, os camponeses pobres e em desespero se viam impelidos a empenhar seus lotes aos usurários aldeões quando as colheitas eram ruins e os preços ficavam altos. Dentro da economia rural então emergiu um segundo estrato de exploradores, intermediário, entre o funcionalismo senhorial e o produtor imediato: os *jinushi*, ou senhores-usurários, que usualmente advinham dentre os camponeses mais ricos ou maiorais (*shōya*) e que muitas vezes aumentavam sua riqueza financiando novos cultivos, com o trabalho de sub-rendeiros dependentes ou lavradores assalariados. O padrão de posse da terra dentro dos *mura* foi ficando, portanto, mais concentrado, e as ficções de parentesco deram lugar a relações monetárias entre os aldeões. Assim, enquanto a renda *per capita* provavelmente aumentou durante a sequência do período Tokugawa, com a pausa do crescimento demográfico,[32] e o estrato *jinushi* se expandiu e prosperou,

---

Japanese Economic Growth. In: Lockwood, *The State and Economic Enterprise in Japan*, p.57. Deve-se salientar que a distinção estrutural entre formas nobres e camponesas de comercialização é crucial para se compreender tanto a dinâmica quanto os limites da agricultura Tokugawa.

31 Smith, *The Agrarian Origins of Modern Japan*, p.5-64, apresenta um relato abrangente desse padrão tradicional.

32 O desempenho geral da economia do último período Tokugawa ainda é foco de discussão. Em um importante estudo que revisa as estimas oficiais sobre a produção de arroz desde o início da época Meiji, Nakamura desenvolve um conjunto de

o resultado líquido do mesmo processo também foi o desmoronamento do lamentável modo de vida dos camponeses mais pobres. Marcados por uma escassez ruinosa, os séculos XVIII e XIX viram cada vez mais rebeliões populares no campo. Inicialmente de caráter local, essas revoltas com o passar do tempo tenderam a assumir uma incidência regional e, por fim, quase nacional, para a apreensão das autoridades *han* e *Bakufu*.[33] As revoltas camponesas da época Tokugawa ainda eram aleatórias e desorganizadas demais para se tornarem uma ameaça política mais séria ao sistema *Baku-han*: no entanto, foram sintomas de uma crise econômica crescente dentro da velha ordem feudal.

Enquanto isso, no interior dessa economia agrária, desenvolveram-se importantes centros urbanos, dedicados a operações mercantis e manufatureiras – assim como ocorrera na Europa feudal. A autonomia municipal das cidades comerciais das épocas Ashikaga e Sengoku fora duramente suprimida ao final do século XVI. O xogunato Tokugawa não permitia nenhum tipo de autogoverno urbano: no máximo, liberou conselhos honoríficos de mercadores em Osaka e Edo, sob rígido controle dos

hipóteses que indicam um aumento de 23% do produto *per capita* entre 1680-1870: ver Nakamura, *Agricultural Production and the Economic Development of Japan 1873-1922*, p.75-8, 90, 137. No entanto, Rozovsky faz vigorosas objeções a essas suposições, argumentando que os índices de produção que Nakamura atribuiu à agricultura Tokugawa são muito altos, uma vez que excedem os de todos os outros países da Ásia monçônica no século XX: Rozovsky, Rumbles in the Rice-Fields: Professor Nakamura versus the Official Statistics, *Journal of Asian Studies*, XXVII, n.2, fev. 1968, p.355. Dois artigos recentes fazem relatos eufóricos, mas impressionistas, sobre a agricultura *Baku-han*, sem nenhuma tentativa de quantificação: Hanley; Yamamura, A Quiet Transformation in Tokugawa Economic History, *Journal of Asian Studies*, XXX, n.2, fev. 1971, p.373-84, e Choi, Technological Diffusion in Agriculture under the *Baku-han* System, *Journal of Asian Studies*, XXX, n.4, ago. 1971, p.749-59.

33 Até agora, a pesquisa moderna identificou cerca de 2800 levantes camponeses entre 1590 e 1867; outras mil revoltas populares ocorreram nas cidades: Takahashi, La Restauration de Meiji au Japon et la Révolution Française, *Recherches Internationales*, n.62, 1970, p.78. No século XIX, o número de levantes intercamponeses (em oposição aos antissenhoriais) aumentou ainda mais: Akamatsu, *Meiji 1868*, p.44-5.

magistrados *Bakufu* encarregados da administração das cidades.[34] Naturalmente, os castelos *han* também não propiciavam nenhum espaço para instituições municipais. Por outro lado, a pacificação do país e o estabelecimento do sistema *sankin-kōtai* deram um ímpeto comercial sem precedentes ao setor urbano da economia japonesa. O consumo de bens de luxo pela alta aristocracia se desenvolveu rapidamente, e a conversão da classe de cavaleiros em oficiais assalariados aumentou a demanda por mais conforto (tanto a burocracia xogunal quanto a *han* eram congenitamente inchadas, por causa do tamanho da classe samurai). Ocorreu uma irresistível drenagem da riqueza *daimyō* para Edo e Osaka, devido às construções suntuosas e à ostentação dos itinerários que percorriam as sucessivas residências dos grandes senhores feudais na capital Tokugawa. Estima-se que algo entre 60% e 80% dos gastos da classe *han* se dedicassem a despesas *sankin-kōtai*.[35] Em Edo, os *daimyō* mantinham mais de seiscentas residências oficiais, ou *yashiki* (a maior parte dos grandes senhores tinha mais de três cada). Na verdade, essas residências eram vastos imóveis compósitos: as maiores podiam chegar a 160 hectares, incluindo mansões, gabinetes, quartéis, escolas, estábulos, ginásios, jardins e até mesmo prisões. Talvez um sexto dos séquitos *han* ficasse nelas permanentemente. A grande aglomeração urbana de Edo era dominada por um sistema concêntrico dessas residências *daimyō*, cuidadosamente distribuídas ao redor do imenso palácio-fortaleza Chiyoda do próprio xogunato no centro da cidade. Ao todo, metade da população de Edo vivia em lares samurais, e mais de dois terços de toda a área da cidade era propriedade da classe militar.[36] Para sustentar os custos enormes desse sistema de consumo feudal compulsó-

34 Sheldon, *The Rise of the Merchant Class in Tokugawa Japan 1600-1868*, p.33-6, comenta que os líderes camponeses exerciam mais poder nas aldeias que os mercadores nas cidades.

35 Tsukahira, *Feudal Control in Tokugawa Japan: The Sankin-Kōtai System*, p.96-102. Para um relato vívido sobre o novo estilo de vida urbana dos nobres e mercadores de Edo, ver: Hall, *Tanuma Okitsugu*, p.107-17.

36 Depois da restauração, o governo Meiji divulgou os seguintes números sobre a propriedade urbana em Edo: 68,6% eram "terra militar", 15,6% pertenciam a "templos e santuários" e apenas 15,8% eram propriedade dos citadinos *chōnin*: Tsukahira, *Feudal Control in Tokugawa Japan*, p.91, 196. Totman calcula que o castelo

rio, os governos *han* se viam obrigados a converter em rendas monetárias as suas receitas fiscais – que extraíam do campesinato quase sempre na forma de produtos. Por isso, comercializavam seu excedente de arroz em Osaka, cidade que veio a ser um centro de distribuição comercial complementar ao centro de consumo de Edo: era ali que os mercadores especializados gerenciavam armazéns *han*, forneciam a senhores e vassalos crédito em troca de tributos ou soldos, especulavam no mercado futuro. Assim, a monetarização forçada das rendas feudais preparou as condições para uma rápida expansão do capital mercantil nas cidades. Ao mesmo tempo, a classe *chōnin* de residentes urbanos estava legalmente proibida de adquirir terras agrícolas: em consequência, os mercadores japoneses da época Tokugawa não puderam aplicar seu capital em propriedade rural, como ocorrera na China.[37] Dessa maneira, por mais paradoxal que pareça, a própria rigidez do sistema de classes criado por Hideyoshi encorajou o firme crescimento de fortunas puramente urbanas.

Assim, nas grandes cidades dos séculos XVII e XVIII se desenvolveu um estrato de mercadores extremamente prósperos, engajados em uma ampla variedade de atividades comerciais. As companhias *chōnin* acumularam capital por meio da comercialização do excedente agrícola (negociando tanto o arroz quanto as culturas mais novas, como algodão, seda e índigo), dos serviços de transporte (a navegação costeira se intensificou muito), das transações cambiais (havia mais de trinta moedas em circulação nesse período, desde as cédulas de papel dos *han* até as moedas metálicas do *Bakufu*), das manufaturas de têxteis, porcelanas e outras mercadorias (concentradas em oficinas urbanas ou dispersas nas aldeias, através de um sistema de encomendas), dos empreendimentos de marcenaria e construção (os incêndios frequentes exigiam uma constante reconstrução nas cidades) e dos empréstimos para os *daimyō* e para o xogunato. As maiores casas comerciais chegaram a controlar rendas equivalentes às

---

Chiyoda tivesse cerca de 2,5 quilômetros quadrados, e o complexo administrativo, 36 mil metros quadrados: Totman, *Politics in the Tokugawa Bakufu*, p.92, 95.

37 Tecnicamente, a classe *chōnin* incluía tanto os mercadores (*shōnin*) quanto os artesãos (*kōnin*). Nas discussões a seguir, nos referimos essencialmente aos mercadores.

dos mais ricos senhorios territoriais, para os quais atuavam como agentes financeiros e fontes de crédito. A difusão da agricultura comercial, acompanhada por uma imigração massiva e ilegal para as cidades, possibilitou uma enorme expansão dos mercados urbanos. No século XVIII, Edo devia ter uma população de 1 milhão de habitantes – maior que Londres ou Paris da mesma época; Osaka e Kyoto talvez tivessem 400 mil cada; e pode ser que 10% da população total do Japão vivesse em cidades com mais de 10 mil pessoas.[38] Essa rápida onda de urbanização ocasionou um efeito tesoura nos preços dos bens agrícolas e manufaturados, dada a relativa rigidez da oferta do setor rural, do qual a nobreza retirava seus ganhos. O resultado foi a criação de dificuldades orçamentárias crônicas para os governos *Bakufu* e *han*, que se endividaram cada vez mais com os mercadores que lhes adiantavam empréstimos em troca de suas receitas fiscais.

No entanto, os profundos déficits aristocráticos do último período da época Tokugawa não pressagiaram a ascensão correspondente da comunidade *chōnin* dentro da ordem social como um todo. O xogunato e os *daimyō* reagiram à crise cancelando suas dívidas na base da coerção, extraindo "presentes" generosos da classe mercante e cortando as remunerações em arroz de seus seguidores samurais. Pois, em termos jurídicos, os *chōnin* estavam à mercê da nobreza devedora, e seus ganhos podiam ser arbitrariamente anulados por benevolências obrigatórias ou taxações especiais. A lei Tokugawa era "socialmente rasa e territorialmente limitada": cobria apenas os próprios domínios *tenryō*, não tinha nenhuma justiça verdadeira e se preocupava apenas com a repressão ao crime. O direito civil era rudimentar, e as autoridades *Bakufu* o administravam a contragosto, como mera "questão de cortesia" entre as partes em litígio.[39] Portanto, a garantia jurídica para transações de capital sempre era precária, embora as maiores cidades do xogunato proporcionassem aos mercadores alguma proteção contra as pressões *daimyō*, quando não as *Bakufu*. Por outro lado, a preservação do sistema *Baku-han* bloqueou a emergência de um mercado

38 Hall, *Japan from Prehistory to Modern Times*, p.210.

39 Henderson, The Evolution of Tokugawa Law. In: Hall; Jansen, *Studies in the Institutional History of Early Modern Japan*, p.207, 214, 225-8.

doméstico unificado e dificultou o crescimento do capital mercantil em escala nacional, uma vez atingidos os limites das despesas *sankin-kōtai*. Pontos de controle e guardas fronteiriças dos *han* impediam a livre circulação de pessoas e mercadorias, ao mesmo passo que as grandes casas *daimyō* seguiam políticas protecionistas de restrição às importações. O mais decisivo para o destino da classe *chōnin*, porém, foi o isolacionismo Tokugawa. A partir de 1630, o Japão se fechou para os estrangeiros – exceto por um enclave sino-holandês perto de Nagasaki – e os japoneses foram proibidos de sair do país. Daí em diante, essas fronteiras seladas foram uma amarra permanente para o desenvolvimento do capital mercantil no Japão. Uma das precondições fundamentais para a acumulação primitiva do início da Europa moderna foi a dramática internacionalização da exploração e da troca de mercadorias que se seguiu à época dos Descobrimentos. Lênin enfatizou repetidas vezes e com razão: "Não é possível conceber uma nação capitalista sem comércio exterior, não existe uma nação assim".[40] A política de isolamento do xogunato, de fato, frustrou qualquer possibilidade de transição para o modo de produção capitalista propriamente dito dentro da ordem Tokugawa. Privado do comércio exterior, o capital comercial japonês foi constantemente refreado e reencaminhado na direção da dependência parasitária da nobreza feudal e de seus sistemas políticos. Com esse limite insuperável à a expansão, seu crescimento notável só foi possível graças à escala e à densidade dos mercados domésticos, apesar de suas divisões: com 30 milhões de habitantes, o Japão de meados do século XVIII era mais populoso que a França. Mas não podia haver "capitalismo em um só país". O isolacionismo Tokugawa condenou os *chōnin* a uma existência fundamentalmente subalterna.

O grande *boom* metropolitano causado pelo sistema *sankin-kōtai* chegou ao fim no início do século XVIII, junto com a redução gradual do crescimento da população. Em 1721, o xogunato autorizou monopólios oficiais bem restritivos. A partir dos anos 1730, a construção e a expansão se detiveram nas grandes cidades *Bakufu*.[41] Por essa época, a vitalidade

40 Lênin, *Collected Works*, v.3, p.65; ver também v.1, p.102-3, v.2, p.164-5.

41 Sheldon, *The Rise of the Merchant Class in Tokugawa Japan*, p.100.

comercial já se mudara dos banqueiros e mercadores de Osaka para os pequenos atacadistas regionais. Estes, por sua vez, adquiriram privilégios monopolísticos ao final do século XVIII, e então a iniciativa empresarial avançou ainda mais para as províncias. No início do século XIX, foi o estrato *jinushi* de senhores rurais comerciantes que provou ser o grupo empresarial mais dinâmico, aproveitando a falta de restrições às guildas no campo para implantar industrias aldeãs, tais como fábricas de saquê e manufaturas de seda (que migraram das cidades nessa época).[42] Houve, então, uma progressiva difusão do comércio ao final da época Tokugawa, o que acabou transformando o campo, mas não revolucionando as cidades. Pois a atividade manufatureira em si continuou extremamente primitiva: não existia muita divisão de trabalho, nem nos empreendimentos urbanos nem nos rurais, nenhuma grande invenção técnica, poucas concentrações de mão de obra assalariada. Na verdade, a indústria japonesa tinha um caráter predominantemente artesanal, com equipamentos exíguos. O desenvolvimento extensivo do comércio organizado nunca correspondeu a um avanço intensivo nos métodos de produção. A tecnologia industrial era arcaica, as tradições *chōnin* pareciam alheias aos aperfeiçoamentos. A prosperidade e a vitalidade da classe mercante japonesa haviam produzido uma cultura urbana singular, de grande sofisticação artística, sobretudo na pintura e na literatura. Mas não geraram progressos no conhecimento científico, nem inovações no pensamento político. Dentro da ordem *Baku-han*, a criatividade *chōnin* se confinou aos domínios da imaginação e da diversão: jamais se estendeu à pesquisa ou à crítica. À comunidade mercante faltou autonomia intelectual ou então dignidade corporativa: até o fim, ela se circunscreveu às condições históricas que lhe foram impostas pela autarquia feudal do xogunato.

A imobilidade do próprio *Bakufu*, por sua vez, perpetuou o paradoxo estrutural do Estado e da sociedade aos quais o xogunato dera luz. Pois, diferente de qualquer variante do feudalismo na Europa, o Japão Tokugawa

---

42 Sobre essas transformações sucessivas no centro de gravidade comercial sob o xogunato, ver: Crawcour, Changes in Japanese Commerce in the Tokugawa Period. In: Hall; Jansen, *Studies in the Institutional History of Early Modern Japan*, p.193-201.

combinou um parcelamento de soberania notavelmente rígido e estático com uma circulação de mercadorias extremamente veloz e volumosa. Aos olhos de um de seus mais importantes historiadores modernos,[43] o quadro social e político do país continuou comparável ao da França do século XIV, mas a magnitude econômica de Edo era maior que a de Londres do século XVIII. Também em termos culturais, os níveis educacionais do Japão eram impressionantes: em meados do século XIX, algo como 30% da população adulta (40% a 50% dos homens) era alfabetizada.[44] Nenhuma outra região do mundo fora da Europa e da América do Norte apresentava mecanismos financeiros tão integrados, comércio tão avançado ou alfabetização tão alta. A suprema compatibilidade entre a economia e a organização política japonesas durante a época Tokugawa repousava fundamentalmente na desproporção entre a *produção* e a *troca* de mercadorias no país: pois, como vimos, a monetarização do excedente senhorial, motor básico do crescimento urbano, não correspondia à verdadeira escala da agricultura comercial em meio ao campesinato em si. Tratava-se de uma conversão "artificial" das entregas feudais em produtos, sobreposta a uma produção primária que ainda era predominantemente de subsistência, apesar de sua crescente orientação para o mercado nas fases finais do xogunato. Foi essa disjunção objetiva na base do sistema econômico que *internamente* permitiu a conservação da fragmentação jurídica e territorial que vinha desde a origem do Japão, datando dos assentamentos posteriores a Sekigahara. Já a precondição *externa* para a estabilidade Tokugawa – tão plena quanto vital – foi o perseverante isolamento do país em relação ao resto do mundo, que o protegeu de infecções ideológicas, rupturas econômicas, disputas diplomáticas e conflitos militares de todos os tipos. Ainda assim, mesmo dentro do mundo abafado de Chiyoda, as tensões em torno da manutenção de uma antiquada máquina de governo "medieval" sobre uma economia dinâmica "quase moderna" foram ficando cada vez mais evidentes no início do século XIX.

43 Craig, *Chōshū in the Meiji Restoration*, p.33.

44 Dore, *Education in Tokugawa Japan*, p.254, 321.

Pois uma vagarosa crise de receita aos poucos foi refreando o *Bakufu* e também os *daimyō* provinciais: na interseção material entre soberania e produtividade, o sistema fiscal era, logicamente, o elo mais vulnerável do xogunato. É claro que o governo Tokugawa não tinha de arcar com as despesas do sistema *sankin-kōtai* que impusera aos *han*. Mas, como toda a lógica do consumo de ostentação aí implicado era demonstrar graus de hierarquia e prestígio dentro da classe aristocrática, os custos voluntários do próprio xogunato com sua exibição eram, inevitavelmente, ainda maiores que os gastos dos *daimyō*: no século XVIII, somente a comunidade palatina, composta de mulheres da corte, absorvia uma parcela do orçamento maior que os aparelhos de defesa de Osaka e Kyoto juntos.[45] Além disso, o *Bakufu*, como único ápice da pirâmide da soberania feudal no Japão, tinha de desempenhar certas funções quase nacionais, sendo que dispunha de apenas um quinto dos recursos fundiários do país: sempre houve, portanto, um desequilíbrio potencial entre suas responsabilidades e sua capacidade de tributação. Naturalmente, sua extensa burocracia de seguidores *bushi* era muito maior que a de qualquer *han* e muito mais cara de se manter. O custo total das remunerações dos cargos e posições de seus vassalos cobria quase a metade do orçamento anual, e a corrupção oficial acabou se espalhando dentro do *Bakufu*.[46] Ao mesmo tempo, a renda fiscal de suas posses tendeu a declinar em termos reais, porque o governo não conseguia prevenir a crescente conversão dos tributos em arroz para dinheiro, o que depauperou o tesouro, uma vez que a taxa de conversão normalmente ficava abaixo dos preços de mercado e que os próprios valores monetários se depreciavam a firme compasso.[47] Nas primeiras fases da época

45 Totman, *Politics in the Tokugawa Bakufu*, p.287.

46 Sobre os custos salariais, ver: Totman, *Politics in the Tokugawa Bakufu*, p.82. Sobre a corrupção e a compra de cargos, ver a cativante franqueza de Tanuma Okitsugu, grande chanceler do *Bakufu* no final do século XVIII: "Ouro e prata são tesouros mais preciosos que a própria vida. Se uma pessoa traz esse tesouro como expressão de seu desejo de servir em alguma função pública, posso assegurar que é sério seu desejo. A força do desejo de um homem estará evidente no tamanho de sua doação". Hall, *Tanuma Okitsugu*, p.55.

47 Totman, op. cit., p.78-80. O limite legal para conversão em dinheiro era de um terço do tributo, mas, na prática, a média passou de dois quintos.

Tokugawa, o monopólio sobre os metais preciosos fora uma vantagem altamente lucrativa para o xogunato: na virada do século XVII, por exemplo, a produção japonesa de prata chegava a cerca da metade do volume total das exportações americanas para a Europa, no auge dos carregamentos espanhóis.[48] Mas, já no século XVIII, as minas sofreram com inundações e a produção caiu de maneira drástica. O *Bakufu* reagiu por meio de desvalorizações sistemáticas da moeda existente: entre 1700 e 1854, o xogunato aumentou em mais de 400% o volume nominal de dinheiro em circulação.[49] Essas depreciações acabaram compensando algo entre um quarto e metade de suas receitas anuais: como não entrava nenhuma outra moeda no país e a demanda se expandia no conjunto da economia, não houve muita inflação de preços no longo prazo. Não existia uma tributação regular sobre o comércio, mas, a partir do início do século XVIII, o xogunato fez, quando bem quis, grandes confiscos periódicos contra a classe mercante. Mesmo assim, repetidas quedas no orçamento e emergências financeiras continuaram a atormentar o *Bakufu*, cujos déficits anuais ultrapassaram o meio milhão de *ryō* em ouro entre 1837-1841;[50] enquanto isso, oscilações de preços no curto prazo durante colheitas ruins precipitaram crises tanto no interior quanto na capital. Depois de quase uma década de quebras na safra, a maior parte do Japão se viu sob o espectro da fome nos anos 1830, enquanto a camarilha *rōjū* em exercício tentava, em vão, baixar os preços e consolidar as receitas. Em 1837, Osaka foi palco de uma desesperada tentativa de insurreição plebeia, que revelou como o clima político do país estava ficando carregado. Ao mesmo tempo, o aparelho armado do xogunato se corroera drasticamente depois de mais de dois séculos de paz doméstica: obsoletas e incompetentes, as unidades *tenryō* se provariam incapazes de garantir a segurança até mesmo dentro de Edo nas crises civis;[51] e o Bakufu já não tinha nenhuma superioridade

48 Vilar, *Oro y moneda en la historia*, p.103.

49 Frost, *The Bakumatsu Currency Crisis*, p.9.

50 Beasley, *The Meiji Restoration*, p.51.

51 Um sinal impressionante do arcaísmo militar do xogunato era a continuada precedência oficial das espadas sobre os mosquetes, a despeito de toda a experiência da época Sengoku com as armas de fogo: Totman, *Politics in the Tokugawa Bakufu*, p.47-8.

operacional sobre as forças que podiam se reunir nos *han tozama* do sudoeste. A evolução militar do feudalismo Tokugawa foi a antítese da que ocorreu no absolutismo europeu: uma progressiva diminuição e dilapidação de forças.

No início do século XIX, a ordem feudal japonesa já vivia, portanto, uma lenta crise interna: mas, se a economia mercantil erodira a estabilidade da velha estrutura social e institucional, ainda não gerara os elementos para uma solução política que a superasse. Em meados do século, a paz Tokugawa continuava intacta. Foi o impacto exógeno do imperialismo ocidental, com a chegada do esquadrão do comodoro Perry em 1853, que de repente condensou as múltiplas contradições latentes do Estado xogunal e disparou uma explosão revolucionária contra o governo. Pois a intrusão agressiva das armadas americana, russa, britânica, francesa e outras nas águas japonesas – exigindo o estabelecimento de relações diplomáticas e comerciais sob a mira das armas – impôs ao *Bakufu* um dilema nefasto. Durante dois séculos, ele sistematicamente instilara em todas as classes do Japão a xenofobia como um dos temas mais sagrados da ideologia oficial: de fato, a total exclusão de estrangeiros fora um dos sustentáculos sociológicos de seu mando. Mas agora, diante de uma ameaça militar cujo poderio tecnológico se corporificava nos navios a vapor encouraçados que flutuavam na baía de Yokohama, o *Bakufu* logo se deu conta de que podia ver a ruína de seus exércitos. Para preservar sua própria sobrevivência, teve, então, de contemporizar e conceder as reivindicações ocidentais pela "abertura" do Japão. Ao fazê-lo, no entanto, ficou imediatamente vulnerável a ataques xenófobos vindos de dentro. Importantes linhagens colaterais da própria Casa Tokugawa se tornaram raivosamente hostis à presença de missões estrangeiras: os primeiros assassinatos de ocidentais nos enclaves de Yokohama foram, no mais das vezes, obra de samurais do feudo Mito, um dos três maiores ramos marciais da dinastia Tokugawa. Em Kyoto, o imperador, guardião e símbolo dos valores culturais tradicionais, também se opunha ferozmente às relações com os intrusos. Com o início daquilo que todos os setores da classe feudal japonesa sentiam como uma emergência nacional, a corte imperial de repente se reativou como um verdadeiro polo secundário de poder, e a aristocracia *kuge* de Kyoto logo se tornou foco de intrigas contra a burocracia xogunal de Edo. O regime Tokugawa agora se encontrava, de fato, em uma situação insustentável. Em termos políticos, só podia justificar seus progressivos recuos e concessões ante as demandas ocidentais explicando sua inferioridade militar aos *daimyō* – o que os tornava indispensáveis. Mas fazê-lo era admitir sua própria fraqueza e, por conseguinte, convocar a subversão e a revolta armada contra si mesmo. Encurralado pela ameaça externa, o governo Tokugawa foi ficando cada vez mais incapaz de lidar com as inquietações internas que suas táticas de contemporização provocavam.

Além disso, em termos econômicos, o fim abrupto do isolamento japonês perturbou toda a viabilidade do sistema monetário xogunal: pois, como as moedas Tokugawa eram, em essência, fiduciárias, com muito menos lastro metálico que seu valor nominal, os mercadores estrangeiros se recusavam a aceitá-las em paridade com as moedas ocidentais, baseadas em pesos de prata verdadeiros. Assim, o advento do comércio exterior em larga escala forçou o *Bakufu* a desvalorizar abruptamente o lastro metálico de sua cunhagem e a emitir papel moeda, ao mesmo passo que a demanda internacional pelos principais produtos locais – seda, chá e algodão – disparou. O resultado foi uma inflação catastrófica: o preço do arroz quintuplicou entre 1853 e 1869,[52] causando graves tumultos populares nas cidades e nos campos. A burocracia xogunal, confusa e dividida, não conseguia reagir com nenhuma política clara ou decisiva aos perigos que a pressionavam. As condições lamentáveis de seu aparelho de segurança se revelaram quando o único líder resoluto que o *Bakufu* produzira nessa última fase, Ii Naosuke, foi assassinado por um samurai xenófobo em Edo, no ano de 1860;[53] dois anos depois, outro atentado obrigou seu sucessor a renunciar. Por terem uma posição estrutural sempre antagônica ao *Bakufu*, os feudos *tozama* do sudoeste – Satsuma, Chōshū, Tosa e Saga – então tomaram coragem para lançar uma ofensiva e conspirar pela derrubada do governo. Seus recursos econômicos e militares, poupados por regimes

---

52 Frost, *The Bakumatsu Currency Crisis*, p.41.

53 Sobre esse episódio crucial, ver: Akamatsu, *Meiji 1868*, p.165-7.

mais compactos e eficazes que os de Edo, ficaram prontos para a guerra. As tropas *han* se modernizaram, ampliaram e reequiparam com armamentos ocidentais; se Satsuma já possuía o maior regimento samurai do Japão, os comandantes Chōshū recrutaram e treinaram os camponeses mais ricos, com o intuito de criar uma força capaz de enfrentar o xogunato. Muitas expectativas populares de grandes mudanças agora se espalhavam sob formas supersticiosas entre as multidões de Nagoya, Osaka e Edo, e o apoio tácito de certos banqueiros *chōnin* proporcionava as reservas financeiras necessárias para a guerra civil. As firmes ligações com os *kuge* insatisfeitos de Kyoto garantiam aos líderes *tozama* a cobertura ideológica crucial para a operação planejada: nada menos que uma revolução, cujo objetivo formal era restaurar a autoridade imperial que o xogunato usurpara. Assim, o imperador constituía um símbolo transcendental ao qual, em tese, todas as classes podiam se alinhar. Em 1867, um ataque rápido deixou Kyoto nas mãos das tropas Satsuma. Com a cidade sob controle militar, o imperador Meiji leu uma proclamação esboçada por sua corte e pôs fim ao xogunato. Abatido e desmoralizado, o *Bakufu* se provou incapaz de qualquer resistência: em poucas semanas, os exércitos insurgentes *tozama* dominaram todo o Japão, e assim se fundou o Estado unitário Meiji. A queda do xogunato pressagiou o fim do feudalismo japonês.

Econômica e diplomaticamente minado a partir do exterior, por conta do fim do isolamento, o Estado Tokugawa ruiu política e militarmente a partir do interior, por causa do mesmo parcelamento da soberania que sempre o preservara: sem o monopólio sobre as forças armadas e sem condições de suprimir a legitimidade imperial, ficou impotente diante de uma insurreição bem organizada em nome do imperador. O Estado Meiji que o sucedeu não demorou a adotar um vasto arco de medidas para abolir o feudalismo de cima para baixo – o programa mais radical já implantado. Liquidou o sistema de feudos, destruiu a ordem de quatro estados, proclamou a igualdade do todo cidadão perante a lei, reformulou o calendário e a indumentária, criou um mercado unificado e uma moeda única, promoveu sistematicamente a industrialização e a expansão militar. Da eliminação do xogunato emergiram uma economia e uma organização política capitalistas. Ainda falta examinar os complexos mecanismos históricos da transformação revolucionária empreendida pela restauração Meiji. Mas aqui será suficiente dizer que, ao contrário das suposições de alguns historiadores japoneses,[54] o Estado Meiji não foi, em nenhum sentido, um absolutismo. De início ditadura emergente do novo bloco dominante, ele logo se revelou um Estado capitalista autoritário, cujo ímpeto em algumas décadas seria devidamente testado contra um absolutismo genuíno. Em 1905, as derrotas russas em Tsushima e Mukden revelaram ao mundo a diferença entre os dois regimes. No Japão, a passagem do feudalismo para o capitalismo se completara de maneira única, sem interlúdio político.

---

54 Ver, por exemplo, o clássico estudo marxista sobre a restauração, fora do Japão disponível apenas em russo: Toyama, *Meidzi Isin, Krushenie Feodalizma v Yaponii*, p.183, 217-8, 241, 295. Aqui não há espaço para fazer muito mais que essa afirmação leviana acima. Fica para um próximo estudo a discussão completa sobre o caráter histórico da restauração Meiji. No entanto, talvez valha notar o ponto de vista de Lênin sobre a natureza do vencedor da guerra entre Rússia e Japão. Ele acreditava que a "burguesia japonesa" infligira uma "derrota esmagadora" à "autocracia feudal" do czarismo: "A Rússia autocrática foi derrotada por um Japão constitucional". Lênin, *Collected Works*, v.8, p.28, 52-3.

B.
O "modo de produção asiático"

I

Já vimos que Marx rejeitava categoricamente a qualificação da Índia mogol – e, por uma inferência necessária, também da Turquia otomana – como uma formação social feudal. No entanto, essa delimitação *negativa*, que reservou o conceito de feudalismo para a Europa e o Japão, coloca uma pergunta sobre a classificação *positiva* que Marx atribuía aos sistemas socioeconômicos que esses dois países tão bem exemplificaram. A resposta que vem ganhando força desde os anos 1960 diz que Marx acreditava que eles representavam um padrão específico ao qual definia como "modo de produção asiático". Nos últimos anos, essa ideia se tornou foco de um amplo debate internacional entre os marxistas e, à luz das conclusões deste estudo, talvez seja útil relembrar o contexto intelectual em que Marx escreveu. Como vimos, justaposições e contrastes teóricos entre estruturas estatais da Europa e da Ásia fazem parte de uma longa tradição que começou com Maquiavel e Bodin: originada na proximidade do poder turco, essa tradição coincidiu com o novo nascimento da teoria política propriamente dita na Renascença e, daí em diante, acompanhou seu desenvolvimento, passo a passo, até o iluminismo.

Também já mencionamos as sucessivas e importantes reflexões de Maquiavel, Bodin, Bacon, Harrington, Bernier e Montesquieu sobre o próprio Império Otomano, amigo e inimigo íntimo da Europa a partir do século XV.[1] Mas, durante o século XVIII, na aurora da expansão e exploração colonial, a aplicação de ideias inicialmente concebidas em contato com a Turquia já havia se espalhado mais para leste: rumo a Pérsia, depois Índia e, por fim, China. Junto com essa extensão geográfica veio a generalização conceitual do complexo de características que, de início, se percebera ou confinara à Porta otomana. Assim nasceu a noção de "despotismo" político – um termo que até então faltara ao vocabulário das observações europeias sobre a Turquia, ainda que sua substância já estivesse presente desde muito antes. Em Maquiavel, Bodin ou Harrington, a designação tradicional do sultão osmanli era "*Grand Seignior*" – uma estranha projeção da terminologia do feudalismo europeu para um Estado turco que era explicitamente apontado como algo distinto de qualquer sistema político da Europa. Hobbes foi o primeiro escritor relevante a falar em poder despótico no século XVII e, por mais paradoxal que pareça, elogiou o regime como uma forma normal e apropriada de soberania. Naturalmente, essa conotação não viria a ter muitos seguidores. Ao contrário, com o passar do século, em toda parte o poder despótico foi sendo cada vez mais equiparado à tirania: na França, a partir da Fronda, a literatura polêmica de seus oponentes muitas vezes atribuiu à dinastia Bourbon o epíteto de "tirania turca". Bayle parece ter sido o primeiro filósofo a utilizar o conceito genérico de *despotismo* como tal, em 1704;[2] mesmo que ele próprio a questionasse, aceitava implicitamente que a ideia agora já estava bastante difundida.

Além disso, a confiante emergência da noção de "despotismo" coincidiu, desde o início, com sua projeção sobre o "Oriente". Pois a passagem canônica central da Antiguidade clássica onde se podia encontrar a palavra grega original (termo pouco comum) era uma famosa afirmação de Aristóteles: "Os bárbaros são, por natureza, mais servis que os gregos, e os asiáticos, mais servis que os europeus; assim sendo, aceitam o mando despótico sem protestar. Tais monarquias são como tiranias, mas são estáveis

---

1 Ver acima, p.437-41.

2 Koebner, Despot and Despotism: Vicissitudes of a Political Term, *The Journal of the Warburg and Courtauld Institutes*, XIV, 1951, p.300. Esse ensaio também traça a pré-história da palavra na Idade Média, antes de ela ter sido banida durante a Renascença, por causa da impureza de seu pedigree filológico.

porque hereditárias e legais".[3] Assim, desde a *fons et origo* de toda a filosofia política europeia, o despotismo fora expressamente atribuído à Ásia. O iluminismo – que agora, depois das grandes viagens de descobertas e conquistas coloniais, podia abranger todo o mundo em sua mente – pela primeira vez teve condições de prover uma formulação geral e sistemática dessa conexão. Montesquieu assumiu a tarefa com sua madura categoria teórica de "despotismo oriental". Profundamente influenciado por Bodin e leitor assíduo de Bernier, herdou de seus predecessores os axiomas básicos de que os Estados asiáticos não tinham propriedade privada estável nem nobreza hereditária e, por isso, eram arbitrários e tirânicos – pontos de vista que Montesquieu repetiu com toda a força lapidar que lhe era característica. Mais que isso, o despotismo oriental se baseava não apenas em um medo abjeto, mas também em uma *igualdade* aniquiladora de todos os súditos – pois todos eram igualmente sujeitos aos caprichos letais do déspota. "O princípio do governo despótico é o medo [...] pleno e uniforme".[4] Essa uniformidade era a antítese sinistra da unidade municipal da Antiguidade clássica: "Todos os homens são iguais em um Estado republicano; e são iguais também em um Estado despótico: no primeiro, porque são tudo; no segundo, porque são nada".[5] A ausência de uma nobreza hereditária, desde muito percebida na Turquia, agora se tornava algo muito mais forte: uma condição de servilismo patente e igual em toda a Ásia. Montesquieu

3 Aristóteles, *Politics*, v.3, ix, 3.

4 Montesquieu, *De L'Esprit des lois*, v.1, p.64, 69. É claro que o discurso de Montesquieu a respeito do despotismo não era apenas uma teorização aberta sobre a Ásia, pois trazia também um alerta cifrado acerca dos perigos do absolutismo na França: se não fosse contido pelos "poderes intermediários" da nobreza e do clero, o regime francês – sugeria Montesquieu – poderia acabar se aproximando das normas orientais. Sobre essas entrelinhas polêmicas de *Esprit des lois*, ver a excelente análise de Althusser, *Montesquieu – la politique et l'histoire*, p.92-7. Althusser, no entanto, exagera a dimensão propagandística da teoria do despotismo de Montesquieu, minimizando toda a sua demarcação geográfica. Superpolitizar o sentido de *Esprit des lois* é torná-lo paroquial. Na verdade, está bastante claro que Montesquieu levava suas análises sobre o Oriente muito a sério: elas não eram apenas ou principalmente recursos alegóricos, mas, sim, componente integral de sua tentativa de alcançar uma ciência global dos sistemas políticos, em ambos os sentidos.

5 Montesquieu, *De L'Esprit des lois*, v.1, p.81.

acrescentou mais duas noções à tradição que herdara, e ambas refletiam especificamente as doutrinas iluministas de secularismo e progresso. Dessa maneira ele argumentava que as sociedades asiáticas eram desprovidas de códigos legais, tendo a religião como substituto funcional das leis: "Há Estados onde as leis não são nada, ou nada mais que a vontade caprichosa e arbitrária do soberano. Se nesses Estados as leis da religião se assemelhassem às leis dos homens, elas também seriam nulas; mas, como uma sociedade precisa de algum princípio de fixidez, é a religião que lhe serve".[6] Ao mesmo tempo, ele acreditava que essas sociedades eram essencialmente imutáveis: "As leis, costumes e maneiras do Oriente – até os mais triviais, como o modo de vestir – permanecem hoje como eram mil anos atrás".[7]

O princípio claro pelo qual Montesquieu explicava a diferença de caráter entre os Estados europeus e os asiáticos era, por certo, geográfico: o clima e a topografia determinaram seus destinos divergentes. Assim, ele sintetizou suas ideias sobre a natureza das duas regiões em uma comparação artisticamente dramática:

> A Ásia sempre foi lar de grandes impérios; estes nunca sobreviveram na Europa. Pois a Ásia que conhecemos tem planícies mais vastas que a Europa; é cortada em massas maiores pelos mares que a circundam; e, como fica mais ao sul, suas fontes secam mais fácil, suas montanhas não se cobrem de tanto gelo, seus rios são mais baixos e formam barreiras menores. O poder, portanto, deve ser sempre despótico na Ásia, pois, se a servidão não fosse tão extrema, o continente poderia sofrer uma divisão que sua geografia proíbe. Na Europa, as dimensões naturais da geografia formam vários Estados de tamanho modesto, nos quais o governo das leis não é incompatível com a sobrevivência do Estado; ao contrário, é tão propício que, sem as leis, o Estado cairia na decadência e se tornaria inferior a todos os outros. Foi isso que criou o espírito de liberdade que faz cada parte da Europa ser tão resistente à derrota e à submissão frente a um poder estrangeiro, a não ser pelas leis ou pelas vantagens do comércio. Na Ásia, em contraste, reina um espírito

6 Ibid., v.2, p.168.
7 Ibid., v.1, p.244.

de servilismo que nunca a abandona e, em toda a história do continente, é impossível encontrar um único traço que marque uma alma livre: aí só se vê o heroísmo da escravidão.[8]

Mesmo que contestada por alguns críticos da época,[9] a visão de Montesquieu foi bem aceita e se tornou um legado central para a economia e

8 Ibid., v.1, p.291-2.

9 O mais notável deles foi Voltaire, que, preocupado com problemas mais culturais que políticos, contestou vigorosamente o relato de Montesquieu sobre o império chinês, que Voltaire admirava pela benevolência racional que acreditava enxergar em seu governo e seus costumes: o "despotismo esclarecido" era, como já vimos, um ideal positivo para muitos dos *philosophes* burgueses, para os quais representava a supressão do particularismo feudal – precisamente o motivo por que Montesquieu, um aristocrata nostálgico, o temia e denunciava. Outro crítico muito diferente do *Esprit des lois*, bastante elogiado por escritores recentes, foi Anquetil-Duperron, estudioso de textos sagrados védicos e zoroástricos que passara alguns anos na Índia e escrevera um volume intitulado *Législation orientale* [Legislação oriental] (1778), inteiramente dedicado a negar a existência de despotismo na Turquia, na Pérsia e na Índia, afirmando também a presença de propriedade privada e sistemas jurídicos racionais nesses países. No livro, Montesquieu e Bernier eram nomeadamente criticados (p.2-9, 12-3, 140-2) por terem defendido o contrário. Anquetil-Duperron dedicou seu trabalho aos "Infelizes povos da Índia", advogando por seus "direitos feridos" e acusando as teorias europeias sobre o despotismo oriental de servirem apenas para dar cobertura ideológica à agressão e à rapina colonial no Oriente: "O despotismo é o governo desses países, onde o soberano se declara proprietário de todos os bens de seus súditos: sejamos esse soberano e então seremos senhores de todas as terras do Industão [...]. Tal é o raciocínio da ganância ávida, oculta sob uma fachada de pretextos que devem ser demolidos" (p.178). Por causa da força desses sentimentos, Anquetil-Duperron depois foi aclamado como um defensor nobre e precoce do anticolonialismo. Com certa ingenuidade, Althusser proferiu que *Législation orientale* é um panorama "admirável" do "verdadeiro Oriente", em oposição à imagem de Montesquieu. Dois artigos recentes repetiram esses elogios: Venturi, Despotismo orientale, *Rivista Storica Italiana*, LXXII, I, 1960, p.117-26, e Stelling-Michaud, Le Mythe du despotisme oriental, *Schweizer Beiträge zur Allgemeinen Geschichte*, v.18-9, 1960-1961, p.344-5 (que, de maneira geral, segue de perto o que disse Althusser). Na verdade, Anquetil-Duperron era uma figura mais suspeita e trivial que esses louvores sugerem – como uma pesquisa um pouco mais profunda poderia revelar a esses autores. Longe de ser inimigo do colonialismo por questão de princípio, Anquetil-Duperron era um patriota francês decepcionado, desgostoso com o sucesso do colonialismo britânico em expulsar

a filosofia políticas. Adam Smith deu o que talvez tenha sido o próximo passo importante no desenvolvimento da oposição já estabelecida entre Ásia e Europa, quando, pela primeira vez, a redefiniu como um contraste entre dois tipos de *economia*, dominados por diferentes ramos de produção:

> Assim como a economia política das nações da Europa moderna tem favorecido mais as manufaturas e o comércio exterior – indústrias das cidades – que a agricultura – indústria do campo –, da mesma forma a economia política das outras nações seguiu um plano distinto e tem sido mais favorável à agricultura que às manufaturas e ao comércio exterior. As políticas da China favorecem mais a agricultura que qualquer outro empreendimento. Diz-se que, na China, a condição de um lavrador é tão superior à de um artífice quanto, na maior parte da Europa, a do artífice é superior à do lavrador.[10]

Smith chegou a postular uma nova correlação entre o caráter agrícola das sociedades asiáticas e africanas e o papel que nelas desempenhavam obras hidráulicas de irrigação e transporte: pois, argumentou ele, como era proprietário de todas as terras desses países, o Estado estava diretamente interessado no aperfeiçoamento público da agricultura.

> Eram famosas na Antiguidade as obras que os antigos soberanos do Egito construíram para a correta distribuição das águas do Nilo; e as ruínas que restam de algumas delas ainda são objeto de admiração dos viajantes. As obras do

---

seu rival galês do subcontinente. Em 1782, ele escreveu outro volume, *L'Inde en rapport avec l'Europe* [As relações da Índia com a Europa], agora dedicado às "Sombras de Dupleix e Labourdonnais", uma violenta diatribe contra a "audaciosa Albion, que usurpou o tridente dos oceanos e o cetro da Índia", clamando para que "a bandeira francesa uma vez tremule majestosa nos mares e terras da Índia". Publicado em 1798, durante o Diretório, o livro de Anquetil-Duperron defendia que "o tigre deve ser atacado em sua toca" e propunha uma expedição naval francesa para "cercar Bombaim" e, assim, "destronar o poder inglês além do Cabo da Boa Esperança" (p.i-ii, xxv-xxvi). Não há como imaginar nada disso a partir da imaculada piedade do verbete do *Dictionnaire historique*, do qual, ao que parece, deriva boa parte da reputação posterior de Anquetil-Duperron.

10 Smith, *An Inquiry into the Nature and Causes of the Wealth of Nations*, v.2, p.281.

> mesmo tipo que os antigos soberanos do Hindustão construíram para a correta distribuição das águas do Ganges e de muitos outros rios, embora menos celebradas, parecem ter sido igualmente grandiosas [...]. Na China e em muitos outros governos da Ásia, o poder executivo se encarrega tanto do reparo das estradas quanto da manutenção dos canais navegáveis [...]. Diz-se que esse ramo da política pública é muito bem atendido em todos esses países, mais particularmente na China, onde as estradas e, sobretudo, os canais navegáveis ultrapassam em muito tudo o que se conhece na Europa.[11]

No século XIX, os sucessores de Montesquieu e Smith prolongaram essas mesmas linhas de pensamento. Na filosofia alemã clássica, Hegel estudou em profundidade os escritos de ambos os autores e, em *Filosofia da História*, reafirmou em seu próprio idioma boa parte das ideias de Montesquieu a respeito do despotismo asiático, sem escalões ou poderes intermediários. "O despotismo, desenvolvido em proporções magníficas," foi no Oriente "a forma de governo estritamente apropriada ao lar da aurora da História."[12] Hegel enumerou as principais regiões do continente às quais se aplicava essa regra: "Na Índia, portanto, vigorou o despotismo mais arbitrário, perverso e degradante. A China, a Pérsia e a Turquia – toda a Ásia, na verdade, é palco do despotismo e, no mau sentido, da tirania".[13] O Reino Celestial, que despertara sentimentos tão contraditórios em meio aos pensadores iluministas, era objeto especial dos interesses de Hegel, enquanto modelo do que ele via como uma autocracia igualitária.

---

11 Ibid., p.283, 340. Smith acrescentou de um jeito bem característico: "Os relatos sobre essas obras transmitidos para a Europa, no entanto, em geral são feitos por viajantes tolos e impressionáveis, muitas vezes por missionários mentirosos e estúpidos. Se tais obras fossem examinadas por olhos mais inteligentes, se tais narrativas viessem de testemunhas mais confiáveis, talvez não parecessem tão maravilhosas. O relato que Bernier nos dá sobre algumas obras desse tipo no Industão fica muito aquém daquilo que contaram outros viajantes, mais propensos ao magnífico".

12 *The Philosophy of History*, p.260.

13 Ibid., p.168.

> Na China, temos a realidade da igualdade absoluta, e todas as diferenças que existem só são possíveis em conexão com essa administração e em virtude do valor que uma pessoa pode adquirir, permitindo-lhe ocupar um alto posto no governo. Como na China prevalece a igualdade, mas sem liberdade, o modo de governo é necessariamente o despotismo. Entre nós, os homens só são iguais perante a lei e no respeito à propriedade de cada um; mas eles também têm muitos interesses e privilégios peculiares, os quais devem ser garantidos, se quisermos ter aquilo a que chamamos de liberdade. Mas no império chinês esses interesses especiais não gozam de nenhuma consideração por si mesmos, e o governo emana apenas do imperador, que põe em movimento uma hierarquia de oficiais e mandarins.[14]

Hegel, assim como muitos de seus predecessores, expressava uma certa admiração pela civilização chinesa. Já seu relato sobre a civilização indiana, embora também tivesse suas nuances, era muito mais sombrio. Ele acreditava que o sistema de castas indiano era bem diferente de tudo que havia na China e representava um progresso da hierarquia em detrimento da igualdade, mas algo que, ainda assim, imobilizava e degradava toda a estrutura social.

> Na China prevaleceu uma igualdade entre todos os indivíduos que compunham o império; em consequência, todo o governo se concentrou em seu centro, no imperador, então os membros individuais não conseguiram alcançar a independência e a liberdade subjetiva [...]. Nesse aspecto, a Índia é que faz o avanço essencial, a saber: membros independentes se ramificando da unidade do poder despótico. No entanto, as distinções aí implicadas se referem à Natureza. Ao invés de estimular a atividade de uma alma enquanto seu centro de união e espontaneamente realizá-la – como no caso da vida orgânica –, elas se petrificam, ficam rígidas e, devido ao seu caráter estereotipado, condenam o povo indiano à mais degradante servidão espiritual. As distinções em questão são as *Castas*.[15]

---

14 Ibid., p.130-1.
15 Ibid., p.150-1.

O resultado foi que, "ao passo que encontramos na China um despotismo moral, aquilo que se pode chamar de relíquia da vida política na Índia é um despotismo sem princípio, sem qualquer regra de moralidade ou religião".[16] Hegel chegou a caracterizar a base nuclear do despotismo indiano como um sistema de comunidades aldeãs inertes, governadas pelos costumes hereditários e pela distribuição das colheitas depois da tributação, alheias às alterações políticas no Estado que pairava sobre elas.

> Toda a renda que pertence a cada aldeia é, como já dissemos, dividida em duas partes, das quais uma pertence ao Rajá e outra, aos lavradores; mas também há parcelas proporcionais entregues ao Preboste do lugar, ao Juiz, ao Inspetor de Águas, ao Brâmane que supervisiona o culto religioso, ao Astrólogo (que também é um Brâmane e anuncia os dias de bom e mau agouro), ao Ferreiro, ao Carpinteiro, ao Oleiro, ao Lavadeiro, ao Barbeiro, ao Médico, às Dançarinas, ao Músico, ao Poeta. Esse arranjo é fixo e imutável, não se sujeita à vontade de ninguém. *Todas* as revoluções *políticas*, portanto, são objetos indiferentes para o hindu comum, pois sua sorte não se altera.[17]

Essas formulações, como veremos, viriam a ter uma sobrevivência notável. Hegel pôs fim a seu texto repetindo o tema já tradicional da estagnação histórica, que ele atribuía a ambos os países: "A China e a Índia permanecem estacionárias e perpetuam até os dias de hoje uma natural existência vegetativa".[18]

Se, na filosofia alemã clássica, vemos que Hegel seguiu muito de perto os passos de Montesquieu, quando voltamos os olhos para a economia política inglesa, descobrimos que os herdeiros de Smith não adotaram seus temas de imediato. Em seu estudo sobre a Índia britânica, Mill pai pouco acrescentou às noções tradicionais do despotismo asiático.[19] O próximo economista inglês a desenvolver uma análise mais original

---

16 Ibid., p.168.
17 Ibid., p.161.
18 Ibid., p.180.
19 Mill, *The History of British India*, v.1, p.141, 211.

das condições orientais foi Richard Jones, sucessor de Malthus no East India College, cujo *Essay on the Distribution of Wealth and the Sources of Taxation* [Ensaio sobre a distribuição da riqueza e as fontes de tributação] foi publicado em Londres no ano de 1831, mesmo ano em que Hegel lecionou sobre a China e a Índia em Berlim. O trabalho de Jones, cujo objetivo era elaborar uma crítica a Ricardo, incluía o que provavelmente era a tentativa mais cuidadosa de fazer uma pesquisa concreta sobre as posses agrárias na Ásia. Logo no início, Jones afirmava:

> Por toda a Ásia, os soberanos sempre tiveram a posse exclusiva do solo sob seu domínio e a preservaram em uma condição de integridade singular e pouco auspiciosa, tão indivisa quanto intacta. Lá o povo é universalmente rendeiro do soberano, o proprietário único; somente as ocasionais usurpações de seus funcionários conseguem quebrar, por um tempo, os elos da cadeia de dependência. É essa dependência universal ante o trono que constitui o verdadeiro fundamento do inquebrantável despotismo do mundo oriental, bem como a base da renda dos soberanos e da forma que a sociedade assume a seus pés.[20]

No entanto, Jones não se contentava com as afirmações genéricas de seus predecessores. E tentou demarcar com mais precisão as quatro grandes zonas nas quais prevaleciam aquilo que ele chamava de *ryot rents*, ou "rendas camponesas", isto é, os impostos que os camponeses pagavam diretamente ao Estado, proprietário da terra que cultivavam: Índia, Pérsia, Turquia e China. A natureza uniforme do sistema econômico e do governo político desses diferentes territórios podia ser atribuída, pensou ele, ao seu passado comum de submissão às tribos tártaras da Ásia Central.

> China, Índia, Pérsia e Turquia asiática, todas localizadas às margens da grande baía da Ásia central e, cada uma a seu tempo, subjugadas por irrupções dessas tribos, algumas delas mais de uma vez. Até mesmo neste presente momento, parece difícil que a China venha a escapar de mais uma submissão. Por toda parte onde se instalaram, esses invasores citas estabeleceram uma

20 Jones, *An Essay on the Distribution of Wealth and the Sources of Taxation*, p.7-8.

forma de governo despótico, à qual eles próprios se submeteram de imediato, obrigando os habitantes dos países conquistados a fazerem o mesmo [...]. Em todos os lugares, os tártaros ou adotaram ou estabeleceram um sistema político que prontamente se une a seus hábitos nacionais de submissão do povo e poder absoluto dos chefes; e suas conquistas ou introduziram ou reestabeleceram esse sistema, desde o Mar Negro até o Pacífico, desde Pequim até Nerbuda. O mesmo sistema prevalece em toda a Ásia agrícola (à exceção da Rússia).[21]

A hipótese geral de Jones – que atribuía à conquista nômade a origem da propriedade estatal da terra – se combinou a um novo conjunto de discriminações em sua avaliação do grau e dos efeitos desse tipo de propriedade nos países com que ele se ocupou. Assim, ele escreveu que o último período da Índia mogol testemunhara "o fim de todos os sistemas, moderações e proteções: impostos ruinosos e arbitrários eram coletados na ponta da lança, em frequentes incursões militares, e a resistência, que muitos tentavam em desespero, era impiedosamente punida com fogo e morte".[22] O Estado turco, por sua vez, mantinha níveis mais brandos de exploração, mas, na prática, a corrupção de seus agentes tornava inoperantes quaisquer restrições.

Evidentemente, o sistema turco tem algumas vantagens em comparação aos da Índia ou da Pérsia. A permanência e a moderação do *miri*, ou arrendamento da terra, são muito importantes [...]. Mas essa relativa moderação e força não servem aos pobres súditos, dado seu grau de passividade e indiferença ante as malversações dos distantes oficiais.[23]

---

21 Ibid., p.110, 112. A alusão de Jones aos perigos tártaros que ameaçam a China provavelmente se refere às rebeliões dos khoja em Kashgar, no ano de 1830. Vale notar que ele exclui expressamente a Rússia do sistema asiático em questão.

22 Ibid., p.117.

23 Ibid., p.129-30.

Na Pérsia, a ganância régia não tinha limites, mas o sistema de irrigação local amenizava seu alcance – ao contrário do que supunha o argumento de Smith – ao introduzir formas de propriedade privada:

> De todos os governos despóticos do Oriente, o da Pérsia talvez seja o mais insaciável e inescrupuloso; mas o solo peculiar desse país introduziu algumas modificações consideráveis no sistema asiático de *ryot rents* [...] [pois] àquele que traz água para a superfície onde ela não existia o governo garante soberania de posse hereditária sobre a terra fertilizada.[24]

Por fim, Jones viu com muita nitidez que a agricultura chinesa era um caso especial que não podia simplesmente se equiparar ao dos outros países que ele descrevera: sua imensa produtividade o distinguia. "De fato, toda a conduta do império apresenta um notável contraste com a das monarquias asiáticas vizinhas [...]. Nunca se aproveitou nem metade da Índia, e menos ainda da Pérsia; mas a China é inteiramente cultivada e mais povoada que a maioria das monarquias europeias."[25] Por isso, a obra de Jones sem dúvidas representou o ponto mais alto que a economia política atingiu na sua discussão sobre a Ásia na primeira metade do século XIX. Mill filho, escrevendo quase duas décadas mais tarde, retomou a suposição de Smith, segundo a qual os Estados orientais usualmente patrocinavam obras públicas de hidráulica – "tanques, poços e canais de irrigação, sem os quais o cultivo seria muito difícil na maioria dos climas tropicais"[26] –, mas, de resto, apenas repetiu a caracterização genérica das "extensas monarquias que, desde tempos imemoriais, ocupam as planícies da Ásia"[27] que desde muito se tornara uma fórmula consensual na Europa ocidental.

É, portanto, essencial compreender que as duas principais tradições intelectuais que contribuíram de maneira decisiva para a formação da obra de Marx e Engels traziam uma concepção comum e preexistente dos sistemas políticos e sociais da Ásia – um complexo de ideias compartilhadas

24 Ibid., p.119, 122-3.

25 Ibid., p.133.

26 Mill, *Principles of Political Economy*, v.1, p.15.

27 Ibid., p.14.

que, em última instância, remontava ao iluminismo. Pode-se resumir esse complexo da seguinte forma:[28]

Propriedade estatal da terra	H1	B3	M2	J
Ausência de restrições jurídicas	B1	B3	M2	
Leis substituídas por religião	M2			
Ausência de nobreza hereditária	M1	B2	M2	
Igualdade social na servidão	M2	H2		
Comunidades aldeãs isoladas	H2			
Predomínio da agricultura sobre a indústria	S	B3		
Obras públicas de hidráulica	S	M3		
Clima tórrido	M2	M3		
Imutabilidade histórica	M2	H2	J	M3
=				
Despotismo Oriental				

Como se pode ver, nenhum autor chegou a combinar todas essas ideias em uma mesma concepção. Bernier foi o único que estudou os países asiáticos em primeira mão. Montesquieu foi o único a formular uma teoria geral coerente sobre o despotismo oriental como tal. Os referentes geográficos dos sucessivos escritores foram se ampliando da Turquia para a Índia e, por fim, até a China: Hegel e Jones foram os únicos que procuraram distinguir as variações regionais dentro de um padrão asiático comum.

II

Agora podemos nos dedicar às famosas passagens das correspondências entre Marx e Engels nas quais eles discutiram, pela primeira vez, o problema do Oriente. Em 2 de junho de 1853, Marx escreveu a Engels – que estava estudando a história da Ásia e aprendendo o idioma persa – para recomendar o relato de Bernier sobre as cidades orientais, texto "brilhante, vívido e surpreendente". Marx prosseguiu, endossando a tese principal do livro, de maneira inequívoca e celebrada: "Com razão, Bernier considerou

28 H1 = Harrington; H2 = Hegel; B1 = Bodin; B2 = Bacon; B3 = Bernier; M1 = Maquiavel; M2 = Montesquieu; M3 = Mill; S = Smith; J = Jones.

que a base de todos os fenômenos do Oriente – ele se refere à Turquia, à Pérsia e ao Hindustão – é a *ausência de propriedade privada da terra*. Esta é a verdadeira chave, até mesmo para o paraíso oriental!".[29] Em resposta, alguns dias depois, Engels presumiu que a explicação histórica básica para essa ausência de propriedade privada da terra devia se encontrar na aridez do solo da Ásia e do norte da África, que precisavam de irrigação intensiva e, portanto, de obras hidráulicas a cargo do Estado central e de outras autoridades públicas.

29 Marx; Engels, *Selected Correspondence*, p.80-1. Por seu conteúdo e também por seu tom, vale a pena reproduzir aqui a passagem central de Bernier a que Marx se referiu: "Esses três países, Turquia, Pérsia e Industão, não têm noção dos princípios *meum* e *tuum* no que concerne à terra ou a outras possessões concretas; e, tendo perdido aquele respeito ao direito de propriedade, que consiste na base de tudo o que é bom e útil no mundo, necessariamente se assemelham em outros pontos essenciais: caem nos mesmo erros perniciosos e devem, mais cedo ou mais tarde, experimentar suas consequências naturais – tirania, ruína e desolação. Quão felizes e gratos deveríamos nos sentir por não serem os monarcas da Europa os únicos proprietários do solo! Se fossem, em vão procuraríamos aqui por países cultos e populosos, por cidades prósperas e bem construídas, por um povo cortês e promissor. Se esse princípio prevalecesse, muito diferentes seriam as verdadeiras riquezas e poderes dos soberanos da Europa e a lealdade e fidelidade com que são servidos: logo reinariam sobre solidões e desertos, bárbaros e mendicantes. Movidos por uma paixão cega, sedentos por serem mais absolutos do que consentem as leis de Deus e da natureza, os reis da Ásia se apossam de tudo, até que acabam por tudo perder; cobiçam riquezas demais e se acham sem nenhuma, ou com muito menos que desejava sua cupidez. Se esse mesmo sistema de governo existisse entre nós, onde encontraríamos príncipes, prelados ou nobres, burgueses opulentos, mercadores prósperos ou artesãos engenhosos? Onde deveríamos procurar por cidades como Paris, Lyon, Toulouse, Rouen ou, se quiserem, Londres e tantas outras? Onde poderíamos ver essa infinidade de pequenas vilas e aldeias, todas essas lindas casas de campo, essas belas campinas e colinas cultivadas com tanto cuidado, arte e trabalho? Que seria das vastas rendas que produzem tanto para súditos quanto para soberanos? Nossas grandes cidades se tornariam inabitáveis por causa de seu ar insalubre e cairiam em ruínas, sem que a ninguém ocorresse a ideia de reparar seu declínio; nossas montanhas seriam abandonadas e nossos campos, tomados por espinheiros e ervas daninhas, cobertos por pântanos pestilentos". Bernier, *Travels in the Mogul Empire*, p.232-3.

> A ausência de propriedade da terra é, de fato, a chave de todo o Oriente. Nisso reside sua história política e religiosa. Mas por que motivo os orientais não chegaram à propriedade fundiária, nem mesmo em sua forma feudal? Creio que isso se deve principalmente ao clima, tomado em conexão com a natureza do solo, especialmente nas grandes áreas de deserto que se estendem desde o Saara, atravessando a Arábia, a Pérsia, a Índia e a Tartária até o mais alto platô asiático. Aqui, a irrigação artificial é a primeira condição para a agricultura, o que é uma questão para as comunas, as províncias e o governo central. Os governos orientais nunca tiveram mais que três departamentos: finanças (pilhagem interna), guerra (pilhagem interna e externa) e obras públicas (provisões para a reprodução). [...] Essa fertilização artificial da terra, que cessou imediatamente quando o sistema de irrigação entrou em decadência, explica o fato curioso de extensões inteiras de cultivo outrora brilhante agora estarem desertas e arrasadas (Palmira, Petra, as ruínas do Iêmen, distritos do Egito, Pérsia e Hindustão); e explica também o fato de uma guerra arrasadora ter despovoado um país por séculos e acabado com toda a sua civilização.[30]

Uma semana depois, Marx escreveu de volta, concordando com a importância das obras públicas para a sociedade asiática e ressaltando a coexistência de aldeias autossuficientes:

> O caráter estacionário dessa parte da Ásia – a despeito de todo o movimento sem rumo na superfície política – é totalmente explicado por duas circunstâncias que se complementam: (1) as obras públicas sob responsabilidade do governo central; (2) à exceção de umas poucas cidades maiores, todo o império se dividiu em *aldeias*, cada uma das quais com uma organização completamente separada, formando um pequeno mundo em si [...]. Em algumas dessas comunidades, as terras aldeãs são cultivadas em comum, na maioria dos casos cada ocupante cultiva seu próprio chão. Dentro delas existe escravidão e sistema de castas. As terras improdutivas se destinam ao pasto

30 Marx; Engels, *Selected Correspondence*, p.82. Note-se que Engels fala especificamente em "civilização".

> comum. Esposas e filhas fiam e tecem em casa. Essas repúblicas idílicas, que guardam com zelo as fronteiras de sua aldeia contra as aldeias vizinhas, ainda existem de forma bastante perfeita em partes do noroeste da Índia, recentemente tomadas pelos ingleses. Não creio que alguém possa imaginar fundação mais sólida para o estagnado despotismo asiático.[31]

E Marx ainda acrescentou, de maneira significativa: "Em todo caso, parece que foram os maometanos os primeiros a estabelecer o princípio da 'não propriedade da terra' em toda a Ásia".[32]

Durante esse mesmo período, Marx apresentou essas reflexões conjuntas ao público em uma série de artigos para o *New York Daily Tribune*:

> As condições climáticas e territoriais, especialmente os vastos desertos que se estendem desde o Saara, atravessando a Arábia, a Pérsia, a Índia e a Tartária até o mais alto platô asiático, fizeram da irrigação artificial por canais e obras hidráulicas a base da agricultura oriental. Assim como no Egito e na Índia, as inundações são usadas para fertilizar o solo na Mesopotâmia, na Pérsia e em outros lugares; aproveita-se um grande desnível para abastecer canais de irrigação. Essa necessidade primordial de um uso econômico e comum da água, que no Ocidente dispensou a iniciativa privada para a associação voluntária, como em Flandres ou na Itália, exigiu no Oriente – onde o nível de civilização era muito baixo e a extensão territorial muito ampla para aguardar a associação voluntária – a interferência do poder centralizador do Governo. Por isso, uma função econômica recaiu sobre todos os governos asiáticos: realizar obras públicas.[33]

Marx prosseguiu para enfatizar que a base social desse tipo de governo na Índia era a "união doméstica de atividades agrícolas e manufatureiras" no "chamado *sistema de aldeias*, que dava a cada uma dessas pequenas uniões

31 Ibid., p.85-6.

32 Ibid.

33 Marx; Engels, *On Colonialism*, p.33: The British Rule in India, artigo de 10 de junho de 1853.

uma organização independente e uma vida distinta".[34] O jugo britânico esmagara a superestrutura política do Estado imperial mogol e agora atacava a infraestrutura socioeconômica na qual se baseava, introduzindo à força a propriedade privada da terra: "Os próprios *zamindari* e *ryotwari*, abomináveis como são, envolvem duas formas distintas de propriedade da terra – o grande desiderato da sociedade asiática".[35] Em uma passagem arrebatadora, de grande paixão e eloquência, Marx examinou as consequências históricas da conquista europeia que agora se desenrolava em solo asiático:

> Por mais repugnante que seja ao sentimento humano ter de testemunhar essas muitas organizações sociais diligentes, patriarcais e inofensivas se desorganizarem e dissolverem em suas unidades, lançadas a um mar de infortúnios, com seus membros individuais perdendo ao mesmo tempo a antiga forma de civilização e os meios hereditários de subsistência, não devemos nos esquecer de que essas idílicas comunidades aldeãs, ainda que pareçam inofensivas, sempre foram o fundamento sólido do despotismo oriental, de que elas restringiram a mente humana ao menor compasso possível, tornando-a instrumento dócil da superstição, escravizando-a sob regras tradicionais, privando-a de toda as grandezas e energias históricas. Não devemos nos esquecer do egotismo bárbaro que, concentrando-se em um pedaço de terra miserável, testemunhou em silêncio a ruína de impérios, a perpetração de crueldades indizíveis, o massacre da população de grandes cidades, sem lhes dispensar nenhuma outra consideração que não a de eventos naturais, ele mesmo presa indefesa de qualquer agressor que se dignasse a notá-lo.[36]

E acrescentou: "Não devemos nos esquecer de que essas pequenas comunidades eram contaminadas pelas distinções de castas e pela escravidão, de que subjugavam o homem a circunstâncias externas, em vez de

---

34 Ibid., p.35.
35 Ibid., p.77: The Future Results of British Rule in India, artigo de 22 de julho de 1853.
36 Ibid., p.36.

elevá-lo a soberano das circunstâncias, de que elas transformaram um estado de desenvolvimento social em um destino natural imutável".[37]

Assim, a correspondência privada de Marx e sua intervenção publicista em 1853 seguiam muito de perto, tanto na direção quanto no tom, os principais temas dos tradicionais comentários europeus sobre a sociedade e a história da Ásia. A continuidade – expressa desde o início com a menção a Bernier – fica especialmente notável nas repetidas afirmações sobre a estagnação e a imutabilidade do mundo oriental. "A sociedade indiana não tem nenhuma história, ou pelo menos nenhuma história conhecida",[38] Marx escreveu. Alguns anos depois, de maneira característica, ele se referiu à China, dizendo que o país "vegetava no passar do tempo".[39] Mas podemos destacar duas ênfases principais no curso de suas correspondências com Engels. Ambas já haviam sido parcialmente esboçadas pela tradição. A primeira é a ideia de que as obras públicas de irrigação – necessárias pela aridez do clima – foram uma determinante básica para os Estados despóticos centralizados, com monopólio sobre a terra, na Ásia. Na verdade, o que se configurava em Marx era a fusão de três temas até então relativamente distintos – agricultura hidráulica (Smith), destino geográfico (Montesquieu) e propriedade agrícola estatal (Bernier). Um segundo elemento temático foi adicionado pela afirmação de que as células sociais básicas às quais se sobrepunha o despotismo oriental eram comunidades aldeãs autossuficientes, união de cultivo e ofícios domésticos. Como vimos, essa concepção também vicejara na tradição anterior (Hegel). A partir de evidências fornecidas por relatórios da administração colonial britânica na Índia, Marx agora dava a esses temas uma posição nova e mais proeminente dentro do esquema geral que herdara. O Estado hidráulico "acima" e a aldeia autárquica "abaixo" se ligavam em uma mesma fórmula, na qual se estabelecia um equilíbrio conceitual entre os dois.

No entanto, quatro ou cinco anos depois, quando Marx esboçava seus *Grundrisse*, foi esta última noção de "comunidade aldeã autossuficiente"

---

37 Ibid., p.37.
38 Ibid., p.76.
39 Ibid., p.188.

que adquiriu uma função inequivocamente *predominante* em sua explicação sobre o que ele viria a chamar de "modo de produção asiático". Pois agora Marx acreditava que a propriedade estatal do solo no Oriente escondia uma propriedade tribal-comunal de aldeias autossuficientes, que constituíam a realidade socioeconômica por trás da "unidade imaginária" do direito de posse do soberano despótico sobre a terra.

> A *unidade abrangente* que se ergue sobre todas essas pequenas entidades comunitárias pode aparecer como o *proprietário único* ou *superior*, e as comunidades reais, como apenas possuidoras *hereditárias* [...]. O déspota aqui aparece como pai de todas essas inúmeras comunidades menores, assim realizando a unidade comum a todas elas. Daí resulta que o produto excedente pertença a essa unidade superior. O despotismo oriental parece, portanto, sugerir a ausência jurídica de propriedade. Mas, na verdade, sua fundação é a propriedade tribal ou comum, criada na maioria dos casos por meio de uma combinação entre manufatura e agricultura dentro da pequena comunidade que se torna, então, inteiramente autossuficiente e contém em si mesma todas as condições para a produção e a produção de excedente.[40]

Essa inovação temática se fez acompanhar por um considerável aumento do campo de aplicação do conceito de Marx acerca desse modo de produção, o qual já não se ligaria diretamente à Ásia. Assim, prosseguiu ele:

> Na medida em que de fato se realiza no trabalho, esse tipo de propriedade comum pode aparecer sob duas maneiras. Primeira, as pequenas comunidades podem vegetar independentes, lado a lado, e, dentro de cada uma delas, os indivíduos trabalham também de modo independente, com suas famílias, nas terras que lhes cabem. Segunda, a unidade pode envolver uma organização comum do trabalho, a qual, por sua vez, pode constituir um verdadeiro sistema, como no México e, especialmente, no Peru, entre os antigos Celtas e algumas tribos da Índia. Além disso, o caráter comunal pode aparecer dentro

40 Marx, *Pre-Capitalist Economic Formations*, p.69-70; Id., *Grundrisse*, p.472-3.

> da tribo como uma representação de sua unidade por meio do chefe do parentesco tribal, ou como uma relação entre os chefes das famílias. Daí a forma mais despótica ou mais democrática de uma comunidade. Por isso, as condições comunais para a efetiva apropriação através do trabalho, tais como os sistemas de irrigação (muito importantes entre os povos asiáticos), meios de comunicação e assim por diante, irão aparecer como obra da unidade superior – o governo despótico que paira acima das comunidades menores.[41]

Marx parecia acreditar que tais governos despóticos cobravam de suas populações mão de obra irregular e não qualificada, o que ele chamava de "escravidão generalizada do Oriente"[42] (que, ressaltava ele, não deveria ser confundida com a escravidão propriamente dita da Antiguidade clássica no Mediterrâneo). Nessas condições, as cidades da Ásia em geral eram acidentais e supérfluas:

> As cidades propriamente ditas surgem ao lado dessas aldeias somente naqueles lugares onde a locação é particularmente propícia ao comércio exterior, ou onde o chefe do Estado e seus sátrapas trocam suas rendas (o produto excedente) por trabalho, gastam-nas como fundos de trabalho [...]. A história asiática constitui um tipo de unidade indiferenciada entre cidade e campo (deve-se encarar a cidade grande em si apenas como um acampamento principesco sobreposto à verdadeira estrutura econômica).[43]

Aqui, mais uma vez se ouve com clareza o eco de Bernier, o primeiro a instigar as reflexões de Marx sobre o Oriente, ainda em 1853.

O elemento decisivamente novo dos escritos de Marx de 1857-1858 para aquilo que ele, um ano depois, pela primeira e única vez, formalmente denominaria "modo de produção asiático"[44] foi a ideia de que existia na Ásia e em outros lugares a propriedade tribal ou comunal do solo, nas

41 Marx, *Pre-Capitalist Economic Formations*, p.70-71. Id., *Grundrisse*, p.437-74.

42 Ibid., p.95.

43 Ibid., p.71, 77-8. Id., *Grundrisse*, p.495, 474, 479.

44 "Em linhas gerais, os modos de produção asiático, antigo, feudal e burguês moderno podem ser designados como épocas que marcam o progresso no

mãos de aldeias autossuficientes, por trás do véu oficial da propriedade estatal da terra. Mas, em suas obras completas e publicadas, Marx nunca voltou a endossar essa nova concepção de maneira explícita. Em *O Capital*, pelo contrário, ele praticamente retornou às posições de suas correspondências com Engels. Pois, por um lado, tornou a enfatizar, com mais pormenor que nunca, a importância da estrutura peculiar das comunidades aldeãs indianas, as qual afirmava ser prototípicas de toda a Ásia. Ele as descreveu da seguinte maneira:

> Essas pequenas e antiquíssimas comunidades indianas, algumas das quais sobrevivem até os dias de hoje, baseiam-se na posse comum da terra, na combinação entre agricultura e artesanato, em uma inalterável divisão do trabalho [...]. A constituição dessas comunidades varia nas diferentes partes da Índia. Nas de forma mais simples, a terra é cultivada em comum e a produção, dividida entre seus membros. Ao mesmo tempo, a fiação e a tecelagem cabem a cada família, como atividades secundárias. Ao lado dessas massas ocupadas com um mesmo trabalho, encontramos o "habitante-chefe", que é a um só tempo juiz, policial e coletor de impostos; o guarda-livros, que mantém os números das colheitas e registra tudo o que lhes diz respeito; um outro oficial, que processa os criminosos, protege os estrangeiros em viagem e os escolta até a próxima aldeia; o guarda-fronteiras, que vigia a área contra as comunidades vizinhas; o inspetor de águas, que distribui a água dos tanques comuns para irrigação; o brâmane, que conduz os serviços religiosos; o mestre-escola, que na areia ensina as crianças a ler e escrever; o brâmane-calendário, ou astrólogo, que faz saber os dias de sorte ou azar para o plantio, a colheita e qualquer outro tipo de trabalho agrícola; um ferreiro e um carpinteiro, que fazem e consertam todas as ferramentas agrícolas; o oleiro, que faz toda a cerâmica da aldeia; o barbeiro; o lavadeiro, que lava as roupas; o ourives; e, às vezes, o poeta, que em algumas comunidades substitui o ourives e, em outras, o mestre-escola. Essa dúzia de indivíduos é sustentada por toda

---

desenvolvimento econômico da sociedade." Marx, *Preface to A Contribution to the Critique of Political Economy*, p.21.

a comunidade. Se a população cresce, funda-se uma nova comunidade, com o mesmo padrão da anterior, em terra desocupada.[45]

É de se notar que essa descrição, até mesmo no que diz respeito à ordem com que lista os empregos campestres da aldeia (juiz, inspetor de águas, brâmane, astrólogo, ferreiro, carpinteiro, oleiro, barbeiro, lavadeiro, poeta) repete quase palavra por palavra a passagem da *Filosofia da História* de Hegel que citamos mais acima. As únicas mudanças no *dramatis personae* são o alongamento da lista e a substituição dos termos "Médico, Dançarina, Músico" de Hegel pelos prosaicos "guarda-fronteiras, ourives e mestre--escola" de Marx".[46]

As conclusões políticas que Marx extraiu desse diorama social em miniatura não são menos parecidas com as que Hegel propusera 35 anos antes: a pletora amorfa de aldeias autossuficientes, com cultivo coletivo e união de ofícios e agricultura, era a base social da imutabilidade asiática. Pois as comunidades rurais imutáveis estavam isoladas dos destinos do Estado que pairava sobre elas.

> A simplicidade da organização para a produção nessas comunidades autossuficientes, que se reproduzem sempre da mesma forma e, quando acidentalmente destruídas, renascem no mesmo lugar e com o mesmo nome – essa simplicidade fornece a chave do segredo da imutabilidade das sociedades asiáticas, uma imutabilidade que tanto contrasta com a constante dissolução e refundação das sociedades europeias e suas infindáveis mudanças de dinastias. A estrutura dos elementos econômicos da sociedade continua intacta ante as tempestades do céu político.[47]

45 Marx, *Capital*, v.1, p.357-8.

46 Obviamente, Hegel e Marx usaram a mesma fonte. Louis Dumont observou que o paradigma original dessas descrições estereotipadas era um relatório de Munro, de 1806. Ver: Dumont, The 'Village Community' from Munro to Maine, *Contributions to Indian Sociology*, n.9, dez. 1966, p.70-3. Esse relatório de Munro foi constantemente reiterado e ampliado nas décadas seguintes.

47 Marx, *Capital*, v.1, p.358.

Por outro lado, embora sustentasse que essas aldeias se caracterizavam pela posse comum da terra e, muitas vezes, pelo cultivo comum, Marx já não dizia que elas encarnavam a *propriedade* comunal ou tribal do solo. Ao contrário, ele agora voltava a uma reafirmação direta e inequívoca de sua posição original, segundo a qual as sociedades asiáticas se definiam tipicamente pela propriedade estatal da terra.

> Se os produtores diretos não se confrontam com um proprietário privado, mas se encontram, como na Ásia, sob subordinação direta a um Estado que paira sobre eles, como senhorio e também como soberano, então o arrendamento e os tributos coincidem, ou melhor, não existe tributo que difira dessa forma de arrendamento da terra. Sob essas circunstâncias, não é necessário que haja pressão política ou econômica mais forte que aquelas que são comuns a toda sujeição a tal Estado. O Estado é, portanto, senhor supremo. Aqui a soberania consiste na propriedade da terra concentrada em escala nacional. Mas, por outro lado, não existe propriedade privada da terra, embora haja tanto posse privada quanto comum da terra.[48]

Assim, o Marx maduro de *O Capital* permaneceu substancialmente fiel à imagem clássica da Ásia que ele herdara de uma longa linhagem de predecessores europeus.

Resta ainda considerar as intervenções posteriores e informais de Marx e Engels sobre toda a questão do "despotismo oriental". De saída, pode-se dizer que quase todos esses comentários feitos depois de *O Capital* – a maioria em correspondências – retomam uma vez mais o *leitmotiv* característico dos *Grundrisse*: repetidas vezes ligam a propriedade comunal da terra nas aldeias autossuficientes ao despotismo centralizado, afirmando que a primeira é a base socioeconômica do segundo. No ano de 1881, em rascunhos de cartas para Zasulich, tentando definir a comunidade russa do *mir* sob o czarismo como um tipo no qual a "propriedade da terra é comunal, mas cada camponês cultiva e administra seu lote por sua própria conta", Marx afirmou: "O isolamento das comunidades aldeãs, a ausência de

48 Ibid., v.3, p.771-2.

vínculos entre suas vidas, esse microcosmo preso à localidade, não são em toda parte características imanentes do último dos tipos primitivos. No entanto, onde quer que de fato ocorra, permite a emergência de um despotismo central sobre as comunidades".[49] Engels, de sua parte, reproduziu duas vezes o mesmo tema. Em 1875, muito antes dos intercâmbios entre Marx e Zasulich, ele havia escrito um artigo sobre a Rússia: "O completo isolamento dessas comunidades – que cria no país interesses idênticos, mas, de forma alguma, comuns – é a base natural do despotismo oriental: da Índia à Rússia, onde quer que essa forma social tenha predominado, engendrou tal Estado como seu complemento".[50] Já no ano de 1882, em um manuscrito não publicado sobre a era dos francos na Europa ocidental, ele voltou a observar: "Se o Estado surge em uma época na qual a comunidade aldeã cultiva suas terras em comum, ou pelo menos as loteia por um tempo a diferentes famílias, e se, consequentemente, ainda não emergiu a propriedade privada do solo, como ocorre com os povos arianos da Ásia e os russos, o poder do Estado assume a forma de um despotismo".[51] Por fim, no principal trabalho que publicou nessa época, Engels reafirmou ambas as ideias que, desde o início, haviam recebido mais ênfase em suas reflexões conjuntas com Marx. Por um lado, ele reiterou – após um lapso de duas décadas – a importância das obras hidráulicas para a formação dos Estados despóticos da Ásia. "Por maior que seja o número de despotismos que ascenderam e caíram na Pérsia e na Índia, cada um deles teve plena ciência de que era, acima de tudo, o empreendedor responsável pela manutenção coletiva da irrigação ao longo dos vales dos rios, sem a qual a agricultura ali seria impossível."[52] Ao mesmo tempo, ele asseverou mais uma vez a típica subsistência das comunidades aldeãs com propriedade coletiva da terra sob os despotismos asiáticos. Pois, embora comentasse que "em todo o Oriente [...] a comunidade aldeã ou o Estado é dono

49 Esses comentários são de um segundo rascunho de carta para Zasulich; estão reproduzidos nos textos suplementares de Marx, *Pre-Capitalist Economic Formations*, p.143.

50 Marx; Engels, *Werke*, v.18, p.563.

51 Ibid., v.19, p.475.

52 Engels, *Anti-Duhring*, p.215.

da terra",[53] Engels também declarou que as formas antigas dessas comunidades – ou seja, exatamente aquelas às quais ele atribuía a propriedade comunal – eram a fundação do despotismo. "Onde continuam existindo, as comunas antigas constituem há milênios a base da forma mais cruel de Estado, o despotismo oriental, da Índia até a Rússia.[54]

Essa afirmação categórica pode concluir nossa pesquisa acerca das visões dos fundadores do materialismo histórico sobre a história e a sociedade da Ásia. Como resumi-las? Está claro que a recusa de Marx em generalizar o modo de produção feudal para além da Europa teve uma contraparte em sua convicção, partilhada por Engels, de que havia um "modo de produção asiático" específico e característico do Oriente, que o separava do Ocidente em termos históricos e sociológicos. A marca registrada desse modo de produção – a qual o apartava imediatamente do feudalismo – era a ausência de propriedade privada da terra: para Marx, esta era a primeira "chave" de toda a estrutura do modo de produção asiático. Engels atribuía essa ausência de propriedade agrária individual à aridez climática, que exigia obras de irrigação em larga escala e, portanto, supervisão estatal sobre as forças de produção. Por um tempo, Marx brincou com a hipótese de que a conquista islâmica é que introduzira tal característica no Oriente; mas, depois, adotou a tese de Engels, segundo a qual a agricultura hidráulica provavelmente era a base geográfica da ausência de propriedade privada da terra que distinguia o modo de produção asiático. Mais tarde, porém, Marx passou a acreditar – nos *Grundrisse* – que a propriedade estatal do solo no Oriente ocultava uma propriedade tribal-comunal da terra por aldeias autossuficientes. Já em *O Capital* ele abandonou essa ideia, reafirmando o tradicional axioma europeu sobre o monopólio estatal da terra na Ásia, embora ainda mantivesse sua convicção na importância das comunidades rurais autônomas como base da sociedade oriental. No entanto, ao longo das duas décadas que se seguiram à publicação de *O Capital*, tanto Marx quanto Engels retornaram à ideia de que a base social do despotismo oriental era a comunidade aldeã autossuficiente, com

53 Ibid., p.211.
54 Ibid., p.217.

propriedade agrícola comunal. Por causa dessas oscilações que indicamos acima, não é possível extrair de seus escritos uma explicação de todo consistente ou sistemática sobre o "modo de produção asiático". Mas, dito isso, o esboço do que Marx acreditava ser a arquetípica formação social asiática incluía os seguintes elementos fundamentais: ausência de propriedade privada da terra, presença de sistemas de irrigação em larga escala na agricultura, existência de comunidades aldeãs autárquicas que combinavam ofícios com cultivo e propriedade comunal do solo, estagnação de cidades passivamente rentistas ou burocráticas, domínio de uma máquina estatal despótica que monopolizava o grosso do excedente e funcionava não apenas como aparelho central repressivo da classe governante, mas também como seu principal instrumento de exploração econômica. Entre as aldeias autorreprodutoras "abaixo" e o Estado hipertrofiado "acima", não havia forças intermediárias. O impacto do Estado sobre o mosaico de aldeias era puramente externo e tributário; tanto sua consolidação quanto sua destruição deixavam a sociedade rural intacta. Assim, a história política do Oriente era essencialmente cíclica: não apresentava nenhum desenvolvimento dinâmico ou acumulativo. Uma vez atingido seu nível peculiar de civilização, o resultado seria a secular inércia e imutabilidade da Ásia.

III

A ideia de Marx a respeito do "modo de produção asiático" vem sendo retomada em escala considerável nos últimos anos: cientes dos impasses de um conceito quase universal de feudalismo, muitos autores saudaram a noção de Marx como uma emancipação teórica ante um esquema de desenvolvimento histórico muito rígido e linear. Depois de passar um longo período no esquecimento, o "modo de produção asiático" vive hoje um novo destino.[55] Para nossos propósitos nesta nota, é evidente que a ocupação otomana nos Bálcãs confronta qualquer estudo marxista sobre a história

55 Dois volumes bastam para ilustrar esse fato: a ampla coletânea de ensaios, *Sur Le "Mode de production asiatique"*, que traz uma bibliografia de outras contribuições ao tema; e o compêndio geral de Sofri, *Il modo di produzione asiatico*.

europeia com uma indagação quanto à validade desse conceito de "modo de produção asiático" para o Estado turco, que existiu no mesmo continente europeu, vizinho ao feudalismo. A função original da ideia de Marx é bem clara: em essência, ele a concebeu para explicar por que as grandes civilizações não europeias de sua época, a despeito do altíssimo nível de suas realizações culturais, não haviam conseguido evoluir em direção ao capitalismo da maneira como a Europa fizera. De início, os despotismos orientais que Marx tinha em mente eram os impérios asiáticos recentes ou contemporâneos: Turquia, Pérsia, Índia e China – os mesmos que formaram o centro dos estudos de Jones. Na verdade, boa parte dos dados de Marx diziam respeito apenas ao caso da Índia mogol, destruída pelos britânicos um século antes. No entanto, em passagens um pouco posteriores dos *Grundrisse*, ele estendeu a aplicação de "asiatismo" a um leque muito diferente de sociedades, até mesmo fora da Ásia: notavelmente, as formações sociais americanas do Peru e do México antes da conquista espanhola e também os celtas e outras sociedades tribais. Os motivos para essa derrapagem conceitual ficam evidentes nos rascunhos dos *Grundrisse*. Marx passou a acreditar que a realidade fundamental do modo de produção "asiático" não era a propriedade estatal da terra, nem as obras hidráulicas centralizadas, nem o despotismo político, mas, sim, a "propriedade tribal ou comunal" da terra por aldeias autossuficientes, que combinavam ofícios artesanais com agricultura. Nos termos desse esquema original, toda a ênfase de seus interesses se deslocou do Estado burocrático "acima" para as aldeias autárquicas "abaixo" e, uma vez que essas últimas foram caracterizadas como "tribais" e dotadas de um sistema de produção e propriedade mais ou menos igualitário, abriu-se o caminho para uma extensão indefinida do conceito de modo de produção asiático para sociedades totalmente distintas daquelas que Marx e Engels parecem ter vislumbrado em suas correspondências – nem "orientais" quanto à locação, nem "civilizadas" quanto ao desenvolvimento. Em *O Capital*, Marx hesitou ante a lógica dessa evolução e, em certa medida, voltou para perto de suas concepções originais. Mas, depois, tanto Engels quanto Marx desenvolveram, sem maiores qualificações, os temas da propriedade comunal ou tribal da terra por aldeias autossuficientes como fundamento dos Estados despóticos.

Hoje em dia, percebe-se que os atuais usos e discussões do conceito de modo de produção asiático se concentram principalmente nos rascunhos de 1857-1858 e nas suas continuações dispersas de 1875-1882; ao fazê-lo tendem a radicalizar as inclinações centrífugas que começam a aparecer nos *Grundrisse*. Na verdade, a ideia vem se estendendo em duas direções diferentes. Por um lado, ela teve de voltar muito atrás para incluir sociedades antigas do Oriente Médio e do Mediterrâneo anteriores à época clássica: a Mesopotâmia dos sumérios, o Egito dos faraós, a Anatólia dos hititas, a Grécia micênica e a Itália etrusca. Essa utilização do conceito mantém a ênfase original em um Estado forte e centralizado, muitas vezes com agricultura hidráulica, e enfatiza a "escravidão generalizada" em meio a recrutamentos arbitrários do trabalho não qualificado das populações rurais primitivas aos pés de um poder burocrático superior.[56] Ao mesmo tempo, uma segunda extensão ocorreu em outro rumo. Pois o "modo de produção asiático" também foi ampliado para abranger as primeiras organizações de Estado de formações sociais tribais ou semitribais, com um nível de civilização muito inferior às da Antiguidade pré-clássica: ilhas polinésias, tribos africanas, aldeias ameríndias. Essa utilização normalmente descarta qualquer ênfase em obras de irrigação de larga escala ou em Estados despóticos: enfatiza, essencialmente, a sobrevivência das relações de parentesco, a propriedade rural comunal e a coesa autossuficiência das aldeias. Ela qualifica todo esse modo de produção como "transicional", entre uma sociedade sem classes e uma sociedade de classes, considerando que a segunda conserva muitas características da primeira.[57] O resultado

---

56 O melhor exemplo dessa tendência é o estudo de Parrain, Proto histoire méditerranéenne et mode de production asiatique. In: *Sur Le "Mode de production asiatique"*, p.169-94, que discute as formações sociais megalítica, creto-micênica e etrusca; um ensaio muito interessante, mesmo quando é impossível concordar com suas classificações básicas.

57 Dois dos melhores trabalhos que seguem essa linha são os estudos de Godelier, La Notion de "mode de production asiatique" et les schémas marxistes d'évolution des sociétés. In: *Sur Le "Mode de production asiatique*, p.47-100, e o longo Prefácio a *Sur Les Sociétes pré-capitalistes: textes choisis de Marx, Engels, Lénine*, p.105-42. Esse último também traz aquela que é, de longe, a análise mais precisa e escrupulosa sobre a evolução do pensamento de Marx e Engels a respeito do problema das

dessas duas tendências tem sido uma enorme inflação do escopo do modo de produção asiático – avançando cronologicamente até os primórdios da civilização e geograficamente até as mais longínquas fronteiras da organização tribal. A mistura supra-histórica daí resultante desafia todos os princípios científicos de classificação. O "asiatismo" ubíquo não representa nenhum progresso em relação ao "feudalismo" universal: na verdade, trata-se de um termo ainda menos rigoroso. Que unidade histórica séria poderia existir entre a China Ming e a Irlanda megalítica, o Egito faraônico e o Havaí? Está muito claro que há uma distância inimaginável entre essas formações sociais. As sociedades tribais da Melanésia ou da África, com suas técnicas de produção rudimentares, população mínima, pouco excedente e ausência de escrita, são polos opostos das *Hochkulturen* massivas e sofisticadas do antigo Oriente Médio. Estas, por sua vez, apresentam níveis de desenvolvimento histórico manifestamente distintos daqueles das civilizações do início do Oriente moderno, separadas pelas grandes revoluções na tecnologia, na demografia, na arte da guerra, na religião e na cultura que ocorreram ao longo dos séculos. Misturar essas formas e épocas históricas tão díspares sob uma mesma rubrica[58] é acabar na mesma

---

sociedades "orientais" (p.13-104). As conclusões taxonômicas dos trabalhos de Godelier são, contudo, insustentáveis. Ao realinhar o "modo de produção asiático" ao longo do eixo das sociedades tribais na passagem de uma forma de organização acéfala para uma forma Estatal – deslocando, portanto, todo o conceito muito para trás no "tempo" evolucionário –, o autor, de maneira paradoxal, acaba se obrigando a, uma vez mais, ainda que com certa hesitação, designar como "feudais" as grandes civilizações chinesas e indianas do início da época moderna. Apesar do evidente desconforto do autor, é a própria lógica de seu procedimento que dita essa solução, cuja aporia já demonstramos mais acima: ver: *Sur Le "mode de production asiatique"*, p.90-1; *Sur Les Sociétes pré-capitalistes*, p.136-7. Por outro lado, quando livre de todo o esquema inapropriado do "asiatismo", é extremamente esclarecedora a explicação antropológica de Godelier sobre as diferentes fases e formas de transição das formações sociais tribais para estruturas de Estado centralizadas.

58 A forma mais extrema dessa confusão não é, por certo, obra de um marxista, mas, sim, de uma espécie de sobrevivente do spencerismo: Wittfogel, *Oriental Despotism*. Essa algazarra vulgar e desprovida de qualquer senso histórico joga no mesmo caldeirão Roma imperial, Rússia czarista, Arizona hopi, China sung, África chaga,

reductio ad absurdum que a extensão indefinida do conceito de feudalismo produziu: se tantas formações socioeconômicas diferentes, de níveis civilizatórios tão contrastantes, podem se reduzir a um único modo de produção, então as divisões e mudanças fundamentais da história devem provir de alguma outra fonte, que não tem nada a ver com a concepção marxista de modos de produção. Assim como a de moedas, a inflação de ideias só leva à sua desvalorização.

Mas é no próprio Marx que se encontra a permissão para as sucessivas cunhagens de asiatismos. Pois era o gradual deslocamento de sua ênfase do Estado oriental despótico para a comunidade aldeã autossuficiente que iria possibilitar a descoberta do mesmo modo de produção fora da Ásia, região com a qual ele se ocupara de início. Quando todo o peso de sua análise se transferiu da unidade "ideal" do Estado para a base "real" da propriedade tribal-comunal das aldeias igualitárias, tornou-se imperceptivelmente natural associar as formações sociais tribais ou os Estados antigos de economia rural ainda um tanto primitiva à mesma categoria das civilizações modernas com que Marx e Engels haviam começado suas reflexões: como vimos, o próprio Marx foi o primeiro a fazê-lo. As subsequentes confusões teóricas e historiográficas apontam, inequívocas, para toda a noção de "aldeia autossuficiente" e para sua "propriedade comunal" como a falha empírica básica da construção de Marx. Nessa concepção, os elementos centrais da "aldeia autossuficiente" eram: a união entre os ofícios domésticos e a agricultura, a ausência de troca de mercadorias com o mundo externo, o consequente isolamento e indiferença em relação aos assuntos do Estado, a propriedade comum da terra e, em alguns casos, o cultivo também comum do solo. Foi quase inteiramente sobre seus estudos a respeito da Índia – onde, depois da conquista britânica do subcontinente, os administradores ingleses haviam registrado tal existência – que Marx fundou sua convicção na palingênese dessas comunidades rurais e em seus sistemas de propriedade igualitários. Mas, na verdade, não há evidências históricas de que a Índia tenha testemunhado a propriedade

Egito mameluco, Peru inca, Turquia otomana e Mesopotâmia suméria – para não falar de Bizâncio, Babilônia, Pérsia e Havaí.

comunal, nem durante nem depois da época mogol.[59] Os relatos ingleses sobre os quais Marx se baseou eram produto de erros e distorções dos colonizadores. Da mesma maneira, o cultivo comum nas aldeias também era uma lenda: no início da época moderna, a agricultura sempre foi individual.[60] Além disso, as aldeias indianas, longe de serem igualitárias, sempre se dividiram em castas rígidas, e o que havia de posse compartilhada se restringia às castas superiores, que exploravam as inferiores como rendeiros.[61] Em seus primeiros comentários acerca dos sistemas das aldeias indianas, ainda no ano de 1853, Marx mencionara de passagem que "dentro delas há escravidão e um sistema de castas", que elas eram "contaminadas pelas distinções de casta e pela escravidão"; mas ele não parece ter dado muita importância a essas "contaminações" nas aldeias, as quais, linhas depois, descrevia como "organismos sociais inofensivos".[62] Daí em diante, ele praticamente ignorou toda a imensa estrutura do sistema de castas hindu – mecanismo social básico da estratificação de classe na Índia tradicional. Suas descrições posteriores sobre essas "comunidades aldeãs autossuficientes" não fazem qualquer referência às castas.

Embora Marx acreditasse haver uma liderança política hereditária de tipo "patriarcal" nessas aldeias, tanto na Índia quanto na Rússia, toda a tendência de sua análise – exposta nas correspondências com Zasulich ao longo dos anos 1880, nas quais aprovava a ideia de se fazer na Rússia uma transição direta da comuna aldeã para o socialismo – sugeria que o caráter fundamental das comunidades rurais autossuficientes era o *igualitarismo* econômico primitivo. Essa ilusão fica ainda mais estranha quando lembramos que Hegel, a quem Marx seguiu tão de perto em suas considerações sobre a Índia, fora muito mais cônscio que o próprio Marx a respeito da brutal onipresença da exploração e da desigualdade das castas: *A filosofia da história* dedica uma seção bastante vívida a um tema sobre o qual

59 Ver: Thorner, Marx on India and the Asiatic Mode of Production, *Contributions to Indian Sociology*, n.9, dez. 1966, p.57: um artigo severo e salutar.

60 Ibid., p.57.

61 Dumont, The "Village Community" from Munro to Maine, p.76-80; Habib, *The Agrarian System of Mughal India (1556-1707)*, p.119-24.

62 Ver acima, p.521, 523.

os *Grundrisse* e *O Capital* silenciam.[63] Na verdade, o sistema de castas fazia com que as aldeias indianas – antes e durante os dias de Marx – fossem uma das mais extremas negações da comunidade bucólica "inofensiva" e da igualdade social em todo o mundo. Além disso, as aldeias rurais da Índia jamais estiveram, de forma alguma, "apartadas" do Estado que as cobria, nem "isoladas" de seu controle. Na Índia mogol, o monopólio imperial sobre a terra se impunha por meio de um sistema fiscal que extraía aos camponeses tributos pesados, usualmente pagos em dinheiro ou produtos agrícolas depois revendidos pelo Estado, limitando assim a autarquia "econômica" mesmo das comunidades rurais mais humildes. E, em termos administrativos, as aldeias indianas sempre se subordinaram ao Estado central, pois este nomeava seus chefes.[64] Assim, longe de ser "indiferente" ao jugo mogol, o campesinato indiano acabou se insurgindo em grandes revoltas contra sua opressão, o que apressou sua queda.

A autossuficiência, a igualdade e o isolamento das comunidades aldeãs indianas sempre foram, portanto, um mito: tanto o sistema de castas que existia dentro delas quanto o Estado que se erguia sobre elas impossibilitavam a existência de tais elementos.[65] Na verdade, o equívoco empírico

---

63 Hegel, *The Philosophy of History*, p.150-61. Embora pudesse tranquilamente afirmar que "a Igualdade na vida civil é algo absolutamente impossível" e que "esse princípio nos leva a tolerar uma variedade de ocupações e as distinções de classe que a elas se confiam", Hegel não conseguiu conter sua repulsa ante o sistema de castas indiano, no qual "o indivíduo pertence a certa classe por *nascimento* e a ela se prende até o fim da vida. Toda vitalidade concreta que vem à tona afunda de volta para a morte. Uma corrente ata a vida que estava prestes a irromper." (p.152).

64 "Em todo o país, aqueles que dominavam a aldeia eram aliados do Estado, beneficiários do sistema de exploração. Em todas as aldeias, a camada inferior se compunha de intocáveis, reprimidos à margem da subsistência. A exploração fora das aldeias era sancionada pela força militar; a exploração dentro das aldeias, pelo sistema de castas e suas sanções religiosas." Maddison, *Economic Growth and Class Structure: India and Pakistan since the Moghuls*, p.27. Ver as descrições de Dumont, The "Village Community" from Munro to Maine, op. cit., p.74-5, 88; e Habib, *The Agrarian System of Mughal India*, p.328-38.

65 Na verdade, pode-se dizer que o único elemento correto na imagem que Marx tinha das aldeias indianas era a união entre ofícios e cultivo: mas se tratava de uma característica comum a quase todas as comunidades rurais pré-industriais do mundo, qualquer que fosse seu modo de produção. Esse traço não revelava nada

da imagem que Marx tinha das comunidades aldeãs indianas já se sugeria na contradição teórica que se introduzira em toda a noção de modo de produção asiático. Pois, segundo os princípios mais elementares do materialismo histórico, a presença de um Estado poderoso e centralizado pressupõe uma estratificação de classes desenvolvida, ao passo que o predomínio da propriedade aldeã comunal implica uma estrutura social quase anterior às classes ou desprovida delas. Como conciliar essas duas coisas? De maneira similar, a insistência original de Marx e Engels na importância das obras públicas de irrigação a cargo dos Estados despóticos era um tanto incompatível com sua ênfase posterior na autonomia e na autossuficiência das comunidades aldeãs: pois aquela envolve precisamente a intervenção direta do Estado central no ciclo produtivo das aldeias – a mais extrema antítese do isolamento e da independência econômica.[66] A combinação de um Estado forte e despótico com aldeias comunais é, portanto, intrinsecamente improvável; um cenário praticamente exclui o outro, em termos políticos, sociais e econômicos. Onde surge um Estado central poderoso, surge também uma diferenciação social avançada, e aí sempre se faz presente um complexo novelo de exploração e desigualdade que alcança até mesmo as menores unidades de produção. As concepções de "propriedade tribal ou comunal" e "aldeias autossuficientes" – que abriram caminho para a posterior inflação do conceito de modo de produção asiático – não sobrevivem a uma análise crítica. Ao eliminá-las, libertamos nossa reflexão do falso problema acerca das formações sociais antigas ou tribais. Retornamos, assim, ao foco original das preocupações de Marx: os grandes impérios do início da Ásia moderna, despotismos orientais caracterizados pela ausência de propriedade privada da terra, ponto de partida

---

de específico sobre os campos asiáticos. Além disso, também não impedia que na Índia existisse, ao lado desse padrão de trabalho doméstico, uma considerável troca de mercadorias entre as aldeias.

66 Thorner identifica mais uma contradição: Marx acreditava que a propriedade comunal indiana era a forma de propriedade rural mais antiga do mundo, ponto de partida e chave para todos os tipos ulteriores de desenvolvimento aldeão, mas, mesmo assim, afirmava que as aldeias indianas eram essencialmente estacionárias e não evolutivas – duas posições incompatíveis: Thorner, Marx on India and the Asiatic Mode of Production, op. cit., p.66.

das correspondências entre Marx e Engels sobre os problemas da história asiática. Se a ideia de "comunidades aldeãs" desaparece sob o escrutínio da historiografia moderna, o que se pode dizer sobre o conceito de "Estado hidráulico"?

Pois vale relembrar que os dois traços centrais do Estado oriental que Marx e Engels notaram de início eram a ausência de propriedade privada da terra e a presença de obras hidráulicas públicas e de larga escala. Uma coisa pressupunha a outra: porque era a construção estatal de grandes sistemas de irrigação que possibilitava o monopólio do soberano sobre as áreas agrícolas. Essa interconexão era o fundamento do caráter relativamente estacionário da história asiática, base comum de todos os impérios orientais que a dominaram. Agora é necessário perguntar se a evidência empírica disponível nos dias de hoje confirma essa hipótese. A resposta é não. Ao contrário, pode-se dizer que, paradoxalmente, os dois fenômenos que Marx e Engels destacaram como fundamentais da história asiática representavam princípios de desenvolvimento menos *associados* que *alternativos*. Em linhas gerais, as evidências históricas demonstram que os grandes impérios orientais do início da época moderna, objeto das primeiras preocupações dos dois autores – Turquia, Pérsia e Índia –, embora marcados pela ausência de propriedade privada da terra, jamais possuíram obras de irrigação importantes, ao passo que o império que contava com grandes sistemas de irrigação – a China – era, pelo contrário, marcado pela propriedade privada da terra.[67] Ao invés de coincidirem, os dois termos da combinação proposta por Marx e Engels divergiam. Além disso, a Rússia, que eles repetidas vezes associaram ao Oriente, como exemplo de "despotismo asiático", nunca se caracterizou pelos sistemas de irrigação, nem pela ausência de propriedade privada da terra.[68] A semelhança que

67 Discutiremos as evidências mais adiante.

68 A história das sucessivas "localizações" da Rússia no pensamento político ocidental desde a Renascença é, por si só, um tema significativo e revelador, mas aqui o espaço não permite mais que uma breve alusão. Maquiavel ainda enxergava a Rússia como a "Cítia" clássica da Antiguidade, "uma terra fria e pobre, onde há homens demais para o solo sustentar, de modo que são forçados a migrar, muitas pressões os fazem partir, nenhuma ficar": a Rússia ficava, portanto, para além das fronteiras

Marx e Engels percebiam entre todos os Estados que consideravam asiáticos era enganosa, em grande medida produto da inevitável desinformação de um tempo no qual o estudo histórico do Oriente estava apenas começando na Europa. De fato, nada é mais impressionante que constatar como eles herdaram praticamente *en bloc* um discurso europeu bem tradicional sobre a Ásia e o reproduziram com poucas variações. As duas maiores inovações – já antecipadas *in nuce* por outros autores, como vimos – que Marx e Engels introduziram foram a comunidade aldeã autossuficiente e o Estado hidráulico: cada uma a seu modo, ambas se provaram cientificamente insustentáveis. Sob certos aspectos, pode-se até mesmo dizer que eles regrediram para aquém de seus antecessores na tradição das reflexões europeias sobre a Ásia. Jones teve mais consciência das variações políticas entre os Estados do Oriente; Hegel percebeu com mais clareza o papel das castas na Índia; Montesquieu revelou um interesse mais aguçado pelos sistemas jurídicos e religiosos da Ásia. Nenhum desses autores associou a

---

da Europa, as quais, para Maquiavel, terminavam na Alemanha, Hungria e Polônia, bastiões contra as invasões bárbaras: Marquiavel, *Il principe e Discorsi*, p.300. Bodin, por sua vez, incluía a Moscóvia na Europa, mas a isolava como único exemplo de "monarquia despótica" no continente, em desacordo com todo o padrão institucional do resto da Europa, que, aliás, contrastava com o da Ásia e da África: "Em plena Europa, os príncipes da Tartária e da Moscóvia governam súditos chamados *kholopi*, isto é, escravos". Bodin, *Les Six Livres de la République*, p.201. Dois séculos depois, Montesquieu elogiava o governo russo por ter rompido com os hábitos do despotismo: "Veja com que diligência o governo da Moscóvia procura abandonar um despotismo que pesa mais sobre seus ombros que sobre seus povos". Ele não tinha dúvidas de que agora a Rússia fazia parte da civilidade europeia: "Pedro I deu os costumes e as maneiras da Europa a uma nação da Europa e, ao fazê-lo, encontrou comodidades que ele próprio não esperava". Montesquieu, *De L'Esprit des lois*, v.1, p.66, 325-6. Naturalmente, esses debates tiveram repercussões na Rússia. Em 1767, Catarina II declarou oficialmente, em seu famoso *Nakaz*: "A Rússia é uma potência europeia". Daí em diante, poucos pensadores sérios questionaram essa afirmação. Marx e Engels, porém, com cicatrizes profundas da intervenção contrarrevolucionária do czarismo em 1848, repetida e anacronicamente se referiam ao czarismo como um "despotismo asiático" e, nessa diatribe comum, juntavam a Índia e a Rússia. Ao tom geral das opiniões de Marx sobre a história e a sociedade russas muitas vezes falta equilíbrio ou controle.

Rússia ao Oriente com mais displicência que Marx, e todos eles demonstraram conhecimentos mais seguros sobre a China.

Os comentários de Marx sobre a China de fato fornecem uma ilustração definitiva dos limites de seu entendimento a respeito da história da Ásia. Mesmo que omitida nas principais discussões entre Marx e Engels sobre o modo de produção asiático, as quais envolviam principalmente a Índia e o mundo islâmico, a China não se isentou das concepções que eles produziram.[69] Tanto Marx quanto Engels repetidas vezes se referiram à China em termos que não se distinguiam de sua caracterização geral do Oriente. Na verdade, suas alusões foram, quando muito, bastante imprecisas. O "imperturbável império celestial" era reduto do "arquirreacionarismo e arquiconservadorismo" que constituíam o "extremo oposto da Europa", encerrado em um "isolamento bárbaro e hermético diante do mundo civilizado". A "semicivilização putrefata" do "império mais antigo do mundo" inculcava uma "estupidez hereditária" na população; "vegetando no passar do tempo", era um "representante do mundo antiquado" tentando se "enganar com ilusões de perfeição celestial".[70] Em um importante artigo de 1882, Marx voltou a aplicar ao império chinês sua fórmula padrão de despotismo oriental e modo de produção asiático. Ao comentar a Rebelião Taiping, ele observou que a China, "esse fóssil vivo", agora se convulsionava por causa de uma revolução, acrescentando: "Não há nada de extraordinário nesse fenômeno, pois os impérios orientais apresentam uma permanente imobilidade de suas bases sociais e uma inquieta variação nas pessoas e tribos que tomam o controle da

69 Às vezes se sugere que Marx omitiu a China nas discussões originais de 1853 sobre o despotismo asiático por saber que existia propriedade privada da terra no império chinês do século XIX. Em um artigo de 1859, ele citou um relato inglês que mencionava, entre outras coisas, a existência de propriedade camponesa na China: Marx, Trade with China. In: *Marx on China*, p.91; há também uma passagem de *O Capital* que dá a entender que o sistema de propriedade das aldeias chinesas era mais avançado – ou seja, menos comunal – que o das aldeias indianas: Id., *Capital*, v.3, p.328. Mas, na verdade, como mostram as passagens que discutimos acima, está claro que Marx não fazia nenhuma distinção geral entre a China e o Oriente.

70 Marx; Engels, *On Colonialism*, p.13-6, v.3, 188.

superestrutura política".[71] As consequências intelectuais dessa concepção ficam bastante evidentes nas opiniões de Marx sobre a própria Rebelião Taiping – o maior levante de massas oprimidas e exploradas do mundo em todo o século XIX. Por mais paradoxal que pareça, Marx demonstrou imensa hostilidade e acrimônia para com os rebeldes Taiping, os quais chegou a descrever da seguinte maneira: "Eles são ainda mais abomináveis para as massas populares que para os velhos governantes. Seu destino não parece ser mais que a oposição à inércia conservadora, com um reino de destruição grotesco e detestável em sua forma, uma destruição sem nenhum núcleo novo nem construtivo".[72] Recrutados entre "vagabundos, malfeitores e elementos do lumpemproletariado", com "carta branca para cometer todas as atrocidades imagináveis contra mulheres e crianças", os rebeldes Taiping, "depois de dez anos ruidosa pseudoatividade, destruíram tudo e não produziram nada".[73] Esse vocabulário – acriticamente emprestado de relatórios consulares ingleses – deixa muito bem claro o abismo de incompreensão que separava Marx das realidades do mundo chinês. Na prática, nem Marx nem Engels foram capazes de estudar ou pensar a história da China com a atenção necessária: suas preocupações essenciais estavam em outros lugares.

As tentativas modernas de construir uma teoria bem desenvolvida do "modo de produção asiático" a partir dos legados dispersos de Marx e Engels – seja na direção do "tribal-comunal" ou do "hidráulico-despótico" – estão, portanto, essencialmente desorientadas. Subestimam tanto o peso da problemática anterior que Marx e Engels aceitaram quanto a vulnerabilidade das poucas modificações que eles introduziram. Mesmo que livre dos mitos aldeões, o "modo de produção asiático" continuou sofrendo das fraquezas inerentes a seu funcionamento como categoria

71 Marx; Engels, Chinesisches, In: *Werke*, v.18, p.514. Esse artigo não consta da coleção inglesa *Marx on China* e é posterior a seus textos.

72 Ibid., v.18, p.514. Na verdade, o "reino dos céus" dos Taiping trazia um amplo programa utópico, de caráter igualitário.

73 Ibid., v.15, p.515. É claro que, formalmente, os soldados rasos da rebelião observavam um regime puritano de disciplina e abstinência.

residual genérica e extensível a qualquer desenvolvimento não europeu,[74] combinando características de formações sociais distintas em um mesmo e vago arquétipo. A distorção mais óbvia e gritante que resultou desse procedimento foi a persistente atribuição de um caráter "estacionário" às sociedades asiáticas. Mas, na verdade, a ausência de uma dinâmica feudal de tipo ocidental nos grandes impérios orientais não significa que seu desenvolvimento tenha sido estagnado ou cíclico. Gigantescas mudanças e melhorias marcaram o início da história da Ásia moderna, ainda que elas não tenham desaguado no capitalismo. Essa relativa ignorância produziu a ilusão de que os impérios orientais tinham um caráter "estacionário" ou "idêntico", quando, na verdade, é sua *diversidade* e *desenvolvimento* que hoje em dia chamam a atenção dos historiadores. Sem nos arriscarmos a nada mais que algumas breves sugestões, podemos dizer que, mesmo na Ásia que constituía o foco dos interesses originais de Marx e Engels, o contraste entre os sistemas sociopolíticos islâmico e chinês já era mais que eloquente. A expansão histórica de ambos fora enorme e só se inter-

74 Ernest Mandel sublinha, com toda razão, que a verdadeira função original do conceito para Marx e Engels era a de tentar explicar "o desenvolvimento *especial* do Oriente em comparação com a Europa mediterrânea e ocidental": Mandel, *The Formation of the Economic Thought of Karl* Marx, p.128. Esse livro contém a mais aguçada crítica marxista das versões "tribais-comunais" do modo de produção asiático, p.124-32. Mas padece de uma confiança indevida nas versões "hidráulicas". Com justiça, Mandel acusa Godelier e outros autores de "reduzirem gradualmente as características do modo de produção asiático àquelas que marcam *todas* as primeiras manifestações do Estado e das classes dominantes em uma sociedade que ainda se baseia essencialmente na comunidade aldeã" e ressalta que, "nos escritos de Marx e Engels, a ideia de um modo de produção asiático não se relaciona apenas a uma sociedade 'primitiva' da Índia ou da China, perdida nas brumas do passado, mas sim às sociedades indianas e chinesas tais como eram quando o capitalismo industrial europeu as encontrou no século XVIII, às vésperas da conquista (Índia) ou da penetração massiva (China) do capital nesses países" – uma sociedade que "não era, de forma alguma, 'primitiva', no sentido de não haver classes sociais bem definidas ou constituídas": Ibid., p.125, 127, 129. Mas o autor não vê em que medida o próprio Marx foi a fonte dessa confusão. Ao reafirmar a centralidade do tema das funções hidráulicas de um Estado altamente desenvolvido – e até mesmo hipertrofiado – dentro do modo de produção asiático, Mandel não se dá conta da fragilidade factual dessa hipótese.

rompera pouco tempo antes. A civilização islâmica alcançara seu máximo alcance geográfico na virada do século XVII: conquistara o sudeste da Ásia, convertera boa parte da Indonésia e da Malaia, e, acima de tudo, três grandes impérios islâmicos – a Turquia otomana, a Pérsia safávida e a Índia mogol – coexistiam na mesma época, cada um com vasta riqueza econômica e poderio militar. A civilização chinesa atingiu sua maior expansão e prosperidade durante o século XVIII, quando a dinastia Ch'ing tomou as imensidões da Mongólia, Sinkiang e Tibete, dobrando a população em menos de um século, chegando a níveis cinco vezes mais altos que trezentos anos antes. Mas as estruturas socioeconômicas e os sistemas estatais de cada império eram muito distintos, em contextos geográficos muito diferentes. Nas observações que se seguem, não tentaremos definir os *modos de produção* fundamentais nem as complexas combinações que constituíram as sucessivas formações sociais da história islâmica ou chinesa: aqui, podemos tomar o termo genérico "civilização" simplesmente como um andaime verbal convencional que esconde esses problemas concretos e não resolvidos. Mas, mesmo sem abordá-los diretamente, poderemos fazer certos contrastes preliminares, sujeitos a correções ulteriores, necessárias e inevitáveis.

IV

Os impérios muçulmanos do início da época moderna, dos quais o otomano era o mais visível para a Europa, tinham uma longa ancestralidade institucional e política. Pois o modelo original de conquista e conversão dos árabes estabelecera o curso da história islâmica de acordo com certas linhas às quais ela parece ter se mantido sempre fiel. Os nômades dos desertos e os mercadores das cidades foram os dois grupos sociais que, embora o houvessem rejeitado de início, asseguraram o êxito de Maomé no Hejaz: seus ensinamentos, sem dúvida, forneceram a unificação ideológica e psíquica exata para uma sociedade cuja coesão de clãs e parentescos vinha se dilacerando cada vez mais com as divisões de classe nas ruas e as contendas tribais nas areias, ao mesmo passo que a troca de mercadorias dissolvia os laços e costumes tradicionais ao longo das rotas comerciais do norte da península.[75] As tribos beduínas da Arábia, como qualquer outro povo pastoril nômade, haviam combinado a propriedade individual dos rebanhos com o uso coletivo da terra:[76] a propriedade privada agrária era estranha aos desertos do norte da Arábia e também à Ásia central. Por outro lado, os ricos mercadores e banqueiros de Meca e Medina possuíam terras tanto nas áreas urbanas quanto nas cercanias rurais.[77] Quando ocorreram as primeiras vitórias islâmicas, das quais ambos os grupos participaram, a distribuição do solo conquistado refletiu as concepções dos citadinos: Maomé aprovou a divisão do espólio – inclusive da terra – entre os fiéis. Mas, quando os exércitos árabes varreram o Oriente Médio nas grandes *jihads* islâmicas do século VII, depois da morte de Maomé, as tradições beduínas foram se reafirmando sob uma forma nova. Para começar, nos impérios bizantino e persa, as herdades régias ou pertencentes a inimigos que haviam caído pela força das armas foram confiscadas e apropriadas pela comunidade islâmica, a *Umma*, comandada pelo califa que herdara a autoridade do profeta; já as que pertenciam a infiéis que negociaram rendição continuavam em suas mãos, sujeitas ao pagamento de tributos; e os soldados árabes recebiam arrendamentos, ou *qat'ia*, em terras confiscadas, ou podiam comprar propriedades fora da Arábia, sujeitas ao dízimo religioso.[78]

Mas, em meados do século VIII, emergiu um imposto sobre a terra mais ou menos uniforme, o *kharaj*, que todos os agricultores tinham de pagar ao califado, qualquer que fosse sua fé – sendo que os incrédulos deviam ainda um tributo discriminatório, o *jizya*. Ao mesmo tempo, a categoria de terras "tomadas" cresceu bastante em relação às "negociadas".[79] Essas mudanças se cristalizaram no estabelecimento formal, sob Umar II (717-720), da doutrina pela qual todas as terras eram, por direito de conquista,

75 Sobre o contexto social da emergência do Islã, ver: Watt, *Muhammad at Mecca*, p.16-20, 72-9, 141-4, 152-3.

76 Lewis, *The Arabs in History*, p.29.

77 Løkkegaard, *Islamic Taxation in the Classical Period*, p.20, 32.

78 Mantran, *L'Expansion musulmane (VIIe-XIe siècles)*, p.105-6, 108-10; Lewis, *The Arabs in History*, p.57.

79 Løkkegaard, *Islamic Taxation in the Classical Period*, p.77.

propriedade do soberano, sobre as quais os súditos pagavam arrendamentos ao califa. "Em sua forma definitiva, essa concepção de *fay* (pilhagem) significa que, em todos os países conquistados, o Estado reserva para si o direito absoluto sobre todas as terras."[80] Daí em diante, os vastos territórios recém-adquiridos do mundo muçulmano passaram a ser, portanto, propriedade do califado; e, a despeito das muitas interpretações distintas e derrogações locais, o monopólio estatal sobre a terra se tornou um cânone jurídico tradicional dos sistemas políticos islâmicos – desde os Estados omíada e abássida até a Turquia otomana ou a Pérsia safávida.[81] Assim, não era inteiramente infundada a suspeita original de Marx, segundo a qual a difusão desse princípio na Ásia talvez se devesse, em grande medida, à conquista islâmica. É claro que sua operação prática era quase sempre frouxa e imperfeita, especialmente nas fases iniciais da história islâmica – os séculos "árabes" propriamente ditos, depois da Hégira. Pois nenhum mecanismo político da época era capaz de impor um controle estatal pleno e eficiente sobre todas as propriedades agrárias. Além disso, a própria existência jurídica de tal monopólio inevitavelmente bloqueava o surgimento de categorias precisas e unívocas de *propriedade* da terra, uma vez que a noção de "propriedade" sempre envolvia a pluralidade e a negatividade: a plenitude de um único dono exclui as divisões necessárias que dão à propriedade suas fronteiras e limites.

Assim, como já se disse muitas vezes, o estado característico das leis islâmicas a respeito da propriedade da terra era de "vacilação" e "caos" endêmicos.[82] Essa confusão se agravava com o caráter religioso da jurisprudência muçulmana. A lei sagrada, *shari'a*, que se desenvolveu durante o segundo século depois da Hégira e alcançou a aceitação formal do califado abássida, compreendia "um corpo muito abrangente de deveres religiosos, a totalidade dos mandamentos de Alá que regulamentavam todos os aspectos da vida de todo muçulmano".[83] Exatamente por esse motivo,

80 Ibid., p.49.

81 Levy, *The Social Structure of Islam*, p.401; De Planhol, *Les Fondéments géographiques de l'histoire de l'Islam*, p.54.

82 Ver os adendos típicos de Løkkegaard, *Islamic Taxation in the Classical Period*, p.44, 50.

83 Schacht, *An Introduction to Islamic Law*, p.1-2, 200-1.

sua interpretação era objeto de disputas teológicas entre escolas rivais. Além disso, embora suas asserções fossem, em princípio, universais, na prática o governo secular existia como um reino à parte: o soberano gozava de um poder discricionário quase ilimitado para "completar" a lei sagrada nas matérias que afetavam diretamente o Estado – sobretudo na guerra, na política, nos impostos e no crime.[84] No Islã clássico havia, portanto, um abismo constante entre a teoria jurídica e a prática legal, expressão inevitável da contradição entre uma organização política secular e uma comunidade religiosa no seio de uma civilização que não conhecia nenhuma distinção entre a Igreja e o Estado. Dentro da *Umma* sempre existiram "duas justiças". Além disso, a diversidade das escolas religiosas de jurisprudência impossibilitava qualquer codificação sistemática até mesmo da lei sagrada. O resultado barrou a emergência de qualquer tipo de ordem jurídica mais lúcida ou precisa. Dessa maneira, na esfera agrícola, a *shari'a* não desenvolveu praticamente nenhum conceito claro e específico de propriedade, e a prática administrativa continuou ditando normas que não tinham relação com ele.[85] Por isso, o que prevaleceu para além do direito supremo do governante sobre a totalidade do solo foi uma extrema *indeterminação* jurídica a respeito da terra. Depois das conquistas iniciais dos árabes no Oriente Médio, o campesinato local das terras subjugadas continuou tranquilo com a posse de seus lotes: por serem terras *kharaj*, eram vistas como parte do *fay* coletivo dos conquistadores e, portanto, propriedade estatal. Na prática, havia poucas restrições – e, inversamente, poucas garantias – ao uso da terra pelos camponeses que a cultivavam; mas, em algumas áreas, como no Egito, o Estado impunha seus direitos de propriedade com bastante rigidez.[86] De maneira similar, os *qat'ia* distribuídos aos

84 Ibid., p.54-5, 84-5.

85 "A teoria do direito islâmico desenvolveu, portanto, apenas alguns rudimentos de uma lei especial de propriedade imobiliária; na prática, as condições de posse da terra eram, muitas vezes, diferentes da teoria, variando conforme o local e a época" Ibid., p.142.

86 Cahen, *L'Islam des origines au début de l'Empire Ottomane*, p.109: sobre as condições agrárias gerais desse período, ver p.107-13. O livro de Cahen é a mais sólida síntese recente sobre a época árabe do Islã.

soldados islâmicos na época omíada eram, em teoria, arrendamentos enfitêuticos de domínios públicos, mas, na prática, podiam se tornar hipotecas pessoais de quase-propriedade. Por outro lado, a herança divisível governava esses *qat'ia* e outras formas de posse individual e normalmente prevenia a consolidação de grandes herdades hereditárias no quadro geral da lei sagrada. Universais, a ambiguidade e a improvisação sempre assombraram a propriedade fundiária no mundo muçulmano.

Nos grandes impérios islâmicos, o corolário da ausência jurídica de uma propriedade privada da terra estável foi a espoliação econômica da agricultura. Na sua manifestação mais extrema, esse fenômeno típico tomou a forma da "beduinização" de vastas áreas de cultivo camponês, as quais se converteram em terras áridas e abandonadas sob o impacto da invasão pastoral e da pilhagem militar. Em geral, as primeiras conquistas árabes no Oriente Médio e no norte da África parecem ter preservado ou restaurado os padrões agrários preexistentes, ainda que sem muito lhes acrescentar. Mas as ondas seguintes de invasão nômade que pontuaram o desenvolvimento do Islã se provaram, no mais das vezes, bastante destrutivas para as lavouras. Os dois casos mais extremos seriam a devastação da Tunísia pelos hilalis e a beduinização da Anatólia pelos turcomanos.[87] Nesse sentido, a tendência histórica de longo prazo viria a desenhar uma curva descendente. Mas, desde o início, estabeleceu-se por quase toda parte, mediada pela estrutura tributária do Estado, uma divisão permanente entre a produção agrícola rural e a apropriação de excedente urbana. Não surgiu no campo nenhuma relação direta entre senhor e camponês: em vez disso, era o Estado que arrendava certos direitos de exploração rural a funcionários militares ou civis, moradores das cidades – em essência, a arrecadação do imposto sobre as terras *kharaj*. O resultado foi o *'iqta* árabe, precursor do *timar* otomano e do *jagir* mogol. Os *'iqta* abássidas

87 Cahen, *L'Islam*, p.103, insiste na distinção entre as conquistas iniciais do século VII e as devastações nômades que vieram depois, tendendo a atribuir as piores destas últimas às invasões mongóis não islâmicas do século XIII, p.247. De Planhol é muito mais abrangente: ver seu relato vívido sobre o processo de beduinização da agricultura islâmica, De Planhol, *Les Fondéments géographiques de l'histoire de l'Islam*, p.35-7.

eram, na verdade, concessões de terras a guerreiros, as quais assumiam a forma de licenças fiscais distribuídas a *rentiers* urbanos absenteístas, para oprimir pequenos lavradores camponeses.[88] Os Estados dos buídas e do seldjúcidas, bem como o dos primórdios da dinastia osmanli, exigiam serviços militares daqueles que detinham esses arrendamentos – ou suas versões posteriores –, mas a tendência natural do sistema sempre foi degenerar em uma cobrança de impostos parasitária – o *iltizam* do final da época otomana. Mesmo com um rigoroso controle central, o monopólio estatal da terra – filtrado pela comercialização dos direitos absenteístas de exploração – constantemente reproduzia um ambiente geral de incerteza jurídica e impedia qualquer vínculo positivo entre quem lucrava com o solo e quem o cultivava.[89] Em consequência, as obras hidráulicas de larga escala dos regimes anteriores foram, na melhor das hipóteses, mantidas e reparadas – e, na pior, destruídas ou abandonadas. Os primeiros séculos do jugo omíada e abássida testemunharam a manutenção geral dos canais herdados na Síria e no Egito, além de alguma ampliação do sistema subterrâneo de *qanat* na Pérsia. Mas, já no século X, a rede de canais da Mesopotâmia estava decadente, com o nível dos solos subindo e os cursos d'água rareando.[90] Jamais se construiu um sistema de irrigação de escala comparável à das antigas barragens do Iêmen, cuja ruína foi o prólogo propício

88 Sobre as mudanças na forma e na função dos *'iqta*, ver: Cahen, L'Évolution de *'Iqta* du XIe au XIIe siècle, *Annales ESC*, n.1, jan.-mar. 1953, p.25-52.

89 Ver as páginas memoráveis de Planhol, op. cit., p.54-57. Com o desprezo que lhe era característico, Ibn Khaldun lançou camponeses e pastores a um mesmo opróbio, tomando-os por habitantes primitivos do interior rural: como diz Goitein, para ele "tanto os felás quanto os beduínos se encontravam para além dos limites da civilização". Goitein, *A Mediterranean Society*, v.1, p. 75.

90 Sourdel, *La Civilisation de l'Islam classique*, p.272-87, analisam o papel e o destino das obras hidráulicas nas épocas omíada e abássida; ver, especialmente, p.279, 289. Os autores enfatizam que o sistema de irrigação iraquiano já estava em completo declínio muito antes das invasões mongóis, às quais tantas vezes se atribuiu seu colapso. Os *qanat* subterrâneos da Pérsia, traços fundamentais do Estado aquemênida, remontavam a mais de mil anos antes da conquista islâmica. Ver: Goblot, Dans l'ancien Iran, les techniques de l'eau et la Grande Histoire, *Annales ESC*, maio-jun. 1963, p.510-1.

ao nascimento do Islã na Arábia.[91] O moinho de vento, única invenção importante nos campos depois da conquista árabe do Oriente Médio, surgiu na Pérsia, na região de Sistan, e parece ter beneficiado mais a agricultura europeia que a islâmica. A indiferença ou o desprezo pela agricultura impediu até mesmo que a servidão se estabilizasse: a classe exploradora nunca enxergou a mão de obra como algo precioso o bastante para fazer da adscrição camponesa um imperativo. Nessas condições, a produtividade agrícola dos países agrários só estagnou e regrediu, muitas vezes deixando um panorama rural de "mediocridade desoladora".[92]

Duas notáveis exceções confirmam, à sua maneira, essas regras gerais dos campos do Islã. Por um lado, o baixo Iraque sob o jugo abássida do século VIII era cenário para plantações de açúcar, algodão e índigo, que os mercadores de Basra organizavam como empreendimentos comerciais avançados, em terras pantanosas agora aproveitadas. A exploração racional dessa economia agrícola – que prefigurou os complexos sucraleiros do colonialismo europeu no Novo Mundo – estava muito longe do padrão de fiscalismo indolente: mas se baseava precisamente no uso massivo de escravos africanos importados de Zanzibar. A escravidão rural, contudo, sempre foi estranha à agricultura islâmica como um todo: as plantações do Iraque continuaram sendo um episódio isolado, que só sublinhava a ausência de uma capitalização da produção comparável em qualquer outra parte do Islã.[93] Por outro lado, é de se notar que a horticultura sempre ocupou

91 A misteriosa queda das grandes barragens de Marib, no Iêmen, coincidiram com o deslocamento da vitalidade econômica e social do sul para o norte da Arábia no século VI; Engels sabia muito bem da importância da regressão do Iêmen para a ascensão do Islã em Hejaz, embora a datasse de maneira indevida e a atribuísse quase exclusivamente à invasão etíope: Marx; Engels, *Selected Correspondence*, p.82-3.

92 A expressão é de Planhol, op. cit., p.57. Pode-se encontrar um relato mais otimista em: Cahen, Economy, Society, Institutions. In: *The Cambridge History of Islam*, v.2, p.511-2. Planhol acriticamente equipara os padrões culturais islâmicos aos da Antiguidade clássica e faz generalizações indevidas. Mas suas análises geográficas concretas sobre os resultados finais do desdém dos muçulmanos pelo cultivo têm, no mais das vezes, muita força.

93 Sobre as plantações *zanj*, ver Lewis, *The Arabs in History*, p.103-4.

uma posição especial nos sistemas agrários islâmicos, alcançando elevados níveis técnicos e inspirando tratados sobre plantas e arbustos, desde a Andaluzia até a Pérsia.[94] O motivo é revelador: normalmente, os jardins e pomares se concentravam nas cidades ou nos subúrbios e, portanto, ficavam fora do âmbito da propriedade estatal da terra prescrita pela tradição, que sempre permitira a propriedade privada do solo urbano. Assim, a horticultura equivalia ao setor "de luxo" da indústria, patrocinada pelos ricos e poderosos que desfrutavam do prestígio das cidades, à sombra de cujos minaretes e palácios cresciam jardins muito bem cuidados.

Pois o mundo islâmico sempre foi, desde as primeiras conquistas árabes, um vasto sistema de cidades em arco, separadas por um campo a que negligenciavam ou desprezavam. Nascida na cidade comercial de Meca e herdeira do legado metropolitano da Antiguidade tardia do Mediterrâneo e da Mesopotâmia, a civilização muçulmana era indefectivelmente urbana e, desde o princípio, incentivou a produção de mercadorias, os empreendimentos mercantis e a circulação monetária nas cidades que a uniam. De início, os nômades árabes que conquistaram o Oriente Médio formaram seus próprios acampamentos militares no deserto, às margens das capitais existentes, que depois se tornaram grandes cidades – Kufa, Basra, Fostat, Kairuan. Depois, com a estabilização do jugo islâmico do Atlântico ao Golfo Pérsico, ocorreu nas regiões mais privilegiadas do califado uma expansão urbana de velocidade e escala talvez inigualáveis. De acordo com uma estimativa recente (e, sem dúvidas, exagerada), a cidade de Bagdá atingiu uma população de 2 milhões de habitantes em menos de meio século, de 762 a 800.[95] Em parte, essa urbanização concentrada em locais específicos refletiu o "*boom* do ouro" das épocas omíada e abássida, quando

94 Planhol, *Les Fondéments géographiques*, p.57; Miquel, *L'Islam et sa civilisation, VIIe-XXe siècles*, p.130, 203; Habib, Potentialities of Capitalist Development in the Economy of Mughal India, *The Journal of Economic History*, XXIX, mar. 1969, p.46-7, 49.

95 Lombard, *L'Islam dans sa Première Grandeur (VIIe-XIe siècles)*, p.121. Von Grunebaum, *Classical Islam*, p.100, calcula, em contraste, uma população de 300 mil habitantes em Bagdá. Cahen acha impossível avaliar com precisão o tamanho de qualquer cidade dessa época: Cahen, Economy, Society, Institutions, p.521. Mantran faz ressalvas às estimativas de Lombard sobre a escala dos primórdios da urbanização islâmica: *L'Expansion musulmane*, p.270-1.

os tesouros egípcios e persas entraram em circulação, a produção sudanesa se canalizou para o mundo muçulmano e as técnicas de mineração se aprimoraram bastante com o uso do amálgama de mercúrio. E, em outra parte, essa urbanização foi resultado da criação de uma zona comercial unificada de dimensões intercontinentais. Na crista dessa onda de prosperidade comercial, a classe mercante dos árabes tinha o respeito e a estima da lei religiosa e da opinião pública: a vocação de mercador ou manufatureiro era sancionada pelo Corão, que jamais dissociou lucro e fé.[96] Os dispositivos financeiros e empresarias do comércio islâmico se aperfeiçoaram muito em pouco tempo: de fato, a instituição da *commenda* – que depois viria a ter um papel tão importante na Europa medieval – talvez tenha sido inventada no Oriente Médio.[97] Além disso, as fortunas dos mercadores árabes já não se limitavam a viajar pelas caravanas. Poucos aspectos da expansão islâmica foram mais impressionantes que a velocidade e a facilidade com que os árabes do deserto dominaram o mar. O Mediterrâneo e o Índico se reuniram em um mesmo sistema marítimo pela primeira vez desde a época helenística, com os navios muçulmanos do califado abássida se aventurando desde o Atlântico até o mar da China. Equilibrado entre a Europa e a China, o mundo islâmico dominava o comércio ente o Ocidente e o Oriente. A riqueza acumulada nas transações estimulou as manufaturas, sobretudo os têxteis, o papel e a porcelana. Enquanto os preços subiam a firme compasso e os campos sucumbiam à depressão, o artesanato urbano e o consumo luxuoso floresciam nas cidades. Essa configuração não foi exclusiva do califado abássida. Os impérios islâmicos seguintes sempre se caracterizaram pelo extraordinário crescimento das principais cidades: Constantinopla, Isfahan e Délhi são os exemplos mais famosos.

Mas a opulência e a magnitude econômica dessas cidades islâmicas não se faziam acompanhar por nenhuma autonomia municipal nem ordem cívica. As cidades não tinham identidade política corporativa, e seus

96 A principal análise sobre essa questão é de Rodinson, *Islam and Capitalism*, p.28-55. Rodinson também critica o argumento de Weber segundo o qual a ideologia islâmica era, de modo geral, avessa à atividade comercial racionalizada: p.103-17.

97 Ver a análise de: Udovitch, Commercial Techniques in Early Mediaeval Islamic Trade. In: Richards (Org.), *Islam and the Trade of Asia*, p.37-62.

mercadores mostravam pouca força social coletiva. Não se conheciam cartas urbanas, e a vida da cidade se sujeitava aos anseios mais ou menos arbitrários dos príncipes e emires. Os mercadores podiam galgar as mais altas posições políticas nos conselhos dinásticos;[98] mas seu sucesso pessoal ficava invariavelmente exposto às intrigas e ameaças, sua riqueza sempre sob a possibilidade do confisco dos governantes militares. A simetria e a ordem municipal das últimas cidades clássicas que haviam caído diante dos exércitos árabes exerceram, de início, uma certa influência sobre as cidades que as sucederam no novo sistema imperial; mas essa influência logo se desvaneceu, seguindo lembrada apenas em uns poucos conselhos privados ou palacianos de alguns governantes que vieram depois.[99] Assim, as cidades islâmicas não viriam a conhecer nenhum tipo de estrutura interna coerente, fosse administrativa ou arquitetônica. Eram confusas, labirintos amorfos de ruas e edificações, sem centros nem espaços públicos, concentradas apenas nas mesquitas e bazares e nos comércios locais que os cercavam.[100] Assim como não havia nenhuma associação mercantil ou profissional que organizasse o corpo de proprietários, também não existiam guildas que protegessem ou regulamentassem a atividade dos pequenos artesãos das grandes cidades árabes.[101] No máximo, eram os grupos de vizinhos e as fraternidades religiosas que forneciam um abrigo coletivo e modesto para a vida do povo, em meio a um ambiente urbano que se confundia com os subúrbios e as vilas rurais. Abaixo dos artesãos devotos, entre desempregados e elementos do lumpemproletariado, normalmente pairava um submundo de gangues de mendigos e criminosos.[102]

---

98 Para alguns exemplos, ver: Goitein, *Studies in Islamic History and Institutions*, p.236-9.

99 Sourdel, *La Civilisation de l'Islam classique*, p.424-7.

100 Planhol, *Les Fondéments géographiques*, p.48-52, desenha um retrato bastante preciso, mesmo que talvez antecipe um pouco o início da desordem típica das cidades islâmicas: comparar com Sourdel, *La Civilisation de l'Islam classique*, p.397-9, 430-1.

101 Para a mais recente reafirmação da completa ausência de guildas islâmicas antes do final do século XV, ver: Baer, Guilds in Middle Eastern History. In: Cook (Org.), *Studies in the Economic History of the Middle East*, p.11-7.

102 Essas características são descritas por Lapidus, *Muslim Cities in the Later Middle Ages*, p.170-83 (gangues de mendigos e criminosos) e Id., Muslim Cities and Islamic Societies. In: ______ (Org.), *Middle Eastern Cities*, p.60-74 (ausência de

O único grupo institucional que conferia uma certa coesão à cidade era o ulemato – o qual, demonstrando um zelo religioso um tanto volúvel e combinando papéis clericais com seculares, até certo ponto conseguia mediar e unir a população sob o príncipe e sua guarda.[103] No entanto, eram esses últimos que decidiam o destino das cidades. Crescendo de maneira desordenada, sem planos nem constituições, as cidades islâmicas viam sua sorte nas mãos do Estado cuja fortuna lhes conferira sua prosperidade.

Os Estados islâmicos, por sua vez, vinham de uma ascendência nômade: os sistemas políticos dos omíadas, hamdanidas, seldjúcidas, almorávidas, almôadas, osmanlis, safávidas e mogóis derivavam de confederações de nômades do deserto. Até mesmo o califado abássida, cuja origem talvez fosse a mais urbana e estabelecida, extraiu boa parte de sua força militar inicial das colônias tribais do Khorasan. Todos esses Estados islâmicos, assim como o próprio Império Otomano, tinham uma natureza essencialmente guerreira e saqueadora: fundadas na conquista, sua lógica e estrutura eram militares. A administração civil propriamente dita, como esfera funcional em si, nunca chegou a controlar a classe dominante: a burocracia de escribas não se desenvolveu para muito além das necessidades da cobrança de impostos. A máquina estatal constituía, em grande medida, um consórcio de soldados profissionais, que se organizavam em corpos bem centralizados ou de forma mais difusa, mas, em todo caso, sustentados pelas receitas das terras públicas. A sabedoria política do Estado islâmico típico se condensava no expressivo apotegma de seus manuais de governo: "O mundo é antes de tudo um jardim verdejante cujo cerco é o Estado, o Estado é um governo cuja cabeça é o príncipe, o príncipe é um pastor assistido pelo exército, o exército é um corpo de guardas mantido pelo dinheiro, e o dinheiro é o recurso indispensável provido pelos súditos".[104] A lógica linear desses silogismos teve consequências

comunidades urbanas bem delimitadas e de cidades autossuficientes). Lapidus reclama dos tradicionais contrastes entre as cidades do Islã e da Europa ocidental, mas suas descrições, ainda que os refine, também reforçam esses contrastes de maneira bastante vívida.

103 Lapidus, *Muslim Cities in the Later Middle Ages*, p.107-13.

104 Sourdel, *La Civilisation de l'Islam classique*, p.327.

estruturais curiosas. Pois foi a combinação da rapina militar com o desprezo pela produção agrícola que parece ter dado origem ao fenômeno peculiar de uma guarda de elite composta por escravos que, seguidas vezes, chegaram a comandar o próprio aparelho do Estado. O *devshirme* otomano foi apenas o exemplo mais desenvolvido e sofisticado desse sistema especificamente islâmico de recrutamento militar que iria se espalhar por todo o mundo muçulmano.[105] Os oficiais escravos turcos da Ásia central fundaram o Estado gaznévida em Khorasan e dominaram o califado abássida em decadência no Iraque; regimentos de escravos núbios cercaram o califado fatímida; escravos circassianos e turcos trazidos do Mar Negro administraram o Estado mameluco no Egito; escravos eslavos e italianos comandaram os últimos exércitos do califado omíada na Espanha e criaram seus próprios reinos *taifa* na Andaluzia, quando o califado caiu; escravos georgianos e armênios formaram os regimentos de elite *ghulam* do Estado safávida na Pérsia, sob o xá Abbas.[106] O caráter estrangeiro e servil dessas tropas palacianas correspondia à estranha lógica estrutural das sucessivas organizações políticas islâmicas. Pois os guerreiros tribais nômades que as fundavam não conseguiam manter sua natureza beduína por muito tempo depois da conquista: após a sedentarização, os clãs e a transumância desapareciam juntos. Por outro lado, eles também não se convertiam de imediato em uma nobreza rural de propriedades hereditárias, tampouco em uma burocracia escriba organizada para a administração civil: o tradicional desprezo pela agricultura e pelas letras impedia ambas possibilidades, e sua independência turbulenta os fazia resistir a uma hierarquia militar

---

105 Para alguns comentários, mesmo que incompletos, ver: Levy, *The Social Structure of Islam*, p.74-5, 417, 445-50. Não existe uma pesquisa sistemática e adequada sobre esse fenômeno. Cahen observa que as guardas de escravos foram um pouco menos importantes na parte oeste do mundo islâmico (Espanha e norte da África), uma região menos desenvolvida em termos políticos: Cahen, *L'Islam*, p.149.

106 O último caso que citamos acima fornece um exemplo particularmente claro e bem documentado dos propósitos políticos a que esses corpos de guarda serviam, talvez por ser o mais recente. A dinastia georgiana criou as unidades de cavalaria *ghulam* especificamente para salvá-la da turbulência das tribos turcomanas qizilbash, as mesmas que haviam levado a casa safávida ao poder. Ver: Savory, Safavid Persia,. In: *The Cambridge History of Islam*, v.1, p.407, 419-30.

mais rigorosa. Assim, quando se estabeleciam no poder, as dinastias vitoriosas muitas vezes se viam obrigadas a criar unidades de escravos especiais como núcleo de seus exércitos. Como quase não existia escravidão agrícola, a escravidão pretoriana pôde se tornar uma honra. Na verdade, os vários corpos de guarda islâmicos representavam o que havia de mais próximo a uma elite puramente militar concebível para a época, apartados de qualquer papel agrícola ou pastoral e alheios às organizações de clã – teoricamente capazes, portanto, de oferecer lealdade incondicional ao governante, pois a condição escrava era uma garantia de sua obediência militar. Mas é claro que, na prática, também eram capazes de tomar o poder supremo para si mesmos. Seu predomínio foi sinal da duradoura ausência de uma nobreza territorial no mundo islâmico.

É claro que as características esboçadas acima sempre se distribuíram de maneira desigual pelas várias épocas e regiões da história muçulmana; mas, à primeira vista, parece ter existido uma semelhança entre a maioria dos Estados islâmicos – pelo menos quando em contraste com outras civilizações imperiais do Oriente. Isso não significa, porém, que a história islâmica tenha sido uma mera repetição cíclica. Ao contrário, o que se evidencia é uma nítida periodização de desenvolvimento. O Estado omíada que se estabeleceu nos territórios subjugados do Oriente Médio no século VII representava essencialmente as confederações tribais árabes que haviam realizado as conquistas iniciais, nas quais a oligarquia mercante de Meca reconquistara uma posição vantajosa. O califado de Damasco coordenava xeques beduínos mais ou menos autônomos, os quais comandavam seus próprios guerreiros em acampamentos militares próximos às grandes cidades da Síria, Egito e Iraque. As tropas árabes do deserto monopolizavam as pensões do tesouro central, as isenções fiscais e os privilégios militares. A burocracia civil continuou por muito tempo nas mãos dos antigos funcionários bizantinos e persas, que gerenciaram a administração técnica para seus novos senhores.[107] Não árabes convertidos para o Islã (e os árabes pobres e marginalizados) eram confinados ao *status* inferior de *mawali*, pagando impostos mais pesados e servindo nos acampamentos

---

107 Lewis, *The Arabs in History*, p.65-6.

tribais como pequenos artesãos, criados e soldados rasos. Assim, o califado omíada estabeleceu sobre o Oriente Médio uma "soberania política árabe",[108] e não uma comunidade religiosa islâmica. No entanto, com a estabilização das conquistas, a classe dominante de guerreiros árabes foi ficando cada vez mais anacrônica: sua exclusividade étnica e exploração econômica sobre a massa dos muçulmanos súditos do império foi provocando um descontentamento cada vez maior entre seus correligionários *mawali*, os quais logo o superaram em número.[109] Ao mesmo tempo, conflitos tribais entre grupos do norte e do sul enfraqueceram a unidade. Enquanto isso, os colonos das fronteiras mais longínquas da Pérsia se ressentiam dos métodos administrativos tradicionais a que se submetiam. Essa comunidade de colonos é que parece ter incitado o levante final contra o Estado sírio de Damasco, rebelião cujo sucesso popular foi garantido pela insatisfação generalizada dos *mawali* na Pérsia e no Iraque. Fazendo uso do fervor religioso da heterodoxia xiita e, acima de tudo, mobilizando a hostilidade *mawali* contra o arabismo estreito da dinastia de Damasco, uma agitação secreta e organizada contra o jugo omíada disparou a revolução política que partiu de Khorasan rumo oeste, até a Pérsia e o Iraque, e trouxe a casa abássida para o poder.[110]

O califado abássida assinalou o fim da aristocracia tribal árabe: o novo aparelho de Estado criado em Bagdá era gerenciado por administradores

---

108 A expressão é de Gabrieli, *Muhammed and the Conquests of Islam*, p.111.

109 Lewis, *The Arabs in History*, p.70-1.

110 A importância e a composição social exata do levante abássida são objeto de muitas discussões. Os relatos tradicionais o interpretaram essencialmente como uma revolta étnica e popular dos *mawali* não árabes, mesmo que sempre se tenha reconhecido a presença de facções tribais árabes (de filiação iemenita). O grau de importância que se atribuiu à heterodoxia religiosa no movimento foi posto em dúvida por Cahen, Points de vue sur la révolution abbaside, *Revue Historique*, CCXXX, 1963, p.336-7. A explicação mais recente e completa sobre as origens da revolta é de Shaban, *The Abbasid Revolution*, que põe foco central nos sofrimentos dos colonos árabes em Khorasan, que, por causa das políticas administrativas conservadoras do Estado omíada, tinham de se sujeitar ao jugo tradicional do *diqhān* persa local: Ibid., p.158-60. De qualquer maneira, está claro que o exército insurgente que, ao tomar Merv, começou a derrubada do califado de Damasco se compunha tanto de árabes quanto de iranianos.

da Pérsia e protegido por guardas de Khorasan. A formação de uma burocracia e um exército permanentes, com disciplina cosmopolita, transformou o novo califado em uma autocracia política com um poder muito mais central que o de seu predecessor.[111] Desvencilhando-se de suas origens heréticas, agora pregava ortodoxia religiosa e vindicava autoridade divina. O Estado abássida governou durante o período de máxima florescência do comércio, da indústria e da ciência do Islã: em seu apogeu, no início do século IX, era a civilização mais próspera e avançada do mundo.[112] Comerciantes, banqueiros, manufatureiros, especuladores e coletores de impostos acumularam imensas quantias nas cidades grandes; os ofícios urbanos se multiplicaram e diversificaram; emergiu um setor comercial na agricultura; os fretes de longa distância singraram os oceanos; a astronomia, a física e a matemática foram transpostas da cultura grega para a árabe. Mas o desenvolvimento abássida não demorou a chegar a seus limites. Apesar da crescente prosperidade comercial dos séculos VIII e IX, não se registraram muitas inovações produtivas nas manufaturas, e a introdução dos estudos científicos produziu poucos progressos tecnológicos. A invenção nativa mais relevante provavelmente foi a vela latina – melhoramento que só facilitou o comércio; o algodão, produto agrícola de maior importância comercial da época, viera do Turquestão pré-muçulmano; e a fórmula do papel, a principal das novas indústrias daquele tempo, chegara junto com os prisioneiros de guerra chineses.[113] O próprio

---

111 Lewis, *The Arabs in History*, p.83-5.

112 Goitein deu ao período que se iniciou com a consolidação do poder abássida o nome de "civilização intermediária do Islã": um mundo que, no tempo, se situava entre as épocas helênica e renascentista; no espaço, entre a Europa e a África, a Índia e a China; e, no caráter, entre culturas seculares e religiosas. Goitein, *Studies in Islamic History and Institutions*, p.46.

113 Depois da batalha de Talas na Ásia central, em 751, onde tropas árabes derrotaram uma força de contingentes uigures e chineses. Para abordagens gerais sobre a atividade comercial e manufatureira dos islâmicos na época abássida, ver: Hitte, *History of the Arabs*, p.345-9; Sourdel, *La Civilisation de l'Islam classique*, p.289-311, 317-24; Lombard, *L'Islam dans sa Première Grandeur*, p.161-203 (particularmente instrutivo sobre o tráfico de escravos – um dos principais negócios do comércio abássida, chegando até o interior das terras eslavas, turcas e africanas). Sobre a difusão da cultura algodoeira, ver: Miquel, *L'Islam et sa civilisation*, p.130.

volume e fervor da atividade mercantil, superando até mesmo o ímpeto da produção, parecem ter ocasionado uma série de explosivas tensões sociais e políticas no califado. Os corruptos e mercenários da administração andavam de mãos dadas com os exploradores fiscais do campesinato; a inflação galopante atingia os pequenos artesãos e lojistas; os enclaves de plantações concentravam lavradores escravos em bandos massivos e desesperados. À medida que a segurança interna do regime se deteriorava, as guardas profissionais turcas iam usurpando o centro do poder, erguendo uma muralha militar contra a maré montante das diversas revoltas sociais vindas de baixo. Na passagem do século IX para o X, sucessivas conspirações e insurreições abalaram toda a estrutura do império. Os escravos zanj se rebelaram no baixo Iraque e, por quinze anos, travaram uma guerra exitosa contra exércitos regulares, até serem suprimidos; o movimento qarmatiano, uma seita dissidente dos xiitas, criou uma república igualitária e escravagista no Bahrein; enquanto isso, a fé ismaili, outro movimento xiita, tramou e organizou a derrubada da ordem estabelecida em todo o Oriente Médio, até que, por fim, tomou o poder na Tunísia e, então, fundou um império rival no Egito, o califado fatímida.[114] Por esses tempos, o Iraque abássida já havia entrado em um declínio político e econômico irremediável, e todo o centro de gravidade do mundo islâmico se deslocava para o novo Estado fatímida no Egito, vencedor dos levantes sociais da época e fundador do Cairo.

Depois da conquista do poder, o califado fatímida, ao contrário de seu predecessor, não abandonou a heterodoxia, mas, sim, a propagou de maneira bastante agressiva. O Egito fatímida não recriou as plantações escravistas; por outro lado, controlou de perto a mobilidade do campesinato. O comércio internacional agora ressurgia em grande escala, com a Índia e também com a Europa: a prosperidade comercial egípcia dos séculos XI e XII demonstrou uma vez mais o caráter internacional dos

---

114 Sobre essas várias revoltas, ver a aguçada reflexão de Lewis, *The Arabs in History*, p.103-12. Em seu relato, o regime qarmatiano do Golfo parece ter sido o equivalente islâmico mais próximo à cidade-Estado da Antiguidade clássica – uma comunidade espartana de cidadania igualitária e baseada na agricultura escravista. Acabou por ser expulso do Bahrein no final do século XI.

empreendimentos dos mercadores do mundo árabe e as habilidades tradicionais de seus artesãos. Mas a transferência da primazia política e econômica do Tigre para o Nilo também significou a investida de uma nova força que iria afetar todo o futuro do desenvolvimento islâmico. Pois, em termos geográficos, o predomínio do Egito fatímida era uma função de sua relativa proximidade com o Mediterrâneo central e a Europa medieva. "O impacto do comércio europeu sobre o mercado local foi esmagador".[115] A dinastia vinha estabelecendo estreitos contatos com mercadores italianos desde o início de sua carreira, na Tunísia do século X, cuja prosperidade comercial fornecera as bases para a ulterior conquista do Egito. Daí em diante, a ascensão do feudalismo ocidental seria uma presença histórica constante nos flancos do mundo islâmico. De início, o tráfico marítimo com as cidades italianas acelerou o crescimento econômico do Cairo; mas, depois, as incursões militares dos cavaleiros francos no Levante acabariam por perturbar todo o equilíbrio estratégico da civilização árabe no Oriente Médio. Os benefícios do comércio logo dariam lugar aos golpes das Cruzadas. Despontava no horizonte um grande divisor de águas da história islâmica.

Em meados do século XI, nômades turcomanos já haviam invadido a Pérsia e o Iraque, tomando Bagdá, enquanto beduínos árabes do Hejaz tinham devastado o norte da África, saqueando Kairuan: essas invasões de seldjúcidas e hilalis revelaram a fraqueza e a vulnerabilidade de vastas regiões do mundo muçulmano. Nenhuma delas chegou a criar uma nova ordem estável, nem no Magreb, nem no Oriente Médio. Exércitos seldjúcidas tomaram Jerusalém e Damasco, mas não conseguiram consolidar seu jugo na Síria ou na Palestina. Dessa maneira, a súbita ofensiva cristã no Levante ao longo do século XII precipitou uma crise estratégica geral no Oriente Médio. Pela primeira vez, as fronteiras do Islã cederam ante as derrotas que se impunham aos principados fragmentários da costa sírio-palestina. O Egito em si, eixo da riqueza e do poder árabes na região, agora se via exposto a ataques diretos. Enquanto isso, a dinastia fatímida chegara a seus estágios terminais de corrupção e decadência; no ano de 1153,

115 Goitein, *A Mediterranean Society – Economic Foundations*, v.1, p.44-5.

as forças cruzadas estavam às portas do Sinai. Mas, em meio à turbulência e desorientação da época, um novo tipo de ordem política muçulmana começou a emergir – e, com ela, veio uma nova fase de desenvolvimento para a sociedade islâmica. Daí em diante, tudo aconteceu como se, confrontada com o expansionismo ocidental, a reação islâmica assumisse a forma de uma extrema militarização das estruturas estatais dominantes do Oriente Médio, junto com uma descomercialização das economias da região, sob a égide de uma nova etnia. Em 1154, Nureddin Zangi, neto de um soldado escravo de origem turca e senhor de Alepo e Mossul, tomou Damasco. A partir daí, o conflito entre cristãos e muçulmanos pelo controle do Cairo iria decidir o destino de todo o Levante. A disputa pelo delta do Nilo se encerrou com a vitória de Saladino, oficial curdo enviado por Nureddin, que conquistou o Egito, destruiu o califado fatímida e em seu lugar fundou o regime aiúbida, de inspiração turca. Logo depois de conquistar a Síria e também a Mesopotâmia, Saladino expulsou os cruzados de maneira decisiva, retomando Jerusalém e a maior parte da costa palestina. Contra-ataques europeus pelo mar conseguiram reestabelecer alguns enclaves de cruzados; e, no início do século XIII, expedições marítimas invadiram o Egito por duas vezes, capturando Damietta em 1219 e 1249. Mas essas investidas se provaram inúteis. A presença cristã no coração do Levante chegou ao fim pelas mãos de Baybars, comandante que criou o sultanato mameluco (totalmente turco),[116] cujo poder se estendeu do Egito até a Síria. Enquanto isso, ao norte, os seldjúcidas haviam conquistado boa parte da Anatólia; e a ascensão dos otomanos iria completar seu trabalho na Ásia Menor. No Iraque e na Pérsia, as invasões mongóis e timúridas instalaram Estados tártaros e turcomanos. Com o auxílio da crise geral do feudalismo europeu no final da Idade Média, uma nova onda de expansão islâmica agora se punha em movimento – e só iria se deter quatro séculos depois. Sua manifestação mais espetacular foi, sem dúvidas, a conquista de Constantinopla e o avanço dos otomanos sobre a Europa. Mas foram as características estruturais gerais dos novos Estados turcos do início da época moderna que tiveram mais importância para

---

116 Ibid., p.35-8.

o desenvolvimento das formações sociais islâmicas como um todo. O grande sultanato seldjúcida do Iraque e, sobretudo, o sultanato mameluco do Egito foram os protótipos medievais desses regimes medievais tardios; os três grandes impérios – Turquia otomana, Pérsia safávida e Índia mogol – foram exemplos de sua forma mais bem acabada.

Em todo caso, foi como se a ascensão turca na ordem política islâmica acentuasse de maneira determinante a natureza militar dos sistemas árabes originais, às expensas do componente mercantil. Os nômades turcomanos da Ásia central que em ondas sucessivas invadiram o mundo muçulmano a partir do século XI tinham um histórico social e econômico de aparência bem similar ao dos beduínos árabes do sudoeste da Ásia que haviam tomado o Oriente Médio. Foi a congruência histórica das duas grandes zonas pastoris ao norte e ao sul da Crescente Fértil que, de fato, garantiu a continuidade fundamental da civilização islâmica depois das conquistas turcas: a própria origem dos recém-chegados os harmonizava com o novo teor cultural. Mesmo assim, havia certas diferenças cruciais entre o nomadismo pastoril da Ásia central e o da Arábia, as quais deixariam sua marca em todo o padrão ulterior da sociedade muçulmana. Enquanto a terra natal islâmica da Arábia, grande legatária dos restos das instituições urbanas da Antiguidade, havia combinado desertos com cidades, mercadores e nômades, as estepes da Ásia central de onde vinham os conquistadores pastoris da Turquia, Pérsia e Índia quase não conheciam as cidades ou o comércio. A região fértil da Transoxiana, entre o Cáspio e os Pamir, sempre fora densamente povoada e relativamente urbanizada: do outro lado das grandes rotas comerciais para a China, Bokhara e Samarkand eram mais que paralelos dignos de Meca e Medina. Mas esse rico cinturão territorial – que os árabes viriam a chamar de Mawarannahr – tinha um caráter historicamente iraniano. Mais além, até a Mongólia e a Sibéria, se estendia uma imensidão de estepes, desertos, montanhas e florestas onde quase não havia assentamentos urbanos e de onde saíam sucessivas tribos de nômades altaicos – seldjúcidas, danixmendas, ghuzzas, mongóis, oirotes, usbeques, cazaques, quirguizes – cujas invasões impediram qualquer tipo de sedentarização mais duradoura do mundo turco na Ásia central. A península arábica era relativamente pequena, com o mar à sua volta: desde o início, fora circundada pelo comércio marítimo e apresentara um potencial demográfico bastante limitado. Na verdade, depois das conquistas originais dos séculos VII e VIII, a Arábia propriamente dita se afundou na completa insignificância política por todo o resto da história islâmica, até o nosso século. A Ásia central, em contraste, era uma enorme massa territorial isolada do mar, com constantes reposições de povos belicosos e migratórios.[117] Assim, a partir do último período da Idade Média, a nova primazia turca dentro da civilização clássica do Islã inevitavelmente perturbou os termos do equilíbrio entre as tradições nômades e urbanas. A organização marcial se recrudesceu na mesma medida em que os empreendimentos comerciais retrocederam. Essa mudança nunca foi absoluta nem uniforme, mas sua direção geral era inequívoca. Além disso, a lenta alteração do metabolismo do mundo islâmico depois das Cruzada não se deveu, naturalmente, apenas a forças internas: sua configuração externa não foi menos determinante – tanto na guerra quanto no comércio.

De início, os nômades turcomanos da Ásia central haviam estabelecido sua supremacia no Oriente Médio por meio da destreza no manejo do arco montado, uma arte estranha aos beduínos árabes, que empunhavam lanças. Mas a força militar dos novos Estados imperiais do começo da época moderna se baseava em tropas regulares, equipadas com armas de

---

117 Para ver duas comparações antropológicas: Patai, Nomadism: Middle Eastern and Central Asian, *Southwestern Journal of Anthropology*, v.7, n.4, 1951, p.401-14, e Bacon, Types of Pastoral Nomadism in Central and South-West Asia, *Southwestern Journal of Anthropology*, v.10, n.1, 1954, p.44-65. Patai propôs uma série organizada de contrastes entre o nomadismo turco e o árabe (cavalo *versus* camelo, *yurt versus* tenda, arco *versus* espada, exogamia *versus* endogamia, e assim por diante). Bacon criticou com razão esses contrastes, por não terem uma perspectiva histórica adequada, indicando que Patai, sem qualquer justificativa, projetara para o passado o cultivo agrícola dos cazaques nos séculos XVIII e XIX e, de maneira equivocada, supusera que o pastoreio da Ásia central tinha uma estratificação de classe maior que o do sudoeste asiático. Mas, cada um ao seu modo, ambos os artigos confirmam as divergências essenciais que delineamos acima: o nomadismo turco não experimentava nenhuma simbiose estável com a agricultura sedentária (Bacon, op. cit., p.46, 52) e era a "cultura" predominante da Ásia central, ao passo que o nomadismo árabe era uma "cultura" mais subordinada no sudoeste da Ásia (Patai, op. cit., p.413-4).

fogo e apoiadas pela artilharia: a pólvora era essencial para seu poder. O Estado mameluco do Egito foi o primeiro a adotar os canhões pesados, no final do século XIV, quando o propósito era sitiar cidades. Mas, quando no campo de batalha, as tradições conservadoras dos cavaleiros mamelucos barravam o uso de mosquetes ou artilharia. A conquista otomana do Egito se deveu precisamente à superioridade dos arcabuzeiros turcos sobre a cavalaria mameluca. Em meados do século XVI, os otomanos já haviam aperfeiçoado o uso de canhões e mosquetes a partir do exemplo europeu. Depois da derrota inicial para soldados otomanos armados em Chaldiran, os exércitos safávidas não demoraram a aprender a importância das armas de fogo e se presentearam com equipamentos modernos. As tropas mogóis da Índia utilizavam armas e mosquetes desde o início da conquista de Babur.[118] De fato, a generalização da pólvora no Oriente Médio certamente foi um dos motivos mais visíveis para a notável estabilidade e durabilidade do poder dos novos Estados turcos ante os regimes árabes da época islâmica anterior. O aparelho militar otomano conseguia manter os ataques europeus à distância, mesmo muito depois de ter perdido a iniciativa estratégica nas regiões do Báltico e do Pôntico. Os exércitos safávidas e mogóis por fim detiveram as invasões turcomanas na Pérsia e na Índia com a derrota dos nômades usbeques que ocuparam o Mawarannahr no século XVI: daí em diante, uma barreira estratégica protegeria os três grandes Estados imperiais do Islã contra a turbulência tribal da Ásia central.[119] No entanto, a superioridade desses primeiros impérios modernos não advinha apenas da tecnologia militar: era administrativa e política também. O estadismo mongol da época de Gênghis Khan e

118 Para uma pesquisa sobre o papel dos mosquetes e canhões nos exércitos otomanos, safávidas e mogóis, ver o artigo "*Bārūd*" [Pólvora] na *Encyclopedia of Islam*, v.1, p.1061-69. A incapacidade dos mamelucos em dominar a artilharia de campanha e as armas de mão é analisada por Ayalon, *Gunpowder and Firearm's in the Mamluk Kingdom*, p.46-7, 61-83.

119 A conquista dos usbeques na Transoxiana turquificou a região em termos étnicos e, ao mesmo tempo, precipitou sua estagnação econômica e declínio. As campanhas mogóis para reconquistar o Mawarannahr no século XVII não tiveram sucesso: em 1645-7, as linhas de comunicação se estenderam demais e quase provocaram a ruína de Aurangzeb, que só se salvou por seu poder de fogo.

seus sucessores já possuía uma organização bem mais avançada que os do mundo árabe, e sua conquista sobre o Oriente talvez tivesse deixado para trás certas lições duradouras. Em todo caso, os exércitos otomanos, safávidas e mogóis encarnaram, em seu apogeu, uma disciplina e treinamento que seus predecessores desconheceram. Suas subestruturas administrativas também eram mais sólidas e integradas. O tradicional *'iqta* árabe fora um dispositivo fiscal um tanto parasitário, que, ao invés de reforçar, dissolvera a vocação marcial dos cessionários urbanos que usufruíam de suas rendas. Já as novas instituições do *timar* otomano e do *jagir* mogol vinculavam obrigações muito mais estritas de serviço guerreiro e, assim, consolidaram a pirâmide de comando militar, que agora se organizava em uma hierarquia mais formal. Além disso, nesses sistemas políticos turcos, o monopólio estatal sobre a terra se impunha com novo ímpeto: pois agora as tradições nômades que prevaleciam na regulamentação e concessão das propriedades agrárias estavam mais puras que nunca. Nizam-ul-Mulk, o famoso grão-vizir do primeiro governo seldjúcida de Bagdá, declarou que o sultão era o senhor único de todas as terras; a extensão e o rigor dos direitos otomanos sobre o solo eram notórias; os xás safávidas revigoraram as vindicações jurídicas por um monopólio sobre a propriedade fundiária; os imperadores mogóis impuseram um sistema fiscal de exploração feroz, baseado nas reclamações régias sobre todo o cultivo rural.[120] Solimão, Abbas e Akbar exerceram em seus reinos um poder imperial maior que o de qualquer califa.

Por outro lado, a vitalidade comercial da época árabe – que passara por toda a civilização "intermediária" do Islã clássico – agora se esvaía progressivamente. Essa mudança se relacionava, é claro, com a ascensão do comércio europeu. A expulsão militar dos cruzados do Levante não se fizera acompanhar pela recuperação da supremacia comercial no leste do Mediterrâneo. Ao contrário, no século XII os navios cristãos já haviam alcançado uma posição predominante nas águas egípcias.[121] A contraofensiva

120 Ver Lambton, *Landlord and Tenant in Persia*, p.61, 66, 105-6 (seldjúcidas e safávidas); Gibb; Bowen, *Islamic Society and the West*, I/I, p.236-7 (otomanos); Moreland, *India at the Death of Akbar*, p.256 (mogóis).

121 Goitein, *A Mediterranean Society*, v.1, p.149.

curdo-turco em terra, simbolizada por Saladino e Baybars, só se deu ao custo da renúncia deliberada ao poder naval: para barrar novos desembarques europeus, os governantes aiúbidas e mamelucos se viram forçados a desmantelar os portos e devastar o litoral da Palestina.[122] O Estado otomano, em contraste, construiu uma temível força naval no século XVI, com farta utilização de marujos gregos, e assim retomou o controle da parte leste do Mediterrâneo, zarpando das tocas de corsários no norte da África para saquear o Mediterrâneo ocidental. Mas o poderio marítimo osmanli foi relativamente breve e artificial: sempre se restringiu à guerra e à pirataria, nunca chegou a desenvolver uma marinha mercante respeitável, dependeu demais das habilidades e da força de trabalho dos povos dominados. Além disso, justo no momento em que o Egito mameluco se submeteu ao Império Otomano, dando-lhe, pela primeira vez, acesso direto ao Mar Vermelho, as viagens portuguesas do Descobrimento rodearam todo o mundo islâmico, estabelecendo sua preponderância estratégica em toda a orla do Oceano Índico no começo do século XVI, com bases no leste da África, no Golfo Pérsico, no subcontinente indiano e nas ilhas indonésias e malaias. Daí em diante, as rotas marítimas internacionais ficaram sob o domínio permanente das potências ocidentais, privando os impérios islâmicos do comércio marítimo que proporcionara tanto da fortuna de seus predecessores. Esse processo foi ainda mais grave na medida em que as economias árabes medievais sempre haviam extraído sua prosperidade mais das trocas que da produção, mais do comércio que das manufaturas: a discrepância entre as duas esferas foi um dos motivos básicos para sua crise no fim da Idade Média – e para o sucesso do avanço da economia europeia, às suas expensas.[123] Ao mesmo tempo, a tradicional

122 Ver "Bāhriyya", *Encyclopedia of Islam*, v.1, p.945-7.

123 Em um comentário importante, Claude Cahen sugeriu que os superávits que o Islã medieval auferia em sua balança de pagamentos com o comércio exterior – advindos, em parte, de seu grande estoque de metais preciosos – constituíam, em si mesmos, um desincentivo para o aumento da produção de manufaturas, pois era raro que ocorresse o tipo de déficit comercial que estimulava as economias da Europa ocidental do mesmo período a produzir mais exportações: Cahen, Quelques Mots sur le déclin commercial du monde musulman à la fin du Moyen Age. In: Cook (Org.), *Studies in the Economic History of the Middle East*, p.31-6.

estima árabe pela atividade mercantil já não era compartilhada por seus sucessores turcos: o desprezo pelo comércio foi uma marca das classes dominantes dos novos Estados, cuja política para com as classes mercantis das cidades era, na melhor das hipóteses, de tolerância e, na pior, de discriminação.[124] O clima comercial de Constantinopla, Isfahan e Délhi no começo da época moderna nunca lembrou o de Bagdá ou Cairo dos tempos medievais. Eram as minorias estrangeiras – gregos, judeus, armênios ou hindus – que costumavam concentrar as funções comerciais e bancárias. Por outro lado, as guildas de artesãos agora apareciam pela primeira vez no reino otomano, como instrumentos deliberados do controle governamental sobre a população urbana,[125] acabando, no mais das vezes, por se tornarem repositórios de obscurantismos técnicos e teológicos. Os sistemas jurídicos da fase final dos impérios também foram, em geral, novamente clericalizados: com o passar do tempo, as doutrinas religiosas ganharam mais força administrativa sobre os costumes seculares de antes.[126] A intolerância oficial safávida era particularmente intensa.

Assim, a rigidez militar, o fanatismo ideológico e a letargia comercial se tornaram as normas usuais do governo na Turquia, na Pérsia e na Índia. A última geração de grandes Estados islâmicos anteriores ao domínio da expansão colonial europeia sobre o mundo muçulmano já testemunhou a dupla pressão do Ocidente. Ainda que ultrapassados pelos Descobrimentos em termos econômicos, por mais um século eles continuaram se destacando na guerra e na conversão, desde os Bálcãs até Bengala. Em termos territoriais, portanto, as fronteiras do Islã seguiram firme rumo ao Oriente. Mas as novas conversões no sul e no leste da Ásia ocultaram uma estagnação ou mesmo regressão demográfica na totalidade das terras da civilização muçulmana clássica. Os cálculos mais otimistas indicam

124 Os emires mamelucos da Síria, por exemplo, deliberadamente descarregavam seus excedentes de grãos nas cidades, para prejuízo dos comerciantes urbanos, ou os forçavam a comprar estoques a preços inflacionados, além de lhes confiscarem o capital com alguma frequência: Lapidus, *Muslim Cities in the Later Middle Ages*, p.51-7.

125 Baer, Guilds in Middle Eastern History, op. cit., p.27-9.

126 Schacht, *An Introduction to Islamic Law*, p.4, 89-90, 94; Id., Law and Justice, *The Cambridge History of Islam*, v.2, p.567.

que, depois de 1600, ocorreu um leve, mas sensível declínio na população total de cerca de 46 milhões de habitantes na grande área que se estendia do Marrocos ao Afeganistão, do Saara e ao Turquestão, durante os dois séculos seguintes.[127] O proselitismo na Índia ou na Indonésia, uma extensão do tamanho do mundo muçulmano, não podia compensar sua falta de vitalidade demográfica. O contraste com a Europa ou a China da mesma época é revelador. Os impérios islâmicos do século XVII, mesmo em seus tempos de maior sucesso e fervor marcial, sempre carregavam consigo uma desvantagem oculta ante o padrão populacional do Velho Mundo.

O império mogol – que muito interessava a Marx – ilustra boa parte dos temas do Estado muçulmano tardio, embora sob alguns aspectos também apresentasse, por ser o mais distante da Europa e o de população menos islamizada, um panorama mais vasto e vivaz que seus homólogos turco e persa. Sua semelhança administrativa com o Império Otomano já fora assinalada por Bernier no século XVII. As terras agrícolas estavam inteiramente sujeitas ao poder econômico e político do imperador. O campesinato autóctone tinha sobre seus lotes o direito de ocupação permanente e hereditária (a exemplo do sistema turco), mas não os de negociação ou alienação; os lavradores que não conseguiam cultivar suas posses podiam ser expulsos pelo Estado.[128] Não havia posse comunal nas aldeias, as quais se dividiam em castas sociais, com grande desigualdade econômica.[129] O Estado sempre se apropriava de até metade da produção total dos camponeses, como "receita fundiária".[130] Esses tributos muitas vezes

127 Miquel, *L'Islam et sa civilisation*, p.280-3, que calcula que, por volta do ano 1800, talvez tenha ocorrido uma queda para 43 milhões. Como o próprio autor ressalta, esses números devem ser vistos com muita cautela, pois não há evidências confiáveis. Mas é difícil que a estimativa esteja muito longe da verdade.

128 Habib, *The Agrarian System of Mughal India*, p.113-8. A ausência de qualquer concepção mais concreta de propriedade da terra foi enfatizada no estudo clássico de Moreland, *The Agrarian System of Moslem India*, p.3-4, 63, o qual acreditava que essa característica remontava à época hindu da história indiana.

129 Habib, *The Agrarian System of Mughal India*, p.119-24.

130 Ibid., p.195-6, acha que o nível de extração de excedente pelo Estado central era relativamente estável, ao contrário de Moreland, que calculara uma flutuação entre metade e um terço, conforme a política de cada governante.

eram pagos em taxas monetárias ou em entregas de mercadorias, depois revendidas pelo Estado – o que acabou disseminando as culturas de maior valor comercial (trigo, algodão, açúcar, índigo, tabaco). A terra era relativamente abundante e a produtividade agrícola não perdia para a da Índia do século XX; a irrigação por canais era insignificante, a água da chuva, de poços e lagoas locais é que proviam a umidade do solo.[131] A maciça pressão fiscal do Estado mogol sobre a população rural encetou uma espiral de usura e endividamento nas aldeias, aumentando as fugas de camponeses.

A cúpula do aparelho de Estado era a elite *mansabdar*, estrato de uns 8 mil oficiais militares dispostos em um complexo sistema hierárquico e destinatários da imensa maioria das rendas fundiárias, na forma dos *jagir*, as concessões temporárias do imperador. Em 1647, 445 desses oficiais receberam 60% do total das receitas do Estado, e, sozinhos, 73 ficaram com outros 37,6%.[132] Em termos étnicos, o estrato dos *mansabdar* era predominantemente – e previsivelmente – de origem estrangeira, sobretudo persa, turaniana e afegã. Cerca de 70% dos *mansabdar* de Akhbar eram nascidos no exterior ou filhos de estrangeiros; os restantes eram muçulmanos "indianos" ou rajaputes hindus locais. Por volta do ano 1700, a proporção de muçulmanos nascidos na Índia já subira para cerca de 30% do total.[133] O grau de continuidade hereditária era muito pequeno: nomear alguém para o estrato *mansabdar* era prerrogativa pessoal do imperador. As corporações não possuíam nenhuma unidade social horizontal como ordem

131 Sob os mogóis, a irrigação talvez cobrisse cerca de 5% da terra cultivada: Maddison, *Class Structure and Economic Growth. India and Pakistan since the Moghuls*, p.23-4. Marx acreditava que a agricultura indiana se definia pela irrigação intensiva e que o colonialismo britânico iria destruir a sociedade indiana tradicional ao industrializá-la. Ironicamente, depois do efêmero *boom* ferroviário de meados do século XIX, os efeitos do jugo britânico foram justamente o contrário: implantação de indústrias na Índia foi mínima e, por outro lado, boa parte da agricultura se converteu, pela primeira vez, à irrigação. Ao final do Raj, as terras irrigadas haviam aumentado oito vezes e agora cobriam um quarto do cultivo total, incluindo algumas canalizações espetaculares em Sind e Punjab. Ibid., p.50.

132 Habib, Potentialities of Capitalistic Development, op. cit., p.54-5.

133 Spear, The Mughal 'Mansabdari' System. In: Leach; Mukherjee (Orgs.), *Elites in South Asia*, p.8-11.

aristocrática, embora seus membros mais distintos ostentassem o título de "nobres": seus componentes díspares sempre mantiveram consciência de suas origens étnicas variadas, o que, como se poderia esperar, propiciou o surgimento de facções. Somente a obediência ao comando imperial as mantinha unidas. Os *mansabdar* residiam nas cidades e eram obrigados a manter um exército de cavalaria de 200 mil homens, do qual dependia o poder militar do Estado mogol: os custos de manutenção dessas tropas absorviam cerca de dois terços de suas rendas com as concessões *jagir* e seus salários do tesouro central. O prazo médio de uma posse *jagir* durava menos de três anos, e todos eles podiam ser retomados pelo imperador, que sempre transferia seus beneficiários de um lado ao outro, para evitar que criassem raízes regionais. Nos campos, intercalados com esse sistema, havia os *zamindar* nativos, potentados rurais locais que comandavam soldados de infantaria e castelos, com licença para coletar uma parcela bem menor do excedente do campesinato, uns 10% das rendas fundiárias devidas ao Estado no norte da Índia.[134]

As rendas agrícolas eram, em grande medida, consumidas nas cidades, onde eram suntuosos os gastos régios e *mansabdar* em palácios, jardins, pomares, criados e luxos. Em consequência, a urbanização chegava a níveis relativamente altos, contando com uns 10% da população. No começo do século XVII, os viajantes por vezes chegaram a considerar as grandes cidades indianas maiores que as europeias. A força de trabalho urbana era majoritariamente muçulmana e os ofícios artesanais eram de grande variedade e talento. Em algumas áreas, esses ofícios deram origem a sistemas de produção doméstica sob o controle do capital mercantil. Mas as

---

134 Habib, *The Agrarian System of Mughal India*, p.160-7 et seq.; Potentialities of Capitalistic Development, p.38. Levando em conta suas origens diversas, nota-se uma certa similaridade entre as respectivas posições estruturais das classes *mansabdar* e *zamindar* no sistema mogol e dos setores *devshirme* e *timariot* no aparelho do Estado otomano: em ambos os casos, uma elite militar central sobreposta a um estrato guerreiro local. Por outro lado, suas composições contrastavam: os *devshirme* turcos formavam um corpo de escravos ex-cristãos e os *timariots* eram cavaleiros muçulmanos, ao passo que os *mansabdar* mogóis compunham uma "aristocracia" muçulmana e os *zamindars* eram exploradores locais hindus. Os papéis honoríficos de cada classe dentro do conjunto do sistema político eram, portanto, bem distintos.

únicas manufaturas verdadeiramente grandes, com mão de obra contratada, foram as *karkhana* régias ou "nobres", que produziam apenas para o consumo das famílias.[135] As fortunas mercantes viviam sempre sob a ameaça do confisco arbitrário dos soberanos, e nunca se desenvolveu um capital protoindustrial. O Estado mogol, principal instrumento da exploração econômica da classe dominante, durou 150 anos, até que sucumbiu às revoltas camponesas, ao separatismo hindu e à invasão britânica.

V

De maneira muito resumida, pode-se dizer que esses são alguns dos elementos centrais da história social do Islã. O caráter e o curso da civilização chinesa, por sua vez, parecem apresentar toda uma série de contrapontos ao desenvolvimento islâmico. Aqui não teremos espaço para discutir a longa e complexa evolução da China antiga propriamente dita, desde a idade do bronze da época Shang, a partir de 1400 a.C., até o fim da era Chou, no século V a.C., e a formação do Estado Ch'in, no século III a.C. Será suficiente resumir brevemente os legados materiais de um registro contínuo de civilização letrada que se estende a quase dois milênios antes do surgimento do sistema de Estado imperial que viria ser a marca distintiva da história política chinesa.

O berço da civilização sínica foi o nordeste da China, cuja economia se baseava na agricultura de cereais em terrenos não alagados; as lavouras dominantes da China antiga sempre foram o painço, o trigo e a cevada. Dentro dessa agricultura intensiva, porém, a civilização chinesa logo desenvolveu importantes sistemas hidráulicos para o cultivo de grãos nos vales e planaltos de loesse do nordeste da China; os primeiros grandes canais para levar água dos rios para os campos irrigados foram construídos durante o Estado Ch'in, no século III a.C.[136] Nas terras baixas da

135 Habib, Potentialities of Capitalistic Development, op. cit. p.61-77.

136 Sobre os três principais tipos de sistema hidráulico na China e sua localização regional, ver a análise bastante original de Chi Ch'ao Ting, *Key Economic Areas in Chinese History*, p.12-21; e a pesquisa magistral de Needham, *Science and Civilization in China (Civil Engineering and Nautics)*, v.IV/3, p.217-27, 373-5.

bacia do rio Amarelo, mais a nordeste, o Estado Han, seu sucessor, erigiu uma importante série de diques, barragens e reservatórios, com os objetivos complementares de controlar as inundações e regular a distribuição de água para a agricultura;[137] projetaram-se bombas de pás;[138] e os terraços de arrozais parecem ter surgido no século I a.C., mais para o sul.[139] Mas nesse estágio o cultivo de cereais secos (painço e trigo) ainda predominava na economia rural. Tanto o Estado Ch'in quanto o Han também construíram imponentes canais de transporte, para acelerar o envio dos impostos sobre os grãs aos seus cofres – provavelmente, os primeiros canais de navegação construídos no mundo: na verdade, por toda a história chinesa, o Estado sempre daria mais prioridade aos transportes navegáveis, com funções (logísticas) fiscais e militares, que aos sistemas de irrigação propriamente ditos, para propósitos agrícolas.[140] No entanto, para além da engenharia hidráulica, desde cedo se registraram importantes avanços técnicos nos campos, geralmente bem antes de seu surgimento na Europa. O moinho rotativo foi inventado mais ou menos na mesma época na China e no Ocidente romano, no século II a.C. O carrinho de mão, por sua vez, apareceu um milênio mais cedo que na Europa, no século III; o estribo começou a ser usado nesse mesmo período; a tração equina se aperfeiçoou de maneira decisiva com a emergência do arreio de pescoço, no século V; já havia pontes em arco segmentar no século VII.[141] Mais impressionante ainda: os chineses foram pioneiros nas técnicas de fundição de ferro, nos séculos VI e V a.C., ao passo que os europeus só as conheceram no final da Idade Média; e a China passou a produzir ligas de aço já a partir do século II a.C.[142] A metalurgia chinesa desde sempre foi, portanto, muito mais avançada que a de qualquer outra região do mundo. Ao mesmo tempo, a China antiga inventou três grandes manufaturas: produziu seda desde as mais

137 Chi Ch'ao Ting, *Key Economic Areas in Chinese History*, p.89-92.
138 Needham, *Science and Civilization in China (Mechanical Engineering)*, v.IV/2, p.344, 362.
139 Yi-Fu Tuan, *China*, p.83.
140 Needham, *Science and Civilization in China*, v.IV/3, p.225.
141 Ibid., v.IV/2, p.190, 258-65 et seq., 312-27; v.IV/3, p.184.
142 Needham, *The Development of Iron and Steel Technology in China*, p.9; o aço era feito a partir de uma combinação de ferro forjado com ferro fundido já no século VI. Ibid., p.26, 47.

remotas origens de sua história; criou o papel nos séculos I e II; e aperfeiçoou a porcelana no século V.[143] Esse notável arcabouço de conquistas tecnológicas proporcionou os fundamentos materiais que possibilitaram que o primeiro grande império dinástico reunificasse a China de maneira duradoura, depois dos conflitos e divisões regionais dos anos 300 a 600 – o Estado T'ang, muitas vezes tomado como o início coerente e decisivo da civilização imperial chinesa propriamente dita.

O sistema fundiário do Império T'ang era, em muitos aspectos, curiosamente parecido com o do arquétipo asiático que os pensadores europeus, inclusive Marx, iriam imaginar. O Estado era, em termos jurídicos, o proprietário único do solo, de acordo com a máxima: "Sob os céus todo pedaço de chão é terra do imperador".[144] O cultivo agrário se baseava no *chün-t'ien*, ou sistema de "loteamento igual", originário do norte de Wei – administrativamente imposto em um nível que chegou a surpreender os historiadores. O Estado cedia lotes fixos de uns 5 hectares de extensão a casais camponeses, por todo o tempo em que pudessem cultivá-los, com a obrigação de prestar serviços em trabalho e pagar taxas em produtos – principalmente grãos e tecidos. Cerca de um quinto desses lotes, reservados para a produção de seda ou cânhamo, eram hereditários, enquanto o resto voltava para o Estado quando o casal se aposentava.[145] Os objetivos centrais do sistema eram expandir o cultivo agrícola e barrar a formação de grandes herdades privadas nas mãos de proprietários aristocráticos. Os funcionários do Estado ficavam com a posse de boa parte dos domínios públicos. O registro cuidadoso das posses e da mão de obra era algo fundamental para o sistema. O controle administrativo meticuloso sobre todo o país ainda se duplicava, ou melhor, intensificava dentro das cidades – a começar pela própria capital do império, Chang'an, que provavelmente tinha

143 Needham, *Science and Civilization in China (Introductory Orientations)*, v.I, p.111, 129.

144 Twitchett, *Financial Administration under the T'ang Dynasty*, p.I, 194.

145 Ibid., p.1-6. Em regiões densamente povoadas, o tamanho dos lotes podia cair para pouco menos de 1 hectare. Ibid., p.4, 201. O sistema nunca chegou a se firmar nos distritos produtores de arroz do sul, onde era tecnicamente inviável, por causa das grandes demandas por mão de obra da rizicultura irrigada.

mais de 1 milhão de habitantes. O Estado imperial planejava e policiava com rigor as cidades chinesas do início do período T'ang. Em geral, elas eram criações geométricas, cercadas por fossos e muralhas, divididas em setores regulares que se separavam uns dos outros por muros, com portões vigiados durante o dia e toque de recolher à noite: os funcionários moravam em um distrito especial, protegido do resto da cidade por uma muralha dupla.[146] Os citadinos que transgrediam esses compartimentos fortificados sem permissão eram devidamente punidos.

A máquina estatal que exercia essa vigilância sobre as cidades e os campos foi, de início, controlada por uma aristocracia militar que conquistara sua posição nas constantes guerras intestinas da época precedente, ainda com a tradição e o aspecto de uma nobreza montada hereditária. Aliás, o primeiro século da era T'ang testemunhou uma onda espetacular de conquistas militares chinesas no norte e no oeste. O poder chinês subjugou a Manchúria e a Coreia, pacificou a Mongólia e se estendeu sobre a Ásia central, até as regiões da Transoxiana e do Pamir. Essa grande expansão foi, em grande medida, obra da cavalaria T'ang, diligentemente formada por um programa de criação de cavalos de elite e comandada por uma aristocracia belicosa.[147] Uma vez erigido, o sistema de segurança do novo império então foi confiado a colônias de infantaria das milícias divisionais, que recebiam terras para o cultivo e se encarregavam da defesa; mas, a partir do final do século VII, tornou-se necessário alocar grandes unidades permanentes para guarnecer as fronteiras do império. O expansionismo estratégico logo se fez acompanhar por um cosmopolitismo cultural: pela primeira vez na história chinesa, vigorosas influências estrangeiras moldaram a ideologia oficial, com a ascensão do budismo como religião do Estado. Mas, ao mesmo tempo, uma mudança muito mais profunda e duradoura aos poucos começava a alterar toda a feição do próprio aparelho estatal. Pois foi durante a época T'ang que nasceu a burocracia civil que viria a ser característica da China imperial. A partir de meados do

146 Balazs, *Chinese Civilization and Bureaucracy*, p.68-70.

147 Gernet, *Le Monde chinois*, p.217-9: esse volume talvez seja o melhor panorama recente em língua europeia sobre a história chinesa como um todo.

século VII, um sistema de concursos públicos começou a recrutar uma elite de altos funcionários do governo, embora a grande maioria dos cargos ainda dependesse da indicação ou dos privilégios hereditários das famílias nobres mais tradicionais. O "Censorato" compreendia um grupo seleto de oficiais civis, responsáveis por avaliar e fiscalizar o trabalho do corpo principal da burocracia do império, para garantir os padrões adequados de desempenho e execução.[148] Em meados do período T'ang, já era inequívoca a ascensão política do oficialato civil recrutado por concurso público, cujo prestígio chegara a atrair até mesmo candidatos magnatas. O ramo militar do aparato estatal – mesmo que viesse, tempos depois, a produzir uma longa sucessão de generais usurpadores – jamais voltaria a ser funcionalmente predominante no império chinês. Nas épocas seguintes, conquistadores nômades – turcos, mongóis ou manchus – iriam invadir a China e firmar um poder político sobre seus próprios regimentos: mas esses exércitos intrusos ficariam de fora do governo administrativo do país, que sempre sobreviveu a todos eles. A burocracia letrada veio a ser a marca permanente do Estado imperial chinês.

Na prática, o sistema agrário T'ang se desintegrou bem rápido: a migração camponesa para terras desocupadas e não registradas, os esquemas dos ricos para a abertura de novos campos de cultivo e as sabotagens dos funcionários mais interessados em acumular terras para si mesmos, todos esses fatores se combinaram para quebrar as regulamentações *chün t'ien*. E, então, no ano de 756, ocorreu a fatídica rebelião do general bárbaro An Lu-Shan, justo no momento em que o poder externo chinês se via enfraquecido pelas vitórias árabes e uigures no Turquestão. A estabilidade dinástica se rompeu por um tempo; as fronteiras se contraíram com a revolta dos povos súditos; houve um colapso geral da ordem interna. Essa grave crise de meados do século VIII desorganizou completamente os registros do sistema de loteamento e, na prática, pôs fim à ordem *chün t'ien* nos campos. Cinco anos depois do início da rebelião de An Lu-Shan, o número de lares registrados caiu 80%.[149] Agora emergiam grandes propriedades privadas, as *chang-yuan*,

---

148 Dawson, *Imperial China*, p.56-8.

149 Twitchett, *Financial Administration under the T'ang Dynasty*, p.12-7.

nas mãos de cavaleiros, burocratas e oficiais. Não eram latifúndios consolidados, mas, sim, conjuntos de lotes cultivados por rendeiros camponeses, trabalhadores contratados ou até mesmo escravos, sob a supervisão de feitores. Em geral, os arrendamentos custavam metade da produção dos rendeiros dessas herdades, uma taxa de exploração bem mais alta que a extraída pelo Estado nos lotes *chün t'ien*.[150] Ao mesmo tempo, o sistema fiscal substituiu as cobranças *per capita* fixas em produtos ou serviços por tributos proporcionais sobre a terra e a propriedade, pagos em dinheiro ou grãos; os impostos indiretos sobre as mercadorias foram se tornarando cada vez mais lucrativos à medida que as transações comerciais e a economia monetarizada se difundiam.[151] Antes da época T'ang, a China fora basicamente uma economia de escambo, e, mesmo no período T'ang, sofreu com a escassez crônica de cobre para cunhagem e, por isso, dependeu um pouco da seda como meio de troca. No entanto, a supressão dos monastérios budistas em meados do século IX liberou grandes quantidades de cobre e aliviou a circulação monetária. Essa medida, por sua vez, foi inspirada pela reação xenófoba que marcou as fases finais do governo T'ang. A recuperação dinástica que ocorreu depois da crise de meados do século VIII se fez acompanhar por uma nova hostilidade contra as instituições religiosas estrangeiras, o que acabou com o domínio do budismo dentro do complexo ideológico do Estado chinês. Moralizante e nada entusiasta, o conservadorismo secular do pensamento confucionista o substituiu como doutrina oficial da ordem imperial. Daí em diante, o império chinês sempre se distinguiria pelo caráter fundamentalmente laico de seu sistema de legitimação. O impulso por trás dessa mudança cultural veio, em certa medida, da nobreza sulista, que fornecia os mais importantes contingentes para a burocracia civil: o recuo do império nos territórios da Ásia central e da Coreia-Manchúria acarretou o enfraquecimento geral da velha aristocracia militar do noroeste, mais receptiva às influências estrangeiras, e o fortalecimento da posição dos oficiais letrados dentro da máquina estatal.[152] Ao mesmo tempo, a população

150 Ibid., p.18-20.

151 Ibid., p.24-65.

152 Gernet, *Le Monde chinois*, p.255-7.

e as riquezas foram se deslocando a firme compasso para o sul, rumo ao vale do baixo Yangtzé. Agora, com o desenvolvimento das sementeiras, que eliminaram a necessidade dos alqueives e, assim, aumentaram muito a produção, a rizicultura intensiva começava, pela primeira vez, a adquirir maior importância.

Assim, na fase seguinte, a era Sung, do século X ao XIII, toda a ordem rural assumiu uma forma nova. A última etapa do período T'ang, marcada pela desintegração do poder dinástico central, pela proliferação de revoltas regionais e por recorrentes invasões bárbaras no norte, testemunhou o completo desaparecimento da tradicional aristocracia militar do noroeste. A classe dominante chinesa do Estado Sung tinha uma composição social bem nova e descendia do oficialato civil da dinastia anterior: era agora uma nobreza erudita sólida e ampliada. O aparelho de Estado se dividiu em três setores funcionais – civil, financeiro e militar – cada um com carreiras específicas; a administração provincial também se reorganizou e fortaleceu. A burocracia imperial resultante era muito maior que a da época T'ang, chegando a dobrar de tamanho durante o primeiro século do período Sung. No século X, estabeleceu-se uma carreira burocrática regular, com a admissão controlada por concurso e a promoção determinada por mérito e recomendações de apadrinhamento. A capacitação exigida pelo sistema de diplomas ficou muito mais rigorosa, e a idade média dos graduados subiu dos vinte para os trinta e poucos anos. Os concursados não demoraram a dominar todos os setores do Estado, exceto o militar: formalmente, as carreiras militares tinham a mesma importância que as civis, mas, na prática, eram bem menos privilegiadas.[153] No século XI, a maioria dos funcionários responsáveis já era de graduados, que em geral moravam nas cidades e, à distância, controlavam propriedades rurais geridas por administradores e cultivadas por rendeiros dependentes. As maiores dessas herdades acabaram se concentrando nas novas regiões de Kiangsu, Anhwei e Chekiang, terra natal de boa parte dos diplomados e

153 Twitchett, Chinese Politics and Society from the Bronze Age to the Manchus. In: Toynbee (Org.), *Half the World*, p.69.

altos funcionários do Estado.[154] Os camponeses que cultivavam as terras desses senhores deviam obrigações em produtos e serviços, sob contratos de arrendamento que restringiam sua mobilidade. Não restam dúvidas quanto à importância desse sistema de propriedades (com trabalho fixo ao solo) para a agricultura Sung. Por outro lado, é possível que até 60% da população rural agora se compusesse de pequenos proprietários, fora do perímetro das grandes herdades.[155] Eram eles que pagavam a maior parte dos tributos rurais. A teoria jurídica Sung manteve, nominalmente, a propriedade estatal de todas as terras, mas, na prática, já era letra morta.[156] Daí em diante e até o fim do império, a propriedade agrária privada, mesmo que sujeita a certas restrições importantes, iria caracterizar a sociedade imperial chinesa.

Sua ascendência coincidiu com grandes avanços nos campos chineses. O deslocamento de todo o cultivo e população para o vale rizicultor do baixo Yangtzé se fez acompanhar pelo rápido desenvolvimento de um terceiro tipo de sistema hidráulico – a drenagem de pântanos aluviais e a recuperação de fundo de lagos. Houve um aumento espetacular no nível total dos projetos de irrigação, cuja incidência média anual na época Sung mais que triplicou sobre os números da dinastia precedente.[157] Mais que

---

154 Twitchett, *Land Tenure and the Social Order in T'ang and Sung China*, p.26-7.

155 Ibid., p.28-30. A questão do verdadeiro equilíbrio entre o setor das herdades *chang--yuan* e a agricultura dos pequenos proprietários dentro da economia Sung é uma das mais controversas da historiografia atual sobre o período. Em seu importante trabalho, Elvin defende que o "senhorialismo" chinês, baseado no trabalho "servil", dominou a maior parte do país, embora admita que o número de camponeses fora das grandes herdades "não era desprezível": Elvin, *The Pattern of the Chinese Past*, p.78-83. No entanto, ele recusa as estimas quantitativas baseadas nos registros populacionais da época, sem oferecer nenhum cálculo alternativo, e confia muito de sua interpretação a dois estudiosos japoneses, Kusano e Sudō, cujas opiniões não parecem incontestáveis em seu país. Twitchett, ao contrário, critica o uso de termos como "senhorialismo" para descrever o *chang-yuan* e dá muita ênfase à importância relativa dos pequenos proprietários Sung. Nos dias de hoje, as evidências não parecem permitir conclusões mais firmes.

156 Twitchett, *Land Tenure and the Social Order*, p.25.

157 Ver as estimativas em Needham, *Science and Civilization in China*, v.IV/3, p.282-4, refinadas com base em cálculos antes feitos por Chi Ch'ao Ting, *Key Economic Areas in Chinese History*, p.36.

nos projetos públicos, os donos de terra Sung investiram em aberturas de campos cultiváveis de larga escala. O advento da propriedade fundiária privada foi concomitante ao domínio da rizicultura irrigada sobre o conjunto da economia agrícola chinesa: ambos foram fenômenos novos dos anos Sung. Daí em diante, a grande maioria das obras de irrigação teria sempre um caráter local, com pouca ou nenhuma intervenção do Estado:[158] uma vez estabelecidos os ciclos muito mais produtivos da agricultura de terrenos alagados na região do Yangtzé, as iniciativas dos proprietários ou dos aldeãos se tornaram responsáveis pela maior parte dessas obras. Foi nessa época que se generalizaram as complexas máquinas movidas a água para bombeamento, moagem e debulha. Ferramentas como arados, enxadas, pás e foices se aperfeiçoaram e difundiram. O arroz *champa*, variedade de amadurecimento rápido, foi importado do Vietnã; a produção de trigo se multiplicou.[159] Plantaram-se culturas mais comerciais, como a do cânhamo, chá e açúcar. De modo geral, a produtividade agrícola cresceu muito rápido e, com ela, a densidade demográfica. A população da China – que ficara praticamente estacionária por volta dos 50 milhões desde o século II a.C – talvez tenha dobrado entre meados do século VIII e o período entre X-XIII, chegando a uns 100 milhões.[160]

Enquanto isso, a mineração e a metalurgia haviam passado por um imenso progresso industrial. O século XI assistiu ao crescimento da produção de carvão, exigindo investimentos de capital e mão de obra muito maiores que os combustíveis tradicionais e alcançando níveis de produção impressionantes. A demanda foi aquecida pelos avanços decisivos na indústria do ferro, cuja tecnologia agora era extremamente sofisticada (o fole de pistões se tornara equipamento padrão), com forjas que talvez tenham sido as maiores do mundo até o século XIX. Calcula-se que, em 1078, a produção de ferro do norte pode ter ficado entre 75 mil e 150 mil toneladas, um aumento de doze vezes em duzentos anos: é possível

158 Perkins, *Agricultural Development in China 1368-1968*, p.171-2. O estudo de Perkins se dedica à China pós-Yuan, mas há motivos para acreditarmos que seus argumentos podem se aplicar também à época pós-T'ang.

159 Twitchett, *Land Tenure and the Social Order*, p.30-1.

160 Gernet, *Le Monde chinois*, p.281.

que a produção de ferro chinesa do século XI fosse mais ou menos equivalente ao total da produção europeia no início do século XVIII.[161] Foi esse salto da indústria do ferro que possibilitou a multiplicação das ferramentas agrícolas pelos campos e a ampliação da manufatura de armas. O mesmo período testemunhou um conjunto extraordinário de novas invenções. Pela primeira vez, armas de fogo nas guerras, tipos móveis na imprensa, bussola magnética na navegação por instrumentos, além dos relógios mecânicos.[162] Assim, a China antecipou em séculos três ou quatro das mais celebradas inovações técnicas da Europa renascentista. Eclusas de navegação, lemes de popa e rodas de pás melhoraram ainda mais os transportes.[163] A indústria da cerâmica se desenvolveu muito rápido, e a porcelana talvez tenha, pela primeira vez, ultrapassado a seda como principal produto de exportação do império. A circulação de moedas de cobre aumentou consideravelmente, e tanto os banqueiros privados quanto o Estado começaram a emitir notas de papel. Esse progresso rural e industrial empurrou uma tremenda onda de urbanização. Por volta do ano 1100, a China talvez já possuísse cinco cidades com mais de 1 milhão de habitantes.[164] Essas grandes aglomerações eram muito mais o produto de um crescimento econômico espontâneo que um projeto deliberado da burocracia e se caracterizavam por um traçado urbano muito mais livre.[165] O toque de recolher foi abolido na capital Kaifeng no século XI, e os velhos compartimentos das cidades imperiais deram lugar a um sistema de ruas mais fluído. As novas comunidades mercantis das cidades lucraram

161 Hartwell, A Revolution in the Chinese Iron and Coal Industries during the Northern Sung, 920-1126 A.D., *The Journal of Asian Studies*, XXI, n.2, fev. 1962, p.155, 160.

162 Needham, *Science and Civilization in China*, v.I, p.134, 231; v.IV/2, p.446-65; v.IV/3, p.562. Na prática, os tipos em bloco sempre predominaram na China imperial, porque a escrita ideográfica minimizava as vantagens dos tipos móveis: Gernet, *Le Monde chinois*, p.292-6.

163 Needham, *Science and Civilization in China*, v.IV/2, p.417-27; v.IV/3, p.350, 357-60, 641-2.

164 Kracke, Sung Society: Change within Tradition, *The Far Eastern Quarterly*, XIV, n.4, ago. 1955, p.481-2.

165 Ver: Tuan, *China*, p.132-5.

com o advento da agricultura comercial, com o *boom* na mineração, com a ascensão das indústrias metalúrgicas, com a descoberta de novas operações de banco e crédito. A produção de moedas de cobre subiu vinte vezes acima dos níveis da época T'ang. O domínio do comércio marítimo a longas distâncias cresceu cada vez mais, com o auxílio dos muitos avanços na engenharia naval e da criação da primeira marinha imperial.

A mudança dramática na configuração total da economia chinesa na época Sung se acentuou quando os nômades *jürchen* conquistaram o norte da China, em meados do século XII. Apartado da Ásia central e da Mongólia, tradicional centro da civilização sínica, o Império Sung no sul trocou sua orientação terrestre pela marítima, algo bastante novo na experiência chinesa; enquanto isso, o peso específico do comércio urbano cresceu na mesma proporção. O resultado foi que, pela primeira vez na história, a agricultura deixou de fornecer a maior parte das receitas do Estado na China. No século XI, a renda do império com monopólios e taxas comerciais já era igual aos rendimentos com impostos sobre a terra; no Estado Sung dos séculos XII e XIII, as receitas comerciais excediam e muito as agrárias.[166] Esse novo balanço fiscal refletia não apenas o crescimento do comércio interno e externo, mas também o aumento da base manufatureira de toda a economia, a expansão da mineração e a disseminação dos cultivos comerciais na agricultura. O império islâmico do califado abássida por um tempo fora a civilização mais rica e poderosa do mundo, nos séculos VIII e IX; o império chinês da época Sung foi, inquestionavelmente, a economia mais próspera e avançada do globo nos séculos XI e XII – e, em vez de depender principalmente das transações do comércio internacional, sua florescência tinha uma base muito mais firme na produção diversificada da agricultura e da indústria. O dinamismo econômico do Estado Sung se fez acompanhar por um fervor cultural que combinava veneração pelo passado chinês com novas explorações na matemática, astronomia, medicina, cartografia, arqueologia e outras disciplinas.[167] A nobreza

166 Gernet, *Le Monde chinois*, p.285.

167 Gernet, entre outros, fala de uma "Renascença" comparável à da Europa: Ibid., p.290-1, 296-302. Mas a analogia não se sustenta, pois os eruditos chineses nunca deixaram de se interessar por seu passado: não houve um processo de *ruptura*

erudita que agora governava a China se caracterizava por uma aversão de mandarim aos esportes físicos e exercícios marciais e por um culto circunspecto aos passatempos estéticos e intelectuais. Na cultura da época Sung, as especulações cósmicas se combinavam a um neoconfucionismo sistematizado.

No século XIII, a conquista mongol da China viria testar a resiliência de todo o sistema socioeconômico que havia amadurecido nessa época de bonança. De início, áreas consideráveis do norte chinês foram "pastorializadas" pelos novos governantes nômades, sob cujo mando a agricultura declinou; tempos depois, os esforços dos imperadores Yuan para recuperar a situação agrícola tiveram pouco sucesso.[168] A inovação industrial quase parou: o avanço técnico mais notável da época mongol parece ter sido – sintomaticamente – a fundição de canhões de cano metálico.[169] O fardo dos impostos sobre as massas rurais e urbanas aumentou, e também se introduziu o registro hereditário de suas ocupações, para imobilizar a estrutura de classes do país. A taxas de arrendamento e de juros permaneceram altas, e o endividamento camponês subiu a firme compasso. Embora os senhores de terras sulistas houvessem se aliado aos exércitos invasores mongóis, a dinastia Yuan não demonstrou muita confiança no mandarinato chinês. O sistema de concursos foi abolido, a autoridade imperial se fortaleceu, a administração imperial se reorganizou e a cobrança fiscal foi delegada a corporações estrangeiras de uigures, de cujas habilidades administrativas e comerciais os governantes mongóis dependiam muito.[170] Por outro lado, as políticas Yuan promoveram os empreendimentos mercantis e estimularam o comércio. A integração da China ao vasto sistema imperial mongol acarretou um influxo de mercadores islâmicos da

---

cultural como o que definiu a redescoberta renascentista da Antiguidade clássica na Europa. Em outras passagens, o próprio Gernet faz um alerta bem eloquente quanto à importação abusiva de períodos e noções da Europa para a história chinesa e insiste na necessidade de forjar novos conceitos específicos e apropriados à experiência sínica: Ibid., p.571-2.

168 Schurmann, *Economic Structure of the Yuan Dynasty*, p.8-9, 29-30, 43-8.

169 Needham, *Science and Civilization in China*, v.I, p.142.

170 Schurmann, *Economic Structure of the Yuan Dynasty*, p.8, 27-8; Dawson, *Imperial China*, p.186, 197.

Ásia central e uma expansão dos fretes marítimos internacionais. Introduziu-se um papel-moeda nacional. Instituiu-se o transporte de cabotagem em larga escala, para abastecer o norte, onde uma capital fora fundada em Pequim; enquanto isso, completou-se a construção do monumental Grande Canal, ligando os centros econômicos e políticos do país por uma rede contínua de vias navegáveis. Mas a discriminação étnica da dinastia não demorou a contrariar boa parte da nobreza, ao mesmo passo que a intensidade das exações financeiras, a depreciação da moeda sem lastro e a disseminação dos senhorios opressores lançaram os camponeses à revolta armada. O resultado foi o levante nacional que no século XIV pôs fim ao jugo mongol e instalou a dinastia Ming.

O novo Estado representou, com algumas modificações significativas, um revigoramento da tradicional estrutura política da nobreza letrada. O sistema de concursos foi reestabelecido de imediato; mas se fez então necessário criar um esquema de cotas regionais, reservando algo como 40% dos diplomas aos candidatos do norte, para garantir que o sul não monopolizasse os cargos. Os grandes donos de terras da região do Yangtzé foram trazidos para a nova capital Ming em Nanquim, agora local de residência obrigatória, o que facilitou o controle governamental; além disso, o governo aboliu o secretariado imperial, que tradicionalmente restringia a vontade despótica do imperador. Toda a feição autoritária do Estado se intensificou sob o jugo Ming, cujos sistemas de vigilância e polícia secreta eram muito mais extensos e implacáveis que os da dinastia Sung.[171] A política da corte se viu cada vez mais dominada por um grupo inchado de eunucos (que, por definição, estavam alheios às normas confucionistas de responsabilidade e autoridade paternal) e por ferozes contendas entre facções. A solidariedade da burocracia erudita se enfraqueceu com a insegurança nos cargos e a divisão das tarefas, e a idade das graduações no sistema de diplomas foi subindo com o tempo. De início, criou-se um imenso exército de 3 milhões de homens, muitos dos quais acabaram se diluindo em uma rede de colônias militares. A principal inovação fiscal

171 Dawson, *Imperial China*, p.214-5, 218-9; Twitchett, Chinese Politics and Society, op. cit., p.72-3.

do Estado Ming foi a imposição sistemática da prestação de serviços em obras públicas às populações rurais e urbanas, organizadas em unidades "comunitárias" e sob supervisão rigorosa.

Nos campos, os contratos restritivos de arrendamento da época Sung foram caducando,[172] mas os registros ocupacionais hereditários do regime Yuan se mantiveram, ainda que flexibilizados. Com a restauração da paz civil e o relaxamento dos arrendamentos, as forças rurais de produção voltaram a registrar avanços prodigiosos. O imperador Hongwu, fundador da dinastia Ming, lançou oficialmente um imenso programa de reabilitação agrícola, para reparar as devastações do jugo mongol e as destruições causadas pelas revoltas que o encerraram. As instruções do Estado imperial organizaram a abertura de terras para o cultivo, restauraram e estenderam obras hidráulicas e realizaram um projeto de reflorestamento sem precedentes.[173] Os resultados foram rápidos e espetaculares. Em menos de seis anos depois da queda dos Yuan, o volume de impostos sobre cereais recebidos pelo tesouro central já tinha quase triplicado. O ímpeto inicial que essa reconstrução de cima para baixo deu à economia rural desencadeou um crescimento agrícola extremamente veloz de baixo para cima. A rizicultura irrigada se expandiu e aperfeiçoou a firme compasso nos vales e planícies, com a dispersão de variedades de maturação precoce e do esquema de duas safras por ano, desde o baixo Yangtze até Hopei, Hunan e Fukien. No sudoeste, colonizou-se Yunnan. No sul, as terras marginais receberam cultivos de trigo, cevada e painço adaptados do norte. Culturas comerciais como índigo, açúcar e tabaco ganharam uma escala muito maior. Em consequência desse progresso, a população da China – que provavelmente caíra para uns 65-80 milhões sob o jugo mongol – agora voltava a crescer em ritmo acelerado, chegando a algo entre 120 milhões e 200 milhões por

---

172 Pelo menos é a opinião mais comum. Elvin localiza o fim do sistema de arrendamentos "servis" em data muito posterior – já no início da época Ch'ing, a qual ele considera o primeiro período em que a pequena propriedade se generalizou no campo: Elvin, *The Pattern of the Chinese Past*, p.247-50.

173 Gernet, *Le Monde chinois*, p.341.

volta do ano 1600.[174] Nas cidades, a indústria cerâmica, a tecelagem de seda e o refino de açúcar passaram por um desenvolvimento notável; nessa época, os têxteis de algodão se popularizaram e, pela primeira vez na história, substituíram as tradicionais vestimentas de cânhamo. A adoção dos novos tecidos pelo campesinato possibilitou a criação de grandes centros manufatureiros de roupas: ao final da era Ming, a região de Sungkiang talvez reunisse cerca de 200 mil artesãos em sua indústria têxtil. O comércio inter-regional foi costurando a união do país, e logo se fez a transição para um novo sistema monetário. O papel-moeda foi abandonado por causa de sucessivas desvalorizações em meados do século XV; com o tempo, cresceu o volume das importações de prata vindas da América (via Filipinas) e do Japão, fazendo com que o metal se tornasse o meio básico de trocas na China e, por fim, convertesse também o sistema fiscal.

No entanto, o grande surto inicial da economia Ming não se sustentou no segundo século da dinastia. Os primeiros estorvos a seu crescimento ficaram evidentes na agricultura: a partir dos anos 1520, os preços das terras começaram a cair, à medida que declinava a lucratividade dos investimentos rurais para a nobreza.[175] E agora o aumento populacional também parecia desacelerar. As cidades, por sua vez, ainda exibiam grande prosperidade comercial, com melhorias nos métodos de produção de algumas manufaturas e maior aporte de metais. Mas, ao mesmo tempo, em um plano mais fundamental, a tecnologia da indústria já não apresentava aquele dinamismo viçoso. Ao que parece, não se registrou sob o domínio Ming nenhuma invenção urbana de muita importância, e alguns avanços anteriores (relógios e eclusas) foram largados ou esquecidos.[176] A indústria têxtil progrediu do cânhamo para o algodão; mas, ao trocar de matéria-prima, abandonou a roda de fiar mecânica, usada para a produção de roupas de cânhamo desde o século XIV – um retrocesso técnico crucial. O atraso também se deu em termos organizacionais: se a produção de tecidos de cânhamo da época Sung desenvolvera um sistema de fábri-

174 Ping-Ti Ho, *Studies on the Population of China, 1368-1953*, p.101, 277; Perkins, *Agricultural Development in China*, p.16, 194-201, 208-9.

175 Gernet, *Le Monde chinois*, p.370-1.

176 Needham, *Science and Civilization in China*, v.IV/2, p.508; v.IV/3, p.360.

cas domésticas sob o controle dos mercadores, as manufaturas rurais de algodão de maneira geral regrediram ao simples artesanato.[177] A expansão naval chegou ao apogeu no início do século XV, quando os juncos chineses – de tonelagem muito superior a de qualquer embarcação europeia dessa época – cruzavam os oceanos até a Arábia e a África; mas essas expedições marítimas foram abandonadas na metade do século, e a marinha imperial se desmantelou, em uma reação nobre-burocrática que pressagiou uma fase de obscurantismo e involução oficial ainda mais vasta.[178] Formado em oposição xenófoba ao jugo mongol, o clima de nativismo e restauração da cultura Ming parece ter acarretado um "deslocamento" da atividade intelectual para a filologia e a literatura, o que se fez acompanhar por um declínio no interesse pela ciência e pela técnica. Em termos políticos, o Estado imperial Ming não demorou a reproduzir uma parábola mais ou menos familiar: as extravagâncias palacianas, a corrupção administrativa e as evasões fiscais dos senhores de terras exauriram o tesouro central, o que aumentou a pressão sobre o campesinato, cujas obrigações em serviços foram substituídas por taxas em dinheiro, as quais cresceram a firme compasso à medida que o regime sofria ataques externos. Os piratas japoneses infestaram os mares, pondo fim ao interlúdio de poder marítimo chinês; as incursões mongóis se renovaram no norte, causando grande destruição; e as expedições japonesas na Coreia exigiram gastos maciços dos exércitos imperiais.[179] O crescimento econômico e demográfico do país foi, portanto, arrefecendo aos poucos durante o século XVI, com o declínio político do governo e fatura militar de sua incompetência. No início do século XVII, quando as primeiras incursões manchus começaram a assolar o nordeste da China, a segurança interna do reino Ming já se esfacelava, a fome devastava os campos e as deserções minavam o exército. Revoltas de usurpadores e insurreições camponesas não demoraram a agitar a paisagem, de Shensi e Szechuan a Klangsu.

---

177 Elvin, *The Pattern of the Chinese Past*, p.195-9, 162, 274-6.

178 Needham, *Science and Civilization in China*, v.IV/3, p.524-7, resume as hipóteses atuais sobre os motivos que levaram a essa mudança súbita.

179 Sobre as vicissitudes do final do regime Ming, ver: Dawson, *Imperial China*, p.247-9, 256-7.

Assim, a condição interna da China sob os últimos imperadores Ming já vinha preparando a conquista manchu: em duas gerações, os longos ataques das bandeiras tungúsicas avançaram de Mukden até Cantão. Em 1681, todo o continente chinês estava tomado. Uma vez instalada, a nova dinastia Ch'ing viria a repetir quase o mesmo ciclo econômico de sua predecessora, mas em maior escala. Em termos políticos, era uma mistura de tradições Yuan e Ming. A classe governante manchu manteve o separatismo étnico, guarnecendo o país com seus próprios regimentos e monopolizando o comando militar do Estado.[180] Os governadores-gerais manchu, que comandavam duas províncias ao mesmo tempo, sobrepujavam os governadores chineses, cada um encarregado de uma única província. Mas a classe nobre chinesa ficou com o controle da burocracia civil, e o sistema de concursos se refinou ainda mais, para equalizar as representações provinciais. A tradicional censura cultural do Estado se intensificou. Por quase um século, de 1683 a 1753, o jugo manchu baixou os impostos, reprimiu a corrupção, manteve a paz interna e promoveu as colonizações. A disseminação das culturas americanas via Filipinas – milho, batata, amendoim, batata-doce – permitiu a conquista dos solos ralos das encostas. A migração camponesa para as florestas montanhosas, até então habitadas somente por povos tribais, foi muito rápida e abriu amplos tratos de terra para o cultivo. As variedades de arroz foram ainda mais aperfeiçoadas, o que gerou safras que podiam ser colhidas em menos da metade do tempo que precisavam as primeiras cepas de maturação precoce da época Sung. Assim, a área e a produtividade agrícola aumentaram mais uma vez, possibilitando um crescimento demográfico explosivo, que quebrou todos os recordes. A população da China dobrou ou triplicou entre 1700 e 1850, quando atingiu a marca de 430 milhões.[181] Enquanto o total da população europeia cresceu de 144 milhões em 1750 para 193 milhões em 1800, a chinesa, segundo certa estimava, foi de 143 milhões em 1741 para 360

---

180 As tropas chinesas de "Bandeira Verde" formavam um braço subordinado do Estado Ch'ing. O dualismo entre regimentos chineses e manchus se manteve até os últimos anos da dinastia, na virada do século XX: Purcell, *The Boxer Uprising*, p.20-4.

181 Ping-Ti Ho, *Studies on the Population of China*, p.208-15.

milhões em 1812: sempre mais intensivas que as produções de cereal em solos secos, as safras de arroz proporcionaram uma densidade demográfica sem paralelo no Ocidente.[182] Ao mesmo tempo, as conquistas militares manchus – que, pela primeira vez na história, trouxeram Mongólia, Sinkiang e Tibete sob o controle efetivo da China – aumentaram substancialmente o território potencial para cultivo e assentamento agrícolas. As tropas e os oficiais Ch'ing estenderam as fronteiras chinesas até o interior da Ásia central.

Mas, no século XIX, já começou uma relativa estagnação econômica. A erosão do solo vinha destruindo as lavouras das encostas e inundando os sistemas de irrigação; os abusos senhoriais e a usura tinham explodido nas regiões mais férteis; e a superpopulação camponesa estava começando se evidenciar nas aldeias.[183] Durante o reinado do imperador Ch'ien Lung, na segunda metade do século XVIII, a expansão militar manchu e as extravagâncias da corte reergueram as pressões fiscais a níveis intoleráveis. Em 1795, eclodiu a primeira grande insurreição camponesa no noroeste, suprimida com muita dificuldade, em oito anos de batalhas. Logo depois, as manufaturas urbanas também entraram em um período de crise galopante. O século XVIII testemunhara uma nova prosperidade comercial nas cidades. Têxteis, porcelana, seda, papel, chá e açúcar, todas essas produções haviam florescido muito durante a paz Ch'ing. O comércio exterior aumentara consideravelmente, puxado pela nova demanda europeia por artigos chineses – embora no final do século ainda equivalesse a apenas um sexto das receitas tributárias do comércio interno. Mas não ocorrera nenhuma mudança qualitativa no padrão da indústria chinesa. Aos grandes avanços siderúrgicos da época Sung não se seguiram progressos comparáveis no começo da China moderna: não houve desenvolvimento de uma indústria de bens de produção. As indústrias de consumo – que, desde a era Ming, sempre foram as mais dinâmicas – também não geraram nenhuma inovação tecnológica na época Ch'ing; e, até o início do século

182 Gernet, *Le Monde chinois*, p.424. Até hoje, a média da produção internacional de arroz é cerca de 75% mais alta que a dos outros cereais; no século XVIII, as vantagens do arroz chinês sobre o trigo europeu eram muito maiores.

183 Dawson, *Imperial China*, p.301-2; Ho, *Studies on the Population of China*, p.217-21.

XIX, o uso de trabalho assalariado tampouco se expandira. O desequilíbrio geral entre os setores urbanos e rurais da economia sob o jugo manchu se evidenciava no predomínio maciço dos impostos fundiários no sistema fiscal: até o fim do século XVIII, esses tributos corresponderam a 70% ou 80% das receitas totais do Estado Ch'ing.[184] Além disso, a partir de meados do século XIX, a expansão imperialista europeia começou a prejudicar as tradicionais manufaturas e trocas comerciais da China e a deslocar todo o seu aparelho de defesa. De início, a pressão dos ocidentais tomou uma forma essencialmente comercial: o tráfico ilícito de ópio – realizado por companhias inglesas no sul da China a partir da segunda década do século XIX – criou um déficit comercial para o governo manchu, pois as importações de narcóticos se elevaram muito. A crise no balanço de pagamentos se agravou com a queda do valor da prata no mercado mundial, que acarretou desvalorização da moeda chinesa e forte inflação. Os esforços da dinastia Ch'ing para barrar o tráfico de ópio perderam para as armas, na guerra contra a Inglaterra, em 1841-1842.

Esses reveses econômicos e militares, acompanhados por uma perturbadora penetração ideológica estrangeira, então foram seguidos pelo grande terremoto social da rebelião Taiping. Por quinze anos, de 1850 a 1864, essa vasta insurreição plebeia e camponesa – de longe, a maior revolta popular do mundo no século XIX – abalou os alicerces de todo o império. Boa parte da China central caiu nas mãos dos soldados do "Reino dos Céus", que se inspiravam nos ideais puritanos e igualitários da doutrina Taiping. Enquanto isso, o norte da China entrava em convulsão com os levantes rurais do Nien; e minorias étnicas e religiosas oprimidas – sobretudo comunidades muçulmanas – explodiam em revoltas nas regiões de Kweichow, Yunnan, Shensi, Kansu e Sinkiang. As ferozes guerras do Estado Ch'ing contra essas sucessivas rebeliões de pobres duraram quase três décadas. As operações manchu só se encerraram em 1878, com a "pacificação" final do centro da Ásia: o total de mortos nesses conflitos gigantescos talvez tenha chegado a 20 ou 30 milhões, e a destruição dos campos agrícolas foi proporcional. A rebelião Taiping e os outros levantes da mesma época

184 Gernet, *Le Monde chinois*, p.424.

marcaram o declínio irreversível do sistema político manchu. O Estado imperial tentou recuperar as finanças impondo novas taxas comerciais, cujos valores se multiplicaram por sete entre 1850 e 1910: um fardo que enfraqueceu ainda mais as indústrias domésticas, justo quando elas mais sofriam com todo o impacto da concorrência estrangeira.[185] Os tecidos de algodão ingleses e norte-americanos acabaram com a produção chinesa; o chá da Índia e do Ceilão arruinou as plantações da China; as sedas japonesas e italianas tomaram seus tradicionais mercados de exportação. A pressão militar imperialista se recrudesceu cada vez mais, culminando na guerra sino-japonesa de 1894-1895. As humilhações no exterior provocaram turbulências domésticas (a rebelião dos boxers, por exemplo), que trouxeram novas intervenções estrangeiras. Abalado por esses múltiplos golpes, o Estado Ch'ing finalmente desmoronou com a revolução republicana de 1911, na qual se misturaram, uma vez mais, elementos sociais e nacionais.

A derradeira agonia e morte do mando imperial na China imprimiu nos observadores europeus do século XIX a ideia de uma sociedade essencialmente estagnada, desabando ante a irrupção do Ocidente dinâmico. No entanto, o espetáculo da queda da dinastia Ch'ing foi, sob uma perspectiva mais ampla, enganador. Pois o curso da história imperial chinesa como um todo, da época T'ang à Ch'ing, revela, em certos aspectos básicos, um desenvolvimento claramente acumulativo: o enorme crescimento da população do país – que saltou de 65 milhões em 1400 para 430 milhões em 1850, um recorde demográfico muito superior ao da Europa na mesma época – por si só testemunha a escala da expansão das forças produtivas da China imperial depois do período Yuan. Os avanços agrícolas do início da China moderna foram notáveis, sob qualquer perspectiva. O imenso salto demográfico, que multiplicou a população por seis no decorrer de cinco séculos, parece ter sido acompanhado por um aumento proporcional nas safras de grãos até o fim do império: na verdade, a produção *per capita* provavelmente se manteve mais ou menos estável de 1400 até 1900.[186] Costuma-se atribuir esse grande incremento absoluto na produção cerealífera desses quinhentos

185 Gernet, *Le Monde chinois*, p.485-6.

186 Perkins, *Agricultural Development in China*, p.14-5, 32.

anos, em partes quase iguais, à expansão quantitativa da área cultivável e à melhoria qualitativa dos índices de produtividade, pois cada um desses fatores parece ter sido responsável por metade do crescimento total da produção.[187] Dentro da parcela qualitativa desse progresso, é provável que metade do resultado se devesse à seleção das sementes, à prática das duas colheitas anuais e às novas variedades de plantas; a outra metade talvez decorresse do melhor controle da água e do uso de fertilizantes.[188] Ao final dessa longa evolução, apesar dos desastrosos anos do final do período Ch'ing, os níveis de produtividade da rizicultura chinesa eram muito mais altos que os de qualquer outro país asiático, como a Índia ou a Tailândia. Mas todo o padrão de desenvolvimento agrário desde a época Sung não chegara a registrar quase nenhum aperfeiçoamento *tecnológico* significativo.[189] A produção de grãos crescera, seguidas vezes, pelo cultivo mais extensivo da terra, pelo emprego mais intensivo de mão de obra, pelo plantio de sementes mais variadas e pelo uso mais disseminado da irrigação e da fertilização. Fora isso, o arcabouço de tecnologia rural permaneceu o mesmo.

Tampouco as relações de propriedade parecem ter se alterado depois da época Sung, embora as pesquisas sobre o tema ainda sejam incertas e fragmentárias. Uma estimativa recente diz que o índice geral de arrendamentos por camponeses sem-terra talvez tenha permanecido constante, por volta dos 30%, do século XI ao XIX.[190] O Estado Ch'ing deixou para a posteridade uma configuração rural que era, de fato, a soma expressiva das tendências seculares da história agrária chinesa. Nos anos 1920 e 1930, cerca de 50% dos camponeses da China eram proprietários das terras que ocupavam, 30% eram rendeiros e outros 20%, tanto proprietários quanto rendeiros.[191] A usura se difundira tanto que o dono nominal "muitas vezes não passava de arrendatário de um agiota".[192] Sob o governo Ch'ing, três

---

187 Ibid., p.33, 37.

188 Ibid., p.38-43, 60-73.

189 Ibid., p.56-8, 77. Uma rara exceção parece ter sido a introdução do moinho de vento, registrado pela primeira vez no século XVII.

190 Perkins, *Agricultural Development in China*, p.98-102.

191 Tawney, *Land and Labour in China*, p.34.

192 Ibid., p.36.

quartos da terra cultivada por lavradores rendeiros estavam arrendadas a valores fixos, pagos em produtos ou dinheiro – o que, em tese, possibilitava que melhorias na produtividade dessem lucro ao produtor direto; o um quarto restante estava sob os cuidados de meeiros, principalmente nas regiões mais pobres do norte, onde o arrendamento era menos comum.[193] No final da época Ch'ing, no máximo 30% ou 40% da produção rural se dirigia para o mercado.[194] As herdades senhoriais, concentradas na região do Yangtzé, no sul e na Manchúria, cobriam boa parte das terras produtivas: 10% da população rural detinha 53% do solo cultivado, e o tamanho médio da propriedade nobre era 128 vezes maior que o lote camponês padrão.[195] Três quartos dos senhores eram proprietários absenteístas. As cidades normalmente formavam núcleos de diferentes círculos concêntricos de produção e propriedades agrárias: primeiro as terras dos arredores, sob o monopólio de mercadores, funcionários e nobres, dedicadas às produções da indústria ou da horticultura; depois, os campos de cultivo comercial de arroz ou trigo, sob o domínio da nobreza; e, por fim, os lotes camponeses de subsistência, nas regiões mais acidentadas e inacessíveis. As cidades provinciais se multiplicaram durante o período Ch'ing, mas, em termos proporcionais, a sociedade chinesa fora mais urbanizada na época Sung, mais de meio milênio antes.[196]

Na verdade, o crescimento das forças produtivas do império chinês parece ter desenhado uma curiosa trajetória espiral depois das grandes revoluções socioeconômicas da era Sung, nos séculos X-XIII. Os mesmos movimentos se repetiam em níveis ascendentes, sem nunca desviarem para uma forma nova, até que, enfim, essa recorrência dinâmica se quebrava e sucumbia a forças externas à formação social tradicional. O paradoxo desse movimento peculiar da história chinesa do início da época moderna é que muitas das precondições puramente técnicas para uma industrialização

193 Perkins, *Agricultural Development in China*, p.104-6.

194 Ibid., p.114-5, 136.

195 Ho, *Studies on the Population of China*, p.222.

196 Elvin, *The Pattern of the Chinese Past*, p.176-8: a porcentagem da população que morava em cidades com mais de 100 mil habitantes talvez estivesse entre 6% e 7,5% no século XII, frente a 4% em 1900.

capitalista foram alcançadas na China muito antes que na Europa. Ao fim da Idade Média, a China possuía uma vantagem tecnológica ampla e decisiva sobre o Ocidente, antecipando em séculos quase todas aquelas invenções-chave da produção material cujo encontro viria liberar o dinamismo da Europa renascentista. Na verdade, todo o desenvolvimento da civilização imperial sínica pode, em certo sentido, ser visto como a mais grandiosa demonstração e a mais profunda experiência do poder – e da impotência – da técnica na história.[197] Pois os grandes e inéditos avanços da economia Sung – sobretudo na metalurgia – foram desperdiçados nas épocas seguintes: as transformações radicais da indústria e da sociedade que essas inovações prometeram jamais vieram a acontecer. Nesse aspecto, tudo indica que a era Ming seja a chave do enigma chinês – que ainda aguarda solução junto aos futuros historiadores: pois foi nesse momento que, a despeito dos impressionantes avanços iniciais em terra e no mar, os mecanismos do crescimento científico e tecnológico das cidades parecem ter se detido ou mesmo voltado para trás.[198] A partir do início do século XVI, justo quando a Renascença das cidades italianas estava se espalhando por

197 Essa é a lição inesquecível da grande obra apaixonante de Needham, cujo escopo não tem precedentes na historiografia moderna. Deve-se dizer que a classificação superficial do próprio Needham, designando a sociedade imperial chinesa como um "burocratismo feudal", está muito aquém dos padrões científicos de seu trabalho. Se o objetivo é definir a formação social chinesa desde o ano 200 a.C., a junção desses dois termos não torna o "feudalismo" mais aplicável, nem a "burocracia" menos vaga. Na prática, Needham é lúcido demais para ignorar esse fato e nunca os usa de maneira categórica: ver, por exemplo, essa afirmação reveladora: "A sociedade chinesa era um burocratismo (ou talvez um feudalismo burocrático), ou seja, um tipo de sociedade desconhecido na Europa". Needham, *Science and Civilization in China*, v.II, p.337. O que importa, naturalmente, é a última oração: de maneira implícita, a expressão "ou seja" reduz os predicados anteriores a seu verdadeiro papel. Em outra passagem, Needham faz um alerta contra a identificação do "feudalismo" ou do "burocratismo feudal" chinês com qualquer coisa que essas palavras possam denotar na experiência europeia (Ibid., v.IV/3, p.263) – assim colocando (involuntariamente?) uma dúvida radical quanto à utilidade de um conceito comum para cobrir ambas as realidades.

198 Os avanços em campos como a medicina e a botânica parecem ter sido exceções. Ver Needham, *Science and Civilization in China (Mathematics and the Sciences of the Heavens and the Earth)*, v.III, p.437, 442, 457; v.IV/2, p.508; v.IV/3, p.526.

toda a Europa ocidental, as cidades chinesas pararam de prover o ímpeto e as inovações fundamentais para o império. De maneira um tanto sugestiva, o último dos grandes marcos urbanos foi a construção da nova capital Yuan, Pequim. A dinastia Ming tentou deslocar o centro político do país para a antiga cidade de Nanquim, uma tentativa em vão: não criou nada de novo. Daí em diante, em termos econômicos, tudo parece ter acontecido como se as sucessivas fases de grande expansão agrária não encontrassem avanços correspondentes na indústria, nem recebessem qualquer impulso tecnológico da economia urbana, até que, por fim, o crescimento agrícola se deparava com os limites insuperáveis da superpopulação e da escassez de terras. Na verdade, parece claro que a agricultura chinesa tradicional, à sua própria maneira, alcançou seu apogeu no início da época Ch'ing, quando seus níveis de produtividade eram muito mais altos que os da agricultura europeia do mesmo período e, a partir daí, só poderiam melhorar com o aporte de insumos industriais adequados (fertilizantes químicos, tração mecânica).[199] O fracasso do setor urbano em gerar esses aportes foi decisivo para o travamento da economia chinesa como um todo. A presença de um vasto mercado interno (que se estendia até as profundezas

---

199 Foi Elvin quem analisou esse impasse de maneira mais completa: Elvin, *The Pattern of the Chinese Past*, p.306-9. O grande mérito do livro de seu é colocar com mais clareza que qualquer outro estudo os paradoxos centrais da economia chinesa do início da época moderna, depois do florescimento do período Sung. Mas a solução que o autor apresenta para o problema do impasse imperial é estreita e rasa demais para ser convincente. O termo "armadilha de alto equilíbrio", que ele usa para descrever o travamento da economia pós-Sung, não explica nada: apenas reformula o problema com uma entonação enganosamente técnica. Pois o alto equilíbrio foi conseguido apenas na agricultura, que é – apesar das aparências – tudo o que análise final de Elvin discute de verdade. O "equilíbrio" na indústria, em contraste, era bem baixo. Em outras palavras, a explicação do autor foge à pergunta sobre a inexistência de uma revolução industrial nas cidades que fornecesse os insumos "científicos" para a agricultura. Seus comentários depreciativos sobre as explicações sociológicas acerca das amarras da indústria chinesa (Ibid., p.286-98) são displicentes demais para persuadir o leitor; e também são uma nítida contradição ao que ele próprio descreve sobre a indústria têxtil (Ibid., p.279-82). Em geral, essa obra sofre com a falta de uma verdadeira integração e articulação entre suas análises econômicas e sociais, que ocorrem em níveis distintos. A tentativa final de uma explicação "puramente" econômica do impasse chinês é claramente inadequada.

do interior do país) e de imensas acumulações de capital mercantil parecia oferecer condições propícias para a emergência de um verdadeiro sistema fabril, combinando equipamentos mecanizados com trabalho assalariado. Mas, na verdade, jamais ocorreram nem o salto para a produção em massa de bens de consumo, nem a transformação dos artesãos urbanos em proletariado industrial. O crescimento agrícola chegava a seu ponto de saturação, mas o potencial industrial não se realizava.

Sem dúvidas, pode-se atribuir essa profunda desproporção a toda a estrutura do Estado e da sociedade da China, pois, como vimos, os modos de produção de qualquer formação social pré-capitalista sempre são especificados pelo aparelho político-jurídico do domínio de classe dominante que impõe a coerção extraeconômica que lhe é peculiar. A propriedade privada da terra, meio de produção básico, alcançou um desenvolvimento muito maior na civilização chinesa que na islâmica, e essa diferença fundamental certamente marcou suas trajetórias distintas. Mas, ainda assim, as noções chinesas de propriedade ficavam muito aquém dos conceitos europeus sobre o tema. A propriedade familiar era comum entre a nobreza, e os direitos de preempção e recompra limitavam as vendas de terras.[200] O capital mercantil urbano sofria com a falta de normas de primogenitura e com o monopólio estatal sobre setores-chave da produção doméstica e das exportações.[201] O arcaísmo dos laços de clãs – ausência notável nos grandes Estados islâmicos – refletia a falta de um sistema jurídico civil. Na ausência de uma lei codificada, o costume e o parentesco sobreviveram como poderosos reservatórios da tradição: as prescrições legais do Estado tinham um caráter essencialmente punitivo, preocupadas apenas com a mera repressão ao crime, não forneciam nenhum quadro jurídico

---

200 Schurmann, Traditional Property Concepts in China, *The Far Eastern Quarterly*, XV, n.4, ago. 1956, p.507-16, insiste bastante nessas limitações dos conceitos chineses sobre propriedade agrária privada.

201 Balazs, *Chinese Civilization and Bureaucracy*, destaca particularmente o papel inibidor dos monopólios de Estado e da propriedade imperial de boa parte dos imóveis urbanos, p.44-51.

para a condução da vida econômica.[202] De modo similar, a cultura chinesa não conseguiu desenvolver conceitos teóricos de leis naturais que fossem além da engenhosidade prática de suas invenções técnicas e dos refinamentos de uma astronomia patrocinada pelo Estado. Suas ciências tendiam a ser mais classificatórias que causais, tolerando as irregularidades que observavam – muitas vezes, com mais precisão que as ciências ocidentais da mesma época – dentro de uma cosmologia elástica, deixando de abordar e explicar essas irregularidades: daí sua característica falta de paradigmas determinados, cuja refutação poderia acarretar revoluções teóricas.[203] Além disso, a rígida divisão social entre letrados e artesãos impediu o encontro decisivo entre matematização e experimentação que na Europa produziu o nascimento da física moderna. Consequentemente, a ciência chinesa permaneceu sempre vinciana, não chegou a ser galileana, na expressão de Needham:[204] jamais cruzou a fronteira para o "universo da precisão".

A longo prazo, a ausência conjugada de leis jurídicas e leis naturais nas tradições da superestrutura do sistema imperial só poderia inibir sutilmente as manufaturas urbanas, em cidades que nunca alcançaram qualquer autonomia cívica. Os mercadores do Yangtzé acumularam grandes fortunas no comércio, e os banqueiros de Shansi viriam a espalhar ramos por todo o país na época Ch'ing. Mas na China o processo de produção em

202 Muitos estudiosos salientaram esse fato. Ver, por exemplo, Bodde; Morris, *Law in Imperial China*, p.4-6. "A lei oficial sempre operava na direção vertical, do Estado para o indivíduo, e não no plano horizontal, entre dois indivíduos." Bodde argumenta que a cultura chinesa nunca, em nenhuma época, cogitou a ideia de que a lei escrita podia ter origem divina – em exata oposição à jurisprudência islâmica, por exemplo. Ibid., p. 10.

203 Ver a excelente análise de Nakayama, Science and Technology in China. In:_______, *Half the World*, p.143-4; as irregularidades astronômicas que perturbavam os cálculos tradicionais eram aceitas sem maiores problemas, com a sabedoria de que "mesmo os céus às vezes se confundem".

204 Needham apresentou uma série de análises bem eloquentes: Needham, *Science and Civilization in China (History of Scientific Thought)*, v.II, p.542-3, 582-3; v.III, p.150-68; Id., *The Grand Titration*, p.36-37, 39-40, 184-86, 299-330. Needham sugere que na China imperial há uma conexão íntima entre o atraso na física, em particular, e a heteronomia social da classe mercante.

si continuou intocado pelo capital mercantil ou financeiro. Com poucas exceções, o estágio intermediário do sistema de distribuição não se desenvolveu nem mesmo na economia urbana. Os atacadistas negociavam com atravessadores que compravam direto dos artesãos e comercializavam os bens sem qualquer intervenção gerencial na manufatura. A barreira entre a produção e a distribuição muitas vezes chegava a se institucionalizar com a concessão oficial de monopólios.[205] O investimento de capital comercial no aperfeiçoamento da tecnologia manufatureira em si era, portanto, mínimo: as duas instâncias ficavam funcionalmente separadas. Os mercadores e banqueiros – que em nenhum momento desfrutaram do prestígio que os comerciantes tinham no mundo árabe – normalmente procuravam consolidar seus lucros por meio da compra de terras e, depois, de títulos no sistema de concursos. A identidade política de classe lhes era negada, mas não a mobilidade social pessoal.[206] Inversamente, os nobres viriam a se apoderar de oportunidades de lucro nas atividades mercantis. Como resultado, não ocorreu nenhuma cristalização, nem organização, nem solidariedade coletiva em meio à classe comercial urbana, nem mesmo quando o setor privado da economia chegou a crescer quantitativamente, nos estágios finais da época Ch'ing: as associações de comerciantes foram, no mais das vezes, do tipo regionalista *Landsmannschaft*[207] e, em termos políticos, muito mais divisionistas que unitárias. Como se poderia prever, o papel da classe mercadora chinesa na revolução republicana que, enfim, derrubou o império no início do século XX foi cauteloso e ambivalente.[208]

A máquina do Estado imperial que assim cerceava as cidades também imprimia, pelo mesmo motivo, sua marca na nobreza. A classe senhorial sempre possuiu uma base econômica dupla: em suas herdades e em seus

205 Elvin, *The Pattern of the Chinese Past*, p.278-84.

206 Ping-Ti Ho, *The Ladder of Success in Imperial China: Aspects of Social Mobility, 1368-1911*, p.46-52; sobre a mobilidade social na China Ming-Ch'ing, p.54-72. Ver também Balazs, *Chinese Civilization and Bureaucracy*, p.51-2.

207 Ping-Ti Ho, Salient Aspects of China's Heritage. In: Ping-Ti Ho; Tang Tsou (Orgs.), *China in Crisis*, v.1, p.34-5.

208 Ver o ensaio esclarecedor de Bergères, The Role of the Bourgeoisie. In: Wright (Org.), *China in Revolution: The First Phase, 1900-1913*, p.229-95.

cargos. O tamanho total da burocracia imperial sempre foi muito menor que a população do campo: algo entre 10 mil e 15 mil funcionários na era Ming e menos que 25 mil na época Ch'ing.[209] Sua eficácia dependia das relações informais entre os funcionários despachados para as províncias e os senhores locais que colaboravam com o desempenho das funções públicas (transporte, irrigação, educação, religião e assim por diante) e com a manutenção da ordem cívica (unidades de defesa etc.), tarefas pelas quais recebiam altas rendas de "serviço".[210] As famílias extensivas da nobreza tradicionalmente incluíam alguns membros que haviam passado pelos concursos, que conferiam grau de *chin-shih* e acesso formal ao aparelho burocrático do Estado, além de outros membros que viviam em cidades provinciais menores ou em distritos rurais, sem essas credenciais: normalmente, os diplomados ocupavam postos administrativos centrais ou locais, enquanto seus parentes cuidavam das terras. Mas o estrato mais rico e poderoso da classe fundiária sempre foi o daqueles que possuíam cargos ou vínculos com o Estado, cujos emolumentos públicos (salários, corrupção e taxas de serviço) geralmente superaram seus ganhos agrícolas privados na época Ch'ing, talvez em cerca de 50%.[211] Assim, enquanto a nobreza da China como um todo devia seu poder político e social ao controle sobre os meios de produção básicos, realizado na propriedade privada da terra, sua elite mutável – talvez pouco mais de 1% da população no século XIX – era determinada pelo sistema de graduações que dava acesso oficial à mais alta riqueza e autoridade dentro do próprio sistema administrativo.[212] O investimento agrário se desviava, portanto, devido ao papel

209 Gernet, *Le Monde chinois*, p.343-4; Chang-Li Chang, *The Income of the Chinese Gentry*, p.38, 42. A burocracia Ch'ing contava ainda com um grupo adicional de uns 4 mil oficiais manchus.

210 Chang, *The Income of the Chinese Gentry*, p.43-7 et seq.

211 Ibid., p.197: os diplomados também dispunham de muitas rendas com atividades mercantis, as quais, segundo estimativas de Chang, talvez somassem cerca de 50% das receitas com a propriedade fundiária.

212 Chang, *The Chinese Gentry*, p.139, calcula que os diplomados e suas famílias compunham 1,3% da população antes da rebelião Taiping. De maneira arbitrária, os estudos de Chang reduzem a definição de "nobreza" a esse estrato apenas: mas suas descobertas independem da concordância com essa restrição.

absorvente do Estado imperial junto à classe dominante. Os avanços súbitos e grandiosos na produtividade agrícola da China em geral ocorriam de baixo para cima, em fases nas quais as pressões fiscais e políticas do Estado sobre o campesinato foram mais brandas, no começo de cada um dos ciclos dinásticos. Os aumentos demográficos decorrentes então provocavam novas inquietações sociais nos campos, cada vez mais perigosas para a nobreza à medida que a população crescia, até o episódio final do "Reino dos Céus" da rebelião Taiping. Ao mesmo tempo, o autoritarismo político do Estado imperial tendeu a se intensificar depois da época Sung.[213] O confucionismo foi se tornando cada vez mais repressivo e o poder do imperador, mais extensivo, até as vésperas da queda da dinastia Ch'ing.

As civilizações chinesa e islâmica – que, em seus ambientes naturais distintos,[214] ocupavam a maior parte do território asiático no início da época moderna – constituíram, portanto, duas morfologias de Estado e sociedade com divergências patentes. O contraste entre as duas se mostra em cada fator. As guardas militares escravas que tantas vezes formaram a cúpula dos sistemas políticos islâmicos eram a antítese da nobreza civil letrada que dominou o Estado imperial chinês: de um lado, o poder vestia a capa dos pretorianos e, de outro, a dos mandarins. A religião saturava todo o universo ideológico dos sistemas sociais muçulmanos, com o parentesco em segundo plano ou esquecido; já na China, a filosofia e a moralidade seculares governavam a cultura oficial, e a organização de clãs

---

213 Ho, Salient Aspects of China's Heritage, op. cit., p.22-4.

214 Na tentativa de compreender o mundo não europeu, Montesquieu e seus contemporâneos costumavam exagerar o determinismo estritamente geográfico da estrutura social. Neste nosso século, os marxistas muitas vezes tentaram compensar, de maneira indevida, esse legado do iluminismo, ignorando a importância relativa do meio natural na história. Coube a historiadores modernos, como Braudel, a tarefa de estabelecer um peso mais justo a esse fator. Na verdade, nenhuma história verdadeiramente materialista pode deixar as condições geográficas de lado, como algo simplesmente externo aos meios de produção. O próprio Marx deu ênfase ao ambiente natural como constituinte prévio irredutível de toda e qualquer economia: "*As condições originais de produção em si mesmas não podem ser* originariamente *produzidas* – elas não são resultado da produção". Marx, *Pre-Capitalist Formations*, p.86; Id., *Grundrisse*, p.389.

continuava incrustada na vida civil. O prestígio social dos mercadores nos impérios árabes nunca teve paralelo na honra conferida aos comerciantes do Reino Celestial; e o alcance do comércio marítimo no auge da civilização islâmica ultrapassou muito qualquer realização sínica. As cidades em que operavam esses mercadores não eram menos dessemelhantes. As cidades clássicas da China formavam redes segmentadas e burocráticas, ao passo que as islâmicas eram labirintos emaranhados e aleatórios. Na China, o apogeu da agricultura intensiva e o uso das obras hidráulicas mais avançadas do mundo se combinaram com a propriedade privada da terra, enquanto, no mundo islâmico, vigorou o monopólio jurídico do soberano sobre as terras, com um cultivo extensivo e desconexo, sem sistemas de irrigação relevantes. Nenhuma das suas regiões apresentou comunidades aldeãs igualitárias; mas, de resto, a produtividade rural estagnante do Oriente Médio e do norte da África contrastou com o notável progresso agrícola da China. É claro que os contrastes de clima e solo faziam parte dos respectivos desempenhos. A população das duas regiões naturalmente correspondia às forças de produção nos principais ramos de qualquer economia pré-capitalista: estabilidade islâmica, multiplicação chinesa. A tecnologia e a ciência também seguiram direções opostas: a civilização imperial chinesa gerou muitas invenções técnicas a mais que a Europa medieval, e a história islâmica parece relativamente infértil nessa comparação.[215] Por último, mas não menos importante, o mundo islâmico era contíguo

215 A relação entre as proficiências técnicas das civilizações chinesa, islâmica e europeia se expressou no dito tradicional registrado em Samarkand pelo embaixador na corte de Tamerlão, no século XIV: "Diz-se que os artesãos de Catai são de longe os mais hábeis de todas as nações; e também se diz que apenas eles têm dois olhos, que os francos devem ter apenas um e que os muçulmanos são gente cega". Needham, *Science and Civilization in China*, v.IV/2, p.602. O próprio Needham supõe que o grau de transmissão direta da China para Europa foi ainda mais alto do que a evidência histórica consegue provar. É difícil conciliar a ignorância *social* quase completa que uma civilização manteve em relação à outra durante a Antiguidade e a Idade Média – a falta mútua e duradoura de qualquer informação acurada em registros escritos – com a suposição de que houvesse uma intercomunicação *técnica* frequente entre as duas, por mais informal e, portanto, indetectável que fosse. O fato de que a China ensinou tecnologias à Europa não é um corolário necessário da superioridade chinesa: apenas a primeira proposição é crucial e inquestionável.

ao Ocidente, desde cedo sujeito à sua expansão e, por fim, a seu cerco, ao passo que o reino chinês estava isolado, fora do alcance da Europa – por muito tempo transmitiu ao Ocidente mais do que dele recebeu, enquanto a civilização "intermediária" do Islã confrontou o feudalismo ocidental em ascensão e seu herdeiro invencível no outro extremo da Eurásia.

É claro que esses contrastes elementares não constituem nem mesmo o esboço de uma comparação dos verdadeiros *modos de produção* cujas complexas combinações e sucessões definiram as formações sociais dessas vastas áreas para além das fronteiras da Europa. Eles apenas resumem alguns dos índices mais flagrantes da divergência entre a civilização islâmica e a chinesa (objetos terminológicos que, por sua vez, também precisam de diferenciação e retradução para que sirvam a qualquer análise científica), os quais impedem qualquer tentativa de reduzi-las a meros exemplos de um mesmo modo de produção "asiático". Que este conceito receba o funeral que merece. Está bem claro que serão necessárias muitas pesquisas históricas antes que se possa chegar a qualquer conclusão científica verdadeira acerca dos vários caminhos do desenvolvimento não europeu nos séculos concomitantes à Idade Média e ao início da época moderna na Europa. Em comparação à proximidade e intensidade dos estudos acadêmicos ao qual a história europeia se submeteu, o que se fez até agora, na maioria dos casos, foi apenas arranhar a superfície de amplos territórios e períodos.[216] Mas fica uma lição bem nítida: não se pode reduzir o desenvolvimento asiático a uma categoria residual uniforme, àquilo que sobra depois que se estabelecem os cânones da evolução europeia. Toda e qualquer exploração teórica séria do campo histórico fora da Europa feudal terá de ir além dos contrastes genéricos e tradicionais com o Ocidente e proceder a uma tipologia concreta e precisa das formações sociais e dos sistemas de Estado em si, a algo que respeite suas grandes diferenças de estrutura e desenvolvimento. É apenas na noite da nossa ignorância que todas as formas desconhecidas têm o mesmo tom.

---

216 Twitchett compara o estado atual das pesquisas sobre a China T'ang e Sung com o estágio que a historiografia inglesa alcançou à época de Seebohm e do primeiro Vinogradoff: Twitchett, *Land Tenure and the Social Order*, p.32.

Referências bibliográficas

AHMED, F. *The Young Turks*. Oxford: Oxford University Press, 1969.

AKAMATSU, P. *Meiji 1868: Révolution et Contre-Révolution au Japon*. Paris: Édition Calmann-Lévy, 1968.

ALTHUSSER, L. *Montesquieu*: la politique et l'histoire. Paris: PUF, 1969. [Ed. bras. *Montesquieu*: a política e a história. São Paulo: Editora Presença, 1972].

_______. Contradiction and Overdetermination. In: *For Marx*. Londres: Allen Lane, 1969 [Ed. bras. Contradição e sobredeterminação. In: *A favor de Marx: Pour Marx*. Rio de Janeiro: Zahar, 1979].

ANDERSON, P. *Passages from Antiquity to Feudalism*. Londres: New Left Books, 1974. [Ed. bras. *Passagens da Antiguidade ao Feudalismo*. São Paulo: Editora Unesp, 2016].

ANDERSSON, I. *A History of Sweden*. Londres: Weidenfeld & Nicolson, 1956.

AUBIN, H. The Lands East of the Elbe and German Colonization Eastwards. In: *The Cambrigde Economic History of Europe*. The Agrarian Life of the Middle Ages. Cambridge: Cambridge Economic Press, 1942.

AVRICH, P. *Russian Rebels*. Londres: Allen Lane, 1973.

AVREKH, A. Y. Russkii Absoliutizm i evo Rol' v Utverzhdenie Kapitalizma v Rossii [Absolutismo russo e seu papel na adoção do programa capitalista na Rússia], *Istoriya SSSR*, fev. 1968.

AYALON, D. *Gunpowder and Firearm's in the Mamluk*. Londres: Vallentine Mitchell, 1956.

AYÇOBERRY, P. *L'Unité allemande (1800-1871)*. Paris: PUF, 1968.

AYLMER, G. *The King's Servants*. The Civil Service of Charles I. Londres: Routledge, 1961.

BACON, E. Types of Pastoral Nomadism in Central and South-West Asia, *Southwestern Journal of Anthropology*, v.10, n.1, 1954.

BACON, F. *The Essays or Counsels Civil and Moral*. Londres, 1632. [Ed. bras. *Os ensaios ou conselhos civis e morais*. São Paulo: Ícone editora, 2011.]

______. *The Works of Francis Bacon*, v.4. Londres: Routledge, 1971.

BAER, G. Guilds in Middle Eastern History. In: COOK, M. A. (Org.). *Studies in the Economic History of the Middle East*. Londres: Oxford University Press, 1970.

BALAZS, E. *Chinese Civilization and Bureaucracy*. New Haven: Yale University Press, 1967.

BARKAN, O. L. Essai sur les données statistiques des registres de recensement dans l'Empire Ottomane aux XVe et XVIe siècles, *Journal of the Economic and Social History of the Orient*, v.I/I, ago. 1957.

BARRACLOUGH, G. *The Mediaeval Papacy*. Londres: 1958. [Ed. port. *Papas na Idade Média*. Lisboa: Ed. Verbo, 1972.]

______. *The Origins of Modern Germany*. Nova York: Norton & Company, 1954.

BAUGH, D. *British Naval Administration in the Age of Walpole*. Princeton: Princeton University Press, 1965.

BEASLEY, W. G. Feudal Revenues in Japan at the Time of the Meiji Restoration, *Journal of Asian Studies*, XIX, n.3, maio 1960.

______. *The Meiji Restoration*. Londres: Oxford University Press, 1973.

BELOFF, M. Russia. In: GOODWIN, A. (Org.). *The European Nobility in the 18th Century*. Londres: Harper & Row, 1953.

BENAERTS, P. *Les origines de la grande industrie allemande*. Paris: F. H. Turot, 1934.

BENJAMIN, W. *Understanding Brecht*. Londres: New Left Books, 1973.

BERGÈRES, M.-C. The Role of the Bourgeoisie. In: WRIGHT, M (Org.). *China in Revolution: The First Phase, 1900-1913*. New Haven: Yale University Press, 1968.

BERNARD, J. Trade and Finance in the Middle Ages 900-1500. In: CIPOLLA, C. (Org.). *Fontana Economic Hustory of Europe*. Londres: Collins/Fontana, 1971.

BERNIER, F. *Travels in the Mogul Empire*. Londres: Oxford University Press, 1934.

BETTS, R. R. The Habsburg Lands. In: *The New Cambridge Modern History*, v.5. Cambridge: Cambridge University Press, 1969.

BILLINGTON, J. H. *The Icon and the Axe*. Londres: Weidenfeld and Nicholson, 1966.

BINDOFF, S. T. *Tudor England*. Londres: Fontana/Collins, 1966.

BLOCH, M. Féodalité et noblesse polonaise, *Annales ESC*, jan. 1939.

BLUCHE, F. *Le Despotisme eclairé*. Paris: Fayard, 1968.

BLUM, J. *Lord and Peasant in Russia*. Princeton: Princeton University Press, 1971.

______. *Noble Landowners and Agriculture in Austria 1815-1848*. Baltimore: Johns Hopkins Press, 1947.

BODDE, D.; MORRIS, C. *Law in Imperial China*. Cambridge: Cambridge University Press, 1967.

BODIN, J. *Les Six Livres de la Republique*. Paris: 1578.

BOEHME, H. *Deutschlands Weg zur Grossmacht*. Colônia/Berlim, 1966.

BOSWELL, B. Poland. In: GOODWIN, A. (Org.). *The European Nobility in the 18th Century*. Londres: Harper & Row, 1953.

CAHEN, C. La Campagne de Manzikert d'après les sources musulmanes, *Byzantion*, IX, 1934.

______. L'Évolution de *'Iqta* du XIe au XIIe siècle, *Annales ESC*, n.1, jan.-mar. 1953.

______. Réflexions sur l'usage du mot 'féodalité', *The Journal of the Economic and Social History of the Orient*, v.3, 1960.

______. Points de vue sur la Révolution Abbaside, *Revue Historique*, CCXXX, 1963.

______. *L'Islam:* des origines au début de l'Empire Ottomane. Paris: Fayard, 1970.

______. Economy, Society, Institutions. In: *The Cambridge History of Islam*, v.2. Cambridge: Cambridge University Press, 1970.

______. Quelques Mots sur le déclin commercial du monde musulman à la fin du Moyen Age. In: COOK, M. A. (Org.). *Studies in the Economic History of the Middle East*. Londres: Oxford University Press, 1970.

CANTOR, N. *Mediaeval History*. Londres: Macmillan, 1963.

CAPRARIIS, V. de. L'Italia nell'età della Controriforma. In: VALERI, N. (Org.). *Storia d'Italia*, v.2. Turim: Einaudi, 1965.

CARR, R. Spain. In: GOODWIN, A. (Org.). *The European Nobility in the Eighteenth Century*. Londres: Harper & Row, 1953.

CARSTEN, F. L. *The Origins of Prussia*. Londres: Oxford University Press, 1954.

______. *Princes and Parliaments in Germany*. Londres: Oxford University Press, 1959.

CH'AO, Ting, C. *Key Economic Areas in Chinese History*. Nova York, 1963.

CHABOD, F. *Storia dell'idea d'Europa*. Bari: Laterza, 1964.

______. *Scritti su Machiavelli*. Turim: Einaudi, 1965.

______. *Scritti sul Rinascimento*. Turim: Einaudi, 1967.

______. Alcuni questioni di terminologia: Stato, Nazione, Patria nel linguaggio del Cinquecento. In: ______. *L'Idea di Nazione*. Bari: Laterza, 1967.

CHANG-LI, Chang. *The Income of the Chinese Gentry*. Seattle, 1962.

CHUDOBA, B. *Spain and the Empire 1529-1643*. Chicago: Chicago University Press, 1952.

CIPOLLA, C. M. The Trends in Italian Economic History in the Later Middle Ages, *Economic History Review*, II, n.2, 1949.

______. The Decline of Italy, *Economic History Review*, V, n.2, 1952.

______. Economic Depression of the Renaissance?, *Economic History Review*, XVI, n.3, abr. 1964.

______. *Guns and Sails in the Early Phase of European Expansion 1400-1700*. Londres: Collins, 1965.

CLARK, G. N. *The Seventeenth Century*. Londres: Oxford University Press, 1947.

CLARKE, A. *The Old English in Ireland*. Londres: Oxford University Press, 1966.

COOPER, J. P. Differences Between English and Continental Governments in the Early Seventeenth Century. In: BROMLEY, J. J.; E. H. KOSSMANN (Org.). *Britain and the Netherlands*. Londres: Chatto & Windus, 1960.

COULBOURN, R. (Org.). *Feudalism in History*. Hamden: Archon Books, 1965

CRAIG, A. *Chōshū in the Meiji Restoration*. Cambridge: Cambridge University Press, 1961.

CRAIG, G. *The Politics of the Prussian Army, 1640-1945*. Orxford: Oxford University Press, 1964.

CRAWCOUR, E. S. The Tokugawa Heritage. In: LOCKWOOD (Org.). *The State and Economic Enterprise in Japan*. Princeton: Princeton University Press, 1965.

______. Changes in Japanese Commerce in the Tokugawa Period. In: HALL, J.; JANSEN, M. *Studies in the Institutional History of Early Modern Japan*. Princeton: Princeton University Press, 1968.

CRUICKSHANK, C. G. *Elizabeth's Army*. Oxford: Oxford University Press, 1966.

______. *Army Royal*. Oxford: Oxford University Press, 1969.

DAHM, G. On the Reception of Roman and Italian Law in Germany. In: STRAUSS, G. (Org.), *Pre-Reformation Germany*. Londres, 1972.

DAWSON, R. *Imperial China*. Londres: Hutchinson, 1972.

DENHOLM-YOUNG, N. En Remontant Le Passé de l'aristocratie anglaise: le Moyen Âge, *Annales ESC*, v.9, maio 1937.

DEYON, P. A Propos des rapports entre la noblesse française et la monarchie absolue pendant la première moitié du XVIIe siècle, *Revue Historique*, CCXXXI, 1964.

DIETZ, F. *English Government Finance 1485-1558*. Londres: Routledge, 1964.

DJURDJEV, B. Les Changements historiques et ethniques chez les peuples slaves du sud après la conquête turque, *Actes du Premier Congrès International des Études Balkaniques et Sud-Est Européennes*, Sofia, 1969.

DOMINGUEZ ORTIZ, A. *La sociedad española en el siglo XVIII*, Madri: Consejo Superior de Investigaciones Cientificas, 1955.

______. *Politica y hacienda de Felipe IV*. Madri: Ediciones Pegaso, 1960.

______. *La sociedad española en el siglo XVI*, v.1, Madri, 1963.

DONALDSON, G. *Scotland: James V to James VII*. Edimburgo: Oliver & Boyd, 1971.

DORE, R. P. *Education in Tokugawa Japan*. Berkeley: University of California Press, 1965.

DORN, W. The Prussian Bureaucracy in the Eighteenth Century, *Political Science Quarterly*, v.46, n.3, 1931.

______. The Prussian Bureaucracy in the Eighteenth Century, *Political Science Quarterly*, v.47, n.2, 1932.

DORN, W. *Competition for Empire*. Nova York: Harper & Brothers, 1940.
DORWART, R. A. *The Administrative Reforms of Frederick William I of Prussia*. Cambridge: Cambridge University Press, 1953.
DROZ, J. *La Formation de l'unité allemande: 1789-1871*. Paris: PUF, 1970.
DUBY, G. *Rural Economy and Country Life in the Mediaeval West*. Philadelfia: University of Pensilvania Press, s.d.
______. Une Enquête a poursuivre: la noblesse dans la france médiévale, *Revue Historique*, CCXXVI, 1961.
DUKES, P. *Catherine the Great and the Russian Nobility*. Cambridge: Cambridge University Press, 1967.
DUMONT, L. The "Village Community" from Munro to Maine, *Contributions to Indian Sociology*, v.9, dez. 1966.
DVORNIK, F. *The Slavs. Their Early History and Civilization*. Boston: American Academy of Arts and Sciences, 1956.
______. *The Slavs in European History and Civilization*. New Brunswick: Rutgers University Press, 1962.
ECK, A. *Le Moyen Âge russe*. Nova York: AMS Press, 1971.
EGRET, J. *La Pré-Revolution Française 1787-1788*. Paris: PUF, 1962.
EHRENBERG, R. *Das Zeitalter der Fugger* [A era dos Fugger], v.1. Jena, 1922.
EISENSTEIN, E. L. Some Conjectures about the Impact of Printing on Western Society and Thought: a Preliminary Report, *Journal of Modern History*, mar.-dez. 1968.
______. The Advent of Printing and the Problem of the Renaissance, *Past and Present*, n.45, nov. 1969.
ELLIOTT, J. H. The Decline of Spain, *Past and Present*, n.20, nov. 1961.
______. *The Revolt of the Catalans*. Cambridge: Cambridge University Press, 1963.
______. *Europe Divided 1559-1598*. Londres: Fontana Press, 1968.
______. *Imperial Spain 1469-1716*. Londres: Fontana Press, 1970.
ELTON, G. R. *The Tudor Revolution in Government*. Cambridge: Cambridge University Press, 1953.
______. *England under the Tudors*. Londres: Methuen, 1956.
______. The Political Creed of Thomas Cromwell, *Transactions of the Royal Historical Society*, s.5, v.6, 1956.
ELVIN, M. *The Pattern of the Chinese Past*. Londres: Methuen, 1973.
EMMONS, T. *The Russian Landed Gentry and the Peasant Emancipation of 1861*. Cambridge: Cambridge University Press, 1968.
ENGELS, F. *Anti-Dühring*. Moscou, 1947. [Ed. bras. *Anti-Dühring*. São Paulo: Boitempo Editorial, 2015].

ENGELS, F. *The Role of Force in History*. Londres: Lawrence & Wishart, 1968.

FALLS, C. *Elizabeth's Irish Wars*. Londres: Methuen, 1950.

FEDOSOV, I. A. Sotsialnaya Sushchnost' i Evoliutsiya Rossiiskovo Absoliutizma [Estrutura social e evolução do absolutismo russo], *Voprosy Istorii*, jul. 1971.

FEINE, H.-F. Die Territorialbildung der Habsburger im deutschen Südwesten [A formação territorial dos Habsburgo no sudoeste da Alemanha], *Zeitschrift der Savigny-Stiftung für Rechtsgeschichte (Germ. Abt.)*, LXVII, 1950.

FROST, P. *The Bakumatsu Currency Crisis*. New Haven: Yale University Press, 1970.

GABRIELI, F. *Muhammed and the Conquests of Islam*. Londres: World University Library, 1968.

GERNET, J. *Le Monde chinois*. Paris: Arman Colin, 1972.

GIBB, H.; BOWEN, H. *Islamic Society and the West*, v.1, parte I. Oxford: Oxford University Press, 1950.

GIEROWSKI, J.; KAMINSKI, A. The Eclipse of Poland. In: *The New Cambridge Modern History of Europe*, v.6. Cambridge: Cambridge University Pres, 1970.

GIEYSZTOROWA, I. Guerre et régression en mazovie aux XVIe et XVIIe siècles, *Annales ESC*, out.-nov. 1958.

GILLIS, J. Aristocracy and Bureaucracy in Nineteenth Century Prussia, *Past and Present*, n.41, dez. 1968.

GOBLOT, H. Dans L'Ancien Iran, les techniques de l'eau et la grande histoire, *Annales ESC*, maio-jun. 1963.

GODELIER, M. La Notion de "Mode de production asiatique" et les schémas marxistes d'évolution des sociétés. In: *Sur Le "Mode de production asiatique"*. Paris: Editions Sociales, 1969.

______. Préface. In: *Sur Les Sociétes précapitalistes:* textes choisis de Marx, Engels, Lenine. Paris: Editions Sociales, 1970.

GOITEIN, S. D. *Studies in Islamic History and Institutions*. Leiden: E. J. Brill, 1966.

______. *A Mediterranean Society* – Economic Foundations, v.1. Berkeley: University of Califórnia Press, 1967.

GOLDSMITH, R. The Economic Growth of Tsarist Russia 1860-1913, *Economic Development and Cultural Change*, IX, n.3, abr. 1961.

GOODWIN, A. (Org.). *The European Nobility in the 18th Century*. Londres: Harper & Row, 1953.

GOUBERT, P. *Louis XIV et vingt millions de français*. Paris: Fayard, 1966.

______. Les Problèmes de la noblesse au XVIIe siècle, *XIIIth International Congress of Historical Sciences*, Moscou, 1970.

GRAHAM, G. *The Politics of Naval Supremacy*. Cambridge: Cambridge University Press, 1965.

GRAMSCI, A. *Note sul Machiavelli.* Roma: Editori Riuniti, 1975. [Ed. bras. *Maquiavel, a Política e o Estado Moderno*. Rio de Janeiro: Civilização Brasileira, 1976].

HABIB, I. *The Agrarian System of Mughal India (1556-1707)*. Londres: Asia Publishing House, 1963.

______. Potentialities of Capitalist Development in the Economy of Mughal India, *The Journal of Economic History*, XXIX, mar. 1969.

HALECKI, O. From the Union with Hungary to the Union with Lithuania. In: REDDAWAY, W. F. et al. (Org.), *The Cambridge History of Poland*, v.1. Cambridge: Cambridge University Press, 1950.

HALL, J. W. *Tanuma Okitsugu: 1719-1788.* Harvard University Press, Cambridge: 1955.

______. *Government and Local Power in Japan 500-1700.* Princeton: Princeton University Press, 1966.

______. *Japan from Prehistory to Modern Times.* Londres: Weidenfeld and Nicolson, 1970.

HAMEROW, T. *The Social Foundations of German Unification.* Princeton: Princeton University Press, 1969.

HANLEY, S. B.; YAMAMURA, K. A Quiet Transformation in Tokugawa Economic History, *Journal of Asian Studies*, XXX, n.2, fev. 1971.

HARRINGTON, J. *The Commonwealth of Oceana*. Londres, 1658.

HARRISS, G. L. Mediaeval Government and State-Craft, *Past and Present*, n.24, jul. 1963.

HARTWELL, R. A Revolution in the Chinese Iron and Coal Industries during the Northern Sung, 920-1126 A.D., *The Journal of Asian Studies*, XXI, n.2, fev. 1962.

HATTON, R. M. *Charles XII of Sweden*. Londres: Weidenfeld and Nicolson, 1968.

HAZELTINE, H. D. Roman and Canon Law in the Middle Ages. In: *The Cambridge Mediaeval History*, v.5. Cambridge: Cambridge University Press, 1968.

HECKSHER, E. *An Economic History of Sweden.* Cambridge: Harvard University Press, 1954.

HEGEL, G. W. F. *The Philosophy of History,* Londres, 1878. [Ed. bras. *Filosofia da história*. Brasília: Universidade de Brasília, 2008.]

HELLIE, R. H. *Enserfment and Military Change in Muscovy.* Chicago: University of Chicago Press, 1971.

HENDERSON, D. F. The Evolution of Tokugawa Law. In: HALL, J.; JANSEN, M. *Studies in the Institutional History of Early Modern Japan.* Princeton: Princeton University Press, 1968.

HEXTER, J. H. The Education of the Aristocracy in the Renaissance. In:______. *Reappraisals in History.* Londres: Northwestern University Press, 1961.

HILL, C. Comment, *Science and Society*, XVII, n.4, outono 1953.
______. *The Century of Revolution.* Londres: Spokesman, 1961.
HINTZE, O. *Die Hohenzollern und ihr Werk* [Os Hohenzollern e suas obras]. Berlim: Parey, 1915.
HITTI, P. K. *History of the Arabs.* Londres: Macmillan, 1956.
PING-TI Ho, *The Ladder of Success in Imperial China: Aspects of Social Mobility, 1368-1911.* Nova York: Columbia University Press, 1962.
______. Salient Aspects of China's Heritage. In: ______; TANG Tsou (Org.), *China in Crisis,* v.1. Chicago: Chicago Univeristy Press, 1968.
______. *Studies on the Population of China, l368-1953.* Cambridge: Harvard University Press, 1969.
HOBSBAWM, E. J. The Crisis of the Seventeenth Century. In: ASTON, T. (Org.). *Crisis in Europe 1560-1660.* Londres: Routledge, 1965.
HOLBORN, H. *A History of Modern Germany 1648-1840.* Princeton: Princeton University Press, 1965.
HOLDSWORTH, W. *A History of English Law,* v.4. Londres: Sweet & Maxwell, 1924.
HOLMES, G. A. *The Later Middle Ages.* Londres: Thomas Nelson, 1962.
HURSTFIELD, J. Was there a Tudor Despotism after all?, *Transactions of the Royal Historical Society*, 1967.
IÁSZI, O. *The Dissolution of the Habsburg Monarchy.* Chicago: Chicago University Press, 1929.
INALCIK, H. Ottoman Methods of Conquest, *Studia Islamica*, v.2, 1954.
______. Land Problems in Turkish History, *The Moslem World,* XLV, 1955.
______. L'Empire Ottomane, *Actes du Premier Congrès International des Études Balkaniques et Sud-Est Européennes*, Sofia, 1969.
______. Capital Formation in the Ottoman Empire, *The Journal of Economic History*, XXIX, n.1, mar. 1969.
ITZKOWITZ, N. Eighteenth Century Ottoman Realities, *Studia Islamica*, XVI, 1962.
JABLONOWSKI, H. Poland-Lithuania 1609-1648, *The New Cambridge Modern History of Europe*, v.4. Cambridge: Cambridge University Press, 1970.
JEANNIN, P. *L'Europe du nord-ouest et du nord aux XVIIe et XVIIIe siècles.* Paris: PUF, 1969.
JONES, R. *An Essay on the Distribution of Wealth and the Sources of Taxation.* Londres: John Murray, 1831.
JORDAN, E. *Les Origines de la domination angévine en Italie,* v.1/2. Paris, 1909.
JORDAN, W. K. *Edward VI:* The Young King. Londres: Allen & Unwin, 1968.
JOÜON DES LONGRAIS, F. *L'Est et L'Ouest:* institutions du Japon et de l'Occident comparées. Paris: Maison Franco-Japonaise, 1958.

KAMEN, H. *The War of Succession in Spain 1700-1715*. Londres: Weidenfeld & Nicolson, 1969.

KANTOROWICZ, E. *Frederick the Second*. Londres: Constable & Co, 1931.

KEEP, J. L. R. The Decline of the Zemsky Sobor, *The Slavonic and East European Review*, n.36, 1957-8.

______. The Regime of Filaret 1619-1633, *Slavonic and East European Review*, n.38, 1960.

______. The Muscovite Elite and the Approach to Pluralism, *Slavonic and East European Review*, n.48, 1970.

KEE IL CHOI. Technological Diffusion in Agriculture under the *Baku-han* System, *Journal of Asian Studies*, XXX, n.4, ago. 1971.

KEMP, T. *Industrialization in Nineteenth Century Russia*. Londres: Longman, 1969.

KERNER, R. *Bohemia in the Eighteenth Century*. Nova York: Macmillan Company, 1932.

KIERNAN, V. Foreign Mercenaries and Absolute Monarchy, *Past and Present*, n.2, abr. 1957 [Republicado em: ASTON, T. (Org.), *Crisis in Europe 1560-1660*, Londres: Routledge, 1965].

KLIUCHEVSKY, V. O. *A History of Russia*, v.II e IV. Londres: J. M. Dent & Sons, 1912.

KOENIGSBERGER, H. G. The Parliament of Piedmont during the Renaissance, 1460-1560, *Studies Presented to the International Commission for the History of Representative and Parliamentary Institutions*, IX, Louvain, 1952.

______. The Organization of Revolutionary Parties in France and the Netherlands during the Sixteenth Century, *Journal of Modern History*, n.27, dez. 1955.

______. The European Civil War. In: *The Habsburgs in Europe*. Nova York: Cornell University Press, 1971.

KONOPCZYNSKI, L. *Le Liberum Veto*. Paris: Champion, 1930.

KORETSKY, V. I. *Zakreposhchenie Krest'yan i Klassovaya Bora v Rossii vo Vtoroi Polovine XVI v* [A servidão dos camponeses e a classe nobre da Rússia na segunda metade do século XVI]. Moscou, 1970.

KOSSMANN, E. *La Fronde*. Leyden: Universitaire Pers, 1954.

KOVALEVSKY, M. *Obshchinnoe Zemlevladenie, Prichiny, Khod i Posledstviya evo Razlozheniya*. Moscou, 1879.

KRACKE, E. Sung Society: Change within Tradition, *The Far Eastern Quarterly*, XIV, n.4, ago. 1955.

KRISTELLER, P. O. *Renaissance Thought*, v.2. Nova York: Harper and Row, 1965.

KULA, W. Un'economia agraria senza accumulazione: la Polonia dei seicoli XVI-XVIII, *Studi Storici*, n.3-4, 1968.

KUNKELL, W. The Reception of Roman Law in Germany: An Interpretation. In: STRAUSS, G. (Org.). *Pre-Reformation Germany*, Londres, 1972.
LAMBTON, A. *Landlord and Tenant in Pérsia*. Oxford: Oxford University Press, 1953.
LANDES, D. Japan and Europe: Contrasts in Industrialization. In: LOCKWOOD, W. (Org.). *The State and Economic Enterprise in Japan*. Princeton: Princeton University Press, 1965.
LANE, F. Discussion, *Journal of Economic History*, XXIV, n.4, dez. 1964.
______. *Venice and History*. Baltimore: Johns Hopkins Press, 1966.
LAPIDUS, I. M. Muslim Cities and Islamic Societies. In: LAPIDUS, I. (Org.). *Middle Eastern Cities*. Berkeley: California University Press, 1969.
______. *Muslim Cities in the Later Middle Ages*. Cambridge: Harvard University Press: 1967.
LARNER, J. *The Lords of the Romagna*. Londres: Macmillan, 1965.
Von LAUE, T. H. *Sergei Witte and the Industrialization of Russia*. Nova York: Columbia University Press, 1963.
LAVEN, P. *Renaissance Italy 1464-1534*. Londres: Batsford, 1966.
LÊNIN, V. I. *Collected Works*, v.1, 2, 3, 8, 13, 17, 18, 21 e 23. Moscou, 1964.
LESLIE, R. F. *Polish Politics and the Revolution of November 1830*. Londres: Athlone Press, 1956.
______. *The Polish Question*. Londres: Historical Association, 1964.
LESNODARSKI, B. Les Partages de la Pologne. Analyse des causes et essai d'une théorie, *Acta Poloniae Historica*, VII, 1963.
LÉVY, J.-P. *Histoire de la propriété*. Paris: PUF, 1972.
LEWIS, B. *The Arabs in History*. Londres: Oxford University Press, 1950.
______. *The Emergence of Modern Turkey*. Londres: Oxford University Press, 1969.
LEWIS, M. *The Spanish Armada*. Londres: Batsford, 1960.
LEWIS, P. S. The Failure of the French Mediaeval Estates, *Past and Present*, n.23, nov. 1962.
______. *Later Mediaeval France:* the Polity. Londres: Macmillan, 1968.
LIVET, G. *Les Guerres de religion*. Paris: PUF, 1966.
LØKKEGAARD, F. *Islamic Taxation in the Classical Period*. Copenhagen, 1950.
LOMBARD, M. *L'Islam dans sa première grandeur (VIIe-XIe siècles)*. Paris: Flammarion, 1972.
LOPEZ, R. Hard Times and Investment in Culture. In: MOLHO, A. (Org.), *Social and Economic Foundations of the Renaissance*. Nova York: John Wiley & Sons, 1969.
______; MISKIMIN, H. The Economic Depression of the Renaissance, *Economic History Review*, XIV, n.3, abr. 1962.
LOUGH, J. *An Introduction to 18th Century France*. Londres: Longmans, 1960.

LUBLINSKAYA, A. D. *French Absolutism: The Crucial Phase 1620-1629*. Cambridge: Cambridge University Press, 1968.

LUKÁCS, G. Über einige Eigentümlichkeiten der geschichtlichen Entwicklung Deutschlands [Sobre algumas particularidades do desenvolvimento histórico da Alemanha], *Die Zerstörung der Vernunft*, Neuwied/Berlin, 1962.

LYBYER, A. H. *The Government of the Ottoman Empire in the Time of Suleiman the Magnificent*. Cambridge: Harvard University Press, 1913.

LYNCH, J. *Spain under the Habsburgs*, v.1. Oxford: Oxford University Press, 1965.

______. *Spain under the Habsburgs*, v.2. Oxford: Oxford University Press, 1969.

MACARTNEY, C. A. Hungary. In: GOODWIN, A (Org.). *The European Nobility in the 18th Century*. Londres: Harper & Row, 1953.

MACCURTAIN, M. *Tudor and Stuart Ireland*. Dublin: 1972.

MACFARLANE, K. B. The English Nobility in the Later Middle Ages, *XIIth International Congress of Historical Sciences*, Viena, 1965, Rapports I.

MADDISON, A. *Class Structure and Economic Growth. India and Pakistan since the Moghuls*. Londres: George Allen and Unwin, 1971.

MAGALHÃES GODINHO, V. *A Estrutura da Antiga Sociedade Portuguesa*. Lisboa: Arcadia, 1971.

MAJOR, J. R. *The Estates-General of 1560*. Princeton: Princeton University Press, 1951.

______. *Representative Institutions in Renaissance France, 1421-1559*. Madison: University of Wisconsin Press, 1960.

MAMATEY, V. S. *Rise of the Habsburg Empire 1526-1815*. Nova York: Holt, Rinehart, and Winston, Inc., 1971.

MANDEL, E. *The Formation of the Economic Thought of Karl* Marx. Londres: Monthly Review Press, 1971. [Ed. bras. *Formação do pensamento econômico de Karl Marx*: de 1843 até a redação de O Capital. Rio de Janeiro: Zahar, 1980.]

MANTRAN, R. *L'Expansion musulmane (VIIe-XIe siècles)*. Paris: PUF, 1969.

MAQUIAVEL, N. *Il principe e Discorsi*. Milão, 1960. [Ed. bras. *O príncipe*. São Paulo: Companhia das Letras, 2011].

______. *Arte della guerra e scritti politici minori*. Milão: Feltrinelli, 1961.

MARAVALL, J. A. *Las comunidades de Castilla*. Una Primera Revolución Moderna. Madri, 1963.

MARCUS, G. J. *A Naval History of England*: the Formative Centuries. Londres: Longmans, 1961.

MARCZALI, H. *Hungary in the Eighteenth Century*. Cambridge: Cambridge University Press, 1910.

MARDIN, S. Power, Civil Society and Culture in the Ottoman Empire, *Comparative Studies in Society and History*, v.2, 1969.

MARONGIU, A. *Il Parlamento in Italia, nel Medio Evo e nell' Età Moderna: Contributo alla storia delle istituzioni parlamentari dell' Europa occidentale.* Milão: Giuffrè, 1962.

______. *Mediaeval Parliaments: A Comparative Study.* Londres: Eyre and Spottiswoode, 1968.

MARTIN, W. *A History of Switzerland.* Londres: George Allen & Unwin Ltd, 1931.

MARX, K. *Capital*, v.1 e 3. [Ed. Bras. *O Capital*. São Paulo: Boitempo Editorial, 2013].

______. Trade with China. In: *Marx on China.* Londres: Lawrence and Wishart, 1968.

______. *Preface to A Contribution to the Critique of Political Economy.* Londres: Lawrence and Wishart, 1971.

______. *Grundrisse.* Londres: Lawrence and Wishart, 1973. [Ed. bras. *Grundrisse Manuscritos econômicos de 1857-1858*: Esboços da crítica da economia política. São Paulo: Boitempo, 2011.]

MARX; K.; ENGELS, F. *Revolutionary Spain.* Londres: Lawrence and Wishart, 1939.

______. *On Colonialism.* Moscou, 1960 [Ed. port. *Sobre o colonialismo*. Lisboa: Estampa, 1978.]

______. *Selected Works.* Londres: Lawrence & Wishart, 1968.

______. *Werke*, v.4, 12, 18. 19 e 21.

MASSON, G. *Frederick II of Hohenstaufen.* Londres: Secker & Warburg, 1957.

MATTINGLY, G. *Renaissance Diplomacy.* Londres: Jonathan Cape, 1955.

______. *The Defeat of the Spanish Armada.* Londres: Jonathan Cape, 1959.

MCMANNERS, J. France. In: GOODWIN, A. (Org.), *The European Nobility in the 18th* Century. Londres: Harper & Row, 1953.

MCNEILL, W. H. *Europe's Steppe Frontier:* 1500-1800. Chicago: University of Chicago Press, 1964.

MEUVRET, J. Circulation monétaire et utilisation économique de la monnaie dans la France du XVIe et du XVIIe siècle. In: *Études d'histoire moderne et contemporaine.* Paris: Hatier, 1947.

MILL, J. *The History of British India*, v.1. Londres, 1858.

______. *Principles of Political Economy*, v.1. Londres, 1848. [Ed. bras. *Princípios de economia política.* São Paulo: Nova Cultural, 1996]

MIQUEL, A. *L'Islam et sa civilisation, VIIe-XXe siècles.* Paris: Armand Colin, 1968.

MONTESQUIEU, C.-L. *De L'Esprit des lois*, v.2. Paris: Garnier Frères, 1961. [Ed. bras. *O espírito das leis.* São Paulo: Martins Fontes, 2005].

MORELAND, W. H. *India at the Death of Akbar.* Londres: Macmillan, 1920.

______. *The Agrarian System of Moslem India.* Cambridge: Cambridge University Press, 1929.

MOUNIN, G. *Machiavel.* Paris: PUF, 1966. [Ed. port. *Maquiavel*, Lisboa: Edições 70, 1984.]

MOUSNIER, R. *Les XVIe et XVIIe siècles*. Paris: PUF, 1954.

______. *Peasant Uprisings in Seventeenth-Century France, Russia, and China*. Londres: Allen and Unwin, 1971.

______. *La Vénalité des offices sous Henri IV et Louis XIII*. Rouen: Maugard, 1945.

______; HARTUNG, F. Quelques Problèmes concernant la monarchie absolue, *X Congresso Internarzionale di Scienze Storici, Relazioni IV*, Florença, 1955.

MUTAFCIEVA, V.; DIMITROV, S. Die Agrarverhältnisse im Osmanischen Reiches im XV-XVI Jh [A situação da agricultura do império otomano entre os séculos XV-XVI], *Actes du Premier Congrès International des Études Balkaniques et Sud-Est Européennes*, Sofia, 1969.

NAKAMURA, J. *Agricultural Production and the Economic Development of Japan 1873-1922*. Princeton: Princeton University Press, 1966.

NAKAYAMA, S. Science and Technology in China. In: TOYNBEE, A. *Half the World*. The History and Culture of China and Japan. Londres: Thames and Hudson, 1973.

NEALE, J. E. *The Elizabethan House of Commons*. Londres: Jonathan Cape, 1949.

NEEDHAM, J. *Science and Civilization in China* (Introductory Orientations), v.1. Cambridge: Cambridge University Press, 1954.

______. *Science and Civilization in China* (History of Scientific Thought), v.2. Cambridge: Cambridge University Press, 1956.

______. *Science and Civilization in China* (Mathematics and the Sciences of the Heavens and the Earth), v.3. Cambridge: Cambridge University Press, 1959.

______. *Science and Civilization in China* (Mechanical Engineering), v.IV/2. Cambridge: Cambridge University Press, 1965.

______. *Science and Civilization in China* (Civil Engineering and Nautics), v.IV/3. Cambridge: Cambridge University Press, 1971.

NICHOLAS, D. Towns and Countryside: Social and Economic Tensions in Fourteenth-Century Flanders, *Comparative Studies in Society and History*, X, n.4, 1968.

NOWAK, F. The Interregna and Stephen Batory. In: *The Cambridge History of Poland*, v.1. Cambridge: Cambridge University Press, 1950.

OAKLEY, S. *The Story of Sweden*. Londres: Faber & Faber, 1966.

O'BRIEN, C. B. *Muscovy and the Ukraine*. Berkeley: University of California Press, 1963.

OHKAWA, K.; ROSOVSKY, H. A Century of Japanese Economic Growth. In: LOCKWOOD, W. (Org.). *The State and Economic Enterprise in Japan*. Princeton: Princeton University Press, 1965.

OMAN, C. *A History of the Art of War in the Sixteenth Century*. Nova York: E.P. Dutton, 1937.

OTETEA, A. Le Second Asservissement des paysans roumams (1746-1821). In: *Nouvelles Études d'Histoire*, v.1, Bucareste, 1955.

______. Le Second Asservissement dans les principautés danubiennes. In: *Nouvelles Études d'Histoire*, v.2, Bucareste, 1960.

OWEN, L. *The Russian Peasant Movement 1906-1917*. Nova York: Russell, 1963.

PADOVER, S. K. *The Revolutionary Emperor: Joseph II - 1741-1790*. Londres: Jonathan Cape, 1934.

PALMER, J. J. *England, France and Christendom, 1377-1399*. Londres: Routledge and Kegan Paul, 1972.

PANOFSKY, E. *Renaissance and Renascences in Western Art*. Londres: Paladin, 1970.

PARKER, G. *The Army of Flanders and the Spanish Road 1567-1659*. Cambridge: Cambridge University Press, 1972.

PARRAIN, C. Protohistoire mediterranéenne et mode de production asiatique. In: *Sur Le "Mode de production asiatique"*. Paris: 1969.

PARRY, V. J. The Ottoman Empire: 1566-1617. In: *The New Cambridge Modern History of Europe*, v.6. Cambridge: Cambridge University Press, 1971.

______. The Ottoman Empire: 1617-1648. In: *The New Cambridge Modern History*, v.4. Cambridge: Cambridge University Press, 1970.

PATAI, R. Nomadism: Middle Eastern and Central Asian, *Southwestern Journal of Anthropology*, v.7, n.4, 1951.

PAVLENKO, N. I. K Voprosu o Genezisa Absoliutizma v Rossii [O problema da gênese do absolutismo na Rússia], *Istoriya SSSR*, abr. 1970.

PAVLOVA-SIL'VANSKAYA, M. P. K Voprosu Osobennostyakh Absoliutizma v Rossii [Indagação sobre o absolutismo na Rússia], *Istoriya SSSR*, abr. 1968.

PERROY, E. Social Mobility among the French Noblesse in the Later Middle Ages, *Past and Present*, n.21, abr. 1962.

PINSON, K. *Modern Germany. Its History and Civilization*. Nova York: Macmillan, 1966.

PLANHOL, X. de. *Les Fondements géographiques de l'histoire de l'Islam*. Paris: Flammarion, 1968.

POLIŠENSKÝ, J. V. *The Thirty Years' War*. Londres: New English Library, 1971.

PORSHNEV, B. F. Les Rapports politiques de l'Europe occidentale et de l'Europe orientale a l'époque de la Guerre de Trente Ans, *XIe Congrès International des Sciences Historiques*, Uppsala, 1960.

______. *Les Soulèvements populaires en France de 1623 à 1648*. Paris: S.E.V.P.E.N., 1965.

POULANTZAS, N. *Pouvoir politique et classes sociales*. Paris: Maspero, 1968. [Ed. bras. *Poder político e classes sociais*. São Paulo: Martins Fontes, 1986].

PRESTWICH, M. From Henri III to Louis XIV. In: TREVOR-ROPER, H. (Org.). *The Age of Expansion*. Nova York: McGraw-Hill, 1968.

PROCACCI, G. *Storia degli Italiani*, v.1. Bari: Laterza, 1969.
PURCELL, V. *The Boxer Uprising*. Cambridge: Cambridge University Press, 1963.
QUAZZA, G. *Le riforme in Piemonte nella prima metà del settecento*. Modena: Società Tipografica Editrice Modenese, 1957.
RAMSAY, G. D. The Austrian Habsburgs and the Empire. In: *The New Cambridge Modern History*, v.3. Cambridge: Cambridge University Press, 1969.
RANGER, T. Strafford in Ireland: a Revaluation. In: ASTON, T. (Org.), *Crisis in Europe*: 1560-1660. Londres: Routledge and Kegan Paul, 1965.
RICHMOND, C. F. English Naval Power in the Fifteenth Century, *History*, LII, n.174, fev. 1967.
______. The War at Sea. In: FOWLER, K. (Org.), *The Hundred Years' War*. Londres: Macmillan, 1971.
ROBERTS, M. *Gustavus Adolphus. A History of Sweden 1611-1632*, v.1. Londres: Longmans, 1953.
______. Introduction. In: ANDERSSON, I. *A History of Sweden*. Londres: Weidenfeld and Nicholson, 1956.
______. *Gustavus Adolphus. A History of Sweden 1611-1632*, v.2. Londres: Logmans, 1958.
______. *The Early Vasas*. Cambridge: Cambridge University Press, 1968
ROBINSON, G. T. *Rural Russia under the Old Regime*. Nova York: Penguin, 1932.
RODINSON, M. *Islam and Capitalism*. Londres: Penguin, 1974.
ROSEN, J. Scandinavia and the Baltic. In: *The New Cambridge Modern History of Europe*, v.4. Cambridge: Cambridge University Press, 1970.
ROSENBERG, H. The Rise of the Junkers in Brandenburg-Prussia 1410-1563, *American Historical Review*, out. 1943.
______. *Bureaucracy, Aristocracy and Autocracy* - The Prussian Experience 1680-1815. Cambridge: Cambridge University Press, 1958.
ROTHENBURG, G. *The Austrian Military Border in Croatia,* 1522-1747. Urbana: University of Illinois Press, 1960.
ROZOVSKY, H. Rumbles in the Rice-Fields: Professor Nakamura versus the Official Statistics, *Journal of Asian Studies*, XXVII, n.2, fev. 1968.
RUBINSTEIN, N. *The Government of Florence under the Medici* (1434-1494). Oxford: Oxford University Press, 1966.
RUSSELL, C. *The Crisis of Parliaments*. Oxford: Oxford University Press, 1971.
SAKHAROV, A. N. O Dialektike Istoricheskovo Razvitiya Russkovo Krest'yanstva [Sobre a dialética do desenvolvimento histórico do campesinato russo], *Voprosy Istorii*, n.1, jan. 1970.
SALMON, J. H. Venality of Office and Popular Sedition in 17th Century France, *Past and Present*, jul. 1967.

SALMON, J. H. The Paris Sixteen, 1584-1594: The Social Analysis of a Revolutionary Movement, *Journal of Modern History*, 44, n.4, dez. 1972.

SALOMON, N. *La Campagne de Nouvelle Castille à la fin du XVIe siècle*. Paris: S.V.P.E.N., 1964.

SCARISBRICK, J. J. *Henry VIII*. Londres: Methuen, 1971.

SCHACHT, J. *An Introduction to Islamic Law*. Oxford: Oxford University Press, 1964.

SCHENK, H. G. Austria. In: GOODWIN, A. (Org.). *The European Nobility in the 18th Century*. Londres: Harper & Row, 1953.

SCHURMANN, H. F. *Economic Structure of the Yuan Dynasty*. Cambridge: Harvard University Press, 1956.

______. Traditional Property Concepts in China, *The Far Eastern Quarterly*, XV, n.4, ago. 1956.

SCHWARZ, H. F. *The Imperial Privy Council in the Seventeenth Century*. New Haven: Yale University Press, 1943.

SESTAN, E. Le origini delle signorie cittadine: un problema storico esaurito?, *Bullettino dell'Istituto Storico Italiano per il Medio Evo*, n.73, 1961.

SETON-WATSON, H. *The Decline of Imperial Russia*. Londres: Methuen & Co, 1964.

______. *The Russian Empire 1801-1917*. Oxford: Oxford University Press, 1967.

SHABAN, M. A. *The Abbasid Revolution*. Cambridge: Cambridge University Press, 1970.

SHAPIRO, A. L. Ob Absoliutizme v Rossii [O absolutismo na Rússia], *Istoriya SSSR*, maio 1968.

SHAW, S. *The Financial and Administrative Organization and Development of Ottoman Egypt, 1517-1798*. Princeton: Princeton University Press, 1962.

______. The Ottoman View of the Balkans. In: JELAVICH, C. e B. (Org.). *The Balkans in Transition*. Berkeley: University of California Press, 1963.

SHELDON, C. D. *The Rise of the Merchant Class in Tokugawa Japan 1600-1868*. Locust Valley: Augustin, 1958.

SHINODA, M. *The Founding of the Kamakura Shogunate 1180-1185*. Nova York: Columbia University Press, 1960.

SILBERNER, E. *La Guerre dans la pensée économique du XVIe au XVIIIe siècle*. Paris: Sirey, 1939.

SIMON, W. M. *The Failure of the Prussian Reform Movement 1807-1819*. Nova York: Howard Fertig, 1971.

SKWARCZYŃSKI, P. The Constitution of Poland Before the Partitions. In: *The Cambridge History of Poland*, v.2. Cambridge: Cambridge University Press, 1950.

______. The Problem of Feudalism in Poland up to the Beginning of the 16th century, *Slavonic and East European Review*, n.34, 1955-6.

SKWARCZYŃSKI, P. Poland and Lithuania. In: *The New Cambridge Modern History of Europe*, v.3. Cambridge: Cambridge University Press, 1968.
SMITH, A. *An Inquiry into the Nature and Causes of the Wealth of Nations*, Londres: W. Strahan, T. Cadell, 1778. [Ed. bras. *Investigação sobre a natureza e as causas da riqueza das nações*. São Paulo: WMF Martins Fontes, 2013.]
SMITH, T. C. *The Agrarian Origins of Modern Japan*. Stanford: Stanford University Press, 1959.
SMOUT, T. C. *A History of the Scottish People 1560-1830*. Londres: Fontana, 1969.
SOBOUL, A. *La Revolution Française*, v.1. Paris: Gallimard, 1964.
SOFRI, G. *Il Modo di Produzione Asiatico*. Turim: Einaudi, 1969.
SOURDEL, D. J. *La Civilisation de l'Islam Classique*. Paris: Arthaud, 1968.
SPEAR, P. The Mughal "Mansabdari" System. In: LEACH, E.; MUKHERJEE, S. N. (Org.). *Elites in South Asia*. Cambridge: Cambridge University Press, 1970.
STAVRIANOS, L. S. *The Balkans Since 1453*. Nova York: Holt, Rinehart & Winston, 1958.
STAHL, H. H. *Les Anciennes Communautés villageoises roumaines*. Asservissement et pénétration capitaliste. Bucareste: Editions de CNRS, 1969.
STELLING-MICHAUD, S. Le Mythe du despotisme oriental, *Schweizer Beiträge zur Allgemeinen Geschichte*, v.18/19, 1960-61.
STOIANOVICH, T. Land, Tenure and Related Sectors of the Balkan Economy 1600-1800, *The Journal of Economic History*, XII, n.3, 1953.
STONE, L. The Political Programme of Thomas Cromwell, *Bulletin of the Institute of Historical Research*, XXIV, 1951.
______. Discussion of Trevor-Roper's General Crisis, *Past and Present*, n.18, nov. 1960.
______. *The Crisis of the Aristocracy 1558-1641*. Oxford: Oxford University Press, 1965.
______. *The Causes of The English Revolution: 1529-1642*. Londres: Rouledge, 1972.
STOYE, J. *The Siege of Vienna*. Londres: Collins, 1964.
______. *Europe Unfolding 1648-1688*. Londres: Fontana, 1969.
SWART, K. W. *Sale of Offices in the Seventeenth Century*. Haia: Martinus Nijhoff, 1949.
TAKAHASHI, K. La Place de la Révolution de Meiji dans l'histoire agraire du Japon, *Revue Historique*, out.-dez. 1953.
______. La Restauration de Meiji au Japon et la Révolution Française, *Recherches Internationales*, n.62, 1970.
TAPIÉ, V. *Monarchie et Peuples du Danube*. Paris: Fayard, 1969.
TAWNEY, R. H. *Land and Labour in China*. Londres: Allen & Unwin, 1937.
TAYLOR, A. J. P. *The Habsburg Monarchy*. Londres: Hamish Hamilton, 1952.

TAYLOR, A. J. P. *Bismarck*. Londres: Hamish Hamilton, 1955.

______. *The Course of German History*. Londres: Hamish Hamilton, 1961.

THORNER, D. Marx on India and the Asiatic Mode of Production, *Contributions to Indian Sociology*, IX, dez. 1966.

TOPOLSKI, J. La Régression économique en Pologne du XVIe au XVIIIe siècle, *Acta Poloniae Historica*, VII, 1962.

TOTMAN, C. *Politics in the Tokugawa Bakufu 1600-1843*. Cambridge: Harvard University Press, 1967.

STOYAMA, S. *Meidzi Isin, Krushenie Feodalizma v Yaponii* [Era Meiji: o colapso do feudalismo no Japão]. Moscou, 1959.

______. The General Crisis of the Seventeenth Century, *Past and Present*, n.16, nov. 1959.

______. *Religion, the Reformation and Social Change*. Londres: Macmillan, 1967. [Ed. port. *Religião, Reforma e transformação social*. Lisboa: Editorial Presença e Martin Fontes, 1972.]

TROTSKY, L. *History of the Russian Revolution*, v.1, Londres: Sphere, 1965. [Ed. bras. *A história da Revolução Russa*. Rio de Janeiro: Paz e Terra, 1978].

TSUKAHIRA, T. *Feudal Control in Tokugawa Japan: The Sankin-Kōtai System* Cambridge: Harvard University Press, 1966.

TWITCHETT, D. *Land Tenure and the Social Order in T'ang and Sung China*. Londres: School of Oriental and African Studies, Universidade de Londres, 1962.

______. *Financial Administration under the T'ang Dynasty*. Cambridge: Cambridge University Press, 1963.

______. Chinese Politics and Society from the Bronze Age to the Manchus. In: TOYNBEE, A. *Half the World*. The History and Culture of China and Japan. Londres: Thames and Hudson, 1973.

UDAL'TSOVA, Z. V. O Vnutrennykh Prichinakh Padeniya Vizantii v XV Veke [Sobre as causas internas da queda de Bizâncio no século XV], *Voprosy Istorii*, n.7, jul. 1953.

UDOVITCH, A. L. Commercial Techniques in Early Mediaeval Islamic Trade. In: RICHARDS, D. S. (Org.). *Islam and the Trade of Asia*. Oxford: Oxford University Press, 1970.

VAGTS, A. *A History of Militarism*. Londres: Hollis & Carter, 1959.

VARLEY, H. P. *The Ōnin War*. Nova York: Columbia University Press, 1967.

VENTURI, F. Despotismo Orientale, *Rivista Storica Italiana*, LXXII, v.1, 1960.

VERLINDEN, C. *The Beginnings of Modern Colonization*. Ithaca: Cornell University Press, 1970.

VERNADSKY, G. Feudalism in Russia, *Speculum*, v.14, 1939.

VERNADSKY, G. Serfdom in Russia, *X Congresso Internazionale di Scienze Storiche*, Relazioni III, Florença, 1955.

______. *The Tsardom of Moscow 1547-1682*, v.1, New Haven: Yale University Press, 1969.

VICENS VIVES, J. Estructura administrativa estatal en los siglos XVI y XVII, *XIe Congrès International des Sciences Historiques*, Rapports IV, Gotemburgo, 1960.

______. *Manual de História Económica de España*. Barcelona: Editorial: Vicens-Vives, 1959.

VILAR, P. Problems in the Formation of Capitalism, *Past and Present*, n.10, nov. 1956.

______. Le temps du Quichotte, *Europe*, XXXIV, 1956.

______. *Oro y moneda en la historia,* 1450-1920. Barcelona: Ariel, 1969.

VILLARI, R. *La revolta Anti-Spagnuola a Napoli*. Le Origini (1585- 1647). Bari: Laterza, 1967.

VINER, J. Power versus Plenty as Objectives of Foreign Policy in the 17th and 18th Centuries, *World Politics*, I, n.1, 1948.

VINOGRADOFF, P. *Roman Law in Mediaeval Europe*. Londres: Harper, 1909.

VOLKOV, A. Ya. O Stanovlenii Absoliutizma v Rossii [Sobre a formação do absolutismo na Rússia], *Istoriya SSSR*, jan. 1970.

VOLTAIRE, F. M. A. *Oeuvres completes*. Paris: Garnier, 1878.

VRYONIS, S. Isidore Glabas and the Turkish *Devshirme*, *Speculum*, XXXI, n.3, jul. 1956.

______. The Byzantine Legacy and Ottoman Forms, *Dumbarton Oaks Papers*, 1969-70.

VUCINICH, W. S. The Yugoslav Lands in the Ottoman Period: Post-War Marxist Interpretations of Indigenous and Ottoman Institutions, *The Journal of Modern History*, XXVII, n.3, set. 1955.

______. The Nature of Balkan Society under Ottoman Rule, *Slavic Review*, dez. 1962.

WALEY, D. *The Papal State in the Thirteenth Century*. Londres: Macmillan, 1961.

______. *The Italian City-Republics*. Londres: Weidenfeld & Nicolson, 1969.

WANDRUSZKA, A. *The House of Habsburg*. Londres: Sidgwick and Jackson, 1964.

WANGERMANN, E. *From Joseph II to the Jacobin Trials*. Oxford: Oxford University Press, 1959.

WATT, M. *Muhammad at Mecca*. Oxford: Oxford University Press, 1953.

WEBER, M. *Economy and Society*, v.1, 2 e 3. Cambridge: Harvard University Press, 1954.

WEISS, R. *The Renaissance Discovery of Antiquity*. Oxford: Oxford University Press, 1969.

WILLETTS, H. Poland and the Evolution of Russia. In: TREVOR-ROPER, H. (Org.). *The Age of Expansion*. Europe and the world 1559-1660. Londres: Thames & Hudson, 1968.

WILLIAMS, G. *Mediaeval London*. From Commune to Capital. Londres: Routledge, 1963.

WILLIAMS, P. The Tudor State, *Past and Present*, n.24, jul. 1963.

WITTEK, P. De La Défaite d'Ankara à la prise de Constantinople (un demisiècle d'histoire ottomane), *Revue des Études Islamiques*, v.1, 1948.

______. *The Rise of the Ottoman Empire*. Londres: Royal Asiatic Society, 1963.

WITTFOGEL, K. *Oriental Despotism*. New Haven: Yale University Press, 1957.

WOOLF, S. J. *Studi sulla nobiltà piemontese nell'epoca dell'assolutismo*. Turim: Einaudi, 1963.

WRIGHT, W. E. *Serf, Seigneur and Sovereign - Agrarian Reform in Eighteenth Century Bohemia*. Minneapolis: University of Minnesota Press, 1966.

YATES, F. *Giordano Bruno and the Hermetic Tradition*. Londres: Routledge, 1964.

ZAJACZKOWSKI, A. Cadres structurels de la noblesse, *Annales ESC*, jan.-fev. 1968.

ZEL'IN, K. K.; TROFIMOVA, M. V. *Formy Zavisimosti v Vostochnom Sredizemnomor'e Ellenisticheskovo Perioda* [Formas de dependência no Mediterrâneo oriental no período helenístico] Moscou, 1969.

Índice onomástico

Índice de autores

SOBRE O LIVRO

Formato: 16 x 23 cm
Mancha: 27 x 44 paicas
Tipologia: Venetian 301 12,5/16
Papel: Off-White 80 g/m2 (miolo)
Cartão Supremo 250 g/m2 (capa)

1ª edição Editora Unesp: 2016

EQUIPE DE REALIZAÇÃO

Capa
Estúdio Bogari

Edição de texto
Maria Angélica Beghini Morales (Copidesque)
Richard Sanches (Revisão)

Editoração eletrônica
Sergio Gzeschnik (Diagramação)

Assistência editorial
Alberto Bononi
Jennifer Rangel de França

Rua Xavier Curado, 388 • Ipiranga - SP • 04210 100
Tel.: (11) 2063 7000 • Fax: (11) 2061 8709
rettec@rettec.com.br • www.rettec.com.br